文白对照精华版·精选精译

二十四史

《二十四史》编委会·编

第十册

旧五代史
新五代史
宋史

线装书局

史记
汉书
后汉书
三国志
晋书
宋书
南齐书
梁书
陈书
魏书
北齐书
周书
隋书
南史
北史
旧唐书
新唐书
旧五代史
新五代史
宋史
辽史
金史
元史
明史

旧五代史

梁 书

旧五代史卷十三

梁书十三

列传第三

刘知俊

刘知俊,字希贤,徐州沛县人也。姿貌雄杰,倜傥有大志。始事徐帅时溥,为列校,溥甚器之,后以勇略见忌。唐大顺二年冬,率所部二千人来降,即署为军校。知俊被甲上马,轮剑入敌,勇冠诸将。太祖命左右义胜两军隶之,寻用为左开道指挥使,故当时人谓之"刘开道"。从讨秦宗权及攻徐州皆有功,寻补徐州马步军都指挥使。攻海州下之,遂奏授刺史。天复初,历典怀、郑二州,从平青州,以功奏授同州节度使。天祐三年冬,以兵五千破岐军六万于美原。自是连克鄜、延等五州,乃加检校太傅、平章事。开平二年春三月,命为潞州行营招讨使。知俊未至潞,夹寨已陷,晋人引军方攻泽州,闻知俊至,乃退。寻改西路招讨使。六月,大破岐军于幕谷,俘斩千计,李茂贞仅以身免。三年五月,加检校太尉、兼侍中,封大彭郡王。

时知俊威望益隆,太祖雄猜日甚,会佑国军节度使王重师无罪见诛,知俊居不自安,乃据同州叛,送款于李茂贞。又分兵以袭雍、华,雍州节度使刘捍被擒,送凤翔害之,华州蔡敬思被伤获免。太祖闻知俊叛,遣近臣谕之曰:"朕待卿甚厚,何相负耶?"知俊报曰:"臣非背德,但畏死耳!王重师不负陛下,而致族灭。"太祖复遣使谓知俊曰:"朕不料卿为此。昨重师得罪,盖刘捍言阴结邠、凤,终不为国家用。我今虽知枉滥,悔不可追,致卿如斯,我心恨恨,盖刘捍鄩予事也,捍一死固未塞责。"知俊不报,遂分兵以守潼关。太祖命刘鄩率兵进讨,攻潼关,下之。时知俊弟知浣为亲卫指挥使,闻知俊叛,自洛奔至潼关,为鄩所擒,害之。寻而王帅继至,知俊乃举族奔于凤翔,李茂贞厚待之,伪加检校太尉、兼中书令,以土疆不广,无藩镇以处之,但厚给俸禄而已。寻命率兵攻围灵武,且图牧圉之地。灵武节度使韩逊遣使来告急,太祖令康怀英率师救之,师次邠州长城岭,为知俊邀击,怀英败归。茂贞悦,署为泾州节度使。复命率众攻兴元,进围西县,会蜀军救至,乃退。

既而为茂贞左右石简颙等间之,免其军政,寓于岐下,掩关历年。茂贞犹子继崇镇秦州,因来宁觐,言知俊途穷至此,不宜以谗嫉见疑,茂贞乃诛简颙等以安其心。继崇又请令知俊挈家居秦州,以就丰给,茂贞从之。未几,邠州乱,茂贞命知俊讨之。时邠州都校李保衡纳款于朝廷,末帝遣霍彦威率众先入于邠,知俊遂围其城,半载不能下。会李继崇以秦州降于蜀,知俊妻孥皆迁于成都,遂解邠州之围而归岐阳。以举家入蜀,终虑猜忌,因与亲信百余人夜斩关奔蜀。

王建待之甚至,即授伪武信军节度使。寻命将兵伐岐,不克,班师,因围陇州,获其帅桑弘志以归。久之,复命为都统,再领军伐岐。时部将皆王建旧人,多违节度,不成功而还,蜀人因而毁之。先是,王建虽加宠待,然亦忌之,尝谓近侍曰:"吾渐衰耗，恒思身后。刘知俊非尔辈能驾驭，不如早为之所。"又嫉其名者于里巷间作谣言云："黑牛出圈棕绳断。"知俊色黔而丑生，棕绳者，王氏子孙皆以"宗"、"承"为名，故以此构之。伪蜀天汉元年冬十二月，建遣人捕知俊，斩于成都府之炭市。及王衍嗣伪位，以其子嗣裡尚伪峨眉长公主，拜驸马都尉。后唐同光末，随例迁于洛，卒。

知俊族子嗣彬，幼从知俊征行，累迁为军校。及知俊叛，以不预其谋，得不坐。贞明末，大军与晋王对垒于德胜，久之，嗣彬率数骑奔于晋，具言朝廷军机得失，又以家世雠怨，将以报之。晋王深信之，即厚给田宅，仍赐锦衣玉带，军中目为"刘二哥"。居一年，复来奔，当时晋人谓是刺客，以晋王恩泽之厚，故不窃发。龙德三年冬，从王彦章战于中都，军败，为晋人所擒。晋王见之，笑谓嗣彬曰："尔可还予玉带。"嗣彬惶恐请死，遂诛之。

译文：

刘知俊，字希贤，徐州沛县人。身材魁梧，相貌不凡，风度潇洒，胸有大志。起初在徐州镇主帅时溥属下谋事，是列校之一，很受时溥器重，后因有勇有谋受到猜忌。唐大顺二年冬天，率部属二千人来降，被后梁太祖任为军校。知俊常披甲骑马，挥舞宝剑冲入敌阵，勇猛为诸将之最。太祖令将左右义胜两军归他指挥，不久又任为左开道指挥使，所以当时人又称他为"刘开道"。随从太祖讨伐秦宗权及进攻徐州，都立有战功，不久又补任为徐州马步军都指挥使。攻取海州后，随即又奏授他为刺史。天复初年，历任怀、郑二州刺史，随从太祖平定青州，因战功被奏授为同州节度使。天祐三年冬天，率军五千于美原击败岐军六万。此后接连攻克鄜、延等五州，于是加官为检校太傅、平章事。开平二年春季三月，又被任为潞州行营招讨使。知俊还未到达潞州，夹寨就已经陷落，晋军正移军进攻泽州，听说知俊率军前来，就退了回去。不久又改任西路招讨使。六月，于幕谷大破岐军，俘获、斩首敌军数以千计，李茂贞只身逃脱。三年五月，又加官检校太尉、兼侍中，封为大彭郡王。

这时知俊的威望越来越高，太祖的猜忌也逐渐加深，又碰上佑国军节度使王重师无罪被杀，知俊更加坐卧不安，就据同州称兵反叛，并向李茂贞表示愿意归附。同时还分兵袭击雍州、华州，雍州节度使刘捍被他擒获，送至凤翔后被杀，华州的蔡敬思受伤后才脱险。太祖听说知俊反叛，就派亲近的大臣前往说明利害，对他说："朕待你很优厚，为什么背叛呢？"知俊回答说："我并不愿意背叛您的恩德，只是害怕被害而已。王重师没有对不起陛下，却遭到族灭之祸。"太祖又派使者前往告诉知俊说："朕没有料到你是因为这件事。不久前重师被治罪，是因为刘捍说他暗中勾结邠宁镇、凤翔镇，最终不会为国家效力。我现在虽然知道冤枉了他，可是悔不可及，又导致了你目前这样，我心里很悔恨，是刘捍误了我的事，刘捍虽然死了也弥补不了他的罪责。"知俊不予作答，于是分出一部分兵力扼守潼关。太祖命令刘鄩率兵进讨，很快就攻克了潼关。当时知俊的弟弟知浣担任亲卫指挥使，听说知俊反叛，就从洛阳逃奔，在潼关被刘鄩擒获、杀害。不久后梁军队相继赶到，知俊就举族逃奔于凤翔，李茂贞对他厚礼相待，加授伪官检校太尉、兼中书令，因为辖区不大，没有给他藩镇的名号，只是给予优厚的俸禄而已。不久命他率兵围攻灵武，并进一步图谋夺取牧业区。灵武节度使韩逊派使者来朝廷告急，太祖命令康怀英率军前往救援，部队进至邠州长城岭，受到知俊的伏击，怀英失败而归。李茂贞很高兴，任知俊为泾州节度使，又命令他率军进攻兴元，进围西县，等到蜀兵救兵来到，才退了回来。

不久受到李茂贞的亲信石简颙的挑拨离间，被夺掉了军政大权，寓居于岐下，好多年闭门不出。李茂贞的侄子李继崇镇守秦州，在进见茂贞的时候说道：知俊是在无路可走的情况下来投奔的，不应该因谗言嫉妒而受到猜疑，于是茂贞杀掉简颙等人来安抚知俊。继崇又提议让知俊全家迁居秦州，靠近富裕的地区，茂贞答应了。时间不长，邠州发生变乱，茂贞命令知俊前往讨伐。当时邠州都校李保衡向朝廷投诚，末帝派霍彦威率军抢先进入了邠州城，于是知俊率军包围了邠州城，围城半年未能攻下。后逢李继崇在秦州投降前蜀，知俊的妻儿老小都随迁到了成都，于是他就放弃了对邠州的包围而回到岐阳，由于全家已经入蜀，到底还是担心遭猜忌，就借机与亲信百余人利用夜晚的时间夺关而逃，投奔了前蜀。

王建待他很周到，随即授予他伪武信军节度使一职。不久命他率军进攻岐州镇，没有攻克，班师途中又顺路围攻陇州，带着俘获的陇州主帅桑弘志返回了蜀境。过了很久时间，又任他为都统，再次领兵讨伐岐州。这时的部将都是王建的旧部，很多人都不听指挥，结果无功而返，蜀人便借机诋毁排挤他。先前，王建对他虽是优礼相待，但也猜忌他，曾对亲随说："我慢慢衰老了，常常思考身后的安排。刘知俊不是你们等人所能驾驭的，不如尽早给他做出安排。"嫉妒他名声的人，在民间散布谣言说："黑牛出圈棕绳断。"知俊脸色黝黑，生于丑牛年；所谓"棕绳"，是指王氏的子孙都以"宗"、"承"起名，因这句话含有王氏将要灭绝的意思，就以此诬陷知俊。

伪蜀政权天汉元年冬季十二月，王建派人逮捕知俊，在成都府的炭市将他斩首。以后等王衍继承伪皇帝位，就以知俊的儿子刘嗣禋娶伪峨眉长公主为妻，拜官驸马都尉。后唐同光末年，嗣禋依例迁居洛阳，死于该地。

　　知俊的族子刘嗣彬，年幼时即随从知俊征战，逐渐升至军校。及知俊反叛，他因没有参与谋反，未受到株连。贞明末年，后梁大军与晋王对峙于德胜一带，过了一段时间，嗣彬便带领几名骑兵投奔了晋军，和盘托出朝廷的军事机密和处置得失，又因有家族世仇，发誓要报仇。晋王很相信他，随即赏给了很多田地和房子，还赐给他锦衣玉带，在军中被视为"刘二哥"。过了一年，又投奔了过来，当时晋军都说他是刺客，因为晋王待他恩德很厚，所以没有暗中下手。龙德三年冬天，跟随王彦章在中都作战，失败后被晋军俘获。晋王见到他，笑着对他说："你可以还给我的玉带了。"嗣彬很恐慌，请求一死，于是被杀。

旧五代史卷十四

梁书十四

列传第四

罗绍威

罗绍威，魏州贵乡人。父弘信，本名宗弁，初为马牧监，事节度使乐彦贞。光启末，彦贞子从训骄盈太横，招聚兵甲，欲诛牙军。牙军怒，聚噪攻之，从训出据相州。牙军废彦贞，囚于龙兴寺，逼令为僧，寻杀之，推小校赵文建为留后。先是，弘信自言，于所居遇一白须翁，谓之曰："尔当为土地主。"如是者再，心窃异之。既而文建不洽军情，牙军聚呼曰："孰愿为节度使者？"弘信即应曰："白须翁早以命我，可以君长尔曹。"唐文德元年四月，牙军推弘信为留后。朝廷闻之，即正授节旄。

乾宁中，太祖急攻兖、郓，朱瑄求援于太原，时李克用遣大将李存信率师赴之，假道于魏，屯于莘县。存信御军无法，稍侵魏之刍牧，弘信不平之。太祖因遣使谓弘信曰："太原志吞河朔，回戈之日，贵道堪尤。"弘信惧，乃归款于太祖，仍出师三万攻李存信，败之。未几，李克用领兵攻魏，营于观音门外，属邑多拔。太祖遣葛从周援之，战于洹水，擒克用男落落以献，太祖令送于弘信，斩之，晋军乃退。是时太祖方图兖、郓，虑弘信离贰，每岁时赂遗，必卑辞厚礼。弘信每有答贶，太祖必对魏使北面拜而受之，曰："六兄比予有倍年之长，兄弟之国，安得以常邻遇之。"故弘信以为厚己。其后弘信累官至检校太尉，封临清王。光化元年八月，薨于位。

绍威袭父位为留后，朝廷因而命之，寻正授旄钺，累加检校太尉、兼侍中，封长沙郡王。昭宗东迁，命诸道修洛邑，绍威独营太庙，制加守侍中，进封邺王。

初，至德中，田承嗣盗据相、魏、澶、博、卫、贝等六州，召募军中子弟，置之部下，号曰"牙军"，皆丰给厚赐，不胜骄宠。年代浸远，父子相袭，亲党胶固，其凶戾者，强贾豪夺，逾法犯令，长吏不能禁。变易主帅，有同儿戏，自田氏已后，垂二百年，主帅废置，出于其手，如史宪诚、何全皞、韩君雄、乐彦贞，皆为其所立。优奖小不如意，则举族被诛。绍威惩其往弊，虽以货赂姑息，而心衔之。

绍威嗣世之明年正月，幽州刘仁恭拥兵十万，谋乱河朔，进陷贝州，长驱攻魏。绍威求援于太祖，太祖遣李思安援之，屯于洹水，葛从周自邢、洺引军入魏州。燕将刘守文、单可及与王师战于内黄，大败之，乘胜追蹑。会从周亦出军掩击，又败燕军，斩首三万余级。三年，绍威遣使会军，同攻沧州以报之。自是绍威感太祖援助之恩，深加景附。

绍威见唐祚衰陵，群雄交乱，太祖兵强天下，必知有禅代之志，故倾心附结，赞成其事，每虑牙军变易，心不自安。天祐初，州城地无故自陷，俄而小校李公佺谋变。绍威愈惧，乃定计图牙军，遣使告太祖求为外援。太祖许之，遣李思安会魏博军再攻沧州。先是，安阳公主薨于魏，太祖因之遣长直军校马嗣勋选兵千人，伏兵仗于巨橐中，肩舁以入魏州，言助女葬事。天祐三年正月五日，太祖亲率大军济河，声言视行营于沧、景，牙军颇疑其事。是月十六日，绍威率奴客数百与嗣勋同攻之，时宿于牙城者千余人，迟明尽诛之，凡八千家，皆赤其族，州城为之一空。翌日，太祖自内黄驰至邺。时魏军二万，方与王师同围沧州，闻城中有变，乃拥大将史仁遇保于高唐，六州之内，皆为勍敌，太祖遣诸将分讨之，半岁方平。自是绍威虽除其逼，然寻有自弱之悔。

不数月，复有浮阳之役，绍威飞挽馈运，自邺至长芦五百里，叠迹重轨，不绝于路。又于魏州建元帅府署，沿道置亭候，供牲牢、酒备、军幕、什器，上下数十万人，一无阙者。及太祖回自长芦，复过魏州，绍威乘间谓太祖曰："邠、岐、太原终有狂谲之志，各以兴复唐室为词，王宜自取神器，以绝人望，天与不取，古人所非。"太祖深感之。及登极，加守太傅、兼中书令，赐号扶天启运竭节功臣。车驾将入洛，奉诏重修五凤楼、朝元殿，巨木良匠非当时所有，倏架于地，泝流西立于旧址之上，张设绨绣，皆有副焉。太祖甚喜，以宝带、名马赐之。先是，河朔三镇司管钥、备洒扫皆有阉人，绍威曰："此类皆宫禁指使，岂人臣家所宜畜也。"因搜获三十余辈，尽以来献，太祖嘉之。开平中，加守太师、兼中书令，邑万户。

绍威尝以临淄、海岱罢兵岁久，储庾山积，唯京师军民多而食益寡，愿于太行伐木，下安阳、淇门，斫船三百艘，置水运自大河入洛口，岁漕百万石，以给宿卫，太祖深然之。会绍威遘疾革，遣使上章乞骸骨，太祖抚案动容，顾使者曰："亟行语而主，为我强饭，如有不可讳，当世世贵尔子孙以相报也。"仍命其子周翰监总军府。及讣至，辍朝三日，册赠尚书令。绍威在镇凡十七年，年三十四薨。

绍威形貌魁伟，有英杰气，攻笔札，晓音律。性复精悍明敏，服膺儒术，明达吏理。好招延文士，聚书万卷，开学馆，置书楼，每歌酒宴会，与宾佐赋诗，颇有情致。江东人罗隐者，佐钱镠军幕，有诗名于天下。绍威遣使赂遗，叙南巷之敬，隐乃聚其所为诗投寄之。绍威酷嗜其作，因目己之所为曰《偷江东集》，至今邺中人士讽咏之。绍威尝有公谳诗云："帘前淡泊云头日，座上萧骚雨脚风。"虽深于诗者，亦所叹伏。

绍威子三人：长曰廷规，位至司农卿，尚太祖女安阳公主，又尚金华公主，早卒。次曰周翰，继为魏博节度使，亦早卒。季曰周敬，历滑州节度使，别有传。开平四年夏，诏金华公主出家为尼，居于宋州元静寺，盖太祖推恩于罗氏，令终其妇节也。

译文：

罗绍威，魏州贵乡县人。父亲罗弘信，原名罗宗弁，最初是马牧监，在节度使乐彦贞属下做事。光启末年，彦贞的儿子乐从训过于骄横跋扈，招聚军队，收集兵器，想要诛灭牙军。牙军很生气，就汇集在一起攻打从训，从训跑出去占据了相州。牙军废掉了彦贞，把他关押在龙兴寺，逼迫他当和尚，不久又将他杀掉，推举小校赵文建做了节度留后。先前，弘信曾自称在家里遇到一个白胡子老翁，老翁对他说："你会成为当地的主人。"像这样说了两遍，他私下感到很惊异。时间不长，文建的所作所为不被牙军所满意，牙军就聚集在一起大喊："谁愿意当节度使？"弘信应声而答："白胡子老翁早就任命了我，可以做你们的长官。"唐文德元年四月，牙军推举弘信做了节度留后。朝廷听说后，随即正式授予节度使官号。

乾宁年间，后梁太祖猛攻兖州、郓州，朱瑄向太原求援，当时李克用派大将李存信率军前往应援，向魏州方面借道通过，屯驻于莘县。存信统兵缺乏法度，稍稍损害了魏军的草场和牲畜，弘信对此深感不平。太祖趁机派遣使者对弘信说："太原方面志在吞并河朔地区，他们回师的时候，你们那里就值得忧虑了。"弘信听后很害怕，就归附了太祖，因而出动三万军队进攻李存信，将其击败。不久，李克用领兵进攻魏州，扎营于观音门外，将多数魏博镇属县都攻克了。太祖派葛从周前往援魏，在洹水一带与敌交战，俘获了克用的儿子落落，献给了太祖，太祖令将落落送给弘信，弘信将其斩首，晋军随之撤退。这时太祖正全力经营兖州、郓州，担忧弘信离心，每年四季都按时向他贿赂奉送财物，每次必定言辞谦卑而礼仪隆重。弘信每有回赠，太祖一定要当着魏使的面北向拜受，并说道："六兄比我年长一倍，我们是兄弟之国，怎么能用一般邻国的常礼来接待。"因此弘信认为太祖是厚待自己。其后弘信累迁至检校太尉，封为临清王。光化元年八月，逝世于官位。

绍威继承了父亲的官位，担任了留后，朝廷也顺便加以任命，不久又正式授给节度使官号，累次加官至检校太尉、兼侍中，封为长沙郡王。昭宗东迁洛阳，命令各道整修洛阳城区，而令绍威独自营建太庙，给他加官守侍中，进封邺王。

起初，至德年间，田承嗣设法据有相、魏、澶、博、卫、贝六州后，就在军中招募子弟，置于手下亲自统领，号称"牙军"，都给予优厚待遇，非常骄宠。随着年代延伸，他们父死子继，亲戚朋友互相联结，盘根错节，其中凶狠者，强取豪夺，违法犯令，官长都无法禁止。他们更换主帅，就如同儿戏一般，自田氏以后的近二百年内，主帅的被废止和被拥立，都出自牙军之手，如史宪诚、何全皞、韩君雄、乐彦贞，都是被他们拥立的。优待奖赏稍不如意，就会举族被杀。绍威鉴于以往的弊病，虽然也以财货笼络容忍他们，但内心怀恨。

绍威继承父位的第二年正月，幽州镇的刘仁恭拥有军队十万，图谋搅乱河朔地区，攻陷了贝州，长驱直入，进攻魏州城。绍威向太祖请求援兵，太祖派李思安前往救援，屯兵于洹水一带，葛从周从邢州、洺州一线领兵进入魏州。燕军将领刘守文、单可及与梁军在内黄交战，梁军大败燕军，并乘胜追击。碰巧从周也领兵出击，再度击败燕军，斩获敌军首级二万多。第三年，绍威派使者与梁军会合，一起进攻沧州，以报复刘仁恭。从此以后，绍威对太祖的援助很感恩，更加乐意归附。

绍威看到唐王朝国运衰落，割据群雄混战，太祖的军队在全国最强，必然会有取而代之的志向，因此就一心结交全力归附，以助成其事，可是又常常顾虑牙军发生变乱，内心无法自安。天祐初年，魏州州城地面无故自陷，不久就发生了小校李公佺阴谋兵变的事件，绍威越发害怕，就下定决心收拾牙军，派使者告诉了太祖，请求派兵作为外援。太祖允许了他的请求，派李思安会同魏博的军队再度进攻沧州。先前，安阳公主死于魏州，太祖就借此派长直军校马嗣勋挑选了精兵千人，将兵器藏在大袋子里，肩扛着进入了魏州州城，说是资助女儿的葬事。天祐三年正月五日，太祖亲率大军渡过黄河，声称要到沧州、景州视察行营，牙军对此很是怀疑。该月的十六日，绍威率领家奴、门客数百人与嗣勋一同进攻牙军，这时住在牙城的有一千多人，至天明时已全部被杀死。牙军总共有八千多家，全部都是举族被杀，州城也因此变得空荡荡了。第二天，太祖就从内黄赶至了邺城（即魏州城）。当时魏博的军队二万人，正与梁军一同围攻沧州，听说州城发生了变故，就拥立大将史仁遇退保于高唐城，魏博镇所辖六州，到处都有对抗的强敌，太祖派遣诸将分别讨伐，花了半年时间才平定。从此之后，绍威去掉了牙军的威胁，但很快也后悔自身受到了削弱。

没过几个月，又发生了浮阳战役，绍威主管后勤供应，自邺城至长芦的五百里之间，车辆拥挤，络绎不绝。他还在魏州建立了元帅府的衙署，沿路设置了转运站，供应牲畜，酒备、军用幕帐、日用物品，上上下下几十万人用的东西，无一缺乏。等太祖自长芦返回又路过魏州时，绍威找了一个机会对太祖说："邠州、岐州的李茂贞，太原的李克用最后都会有称帝的狂妄的野心，只是目前各以兴复唐朝为托词罢了，您应该自己去取得帝位，以断绝他人的企望，上天赐给而不接受，这是古人都非议的。"太祖深为这些话所打动。及太祖登基称帝，给绍威加官太傅、兼中书令，赐给他扶天启运竭节功臣号。皇帝将要进入洛阳的时候，他又接受皇帝命令重修五凤楼、朝元殿，巨大的木材和优良的工匠，当时都没有，他就先在地面上修好框架，然后溯流西上，立在原来的旧址之上，铺设张挂上各色丝织品，并另建了一套备用。太祖非常高兴，将宝带、名马赐给他。先前，河朔三镇掌管钥匙、打扫卫生的都是宦官，绍威认为："这类人都是皇宫中役使的人，哪是大臣家应该留用的呢？"就搜罗了三十多人，全部献给了朝廷，太祖对此很赞赏。开平年间，又加官守太师、兼中书令，封邑一万户。

绍威曾因临淄、海岱地区战争停息时间已久，仓库粮食堆积如山，只有京城军民人口众多粮食缺乏，希望从太行山伐取树木，运到安阳、淇门，造船三百艘，开办从黄河到洛的水运，可以每年漕运粮食一百万石，用以供给京城的军民，太祖对此深表赞成。绍威患病垂危，派使者上奏章请求退职，太祖抚摸着书案很感动，望着使者说道："赶快回去告诉你的主人，替我劝他强吃些饭，假如真有不幸的话，告诉他我会以世世代代让子孙富贵作为回报。"就任命他的儿子罗周翰总揽军府事务。他死讯的讣告传来之后，朝廷为此停朝三天，追赠他为尚书令。绍威在魏博担任主帅总共十七年，死时年龄三十四岁。

绍威身材魁伟，具有英雄的气质，工书善文，通晓音乐。生性聪明强干，推崇儒学，对官场事物很了解。喜欢招揽文人，收集了一万卷书籍，开办学馆，建藏书楼，每当举行歌酒宴会，都要与幕僚们一起吟诗作赋，极富韵味。有个江东人罗隐，在钱镠属下任幕僚，以善诗闻名天下。绍威派人向他赠送财物，表达南巷敬意，罗隐就将自己所写的诗收集投寄给他。绍威非常喜欢罗隐的诗作，就把自己所作的诗取名《偷江东集》，直到如今邺城中的人士还吟诵他的诗作。绍威曾有公宴诗称："帘前淡泊云头日，座上萧骚雨脚风。"就是擅长写诗的人，对此也很叹服。

绍威有三个儿子，长子叫廷规，官至司农卿，娶了太祖的女儿安阳公主，又娶了金华公主，年轻的时候就死了。次子叫周翰，继承父位做了魏博节度使，也是年轻时就死了。最小的儿子叫周敬，任至滑州节度使，另有传记。开平四年夏，皇帝命金华公主出家当了尼姑，在宋州元静寺，这是太祖向罗氏施恩，要她把妇道的节操保持下去。

旧五代史卷十六

梁书十六

列传第六

葛从周

葛从周，字通美，濮州鄄城人也。曾祖阮，祖遇贤，父简，累赠兵部尚书。从周少豁达，有智略，初入黄巢军，渐至军校。唐中和四年三月，太祖大破巢军于王满渡，从周与霍存、张归霸昆弟相率来降。七月，从太祖屯兵于西华，破蔡贼王夏寨。太祖临阵马踣，贼众来追甚急，从周扶太祖上马，与贼军格斗，伤面，矢中于肱，身被数枪，奋命以卫太祖。赖张延寿回马转斗，从周与太祖俱免，退军溵水。诸将并削职，唯擢从周、延寿为大校。其从入长葛、灵井，大败蔡贼，至斤沟、泚河，杀铁林三千人，获九寨都虞候王涓。

太祖遣郭言募兵于陕州，有黄花子贼据于温谷，从周击破之。又破秦贤之众于荥阳，寻佐朱珍收兵于淄、青间。时兖州齐克让军于任城，从周败之，擒其将吕全真。淄人不受制，复与之战，获其骁将巩约。会青州以步骑万余人列三寨于金岭，以扼要害，从周与朱珍大歼其众，掳其将杨昭范五人而还。至大梁，不解甲，径至板桥击蔡贼，破卢瑭寨，瑭自溺而死，又于赤堈杀蔡军二万余人。从讨谢殷于亳州，擒之。回袭曹州，掳刺史丘弘礼以归。与兖、郓军遇于临濮之刘桥，杀数万人，朱瑄、朱瑾仅以身免，擒都将邹务卿已下五十人。从太祖至范县，复与朱瑄战，掳尹万荣等三人，遂平濮州。未几，与朱珍击蔡贼于陈、亳间，获都将石璠。

文德元年，魏博军乱，乐从训来告急，从太祖渡河，拔黎阳、李固、临河等镇，至内黄，破魏军万余众，获其将周儒等十人。李罕之引并人围张全义于河阳，从周与丁会、张存敬、牛存节率兵赴援，大破并军，杀蕃汉二万人，解河阳之围，以功表授检校工部尚书。从朱珍讨徐州，拔丰县，败时溥于吴康，得其辎重，加检校刑部尚书。佐庞师古讨孙儒于淮南，略地至庐、寿、滁等州，下天长、高邮，破邵伯堰。回军攻濠州，杀刺史魏勋，得饷船十艘。

大顺元年八月，并帅围潞州，太祖遣从周率敢死之士，夜衔枚犯围而入，会王师不利于马牢川，即弃上党而归。其年十二月，与丁会诸将讨魏州，连收十邑。明年正月，大破魏军于永定桥，魏军五败，斩首万余级。十月，佐丁会攻宿州，从周壅水灌其城，刺史张筠以郡降。从讨兖州，破朱瑾之军于马沟。景福二年二月，与诸将大破徐、兖之兵于石佛山。八月，与庞师古同攻兖州。

乾宁元年三月，军至新太县，朱瑾令都将张约、李胡椒率三千人来拒战，师古遣从周、张存敬掩袭，生擒张约、李胡椒等都将数十人。二年十月，围兖州，兖人不出，从周诈扬言并人、郓人来救，即引军趋高吴，夜半却潜归寨。朱瑾果出兵攻外壕，我军士突出，掩杀千余人，生擒都将孙汉筠。从周累立战功，自怀州刺史历曹、宿二州刺史，累迁检校左仆射。

三年五月，并帅以大军侵魏，遣其子落落率二千骑屯洹水，从周以马步二千人击之，杀戮殆尽，擒落落于阵，并帅号泣而去。遂自洹水与庞师古渡河击郓。四年正月，下之。从周乘胜伐兖，会朱瑾出师在徐境，其将康怀英以城降，以功授兖州留后、检校司空。复领兵万余人渡淮讨杨行密，至濠州，闻庞师古清口之败，遽班师。光化元年四月，率师经略山东，时并帅以大军屯邢、洺，从周至巨鹿与并军遇，大破之，并帅遁走。我军追袭至青山口，数日之内，邢、洺、磁三州连下，斩首二万级，获将吏一百五十人，即以从周兼领邢州留后。十月，复破并军五千骑于张公桥。晋将李嗣昭急攻邢州，阵于城门外，从周大破之，擒蕃将贡金铁、慕容胜百余人。

二年春，幽州刘仁恭率军十万寇魏州，屠贝郡。从周自邢台驰入魏州，燕军突上水关，攻馆陶门。从周与贺德伦率五百骑出战，谓门者曰："前有敌，不可返顾！"命阖其门。从周等极力死战，大败燕人，擒都将薛突厥、王邻郎等。翊日，破其八寨，追击至临清，刘仁恭走沧州，从周授宣义军行军司马。五月，并人讨李罕之于潞州，太祖以丁会代罕之，令从周驰入上党。七月，并人陷泽州，太祖召从周，令贺德伦守潞州，德伦等寻弃城而归。三年四月，领军讨沧州，先攻德州，下之。及进攻浮阳，幽州刘仁恭大举来援，时都监蒋玄晖谓诸将曰："吾王命我护军，志在攻取，今燕帅来赴，不可外战，当纵其入壁，聚食困廪，力屈粮尽，必可取也。"从周对曰："兵在机，机在上将，非督护所言也。"乃令张存敬、氏叔琮守其寨。从周逆战于乾宁军老鸦堤，大破燕军，斩首三万，获将佐马慎交已下百余人，夺马三千匹。八月，并人攻邢、洺，从太祖破之，从周追袭至青山口，斩首五千级，获其将王郜郎、杨师悦等，得马千匹，表授检校太保兼徐州两使留后，寻为兖州节度使。

天复元年三月，与氏叔琮讨太原，从周以兖、郓之众，自土门路入，与诸军会于晋阳城下，以粮运不给，班师。顷之，从周染疾，会青州将刘鄩陷兖州，太祖命讨之，遂力疾临戎。三年十一月，鄩举城降，以功授检校太傅。太祖以从周抱疾既久，命康怀英代之，授左金吾上将军，以风恙不任朝谒，改右卫上将军致仕，养疾偃师县亳邑乡之别墅。顷之，授太子太师，依前致仕。末帝即位，制授潞州节度使，令坐食其俸，加开府仪同三司、检校太师、兼侍中，封陈留郡王，累食邑至七千户，命近臣赍旌节就别墅以赐之。贞明初，卒于家。册赠太尉。

译文：

葛从周，字通美，濮州鄄城县人。曾祖父葛阮、祖父葛遇贤、父亲葛简，都累次追赠至兵部尚书。从周少年时就性情豁达，足智多谋，最初加入黄巢军中，逐渐升至军校。唐中和四年三月，后梁太祖于王满渡大破黄巢军队，从周与霍存、张归霸兄弟相继来降。七月，跟随太祖屯兵于西华，攻破蔡州贼军王夏寨。太祖亲临战阵时坐骑倒地，贼军过来追赶，情况非常危急，从周赶快把太祖扶上马，然后与贼军拼力格斗，脸部受了伤，胳膊被箭击中，身上也被刺中数枪，但他仍拼命保护太祖，幸亏张延寿回马来救，从周与太祖才一起脱离了危险，随后部队撤至溵水一带。诸将都被降职，只有从周、延寿受到提拔，升为大校。他还随从太祖进军长葛、灵井，大败蔡州贼军，进至斤沟、氵殷河时，杀死铁林三千人，俘获九寨都虞候王涓。

太祖派郭言前往陕州招募士兵，有一支叫作黄花子的贼军占据着温谷，从周将其击败，并于荥阳击败秦贤的部众，不久又帮助朱珍在淄、青一带扩充军队。这时兖州的齐克让屯兵于任城，从周将其击败，擒获了他们的将领吕全真。淄州人不服从统治，从周又与之作战，俘获了他们的猛将巩约。又遇上青州方面将一万多步兵、骑兵分为三寨部署于金岭，用以扼守要塞，从周与朱珍将其歼灭大半，俘获了将领杨昭范等人，随后还师。回到大梁后又兵不解甲，直奔板桥出击蔡州贼军，攻破卢瑭营寨，卢瑭兵败跳水自杀。还于赤岗一战歼灭蔡军二万多人。跟随太祖于亳州讨伐谢殷，将其擒获。随即又回师袭击曹州，抓获刺史丘弘礼而归。与兖、郓兵遭遇于临濮的刘桥，歼灭敌军数万人，朱瑄、朱瑾只身逃跑，生擒都将邹务卿以下五十人。随从太祖出征至范县，再度与朱瑄交战，生擒尹万荣等三人，于是平定濮州。不久，与朱珍一起出击蔡州败军于陈州、亳州之间，俘获敌军都将石璠。

文德元年，魏博镇发生兵变，乐从训前来告急求援，从周随太祖渡过黄河，相继攻克黎阳、李固、临河等镇，行至内黄时，又击败魏博军一万多人，俘获其将领周儒等十人。李罕之带领并州军于河阳包围了张全义，从周与丁会、张存敬、牛存节率兵赴援，大败并州军，杀死蕃汉兵二万人，解救了河阳之围，他因军功被授为检校工部尚书。随朱珍讨伐徐州，攻克了丰县，在吴康击败时溥，缴获了他的辎重，因此被加官为检校刑部尚书。佐助庞师古于淮南讨伐孙儒，攻入庐州、寿州、滁州等地，连克天长、高邮，破坏了邵伯堰。回师途中又进攻濠州，杀死刺史魏勋，获得装载官饷的船只十艘。

大顺元年八月，并州军主帅领兵围攻潞州，太祖派从周率敢死队深夜秘密行动，隐蔽接敌，突破敌军包围圈进入潞州，恰逢后梁军队在马牢川失利，从周也随即放弃上党回师。这年的十二月，与丁会等将领讨伐魏州，连续攻克十座城邑。第二年正月，于永定桥大破魏军，连续五仗都打败魏军，斩首一万余级。十月，协助丁会进攻宿州，从周筑坝蓄水灌城，宿州刺史张筠被迫率全州投降。随从讨伐兖州，于马沟攻破朱瑾军。景福二年二月，与诸将一起大破徐州、兖州军于石佛山。八月，与庞师古一同进攻徐州。

乾宁元年三月，进军至新太县，朱瑾命都将张约、李胡椒率兵三千前来阻击，帅古派从周、张存敬突袭敌军，生擒张约、李胡椒等都将数十人。二年十月，从周率军围攻兖州，兖州守军不肯出战，从周故意扬言并州军、郓州军前来增援，随即领军直趋高吴，到了深夜又秘密返回营寨。朱瑾果然派出军队来攻外壕，于是梁军突然出击，歼灭敌军一千多人，生擒敌军都将张汉筠。从周屡立战功，自怀州刺史起，历任曹、宿二州刺史，累迁至检校左仆射。

乾宁三年五月，并州军主帅领兵大举侵犯魏博镇，派他的儿子落落率二千骑兵驻扎于洹水一带，从周动用二千骑兵和步兵向他发起进攻，几乎全歼敌军，于阵前生擒落落，并州帅只好挥泪撤军。从周接着又同庞师古从洹水渡过黄河出击郓州。四年正月，攻克郓州。从周又乘胜进攻兖州，正巧这时朱瑾领兵在徐州，他的部将康怀英就带领全城投降了从周，从周以战功被授为兖州留后、检校司空。又率军一万余人渡过淮河讨伐杨行密，进至濠州，听到庞师古清口战役失败的消息，便迅速撤了回来。光化元年四月，率军经营山东地区，当时并州军主帅正统领大军屯集于邢、洺州一带，从周进至巨鹿时与并州军遭遇，结果大败敌军，并州军主帅兵败而逃，梁兵继续追击，直至青山口，数日之内连克邢、洺、磁三州，斩首敌军二万级,俘获将吏一百五十人,随即朝廷任命从周兼领邢州留后。十月,再度于张公桥击败并州军五千骑兵。并州军将领李嗣昭猛烈反攻邢州,在城门外摆开战阵,从周又出战大败敌军,生擒蕃将贲金铁、慕容胜一百多人。

光化二年春天,幽州的刘仁恭率十万大军侵犯魏州,在贝州实行屠城。从周自邢台驰援魏州,燕军突破上水关,进攻馆陶门,从周与贺德伦率五百骑兵出战,临出城门时他对守门人讲:"只要前面还有敌人,就不允许我们的人退回城门!"命令将城门关闭。从周等人拼死力战,大败燕军,擒获都将薛突厥、王郐郎等人。第二天,又攻破燕军八寨,一直跟踪追击至临清,刘仁恭败逃至沧州,从周因功授为宣义军行军司马。五月,并州军进攻潞州的李罕之,太祖派丁会接替罕之,命令从周驰援上党。七月,并州军攻陷泽州,太祖召回从周,命令贺德伦守卫潞州,德伦等不久便弃城而归。三年四月,率军讨伐沧州,他先进攻德州并很快攻克。等到进攻浮阳时,幽州的刘仁恭率军大举来援,这时都监蒋玄晖对诸将说:"梁王命令我来监护部队,意在攻取沧州,现在燕军主帅率军来援,我们不能与他们进行野战,应当任凭他们进入壁垒,消耗他们的粮仓,等到力疲粮尽,一定能够打败他们。"从周回答说:"打仗在于捕捉战机,战机捕捉要看主将,不像你说的那样。"就命令张存敬、氏叔琮守卫营寨。从周率军迎战于乾宁军老鸦堤,大败燕军,斩首三万级,俘获敌军部将马慎交以下一百多人,缴获马匹三千。八月,并州军进攻邢州、洺州,从周随太祖击败敌军,一直追袭至青山口,斩首五千级,俘获敌军将领王郐郎、杨师锐等人,缴获马匹一千,因功被授为检校太保兼徐州两使留后,不久又任兖州节度使。

天复元年三月,与氏叔琮讨伐太原,从周率兖、郓方面的部队自土门路进军，与诸军会师于晋阳城下，因粮食供应缺乏而退师。不久从周患病，恰巧这时青州军将刘鄩攻陷兖州，太祖命令从周前去讨伐，于是带病出征。三年十一月，刘鄩举城投降，从周因功授官检校太傅。太祖鉴于从周患病时间已久，就令康怀英接替他的职务，授他为左金吾上将军，他因中风瘫痪无法上朝，又改授为右卫上将军，退休养病于偃师县亳邑乡的别墅。不久，授为太子太师，依旧退休。末帝继位，又授他为潞州节度使，享受此职的俸禄，加官开府仪同三司、检校太师、兼侍中，封为陈留郡王，食邑累至七千户，命令近臣带着节度使的旌节到别墅赐给他。贞明年间初，在家中逝世，被朝廷追赠为太尉。

唐 书

旧五代史卷二十五

唐书一

武皇本纪上

李克用

太祖武皇帝，讳克用，本姓朱耶氏，其先陇右金城人也。始祖拔野，唐贞观中为墨离军使，从太宗讨高丽、薛延陀有功，为金方道副都护，因家于瓜州。太宗平薛延陀诸部，于安西、北庭置都护属之，分同罗、仆骨之人，置沙陀都督府。盖北庭有碛曰沙陀，故因以为名焉。永徽中，以拔野为都督，其后子孙五世相承。曾祖尽忠，贞元中，继为沙陀府都督。既而为吐蕃所陷，乃举其族七千帐徙于甘州。尽忠寻率部众三万东奔，俄而吐蕃追兵大至，尽忠战殁。祖执宜，即尽忠之长子也，收合余众，至于灵州，德宗命为阴山府都督。元和初，入为金吾将军，迁蔚州刺史、代北行营招抚使。庄宗即位，追谥为昭烈皇帝，庙号懿祖。烈考国昌，本名赤心，唐朔州刺史。咸通中，讨庞勋有功，人为金吾上将军，赐姓李氏，名国昌，仍系郑王房。出为振武节度使，寻为吐浑所袭，退保于神武川。及武皇镇太原，表为代北军节度使。中和三年薨。庄宗即位，追谥为文皇，庙号献祖。

武皇即献祖之第三子也。母秦氏，以大中十年丙子岁九月二十二日，生于神武川之新城。在娠十三月，载诞之际，母艰危者竟夕，族人忧骇，市药于雁门，遇神叟告曰："非巫医所及，可驰归，尽率部人，被甲持旄，击钲鼓，跃马大噪，环所居三周而止。"族人如其教，果无恙而生。是时，虹光烛室，白气充庭，井水暴溢。武皇始言，喜军中语，龆龀善骑射，与侪类驰骋嬉戏，必出其右。年十三，见双凫翔于空，射之连中，众皆臣伏。新城北有毗沙天王祠，祠前井一日沸溢，武皇因持卮酒而奠曰："予有尊主济民之志，无何井溢，故未察其祸福，惟天王若有神奇，可与仆交谈。"奠酒未已，有神人被金甲持戈，隐然出于壁间，见者大惊走，唯武皇从容而退，繇是益自负。

献祖之讨庞勋也，武皇年十五，从征，摧锋陷阵，出诸将之右，军中目为"飞虎子"。贼平，献祖授振武节度使。武皇为云中牙将。尝在云中，宿于别馆，拥妓醉寝，有侠儿持刃欲害武皇，及突入曲室，但见烈火炽赫于帐中，侠儿骇异而退。又尝与达靼部人角胜，达靼指双雕于空曰："公能一发中否？"武皇即弯弧发矢，连贯双雕，边人拜伏。及壮，为云中守捉使，事防御使支谟，与同列晨集廨舍，因戏升郡阁，踞谟之座，谟亦不敢诘。

乾符三年，朝廷以段文楚为代北水陆发运、云州防御使。时岁荐饥，文楚稍削军食，诸军咸怨。武皇为云中防边督将，部下争诉以军食不充，边校程怀素、王行审、盖寓、李存璋、薛铁山、康君立等，即拥武皇入云州，众且万人，营于斗鸡台，城中械文楚出，以应于外。诸将列状以闻，请授武皇旄钺，朝廷不允，征诸道兵以讨之。

乾符五年，黄巢渡江，其势滋蔓，天子乃悟其事，以武皇为大同军节度使、检校工部尚书。

冬，献祖出师讨党项，吐浑赫连铎乘虚陷振武，举族为吐浑所掳。武皇至定边军迎献祖归云州，云州守将拒关不纳。武皇略蔚、朔之地，得三千人，屯神武川之新城。赫连铎昼夜攻围，武皇昆弟三人四面应贼，俄而献祖自蔚州引军至，吐浑退走，自是军势复振。天子以赫连铎为大同军节度使，仍命进军以讨武皇。

乾符六年春，朝廷以昭义节度使李钧充北面招讨使，将上党、太原之师过石岭关，屯于代州，与幽州李可举会赫连铎同攻蔚州。献祖以一军御之，武皇以一军南抵遮虏城以拒李钧。是冬大雪，弓弩弦折，南军苦寒，临战大败，奔归代州，李钧中流矢而卒。

广明元年春，天子复命元帅李涿率兵数万屯代州。武皇令军使傅文达起兵于蔚州，朔州刺史高文集与薛葛、安庆等部将缚文达送于李涿。六月，李涿引大军攻蔚州，献祖战不利，乃率其族奔于达靼部。居数月，吐浑赫连铎密遣人赂达靼以离间献祖，既而渐生猜阻。武皇知之，每召其豪右射猎于野，或与之百步驰射马鞭，或以悬针树叶为的，中之如神，由是部人心伏，不敢窃发。俄而黄巢自江、淮北渡，武皇椎牛酾酒，飨其酋首，酒酣，喻之曰："予父子为贼臣谗间，报国无由。今闻黄巢北犯江、淮，必为中原之患。一日天子赦宥，有诏征兵，仆与公等南向而定天下，是予心也。人生世间，光景几何，曷能终老沙堆中哉！公等勉之。"达靼知无留意，皆释然无间。

是岁十一月，黄巢寇潼关，天子令河东监军陈景思为代北起军使，收兵破贼。十二月，黄巢犯长安，僖宗幸蜀，陈景思与李友金发沙陀诸部五千骑南赴京师。友金即武皇之族父也。

中和元年二月，友金军至绛州，将渡河，刺史瞿正谓陈景思曰："巢贼方盛，不如且还代北，徐图利害。"四月，友金旋军雁门，瞿正至代州，半月之间，募兵三万，营于崞县之西。其军皆北边五部之众，不闲军法，瞿正、李友金不能制。友金谓景思曰："兴大众，成大事，当威名素著，则可以伏人。今军虽数万，苟无善帅，进亦无功。吾兄李司徒父子，去岁获罪于国家，今寄北部，雄武之略，为众所推。若骠骑急奏召还，代北之人一麾响应，则妖贼不足平也。"景思然之，促奏行在。天子乃以武皇为雁门节度使，仍令以本军讨贼。李友金发五百骑赍诏召武皇于达靼，武皇即率达靼诸部万人趋雁门。五月，整兵二万，南向京师。太原郑从谠以兵守石岭关，武皇乃引军出他道，至太原城下，会大雨，班师于雁门。

中和二年八月，献祖自达靼部率其族归代州。十月，武皇率忻、代、蔚、朔、达靼之军三万五千骑，赴难于京师。先移檄太原，郑从谠拒关不纳，武皇以兵击之，进军至城下，遣人赍币马遗从谠，从谠亦遣人馈武皇货币、饔饩、军器。武皇南去，自阴地趋晋、绛。十二月，武皇至河中。

中和三年正月，晋国公王铎承制授武皇东北面行营都统。武皇令其弟克修领前锋五百骑渡河视贼。黄巢遣将米重威赍重赂及伪诏以赐武皇，武皇纳其赂以给诸将，燔其伪诏。是时，诸道勤王之师云集京畿，然以贼势尚炽，未敢争锋。及武皇将至，贼帅相谓曰："鸦儿军至，当避其锋。"武皇以兵自夏阳济河。二月，营于乾坑店。黄巢大将尚让、林言、王璠、赵璋等引军十五万屯于梁田陂。翌日，大军合战，自午及晡，巢贼大败。是夜，贼众遁据华州。武皇进军围之，巢弟黄邺、黄揆固守。三月，尚让引大军赴援，武皇率兵万余逆战于零口，巢军大败，武皇进军渭桥。翌日，黄揆弃华州而遁。王铎承制授武皇雁门节度使、检校尚书左仆射。四月，黄巢燔长安，收其余众，东走蓝关。武皇进收京师。七月，天子授武皇金紫光禄大夫、检校左仆射、河东节度使。

是时，武皇既收长安，军势甚雄，诸侯之师皆畏之。武皇一目微眇，故其时号为"独眼龙"。是月，武皇仗节赴镇，遣使报郑从谠，请治装归朝。武皇次于郊外，因往赴雁门宁觐献祖。八月，自雁门赴镇河东，时年二十有八。十一月，平潞州，表其弟克修为昭义节度使。潞帅孟方立退保于邢州。

十二月，许帅田从异、汴帅朱温、徐帅时溥、陈州刺史赵犨各遣使来告，以巢、蔡合从，凶锋尚炽，请武皇共力讨贼。

中和四年春，武皇率蕃汉之师五万，自泽、潞将下天井关，河阳节度使诸葛爽辞以河桥不完，乃屯兵于万善。数日，移军自河中南渡，趋汝、洛。四月，武皇合徐、汴之师破尚让于太康，斩获万计，进攻贼于西华，贼将黄邺弃营而遁。是夜大雨，巢营中惊乱，乃弃西华之垒，退营陈州北故阳里。五月癸亥。大雨震电，平地水深数尺，贼营为水所漂而溃。戊辰，武皇引军营于中牟，大破贼于王满渡。庚午，巢贼大至，济汴而北。是夜复大雨，贼党惊溃。武皇营于郑州，贼众分寇汴境。武皇渡汴，遇贼将渡而南，半济击之，大败之，临阵斩贼将李周、王济安、阳景彪等。是夜，贼大败，残众保于胙县、冤句。大军蹑之，黄巢乃携妻子兄弟千余人东走，武皇追贼至于曹州。

是月，班师过汴，汴帅迎劳于封禅寺，请武皇休于府第，乃以从官三百人及监军使陈景思馆于上源驿。是夜，张乐陈宴席，汴帅自佐飨，出珍币侑劝。武皇酒酣，戏诸侍妓，与汴帅握手，叙破贼事以为乐。汴帅素忌武皇，乃与其将杨彦洪密谋窃发，彦洪于巷陌连车树栅，以扼奔窜之路。时武皇之从官皆醉，俄而伏兵窃发，来攻传舍。武皇方大醉，噪声动地，从官十余人捍贼。

侍人郭景铢灭烛扶武皇，以茵幕裹之，匿于床下，以水洒面，徐曰："汴帅谋害司空！"武皇方张目而起，引弓抗贼。有顷，烟火四合，复大雨震电，武皇得从者薛铁山、贺回鹘等数人而去。雨水如澍，不辨人物，随电光登尉氏门，缒城而出，得还本营。监军陈景思、大将史敬思并遇害。武皇既还营，与刘夫人相向恸哭。诘旦，欲勒军攻汴，夫人曰："司空比为国家讨贼，赴东诸侯之急，虽汴人谋害，自有朝廷论列。若反戈攻城，则曲在我也，人得以为辞。"乃收军而去，驰檄于汴帅。汴帅报曰："窃发之夜，非仆本心，是朝廷遣天使与牙将杨彦洪同谋也。"武皇自武牢关西趋蒲、陕而旋。秋七月，至太原。武皇自以累立大功，为汴帅怨图，陷没诸将，乃上章申理。及武皇表至，朝廷大怨，遣内臣宣谕，寻加守太傅、同平章事、陇西郡王。

光启元年三月，幽州李可举、镇州王景崇连兵寇定州，节度使王处存求援于武皇，武皇遣大将康君立、安老、薛可、郭啜率兵赴之。五月，镇人攻无极，武皇亲领兵救之。镇人退保新城，武皇攻之，斩首万余级，获马千匹。王处存亦败燕军于易州。

十一月，河中王重荣遣使来乞师，且言邠州朱玫、凤翔李昌符将加兵于己。初，武皇与汴人构怨，前后八表，请削夺汴帅官爵，自以本军进讨。天子累遣内臣杨复恭宣旨，令且全大体，武皇不时奉诏，天子颇右汴帅。时观军容使田令孜君侧擅权，恶王重荣与武皇胶固，将离其势，乃移重荣于定州。重荣告于武皇，武皇上章言："李符、朱玫挟邪忌正，党庇朱温。臣已点检蕃汉军五万，取来年渡河，先斩朱玫、李昌符，然后平荡朱温。"天子览表，遣使譬喻百端，轺传相望。既而朱玫引邠、凤之师攻河中，王重荣出师拒战。朱玫军于沙苑，对垒月余。十二月，武皇引军渡河，与朱玫决战，玫大败，收军夜遁，入于京师。时京城人骇，天子幸凤翔，武皇退军于河中。

光启二年正月，僖宗驻跸于宝鸡，武皇自河中遣使上章，请车驾还京，且言大军止诛凶党。时田令孜请僖宗南幸兴元，武皇遂班师。朱玫于凤翔立嗣襄王煴为帝，以伪诏赐武皇，武皇燔之，械其使，驰檄诸方镇，遣使奉表于行在。

九月，武皇遣昭义节度使李克修讨孟方立于邢州，大败方立之众于焦岗，斩首数千级。以大将安金俊为邢州刺史，以抚其降人。十月，进攻邢州，邢人出战，又败之。孟方立求援于镇州，镇人出兵三万以援方立。克修班师。

光启三年六月，河中节度使王重荣为部将常行儒所杀，武皇表重荣兄重盈为帅。七月，武皇以安金俊为泽州刺史。时张全义自河阳据泽州，及李罕之收复河阳，召全义令守洛阳，全义乃弃泽州而去，故以金俊守之。

文德元年二月，僖宗自兴元还京。三月，僖宗崩，昭宗即位，以武皇为开府仪同三司、检校太师、兼侍中、陇西郡王，食邑七千户，食实封二百户。河南尹张全义潜兵夜袭李罕之于河阳，城陷，举族为全义所掳，罕之逾垣获免，来归于武皇。遣李存孝、薛阿檀、史俨儿、安金俊、安休休将七千骑送罕之至河阳。汴将丁会、牛存节、葛从周将兵赴援，李存孝率精骑逆战于温县。汴人既扼太行之路，存孝殿军而退。骑将安休休以战不利，奔于蔡。武皇以罕之为泽州刺史，遥领河阳节度使。

十月，邢州孟方立遣大将奚忠信将兵三万寇辽州，武皇大破之，斩首万级，生擒奚忠信。

龙纪元年五月，遣李罕之、李存孝攻邢州。六月，下磁州。邢将马溉率兵数万来拒战，罕之败之于琉璃陂，生擒马溉，狗于城下。孟方立恚恨，饮酖而死。三军立其侄迁为留后。使求援于汴。汴将王虔裕率精甲数百入于邢州，罕之等班师。

大顺元年，遣李存孝攻邢州，孟迁以邢、洺、磁三州降，执汴将王虔裕三百人以献。武皇徙孟迁于太原，以安金俊为邢洺团练使。

三月，昭义军节度使李克修卒，以李克恭为潞州节度使。是月，武皇攻云州，拔其东城。赫连铎求援于燕，燕帅李匡威将兵三万以赴之，战于城下，燕军大败。时徐州时溥为汴军所攻，遣使来求援，武皇命石君和由兖、郓以赴之。

五月，潞州军乱，杀节度使李克恭，州人推牙将安居受为留后，南结汴将。时潞之小将冯霸拥叛徒三千骑驻于沁水，居受使人召之，冯霸不至。居受惧，出奔至长子，为村胥所杀，传首于霸，霸遂入潞州，自为留后。武皇遣大将康君立、李存孝等攻之，汴将朱崇节、葛从周率兵入潞州以固之。是时，幽州李匡威、云州赫连铎与汴帅协谋，连上表请加兵于太原，宰相张浚、孔纬赞成其事。六月，天子削夺武皇官爵，以张浚为招讨使，以京兆尹孙揆为副，华州韩建为行营都虞候，以汴帅为河东南面招讨使，幽州李匡威为河东北面招讨使，云州赫连铎为副。汴将朱友裕将兵屯晋、绛，时汴军已据潞州，又遣大将李谠等率军数万，急攻泽州，武皇遣李存孝自潞州将三千骑以援之。汴将邓季筠以一军犯阵，存孝追击，擒其都将十数人，获马千余匹。是夜，李谠收军而退，大军掩击至马牢关，斩首万余级，追袭至怀州而还。存孝复引军攻潞州。

八月，存孝擒新授昭义节度使孙揆。初，朝廷授揆节钺，以本军取刀黄岭路赴任，存孝侦知之，引骑三百伏于长子县崖谷间。揆建牙持节，褒衣大盖，拥众而行，存孝突出谷口，遂擒揆及中使韩归范，并将校五百人。存孝械揆等，以组练击之，环于潞州，遂献于武皇。武皇谓揆曰："公缙绅之士，安言徐步可至达官，何用如是！"揆无以对，令系于晋阳狱。武皇将用为副使，使人诱之，揆言不逊，遂杀之。

九月，汴将葛从周弃潞州而遁，武皇以康君立为潞州节度使，以李存孝为汾州刺史。十月，张浚之师入晋州，游军至汾、隰。武皇遣薛铁山、李承嗣将骑三千出阴地关，营于洪洞，遣李存孝将兵五千，营于赵城。华州韩建以壮士三百人冒犯存孝之营，存孝追击，直压晋州西门，张浚之师出战，为存孝所败，自是闭壁不出。存孝引军攻绛州。十二月，晋州刺史张行恭弃城而奔，韩建、张浚由含山路遁去。

大顺二年春正月，武皇上章申理，其略曰："臣今身无官爵，名是罪人，不敢归陛下藩方，且欲于河中寄寓，进退行止，伏候圣裁。"天子寻就加守中书令。是月，魏博为汴将葛从周所寇，节度使罗弘信遣使来求援，武皇出师以赴之。

三月，邢州节度使安知建叛，奔青州。天子以知建为神武统军，自棣州泝河归朝。郓州朱瑄邀斩于河上，传首晋阳，以李存孝为邢州节度使。

四月，武皇大举兵讨赫连铎于云州，遣骑将薛阿檀率前军以进攻，武皇设伏兵于御河之上，大破之，因堙守其城。七月，武皇进军柳会，赫连铎力屈食尽，奔于吐浑部，遂归幽州，云州平。武皇表石善友为大同军防御使。

邢州节度使李存孝以镇州王镕托附汴人，谋乱河朔，北连燕寇，请乘云、代之捷，平定燕、赵，武皇然之。八月，大蒐于晋阳，遂南巡泽、潞，略地怀、孟，河阳赵克裕望风送款，请修邻好。九月，蒐于邢州。十月，李存孝董前军攻临城，镇人五万营于临城西北龙尾岗，武皇令李存审、李存贤以步军攻之，镇人大败，杀获万计，拔临城，进攻元氏。幽州李匡威以步骑五万营于鄗邑，以援镇州，武皇分兵大掠，旋军邢州。

译文：

  太祖武皇帝，讳克用。本姓朱耶氏，他的祖先是陇右金城人。始祖拔野，唐代贞观年间曾为墨离军使，跟从唐太宗征讨高丽、薛延陀有功，官为金方道副都护，因而在瓜州安家。太宗平定薛延陀诸部，在安西、北庭设置都护作为朝廷的附属，又分同罗、仆骨之人，设置沙陀都督府。因为北延有沙漠叫沙陀，所以以此为名。唐高宗永徽年间，任命拔野为沙陀都督府都督，以后他的子孙五代就继承延续下来。克用的曾祖名尽忠，唐德宗贞元年间，继位为沙陀府都督，后来被吐蕃攻陷，于是将全族七千帐迁徙到甘州。尽忠率领部众三万向东逃奔，不久吐蕃大兵追至，尽忠战死。祖父执宜，就是尽忠的长子，收聚余众，到了灵州，德宗任命他为阴山府都督。唐宪宗元和初年，入朝为金吾将军，升迁而为蔚州刺史、代北行营招抚使。后唐庄宗即皇帝位，追谥为昭烈皇帝，庙号懿祖。父亲是功名显赫的李国昌，本名赤心，是唐朝朔州刺史。唐懿宗咸通年间，征讨庞勋有功，入朝为金吾上将军，赐姓李氏，赐名国昌，仍然承继郑王家族房系，后来朝廷又派他出任振武节度使，不久被吐浑袭击，退保于神武川。及至武皇李克用镇守太原，表他为代北军节度使。唐僖宗中和三年逝世。后唐庄宗即皇帝位，追谥为文皇，庙号献祖。

  武皇就是献祖的第三子。母亲秦氏，于唐宣宗大中十年丙子岁九月二十二日，生于神武川的新城。秦氏怀孕十三个月，临产之际，艰难之至，整夜濒临危险，族人惊骇忧惧，到雁门去买催产的药剂，路上遇见一个神仙老人，告诉他们说："这不是巫医能治得了的，你们赶紧骑马回去，把全部族的人都率领起来，穿上盔甲，手执旄旗，敲响钲鼓，环绕产妇所住的地方跃马大噪三圈，然后停下来。"族人照他说的做了，果然顺利地生下婴儿。当时，虹光照耀着室内，白气弥漫着庭院，井水暴然溢出。武皇刚刚学语，就喜欢军中术语，童年时就善于骑马射箭，跟同辈孩童奔驰嬉戏，必在他们之上。十三岁那年，见一双野鸭在空中飞翔，射之连中，大家都从内心佩服。新城北有毗沙天王祠，祠前的井水有一天忽然沸溢，武皇当即手拿杯酒祭奠说："我有尊主救民的志向，适才井水暴溢，我不知道是祸是福，假若天王有神灵，可以跟我交谈。"祭奠还没有完结，有神人披戴金色甲胄手里执戈，从墙壁间显现出来，见着的人都被吓跑，只有武皇从容退走。因此，他更加自负了。

献祖征讨庞勋时，武皇年方十五，但冲锋陷阵，勇力在众将之上，军中视他为"飞虎子"。庞勋被讨平，朝廷授献祖振武节度使，武皇为云中牙将。有一次，他宿于云中别馆，拥妓醉寝，有任侠少年想拿刀杀害他，及至突然撞入深邃的密室，只见烈火在帐内熊熊燃烧，少年骇异而退。又曾和鞑靼部人比武角胜，鞑靼指着空中的双雕说："你能一箭射中它们吗？"武皇当即弯弓发矢，一箭连贯双雕，边地人拜服。及至他成长为青壮年，就被任命为云中守捉使，侍奉防御使支谟。曾在早晨和同事们在衙署集合，他开玩笑升上郡阁，傲然坐在支谟的座位上，支谟也不敢说什么。

唐僖宗乾符三年，朝廷派段文楚为代北水陆发运、云州防御使。当时连年饥荒，文楚稍微削减了军中食粮供应，诸军都抱怨不绝。武皇为云中防边督将，部下争着向他诉说军食不够充足，边地军校程怀素、王行审、盖寓、李存璋、薛铁山、康君立等，当即拥着武皇入云州，聚集上万人众，扎营在斗鸡台，用枷锁把段文楚拘禁起来从城中押出，作为外应，诸军将列段文楚罪状上报，逼请授给武皇防御使旌钺，朝廷不允，征各道兵马讨伐他们。

乾符五年，黄巢渡江，势力逐渐蔓延扩大，天子才感悟到事态严重，正式以武皇为大同军节度使、检校工部尚书。

乾符冬，献祖出师讨伐党项，吐浑赫连铎乘虚攻陷振武，全族被吐浑掳获。武皇到定边军迎接献祖归云州，云州守将把守关口不接纳。武皇抢夺蔚、朔之地，得到三千人，屯在神武川之新城。赫连铎昼夜围攻，武皇兄弟三人四面应战，不久献祖自蔚州领兵到来，吐浑退走，从此，李家军势又振兴起来。天子用赫连铎为大同军节度使，仍命令他进军讨伐武皇。

乾符六年春天，朝廷起用昭义节度使李钧充当北面招讨使，率领上党、太原的部队越过石岭关驻扎在代州，与幽州李可举会师赫连铎一同攻打蔚州。献祖用一方面的军队抵御，武皇以一方面的军力开赴遮虏城以抗拒李钧。那年冬季天降大雪，弓弩的弦都折断了，南方的军士畏寒，临战大败，逃奔回到代州，李钧被流箭射中，因而死亡。

唐僖宗广明元年春，天子又命令元帅李涿率兵数万屯驻代州。武皇令军使傅文达起兵于蔚州，朔州刺史高文集与薛葛、安庆等部将捆绑住傅文达送给李涿。六月，李涿领大军攻打蔚州，献祖作战不利，于是率着部族逃奔到鞑靼部。居住数月之后，吐浑赫连铎密秘派人贿赂鞑靼，离间献祖与鞑靼的关系。于是鞑靼对他们渐渐有了猜忌和隔膜。武皇了解到这情况。常常召集鞑靼部的豪强大族在野外狩猎，或者跟他们在百步内驰射马鞭，或者以悬针树叶为目标进行比射，献祖都能神奇地射中，因此鞑靼部人心服，不敢暗中图谋他们。不久，黄巢自江、淮北渡，武皇杀牛斟酒，慰劳鞑靼的首领，酒酣，武皇晓谕那个酋长说："我父子被贼臣谗害离间，想报效国家没有门路。现在听说黄巢北犯江淮，将来他必是中原的祸害。有一天天子赦免了我们，有命令征兵，我和诸位挥戈向南平定天下，这是我的心志。人生在世间，光景几何，怎能终老在沙漠堆里呢！希望诸公勉力为之。"鞑靼知道他不会在部族中久留，于是隔阂都被化解了。

这年十一月，黄巢入侵潼关，天子命令河东监军陈景思为代北起军使，收兵破贼。十二月，黄巢攻占长安，僖宗避难入四川，陈景思与李友金发动沙陀诸部五千骑兵向南开至京城。李友金就是武皇的同族叔伯。

唐僖宗中和年二月，李友金军开至绛州，将渡黄河，刺史瞿正对陈景思说："黄巢贼子的军势正盛，不如暂且回代北，以后慢慢想办法扭转形势。"四月，友金把军队带回雁门，瞿正到代州去，半月之间，募兵三万，驻扎在崞县之西。他们招募的兵士都是北边五部之众，不熟悉军法，瞿正、李友金控制不了。友金对李景思说："要想发动大众，成大事，应当有平常有威名的人领导，那才能服人。目前，我们虽有数万军众，如果没有好的统帅，进军也立不了功。我兄长李司徒父子，去年获罪于国家，现在寄居在北部，他雄才大略，为群众所推戴。将军如能急奏皇帝将他召还，代北的人众一号召即响应，那妖贼是不足平的。"景思同意，急促地向蜀地行宫上奏。于是，天子以武皇为雁门节度使，仍旧命他以本来所领的军队讨伐黄巢。李友金发动五百骑兵送去皇帝诏书到鞑靼召武皇，武皇立即率鞑靼诸部万人趋赴雁门。五月，整兵二万，向南面的京师进发。太原郑从谠以兵守石岭关，于是武皇引军从其他道路出来，到了太原城下，正碰上天下大雨，武皇班师至雁门。

中和二年八月，献祖自鞑靼部率其族归代州。武皇率忻、代、蔚、朔、鞑靼之军三万五千骑，赴京师救国难，先下檄文给太原，郑从谠把守着关口不接纳，武皇用军队攻打他，进军至城下，派人送钱币和马匹给从谠，从谠亦派人赠给武皇货物、钱币、熟肉牲畜、军事器用。武皇南去，自阴地靠近晋、绛。十二月，武皇到了河中。

中和三年正月，晋国公王铎按皇上命令授给武皇东北面行营都统。武皇命令其弟克修领前锋五百骑兵渡过黄河观察贼情，黄巢派将领米重威送厚重贿赂及伪诏书给武皇，武皇接受了黄巢的贿赂分给了部下的将士，烧掉送来的伪诏。这时，各道勤王的军队云集在京城四周，但因黄巢的势力尚且旺盛，没有敢于跟他争锋的。及至武皇到来，黄巢的军帅们互相说："鸦儿的大军来了，要避一避他的锋芒。"武皇的部队自夏阳渡黄河。二月，扎营于乾坑店。黄巢大将尚让、林言、王璠、赵璋等引军十五万屯扎在梁田陂。第二天，大军会战，自中午酣战到晚上，黄巢军大败。当夜，黄巢军逃遁并占据华州。武皇进军围剿，黄巢弟黄邺、黄揆固守。三月，尚让引大军前来支援，武皇率兵万余在零口迎战，黄巢军大败，武皇进军渭桥。第二天，黄揆放弃华州逃遁。王铎按皇上命令授武皇雁门节度使、检校尚书左仆射。四月，黄巢火焚长安。收集剩下的兵众，东逃至蓝关。武皇进军收复京师。七月，天子授武皇金紫光禄大夫、检校左仆射、河东节度使。

当时，武皇已收复长安，军势相当雄厚，诸侯的军队都怕他。武皇一只眼视力微弱，所以那里人们称他"独眼龙"。就在这月，武皇持节度使符节到河东镇，派使者告诉郑从谠，请他整理行装归朝。武皇停留在郊外，顺势到雁门看望献祖。八月，自雁门赴河东镇，当时，他只有二十八岁，十一月，平定潞州，表其弟克修为昭义节度使，潞州统帅孟方立退保于邢州。

十二月，许州帅田从异、汴州帅朱温、徐州帅时溥、陈州刺史赵犨各派遣使者来相告，以为黄巢与蔡州合纵，锋芒凶恶炽烈，请武皇共力讨贼。

中和四年春，武皇率领蕃汉军队五万，自泽、潞将向天井关进发，河阳节度使诸葛爽以桥梁不完备为词拒绝军队渡黄河，于是武皇屯兵在万善。几天以后，军队转移自河中南渡，奔向汝州、洛阳。四月，武皇聚合徐、汴的军众在太康大破尚让，斩杀俘获万余人，又进而攻伐黄巢军于西华，贼将黄邺弃营而逃。这夜大雨，黄巢营中惊乱，于是放弃西华的营垒，撤退到陈州北故阳里安营。五月癸亥，大雨震电，平地水深数尺，黄巢军营为水淹没，因而溃不成军。戊辰，武皇领大军驻扎中牟，大破贼军于王满渡。庚午，黄巢领大军前来，渡过汴水向北移动。这夜又逢大雨，黄巢党羽惊溃。武皇驻扎郑州，贼众分出军队侵犯汴州境地。武皇渡汴水，正逢黄巢军将渡水向南，在彼等渡至中流时予以攻击，于是巢军大败，武皇部队临阵斩贼将李周、王济安、阳景彪等。这夜贼兵大溃败，残众退保在胙县、冤句。武皇大军跟踪追击，于是黄巢携妻子兄弟千余人向东逃窜，武皇追赶他们到曹州。

这月，武皇班师过汴梁，汴帅朱全忠在封禅寺迎接并慰劳大军，请武皇进府第休息。于是武皇带三百随从官及监军使陈景思至上源驿。当夜，演奏音乐陈设宴席，汴帅朱全忠亲自陪侍，献出珍宝货币劝酒劝食。武皇喝得痛快淋漓，调戏陪侍的歌伎；跟汴帅握手，叙述破贼的事以为乐。汴师平素忌恨武皇，于是与其属将杨彦洪密谋暗中向武皇发难，彦洪在巷陌中把车连接起来当作树起的栅栏,用此扼住奔窜的道路。当时武皇的随从官统统喝醉了。霎时间,伏兵暗中发难,突来袭击客舍。武皇正当大醉,忽然噪声惊天动地,随从官十余人起来抵御贼人。侍者郭景铢把蜡烛弄灭扶起武皇,用茵幕裹着,藏他在床下,并用水洒在他脸上,轻声说:"汴帅谋害司空!"武皇这才睁开眼站起身来,拉起弓来抗击敌人。过了一会儿,烟火从四面围拢。恰好大雨夹着雷电从天而降,武皇找到随从薛铁山、贺回鹘等几个人逃奔出来。那时,雨水如注,不辨人物,武皇等随电光登尉氏城门用绳索悬坠而下,得以出城逃还本营。监军陈景思、大将史敬思同时遇害。武皇回至营中,与刘氏夫人相对痛哭。天明后,想领兵攻打汴梁,夫人说:"司空目前是为国家讨贼,解救东诸侯的急难,虽然汴人加以谋害,自有朝廷论列是非。假若我们反戈攻城,那就是我们没道理,人们正好抓住这一点作为借口。"于是收兵离开汴境。飞马给汴帅送去檄文。汴帅回报说:"夜来暗中袭击之事,不是我的主意,是朝廷派天使与牙将杨彦洪同谋搞的。"武皇自武牢关向西经蒲、陕等地而返回。秋七月,到了太原。武皇自以为连续立大功,反被汴帅挟怨谋害,陷没好些将领,于是向皇帝上奏章申明道理。及武皇表章到了朝廷,朝廷十分惊恐,派宦官宣谕,不久加官守太傅、同平章事、封陇西郡王。

唐僖宗光启元年三月,幽州李可举、镇州王景崇联兵入侵定州,节度使王处存向武皇求援,武皇派大将康君立、安老、薛可、郭啜率兵前去解救,镇州人退保新城,武皇紧攻不放,斩杀万余人,获得马千匹。王处存亦在易州打败燕军。

十一月,河中王重荣派使者来借兵,并说邠州朱玫、凤翔李昌符将要出兵攻打他。起初,武皇与汴人结怨,前后给皇帝上了八次表,请朝廷削夺汴帅的官爵,自己则以所属军队讨伐他。天子接连派宦官杨复恭宣旨，命令他顾全大局，武皇随时奉诏，天子很偏袒汴帅。当时观军容使田令孜在天子身边擅权，心中憎恨王重荣和武皇关系密切，想离间他们的势力，于是迁移王重荣去定州，重荣告诉给武皇，武皇向皇帝上奏章说："李（昌）符、朱玫心怀邪恶鱿忌正人，结党并庇护朱温。臣已点检蕃汉军士五万，定于明年渡黄河，先斩朱玫、李昌符，然后平荡朱温。"天子看了他的表章，派使者前来晓谕，使者所乘之车一辆接一辆，千方百计对他进行说服。之后，朱玫引邠州凤翔的军队进攻河中，王重荣出兵拒战。王玫驻军在沙苑，双方对垒一月有余。十二月，武皇领兵过黄河，与朱玫决战，朱玫大败，收兵连夜逃跑到京师。当时京城震骇，天子幸凤翔，武皇退军于河中。

光启二年正月，僖宗车驾暂驻宝鸡，武皇从河中派使者向皇帝上奏章，请车驾回京城，并说他的大军，只诛杀凶党。当时田令孜请僖宗南幸兴元，于是武皇班师。朱玫在凤翔立嗣襄王煴为皇帝，以伪诏赐武皇，武皇焚烧了伪诏，拷绑了来使，快马送檄文给各方镇，并派使者奉表到天子临时驻地兴元。

九月，武皇派遣昭义节度使李克修进军邢州讨孟方立，在焦岗一带大败孟方立，斩首几千人，武皇以大将安金俊为邢州刺史，安抚投降的人。十月，进攻邢州，邢州人出战，又遭失败。孟方立向镇州求援，镇州人出兵三万援助孟方立，李克修班师回来。

光启三年六月，河中节度使王重荣为他的部将常行儒所杀，武皇令重荣兄重盈为帅。七月命安金俊为泽州刺史。当时张全义自河阳而出占据泽州，及至李罕之收复河阳，召全义令守洛阳，全义放弃泽州，所以武皇令金俊驻守这里。

文德元年二月，僖宗自兴元还京。三月，僖宗驾崩，昭宗即位，以武皇为开府仪同三司、检校太师、兼侍中、陇西郡王，食邑七千户，食实封二百户。河南尹张全义暗中夜袭李罕之于河阳，城陷，李罕之全族被全义掳获，罕之跳墙逃跑，来归顺武皇。武皇派李存孝、薛阿檀、史俨儿、安金俊、安休休率领七千骑兵送罕之至河阳。汴将丁会、牛存节、葛从周带着军队来救援，李存孝率领精悍骑兵在温县迎战。汴人已扼控太行之路，存孝押军而退，骑将安休休因战斗不利，逃奔到蔡。武皇以李罕之为泽州刺史，遥领河阳节度使。

十月，邢州孟方立派遣大将奚忠信将兵三万侵犯辽州，武皇大破其军，斩首万余，生擒奚忠信。

唐昭宗龙纪元年五月，武皇派遣李罕之、李存孝攻打邢州。六月，攻下磁州。邢地将领马溉率兵数万抗拒应战，李罕之在琉璃陂战败并活捉马溉，将他在城下斩首。孟方立既愤怒又怨恨，饮毒药自杀。三军拥立他侄子孟迁为留后。教他向汴地求援。汴将王虔裕率领精备武装的数百人进入邢州，李罕之等班师。

昭宗大顺元年，武皇派李存孝再攻邢州，孟迁带着邢、洺、磁三州投降，并逮捕王虔裕等三百人献给武皇。武皇将孟迁转移到太原，以安金俊为邢洺团练使。

三月，昭义军节度使李克修逝世，武皇命李克恭为潞州节度使。这月，武皇攻云州，攻克云州东城。赫连铎向燕求援，燕帅李匡威将三万大军前来，与武皇军战于城下，燕军大败。这时，徐州时溥为汴军所袭击，派使者来求援，武皇命令石君和由充、郓出发赴徐州。

五月，潞州军发生骚乱杀节度使李克恭，州人推举牙将安居受为留后，南与汴将勾结。当时潞州小将冯霸拥叛徒三千骑兵驻在沁水，安居受使人召他前来，冯霸不理会。居受惊恐，逃跑到长子，被当地村庄头领所杀，传首级给冯霸，于是冯霸入据潞州，自为留后。武皇派遣大将康君立、李存孝等人攻打他，汴将朱崇节、葛从周率兵进入潞州加强防守。这时，幽州李匡威、云州赫连铎与汴帅朱全忠协谋，接连上表请朝廷向太原武皇据地派部队进行镇压，宰相张浚、孔纬赞成这样做。六月，天子削夺武皇官爵，以张浚为招讨使，以京兆尹孙揆为副，华州韩建为行营都虞候，以汴帅为河东南面招讨使，幽州李匡威为河东北面招讨使，云州赫连铎为副。汴将朱友裕领兵驻扎晋、绛，这时汴军已占据潞州，又派遣大将李谠等率军数万，急攻泽州，武皇派李存孝从潞州率领三千骑兵去声援。汴将邓季筠用小股人马来侵扰阵地，存孝追击，活捉都将十余人，获马千余匹。李谠当夜收军而还，武皇大军乘其不备在马牢关向李军发动突然袭击，斩首万余级，一直追到幽州才撤军回还。李存孝又率军攻打潞州。

八月，存孝擒新授昭义节度使孙揆，当初朝廷授给孙揆节钺，孙以自己本来统帅的部队取刀黄岭这条路赴任，存孝侦察得知，率领骑兵三百埋伏在长子县山岩深谷中间。孙揆树着牙旗持着符节，身穿朝廷所赐的宽大礼服，上有巨型伞盖，许多人众拥护而行，存孝突然出现在谷口，生擒孙揆及中使韩归范，还有将校五百人。存孝给孙揆等人带上刑具，用粗绳子系着他们，绕行于潞州，然后献给武皇。武皇对孙揆说："公身为士大夫，用安详的语言，缓慢的步法就可以做大官，何必这样（苦心经营、艰难争战）！"孙揆没有话可以应对，武皇下令将他监禁在晋阳牢狱里。武皇想起用他为副使，使人劝诱，孙揆出言不逊，于是将他杀死。

九月，汴将葛从周放弃潞州逃遁，武皇以康君立为潞州节度使，以李存孝为汾州刺史。十月，张浚部队入据晋州，游军到达汾、隰。武皇派薛铁山、李承嗣率领骑兵三千出阴地关，扎营在洪洞；派李存孝带兵五千，扎营在赵城。华州韩建以壮士三百人冒犯李存孝的营地，存孝追击，直压晋州西门，张浚部队出战，被李存孝击败，从此张浚闭壁不出战。存孝领军攻绛州。十二月，晋州刺史张行恭弃城逃跑，韩建、张浚也由含山路逃走。

大顺二年春正月，武皇给朝廷上奏章申明道理，大意是："臣今身无官爵，名分是罪人，不敢归属于陛下的藩镇方域，暂且想在河中寄寓，进退行止，伏候圣上裁决。"天子不久授予武皇守中书令，这月，魏博为汴将葛从周侵犯，节度使罗弘信遣派使者来求援，武皇出兵去救助他。

三月，邢州节度使安知建叛变，逃奔青州。天子以知建为神武统军，命他自棣州逆流而上顺归朝廷。郓州朱瑄阻截并斩杀他在河中，传首级到晋阳，武皇以李存孝为邢州节度使。

四月，武皇大举兵声讨云州的赫连铎，派骑将薛阿檀率前锋部队进攻，武皇设伏兵在御河之上，大破云州，接着深沟高垒坚守其城。七月，武皇进军柳会，赫连铎力屈食尽，逃奔吐浑部，于是回归幽州，云州平定。武皇表石善友为大同军防御使。

邢州节度使李存孝因为镇州王镕依附汴人，阴谋在河朔作乱，并且北面勾结燕人，他请求乘着云州、代州胜利的大好时机，进而平定燕、赵。武皇同意这样做。八月，在晋阳举行大阅兵，于是南巡泽、潞，略地怀、孟，河阳赵克裕望武皇之风而表示服顺，请修邻好。九月，在邢州举行阅兵。十月，李存孝督统前锋部队攻击临城，镇州人五万在临城西北龙尾岗扎营应战，武皇令李存审、李存贤用步兵发动进攻，镇州人大败，武皇军队杀获敌军以万计，攻克临城，再进攻元氏。幽州李匡威以步兵、骑兵五万在鄗邑扎营，用以援助镇州，武皇分散兵力大肆掠夺，然后回军邢州。

旧五代史卷二十六

唐书二

武皇本纪下

李克用

景福元年正月，镇州王镕恃燕人之援，率兵十余万攻邢州之尧山。武皇遣李存信将兵应援，李存孝素与存信不协，递相猜贰，留兵不进。武皇又遣李嗣勋、李存审将兵援之，大破燕、赵之众，斩首三万，收其军实。三月，武皇进军渡滹沱，攻栾城，下鼓城、藁城。四月，燕军寇云、代，武皇班师。

八月，赫连铎诱幽州李匡威之众八万，寇天成军，遂攻云州，营于州北，连亘数里。武皇潜军入于云州，诘旦，出骑军以击之，斩获数万，李匡威烧营而遁。十月，邢州李存孝叛，纳款于梁，李存信构之也。

景福二年春，大举以伐王镕，以其通好于李存孝也。二月，攻天长镇，旬日不下。王镕出师三万来援，武皇逆战于叱日岭下，镇人败，斩首万余级。时岁饥，军乏食，脯尸肉而食之。进军下井陉，李存孝将兵夜入镇州，镇人乞师于汴，汴帅方攻时溥，不暇应之。乃求援于幽州，李匡威率兵赴之，武皇乃班师。七月，武皇讨李存孝于邢州，遂攻平山，渡滹水，攻镇州。王镕惧，以帛五十万犒军，请修旧好，仍以镇、冀之师助击存孝，许之。武皇进围邢州。十二月，武皇狩于近郊，获白兔，有角长三寸。

乾宁元年三月，邢州李存孝出城首罪，絷归太原，轘于市。邢、洺、磁三州平。武皇表马师素为邢州节度使。

五月，郓州节度使朱瑄为汴军所攻，遣使来乞师，武皇遣骑将安福顺、安福应、安福迁督精骑五百，假道于魏州以应之。

九月，潞州节度使康君立以鸩死。

十月，武皇自晋阳率师伐幽州。初，李匡俦夺据兄位，燕人多不义之，安塞军戍将刘仁恭挈族归于武皇、武皇遇之甚厚。仁恭数进画于盖寓，言幽州可取之状，愿得兵一万，指期平定。武皇方讨李存孝于邢州，辍兵数千，欲纳仁恭，不利而还。匡俦由是骄怠，数犯边境，武皇怒，故率军以讨之。是时，云州吐浑赫连铎、白义诚并来归，命皆答而释之。

十一月，进攻武州。甲寅，攻新州。十二月，李匡俦命大将率步骑六万救新州，武皇选精甲逆战，燕军大败，斩首万余级，生获将领百余人，曳练徇于新州城下。是夜，新州降。辛亥，进攻妫州。壬子，燕兵复合于居庸关拒战，武皇命精骑以疲之，令步将李存审由他道击之，自午至晡，燕军复败。甲寅，李匡俦携其族弃城而遁，将之沧州，随行辎车、臧获、妓妾甚众。沧帅卢彦威利其货，以兵攻匡俦于景城，杀之，尽掳其众。丙辰，进军幽州，其守城大将请降，武皇令李存审与刘仁恭入城抚劳，居人如故，市不改肆，封府库以迎武皇。

乾宁二年正月，武皇在幽州，命李存审、刘仁恭徇诸属郡。二月，以仁恭为权幽州留后，从燕人之请也。留腹心燕留德等十余人分典军政，武皇遂班师，凡驻幽州四十日。

六月，武皇率蕃汉之师自晋阳趋三辅，讨凤翔李茂贞、邠州王行瑜、华州韩建之乱。先是，三帅称兵向阙，同弱王室，杀害宰辅。时河中节度使王重盈卒，重荣之子珂，即武皇之子婿也，权典军政。其兄珙为陕州节度使，瑶为绛州刺史，与珂争河中，遂诉于岐、邠、华三镇，言珂本苍头，不当袭位。珂亦诉于武皇，武皇上表保荐珂，乞授河中旄钺，诏可之。三帅遂以兵入觐，大掠京师，请授王珂同州节度使，王瑶河中节度使，天子亦许之。武皇遂举兵表三帅之罪，复移檄三镇，三镇大惧。是月，次绛州，刺史王瑶登陴拒命，武皇攻之，旬日而拔，斩王瑶于军门，诛其党千余人。七月，次河中，王珂迎谒于路。

己未，同州节度使王行约弃城奔京师，与左军兵士劫掠西市，都民大扰。行约，即行瑜弟也。庚申，枢密使骆全瓘以武皇之军将至，请天子幸。右军指挥使李继鹏，茂贞假子也，本姓阎，名珪，与全瓘谋劫天子幸凤翔。左军指挥使王行实，亦行瑜之弟也，与刘景宣欲劫天子幸邠州。两军相攻，纵火烧内门，烟火蔽天。天子急诏盐州六都兵士，令追杀乱兵，左右军退走。王行瑜、李茂贞声言自来迎驾，天子惧，出幸南山，驻跸于莎城。是夜，荧惑犯心。壬戌，武皇进收同州，闻天子幸石门，遣判官王瑰奉表奔问，天子遣使赐诏，令与王珂同讨邠、凤。时武皇方攻华州，俄闻李茂贞领兵士三万至盩厔，王行瑜领兵至兴平，欲往石门迎驾，乃解华州之围，进营渭桥。天子遣延王戒丕、丹王允赍诏，促武皇兵直抵邠、凤。八月乙酉，供奉官张承业赍诏告谕。泾帅张钧已领步骑三万于京西北，扼岐、岐之路。武皇进营渭北，遣史俨将三千骑往石门扈驾，遣李存信、李存审会鄜、延之兵攻行瑜之梨园寨。天子削夺行瑜官爵，以武皇为天下兵马都招讨使，以鄜州李思孝为北面招讨使，以泾州张钧为西南面招讨使。天子又遣延王、丹王赐武皇御衣及大将茶酒、弓矢，命二王兄事武皇。延王传天子密旨云："一昨非卿至此，已为贼庭行酒之人矣。所虑者二凶缔合，卒难剪除，且欲姑息茂贞，令与卿修好，俟枭斩行瑜，更与卿商量。"武皇上表，请驾还京。令李存节领二千骑于京西北，以防邠贼奔突。辛亥，天子还宫。加武皇守太师、中书令、邠宁四面行营都统。

时王行瑜弟兄固守梨园寨，我师攻之甚急。李茂贞遣兵万余来援行瑜，营于龙泉镇，茂贞自率兵三万迫咸阳。武皇奏请诏茂贞罢兵，兼请削夺茂贞官爵，诏曰："茂贞勒兵，盖备非常，寻已发遣归镇。"又言："茂贞已诛李继鹏、李继颙，卿可切戒兵甲，无犯土疆。"武皇请赐河中王珂旌节，三表许之。又表李罕之为副都统。

十月丙戌，李存信于梨园寨北遇贼军，斩首千余级，自是贼闭壁不出。戊子，天子赐武皇内弟子四人，又降朱书御札，赐魏国夫人陈氏。是月，王行瑜因败衄之后，闭壁自固，武皇令李罕之夜昼急攻，贼军乏食，拔营而去。李存信与罕之等先伏军于厄路，俟贼军之至，纵兵击之，杀戮万计。是日，收梨园等三寨，生擒行瑜之子知进，并母丘氏、大将李元福等二百人，送赴阙庭。庚寅，王行约、王行实烧劫宁州遁走，宁州守将徐景乞降。武皇表苏文建为邠州节度使，且于宁州为治所。十一月丁巳，收龙泉寨。时行瑜以精甲五千守之，李茂贞出兵来援，为李罕之所败，邠贼遂弃龙泉寨而去。行瑜复入邠州，大军进逼其城，行瑜登城号哭曰："行瑜无罪，昨杀南北司大臣，是岐帅将兵胁制主上，请讨岐州，行瑜乞束身归朝。"武皇报曰："王尚父何恭之甚耶！仆受命讨三贼臣，公其一也。如能束身归阙，老夫未敢专命，为公奏取进止。"行瑜惧，弃城而遁。武皇收其城，封府库，遽以捷闻。既而庆州奏，王行瑜将家属五百人到州界，为部下所杀，传首阙下。武皇既平行瑜，还军渭北。

十二月，武皇营于云阳，候讨凤翔进止。乙未，天子赐武皇为忠贞平难功臣，进封晋王，加实封二百户。武皇复上表请讨李茂贞，天子不允。武皇私谓诏使曰："观主上意，疑仆别有他肠，复何言哉！但祸不去胎，忧患未已。"又奏："臣统领大军，不敢径赴朝觐。"遂班师。

乾宁三年正月，汴人大举以攻兖、郓，朱瑄、朱瑾再乞师于武皇，假道于魏州，罗弘信许之。乃令都指挥使李存信将步骑三万与李承嗣、史俨会军，以拒汴人。存信军于莘，与朱瑾合势，频挫汴军，汴帅患之，乃间魏人。存信御兵无法，稍侵魏之刍牧者，弘信乃与汴帅通，出师三万攻存信军。存信揭营而退，保于洺州。三月，武皇大掠相、魏诸邑，攻李固、洹水，杀魏兵万余人，进攻魏州。五月，汴将葛从周、氏叔琮引兵赴援。

六月，李茂贞举兵犯京师。七月，车驾幸华州。是月，武皇与汴军战于洹水之上，铁林指挥使落落被擒。落落，武皇之长子也。既战，马踬于坎，武皇驰骑以救之，其马亦踬，汴之追兵将及，武皇背射一发而毙，乃退。

九月，李存信攻魏之临清，汴将葛从周等引军来援，大败于宗城北。存信进攻魏州。十月，武皇败魏军于白龙潭，追击至观音门，汴军救至，乃退。十一月，武皇征兵于幽、镇、定三州，将迎驾于华下，幽州刘仁恭托以契丹入寇，俟敌退听命。

乾宁四年正月，汴军陷兖、郓，骑将李承嗣、史俨与朱瑾同奔于淮南。三月，陕帅王珙攻河中，王珂来告难，武皇遣李嗣昭率二千骑赴之，破陕军于猗氏，乃解河中之围。至是，天子遣延王戒丕至晋阳，传宣旨于武皇："朕不取卿言，以及于此，苟非英贤竭力，朕何由再谒庙庭！在卿表率，予所望也。"

七月，武皇复征兵于幽州，刘仁恭辞旨不逊，武皇以书让之，仁恭捧书谩骂，抵之于地，仍囚武皇之行人。八月，大举以伐仁恭。九月，师次蔚州。戊寅，晨雾晦暝，占者云不利深入。辛巳，攻安塞，俄报："燕将单可及领骑军至矣。"武皇方置酒高会，前锋又报"贼至矣"！武皇曰："仁恭何在？"曰："但见可及辈。"武皇张目怒曰："可及辈何足为敌！"仍促令出师。燕军已击武皇军寨，武皇乘醉击贼，燕军披靡。时步兵望贼而退，为燕军所乘，大败于木瓜涧，俄而大风雨震电，燕军解去，武皇方醒。甲午，师次代州，刘仁恭遣使谢罪于武皇，武皇亦以书报之，自此有檄十余返。

光化元年春正月，凤翔李茂贞、华州韩建皆致书于武皇，乞修和好，同奖王室，兼乞助丁匠修缮秦宫，武皇许之。

四月，汴将葛从周寇邢、洺、磁等州，旬日之内，三州连陷。汴人以葛从周为邢州节度使。大将李存信收军，自马岭而旋。

八月壬戌，天子自华还宫。是时，车驾初复，而欲诸侯辑睦，赐武皇诏，令与汴帅通好。武皇不欲先下汴帅，乃致书于镇州王镕，令导其意。明年，汴帅遣使奉书币来修好，武皇亦报之。自是使车交驰，朝野相贺。

九月，武皇遣周德威、李嗣昭率兵三万出青山口，以迫邢、洺。十月，遇汴将葛从周于张公桥，既战，我军大败。是月，河中王珂来告急，言王珙引汴军来寇，武皇遣李嗣昭将兵三千以援之，屯于胡壁堡。汴军万余人来拒战，嗣昭击退之。

十二月，潞州节度使薛志勤卒，泽州刺史李罕之以本军夜入潞州，据城以叛。罕之报武皇曰："薛铁山新死，潞民无主，虑军城有变，辄专命镇抚。"武皇令人让之，罕之乃归于汴。武皇遣李嗣昭将兵讨之，下泽州，收罕之家属，拘送晋阳。

光化二年春正月，李罕之陷沁州。三月，汴将葛从周、氏叔琮自土门陷承天军，又陷辽州，进军榆次。武皇令周德威击之，败汴军于洞涡驿，叔琮弃营而遁，德威追击，出石会关，杀千余人。汴人复陷泽州。五月，武皇令都指挥使李君庆将兵收泽、潞，为汴军所败而还。以李嗣昭为都指挥使，进攻潞州。八月，嗣昭营于潞州城下，前锋下泽州。时汴将贺德伦、张归厚等守潞州。是月，德伦等弃城而遁，潞州平。九月，武皇表汾州刺史孟迁为潞州节度使。

光化三年，汴军大寇河朔，幽州刘仁恭乞师，武皇遣周德威帅五千骑以援之。七月，李嗣昭攻尧山，至内丘，败汴军于沙河，进攻洺州，下之。九月，汴帅自将兵三万围洺州，嗣昭弃城而归，葛从周设伏于青山口，嗣昭之军不利。十月，汴人乘胜寇镇、定，镇、定惧，皆纳赂于汴。是时，周德威与燕军刘守光败汴人二万于望都，闻定州王郜来奔，乃班师。是月，天子加武皇实封一百户。遣李嗣昭率步骑三万攻怀州，下之。进攻河阳，汴将阎宝率军来援，嗣昭退保怀州。

天复元年正月，汴将张存敬攻陷晋、绛二州，以兵二万屯绛州，以扼援路。二月，张存敬迫河中，王珂告急于武皇，使者相望于路。珂妻郐国夫人，武皇爱女也，亦以书至，恳切求援。武皇报曰："贼阻道路，众寡不敌，救尔即与尔两亡，可与王郎弃城归朝。"珂遂送款于张存敬。三月，汴帅自大梁至河中，王珂遂出迎，寻徙于汴。天子以汴帅兼镇河中。武皇自是不复能援京师，霸业由是中否。

四月，汴将氏叔琮率兵五万自太行路寇泽、潞，魏博大将张文恭领军自新口入，葛从周领兖、郓之众自土门入，张归厚以邢、洺之众自马岭入，定州王处直之众自飞狐入，侯言以晋、绛之兵自阴地入。氏叔琮、康怀英营于泽州之昂车。武皇令李嗣昭将三千骑赴泽州援李存璋，而归贺德伦。氏叔琮军至潞州，孟迁开门迎，沁州刺史蔡训亦以城降于汴，氏叔琮悉其众趋石会关。是时，偏将李审建先统兵三千在潞州，亦与孟迁降于汴，及叔琮之入寇也。审建为其乡导。汴人营于洞涡，别将白奉国与镇州大将石公立自井陉入，陷承天军。及攻寿阳，辽州刺史张鄂以城降于汴，都人大恐。时霖雨积旬，汴军屯聚既众，刍粮不给，复多痢疟。师人多死。叶人将李嗣昭、李嗣源每夜率骁骑突营掩杀，敌众恐惧。

五月，汴军皆退。氏叔琮军出石会，周德威、李嗣昭以精骑五千蹑之，杀戮万计。初，汴军之将入寇也，汾州刺史李瑭据城叛，以连汴人，至是武皇令李嗣昭、李存审将兵讨之。是岁，并、汾饥，粟暴贵，人多附瑭为乱，嗣昭悉力攻城，三日而拔，擒李瑭等斩于晋阳市。氏叔琮即旋军，过潞州，掳孟迁以归。汴帅以丁会为潞州节度使。

六月，遣李嗣昭、周德威将兵出阴地，攻慈、隰二郡，隰州刺史唐礼、慈州刺史张瑰并以城来降。武皇以汴寇方盛，难以兵服，佯降心以缓其谋，乃遣牙将张特持币马书檄以谕之，陈当时利害，请复旧好。十一月壬子，汴帅营于渭滨。甲寅，天子出幸凤翔。武皇遣李嗣昭率兵三千自沁州趋平阳，遇汴军于晋州北，斩首五百级。

天复二年二月，李嗣昭、周德威领大军自慈、隰进攻晋、绛，营于蒲县。乙未，汴将朱友宁、氏叔琮将兵十万，营于蒲县之南。乙巳，汴帅自领军至晋州，德威之军大恐。三月丁巳，有虹贯德威之营。戊午，氏叔琮率军来战，德威逆击，为汴人所败，兵仗、辎车委弃殆尽。朱友宁长驱至汾州，慈、隰二州复为汴人所据。辛酉，汴军营于晋阳之西北，攻城西门，周德威、李嗣昭缘山保其余众而旋。武皇驱丁壮登陴拒守，汴军攻城日急，武皇召李嗣昭、周德威等谋将出奔云州，嗣昭以为不可。李存信坚请且入北蕃，续图进取，嗣昭等固争之，太妃刘氏亦极言于内，乃止。居数日，亡散之士复集，军城稍安。李嗣昭与李嗣源夜入汴军，斩将搴旗，敌人扞御不暇，自相惊扰。丁卯，朱友宁烧营而遁，周德威追至白壁关，俘斩万计，因收复慈、隰、汾等三州。

天复三年正月，天子自凤翔归京。五月，云州都将王敬晖杀刺史刘再立，以城归于刘仁恭。武皇遣李嗣昭讨之，仁恭遣将以兵五万来援云州，嗣昭退保乐安，燕人掳敬晖，弃城而去。武皇怒，笞嗣昭及李存审而削其官。是时，新军万众皆边部人，动违纪律，人甚苦之，左右或以为言，武皇曰："此辈胆略过人，数十年从吾征伐，比年以来，国藏空竭，诸军之家卖马自给。今四方诸侯皆悬重赏以募勇士，吾若束之以法，急则弃吾，吾安能独保此乎！俟时开运泰，吾固自能外置矣。"

天祐元年闰四月，汴帅迫天子迁都于洛阳。五月乙丑，天子制授武皇叶盟同力功臣，加食邑三千户，实封三百户。八月，汴帅遣朱友恭弑昭宗于洛阳宫，辉王即位。告哀使至晋阳，武皇南向恸哭，三军缟素。

天祐二年春，契丹阿保机始盛，武皇召之，阿保机领部族三十万至云州，与武皇会于云州之东，握手甚欢，结为兄弟，旬日而去，留马千匹，牛羊万计，期以冬初大举渡河。

天祐三年正月，魏博既杀牙军，魏将史仁遇据高唐以叛，遣人乞师于武皇，武皇遣李嗣昭率三千骑攻邢州以应之，遇汴将牛存节、张筠于青山口，嗣昭不利而还。

九月，汴帅亲率兵攻沧州，幽州刘仁恭遣使来乞师，武皇乃征兵于仁恭，将攻潞州，以解沧州之围。仁恭遣掌书记马郁、都指挥使李溥等将兵三万，会于晋阳，武皇遣周德威、李嗣昭合燕军以攻泽、潞。十二月，潞州节度使丁会开门迎降，命李嗣昭为潞州节度使，以丁会归于晋阳。

天祐四年正月甲申，汴帅闻潞州失守，自沧州浇营而遁。

四月，天子禅位于汴帅，奉天子为济阴王，改元为开平，国号大梁。是岁，四川王建遣使至，劝武皇各王一方，俟破贼之后，访唐朝宗室以嗣帝位，然后各归藩守。武皇不从，以书报之曰：

窃念本朝屯否，臣业沦胥，攀鼎驾以长违，抚彤弓而自咎，默默终古，悠悠彼苍，生此厉阶，永为痛毒，视横流而莫救，徒誓楫以兴言。别捧函题，过垂奖谕，省览周既，骇惕异常。泪下沾衿，倍郁申胥之素；汗流浃背，如闻蒋济之言。

仆经事两朝，受恩三代，位叨将相，籍系宗枝，赐铁钺以专征，征苞茅而问罪。麈兵校战，二十余年，竟未能斩新莽之头颅，断蚩尤之肩髀，以至庙朝颠覆，豺虎纵横。且授任分忧，叨荣冒宠，龟玉毁椟，谁之咎欤！俯阅指陈，不胜惭恧。然则君臣无常位，陵谷有变迁，或堇塞长河，泥封函谷，时移事改，理有万殊。即如周末虎争，魏初鼎据。孙权父子，不显授于汉恩；刘备君臣，自微兴于涿郡。得之不谢于家世，失之无损于功名，适当逐鹿之秋，何惜华虫之服。唯仆累朝席宠，奕世输忠，悉佩训词，祖存家法。善博奕者唯先守道，治蹊田者不可夺牛。誓于此生，靡敢失节，仰凭庙胜，早殄寇雠。如其事与愿违，则共臧洪游于地下，亦无恨矣。

唯公社稷元勋，嵩、衡降祉，镇九州之上地，负一代之弘才，合于此时，自求多福。所承良讯，非仆深心，天下其谓我何，有国非吾节也。偻偻孤恳，此不尽陈。

五月，梁祖遣其将康怀英率兵十万围潞州，怀英驱率士众，筑垒环城，城中音信断绝。武皇遣周德威将兵赴援，德威军于余吾，率先锋挑战，日有俘获，怀英不敢即战，梁祖以怀英无功，乃以李思安代之。思安引军将营于潞城，周德威以五千骑搏之，梁军大败，斩首千余级。思安退保坚壁，别筑外垒，谓之"夹寨"，以抗我之援军。梁祖调发山东之民以供馈运，德威日以轻骑掩之，运路艰阻，众心益恐。李思安乃自东南山口筑夹道，连接夹寨，以通馈运，自是梁军坚保夹寨。

冬十月，武皇有疾。是时晋阳城无故自坏，占者恶之。

天祐五年正月戊子朔，武皇疾革。辛卯，崩于晋阳，年五十三。遗令薄葬，发丧后二十七日除服。庄宗即位，追谥武皇帝，庙号太祖，陵在雁门。

史臣曰："武皇笔迹阴山，赴难唐室，逐豺狼于魏阙，殄氛祲于秦川，赐姓受封，奄有汾、晋，可谓有功矣。然虽茂勤王之绩，而非无震主之威。及朱旗屯渭曲之师，俾翠辇有石门之幸，比夫桓、文之辅周室，无乃有所愧乎！洎失援于蒲、绛，久垂翅于并、汾，若非嗣子之英才，岂有兴王之茂业。矧累功积德，未比于周文；创业开基，尚亏于魏祖。追谥为"武"，斯亦幸焉。

译文：

唐昭宗景福元年正月，镇州王镕依仗燕人的支援，率兵十余万攻打邢州的尧山。武皇派李存信带兵应援，李存孝平素与存信不和，两人互相猜忌，各怀二心，所以存信留兵不进。武皇又派李嗣勋、李存审带兵支援，大破燕、赵的兵众，斩首三万，没收他们的军队装备及物资器物。三月，武皇进军渡滹沱河，攻栾城，攻陷鼓城、藁城。四月，燕军侵犯云州、代州，武皇班师而退。

八月，赫连铎诱使幽州李匡威的兵众八万侵犯天成军，接着攻云州，在州北驻营，连亘数里之长。武皇暗中派遣部队入于云州，次日清晨，出骑兵突然袭击州北，斩杀并俘虏敌军数万人，李匡威烧营后逃遁。十月，邢州李存孝叛变，降服归顺于梁，这都是李存信挑拨诬陷他的结果。

景福二年春，武皇发大兵讨伐王镕，因为王镕跟李存孝通好。二月，攻打天长镇，十余日攻不下。王镕出兵三万前来支援，武皇在叱日岭迎战，镇人败，被斩首一万多人。当时是荒旱之年，军队缺乏粮食，至于吃死人尸体的肉。武皇军队攻下井陉，李存孝领兵夜入镇州，镇州人向汴梁借兵，汴帅正在攻打时溥，顾不上支应他，镇州人又向幽州求援，李匡威率兵赶来，于是武皇班师退还。七月，武皇在邢州地方讨伐李存孝，于是攻打平山，渡滹水，攻镇州。王镕畏惧，以绢帛五十万犒军，请求与武皇修旧好，并以镇、冀的军队帮助武皇攻击存孝，武皇答应了，于是进而围攻邢州。十二月，武皇在邢州近郊狩猎，获白兔，头上长着三寸长的角。

唐昭宗乾宁元年三月，邢州李存孝出城自首认罪，武皇将他囚拘回太原，车裂于市。邢、洺、磁三州平。武皇任命马师素为邢州节度使。

五月，郓州节度使朱瑄遭汴军攻击，派使者来借兵，武皇派骑将安福顺、安福应、安福迁统帅精悍骑兵五百，借道魏州以支援。

九月，潞州节度使康君立因饮毒酒而死。

十月，武皇自晋阳率领军队攻伐幽州。早先，李匡俦夺据兄位，燕人认为他不义，安塞军守将刘仁恭带着全族投归武皇，武皇待他很优厚。刘仁恭屡屡向盖寓献计谋，说幽州可以占取的情势，自愿得兵一万，认为可以指定日期平定它。武皇那时在讨伐邢州的李存孝，撤下数千士兵，想采纳仁恭的建议，行动不利而班师回转。李匡俦因此更加骄傲怠慢，多次侵犯边境，武皇发怒，所以这时率兵讨伐他。这时，云州吐浑赫连铎、白义诚一起来归顺，武皇命令统统鞭笞以后释放。

十一月，武皇进攻武州。甲寅，攻新州。十二月，李匡俦命令大将率领步兵和骑兵共六万援救新州，武皇选装备精良的军队迎战，燕军大败，被武皇军队斩首万余级，生擒将领百余人，皆用链绳曳杀在新州城下。当夜，新州投降。辛亥，进攻妫州。壬子，燕兵又聚合在居庸关拒敌，武皇命精悍骑兵骚扰使他们疲惫，又命令步将李存审由别路袭击，自中午战至傍晚，燕军再次失败。甲寅日，李匡俦带着他的家族弃城而逃，想去投奔沧州，随行的坐人载物的车辆、奴仆、妓妾很多。沧州主帅卢彦威贪得这些东西，就用军队在景城袭击并杀害了李匡俦，将他的人众全部掳获。丙辰日，武皇进军幽州，守城的大将请求投降，武皇命令李存审与刘仁恭入城安抚百姓，犒劳军士，当地居民像往常一样生活，城中集市贸易并不改变，存审、仁恭封闭了官府和仓库，等待迎接武皇。

唐昭宗乾宁二年正月，武皇在幽州，命李存审、刘仁恭巡行诸属郡。二月，以仁恭为代理幽州留后，这是顺应燕地人的要求而为的。留下心腹人员燕留德等十余人分别主管军政事务，于是武皇班师回晋，驻扎幽州一共四十天。

六月，武皇率蕃汉兵众自晋阳向长安京畿进军，讨伐凤翔李茂贞、邠州王行瑜、华州韩建之乱。起先，李茂贞、王行瑜、韩建三帅兴兵回朝廷，联合欺凌王室，杀害宰相辅臣。当时河中节度使王重荣逝世，重荣之子王珂，就是武皇的女婿，暂时代管军政事务。王珂的兄长王珙为陕州节度使、王瑶为绛州刺史，他们与王珂争河中，于是向岐州李茂贞、邠州王行瑜、华州韩建三帅告状，说王珂本来的身份不过是家中的苍头，不应当承袭职位。王珂也向武皇上诉，武皇向朝廷上表保荐王珂，请求授给他节度使旌钺，皇帝下诏认可。三帅因此以军队入京师，大肆掠夺，请求皇帝授王珂同州节度使、王瑶河中节度使，天子也答应下来。武皇这才举兵入京畿并上表言三帅的罪恶，另外还给三镇下檄文，三镇大为惊恐。本月，兵达绛州，刺史王瑶登城上女墙抗拒武皇的命令。武皇攻城，十天攻陷，在军门前斩杀了王瑶，其党羽千余人也被全部诛杀。七月武皇军队至河中暂停，王珂在路上恭敬地迎接。

己未日，同州节度使王行约放弃城池逃奔京城，与左军兵士劫掠西市，首都人民大受惊扰。王行约就是邠州王行瑜的弟弟。庚申，枢密使骆全瓘因为武皇大军将至，奏请天子（车驾幸凤翔）。右军指挥使李继鹏是李茂贞的义子，本来姓阎，名皀，跟骆全瓘阴谋劫持天子幸凤翔。左军指挥使王行实，也是王行瑜之弟，他与刘景宣勾结想把天子劫持到邠州。左右两军意见不合，互相攻击，放火烧了内门，烟火蔽天。（当时有盐州六都兵屯京师）天子急急下诏给盐州六都兵士，命令追杀乱兵，左右两军才退走（各归邠州入凤翔）。王行瑜、李茂贞扬言要亲自赴京来迎接圣驾，天子害怕，出宫幸南山，圣驾驻于莎城镇。这夜荧惑侵入心星。壬戌，武皇进军收复同州，听说天子驾在石门镇，派判官王瑰奉表赶去问安，天子派使者赐诏，令武皇与王珂一同讨伐邠州和凤翔。当时武皇正攻取华州，忽闻李茂贞领着三万兵士到了鳌屋，王行瑜领兵到了兴平，他们想往石门迎接圣驾，于是缓解了华州之围，进军渭桥。天子派遣延王戒丕、丹王允送来诏书，督促武皇直接进军邠州和凤翔。八月乙酉，供奉官张承业送来诏书告谕武皇：泾帅张钫已领步兵、骑兵三万把守京城西北，扼住到邠州、岐州去的道路。武皇进而驻营渭北，派遣史俨带三千骑兵往石门保护圣驾，并派李存信、李存审会合鄜州、延州的兵力进攻王行瑜的梨园寨。天子削夺王行瑜的官爵，起用武皇为天下兵马都招讨使，以鄜州李思孝为北南招讨使，以泾州张钫为西南面招讨使。天子又派延王、丹王赐武皇御衣及大将茶酒、弓矢，命令延王、丹王以兄长侍奉武皇。延王向武皇传达天子的密旨说："昨日若不是卿家到此，朕已经是叛贼宫廷中行酒之人了。我顾虑的是二个凶贼联盟，最终难以除掉。目前暂且姑息李茂贞，让他与卿修好，等斩掉王行瑜以后，再与卿从长计议。"武皇上表，请天子还京。命令李存节领二千骑兵驻扎京城西北，防备邠州的逆贼的突然袭击。辛亥，天子回宫，加武皇守太师、中书令、邠宁四面行营都统。

当时王行瑜弟兄固守梨园寨，武皇部队进攻很是紧急。李茂贞派兵一万多来支援王行瑜，扎营在龙泉镇，李茂贞亲自率兵三万威迫咸阳。武皇奏请皇帝下诏令茂贞罢兵，并请求削夺李茂贞的官爵，于是皇帝下诏曰："茂贞统率大军，是防备非常事件的发生，不久前已发遣归本镇。"诏文又说："茂贞已杀掉李继鹏、李继勋，卿可切戒甲兵，不要侵犯疆土。"武皇请天子赐给河中节度使王珂旌旗和符节，上了三次奏章，才蒙允许。又上表请给李罕之副都统之职。

十月丙戌，李存信在梨园寨北与贼军遭遇，斩千余人首级，从此王行瑜军闭寨不出，戊子，天子赐武皇内弟子四人，又降朱书御札，将（才色冠后宫的）魏国夫人陈氏赐给武皇。本月，王行瑜因挫败之后，闭壁自固，武皇令李罕之昼夜急攻，王行瑜军粮食短缺，拔营而去。李存信与李罕之等先在险隘之处埋伏兵众，单等王行瑜军来到，便纵兵打击，杀戮敌军以万计。当天，收复梨园等三个寨子，生擒行瑜之子王知进及其母丘氏，还有大将李元福等二百人，送给朝廷发落。庚寅，王行约、王行实在宁州烧杀抢劫，然后逃走，宁州守将徐景请救投降。武皇奏请以节度使苏文建为邠州节度使，并且以宁州为治所。十一月，已收复龙泉寨。当时王行瑜以精良装备的士兵五千人守寨，李茂贞出兵来援助，为李罕之击败，邠州贼寇才弃龙泉寨而去。王行瑜再次入据邠州，武皇大军进逼其城，行瑜登城号哭说："行瑜无罪，杀南北司大臣，是岐帅所为，他率兵想挟制主上，请移兵问罪凤翔，行瑜请求归顺朝廷。"武皇回答说："王尚父怎么如此恭顺？我受天子命令要讨伐三个贼臣，你就是其中之一。如果能老老实实归顺朝廷，我不敢自作主张，可以为你奏明天子，听取发落。"行瑜内心恐惧，弃城而逃。武皇接收邠州，封府库，抚居民，急遽向天子报捷。不久，庆州向朝廷上奏，王行瑜率领家属五百人到州界，被部下所杀，传送首级给朝廷。武皇平定王行瑜之后，还军渭北。

十二月，武皇驻扎云阳，等候征讨凤翔的指示。乙未，天子赐武皇为忠贞平难功臣，进封晋王，加实封二百户。武皇再上表请讨李茂贞，天子不允。武皇私下对下诏的使者说："看主上的意思，是怀疑我别有心肠，我还有什么可说的！但是祸不去根，忧患没有终结之时。"又上奏天子："臣统领大军，不敢直接赴朝觐见。"于是班师东归。

唐昭宗乾宁三年正月，汴人大举兴兵攻击兖州、郓州，朱瑄、朱瑾再向武皇借兵，并借道于魏州，魏州罗弘信应允。于是，武皇命令都指挥使李存信统率步、骑兵三万和李承嗣、史俨会师，以此抗拒汴人。李存信与朱瑾在莘地又将部队会合，这样频频挫败汴军，汴帅朱全忠十分忧心，于是设法离间魏人，李存信管理士兵无方，有侵害当地放牧者的现象，罗弘信就与汴人勾通，出兵三万攻打存信。存信拔营退兵，在洺州保存实力。三月，武皇大掠相、魏诸城邑，攻打李固、洹水，杀魏兵万余人，并且进攻魏州。五月，汴将葛从周、氏叔琮引兵来救援。

六月，李茂贞举兵犯京都。七月，天子车驾幸华州。当月，武皇与汴军正酣战于洹水之上，铁林指挥使落落被擒。落落，就是武皇的长子啊。在战场上，马在坎坷不平的地上扑倒，武皇驰马过去援救，马也扑倒地上，汴军追击将及，武皇朝背后射发一箭，追兵被射死，于是退去。

九月，李存信攻魏地的临清，汴将葛从周等引兵来援魏，大败于宗城北。存信进攻魏州。十月，武皇在白龙潭大败魏军，追击至观音门，汴军来救，武皇才退。十一月，武皇在幽、镇、定三州征兵，将从华州迎接天子，幽州刘仁恭托言契丹入境侵犯，等到敌兵败退后再听候命令。

乾宁四年正月，汴军攻陷兖州、郓州，骑兵统帅李承嗣、史俨与朱瑾同时逃奔淮南。三月，陕帅王珙进攻河中，王珂来武皇处告急，武皇派李嗣昭率二千骑兵去支援，在猗氏地方击溃陕军，这样解了河中之围。到如今，天子派延王戒丕到晋阳，传天子的旨意说："朕不采纳卿的意见，以至于此，假如不是英贤们尽力相救，朕怎能再见到朝廷！卿能作击贼救驾的表率，是我深切的希望。"

七月，武皇又在幽州征兵，刘仁恭拒绝而且态度不逊，武皇去信责备他，仁恭捧着信谩骂，还把武皇的信扔在地上，把武皇信使囚禁起来。八月，武皇大规模兴兵讨伐刘仁恭。九月，军队停留在蔚州。戊寅这天，晨雾昏暗，占卜的人说军队深入敌方不吉利。辛巳，攻打安塞，忽然有人报告："燕军将领单可及率领骑兵来到。"武皇正在置酒高会，前锋又报："贼军已到寨前了！"武皇说："刘仁恭在哪里？"回答说："只发现单可及等人。"武皇瞪着眼气愤地说："可及这伙人何足为敌！"于是下命令出兵。燕军这时已袭击武皇的军寨，武皇乘醉打击敌人，燕军披靡。但当时步兵却望贼而退，被燕军掌握了主动，武皇的步兵大败在木瓜涧。霎时间大风雨骤然而至，雷电交加，燕军才解围而去，武皇方从醉中醒来。甲午日，军队开至代州，刘仁恭派使者向武皇谢罪，武皇也回信给他，从此，两家书信往返十余次。

　　唐昭宗光化元年春正月，凤翔李茂贞、华州韩建都给武皇写信，请求联盟和好，一起辅助王室；同时还请求派出工匠帮助修缮秦宫，武皇应允。

　　四月，汴将葛从周侵犯邢州、洺州、磁州，十天之内，三州接连被攻陷。汴人以葛从周为邢州节度使。大将李存信收兵，从马岭回来。

　　八月壬戌，天子自华州回宫。这时，皇室刚刚复元，想要诸侯和睦相处，于是天子赐武皇诏书，命令他与汴帅朱全忠通好。武皇不想先向朱全忠低头，于是写信给镇州的王镕，请他从中传达天子的意图。明年，汴帅派使者奉书信和钱币前来修好，武皇也有回报。自此，两家使车来往不绝，朝野人士都为此而庆贺。

　　九月，武皇派周德威、李嗣昭率兵三万出青山口，逼近邢、洺二州。十月，在张公桥遭遇汴将葛从周，两军既战，武皇军大败。这月，河中王珂也来告急，说王珙领着汴军来侵犯，武皇派李嗣昭领三千兵士去支援，驻扎在胡壁堡。汴军万余人来抗拒，被嗣昭击退。

十二月，潞州节度使薛志勤逝世，泽州刺史李罕之以他的部队夜间入据潞州，以城池为据点叛变。罕之向武皇报告说："薛铁山刚刚死亡，潞州民众无有主将，顾虑军队发生变故，所以我擅自下令镇抚。"武皇派人责备他，李罕之就归顺了汴帅。武皇派李嗣昭率兵征讨他，攻下泽州，逮捕李罕之家属，囚禁起来送到晋阳。

唐昭宗光化二年春正月，李罕之攻陷沁州。三月，汴将葛从周、氏叔琮自土门攻陷承天军，又攻陷辽州，进军榆次。武皇令周德威抗击他，在洞涡驿打败汴军，氏叔琮弃城而逃，周德威追击，出石会关，杀汴军千余人。汴人又攻陷泽州。五月，武皇命令都指挥使李君庆带兵收泽、潞二州，被汴军击败而退还。又以李嗣昭为都指挥使，再进攻潞州。八月，嗣昭扎营在潞州城下，前锋攻下泽州。当时汴将贺德伦、张归厚等守潞州。本月，德伦等人弃城而逃，潞州平。九月，武皇表奏汾州刺史孟迁为潞州节度使。

光化三年，汴军大举侵犯河朔，幽州刘仁恭请求派军队，武皇派周德威率五千骑兵去支援。七月，李嗣昭攻打尧山，兵至内丘，在沙河击败汴军，进攻洺州，攻陷州城。九月，汴帅朱全忠亲自领兵三万包围洺州，攻陷州城。嗣昭放弃城池率军而回，葛从周布下伏兵在青山口，嗣昭之军受挫。十月，汴人乘胜侵犯镇州、定州。镇、定二州守将畏惧，都向汴军纳赂。当时，周德威与燕军刘守光在望都击败汴军两万，听说定州王郜逃来，于是班师回还。当月，天子加武皇实封一百户。武皇派李嗣昭率领步兵、骑兵共三万攻下怀州，然后进攻河阳。汴军将领阎宝率军来支援，嗣昭退保怀州。

天复元年正月，汴军将领张存敬攻陷晋、绛二州，以二万大军屯扎绛州，扼住武皇援军之路。二月，张存敬逼近河中，王珂向武皇告急，派出的使者一个接一个，几乎相望于路。王珂的妻子邠国夫人是武皇的爱女，也特别送书前来，恳切救援。武皇回答说："贼人阻扼住援军的道路，此间寡不敌众，救援你们等于与你们一块死亡，你可与王郎放弃城市归朝。"王珂只好表示归顺张存敬。三月，汴帅自大梁至河中，于是王珂出城迎接，不久，被迁徙到大梁。天子叫汴帅兼为河中藩镇。武皇自此不再能援助京师，霸业由此中止。

四月，汴将氏叔琮率兵五万自太行山路侵犯泽、潞二州，魏博大将张文恭领军从新口来，葛从周率领充、郓的兵众自土门入境，张归厚以邢、洺的兵众自马岭入境，定州王处直的人马从飞狐入境，侯言以晋、绛的兵马自阴地入境。氏叔琮、康怀英驻营在泽州的昂车。武皇命令李嗣昭领着三千骑兵赶到泽州支援李存璋，调回贺德伦。氏叔琮的部队到了潞州，孟迁开城门迎接，沁州刺史蔡训也将城池投降汴军，氏叔琮把所有军力向石会关移动。当时，武皇偏将李审建统率兵众三千在潞州，也跟孟迁一起投降汴军，及至叔琮入侵，李审建做了他的向导。汴军驻营在洞涡，别将白奉国与镇州大将石公立自井陉入，攻陷承天军，及至进攻寿阳时，辽州刺史张鄂将城池投降汴军，都市人大大不安。那里霖雨十余日，汴军屯聚过多，粮食柴薪供应不上，加上痢疾、疟疾蔓延，军士死得很多，武皇大将李嗣昭、李嗣源每夜率领骁勇骑兵突营掩杀，敌人兵众十分恐惧。

五月，汴军全部撤走，氏叔琮的部队出石会关，周德威、李嗣昭用精兵五千跟踪追击，杀戮敌军万计，原来，汴军将入侵之时，汾州刺史李瑭据城叛变，勾连汴人，现在，武皇命令李嗣昭、李存审率兵讨伐他。这年，并州、汾州荒旱饥馑，粟米价暴涨，饥民多跟随李瑭作乱，嗣昭用全力攻城，三日才攻下，生擒李瑭，将他斩首在晋阳市。氏叔琮班师过潞州时，掳孟迁回大梁。汴师以丁会为潞州节度使。

六月，武皇派遣李嗣昭、周德威领兵从阴地出发，攻慈、隰二郡，隰州刺史唐礼、慈州刺史张瑰都以城池来降。武皇因为汴军势力盛大，很难用军事力量制服，于是假装顺服他们以求得形势缓解，派遣牙将张特拿着钱币、马匹以及公函对他们进行晓谕，分析当时的利害关系，并请求修复旧好。十一月壬子，汴帅驻军在渭水之滨（威胁皇室），甲寅，天子逃避至凤翔。武皇派李嗣昭率兵三千自沁州向平阳靠近，与汴军遭遇在晋州以北，斩汴军首级五百。

天复二年二月，李嗣昭、周德威率领大军自慈州、隰州进攻晋州、绛州，在蒲县扎营。乙未，汴将朱友宁、氏叔琮领兵十万，在蒲县驻军。乙巳，汴帅朱全忠亲自统率大军到晋州，李德威军队十分惊恐。三月丁巳，有长虹穿过德威的军营。戊午，氏叔琮率军来战，德威迎击，被汴军打败，兵器、仪仗、辎车几乎都丢弃净了。朱友宁长驱直入到汾州，慈、隰二州又被汴人所占据。辛酉，汴军驻扎在晋阳之西北，进攻城西门，周德威、李嗣昭顺着山路保全余众返回晋阳。武皇驱赶着丁壮登城上女墙拒守，汴军攻城一日比一日紧急，武皇召李嗣昭、周德威等商议一起出奔云州，嗣昭认为不是办法。李存信坚决请求暂且去北蕃，以后再图谋进取，嗣昭等坚持己见，力争不能出逃，太妃刘氏在内廷也极力反对，出奔的计划才告终止。过了几天，逃散的兵士又聚合起来，军城稍安。李嗣昭与李嗣源夜间突击汴军，斩杀将领，拔掉军旗，敌人来不及抵抗，自相惊扰。丁卯，朱友宁烧营逃走，周德威追至白壁关，俘虏并斩杀万余人，乘胜收得慈、隰、汾三州。

天复三年正月，天子自凤翔回京城，五月，云州都将王敬晖杀刺史刘再立，把城送给刘仁恭。武皇派李嗣昭讨伐他，刘仁恭派将领用五万大兵来云州，嗣昭退保乐安，燕人掳王敬晖，弃城而去。武皇发怒，鞭打李嗣昭和李存审，还削了他们的官职。当此之时，武皇亲自统率的几万兵众都是边疆部族人，经常违反纪律，老百姓很受他们的害，左右把这情况向武皇反映，武皇说："这些人胆略过人，几十年跟着我南征北战，这些年来，国家储备枯竭，军人们的家属卖马供养自己。今四方诸侯都悬重赏招募勇士，我如果法办他们，他们急怒，就会弃官而去，我自己怎能保住地盘呢？等时运好转，我自能处置。"

天佑元年闰四月，汴帅朱全忠要挟天子迁都洛阳。五月乙丑，天子授予武皇叶盟同力功臣称号，加食邑三千户，实封三百户。八月，汴帅派朱友恭杀唐昭宗于洛阳宫，辉王即位。告哀使者来到晋阳，武皇南向恸哭，三军为此都穿白色丧服。

唐哀帝天佑二年春，契丹阿保机开始强大，武皇把他召来，阿保机领部族三十万至云州，与武皇会于云州东，二人握手为欢，结为兄弟，十天后才离去，留给武皇马千匹，牛羊万头，二人约好当年冬初大举兵渡黄河。

天佑三年正月，魏博方镇杀害牙军，魏将史仁遇以高唐为据点叛变，派人向武皇借兵，武皇派李嗣昭率三千骑兵攻打邢州，以此支援史仁遇，在青山口与汴将牛存节、张筠遭遇，嗣昭作战失利而还。

九月，汴帅亲自统兵攻沧州，幽州刘仁恭派使者来请武皇以军队支援，于是武皇向仁恭征兵，计划攻打潞州，这样来解沧州之围。仁恭派遣掌书记马郁、都指挥使李溥等领兵三万在晋阳会师，武皇派周德威、李嗣昭与燕军会合以攻泽州、潞州。十二月，潞州节度使丁会开城门迎降，武皇命李嗣昭为潞州节度使，叫丁会回归晋阳。

天祐四年正月甲申，汴帅听说潞州失守，从沧州烧掉营垒逃遁。

四月，天子禅位给汴帅朱全忠，朱全忠奉天子为济阴王，改元为开平，国号为大梁。这年，四川王建派使者前来，劝武皇各王一方，等打垮贼军之后，访寻唐朝宗室以继承帝位，然后各归藩守。武皇不从，以书信回答说：

我念及本朝时运艰难，伟大的帝王之业沦陷没落。想攀附着天子的车驾，总是违背我的这种心愿；只有抚摸着天子赐给的彤弓而引责自咎。默默无言的历史；悠悠高远的苍天。是谁生出这罪恶的祸端，永远结成我深心处的痛毒。眼看着权欲横流而无法挽救，徒然举着船桨发出誓言。捧读您的来函，蒙您过分的嘉奖和恳切的晓谕，省览完毕，骇惕异常。泪水沾衿，心中的郁结胜过申包胥复国立君的情愫；汗流浃背，好像听到蒋济敢于谏诤的苦口良言。

我曾经侍奉两朝天子，家中三代受恩，我虽不才官位忝至将相，门籍系在皇家宗支。天子赐我鈇钺令我专事征讨，于是我向不臣服天子的诸侯兴师问罪。艰难用兵、较量苦战已有二十多年，竟然没能斩掉像新朝王莽那样人的头颅，斫断凶恶之极像同蚩尤一类人的肩髀，以至于国家颠覆，豺虎横行。况我被授任分担朝廷之忧，荣幸地受到天子的宠信，国家重器毁于一旦，究竟是谁的过失呢！阅读您的来信，不胜惭愧。但是，从另一角度说：君臣之位没有永恒不变的道理，正像山陵和峡谷必有变迁一样，即令是马鞭塞住长长的黄河，把险峻的函谷关用泥封严，时事转移、事理改易也是避免不了的。如周朝末年的龙腾虎争，魏朝初建的三国鼎立。孙权父子，并未受到汉室的显赫恩典，刘备君臣，不过是涿郡微不足道的人物，得到权位的并不一定是世家，失去地盘的也无损于功名。现在你我正处在群雄争夺江山的多事之秋，对那些画饰的冕服有什么可珍惜的呢！只是我家累朝承受帝王恩宠，一代接一代为皇家输忠。我家粗存家法，我总感到有愧于祖宗训词。善于围棋的人首先要守博艺之道，整治那用牛踩踏别人田地的人，不可以罚过其当地夺去他的牛。这是我一生的信誓，不敢失去节操，只能仰凭朝廷克敌制胜的谋略，早早歼灭寇仇。如果事与愿违，我将与汉末的忠贞之士臧洪一起游于地下而没有任何遗憾。

您是社稷的元勋，巍巍的嵩岳、莽莽的衡山为您降福。您坐镇天下九州上等之地，负一代的雄才，与当今时潮正相适应，自应去追求更多的富贵与权势，我接到了您的良好信息和召唤，但那不是我内心深处所向往的，天下人将怎样评论我？去占有国家，那将失去我为臣子的节操。我对您一片诚挚恭谨的心，这里是表达不尽的。

五月，梁太祖派他的大将康怀英率兵十万围攻潞州，怀英驱赶着兵士和民众，环城筑垒。城中与外界音讯断绝。武皇派周德威带兵去支援，德威驻军在余吾，他率先锋挑战，每天都有俘获，怀英不敢马上攻城。梁太祖认为怀英作战无功，于是叫李思安取代他。李思安领兵将在潞城扎营，周德威以五千骑兵攻击他们，梁军大败，被德威斩首千余人。思安坚壁退守，别筑外垒，谓之"夹寨"，用这办法抗拒武皇派来的增援部队。梁太祖调动山东民众以保证粮食运输，德威每天用轻骑兵袭击他们，他们的运输路线艰难危险，人们心中更加恐慌。于是，李思安自东南山口筑夹道，与夹寨相连，这样才打通粮食运输线，从此梁军坚决保护夹寨。

冬十月，武皇患病。这时晋阳城无故自坏，占卜的人认为是恶兆。

天祐五年正月戊子黎明之时，武皇病重。辛卯，崩于晋阳，享年五十三。遗嘱令薄葬，发丧后二十七日除服。庄宗即位，追谥其父为武皇帝，庙号太祖，陵墓在雁门。

史臣评论：武皇开始在阴山发迹，赴难唐室，逐豺狼于魏阙，灭灾气于秦川，蒙受皇朝赐姓，受到天子封典，据有汾、晋大地，可说是有功于唐室。但是他虽有出兵救援王朝的显赫功绩，也未必没有震慑国君的威势，及至部队扬着（绘有朱鸟的）军旗屯在滑曲，使得天子翠辇有石门之幸，比起齐桓、晋文二公辅佐周室，难道不觉得惭愧吗？后来在蒲、绛地方失去军援，长久受挫折于并、汾，若不是继承人雄才大略，怎能有兴建王朝的伟业！何况总观他的功德，比不上周文王；创业开基，尚亏欠于魏武帝，追谥为"武"，这也算是幸运的了。

旧五代史卷五十四

唐书三十

列传第六

王镕

王镕，其先回鹘部人也。远祖没诺干，唐至德中，事镇州节度使王武俊为骑将。武俊嘉其勇干，畜为假子，号王五哥，其后子孙以王为氏。四代祖廷凑，事镇帅王承宗为牙将。长庆初，承宗卒，穆宗命田弘正为成德军节度使。既而镇人杀弘正，推廷凑为留后，朝廷不能制，因以旄钺授之。廷凑卒，子元逵尚文宗女寿安公主。元逵卒，子绍鼎立。绍鼎卒，子景崇立。皆世袭镇州节度使，并前史有传。景崇位至太尉、中书令，封常山王，中和二年卒。

镕即景崇之子也，年十岁，三军推袭父位。大顺中，武皇将李存孝既平邢、洺，因献谋于武皇，欲兼并镇、定，乃连年出师以扰镇之属邑。镕苦之，遣使求救于幽州。自是燕帅李匡威频岁出军，以为镕援。时匡威兵势方盛，以镕冲弱，将有窥图之志。

景福二年春，匡威帅精骑数万，再来赴援，会匡威弟匡俦夺据兄位，匡威退无归路，镕乃延入府第，馆于宝寿佛寺。镕以匡威因己而失国，又感其援助之力，事之如父。五月，镕谒匡威于其馆，匡威阴遣部下伏甲劫镕，抱持之。镕曰："公戒部人勿造次。吾国为晋人所侵，垂将覆灭，赖公济援之力，幸而获存。今日之事，本所甘心。"即并辔归府舍，镕军拒之，竟杀匡威。镕本疏瘦，时年始十七，当与匡威并辔之时，电雨骤作，屋瓦皆飞。有一人于缺垣中望见镕，镕就之，遽挟于马上，肩之而去。翌日，镕但觉项痛头偏，盖因为有力者所挟，不胜其苦故也。既而访之，则曰墨君和，乃鼓刀之士也，遂厚赏之。

镕既失燕军之援，会武皇出师以逼真定，镕遣使谢罪，出绢二十万匹，乃具牛酒犒军，自是与镕修好如初。洎梁祖兼有山东，虎视天下，镕卑辞厚礼，以通和好。光化三年秋，梁祖将吞河朔，乃亲征镇、定，纵其军燔镇之关城。镕谓宾佐曰："事急矣，谋其所向。"判官周式者，有口辩，出见梁祖。梁祖盛怒，逆谓式曰："王令公朋附并汾，违盟爽信，敝赋业已及此，期于无舍！"式曰："公为唐室之桓、文，当以礼义而成霸业，反欲穷兵黩武，天下其谓公何！"梁祖喜，引式袂而慰之曰："前言戏之耳。"即送牛酒货币以犒军。式请镕子昭祚及大将梁公儒、李弘规子各一人往质于汴。梁祖以女妻昭祚。及梁祖称帝，镕不得已行其正朔。

其后梁祖常虑河朔悠久难制，会罗绍威卒，因欲除移镇、定。先遣亲军三千，分据镕深、冀二郡，以镇守为名。又遣大将王景仁、李思安率师七万，营于柏乡。镕遣使告急庄宗，庄宗命周德威率兵应之，镕复奉唐朝正朔，称天祐七年。及破梁军于高邑，我军大振，自是遣大将王德明率三十七都从庄宗征伐，收燕降魏，皆预其功，然镕未尝亲军远出。八年七月，镕至承天军，与庄宗合宴同盟，奉觞献寿，以申感慨。庄宗以镕父友，曲加敬异,为之声歌,镕亦报之,谓庄宗为四十六舅。中饮,庄宗抽佩刀断衿为盟,许女妻镕子昭诲,因兹坚附于庄宗矣。

镕自幼聪悟,然仁而不武,征伐出于下,特以作藩数世,专制四州,高屏尘务,不亲军政,多以阉人秉权,出纳决断,悉听所为。皆雕靡第舍,崇饰园池,植奇花异木,递相夸尚。人士皆褒衣博带,高车大盖,以事嬉游,藩府之中,当时为盛。镕宴安既久,惑于左道,专求长生之要,常聚缁黄,合炼仙丹,或讲说佛经,亲受符箓。西山多佛寺,又有王母观,镕增置馆宇,雕饰土木。道士王若讷者,诱镕登山临水,访求仙迹,每一出,数月方归,百姓劳弊。王母观石路既峻,不通舆马,每登行,命仆妾数十人维锦绣牵持而上。有阉人石希蒙者,奸宠用事,为镕所嬖,恒与之卧起。

天祐八年冬十二月,镕自西山回,宿于鹘营庄,将归府第,希蒙劝之佗所。宦者李弘规谓镕曰:"方今晋王亲当矢石,栉沐风雨,王殚供军之租赋,为不急之游盘,世道未夷,人心多梗,久虚府第,远出游从,如乐祸之徒,翻然起变,拒门不纳,则王欲何归!"镕惧,促归。希蒙谮弘规专作威福,多蓄猜防,镕由是复无归志。弘规闻之怒,使亲事偏将苏汉衡率兵擐甲邃至镕前,抽戈露刃谓镕曰:"军人在外已久,愿从王归。"弘规进曰:"石希蒙说王游从,劳弊士庶,又结构阴邪,将为大逆。臣已侦视情状不虚,请王杀之,以除祸本。"镕不听。弘规因命军士聚噪,斩希蒙首抵于前。镕大恐,遂归。是日,令其子昭祚与张文礼以兵围李弘规及行军司马李蔼宅,并族诛之,诖误者凡数十家。又杀苏汉衡,收部下偏将下狱,穷其反状,亲军皆恐,复不时给赐,众益惧。文礼因其反侧,密谕之曰:"王此夕将坑尔曹,宜自图之。"众皆掩泣相谓曰:"王待我如是,我等焉能效忠。"是夜，亲事军十余人，自子城西门逾垣而入，镕方焚香受箓，军士二人突入，断其首，袖之而出，遂焚其府第，烟焰亘天，兵士大乱。镕姬妾数百，皆赴水投火而死。军校有张友顺者，率军人至张文礼之第，请为留后，遂尽杀王氏之族。镕于昭宗朝赐号敦睦保定久大功臣，位至成德军节度使、守太师、中书令、赵王，梁祖加尚书令。初，镕之遇害，不获其尸，及庄宗攻下镇州，镕之旧人于所焚府第灰间方得镕之残骸。庄宗命幕客致祭，葬于王氏故茔。

镕长子昭祚，乱之翌日，张文礼索之，斩于军门。

次子昭诲，当镕被祸之夕，昭诲为军人携出府第，置之地穴十余日，乃髡其发，被以僧衣。属湖南纲官李震南还，军士以昭诲托于震，震置之茶褚中。既至湖湘，乃令依南岳寺僧习业，岁给其费。昭诲年长思归，震即赍送而还。时镕故将符习为汴州节度使，会昭诲来投，即表其事曰："故赵王王镕小男昭诲，年十余岁遇祸，为人所匿免，今尚为僧，名崇隐，谨令赴阙。"明宗赐衣一袭，令脱僧服。顷之，昭诲称前成德军中军使、检校太傅，诣中书陈状，特授朝议大夫、检校考功郎中、司农少卿，赐金紫。符习因以女妻之。其后，累历少列，周显德中，迁少府监。

译文：

王镕，他的祖上是回鹘部落人。远祖有位叫没诺干的，在唐朝至德年间，曾在镇州节度使王武俊手下充任骑兵将领。武俊赏识他的勇敢干练，收他为养子，人们管他叫王五哥，从此以后他的子孙就以王为姓了。四世祖叫廷凑，做了镇帅王承宗的牙将。长庆初年，承宗逝世，唐穆宗李恒任命田弘正为成德军节度使。不久，镇州军人杀死了弘正，众人推举廷凑出来担任镇军留后，朝廷节制不了成德军，只得把象征着君权的旄钺授给了他。廷凑逝世，他的儿子元逵娶文宗李昂的女儿寿安公主为妻。元逵死后，儿子绍鼎承袭为镇州节度使。绍鼎死了，儿子景崇又袭立，世世代代作镇州节度使，《唐书》都列有他们的传记。景崇还做了太尉、中书令，被封为常山王，中和二年去世。

王镕就是景崇的儿子。他十岁那年，三军推戴他继承了父亲的官爵。大顺年间，武皇李克用部下的将领李存孝在攻取了邢州、洺州以后，又向武皇献上计谋，打算兼并镇州和定州，于是连年出兵骚扰镇州所辖管的城邑，王镕苦于兵扰，派使者到幽州向燕帅李匡威求援，从此李匡威年年出兵，作为王镕的救援军队。当时匡威兵势正是强盛的时候，因为王镕幼弱，便萌发了吞并镇州的念头。

景福二年春天，匡威率领好几万精锐骑兵，再次南下救援镇州，这时匡威弟匡俦乘哥哥出征的机会，发动兵变，夺取了哥哥的地位，匡威已无归路可退了，王镕这才把他请进府第，安排他住在宝寿佛寺里。王镕觉得匡威是为了救援自己失掉了国家，又感谢他的尽力救援帮助，待他就像父亲一般。五月，王镕到宝寿佛寺去拜谒匡威，匡威暗中布置下伏兵，绑架了他。王镕对匡威说："您告诫部下的人不要鲁莽。我的国家受到晋人侵扰，眼看就要覆灭了，多亏您的济援功劳，幸运地获得了生存。今天的事，我本来就是甘心情愿的。"于是他和匡威二人并马还归府舍，途中遭到王镕部下军士的拒阻，竟杀死了匡威。王镕本来长得瘦小，这时年龄刚刚十七岁，当他和匡威并马回府的时候，电闪雷鸣，大雨骤然下起来，房顶的瓦都被风卷跑了。有一人从墙垣缺口中看见了王镕，王镕走过来，这人遂把他挟到马上，扛起来就走了。第二天，他只觉着脖子痛，头也歪了，大概是由于被那个有力气人的挟扛，受不了这种痛苦的缘故。以后王镕找到了这位有力气的人，他的名字叫黑君和，是一位操刀的屠夫，于是就重重奖赏了她。

王镕失去了燕军的援助以后，又碰上武皇出兵逼迫真定，王镕派使者向武皇谢罪，拿出二十万匹绢，还备下牛、酒，犒劳晋军，从此武皇与王镕重又和往日一样和好起来。自梁祖朱全忠占据了山东，像猛虎一样窥视着天下，王镕卑言屈膝又赠送厚礼，和他通好。到了光化三年秋天，梁祖打算吞并河朔地区，于是亲自率军征伐镇州、定州，他的军卒烧了镇州的关城。王镕对他的幕僚和部下说："情况非常紧急！大家出主意，看该怎么办？"有一位判官名叫周式的人，很有口才，出来去见梁祖。梁祖怒气冲冲，反问周式说："王令公党附并汾的李克用，违背了盟约，背信弃义，我的功业已发展到这等地步，说什么我也不会善罢甘休！"周式说："令公您是唐室中齐桓公、晋文公式的人物，应当遵照礼仪成就霸业，反倒打算穷兵黩武，让天下的人怎么说您呀！"梁祖高兴起来，拉住周式的袖子，安慰他说："刚才说的不过是玩笑话。"王镕随即送来牛、酒、货币，犒劳汴军。周式请求把王镕的儿子昭祚和大将梁公儒、李弘规的儿子各一人送到汴梁为人质。梁祖把女儿嫁配给昭祚为妻。到了梁祖称皇帝时，王镕不得已用后梁的年号。

以后梁祖朱全忠常常忧虑河朔地区日子长了难以节制，赶上罗绍威逝世，因打算平定镇州、定州。先派亲兵三千人，分别驻扎在王镕的深、冀二郡，假借镇守的名义。又派大将王景仁、李思安率兵七万人，在柏乡扎营。王镕派使者向后唐庄宗李存勖告急，庄宗李存勖命令周德威率兵接应他，王镕重又奉行唐朝的年号，称作天祐七年。等到周德威在高邑击破后梁的军队，军威大振。李克用又遣大将王德明率领三十七都随从庄宗李存勖征伐朱全忠，收服了燕地，又降服了魏军，王镕都有战功，但他不曾亲率军队远征。天祐八年七月，王镕到了承天军，与庄宗李存勖一起饮宴，共同订立盟约，相互举杯祝寿，叙说情怀。庄宗李存勖因王镕是他父亲的朋友，对他特别尊敬，在宴会上为他唱歌助兴，王镕也用歌唱来酬答，称庄宗为四十六舅。宴饮中间，庄宗李存勖拔出佩刀，割断衣襟与王镕立盟，将女儿许配给王镕的儿子昭诲为妻。从此以后王镕一心一意地依附了庄宗李存勖。

王姈从小就聪明懂事，但是仁懦没有武略，军事征战都是由部下进行的，特别是几代的藩镇割据，专制四州的地盘，养成高高在上不理俗事的作风，他不亲自去处理军政，多用那些阉人执掌政权，各种事情的出入决断，都听从他们的处置。这些阉人的住宅都建造得十分豪华，园池广大美丽，并栽植有奇花异木，而且互相夸耀。他们全都穿着褒衣博带，乘着装有大伞盖的高车，整天以嬉游为事，在当时各藩府之中，王镕是最豪奢的。他过着太平优裕的生活，日子久了，迷上了歪门邪道，专心追求长生不老的养生要道，经常搜罗和尚道士，共同炼制仙丹，有时还听和尚讲说佛教经义，并亲受道士们驱鬼治病的邪术。西山一带有许多佛教寺院，又有道教的王母观，他为这些寺观增建馆宇房舍，把这些土木工程雕饰得十分华丽。有一位名叫王若讷的道士，引诱他登山临水，去访求仙迹，每次外出，几个月才回来，扰得百姓劳疲不堪。通往王母观的石路十分险峻，不能行走马车，每次登行，让仆妾几十人用锦绣丝带牵拉着他往上走。有位名叫石希蒙的阉人，以邪道得到宠幸，专权行事，受到王镕的喜爱，王镕经常和他一块卧起。

天祐八年终十二月，王镕从西山回来，途中宿在鹁鸽营庄，准备归还府第，希蒙劝他到别的地方去。宦人李弘规对王镕说："现在晋王亲自去前线作战，以风梳头，以雨洗面，而您竭尽供应军队的租赋，去干那些不急用的游玩，世道还未平稳，人心多有不顺，长期空虚着府第，远道外出游玩，如有唯恐天下不乱的人，一反常态，生出变故来，把您拒绝在门外不让进城，那么您打算回到哪里去！"王镕惧怕起来，催促众人回府。希蒙在他面前谗毁弘规专权，作威作福，又豢养了不少不轨之徒。王镕因此又打消了回府的念头。弘规知道了这件事，恼恨起来，派身边的亲信偏将苏汉衡率兵全副武装突然来到他的面前，拔刀横戈对王镕说："军人在外从游的日子已经够长了，希望跟从您回府。"弘规走上前说："石希蒙劝说您在外面游玩，害苦了军人和百姓，他又勾结邪恶势力，想干大逆不道的事情。我已侦察到的情况不假，请您杀死他，除掉祸根。"王镕不听。于是，弘规命令军事群集一起大喊大叫，斩下希蒙的头，送到王镕面前，王镕十分害怕，只得回府。就在这一天，王镕命令他的儿子昭祚与张文礼领兵包围了李弘规和行军司马李蔼的住宅，杀了他们全家及同族的人，受连累的共有几十家。只杀死了苏汉衡，把弘规部下的偏将全都投入监狱，追究他们反叛的罪状，那些随从护卫军人都很害怕，王镕还不时地给他们些赏赐，众人益加恐惧了。文礼利用这些军人的不安心理，便偷偷地告诉他们说："赵王要在今晚把你们坑杀，你们应该自己想办法。"众人都捂着脸哭泣，相互说道："赵王这样对待我们，我们还怎么能效忠呢？"当天夜里，十多个亲军，从内城西门翻过城墙，进入王府，这时王镕正在府中焚香接受符箓，两个军人突然闪现在他跟前，砍掉他的脑袋，用衣袖掩盖着，逃出王府，于是纵火焚烧了他的府第，火焰冲天，士兵大乱。王镕的姬妾有几百人，全都跳水投火死去。

有一位叫张友顺的军校,带领军人来到了张文礼的家,请他出来担任留后,于是将王氏宗族全部杀掉。王镕在唐昭宗朝时,受赐号为敦睦保定久大功臣,官位升到成德军节度使、守太师、中书令、赵王,梁祖朱全忠加官为尚书令。当初,王镕遭到杀害,人们找不见他的尸体,到了后唐庄宗李存勖攻下镇州后,王镕的部下旧人在被焚烧的府第灰堆中间,才找到了王镕的残骸。庄宗李存勖让幕僚宾客进行祭奠,把他的残骸埋葬在王氏的祖坟茔地。

王镕的长子昭祚,在大乱的第二天,被张文礼搜查出来,斩杀于军门旁。

次子昭诲在王镕遭祸的那天晚上,被军人携出府第,藏在地穴里十几天,剃光头发,穿上僧人的衣服。跟从湖南僧官李震回到南方,军士把昭诲托付给李震,李震将昭诲装在茶袋里。到了湖湘后,才让他向南岳寺僧学习佛经,每年都资给他些费用。昭诲长大了,想回北方故里,于是李震送他回来。这时王镕的故将符习作汴州节度使,恰值昭诲前来投奔,遂即把他的事情向后唐朝廷表上说明:"已故赵王王镕的小儿子昭诲,十多岁那年遇到祸患,被人藏匿起来才免遭不幸,现今还是僧人,法名崇隐,让他到京城去。"后唐明宗赏赐他衣服一套,让他脱去僧服。不久,昭诲号称前成德军中军使、检校太傅,到中书省陈述自己的身世,被朝廷特别授予朝议大夫、检校考功郎中、司农少卿,赐给金紫印绶。于是,符习把女儿许配给他做妻子。后来,累升至寺卿,后周显德年间,转任少府监。

旧五代史卷六十一

唐书三十七

列传第十三

安重霸

安重霸，云州人也。性狡谲，多智算。初，自代北与明宗俱事武皇，因负罪奔梁，在梁复以罪奔蜀，蜀以蕃人善骑射，因为亲将。蜀后主王衍，幼年袭位，其政多僻。宦官王承休居中用事，与成都尹韩昭内外相结，专采择声色，以固宠幸。武臣宿将，居常切齿。重霸谄事承休，特见委信。

梁末，岐下削弱，蜀人独取秦、成、阶等州，重霸说承休求镇秦州。仍于军中选山东骁果，得数千人，号龙武都，以承休为军帅，重霸副焉，俱在天水。岁余，承休欲求旌钺，乃以陇西花木入献，又称秦州山水之美，人物之盛，请后主临幸，而韩昭赞成之。

同光二年十月，蜀主率众数万，由剑阁将出兴、凤，以游秦州。至兴州，遇魏王继岌军至，狼狈而旋。承休遽闻东师入讨，大恐，计无从出，问于重霸。对曰："开府何患？蜀中精兵，不下十万，咫尺之险，安有不济，纵东军尽如狼虎，岂能入剑门！

然国家有患，开府特受主知，不得失于奔赴，此州制置事定，无虞得失，重霸愿从开府赴阙。"承休素信以为忠赤。重霸出秦州金帛以赂群羌，买由文山路归蜀。承休拥龙武军及招置仅万人从行，令重霸权握部署，州人祖送，秦州军亦列部队。承休登乘，重霸马前辞曰："国家费尽事力，收获陇西，若从开府南行，陇州即时疏失，请开府自行，重霸且为国守藩。"承休既去，重霸在秦州，闻明宗起河北，即时遣使以秦、成等州来降。

天成初，用为阆州团练使，未几，召还为左卫大将军，常以奸佞揣人主意，明宗尤爱之。长兴末，明宗谓侍臣曰："安重霸朕之故人，以秦州归国，其功不细，酬以团练防御，恐非怀来之道。"范延光曰："将校内有自河东、河北从陛下龙飞故人，尚有未及团防者，今若遽授重霸方镇，恐为人窃议。"明宗不悦。未几，竟以同州节钺授之。清泰初，移授西京留守、京兆尹。先是，秦、雍之间，令长设酒食，私丐于部民者，俗谓之"捣蒜"。及重霸之镇长安，亦为之，故秦人目重霸为"捣蒜老"。其年冬，改云州节度，居无何，以病求代，时家寄上党，及归而卒。重霸善悦人，好赂遗，时人目之为俊。

弟重进，尤凶恶，事庄宗，以试剑杀人，奔淮南。重霸在蜀，闻之蜀主，取之于吴，用为裨将，随重霸为龙武小将，戍长道，又杀人，奔归洛阳。

重霸之子曰怀浦，晋天福中，为禁军指挥使。契丹寇澶州，以临阵忸怩，为景延广所诛。

译文：

安重霸是云州人，他性情狡黠，又多智谋算计。早年在代北和后唐明宗李嗣源一起在武皇李克用手下做事，由于犯了罪过逃入了后梁。在后梁又因犯罪投奔了前蜀，前蜀由于他是蕃人，善于骑射，因此成为亲信将领。前蜀的后主王衍，还处在幼年时就继承了王位，他的行政措施有许多怪僻行径。宦官王承休是掌握朝廷实权的人物，与成都尹韩昭内外相互勾结，专门为主子收罗美女乐伎，以便更加牢固地取得主上的宠幸。国中的武臣和德高望重的老将，常常对他们的行为恨得咬牙切齿。重霸很会奉承承休，因此特别受到信任。

后梁末年，岐下地区力量削弱，前蜀的军队独自夺取了秦、成、阶等州的地盘，重霸劝承休向后主请求出镇秦州。于是从军队中挑选家在山东的骁勇士卒，得到了几千人，号称龙武都，任用承休为军帅，重霸做了副帅，二人都驻扎在天水。过了一年多的时间，承休想得到秦州节度使的官职，于是向后主献上陇西的珍异花木，又宣称秦州的山水很是美丽，人口物产殷实丰盛，请求后主到那里游玩，这个主意还得到了韩昭的赞同。

同光二年十月，蜀后主带了好几万人，经由剑阁，取道兴州、凤州，到秦州游玩。到了兴州，遇上了魏王继岌的军队，又领着部众狼狈地逃回去了。承休仓促得知东师前来讨伐，十分恐慌，不知道如何是好，去问重霸，重霸对他说："大人您忧虑什么呀？"蜀中的精兵不下十万人，小小的难关，那有过不去的，纵使东军人人都像狼虎一般，还能入得了剑门！然而国家有了祸难，大人您特别受到主上的知遇，不能不奔赴国难，这秦州方面的事情我已安排就了，您不要忧虑什么得失，重霸情愿跟从大人您一起回到朝廷。"承休向来相信他是赤胆忠心的。重霸拿出秦州的金钱绢帛贿赂各羌族部落，买通由文山回蜀的道路。承休率领龙武军及招置过来的一万人从行，令重霸掌权部署，州人为他们送行，秦州的军人也列队向他们告别。承休登上马启程，重霸来到他的马前辞行,说:"国家费尽了财力人力,收获了陇西,如果我跟随大人您南行,陇州就会即刻丢失,请大人您自己回去,重霸还要为国家守卫边地。"承休走后,重霸在秦州听说后唐明宗李嗣源在河北地区发展起来,立刻派人与李嗣源联系,以秦、成等州的地盘投降了后唐。

天成初年,后唐任用重霸为阆州团练使,不久,召回朝中,做了左卫大将军,常常凭着花言巧语探测明宗的心思,明宗十分喜欢他。长兴末年,明宗对他的左右侍臣说:"安重霸是我的老朋友,带着秦州归附了我国,他的功劳不小,用一个团练防御的官职作酬答,恐怕不是招抚他的办法。"范延光说:"将校中间有在河东、河北跟从陛下您共图大事的老朋友之中,还有官职未达到团练的人,现在如果仓促授任重霸方镇的官位,恐怕被别人私下说三道四。"明宗听了很不高兴。不久,竟然把同州节度使的头衔授给了重霸。清泰初年,转为西京留守、京兆尹。当初,秦州、雍州一带,州县地方长官摆设酒饭,私自向部民乞求,俗称这事为"捣蒜"。等到重霸做了长安的镇将,也按照习惯行事,所以秦州的人管重霸叫:"捣蒜老"。这年冬天,他改任云州节度使,到任时间不长,因患病请求朝廷派人接替他,这时他的家寄居在上党,回到家后就去世了。重霸善于讨人喜欢,好赂送些东西给别人,当时的人都认为他是识时务的俊杰。

他的弟弟重进,性情十分凶恶,为庄宗李存勖干事,因为他试剑杀了人,逃奔到淮南。重霸在前蜀时,将他的事情告诉了蜀主,并把他从吴国接过来,任用为偏将,跟随重霸做了龙武小将,戍守长道,又由于杀了人,逃回到洛阳。

重霸的儿子名叫怀浦,后晋天福年间,做了禁军指挥使。契丹的军队进攻澶州,因他临阵畏缩,被景延广诛杀。

晋 书

旧五代史卷八十八

晋书十四

列传第三

张希崇

张希崇，字德峰，幽州蓟县人也。父行简，假蓟州玉田令。希崇少通《左氏春秋》，复癖于吟咏。天祐中，刘守光为燕帅，性惨酷，不喜儒士，希崇乃掷笔以自效，守光纳之，渐升为裨将。俄而守光败，唐庄宗命周德威镇其地，希崇以旧籍列于麾下，寻遣率偏师守平州。

阿保机南攻，陷其城，掠希崇而去。阿保机询希崇，乃知其儒人也，因授元帅府判官，后迁卢龙军行军司马，继改蕃汉都提举使。天成初，伪平州节度使卢文进南归，契丹以希崇继其任，遣腹心总边骑三百以监之。希崇莅事数岁，契丹主渐加宠信。一日，登郡楼私自计曰："昔班仲升西戍，不敢擅还，以承诏故也。我今入关，断在胸臆，何恬安于不测之地而自滞耶！"乃召汉人部曲之翘楚者，谓曰："我陷身此地，饮酪被毛，生不见其所亲，死为穷荒之鬼，南望山川，度日如岁，尔辈得无思乡者乎！"部曲皆泣下沾衣，且曰："明公欲全部曲南去，善则善矣，如敌众何？"希崇曰："俟明日首领至牙帐，则先擒之，契丹无统领，其党必散。且平州去王帐千余里，待报至征兵，逾旬方及此，则我等已入汉界深矣，何用以众少为病！"众大喜。是日，希崇于郡斋之侧，坎隙地，贮石灰。明旦，首领与群从至，希崇饮以醇酎数钟，既醉，悉投于灰阱中毙焉。其徒营于北郭，遣人攻之，皆溃围奔去，希崇遂以管内生口二万余南归。唐明宗嘉之，授汝州防御使。

希崇既之任，遣人迎母赴郡，母及境，希崇亲肩板舆行三十里，观者无不称叹。历二年，迁灵州两使留后。先是，灵州戍兵岁运粮经五百里，有剽攘之患。希崇乃告谕边士，广务屯田，岁余，军食大济。玺书褒之，因正授旄节。清泰中，希崇厌其杂俗，频表请觐，诏许之。至阙未久，朝廷以安边有闻，议内地处之，改邠州节度使。及高祖入洛，与契丹方有要盟，虑其为所取，乃复除灵武。希崇叹曰："我应老于边城，赋分无所逃也。"因郁郁不得志，久而成疾，卒于任，时年五十二。希崇自小校累官至开府仪同三司、检校太尉，三历方面，封清河郡公，食邑二千户，赐清边奉国忠义功臣，亦人生之荣盛者也。

希崇素朴厚，尤嗜书，莅事之余，手不释卷，不好酒乐，不蓄姬仆，祁寒盛暑，必俨其衣冠，厮养之辈，未尝闻邪慢之言。事母至谨，每食必侍立，俟盥漱毕方退，物议高之。性虽仁恕，或遇奸恶，则嫉之若仇。在邠州日，有民与郭氏为义子，自孩提以至成人，因乘戾不受训，遣之。郭氏夫妇相次俱死。郭氏有嫡子，已长，时郭氏诸亲与义子相约，云是亲子，欲分其财物，助而讼之，前后数政不能理，遂成疑狱。希崇览其诉，判云："父在已离，母死不至。止称假子，孤二十年抚养之恩；傥曰亲儿，犯三千条悖逆之罪。颇为伤害名教，安敢理认田园！其生涯并付亲子，所讼人与朋奸者，委法官以律定刑。"闻者服其明。希崇亦善观象，在灵州日，见月掩毕口大星，经月复尔，乃叹曰："毕口大星，边将也，月再掩之，吾其终欤！"果卒于郡。

子仁谦为嗣，历引进副使。

译文：

张希崇，字德峰，幽州蓟县人。父亲张行简，曾代理蓟州玉田县令。希崇自年少时就精通《左氏春秋》，还特别喜欢吟咏诗歌。天祐年间，刘守光担任燕军主帅，性格很残暴，不喜欢儒士，希崇就投笔从戎，自求报效，守光收下了他，逐渐晋升为裨将。不久守光失败，后唐庄宗命令周德威镇守幽州，希崇因旧职在此，就成为他的属下，不久奉命率一部军队守卫平州。

契丹阿保机向南进攻，攻陷了平州城，将希崇俘虏带走。阿保机询问希崇，这才知道他是一位儒士，就授他为元帅府判官，以后又迁任卢龙军行军司马，接着又改为蕃汉都提举使。天成初，伪平州节度使卢文进南归之后，契丹又让希崇继任其职，派心腹率边骑三百监视他。希崇担任此职好几天，契丹主对他也逐步宠信起来。一天，希崇登上郡楼，自己盘算着："古代班超戍守西域，不敢擅自返回，是因为他奉有皇帝之命。我现在入关，决断就在我自己内心，如何能安居这个危险的地方而自我滞留呢？"就召集汉族部下中才略出众的人，对他们说："我身陷此地，喝奶酪，穿毛皮，活着见不到自己的亲人，死了就成了穷荒之鬼，我常常南望山川，度日如年，你们当中难道就没有思念家乡的人吗？"这些部属听后都流下了眼泪，连前襟都沾湿了，说道："您要保全我们南归，好是好，但敌军众多，怎么办呢？"希崇说道："等明天他们首领来到牙帐，就先把他抓住，契丹兵没了头领,他的部属一定会逃散。何况平州距契丹主的驻地有一千多里,等他们得到报告再发兵,则十天之后才能到这里,那我们早已进入汉界很远了,哪里用得着担忧我们人少呢?"众人非常高兴。这一天,希崇在郡衙旁边的空地挖了大坑,装上石灰。第二天,契丹的首领与随从来到,希崇让他们喝了几盅醇酒,等他们喝醉后,全部投进了灰坑,死于其中。他们的部属都在城北的军营,希崇派人前去攻打,都四散逃奔走了,于是希崇率领辖区内二万多人南归后唐。后唐明宗给予嘉奖,授他为汝州防御使。

希崇到任之后,派人迎接母亲来州城,母亲进入州境之后,希崇亲自抬着轿子走了三十里,围观的人无不感叹。二年后,又迁任灵州两使留后。先前,灵州的戍兵每年都要运粮,路途长达五百里,常担忧半道被劫。希崇就命令戍边的士兵,广开屯田,一年以后,军粮得到解决。皇帝下发文书给予表扬,并因此正式授予他为节度使。清泰年间,希崇因不喜欢这里民俗杂乱,连连上表请求入京朝见,皇帝准许了这一请求。到京城不久,朝廷因他安边有名于当时,就议定让他在内地任职,改为邠州节度使。等后晋高祖进入洛阳,因已经与契丹订立了盟约,担心他被契丹要求引渡,就又让他去灵武任职。希崇叹了口气说道:"看来我该在边城待到老了,这种命运是无法逃避了。"因此郁郁不得志,久而久之就变成了病,最后逝世于灵武任上,当时年龄五十二岁。希崇从小校逐渐升至开府仪同三司、检校太尉,三次担当封疆大吏,封为清河郡公,食邑二千户,赐号清边奉国忠义功臣,也算是人生中荣华富贵的人了。

希崇一向朴素淳厚,尤其爱读书,公事之余,手不释卷,不喜欢饮酒和音乐,不纳姬妾和僮仆,不管严寒酷暑,都是衣冠整齐，家中做杂务的人，从未听到他说过淫纵傲慢的话。侍奉母亲最为谨慎，每次吃饭，他都侍立一旁，等到洗漱罢才退下去，舆论对此评价很高。天性虽然仁爱，但遇上奸人坏事，则疾之如仇。在邠州的时候，有一人是郭氏的义子，从幼孩一直养到成人，因性情乖戾不听话，被赶走了。后来郭氏夫妇相继逝世。郭氏有亲生儿子，已经长大，这时郭氏的亲戚与这位义子商定，就硬说是亲生儿子，想要分得郭氏的家财，帮助义子打官司。这桩官司，前后几任官员都无法结案，于是就成了一桩疑难案。希崇看了此案的讼辞后，就判决道："父亲在世的时候他便已离开，母亲死的时候他又不来。如果只说是养子，那便是辜负了二十年养育之恩；假若真是亲子，那便是触犯了流放三千里的悖逆之罪。这种行为亵渎了名教，哪里还敢来要家产！郭氏的家产全部交给亲生儿子，起诉人及其同伙弄奸的，都交给法官根据法律来判刑。"听到判决结果的人对他的准确判案都很佩服。希崇也善于观看天象，在灵州的时候，曾见到月亮遮住了毕口大星，一个月后又是如此，于是叹道："毕口大星，代表的是镇守边地的大将，一个月的时间两次被遮住，我的生命大概就要终结了吧！"果然死在灵州。

儿子张仁谦继承了爵位，历官至引进副使。

旧五代史卷八十九

晋书十五

列传第四

赵莹

赵莹，字玄辉，华阴人也。曾祖溥，江陵县丞。祖孺。祕书正字。父居晦，为农。莹风仪美秀，性复纯谨。梁龙德中，始解褐为康延孝从事。后唐同光中，延孝镇陕州，会庄宗伐蜀，命延孝为骑将。将行，留莹监修金天神祠。功既集，忽梦神召于前亭，待以优礼，谓莹曰："公富有前程，所宜自爱。"因遗一剑一笏，觉而骇异。明宗即位，以高祖为陕府两使留后，莹时在郡，以前官谒之，一见如旧相识，即奏署管记。高祖历诸镇皆从之，累使阙下，官至御史大夫，赐金紫。高祖再镇并州，位至节度判官，高祖建号，授莹翰林学士承旨、金紫光禄大夫、户部侍郎，知太原府事，寻迁门下侍郎、同平章事、监修国史。车驾入洛，使持聘谢契丹，及还，加光禄大夫兼吏部尚书，判户部。

初，莹为从事，丁母忧，高祖不许归华下，以粗缞随幕，人或短之。及入相，以敦让汲引为务。监修国史日，以唐代故事残缺，署能者居职，纂补实录及修正史二百卷行于时，莹首有力焉。少帝嗣位，拜守中书令。明年，检校太尉本官，出为晋昌军节度使。是时，天下大蝗，境内捕蝗者获蝗一斗，给粟一斗，使饥者获济，远近嘉之。未几，移镇华州，岁余入为开封尹。

开运末，冯玉、李彦韬用事，以桑维翰才望素重，而莹柔而可制，因共称之，乃出维翰，复莹相位，加弘文馆大学士。及李崧、冯玉议出兵应接赵延寿，而以杜重威为都督部署，莹私谓冯、李曰："杜中令国之懿亲，所求未惬，必恒怏怏，安可更与兵权？若有事边陲，只李守贞将之可也。"

及契丹陷京城，契丹主迁少帝于北塞，莹与冯玉、李彦韬俱从。契丹永康王代立，授莹太子太保。周广顺初，遣尚书左丞田敏报命于契丹，遇莹于幽州。莹得见华人，悲怅不已，谓田敏曰："老身漂零寄于此，近闻室家丧逝，弱子无恙，蒙中朝皇帝倍加存恤，东京旧第本属公家，亦闻优恩特给善价，老夫至死无以报效。"于是南望稽首，涕泗横流。先是，汉高祖以入蕃将相第宅遍赐随驾大臣，故以莹第赐周太祖。太祖时为枢密副使，召莹子前刑部郎中易则告之曰："所赐第，除素属版籍外，如有别契券为己所置者，可归本直。"即以千余缗遗易则。易则惶恐辞让，周太祖坚与之方受，故莹言及之。未几，莹卒于幽州，时年六十七。

莹初被疾，遣人祈告于契丹主，愿归骨于南朝，使羁魂幸复乡里，契丹主闵而许之。及卒，遣其子易从、家人数辈护丧而还，仍遣大将送至京师。周太祖感叹久之，诏赠太傅，仍赐其子绢五百匹，以备丧事，令归葬于华阴故里。

译文：

赵莹，字玄辉，华阴县人。曾祖父赵溥，曾任江陵县丞。

祖父赵孺，曾任秘书正字。父亲赵居晦，在家务农。赵莹仪表堂堂，生性纯厚谨慎。后梁龙德年间才开始做官，为康延孝从事。后唐同光年间，延孝镇守陕州时，正碰上庄宗讨伐蜀国，就命延孝担任了骑军将领。就要出发时，将赵莹留了下来，负责监修金天神祠。完成后，赵莹忽然梦见天神在前亭召见，对他优礼相待，说道："你前程远大，应该自我珍爱。"接着送他一把剑一支笏，他醒来后感到又害怕又惊奇。明宗当了皇帝后，让后晋高祖担任陕府两使留后，赵莹这时正在郡城，就以前官的身份前往谒见高祖，二人一见如故，高祖随即奏署他为管记。高祖历任数镇，他都跟随赴任，屡次奉命进京朝见，官至御史大夫，赐金紫。高祖再次镇守并州时，他位至节度判官，高祖号称皇帝后，授赵莹为翰林学士承旨、金紫光禄大夫、户部侍郎，任太原知府，不久又迁官门下侍郎、同平章事、监修国史。及高祖进入洛阳，派他带着皇帝亲笔信向契丹报谢，返回后，又给他加官光禄大夫兼吏部尚书，主管户部。

起初，赵莹担任从事时，母亲逝世，高祖不许他返回华下的老家，让他在幕府穿着孝服供职，有的人为此而非议他。等他入居相位后，大力提倡敦厚谦让和荐举人才。监修国史时，他鉴于唐代典章残缺，就任命有才干的人担当有关职务，编纂补充了唐代实录以及撰修了二百卷的正史，在当时流传很广泛，赵莹对此起了首要的作用。少帝即位之后，命他为守中书令。第二年，又以检校太尉本官。出任为晋昌军节度使。当时，天下发生大蝗灾，他命令本境内凡是捕蝗虫的人，缴获蝗虫一斗，就给其粟米一斗，这样使饥饿的人都渡过了灾荒，远远近近的人都对此很赞许。时间不久，他又调任镇守华州，一年多后又返京担任了开封尹。

开运末年，冯玉、李彦韬当权，因桑维翰才能声望一向很高，而赵莹性格柔弱便于控制，就一起称赞赵莹，将维翰排挤出去，恢复了赵莹的相位，并加官为弘文馆大学士。等李崧、冯玉商议出兵接应赵延寿，让杜重威担任都督部署时，赵莹私下对冯玉、李崧说道："杜中令是皇室宗亲，他的要求未能满足，内心常常不乐，怎能又另给他军权呢？假如边陲一旦有事，只有李茂贞统率他才行啊！"

及至契丹攻陷京城，契丹主将少帝迁到了北方边塞，赵莹与冯玉、李彦韬一起随同少帝北迁。契丹永康王代立之后，授官赵莹太子太保。后周广顺初年，派尚书左丞田敏向契丹通报，在幽州遇到了赵莹。赵莹见到中原人，伤感不已，对田敏说道："我这把老骨头飘零寄居于此地，近来听说妻子已经逝世，幼子还好，承蒙中朝皇帝倍加优抚。我在东京的旧宅本来属于公家，也听说特例受到优待，给了一个好价钱，这种恩德，老夫至死都无以报答。"于是凝望南方磕头，泪如雨下。先前，后汉高祖将进入契丹的将相大臣的住宅，都赏赐给了身边大臣，因此将赵莹的住宅赏给了后周太祖。太祖当时正任枢密副使，就召来赵莹的儿子前刑部郎中赵易则，对他说："赐给我的这套住宅，除了一向就属于公家的外，如果还有自己建造并有契约文书的，可以偿还你的本价。"随之送给易则一千余缗钱。易则惶恐不安，辞让不受，后周太祖坚持要给，易则这才收下，因此赵莹提到了这件事。时间不久，赵莹逝世于幽州，当时年龄六十七岁。

赵莹开始患病时，派人向契丹主祈求，希望归葬于中原，使羁旅游魂能回到故乡，契丹主很可怜他，给予允许。他死后，派他的儿子易从同几个家人护丧归乡，还派大将护送至京城。后周太祖对此感叹了很长时间，下令给他赠官太傅，赐给他的儿子五百匹绢，用以备办丧事，令归葬于华阴故里。

史记
汉书
后汉书
三国志
晋书
宋书
南齐书
梁书
陈书
魏书
北齐书
周书
隋书
南史
北史
旧唐书
新唐书
旧五代史
▫ **新五代史**
宋史
辽史
金史
元史
明史

新五代史

梁本纪

新五代史卷一

梁本纪第一

太祖上

太祖神武元圣孝皇帝，姓朱氏，宋州砀山午沟里人也。其父诚，以《五经》教授乡里，生三子，曰全昱、存、温。诚卒，三子贫，不能为生，与其母佣食萧县人刘崇家。全昱无他材能，然为人颇长者。存、温勇有力，而温尤凶悍。

唐僖宗乾符四年，黄巢起曹、濮，存、温亡入贼中。巢攻岭南，存战死。巢陷京师，以温为东南面行营先锋使，攻陷同州，以为同州防御使。是时，天子在蜀，诸镇会兵讨贼。温数为河中王重荣所败，屡请益兵于巢，巢中尉孟楷抑而不通。温客谢瞳说温曰："黄家起于草莽，幸唐衰乱，直投其隙而取之尔，非有功德兴王之业也，此岂足与共成事哉！今天子在蜀，诸镇之兵日集以谋兴复，是唐德未厌于人也。且将军力战于外，而庸人制之于内，此章邯所以背秦而归楚也。"温以为然，乃杀其监军严实，自归于河中，因王重荣以降。都统王铎承制拜温左金吾卫大将军、河中行营招讨副使，天子赐温名全忠。

中和三年三月，拜全忠汴州刺史、宣武军节度使。四月，诸镇兵破巢，复京师。巢走蓝田。七月丁卯，全忠归于宣武。是岁，黄巢出蓝田关，陷蔡州，节度使秦宗权叛附于巢，遂围陈州。徐州时溥为东南面行营兵马都统，会东诸镇兵以救陈。陈州刺史赵犨亦乞兵于全忠。溥虽为都统而不亲兵。四年，全忠乃自将救犨，率诸镇兵击败巢将黄邺、尚让等。犨以全忠为德，始附属焉。是时，河东李克用下兵太行，度河，出洛阳，与东兵会击巢。巢已败去，全忠及克用追败之于郾城。巢走中牟，又败之于王满。巢走封丘，又大败之。巢挺身东走，至泰山狼虎谷，为时溥追兵所杀。九月，天子以全忠为检校司徒、同中书门下平章事，封沛郡侯。光启二年三月，进爵王。义成军乱，逐其节度使安师儒，推牙将张骁为留后，师儒来奔，杀之。遣朱珍、李唐宾陷滑州，以胡真为留后。十二月，徙封吴兴郡王。

自黄巢死，秦宗权称帝，陷陕、洛、怀、孟、唐、许、汝、郑州，遣其将秦贤、卢瑭、张晊攻汴。贤军板桥，晊军北郊，瑭军万胜，环汴为三十六栅。王顾兵少，不敢出。乃遣朱珍募兵于东方，而求救于兖、郓。三年春，珍得万人、马数百匹以归。乃击贤板桥，拔其四栅。又击瑭万胜，瑭败，投水死。宗权闻瑭等败，乃自将精兵数千，栅北郊。五月，兖州朱瑾、郓州朱宣来赴援。王置酒军中，中席，王阳起如厕，以轻兵出北门袭晊，而乐声不辍。晊不意兵之至也，兖、郓之兵又从而合击，遂大败之，斩首二万余级。宗权与晊夜走，过郑，屠其城而去。宗权至蔡，复遣张晊攻汴。王闻晊复来，登封禅寺后冈，望晊兵过，遣朱珍蹑之，戒曰："晊见吾兵，必止。望其止，当速返，毋与之斗也。"已而晊见珍在后，果止。珍即驰还。王令珍引兵蔽大林，而自率精骑出其东，伏大冢间。晊止而食，食毕，拔旗帜，驰击珍。珍兵小却，王引伏兵横出，断晊军为三而击之。晊大败，脱身走。宗权怒，斩晊。而河阳、陕、洛之兵为宗权守者，闻蔡精兵皆已歼于汴，因各溃去。故诸葛爽将李罕之取河阳、张全义取洛阳以来附。十月，天子使来，赐王纪功碑。朱宣、朱瑾兵助汴，已破宗权东归，王移檄兖、郓，诬其诱汴亡卒以东，乃发兵攻之，取其曹州、濮州。遂遣朱珍攻郓州，大败而还。十二月，天子使来，赐王铁券及德政碑。

淮南节度使高骈死，杨行密入扬州。天子以王兼淮南节度使。王乃表行密为副使，以行军司马李璠为留后。璠之扬州，行密不纳。文德元年正月，王如淮南，至宋州而还。是时，秦宗权陷襄州，以赵德諲为节度使。德諲叛于宗权以来附。天子因以王为蔡州四面行营都统，以德諲为副。

三月庚子，僖宗崩。天雄军乱，囚其节度使乐彦贞。其子相州刺史从训攻魏，来乞兵。遣朱珍助从训攻魏。而魏军杀彦贞，从训战死，魏人立罗弘信，珍乃还。张全义取河阳，逐李罕之。罕之奔于河东。李克用遣兵围河阳，全义来求救，遣丁会、牛存节救之，击败河东兵于沇河。

五月，行营讨蔡州，围之百余日，不克。是时，时溥已为东南面都统，又以王统行营而溥犹称都统，王乃上书，论溥讨蔡无功而不落都统，且欲激怒溥以起兵端。初，高骈死，淮南乱，楚州刺史刘瓒来奔，纳之，及王兵攻蔡不克，还，欲攻徐，乃遣朱珍将兵数千以东，声言送瓒还楚州。溥怒论己，又闻珍以兵来，果出兵拒之。珍战于吴康，大败之，取其丰、萧二县。遂攻宿州，下之。珍屯萧县，别遣庞师古攻徐州。龙纪元年正月，师古败溥于吕梁。淮西牙将申丛执秦宗权，折其足，将槛送京师；别将郭璠杀丛，篡宗权以来献。王遣行军司马李璠献俘于京师，表郭璠淮西留后。三月，天子封王为东平王。七月，朱珍杀李唐宾，王如萧县，执珍杀之，遂攻徐州。冬，大雨，水，不能军而旋。

初，秦宗权遣其弟宗衡掠地淮南，是岁，宗衡为其将孙儒所杀，儒攻杨行密于扬州。淮南大乱，行密走宣州，儒入扬州。大顺元年春，遣庞师古攻孙儒于淮南，大败而还。四月，宿州将张筠以宿州复归于时溥，王自将攻之，不克。

初，黄巢败走，李克用追之，至于冤朐，不及而旋。过汴，驻军于北郊，王邀克用置酒上源驿，夜以兵攻之。克用逾城而免，讼其事于京师，天子知曲在汴而和解之。至是，宰相张浚私与汴交，王厚之以赂，浚为汴请伐河东。唐诸大臣皆以为不可兴师。浚挟汴力，请益坚。天子不得已，许之。五月，以浚为太原四面行营都统，王为东南面招讨使。然王不亲兵，以兵二千属浚而已。浚屯于阴地。河东叛将冯霸杀潞州守将李克恭来降，遣葛从周入潞州。李克用遣康君立攻之，从周走河阳。九月，王如河阳。十月，天子以王兼宣义军节度使，遂如滑州，假道于魏，以攻河东，且责其军须，亦所以怒魏为兵端也。魏人果以谓非兵所当出，而辞以粮乏，皆不许。于是攻魏。十一月，张浚之师大败于阴地。二年正月，王及魏人战于内黄，大败之，屠故元城，罗弘信来送款。十月，克宿州。十一月，曹州将郭绍宾杀其刺史郭饶来降。十二月，丁会败朱瑾于金乡。景福元年二月，攻郓州，前军朱友裕败于斗门，王军后至，又败而还。冬，友裕取濮州，遂攻徐州。二年四月，庞师古克徐州，杀时溥。王如徐州，以师古为留后，遂攻兖、郓。

乾宁元年二月，王及朱宣战于渔山，大败之。二年八月，又败宣于梁山。十一月，又败之于巨野。兖、郓求救于河东，李克用发兵救之，假道于魏。既而魏人击之，克用怒，大举攻魏。罗弘信来求救，遣葛从周救魏。是岁，李克用封晋王。三年五月，战于洹水，擒克用子落落，送于魏，杀之。七月，凤翔李茂贞犯京师，天子出居于华州。王请以兵赴难，天子优诏止之。又请迁都洛阳，不许。四年正月，庞师古克郓州，王如郓州，以朱友裕为留后。遂攻兖州。朱瑾奔于淮南，以葛从周为兖州留后。九月，攻淮南，庞师古出清口，葛从周出安丰，王军屯于宿州。杨行密遣朱瑾先击清口，师古败死。从周亟返兵，至于渒河，瑾又败之。王惧，驰归。

光化元年三月，天子以王兼天平军节度使。四月，遣葛从周攻晋之山东，取邢、洺、磁三州。襄州赵匡凝自其父德諲时来附，匡凝又与杨行密、李克用通，而其事泄。七月，遣氏叔琮、康怀英攻匡凝，取其泌、随、邓三州。匡凝请和乃止。十二月，李罕之以潞州来降。二年，幽州刘仁恭攻魏，罗绍威来求救。王救魏，败仁恭于内黄。四月，遣氏叔琮攻晋太原，不克。七月，李克用取泽、潞。十一月，保义军乱，杀其节度使王珙，推其牙将李璠为留后，其将朱简杀璠来降。以简为保义军节度使。三年四月，遣葛从周攻刘仁恭之沧州，取其德州，及仁恭战于老鸦堤，大败之。八月，晋取洺州。王如洺州，复取之。是时，镇、定皆附于晋。遂攻镇州，破临城，王镕来送款。进攻定州，王郜奔于晋，其将王处直以定州降。

唐宦者刘季述作乱，天子幽于东宫。天复元年正月，护驾都头孙德昭诛季述，天子复位。封王为梁王。遣张存敬攻王珂于河中，出含山，下晋、绛二州。王珂求救于晋，晋不能救，乃来降。三月，大举攻晋。氏叔琮出太行，取泽、潞。葛从周、张存敬、侯言、张归厚及镇、定之兵，皆会于太原，围之，不克，遇雨而还。五月，天子以王兼河中尹、护国军节度使。六月，晋取慈、隰。

自刘季述等已诛，宰相崔胤外与梁交，欲假梁兵尽诛宦者。而凤翔李茂贞、邠宁王行瑜等皆遣子弟以精兵宿卫天子，宦官韩全诲等亦因恃以为助。天子与胤计事，宦者属耳，颇闻之。乃选美女，内之宫中，阴令伺察其实。久之，果得胤奏谋所以诛宦者之说，全诲等大惧，日夜相与涕泣，思图胤以求全。胤知谋泄，事急，即矫为制，召梁兵入诛宦者。十月，王以宣武、宣义、天平、护国兵七万，至于河中，取同州，遂攻华州，韩建出降。全诲等闻梁王兵且至，即以岐、邠宿卫兵劫天子奔于凤翔。王乃上书言胤所以召之之意。天子怒，罢胤相，责授工部尚书，诏梁兵还镇。王引兵去，攻邠州，屯于三原。邠州节度使杨崇本以邠、宁、庆、衍四州降。崔胤奔于华州。二年春，王退军于河中。晋攻晋、绛。遣朱友宁击败晋军于蒲县，取汾、慈、隰，遂围太原，不克而还，汾、慈、隰复入于晋。四月，友宁引兵西，至兴平，及李茂贞战于武功，大败之。王兵犯凤翔，茂贞数出战，辄败，遂围之。十一月，鄜坊李周彝以兵救凤翔，王遣孔勍袭鄜州，虏周彝之族，徙于河中，周彝乃降。是时，岐兵屡败，而围久，城中食尽，自天子至后宫，皆冻馁。三年正月，茂贞杀韩全诲等二十人，囊其首，示梁军，约出天子以为解。甲天子出幸梁军。遣使者驰召崔胤，胤托疾不至。王使人戏胤曰："吾未识天子，惧其非是，子来为我辨之。"天子还至兴平，胤率百官奉迎。王自为天子执辔，且泣且行，行十余里，止之。人见者，咸以为忠。己巳，天子至自凤翔，素服哭于太庙而后入，杀宦者七百余人。二月甲戌，天子赐王"回天再造竭忠守正功臣"，以辉王祚为诸道兵马元帅，王为副元帅。王乃留子友伦为护驾指挥使，以为天子卫，引兵东归。天子饯于延喜楼，赐《杨柳枝》五曲。

初，梁兵已西，青州王师范遣其将刘鄩袭据梁兖州。王已还梁，四月，如郓州，遣朱友宁攻青州。师范败之于石楼，友宁死。九月，杨师厚败青人于临朐，取其棣州，师范以青州降，而鄩亦降。友伦击鞠，堕马死。王怒，以为崔胤杀之，遣朱友谦杀胤于京师。其与友伦击鞠者，皆杀之。

自天子奔华州，王请迁都洛阳，虽不许，而王命河南张全义修洛阳宫以待。天祐元年正月，王如河中，遣牙将寇彦卿如京师，请迁都洛阳，并徙长安居人以东。天子行至陕州，王朝于行在，先如东都。是时，六军诸卫兵已散亡，其从以东者，小黄门十数人，打毬供奉、内园小儿等二百余人。行至谷水，王教医官许昭远告其谋乱，悉杀而代之，然后以闻。由是，天子左右皆梁人矣。四月甲辰，天子至自西都。是时，晋王李克用、岐王李茂贞、楚王赵匡凝、蜀王王建、吴王杨行密闻梁迁天子洛阳，皆欲举兵讨梁，王大惧。六月，杨崇本复附于岐。王乃以兵如河中，声言攻崇本，遣朱友恭、氏叔琮、蒋玄晖等行弑，昭宗崩。十月，王朝于京师，杀朱友恭、氏叔琮。十一月，攻淮南，取其光州，攻寿州，不克而旋。二年二月，遣蒋玄晖杀德王裕等九王于九曲池。六月，杀司空裴贽等百余人。七月，天子使来，赐王"迎銮纪功碑"。

王欲代唐，使人谕诸镇，襄州赵匡凝以为不可。遣杨师厚攻之，取其唐、邓、复、郢、随、均、房七州。王如襄州，军于汉北。九月，师厚破襄州，匡凝奔于淮南。师厚取荆南，荆南留后赵匡明奔于蜀。遂出光州，以攻寿州，不克。天子卜祀天于南郊，王怒，以为蒋玄晖等欲祈天以延唐。天子惧，改卜郊。十一月辛巳，天子封王为魏王、相国，总百揆。以宣武、宣义、天平、护国、天雄、武顺、佑国、河阳、义武、昭义、武宁、保义、忠义、武昭、武定、泰宁、平卢、匡国、镇国、荆南、忠武二十一军为魏国，备九锡。王怒，不受。十二月，天子以王为天下兵马元帅。王益怒，遣人告枢密使蒋玄晖与何太后私通，杀玄晖而焚之，遂弑太后于积善宫。又杀宰相柳璨，太常卿张延范车裂以徇。天子诏以太后故停郊。

三年春，魏州罗绍威谋杀其牙军，来假兵以虞变，王为发兵北攻刘仁恭之沧州，兵过魏而绍威已杀牙军，其兵之在外者皆叛，据贝、卫、澶、博州，王以兵悉杀之。遂攻沧州，军于长芦。刘仁恭求救于晋。晋人取潞州，王乃旋军。

译文：

梁太祖神武元圣孝皇帝，姓朱，是宋州砀山午沟里人。他的父亲朱诚，在乡里教授《五经》，生有三个儿子，叫作朱全昱、朱存、朱温。朱诚去世，三个儿子贫困，不能操持生计，和母亲在萧县人刘崇家打工吃饭。朱全昱没有其他才能，然而为人颇有长者风度。朱存、朱温勇猛有力气，而朱温尤其凶狠强悍。

唐僖宗乾符四年，黄巢在曹州、濮州一带起事，朱存、朱温流亡进入贼寇中间。黄巢进攻岭南，朱存战死。黄巢攻陷京城，任命朱温为东南面行营先锋使。朱温攻陷同州，任命为同州防御使。当时天子唐僖宗在蜀地，各路藩镇会合兵马讨伐贼寇。朱温多次被河中节度使王重荣击败，屡次向黄巢请求增兵，黄巢的中尉孟楷压住不通报。朱温门客谢瞳劝说朱温道："黄家起于草莽之中，侥幸遇上唐朝衰败动乱，只是时机凑巧而取得成功，不是有功劳德行而振兴统一天下的大业，这哪里值得与他共成事业呢！如今天子在蜀地，各外藩镇的军队日益集结来图谋复兴王室，这表明唐室德运还没有被人厌弃啊！况且将军在外拼力作战，庸人在内极力牵制，这是章邯当年背叛秦朝而归附楚王项羽的形势啊！"朱温认为对，于是杀死他的监军严实，自己向河中归附，通过节度使王重荣投降唐朝。诸道行营都统王铎承奉制命授朱温为左金吾卫大将军、河中行营招讨副使，天子唐僖宗赐朱温名为全忠。

中和三年三月，授朱全忠为汴州刺史、宣武军节度使。四月，各路藩镇军队击败黄巢，收复京师。黄巢逃奔蓝田。七月丁卯日，朱全忠返归宣武军节度使治所汴州。这一年，黄巢军队从蓝田关而出，攻陷蔡州，奉国军节度使秦宗权叛唐归附黄巢，于是围困陈州。徐州感化节度使时溥任东南面行营兵马都统，会同东部各藩镇军队来援救陈州。陈州刺史赵犨也向朱全忠乞求援兵。时溥虽然身为都统而不亲自领兵。中和四年，朱全忠就亲自率领军队救援赵犨，统领其他藩镇军队击败黄巢的将领黄邺、尚让等。赵犨感激朱全忠的恩德，开始附属于他。这时候，河东节度使李克用率军南下太行山，渡过黄河，从洛阳而出，与东面军队会合攻击黄巢。黄巢已经战败离去，朱全忠和李克用追赶到鄄城击败他。黄巢逃奔中牟，又在王满战败。黄巢逃奔封丘，又被打得大败。黄巢自身向东逃跑，到达泰山狼虎谷，被时溥的追兵所杀死。九月，天子唐僖宗封朱全忠为检校司徒、同中书门下平章事，封爵为沛郡侯。唐僖宗光启二年三月，朱全忠晋爵为王。义成军发生叛乱，驱逐节度使安师儒，推举牙将张骁为义成留后，安师儒前来投奔，朱全忠杀了他。朱全忠派遣朱珍、李唐宾攻陷滑州，任命胡真为义成留后。十二月，朱全忠改封为吴兴郡王。

自从黄巢死后，秦宗权自称皇帝，攻陷陕州、洛州、怀州、孟州、唐州、许州、汝州、郑州，派遣他的将领秦贤、卢瑭、张晊进攻汴州。秦贤进军到板桥，张晊进军到汴州北郊，卢瑭进军到万胜，环绕汴州城安扎三十六座营寨。吴兴郡王朱全忠顾忌兵力单薄，不敢出击。于是派遣朱珍到东方招募兵员，同时向兖州、郓州求救。光启三年春天，朱珍募集得兵员一万人、马几百匹而归来。于是进攻板桥的秦贤部，攻拔他的四座营寨。又进攻万胜的卢瑭部，卢瑭战败，投水而死。秦宗权听说卢瑭等部兵败，就亲自率领精兵几千人，在汴州北郊安扎营寨。五月，兖州朱瑾、郓州朱宣前来赶赴救援。吴兴郡王在军中设置酒宴，酒席中间，吴兴郡王假装上厕所，率领轻骑兵出北门袭击张晊，而宴席的鼓乐之声没有停止。张晊不料军队会到达，兖州、郓州的军队又随之合力夹击，于是大败张晊部，斩首二万多级。秦宗权和张晊当夜逃跑，经过郑州，屠杀郑州百姓而后离开。秦宗权到达蔡州，又派遣张晊进攻汴州。吴兴郡王听说张晊又来，登上封禅寺后面山冈，望见张晊军队经过，派遣朱珍跟踪，告诫说："张晊看到我们的军队，一定会停止前进。望见他们停止前进，应当急速返回，不要和他交战。"不久张晊看到朱珍军队在后面，果然停止前进。朱珍立即奔驰返回。吴兴郡王命令朱珍领兵隐蔽在大树林，而自己率领精锐骑兵从东面出来，埋伏在大山之间。张晊停下来吃饭，吃完饭，拔起旗帜，奔驰攻击朱珍军队。朱珍军队稍稍退却，吴兴郡王率领埋伏军队横向出击，将张晊军队断为三截而攻击他。张晊大败，自己脱身逃跑。秦宗权大怒，斩杀张晊。而为秦宗权守卫河阳、陕州、洛州的军队，叫说蔡州的精锐部队已经在汴州被歼，因此各自溃散离去。原诸葛爽的将领李罕之取得河阳、张全义取得洛阳前来归附。十月，天子唐僖宗的使者来到，赐给吴兴郡王纪功碑。朱宣、朱瑾军队帮助汴州，已经打败秦宗权向东返回，吴兴郡王移传檄文声讨兖州、郓州，诬陷他们引诱汴州逃亡士兵往东，就调发军队进攻，取得曹州、濮州。接着派遣朱珍进攻郓州，结果大败而归。十二月，天子唐僖宗的使者来到，赐给吴兴郡王铁券和德政碑。

淮南节度使高骈死去，杨行密进入扬州。天子唐僖宗任命吴兴郡王兼淮南节度使。于是，吴兴郡王上表荐举杨行密为节度副使，任命行军司马李璠为留后。李璠前往扬州，杨行密不接纳他。唐僖宗文德元年正月，吴兴郡王前往淮南，到达宋州而返回。当时，秦宗权攻陷襄州，任命赵德諲为节度使。赵德諲背叛秦宗权而来归附。天子唐僖宗因此任命吴兴郡王为蔡州四面行营都统，任命赵德諲为副都统。

三月庚子日，唐僖宗去世。天雄军发生叛乱，囚禁天雄节度使乐彦贞。乐彦贞的儿子相州刺史乐从训进攻魏州，前来求讨援兵。吴兴郡王派遣朱珍援助乐从训进攻魏州。但魏州军队杀死乐彦贞，乐从训战死，魏州人拥立罗弘信，于是朱珍返回。张全义取得河阳，驱逐李罕之。李罕之逃奔到河东。李克用派兵包围河阳，张全义前来求救，吴兴郡王派遣丁会、牛存节救援他，在沇河击败河东军队。

五月，各路行营讨伐蔡州，包围蔡州城一百多天，没有攻克。这时候，时溥已担任东南面都统，又任命吴兴郡王统领各路行营而时溥仍然称都统，于是吴兴郡王上书朝廷，弹劾时溥讨伐蔡州没有功劳而不除去都统之职，并且想要激怒时溥而挑起战争事端。当初，高骈死后，淮南大乱，楚州刺史刘瓒前来投奔，接纳了他，及至吴兴郡王攻打蔡州不下，便返回，准备进攻徐州，就派遣朱珍领兵数千人向东，声称护送刘瓒返回楚州。时溥恼怒吴兴郡王弹劾自己，又听说朱珍领兵前来，果真出兵抵抗。朱珍在吴康交战，大败时溥军队，攻取他的丰、萧二县。于是进攻宿州，攻下宿州。朱珍驻守萧县，另外派遣庞师古进攻徐州。唐昭宗龙纪元年正月，庞师古在吕梁击败时溥。淮西牙将申丛抓获秦宗权，打断他的脚，准备用囚车送往京师；别将郭璠杀死申丛，夺取秦宗权前来献上。吴兴郡王派遣行军司马李璠到京师献俘虏，上表荐举郭璠为淮西留后。三月，天子唐昭宗封吴兴郡王为东平王。七月，朱珍杀死李唐宾，东平王前往萧县，拘捕朱珍而杀了他，于是进攻徐州。冬天，下大雨，发大水，不能进兵而返回。

当初，秦宗权派遣他的弟弟秦宗衡抢掠淮南土地，这一年，秦宗衡被他的部将孙儒杀死，孙儒前往扬州进攻杨行密。淮南大乱，杨行密逃奔宣州，孙儒进入扬州。唐昭宗大顺元年春天，东平王派遣庞师古到淮南攻打孙儒，大败而归。四月，宿州将领张筠率宿州重新归附时溥，东平王亲自领兵攻打宿州，没有攻克。

当初，黄巢兵败逃跑，李克用追赶，到达冤朐，没有追上而返回。路过汴州，在城北郊外驻军，东平王在上源驿馆设置酒宴邀请李克用，夜晚却领兵进攻他。李克用越墙逃跑而免一死，到京师对此事提起诉讼，天子唐昭宗明知汴州理亏而进行和解。到这时，宰相张浚私下与汴州结交，东平王厚加贿赂，张浚替汴州请求讨伐河东李克用。唐朝廷众大臣都认为不应当兴师出兵。张浚挟持汴州力量，请求越发坚决。天子唐昭宗不得已，准许张浚之请。五月，任命张浚为太原四面行营都统，东平王为东南面招讨使。然而东平王不亲自领兵，只将二千军队交给张浚而已。张浚驻扎在阴地。河东叛将冯霸杀死潞州守将李克恭前来投降，派遣葛从周进入潞州。李克用派遣康君立攻打潞州，葛从周逃奔河阳。九月，东平王前往河阳。十月，天子唐昭宗任命东平王兼宣义节度使，于是前往滑州，向魏州借路，来进攻河东，并且求取军饷，也为了激怒魏州制造兵争事端。魏州人果真认为不应当出兵，同时以粮食缺乏推却，全都不答应。于是进攻魏州。十月，张浚的军队在阴地大败。唐昭宗大顺二年正月，东平王与魏人在内黄交战，大败魏人，屠杀原元城，罗弘信派人来表示归顺。十月，攻克宿州。十一月，曹州将领郭绍宾杀死曹州刺史郭饶前来投降。十二月，丁会在金乡击败朱瑾。唐昭宗景福元年二月，进攻郓州，前头部队朱友裕在斗门战败，东平王率领军队随后到达，又战败而返回。冬天，朱友裕取得濮州，于是进攻徐州。唐昭宗景福二年四月，庞师古攻克徐州，杀死时溥。东平王前往徐州，任命庞师古为留后，于是进攻兖州、郓州。

唐昭宗乾宁元年二月，东平王同朱宣在渔山交战，大败朱宣。乾宁二年八月，又在梁山击败朱宣。十一月，又在巨野击败朱宣。兖州、郓州向河东求救，李克用发兵救援他们，向魏州借路。不久魏人攻击河东，李克用发怒，大举进攻魏州。罗弘信前来请求救援，东平王派遣葛从周救援魏州。这一年，李克用被封为晋王。乾宁三年五月，在洹水作战，擒获李克用的儿子李落落，送到魏州，杀死他。七月，凤翔节度使李茂贞侵犯京师，天子唐昭宗出京居住在华州。东平王请示率军队赶赴京城救难，天子唐昭宗下诏优抚制止出兵。又请求将京都迁到洛阳，没有准许。乾宁四年正月，庞师古攻克郓州，东平王前往郓州，任命朱友裕为郓州留后。于是进攻兖州。朱瑾逃奔到淮南，任命葛从周为兖州留后。九月，进攻淮南，庞师古从清口出兵，葛从周从安丰出兵，东平王进军驻扎在宿州。杨行密派遣朱瑾先攻击清口，庞师古战败身亡。葛从周急忙率兵返回，到达淠河，朱瑾又击败葛从周。东平王感到恐惧，飞驰返归。

唐昭宗光化元年三月，天子任命东平王兼天平军节度使。四月，东平王派遣葛从周进攻晋王的山东一带，夺取邢州、洺州、磁州等三州。襄州赵匡凝自从他父亲赵德諲时前来归附，但赵匡凝又私下同杨行密、李克用交往，而这事情泄露。七月，东平王派遣氏叔琮、康怀英进攻赵匡凝，夺取他的泌、随、邓三州。赵匡凝求和才罢休。十二月，李罕之率潞州前来投降。光化二年，幽州节度使刘仁恭进攻魏州，罗绍威前来请求救援。东平王出兵救援魏州，在内黄击败刘仁恭。四月，派遣氏叔琮进攻晋太原，没有攻克。七月，李克用夺取泽州、潞州。十一月，保义军叛乱，杀死节度使王珙，推举牙将李璠为保义留后，保义将领朱简杀死李璠前来投降。任命朱简为保义军节度使。光化三年四月，东平王派遣葛从周进攻刘仁恭的沧州，取得他的德州，同刘仁恭在老鸦堤交战，大败刘仁恭。八月，晋王取得洺州。东平王前往洺州，又收复洺州。当时，镇州、定州都归附于晋王。于是进攻镇州，攻破临城，王镕前来献表归顺。进兵攻打定州，王郜逃奔到太原，王郜的将领王处直率定州投降。

唐朝宦官刘季述发动叛乱，天子唐昭宗被幽禁在东宫。唐昭宗天复元年正月，护驾都头孙德昭诛杀刘季述，天子恢复帝位。封东平王为梁王。梁王派遣张存敬向河中进攻王珂，从含山出兵，攻下晋、绛二州。王珂向晋王求救，晋王未能救援，于是前来投降。三月，梁王大举进攻晋王。氏叔琮从太行出兵，取得泽州、潞州。葛从周、张存敬、侯言、张归厚以及镇州、定州的军队，都会合到太原，包围太原，没有攻克，遇天下雨而返回。五月，天子任命梁王兼河中尹、护国军节度使。六月，晋王取得慈州、隰州。

自从刘季述等人已被诛杀，宰相崔胤与朝外梁王交结，打算利用梁王军队杀尽宦官。凤翔节度使李茂贞、邠宁节度使王行瑜等都派遣子弟率领精兵值宿护卫天子，宦官韩全诲等也乘机依仗他们作为援助。天子与崔胤计议政事，宦官耳目相接，听说不少情况。于是，宦官选送美女，安插在宫中，暗中让她们监视天子的动静。过了一段时间,果然,获得崔胤奏陈图谋诛杀宦官的计划,韩全诲等人大为惊恐,日夜相互一起流泪哭泣,想法对付崔胤来企求保全自己。崔胤得知密谋泄露,事情紧急,立即假造制令,召梁王军队入京诛杀宦官。十一月,梁王率宣武、宣义、天平、护国四镇七万军队,到达河中,取得同州,于是进攻华州,韩建出城投降。韩全诲等听说梁王军队将要到达,立即用岐州、邠州的值宿警卫部队劫持天子逃奔到凤翔。于是,梁王上书陈述崔胤召见自己来的意思。天子发怒,罢免崔胤的宰相职务,斥责贬授工部尚书,诏令梁王军队返回藩镇。梁王领兵离去,进攻邠州,在三原驻扎。邠州节度使杨崇本率邠、宁、庆、衍四州投降。崔胤逃奔到华州。天复二年春天,梁王退兵到河中。晋王进攻晋州、绛州。梁王派遣朱友宁出击,在蒲县打败晋王军队,夺取汾州、慈州、隰州,于是围攻太原,没有攻克而返回,汾州、慈州、隰州又落入晋王之手。四月,朱友宁领兵西进,到达兴平,与李茂贞在武功交战,大败李茂贞。梁王军队进犯凤翔,李茂贞多次出城迎战,都战败,于是梁王军队围困凤翔。十一月,鄜坊节度使李周彝领兵救援凤翔,梁王派遣孔勍袭击鄜州,俘虏李周彝家族,将他们迁徙到河中,于是李周彝投降。当时,岐州军队屡遭战败,而且围城已久,凤翔城中粮食耗尽,从天子直至后宫嫔妃,都受冻挨饿。天复三年正月,李茂贞杀死韩全诲等二十人,将首级装入口袋,给梁王军队看,约定放出天子来作为和解条件。甲子日天子出城到达梁王军中。梁王派遣使者骑马奔驰召见崔胤,崔胤推托有病不来。梁王派人对崔胤开玩笑说:"我不认识天子,恐怕来人不是真的,您来替我辨认天子。"天子返回到达兴平,崔胤率领文武百官迎接。梁王亲自为天子牵马缰绳,一边流泪一边行走,走了十几里,才止步。人们看见这情形,都认为梁王忠诚。己巳日,天子从凤翔到达长安,穿着素服哭拜太庙然后入宫,杀死宦官七百多人。二月甲戌日,天子赐梁王为"回天再造竭忠守正功臣",任命辉王李祚为诸道兵马元帅,梁王为副元帅。于是,梁王留下儿子朱友伦为护驾指挥使,作为天子卫戍将领,自己领兵向东返归。天子在延喜楼为梁王饯行,赐给《杨柳枝》五支曲。

当初,梁王军队向西进发,青州节度使王师范派遣他的将领刘鄩袭击占据梁王的兖州。梁王返回大梁,四月,前往郓州,派遣朱友宁进攻青州。王师范在石楼击败梁兵,朱友宁战死。九月,杨师厚在临朐击败青州军队,取得棣州,王师范率青州投降,而后刘鄩也投降。朱友伦击球,从马上摔下来死去。梁王发怒,以为是崔胤杀死,派遣朱友谦在京师杀死崔胤。那些与朱友伦打马球的人,全部杀死。

自从天子逃奔到华州,梁王便请求将都城迁到洛阳,虽然天子不准许,但梁王还是命令河南张全义修建洛阳宫殿来等待迁都。唐昭宗天祐元年正月,梁王前往河中,派遣牙将寇彦卿前往京师,请求迁都洛阳,同时将长安居民往东迁移。天子出行到达陕州,梁王至天子出行所在地朝见,先迁往东都洛阳。这时,六军各卫士兵已经散失逃亡,随从天子东进的,只有小黄门十几人,打马球的供奉人员、宫禁小厮等二百多人。走到谷水岸边,梁王唆使医官许昭远告发他们密谋作乱,全部杀死而派人替代他们,事后才奏报天子。从此,天子左右都是梁王的人了。四月甲辰日,天子从西都长安到达洛阳。当时,晋王李克用、岐王李茂贞、楚王赵匡凝、蜀王王建、吴王杨行密听说梁王将天子迁居洛阳,都准备发兵讨伐梁王,梁王大为恐惧。六月,杨崇本又归附岐王李茂贞,于是梁王领兵前往河中,声称进攻杨崇本,派遣朱友恭、氏叔琮、蒋玄晖等行刺天子，唐昭宗去世。十月，梁王到京师朝见昭宣帝，杀死朱友恭、氏叔琮。十一月，进攻淮南，取得光州，又进攻寿州，没能攻克而返回。唐昭宣帝天祐二年二月，梁王派遣蒋玄晖在九曲池杀死德王李裕等九王。六月，杀死司空裴贽等一百多人。七月，天子使者来到，赐梁王"迎銮纪功碑"。

梁王打算取代唐室，让人告知各藩镇，襄州节度使赵匡凝认为不可以。梁王派遣杨师厚进攻赵匡凝，取得他的唐、邓、复、郢、随、均、房七州。梁王前往襄州，进军到汉水北岸。九月，杨师厚攻破襄州，赵匡凝逃奔到淮南。杨师厚取得荆南，荆南留后赵匡明逃奔到蜀。于是，梁王从光州城外出发，进攻寿州，没有攻克。天子占卜日子到南郊祭天，梁王发怒，认为蒋玄晖等人想祈求上天来延续唐室国运。天子害怕，另外占卜祭天的日子。十一月辛巳日，天子唐昭宣帝封梁王为魏王、相国，总理百官。将宣武、宣义、天平、护国、天雄、武顺、佑国、河阳、义武、昭义、武宁、保义、忠义、武昭、武定、泰宁、平卢、匡国、镇国、荆南、忠武二十一军作为魏国，准备九锡之礼。梁王发怒，不接受。十二月，天子任命魏王为天下兵马元帅。梁王益发恼怒，派人告发枢密使蒋玄晖与何太后私通，杀死蒋玄晖然后焚烧尸体，接着在积善宫杀死何太后。又杀死宰相柳璨，太常卿张延范被车裂示众。天子下诏因太后的缘故停止祭天。

唐昭宣帝天祐三年春天，魏州节度使罗绍威密谋杀灭他的牙军，前来借兵以防备变故，梁王为之发兵向北进攻刘仁恭的沧州，军队经过魏州时罗绍威已经消灭牙军，他在外的军队全都叛变，占据了贝州、卫州、澶州、博州，梁王领兵全部攻杀他们。于是进攻沧州，驻扎在长芦。刘仁恭向晋王求救。晋人取得潞州，梁王才撤回军队。

新五代史卷二

梁本纪第二

太祖下

开平元年春正月壬寅，天子使御史大夫薛贻矩来劳军。宰相张文蔚率百官来劝进。

夏四月壬戌，更名晃。甲子，皇帝即位。戊辰，大赦，改元，国号梁。封唐主为济阴王。升汴州为开封府，建为东都，以唐东都为西都。废京兆府为雍州。赐东都酺一日。契丹阿保机使袍笏梅老来。

五月丁丑朔，以唐相张文蔚杨涉为门下侍郎、御史大夫薛贻矩为中书侍郎：同中书门下平章事。戊寅，渤海、契丹遣使者来。乙酉，兄全昱为广王，子友文博王，友珪郢王，友璋福王，友贞均王，友徽建王，侄友谅衡王，友能惠王，友诲邵王。甲午，改枢密院为崇政院，太府卿敬翔为使。是月，潞州行营都指挥使李思安及晋人战，败绩。

六月甲寅，平卢军节度使韩建守司徒，同中书门下平章事。

秋七月己亥，追尊祖考为皇帝，妣为皇后：皇高祖黯谥曰宣元，庙号肃祖，祖妣范氏谥曰宣僖；曾祖茂琳谥曰光献，庙号敬祖,祖妣杨氏谥曰光孝;祖信谥曰昭武,庙号宪祖,祖妣刘氏谥曰昭懿;考诚谥曰文穆,庙号烈祖,妣王氏谥曰文惠。

八月丁卯,同州蚼蝥虫生。隰州黄河清。

九月,括马。

冬十月己未,讲武于繁台。

十一月壬寅,赦亡命背军、髡黥刑徒。

二年春正月丁酉,渤海遣使者来。己亥,卜郊于西都。弑济阴王。

二月辛未,契丹阿保机遣使者来。

三月壬申朔,如西都。丙子,如怀州。丁丑,如泽州。戊寅,封鸿胪卿李崧莱国公,为二王后。壬午,匡国军节度使刘知俊为潞州行营招讨使。癸巳,改卜郊。张文蔚薨。

夏四月癸卯,杨涉罢。吏部侍郎于兢为中书侍郎,翰林学士承旨礼部侍郎张策为刑部侍郎:同中书门下平章事。壬子,至泽州。

五月己丑,潞州行营都虞候康怀英及晋人战于夹城,败绩。戊戌,立唐三庙。契丹遣使者来。

六月壬寅,忠武军节度使刘知俊为西路行营招讨使,以伐岐。己酉,杀右金吾卫上将军王师范,灭其族。丙辰,刘知俊及岐人战于漠谷,败之。

秋九月丁丑,如陕州,博王友文留守东都。

冬十月丁未,至自陕州。

十一月癸巳,张策罢,左仆射杨涉同中书门下平章事。

十二月己亥,以介国公为三恪,酅国公、莱国公为二王后。

三年春正月甲戌,如西都。复然灯以祈福。庚寅,享于太庙。辛卯,有事于南郊,大赦。丙申,群臣上尊号曰睿文圣武广孝皇帝。

二月壬戌，讲武于西杏园。甲子，延州高万兴叛于岐来降。

三月辛未，渤海国王大諲撰遣使者来。甲戌，如河中。山南东道节度使杨师厚为潞州四面行营招讨使。刘知俊取丹州。

夏四月丙午，知俊克延、鄜、坊三州。

五月己卯，至自河中，杀佑国军节度使王重师。

六月庚戌，刘知俊执佑国军节度使刘捍，叛附于岐。辛亥，如陕州。乙卯，冀王朱友谦为同州东面行营招讨使。刘知俊奔于岐。丹州军乱，逐其刺史宋知诲。

秋七月，商州军乱，逐其刺史李稠，稠奔于岐。乙丑，克丹州，执其首恶王行思。乙亥，至自陕州。甲申，襄州军乱，杀其留后王班。房州刺史杨虔叛附于蜀。

八月辛亥，降死罪囚。辛酉，均州刺史张敬方克房州，执杨虔。

闰月癸酉，契丹遣使者来。己卯，阅稼于西苑。

九月壬寅，行营招讨使左卫上将军陈晖克襄州，执其首恶李洪。丁未，保义军节度使王檀为潞州东面行营招讨使。辛亥，韩建、杨涉罢。太常卿赵光逢为中书侍郎、翰林学士承旨工部侍郎杜晓为户部侍郎：同中书门下平章事。辛酉，李洪、杨虔伏诛。

冬十一月甲午，日南至，告谢于南郊。己酉，搜访贤良。镇国军节度使康怀英伐岐。

十二月，怀英克宁、庆、衍三州。及刘知俊战于升平，败绩。

四年春正月壬辰朔，始用乐。丁未，讲武于榆林。

二月己丑，阅稼于谷水。

秋八月丙寅，如陕州。河南尹张宗奭留守西都。辛未，护国军节度使杨师厚为西路行营招讨使以伐岐。

九月己丑，至自陕州。辛亥，搜访贤良。

冬十一月己丑，宁国军节度使王景仁为北面行营招讨使以伐赵。赵王王镕、北平王王处直叛附于晋，晋人救赵。

十二月癸酉，颁律令格式。

乾化元年春正月丁亥，王景仁及晋人战于柏乡，败绩。庚寅，赦流罪以下囚，求危言正谏。癸巳，天雄军节度使杨师厚为北面行营招讨使。

夏四月壬申，契丹阿保机遣使者来。

五月甲申朔，大赦，改元。癸巳，幸张宗奭第。

秋八月戊辰，阅稼于榆林。渤海遣使者来。戊寅，大阅于兴安鞠场。

九月辛巳朔，御文明殿，入阁。庚子，如魏州。张宗奭留守西都。

冬十月丙子，大阅于魏东郊。

十一月，高万兴取盐州。壬辰，至自魏州。乙未，回鹘、吐蕃遣使者来。

二年春二月丁巳，光禄卿卢玭使于蜀。甲子，如魏州，张宗奭留守西都。次白马，杀左散骑常侍孙骘、右谏议大夫张衍、兵部郎中张俊。戊寅，如贝州。

三月丙戌，屠枣强。丁未，复如魏州。

夏四月己巳，至自魏州。戊寅，如西都。

五月丁亥，德音降死罪已下囚。罢役徒，禁屠及捕生。渤海遣使者来。是月，薛贻矩薨。

六月，疾革，郢王友珪反。戊寅，皇帝崩。

呜呼，天下之恶梁久矣！自后唐以来，皆以为伪也。至予论次五代，独不伪梁，而议者或讥予大失《春秋》之旨，以谓："梁负大恶，当加诛绝，而反进之，是奖篡也，非《春秋》之志也。"予应之曰："是《春秋》之志尔。鲁桓公弑隐公而自立者，宣公弑子赤而自立者，郑厉公逐世子忽而自立者，卫公孙剽逐其君衎而自立者，圣人于《春秋》，皆不绝其为君。此予所以不伪梁者，用《春秋》之法也。""然则《春秋》亦奖篡乎？"曰："惟不绝四者之为君，于此见《春秋》之意也。圣人之于《春秋》，用意深，故能劝戒切，为言信，然后善恶明。夫欲著其罪于后世，在乎不没其实。其实尝为君矣，书其为君。其实篡也，书其篡。各传其实，而使后世信之，则四君之罪，不可得而掩尔。使为君者不得掩其恶，然后人知恶名不可逃，则为恶者庶乎其息矣。是谓用意深而劝戒切，为言信而善恶明也。桀、纣，不待贬其王，而万世所共恶者也。《春秋》于大恶之君不诛绝之者，不害其褒善贬恶之旨也，惟不没其实以著其罪，而信乎后世，与其为君而不得掩其恶，以息人之为恶。能知《春秋》之此意，然后知予不伪梁之旨也。"

译文：

梁太祖开平元年春天正月壬寅日，天子唐昭宣帝派御史大夫薛贻矩前来慰劳军队。宰相张文蔚率领文武百官前来劝梁王即帝位。

夏天四月壬戌日，梁王朱全忠改名为晃。甲子日，朱晃即皇帝位。戊辰日，宣布大赦，改年号，国号为梁。封唐室君主为济阴王。汴州升为开封府，建为东都，将唐朝东都洛阳作为西都。撤销京兆府改为雍州。赏赐东都开封宴饮一天。契丹君主邪律阿保机派袍笏梅老前来交好。

五月丁丑初一，梁太祖任命唐室宰相张文蔚、杨涉为门下侍郎，御史大夫薛贻矩为中书侍郎；都任同中书门下平章事。戊寅日，渤海、契丹派遣使者前来。乙酉日，梁太祖兄长朱全昱立为广王，儿子朱友文立为博王，朱友皀立为郢王，朱友璋立为福王，朱友贞立为均王，朱友徽立为建王，侄儿朱友谅立为衡王，朱友能立为惠王，朱友诲立为邵王。甲午日，将枢密院改为崇政院，太府卿敬翔为崇政院使。这个月，潞州行营都指挥使李思安同晋人交战，兵败。

六月甲寅日，任命平卢军节度使韩建为守司徒、同中书门下平章事。

秋天七月己亥日，追尊先祖为皇帝，先祖配偶为皇后：皇帝高祖朱黯谥号为宣元，庙号为肃祖，高祖配偶范氏谥号为宣僖；曾祖朱茂琳谥号为光献，庙号为敬祖，曾祖配偶杨氏谥号为光孝；祖父朱信谥号为昭武，庙号为宪祖，祖母刘氏谥号为昭懿；父亲朱诚谥号为文穆，庙号为烈祖，母亲王氏谥号为文惠。

八月丁卯日，同州吃粮食的幼虫生长。隰州段的黄河变清。

九月，征取百姓马匹。

冬天十月己未日，在繁台讲习军事。

十一月壬寅日，赦免逃亡军士、剃发黥面的刑徒。

梁太祖开平二年春天正月丁酉日，渤海国派遣使者前来。己亥日，在西都占卜祭天日子。杀死济阴王。

二月辛未日，契丹君主邪律阿保机派遣使者前来。

三月壬申初一，梁太祖前往西都洛阳。丙子日，前往怀州。丁丑日，前往泽州。戊寅日，封鸿胪卿李崧为莱国公，作为前代二朝王族后裔。壬午日，匡国军节度使刘知俊任潞州行营招讨使。癸巳日，改卜祭天的日子。张文蔚去世。

夏天四月癸卯日，杨涉罢官。吏部侍郎于兢任中书侍郎，翰林学士，承旨、礼部侍郎张策任刑部侍郎：都为同中书门下平章事。壬子日，梁太祖到达泽州。

五月己丑日，潞州行营都虞候康怀英同晋人在潞州外围夹城交战，大败。戊戌日，建立唐室三庙。契丹派遣使者前来。

六月壬寅日，忠武军节度使刘知俊为西路行营招讨使，领兵讨伐岐州。己酉日，杀死右金吾卫上将军王师范，诛灭他的家族。丙辰日，刘知俊同岐州军队在漠谷交战，打败岐人。

秋天九月丁丑日，梁太祖前往陕州，博王朱友文留守东都开封。

冬天十月丁未日，梁太祖从陕州到达东都开封。

十一月癸巳日，张策被罢免相职，左仆射杨涉任同中书门下平章事。

十一月己亥日，封周宁文氏了孙为介国公作为三恪，隋室杨氏后裔酅国公、唐室李氏后裔莱国公作为二王之后。

开平三年春天正月甲戌日，梁太祖前往西都洛阳。恢复正月点灯来祈求福佑的习俗。庚寅日，到太庙祭祀。辛卯日，到南郊圆丘祭天，宣布大赦。丙申日，群臣向梁太祖奉上尊号为睿文圣武广孝皇帝。

二月壬戌日，在西杏园讲习武事。甲子日，延州高万兴背叛岐王前来投降。

三月辛未日，渤海国王大諲撰派遣使者前来。甲戌日，梁太祖前往河中。山南东道节度使杨师厚任潞州四面行营招讨使。刘知俊取得丹州。

夏天四月丙午日，刘知俊攻克延、鄜、坊三州。

五月己卯日，梁太祖从河中到达西都洛阳，杀死佑国军节度使王重师。

六月庚戌日，刘知俊拘捕佑国军节度使刘捍，叛梁向岐王归附。辛亥日，梁太祖前往陕州。乙卯日，冀王朱友谦为同州东面行营招讨使。刘知俊逃奔到岐州。丹州军队叛乱，驱逐该州刺史宋知诲。

秋天七月，商州军队叛乱，驱逐本州刺史李稠，李稠逃奔到岐州。乙丑日，梁兵攻克丹州，擒获首恶王行思。乙亥日，梁太祖从陕州到达西都洛阳。甲申日，襄州军队叛乱，杀死留后王班。房州刺史杨虔叛变归附蜀。

八月辛亥日，减轻死罪囚犯之刑。辛酉日，均州刺史张敬方攻克房州，擒获房州刺史杨虔。

闰八月癸酉日，契丹派遣使者前来。己卯日，梁太祖到西苑巡视庄稼。

九月壬寅日，行营招讨使、左卫上将军陈晖攻克襄州，擒获叛乱首恶李洪。丁未日，保义军节度使王檀为潞州东面行营招讨使。辛亥日，韩建、杨涉被罢免相职。太常卿赵光逢为中书侍郎、翰林学士承旨工部侍郎杜晓为户部侍郎：都任同中书门下平章事。辛酉日，李洪、杨虔服罪处死。

冬天十一月甲午日，太阳行至极南之处，梁太祖到南郊告谢皇天上帝。己酉日，诏令搜求寻访贤良之士。镇国军节度使康怀英攻伐岐州。

十二月，康怀英攻克宁、庆、衍三州。与刘知俊在升平交战，大败。

开平四年春天正月壬辰初一，开始使用礼乐。丁未日，在榆林讲习武事。

二月己丑日，到谷水巡视庄稼。

秋天八月丙寅日，梁太祖前往陕州。河南尹张宗奭留守西都洛阳。辛未日，护国军节度使杨师厚为西路行营招讨使领兵攻伐岐州。

九月己丑日，梁太祖从陕州到达西都洛阳。辛亥日，下诏搜求寻访贤良之士。

冬天十一月己丑日，宁国军节度使王景仁为北面行营招讨使领兵攻伐赵王。赵王王镕、北平王王处直叛梁归附晋王，晋人出兵救赵。

十二月癸酉日，颁布关于刑法的律令格式。

乾化元年春天正月丁亥日，王景仁在柏乡与晋人交战，大败。庚寅日，制令赦免判流放罪以下的囚犯，寻求敢直言正谏的贤人。癸巳日，天雄军节度使杨师厚为北面行营招讨使。

夏天四月壬申日，契丹王耶律阿保机派遣使者前来。

五月甲申初一，宣布大赦，改年号。癸巳日，到张宗奭宅第住宿。

秋天八月戊辰日，梁太祖到榆林视察庄稼。渤海派遣使者前来。戊寅日，在兴安球场检阅军队操练。

九月辛巳初一，梁太祖到文明殿上朝，群臣进入内阁。庚子日，前往魏州。张宗奭留守西都洛阳。

冬天十月丙子日，梁太祖在魏州东郊检阅军队操练。

十一月，高万兴取得盐州。壬辰日，梁太祖从魏州到达西都洛阳。已未日，回鹘、吐蕃派遣使者前来。

乾化二年春天二月丁巳日，光禄卿卢笒出使到蜀。甲子日，梁太祖前往魏州，张宗奭留守西都洛阳。在白马住宿，杀死左散骑常侍孙骘、右谏议大夫张衍、兵部郎中张俊。戊寅日，前往贝州。

三月丙戌日，梁兵屠杀枣强吏民。丁未日，梁太祖又前往魏州。

夏天四月己巳日，梁太祖从魏州到达东都开封。戊寅日，前往西都洛阳。

五月丁亥日，下诏布施恩德，令死罪以下的囚犯都减刑一等。罢免徭役，禁止屠杀和捕捉动物。渤海派遣使者前来。当月，薛贻矩去世。

六月,梁太祖病重,郢王朱友珪谋反。戊寅日,梁太祖去世。

唉,天下人憎恶梁太祖由来已久了!自从后唐以来,都称之为伪梁。至于我编纂排列五代历史,独自不称之为伪梁,因而评议者有人讥刺我大失《春秋》的旨意,认为:"梁太祖负有重大罪恶,应当加以口诛削夺,却反而进入本纪,这是褒奖篡位,不符合《春秋》的旨意啊!"我回答他说:"这才是《春秋》的旨意啊!鲁桓公是杀鲁隐公而自立为国君者,鲁宣公是杀子赤而自立为国君者,郑厉公是驱逐世子忽而自立为国君者,卫公孙剽是驱逐他国君衎而自立为国君者,但圣人在《春秋》中,没有不写他为国君。这就是我不称之为伪梁的原因,实用《春秋》笔法啊。""那么《春秋》也褒奖篡位吗?"回答说:"只是指不删削四人为国君的事实,由此可见《春秋》的旨意啊。圣人对待《春秋》,用意深刻,所以能做到奖劝惩戒切中肯綮;立言诚信,然后能善良邪恶昭彰分明。要想将篡位罪恶昭著于后代,就在于不湮没它的事实。他确实曾经为国君了,就写明他为国君。他确实篡夺君位,就写明他篡夺君位。分别传述他们的事实,而让后代了解真相,那么四个国君的罪恶,就不可能掩盖了。使得那些当国君的不能掩盖自己的罪恶,这样后人知道恶名无法逃脱,那么作恶的人差不多会平息了。这就是所说的用意深刻而奖劝惩戒切中肯綮,立言诚信而善良邪恶昭彰分明。夏桀、商纣,不必等待贬夺他们的王位,而成为千秋万代共同憎恶的对象。《春秋》对罪大恶极的君主不口诛削夺他,并不妨碍褒奖善良贬斥邪恶的旨意,只是不湮没他的事实来昭著他的罪恶,从而使后代明白真相;承认他为国君而不得掩盖他的罪恶,以此制止后人作恶。能够知晓《春秋》这个意思,然后就能明白我不称之为伪梁的宗旨了。"

唐本纪

新五代史卷四

唐本纪第四

庄宗上

庄宗光圣神闵孝皇帝，其先本号朱邪，盖出于西突厥，至其后世，别自号曰沙陀，而以朱邪为姓。

唐德宗时，有朱邪尽忠者，居于北庭之金满州。贞元中，吐蕃赞普攻陷北庭，徙尽忠于甘州而役属之。其后赞普为回鹘所败，尽忠与其子执宜东走，赞普怒，追之，及于石门关，尽忠战死，执宜独走归唐，居之盐州，以隶河西节度使范希朝。希朝徙镇太原，执宜从之，居之定襄神武川之新城。其部落万骑，皆骁勇善骑射，号"沙陀军"。

执宜死，其子曰赤心。懿宗咸通十年，神策大将军康承训统十八将讨庞勋于徐州，以朱邪赤心为太原行营招讨沙陀三部落军使。以从破勋功，拜单于大都护、振武军节度使，赐姓名曰李国昌，以之属籍。沙陀素强，而国昌恃功益横恣，懿宗患之。十三年，徙国昌云州刺史、大同军防御使，国昌称疾拒命。

国昌子克用，尤善骑射，能仰中双凫，为云州守捉使。国昌已拒命，克用乃杀大同军防御使段文楚，据云州，自称留后。

唐以太仆卿卢简方为振武节度使，会幽、并兵讨之。简方行至岚州，军溃，由是沙陀侵掠代北为边患矣。

明年，僖宗即位，以谓前太原节度使李业遇沙陀有恩，而业已死，乃以其子钧为灵武节度使、宣尉沙陀六州三部落使，以招缉之。拜克用大同军防御使。

居久之，国昌出击党项，吐浑赫连铎袭破振武。克用闻之，自云州往迎国昌，而云州人亦闭关拒之。国昌父子无所归，因掠蔚、朔间，得兵三千，国昌入保蔚州，克用还据新城。僖宗乃拜铎大同军使，以李钧为代北招讨使，以讨沙陀。

乾符五年，沙陀破遮虏军，又破岢岚军，而唐兵数败，沙陀由此益炽，北据蔚、朔，南侵忻、代、岚、石，至于太谷焉。

广明元年，招讨使李琢会幽州李可举、云州赫连铎击沙陀，克用与可举相拒雄武军。其叔父友金以蔚、朔州降于琢，克用闻之，遽还。可举追至药儿岭，大败之，琢军夹击，又败之于蔚州，沙陀大溃，克用父子亡入达靼。

克用少骁勇，军中号曰"李鸦儿"，其一目眇，及其贵也，又号"独眼龙"，其威名盖于代北。其在达靼，久之，郁郁不得志，又常惧其图己，因时时从其群豪射猎，或挂针于木，或立马鞭，百步射之辄中，群豪皆服以为神。

黄巢已陷京师，中和元年，代北起军使陈景思发沙陀先所降者，与吐浑、安庆等万人赴京师，行至绛州，沙陀军乱，大掠而还。景思念沙陀非克用不可将，乃以诏书召克用于达靼，承制以为代州刺史，雁门以北行营节度使。率蕃汉万人出石岭关，过太原，求发军钱。节度使郑从谠与之钱千缗、米千石，克用怒，纵兵大掠而还。

二年十一月，景思、克用复以步骑万七千赴京师。三年正月，出于河中，进屯乾坑。巢党惊曰："鸦儿军至矣！"二月，败巢将黄邺于石坑谷；三月，又败赵璋、尚让于良田坡，横尸三十里。是时，诸镇兵皆会长安，大战渭桥，贼败走入城，克用乘胜追之，自光泰门先入，战望春宫升阳殿，巢败，南走出蓝田关，京师平，克用功第一。天子拜克用检校司空、同中书门下平章事、河东节度使，以国昌为雁门以北行营节度使。十月，国昌卒。

十一月，遣其弟克修攻昭义孟方立，取其泽、潞二州。方立走山东，以邢、洺、磁三州自别为昭义军。黄巢南走至蔡州，降秦宗权，遂攻陈州。四年，克用以兵五万救陈州，出天井关，假道河阳，诸葛爽不许，乃自河中渡河。四月，败尚让于太康，又败黄邺于西华。巢且走且战，至中牟，临河未渡，而克用追及之，贼众惊溃。比至封丘，又败之，巢脱身走，克用追之，一日夜驰二百里，至于冤朐，不及而还。

过汴州，休军封禅寺，朱全忠飨克用于上源驿，夜，酒罢，克用醉卧，伏兵发，火起，侍者郭景铢灭烛，匿克用床下，以水醒面而告以难。会天大雨灭火，克用得从者薛铁山、贺回鹘等，随电光，绐尉氏门出还军中。七月，至于太原，讼其事于京师，请加兵于汴，遣弟克修将兵万人屯于河中以待。僖宗和解之，用破巢功，封克用陇西郡王。

光启元年，河中王重荣与宦者田令孜有隙，徙重荣兖州，以定州王处存为河中节度使，诏克用以兵护处存之镇。重荣使人给克用曰："天子诏重荣，俟克用至，与处存共诛之。"因伪为诏书示克用曰："此朱全忠之谋也。"克用信之，八上表请讨全忠，僖宗不许，克用大怒。

重荣既不肯徙，僖宗遣邠州朱玫、凤翔李昌符讨之。克用反以兵助重荣，败玫于沙苑，遂犯京师，纵火大掠。天子出居于兴元，克用退屯河中。朱玫亦反以兵追天子，不及，得襄王煴，迫之称帝，屯于凤翔。僖宗念独克用可以破玫而不能使也，当破黄巢长安时，天下兵马都监杨复恭与克用善，乃遣谏议大夫刘崇望以诏书召克用，且道复恭意，使进兵讨玫等。克用阳诺而不行。

明年，孟方立死，弟迁立。大顺元年，克用击破孟迁，取邢、洺、磁三州，乃遣安金俊攻赫连铎于云州。幽州李匡威救铎，战于蔚州，金俊大败。于是匡威、铎及朱全忠皆请因其败伐之。昭宗以克用破黄巢功高，不可伐，下其事台、省四品官议，议者多言不可。宰相张浚独以谓沙陀前逼僖宗幸兴元，罪当诛，可伐。军容使杨复恭，克用所善也，亦极谏以为不可，昭宗然之，诏谕全忠等。全忠阴赂浚，使持其议益坚，昭宗不得已，以浚为太原四面行营兵马都统，韩建为副使。

是时，潞州将冯霸叛降于梁，梁遣葛从周入潞州。唐以京兆尹孙揆为昭义军节度使，克用遣李存孝执揆于长子，又遣康君立取潞州。十一月，浚及克用战于阴地，浚军三战三败，浚、建遁归。克用兵大掠晋、绛，至于河中，赤地千里。克用上表自诉，其辞慢侮，天子为之引咎，优诏答之。

二年二月，复拜克用河东节度使、陇西郡王，加检校太师兼中书令。四月，攻赫连铎于云州，围之百余日，铎走吐浑。八月，大蒐于太原，出晋、绛，掠怀、孟，至于邢州，遂攻王镕于镇州。克用栅常山西，以十余骑渡滹沱觇敌，遇大雨，平地水深数尺。镇人袭之，克用匿林中，祷其马曰："吾世有太原者马不嘶。"马偶不嘶以免。前军李存孝取临城，进攻元氏。李匡威救镕，克用还军邢州。景福元年，王镕攻邢州，李存信、李嗣勋等败镕于尧山。二月，会王处存攻镕，战于新市，为镕所败。八月，李匡威攻云州，以牵克用之兵，克用潜入于云州，返出击匡威，匡威败走。十月，李存孝以邢州叛。二年，存孝求援于王镕，克用出兵井陉击镕，且以书招镕，而急攻其平山，镕惧，遂与克用通和，献帛五十万匹，出兵助攻邢州。乾宁元年三月，执存孝，杀之。冬，攻幽州，李匡俦弃城走，追至景城，见杀，以刘仁恭为留后。

二年，河中王重盈卒，其诸子珂、珙争立，克用请立珂，凤翔李茂贞、邠宁王行瑜、华州韩建请立珙。昭宗初两难之，乃以宰相崔胤为河中节度使，既而许克用立珂。茂贞等怒，三镇兵犯京师，闻克用亦起兵，乃皆罢去。六月，克用攻绛州，斩刺史王瑶。瑶，珙弟，助珙以争者。七月，至于河中，同州王行约奔于京师，阳言曰："沙陀十万至矣！"谋奉天子幸邠州，茂贞假子阎圭亦谋劫幸凤翔，京师大乱，昭宗出居于石门。

克用军留月余不进，昭宗遣延王戒丕、丹王允兄事克用，且告急。八月，克用进军渭桥，以为邠宁四面行营都统。昭宗还京师。十一月，克用击破邠州，王行瑜走至庆州，见杀。克用还军云阳，请击茂贞，昭宗慰劳克用，使与茂贞解仇以纾难，拜克用"忠正平难功臣"，封晋王。是时，晋军渭北，遇雨六十日，或劝克用入朝，克用未决，都押衙盖寓曰："天子还自石门，寝未安席，若晋兵渡渭，人情岂复能安？勤王而已，何必朝哉？"克用笑曰："盖寓犹不信我，况天下乎！"乃收军而还。

三年正月，昭宗复以张浚为相，克用曰："此朱全忠之谋也。"乃上表曰："若陛下朝以浚为相，则臣将暮至阙廷！"京师大恐，浚命遽止。朱全忠之攻兖、郓也，克用遣李存信假道魏州以救朱宣等，存信屯于莘县，军士侵掠魏境，罗弘信伏兵攻之，存信败走邢州。克用自将击魏，战于洹水，亡其子落落。六月，破魏成安、洹水、临漳等十余邑。十月，又败魏人于白龙潭，进攻观音门，全忠救至，乃解。

四年，刘仁恭叛晋，克用以兵五万击仁恭，战于安塞，克用大败。

光化元年，朱全忠遣葛从周攻下邢、洺、磁三州，克用遣周德威出青山口，遇从周于张公桥，德威大败。冬，潞州守将薛志勤卒，李罕之据潞州，叛附于朱全忠。

二年，全忠遣氏叔琮攻破承天军，又破辽州，至于榆次，周德威败之于洞涡。秋，李嗣昭复取泽、潞。三年，嗣昭败汴军于沙河，复取洺州，朱全忠自将围之，嗣昭走，至青山口，遇汴伏兵，嗣昭大败。秋，嗣昭取怀州。是岁，汴人攻镇、定，镇、定皆绝晋以附于朱全忠。

天复元年，全忠封梁王。梁王攻下晋、绛、河中，执王珂以归。晋失三与国，乃下意为书币聘梁以求和。梁王以为晋弱可取，乃曰："晋虽请盟，而书辞慢。"因大举击晋。四月，氏叔琮入天井，张文敬入新口，葛从周入土门，王处直入飞狐，侯言入阴地。叔琮取泽、潞，其别将白奉国破承天军，辽州守将张鄂、汾州守将李瑭皆迎梁军降，晋人大惧。会天大雨霖，梁兵多疾，皆解去。五月，晋复取汾州，诛李瑭。六月，周德威、李嗣昭取慈、隰。二年，进攻晋、绛，大败于蒲县，梁军乘胜破汾、慈、隰三州，遂围太原。克用大惧，谋出奔云州，又欲奔匈奴，未决，梁军大疫，解去，周德威复取汾、慈、隰三州。

四年，梁迁唐都于洛阳，改元曰天祐。克用以谓劫天子以迁都者梁也，天祐非唐号，不可称，乃仍称天复。

五年，会契丹阿保机于云中，约为兄弟。

六年，梁攻燕沧州，燕王刘仁恭来乞师。克用恨仁恭反覆，欲不许，其子存勖谏曰："此吾复振之时也。今天下之势，归梁者十七八，强如赵、魏、中山，莫不听命。是自河以北，无为梁患者，其所惮者惟我与仁恭耳，若燕、晋合势，非梁之福也。夫为天下者不顾小怨，且彼常困我而我急其难，可因以德而怀之，是谓一举而两得，此不可失之机也。"克用以为然，乃为燕出兵攻破潞州，梁围乃解去，以李嗣昭为潞州留后。

七年，梁兵十万攻潞州，围以夹城。遣周德威救潞州，军于乱柳。冬，克用疾。是岁，梁灭唐，克用复称天祐四年。

五年正月辛卯，克用卒，年五十三。子存勖立，葬克用于雁门。

呜呼，世久而失其传者多矣，岂独史官之缪哉！李氏之先，盖出于西突厥，本号朱邪，至其后世，别自号曰沙陀，而以朱邪为姓，拔野古为始祖。其自序云：沙陀者，北庭之碛也，当唐太宗时，破西突厥诸部，分同罗、仆骨之人于此碛，置沙陀府，而以其始祖拔野古为都督，其传子孙，数世皆为沙陀都督，故其后世因自号沙陀。

然予考于传记，其说皆非也。夷狄无姓氏，朱邪，部族之号耳，拔野古与朱邪同时人，非其始祖，而唐太宗时，未尝有沙陀府也。

唐太宗破西突厥，分其诸部，置十三州，以同罗为龟林都督府，仆骨为金微都督府，拔野古为幽陵都督府，未尝有沙陀府也。当是时，西突厥有铁勒、延陀、阿史那之类为最大；其别部有同罗、仆骨、拔野古等以十数，盖其小者也；又有处月、处密诸部，又其小者也。朱邪者，处月别部之号耳。太宗二十二年，已降拔野古，其明年，阿史那贺鲁叛。至高宗永徽二年，处月朱邪孤注从贺鲁战于牢山，为契苾何力所败，遂没不见。后百五六十年，宪宗时，有朱邪尽忠及子执宜见于中国，而自号沙陀，以朱邪为姓矣。

盖沙陀者，大碛也，在金莎山之阳，蒲类海之东，自处月以来居此碛，号沙陀突厥，而夷狄无文字传记，朱邪又微不足录，故其后世自失其传。至尽忠孙始赐姓李氏，李氏后大，而夷狄之人遂以沙陀为贵种云。

译文：

庄宗光圣神闵孝皇帝，他的祖先原号称朱邪，大概是西突厥的一个支系，到了后世，才自己另立名号为沙陀，而且以朱邪为姓。

唐德宗的时候，有一位名叫朱邪尽忠的人，住在北庭的金满州。贞元年间，吐蕃赞普攻陷了北庭，把尽忠迁移到甘州作为他们奴役的属从。后来，赞普被回鹘部族打败了，尽忠和他的儿子执宜向东逃走，惹恼了赞普，率兵追赶他们，在石门关这个地方追上了，尽忠力战身死，执宜一个人逃脱归顺了唐朝，住在盐州，隶属于河西节度使范希朝。希朝转镇太原，执宜随从希朝，驻守在定襄神武川的新城。他的部落有一万名骑兵，都是骁勇善骑射的士卒，号称"沙陀军"。

执宜死去，他的儿子名叫赤心。懿宗咸通十年，神策大将军康承训统率十八位将领攻打徐州，讨伐庞勋，让朱邪赤心做了太原行营招讨沙陀三部落军使。因随从康承训平定庞勋有功，拜任单于大都护、振武军节度使，赐给他姓名叫李国昌，把他改属为李姓名籍。沙陀部落向来强盛，而且国昌仗着有功更加骄横恣情，懿宗对他很不放心。咸通十三年时，调国昌任云州刺史、大同军防御使，国昌借口患病，拒不受命。

国昌的儿子名叫克用，特别善于骑射，能向空中一箭射中双凫，做了云州守捉使。国昌已经拒绝了唐朝廷的使命，于是克用又杀了大同军防御使段文楚，占据了云州，自称为云州留后。唐朝廷任命太仆卿卢简方为振武节度使，会同幽州、并州兵讨伐克用。简方行至岚州时，军队溃散了，从此沙陀部落侵略代北，成了边地的祸患。

第二年，僖宗即皇帝位，听说前太原节度使李业待沙陀部落有恩，但李业已经死去，于是任用他儿子李钧为灵武节度使、宣慰沙陀六州三部落使，让他招缉沙陀兵。还任命克用为大同军防御使。

过了很长时间，国昌出兵攻击党项部族，吐谷浑部族首领赫连铎破袭了振武城。克用听说这事后，从云州出发前去迎接国昌，然而云州人闭关拒绝他回来。国昌父子二人没了去处，于是在蔚州、朔州一带掠夺丁壮，得到了三千名的兵卒，国昌夺取了蔚州作为立足之地，克用又回到了新城。于是，僖宗拜任赫连铎为大同军防御使，让李钧做了代北招讨使，命他讨伐沙陀。

乾符五年，沙陀攻破了遮虏军，又破了岢岚军，而且唐朝官兵连连失败，沙陀兵从此更加强盛，北边占据了蔚州、朔州，南边侵占了忻州、代州、岚州、石州一直到了太谷。

广明元年，招讨使李琢会同幽州李可举、云州赫连铎攻击沙陀部族，克用与可举在雄武军对峙。他的叔叔李友金连同蔚州、朔州的地盘投降了李琢，克用听到这事，就急忙率兵回走。可举追到药儿岭，克用被打得大败，李琢的军队前后夹击，克用在蔚州又遭失败，沙陀兵全溃散了，克用父子逃奔达靼部落。

克用从小就很骁勇，军队中送他外号为"李鸦儿"，他一只眼睛瞎了，到他发迹的时候，人又号称他为"独眼龙"，他的威名在代北一带十分显赫。他生活在达靼部落里，时间长了，感到郁闷不得志，又常常怕达靼谋害自己，于是时时随从达靼众位豪酋射猎，有时把一根针挂在木棍上，有时把马鞭竖立在地上，都能在一百步以外射中，众位豪酋把他当成神一样佩服他。

黄巢已经攻陷了京师长安，中和元年，代北起军使陈景思发沙陀先前投降的兵卒，与吐浑、安庆等一万人奔赴京师救援，行军至绛州，沙陀军骚乱，大肆掠夺一番就回去了。景思考虑到沙陀军非克用不能统制，于是唐皇帝下诏书把克用从达靼部落中召回，并任命他为代州刺史、雁门以北行营节度使。率领蕃汉兵一万人出石岭关，过太原，请求唐朝廷发放军饷。节度使郑从谠只给了他一千缗的钱，一千石的米，克用非常恼火，纵容兵卒大肆抄掠就又回去了。

中和二年十一月，景思、克用再次率领步骑一万七千人赶赴京师救援。三年正月，取道河中，前行驻扎在乾坑。黄巢的部下惊慌地喊道："鸦儿的军队到了！"二月，在石堤谷打败了黄巢的部将黄邺；三月，又在良田坡打败了赵璋、尚让，沿途三十里内尸体遍野。这时，各镇的兵都在长安会师，在渭桥与黄巢军大战，黄巢军败退入城，克用乘胜追击，从光泰门先行入城，于望春宫升阳殿再战，黄巢军大败，向南撤走，出了蓝田关，京师平定了，克用的功劳居各将领之首。唐皇帝拜任克用为检校司空、同中书门下平章事、河东节度使，让国昌做了雁门以北行营节度使。这年十月，国昌逝世。

十一月，李克用派他的弟弟克修进攻昭义军节度使孟方立，夺取了他的泽、潞二州的地盘。方立逃向山东，以邢、洺、磁三州自己又另立为昭义军。黄巢南走到了蔡州，降服了秦宗权，遂又攻陈州。四年，克用率兵五万人救援陈州，出了天井关，想借道从河阳渡河，诸葛爽不答应，于是才从河中渡过黄河。四月，在太康打败了尚让，又在西华打败了黄邺。黄巢边走边战，到了中牟，濒临黄河，还未来得及渡过，而克用率军追到了，黄巢军众惊慌失措，纷纷溃散。克用到了封丘，又败黄巢军，黄巢脱身逃走，克用追赶，一天一夜驰行二百里路，追到了冤朐，没能追上，这才回来。

过了汴州，军队在封禅寺休整，朱全忠在上源驿请克用吃饭，到了夜里，酒宴散罢，克用醉倒了，全忠设下的伏兵动手了，火光燃起，克用的贴身侍卫郭景铢灭掉了蜡烛，把克用藏在床下，又端来水泼洒在克用的脸上使他清醒过来，告诉他大难临头。正赶上天降大雨，浇灭了大火。克用在薛铁山、贺回鹘等随从护持下，乘着电闪的光亮，从尉氏门上沿绳缒落，逃回了军中。七月，到了太原，克用因这事在朝廷那里告了朱全忠的状，请求出兵攻打汴州，派弟弟克修领兵一万人屯扎在河中，等待进军的命令。僖宗出面进行调解，由于克用击破黄巢军立下了功劳，封他为陇西郡王。

光启元年，河中节度使王重荣与宦人田令孜有了矛盾，调重荣改镇兖州，让定州守将王处存当了河中节度使，诏命克用派兵护送处存到镇。重荣派人哄骗克用说："皇帝下诏书给重荣说，等克用到了，与处存一起杀掉他。"又把伪造的诏书拿给克用看，说："这是朱全忠的阴谋。"克用信以为真，八次上表请求讨伐全忠，僖宗没有答应，克用大为恼怒。

重荣既然不肯去兖州赴任，僖宗派邠州朱玫、凤翔李昌符讨伐他。克用反过来派兵帮助重荣，在沙苑打败了朱玫，遂又侵犯京师长安，纵火大掠。皇帝逃出京城，住在兴元，克用退军屯驻在河中。朱玫也反过来追迫皇帝，没有追上，俘获了襄王李熅，迫他即位称帝，屯守在凤翔。僖宗寻思着只有克用可以攻破朱玫，但又使唤不动他，当在长安打败黄巢时，天下兵马都监杨复恭与克用要好，于是派谏议大夫刘崇望带着诏书去召唤克用，并且还说明了复恭的意见，让他进兵讨伐朱玫等。克用口头上答应而实际上按兵不动。

第二年，孟方立死去，他的弟弟孟迁承继昭义军。大顺元年，克用击破了孟迁，夺取了邢、洺、磁三州，于是派安金俊进攻云州的赫连铎。幽州守将李匡威救援赫连铎，双方在蔚州交战，金俊被打得大败。于是匡威、赫连铎及朱全忠都请求朝廷趁着克用军的失败讨伐他。昭宗认为克用破黄巢功高，不能讨伐他，又把这事交给台、省四品以上的官员进行讨论，多数人认为不能讨伐。宰相张浚独个认为沙陀前曾逼迫僖宗出居兴元，按罪当杀，应该讨伐。军容使杨复恭是克用所友好的人，也竭力劝阻不可讨伐，昭宗同意了他的看法，下诏告诉了朱全忠等人。全忠暗中贿赂张浚，让他进一步坚持自己的意见，昭宗不得已，只得让张浚为太原四面行营兵马都统，韩建担任副使。

这时，潞州守将冯霸叛变投降了梁，梁派葛从周进入潞州城。唐朝廷任命京兆尹孙揆为昭义军节度使，克用派李存孝在长子逮捕了孙揆，又派康君立夺取了潞州。十一月，张浚与克用双方在阴地争战，张浚的军队三战三败，浚、建二人逃回长安。克用的兵在晋、绛一带大肆抄掠，一直到河中，千里之内的地方被烧光、杀光、抢光。克用向朝廷上表诉说了自己的理由，言辞骄慢轻蔑，皇帝为他承担了责任，并好言好语劝慰克用。

二年二月，又拜任克用为河东节度使、陇西郡王，加任检校太师兼中书令。四月，进攻云州的赫连铎，围困了一百多天，赫连铎投奔了吐浑。八月，在太原进行了大规模阅兵，又取道晋、绛，出兵抄掠怀、孟，到了邢州，遂又进攻镇州的王镕。克用在常山西竖立营栅，派了十几名骑兵渡过滹沱河侦察敌情，遇上了大雨，平地水深有好几尺。镇州兵出来袭击他们，克用躲藏在树林里,向他的马祈祷说:"我如果能世世代代据有太原的话,马就不要嘶叫。"马偶然不叫,这才免遭不幸。前军李存孝夺取了临城,又进攻元氏。李匡威出兵来救王镕,克用撤军到邢州。景福元年,王镕的军队进攻邢州,李存信、李嗣勋等在尧山打败了王镕的军队。二月,正值王处存进攻王镕,双方争战于新市,处存被王镕的军队打败。八月,李匡威进攻云州,以此来牵制克用的兵力,克用暗暗率兵进入了云州城内,又返回来攻击匡威,匡威败走。十月,李存孝在邢州叛变。二年,存孝向王镕求救,克用派兵出井陉攻击王镕,并且还修书一封招抚他,同时又向他所辖的平山发起猛烈进攻,王镕害怕被消灭,于是与克用通和,向克用贡献了五十万匹帛,还出兵帮助克用进攻邢州。乾宁元年三月,俘获了存孝,把他杀了。冬天,进攻幽州,李匡俦弃城逃走,追到景城,被克用的兵杀死,克用让刘仁恭做了幽州留后。

二年,河中的王重盈死去,他的儿子王珂、王珙争着继承父亲的官职,克用向唐朝廷请求立王珂,凤翔的李茂贞、邠宁的王行瑜、华州的韩建则请求立王珙。昭宗开始时有些左右为难,于是让宰相崔胤去作河中节度使,不久又允许克用拥立王珂。茂贞等人十分恼怒,发动凤翔、邠宁、华州等三镇的兵联合起来进犯京师长安,听说克用也要起兵,这才罢散开去。六月,克用进攻绛州,斩了刺史王瑶。瑶是王珙的弟弟,曾是帮助王珙争抢父亲官位的人。七月,到了河中,同州的王行约急急忙忙赶到京师,扬言道:"沙陀兵十万人到了!"阴谋把昭宗劫持到邠州,茂贞的干儿子阎圭也谋图把皇帝劫持到凤翔,京城内一片混乱,昭宗逃出京师,住在了石门。

克用的军队停留了一个多月没有前进,昭宗派延王李戒丕、丹王李允到了克用那里,并管克用叫哥哥,告诉他皇帝处境危急。八月，克用进军到了渭桥，朝廷任命他为邠宁四面行营都统。昭宗回到了京师。十一月，克用击破了邠州，王行瑜逃到庆州，被杀死了。克用把军队撤到云阳，向皇帝请求攻击茂贞，昭宗派人慰劳克用的军队，让克用与茂贞两人消除相互之间的仇恨，来共同解救朝廷的危机。拜任克用为"忠正平难功臣"，封他为晋王。这时，晋王的军队驻扎在渭水以北，遇上了连绵六十天的阴雨天气，有人劝克用到朝廷中去，克用犹豫不决，都押衙盖寓说："天子从石门回来，还没睡上几天安稳觉，如果吾王的军队渡过渭水，人心难道还能安定吗？仅仅是解救皇帝的危难罢了，为什么还一定要去朝见呢？"克用笑着说："连盖寓还不相信我，况且是天下的人们呀！"于是收军回到了太原。

三年正月，昭宗又任张浚为宰相，克用说："这是朱全忠的阴谋。"于是向皇帝上表说："如果陛下您早上让张浚做宰相，那么我傍晚将率兵到京城！"京师里的人们十分恐慌，对张浚的任命仓促作废。朱全忠去攻兖、郓二城，克用派李存信借道经魏州来救援朱宣等人，存信屯守在莘县，士兵侵入魏州的辖境进行抄掠，罗弘信埋设伏兵攻击他们，存信失败逃到了洺州。克用亲自率军攻击魏，在洹水之滨与魏兵接战，他的儿子落落下落不明。六月，攻破了魏州的成安、洹水、临漳等十多座城邑。十月，又在白龙潭打败了魏州的军队，进攻观音门，全忠的救兵到了，这才解了魏州的灾难。

四年，刘仁恭背叛了晋王，克用出动五万人的兵力攻击仁恭，在安塞与仁恭接战，克用被打得大败。

光化元年，朱全忠派葛从周攻取了邢、洺、磁三州。克用派周德威道出青山口，在张公桥与从周遭遇，德威被打得大败。冬天，潞州守将薛志勤死去，李罕之占据了潞州，叛变依附于朱全忠。

二年，全忠派氏叔琮攻破了承天军，又破了辽州，一直打到榆次，周德威在洞涡打败了他。秋天，李嗣昭又夺取了泽、潞。三年，嗣昭在沙河打败了汴梁的军队，再次攻取了洺州，朱全忠亲自率军包围他们，嗣昭退走，到了青山口，遇上了汴梁的伏兵，嗣昭被打得大败。秋天，嗣昭取得了怀州。这一年，汴梁的军队进攻镇、定，镇、定都和晋绝了交往，从而依附了朱全忠。

天复元年，全忠被封为梁王，梁王攻下了晋、绛和河中，俘获王珂而班师。晋失掉了三个附属邦州，这才有服输的意思写信给梁王，并送去钱币向梁求和。梁王认为晋已衰弱可以灭掉它，于是说："晋虽然请求和我盟好，但来信中的言辞仍是怠慢了我们。"因而大举进攻晋地。四月，氏叔琮进入了天井关，张文敬进入了新口，葛从周进入了土门关，王处直进入了飞狐，侯言进入了阴地关。叔琮夺取了泽、潞，他的别将白奉国攻破了承天军，晋的辽州守将张鄂、汾州守将李瑭都出城迎降，晋人十分恐惧。正赶上连续几天的大雨天气，梁的士兵染上了疾疫，全都散去了。五月，晋又取得了汾州，杀掉了李瑭。六月，周德威、李嗣昭夺取了慈、隰。二年，进攻晋、绛，在蒲县被梁军打得大败，梁军乘胜破了汾、慈、隰三州，遂又包围了太原。克用非常恐惧，打算出奔云州，又想着投奔匈奴，犹豫不决，梁军中又发生了大疫，解围而去，周德威再次取得了汾、慈、隰三州。

四年，梁把唐朝的都城迁到了洛阳，改年号为天佑。克用认为劫持天子迁徙都城的正是梁，天佑不是唐朝廷的年号，不能称用，于是仍称用天复年号。

五年，在云中与契丹阿保机会盟，结为兄弟。

六年，梁军进攻燕的沧州，燕王刘仁恭派人来请求援兵。克用怨恨仁恭反复无常，打算不发援兵，他的儿子李存勖劝说道：

"这是我们再次振兴的时机,现在天下的形势,归顺梁的人有十分之七八,象赵、魏、中山这样强大的州镇,没有敢不听命于梁的。自黄河以北,没有能成为梁忧患的势力,他所害怕的只有我们和仁恭而已,如果燕、晋合成一股势力,对梁来说,当然不是福音。为了打天下的人不会计较小小的怨恨,况且他常常困扰我们而我们能急他之所难,可以因此用恩德来感召他,这就叫一举两得,这可是不可错过的机会。"克用同意了这个看法,这才为燕出兵攻破了潞州,于是梁军的包围被冲散了,克用任命李嗣昭为留后。

七年,梁兵十万人进攻潞州,前后、左右夹城布置围困圈。晋派周德威救援潞州,军队驻扎在乱柳。冬天,克用病了。这一年,梁灭掉了唐朝,克用又称用了天祐四年的年号。

五年正月辛卯这一天,克用死了,时年五十三岁。他的儿子存勖继立,把克用的尸体埋葬在雁门。

可叹啊!时间长了而事迹失传的人太多了,难道仅仅是史官的谬误吗!李氏的先族,大概源出于西突厥,本号为朱邪,到了他的后世人,自己另立号为沙陀,而以朱邪为姓,以拔野古为始祖。他们的族谱《自序》说:沙陀是北庭的沙漠,在唐太宗的时候,攻破了西突厥各个部落,分拨同罗、仆骨的人口到了这一带的沙漠,设置了沙陀府,而且任用他们的始祖拔野古做了都督,他传世的子孙,几代人都作沙陀都督,所以他的后世人因此自号为沙陀。

但我从史书中考证出来,他们的说法都不对,少数族部落没有姓氏,朱邪不过是部族的称号罢了,拔野古与朱邪是同时代的人,不是他们的始祖,而且在唐太宗时,不曾有沙陀府的建置。

唐太宗攻破了西突厥,分散了他们的各个部落,设置了十三州，因同罗部置龟林都督府，仆骨为金微都督府，拔野古为幽陵都督府，并未曾设有沙陀府。那时，西突厥有铁勒、延陀、阿史都一类的部落最大；另外还有同罗、仆骨、拔野古等十几个部落，大概都是小部落；又有处月、处密各部落，就更小了；朱邪不过是处月部落一个分支的称号。太宗二十二年，已经投降了拔野古，第二年，阿史那贺鲁叛变了。到了高宗永徽二年，处月朱邪孤注跟随贺鲁在牢山参加战争，被契苾何力打败，从此朱邪部的踪迹就不见了，过了一百五六十年以后，到了宪宗时，才有名叫朱邪尽忠的及他的儿子执宜出现在中原，而且自己号称沙陀，以朱邪为姓。

大概沙陀的意思是大沙漠，在金莎山的南边，蒲类海的东边，自从处月以来，他们居住在这一带沙漠之中，号称沙陀突厥，但少数部族没有文字传记，朱邪又微小不足以记录，所以他们的后世自然失去了有关他们的传说。到了尽忠的孙子辈时，才开始被赐姓李氏，李氏后来发展起来了，从而少数部族就以沙陀为高贵的种族了。

新五代史卷五

唐本纪第五

庄宗下

存勖,克用长子也。初,克用破孟方立于邢州,还军上党,置酒三垂岗,伶人奏《百年歌》,至于衰老之际,声甚悲,坐上皆凄怆。时存勖在侧,方五岁,克用慨然捋须,指而笑曰:"吾行老矣,此奇儿也,后二十年,其能代我战于此乎!"存勖年十一,从克用破王行瑜,遣献捷于京师,昭宗异其状貌,赐以鸂鶒卮、翡翠盘,而抚其背曰:"儿有奇表,后当富贵,无忘予家。"及长,善骑射,胆勇过人,稍习《春秋》,通大义,尤喜音声歌舞俳优之戏。

天祐五年正月,即王位于太原。叔父克宁杀都虞候李存质,幸臣史敬镕告克宁谋叛。二月,执而戮之,且以先王之丧、叔父之难告周德威,德威自乱柳还军太原。梁夹城兵闻晋有大丧,德威军且去,因颇懈。王谓诸将曰:"梁人幸我大丧,谓我少而新立,无能为也,宜乘其怠击之。"乃出兵趋上党,行至三垂岗,叹曰:"此先王置酒处也!"会天大雾昼暝,兵行雾中,攻其夹城,破之,梁军大败,凯旋告庙。九月,蜀王王建、岐王李茂贞及杨崇本攻梁大安，晋亦遣周德威攻其晋州，败梁军于神山。

六年，刘知俊叛梁，来乞师，王自将至阴地关，遣周德威攻晋州，败梁军于蒙坑。七年冬，梁遣王景仁攻赵，赵王王镕来乞师，诸将皆疑镕诈，未可出兵，王不听，乃救赵。八年正月，败梁军于柏乡，斩首二万级，获其将校三百人，马三千匹。进攻邢州，不下，留兵围之，去，攻魏。别遣周德威徇梁夏津、高唐，攻博州，破东武、朝城，遂击黎阳、临河、淇门，掠新乡、共城。

燕王刘守光闻晋攻梁深入，乃大治兵，声言助晋，王患之，乃旋师。七月，会赵王王镕于承天军。刘守光称帝于燕。九年正月，遣周德威会镇、定以攻燕，守光求救于梁，梁军攻赵，屠枣强，李存审击走之。八月，朱友谦以河中叛于梁来降，梁遣康怀英讨友谦，友谦复臣于梁，而亦阴附于晋。十年十月，刘守光请降，王如幽州，守光背约不降，攻破之。十一年，杀燕王刘守光于太原，用其父仁恭于雁门。于是赵王王镕、北平王王处直奉册推王为尚书令，始建行台。七月，攻梁邢州，战于张公桥，晋军大败。

十二年，魏州军乱，贺德伦以魏、博二州叛于梁来附。王入魏州，行至永济，诛其乱首张彦，以其兵五百自卫，号帐前银枪军。六月，王兼领魏博节度使。取德州。七月，取澶州。刘鄩军于洹水，王率百骑觇其营，遇鄩伏兵围之数重，决围而出，亡七八骑。八月，梁复取澶州，晋军与鄩对垒于莘，晋军数挑战，鄩闭壁不出。十三年正月，王留李存审于莘，声言西归。鄩闻晋王且去，即引兵击魏，攻城东。王行至贝州，返击鄩，大败之，追至于故元城，又败之，鄩走黎阳。三月，攻梁卫州，降其刺史米昭；克磁州，杀其刺史靳昭。四月，克洺州。八月，围邢州，降其节度使阎宝。梁张筠弃相州、戴思远弃沧州而逃，遂取二州，而贝州人杀梁守将张源德，以城降。

契丹寇蔚州，执振武节度使李嗣本。十四年，契丹寇新州，遂寇幽州，李嗣源击走之。

冬，梁谢彦章军于杨刘。十二月，攻杨刘，王自负刍以堙堑，遂破之。十五年正月，梁、晋相距于杨刘，彦章决河水以隔晋军。六月，渡水击彦章，破其四寨。八月，大阅于魏，合卢龙、横海、昭义、安国及镇、定之兵十万、马万匹，军于麻家渡。谢彦章军于行台。十二月，进军临濮，梁军追之。战于胡柳，晋军大败，周德威死之。梁军暮休于土山，晋军复击，大败之，遂军德胜，为夹寨。十六年正月，王兼领卢龙军节度使。梁王瓒攻德胜南城，不克。十月，广德胜北城。十二月，败梁军于河南。十七年，朱友谦袭同州，梁遣刘鄩击友谦，李存审败梁军于同州。

十八年正月，魏州僧传真献唐受命宝一。赵将张文礼弑其君镕，文礼来请命。二月，以文礼为镇州兵马留后。三月，河中节度使朱友谦、昭义军节度使李嗣昭、横海军节度使李存审、义武军节度使王处直、安国军节度使李嗣源、镇州兵马留后张文礼、领天平军节度使阎宝、大同军节度使李存璋、振武军节度使李存进、匡国军节度使朱令德，请王即皇帝位，王三辞，友谦等三请，王曰："予当思之。"

八月，遣赵王王镕故将符习及阎宝、史建瑭等攻张文礼于镇州。建瑭取赵州。张文礼卒，其子处瑾闭城拒守。九月，建瑭战死。十月，梁戴思远攻德胜北城，李嗣源败之于戚城。王处直叛附于契丹，其子都幽处直以来附。十二月，契丹寇涿州，遂寇定州。

十九年正月，败契丹于新城、望都，追奔至于幽州。三月，阎宝败于镇州，以李嗣昭代之。四月，嗣昭战死，以李存进代之。八月，梁取卫州。九月，存进败镇人于东垣，存进战死。十月，李存审克镇州。王兼领成德军节度使。

同光元年春三月，李继韬以潞州叛附于梁。

夏四月己巳，皇帝即位，大赦，改元，国号唐。行台左丞相豆卢革为门下侍郎，右丞相卢程为中书侍郎：同中书门下平章事；中门使郭崇韬、昭义监军张居翰为枢密使。以魏州为东京，太原为西京，镇州为北都。

闰月，追尊祖考为皇帝，妣为皇后：曾祖执宜、祖妣崔氏皆谥曰昭烈，庙号懿祖；祖国昌、祖妣秦氏皆谥曰文景，庙号献祖；考谥曰武，庙号太祖。立庙于太原，自唐高祖、太宗、懿宗、昭宗为七庙。壬寅，李嗣源取郓州。

五月辛酉，梁人取德胜南城。

六月，及王彦章战于新垒，败之。是月，卢程罢。

秋八月，梁人克泽州，守将裴约死之。

九月戊辰，李嗣源及王彦章战于递坊，败之。

冬十月壬申，如郓州以袭梁。甲戌，取中都。丁丑，取曹州。己卯，灭梁。敬翔自杀。丙戌，贬郑珏为莱州司户参军，萧顷登州司户参军；杀李振、赵岩、张汉杰、朱珪，灭其族。己丑，德音降死罪囚，流已下原之。

十一月乙巳，复北都为镇州，太原为北都。丙辰，复汴州为宣武军。丁巳，尚书左丞赵光胤为中书侍郎，礼部侍郎韦说：同中书门下平章事。戊午，新罗国王金朴英遣使者来。辛酉，复永平军为西都。甲子，如洛京。

十二月庚午朔，至自汴州。辛巳，李继韬伏诛。继韬之弟继达杀其兄继俦于潞州。壬辰，畋于伊阙。

二年春正月，河南尹张全义及诸镇进暖殿物。己酉，求唐宦者。庚戌，新罗国王金朴英及其泉州节度使王逢规皆遣使者来。乙卯，渤海国王大諲撰使大禹谟来。庚甲，如河阳。辛酉，至自河阳。丁卯，七庙神主至自太原，祔于太庙。朝献于太微宫。戊辰，享于太庙。

二月己巳朔，有事于南郊，大赦。癸酉，群臣上尊号曰昭文睿武光孝皇帝。戊寅，幸李嗣源第。癸未，立刘氏为皇后。

三月己酉，党项来。庚戌，赐从平汴州及入洛南郊立仗军士等功臣。庚申，工部郎中李涂为检视诸陵使。潞州将杨立反。

夏五月壬寅，教坊使陈俊为景州刺史，内园栽接使储德源为宪州刺史。丙辰，渤海国王大諲撰遣使者来。丙寅，李嗣源克潞州。

六月丙子，杨立伏诛。己丑，封回纥王仁美为英义可汗。

秋七月己酉，如雷山赛天神。

八月，大雨霖，河溢。

九月壬子，置水于城门，以禳荧惑。甲寅，幸郭崇韬第。丙辰，黑水遣使者来。

冬十月癸未，左熊威军将赵晖妻一产三男子。

十一月癸卯，畋于伊阙。丙午，至自伊阙。丁巳，回鹘使都督安千想来。

十二月庚午，及皇后幸张全义第。

三年春正月庚子，如东京，毁即位坛为鞠场。

二月己巳，聚鞠于新场。乙亥，射雁于王莽河。辛巳，突厥浑解楼、渤海国王大諲撰皆遣使者来。射雁于北郊。乙酉，射鸭于郭泊。庚寅，射雁于北郊。

三月乙未，寒食，望祭于西郊。庚申，至自东京。辛酉，改东京为邺都，以洛京为东都。

夏四月乙亥，及皇后幸郭崇韬、朱汉宾第。旱。庚寅，赵光胤薨。

五月丁酉，皇太妃薨，废朝五日。己酉，黑水、女真皆遣使者来。

六月辛未，宗正卿李纾为昭宗、少帝改卜园陵使。括马。

秋七月壬寅，皇太后崩。

八月癸未，杀河南县令罗贯。

九月庚子，魏王继岌为西川四面行营都统，郭崇韬为招讨使以伐蜀。自六月雨至于是月。丁巳，射雁于尖山。

冬十月壬午，奚、吐浑、突厥皆遣使者来。戊子，葬贞简太后于坤陵。

十一月丁未，高丽遣使者来。己酉，王衍降。郭崇韬杀王宗弼及其弟宗渥、宗训，灭其族。

十二月己卯，畋于白沙。癸未，至自白沙。

闰月辛亥，封弟存美为邕王，存霸永王，存礼薛王，存渥申王，存乂睦王，存确通王，存纪雅王。

四年春正月壬戌，降死罪以下囚。甲子，魏王继岌杀郭崇韬及其二子于蜀。戊寅，契丹使梅老鞋里来。庚辰，杀其弟睦王存乂及河中护国军节度使李继麟，灭其族。乙酉，沙州曹义金遣使者来。丙戌，回鹘阿咄欲遣使者来。丁亥，杀李继麟之将史武、薛敬容、周唐殷、杨师太、王景、来仁、白奉国，皆灭其族。

二月己丑，宣徽南院使李绍宏为枢密使。癸巳，邺都军将赵在礼反于贝州。甲午，畋于冷泉。赵在礼陷邺都，武宁军节度使李绍荣讨之。邢州军将赵太反，东北面招讨使李绍真讨之。甲辰，成德军节度使李嗣源讨赵在礼。

三月，赵太伏诛。李嗣源反。博州守将翟建自称刺史。甲子，杀王衍，灭其族。乙丑，如汴州。壬申，次荥泽。龙骧指挥军使姚彦温以前锋军叛降于李嗣源。嗣源入于汴州。甲戌，至自万胜。从马直指挥使郭从谦反。

夏四月丁亥朔，皇帝崩。

译文：

存勖是克用的大儿子。当初，克用在邢州打败了孟方立，把军队撤回到上党，在三垂岗设置酒宴，让伶人演奏《百年歌》，演奏到衰老时的那一段曲子，声调十分悲伤，在座的人都感动得落泪。这时存勖也在旁边，年龄才五岁，克用感慨地用手捋着胡须，指着存勖笑着说："我越来越老了，这是一个不凡的孩子，二十年以后，他能代替我在这一带打仗！"存勖十一岁那年，跟随克用打败了王行瑜，并被派往京师献捷，唐昭宗觉得他的相貌不同一般，把翡翠盘赐给他，还抚着他的背说："这孩子生得一表人才，以后一定大富大贵，到那时可别忘了我呀！"等他长大了，善于骑马射箭，胆识和勇气超过了常人，也多少读了些《春秋》，能明白书中的大义，特别喜欢音乐歌舞和戏剧。

天祐五年正月，在太原继承了王位。他的叔叔克宁杀了都虞候李存质，被宠爱的臣僚史敬镕告克宁阴谋叛变。二月，逮捕了克宁并杀了他，而且把先王死丧、叔父发难的事情告诉了周德威，德威把军队从乱柳撤回到太原。梁的夹城兵听说晋有大丧，德威的军队暂时离去，因此有些松懈了。晋王问诸将说："梁人对我国的大丧幸灾乐祸，认为我年少而且刚刚继承王位，没有什么能力和作为，应该乘他们懈怠的时候攻击他们。"于是出兵直奔上党，走到三重岗时，叹息地说："这是先王当年摆设酒宴的地方呀！"正赶上大雾天气，白天昏暗，军队进行在大雾之中，攻击梁军的夹城，城被攻破了，梁军被打得大败，晋王凯旋归来，祭告了宗庙。九月，蜀王王建、岐王李茂贞和杨崇本进攻梁的大安，晋也派周德威进攻它的晋州，在神山打败了梁军。

六年，刘知俊背叛了梁，来晋求援，晋王亲自率军队到了阴地关，派周德威进攻晋州，在蒙坑打败了梁军。七年冬天，梁王派王景仁进攻赵，赵王王镕来求援兵，诸将都怀疑王镕有诈，认为不可出兵，晋王不听，于是发兵救赵。八年正月，在柏乡打败了梁军，斩得首级二万个，俘虏了梁军将校三百人，马三千匹。进而攻邢州，未能攻下，留兵围城，后又撤离，进攻魏州，另外派周德威略地到梁的夏津、高唐，进攻博州，攻破了东武、朝城，于是又进攻黎阳、临河、淇门，抄掠新乡、共城。

燕王刘守光听说晋攻梁，深入到梁的腹地，于是大举出兵，扬言帮助晋王，晋王担心燕军从背后进攻晋，于是撤回了军队。七月，在承天军与赵王王镕相会。刘守光在燕称皇帝。九年正月，派周德威会合镇、定二州的兵进攻燕，守光向梁王求救，梁军进攻赵，屠杀枣强县的人众，李存审击走了梁军。八月，朱友谦在河中背叛了梁，来向晋投降，梁派康怀英讨伐友谦，友谦再次向梁称臣，而且也暗暗依附于晋。十年十月，刘守光请求投降，晋王到幽州，守光违背了盟约，不向晋投降，晋军攻破了幽州。十一年，在太原杀了燕王刘守光，把他的父亲刘仁恭押到雁门，挖出心脏来祭奠李克用的陵墓。从此赵王王镕、北平王王处直推举晋王为尚书令，开始建立代表中央朝廷的权力机构行台。七月，进攻梁的邢州，战于张公桥，晋军被打得大败。

十二年，魏州的军队发生兵变，贺德伦率魏、博二州的地盘背叛了梁，来投靠晋。晋王进入魏州，走到永济，杀了变乱的首领张彦，把他部下的兵五百人编入了自己的侍卫队，号称帐前银枪军。六月，晋王兼任了魏博节度使。攻取了德州。七月，夺取了澶州。刘鄩屯驻在洹水，晋王率领一百个骑兵侦察他的军营，遇上了伏兵的重重包围，突围冲出来，损失了七八个骑兵。八月，梁又夺取了澶州，晋军与刘鄩在莘县对垒，晋军几次出来挑战，他紧闭垒壁不出来。十三年正月，晋王把李存审留在了莘县，扬言西回。刘鄩听说晋王暂且离去，随即引兵击魏，进攻州城的东边。晋王走到贝州，掉转过头来击刘鄩，大败他的军队，追到故元城，再败刘鄩军，鄩逃到了黎阳。三月，进攻梁的卫州，卫州刺史米昭投降了晋军；攻克了磁州，杀了州刺史靳昭。四月，攻克了洺州。八月，包围了邢州，邢州节度使阎宝投降。梁的张筠放弃相州、戴思远放弃沧州逃走，遂取得了二州，而且贝州人杀了梁的守将张源德，以城投降了晋。

契丹进犯蔚州，俘获了振武节度使李嗣平。十四年，契丹进犯新州，遂又进犯幽州，李嗣源打跑了契丹兵。

冬天，梁将谢彦章屯军于杨刘。十二月，晋军进攻杨刘，晋王亲自背草填埋壕沟，遂攻破了杨刘。十五年正月，梁、晋的军队在杨刘对峙，彦章决河水阻挡晋军的进攻。六月，晋军渡水攻击彦章，破了梁军的四座营寨。八月，在魏州对军队进行了大检阅，加上卢龙、横海、昭义、安国及镇、定二州的兵共十万人，马一万匹，屯军在麻家渡。谢彦章屯驻在行台。十二月，进军到临濮，梁军追来，双方战于胡柳，晋军大败，周德威战死。梁军于傍晚在土山宿营，晋军再度进攻，大败梁军，遂屯守在德胜，又前后、左右相对布置夹寨。十六年正月，晋王兼领卢龙军节度使。梁将王瓒进攻德胜南城，没有攻克。十月，扩充德胜北城。十二月，在黄河南岸打败了梁军。十七年，朱友谦袭击同州，梁王派刘鄩攻击友谦，李存审在同州打败梁军。

十八年正月，魏州僧人传真向晋献出了一枚唐朝受命的印玺。赵将张文礼杀了赵王王镕，文礼依附归顺了晋。二月，晋任命文礼为镇州兵马留后。三月，河中节度使朱友谦、昭义军节度使李嗣昭、横海军节度使李存审、义武军节度使王处直、安国军节度使李嗣源、镇州兵马留后张文礼、领天平军节度使阎宝、大同军节度使李存璋、振武军节度使李存进、匡国军节度使朱令德，请求晋王即皇帝位，晋王三次推辞，友谦等人三次请求，晋王说："我应当思量一下这件事。"

八月，派赵王王镕的故将符习及阎宝、史建瑭等人进攻镇州守将张文礼。建瑭夺取了赵州。张文礼死去，他的儿子张处瑾闭城拒守。九月，建瑭战死。十月，梁将戴思远进攻德胜北城，李嗣源在戚城打败了戴思远。王处直叛变投靠了契丹，他的儿子王都把处直囚禁起来又归附了晋。十二月，契丹兵进犯涿州，进而又犯定州。

十九年正月，晋军在新城、望都打败了契丹兵，追赶他们到了幽州。三月，阎宝在镇州失败，让李嗣昭代替阎宝。四月，嗣昭战死，又让李存进代替他。八月，梁军夺取了卫州。九月，存进在东垣打败了镇州的军队，后来，存进也战死了。十月，李存审攻克了镇州。晋王兼领成德军节度使。

同光元年春季的三月，李继韬在潞州叛变归附了梁。

夏季四月己巳这一天，晋王即皇帝位，在境内实行大赦，改用新年号纪元，定国号为唐。行台左丞相豆卢革做了门下侍郎，右丞相卢程为中书侍郎，二人均为同中书门下平章事；中门使郭崇韬、昭义监军张居翰为枢密使。以魏州为东京，太原为西京，镇州为北都。

闰四月，唐帝李存勖追尊他的祖考为皇帝，配偶为皇后：曾祖执宜、曾祖母崔氏都谥号为昭烈,庙号为懿祖;祖父国昌、祖母秦氏都谥号为文景,庙号为献祖;父亲克用谥号为武,庙号为太祖。在太原建立了宗庙,自唐高祖、太宗、懿宗、昭宗等分别立有七个牌位。壬寅这一天,李嗣源攻取了郓州。

五月辛酉这天,梁人夺取了德胜南城。

六月,在新垒与王彦章争战,打败了彦章。这个月,罢免了卢程的官职。

秋季八月,梁人又攻克了泽州。守将裴约死于战阵。

九月戊辰这天,李嗣源与王彦章战于递坊,彦章失败。

冬季十月壬申这天,到郓州去袭击梁军。甲戌日,夺取了中都。丁丑日,攻取了曹州。己卯日,灭亡了梁国。敬翔自杀。丙戌日,贬郑珏的官职为莱州司户参军,萧顷为登州司户参军;杀死李振、赵岩、张汉杰、朱珪,诛灭了他们的家族。己丑日,下恩诏给死罪囚犯免死,流放以下的刑犯免罪。

十一月乙巳日,改北都复名为镇州,以太原为北都。丙辰日,恢复汴州为宣武军。丁巳日,任命尚书左丞赵光胤为中书侍郎,礼部侍郎韦说同中书门下平章事。戊午日,新罗国王金朴英遣使者到晋来朝见。辛酉日,恢复永平军为西都。甲子日,皇帝至洛京。

十二月初一庚午日,从汴州回到洛京。辛巳日,李继韬被诛杀。继韬的弟弟继达在潞州杀了他的哥哥继俦。壬辰日,皇帝去伊阙狩猎。

二年春季正月,河南尹张全义及诸镇将领向晋帝进献宫殿保暖的物品。己酉日,寻求唐廷的宦官。庚戌日,新罗国王金朴英和他的泉州节度使王逢规都派使者到后唐的洛阳来朝见。丁卯日,渤海国王大諲撰派大禹谟为使者来洛阳朝见。庚申日,后唐皇帝李存勖到河阳奉迎母亲皇太后曹氏。辛酉日，从河阳回到洛阳。乙卯日，把宗庙的七位先祖牌位从太原移到洛阳，附祭在太庙。在太微宫祭祀祖先。戊辰日，在太庙祭祖。

二月初一己巳日，在南郊祭天，大赦境内。癸酉日，群臣向李存勖上尊号为昭文睿武光孝皇帝。戊寅日，驾临李嗣源的宅第。癸未日，立刘氏为皇后。

三月己酉日，党项部族派使者到洛阳朝见。庚戌日，存勖赏赐跟随他平定汴州和入洛南郊建立仪仗的军士等功臣。庚申日，任命工部郎中李涂为检视诸陵使。潞州守将杨立反叛。

夏季五月壬寅日，任命教坊使陈俊为景州刺史，内园栽接使储德源为宪州刺史。丙辰日，渤海国王大諲撰派使者到洛阳朝见。丙寅日，李嗣源攻克了潞州。

六月丙子日，杨立被诛杀。己丑日，封回纥王仁美为英义可汗。

秋季七月己酉日，到雷山祭祀天神。

八月，大雨连绵，河水泛滥。

九月壬子日，在城门上放置水，以消除惑乱之灾。甲寅日，皇帝探视郭崇韬的家。丙辰日，黑水部族遣使来朝见。

冬季十月癸未日，左熊威军将领赵晖的妻子一胎生了三个男孩。

十一月癸卯日，皇帝去伊阙狩猎。丙午日，从伊阙回到宫中。丁巳日，回鹘派都督安千想为使者到洛阳来朝见。

十二月庚午日，皇帝李存勖与皇后刘氏到张全义的家中探视。

三年春季正月庚子日，皇帝到东京去，平毁即位坛，改作足球场。

二月己巳日，在新设置的运动场上聚众蹴踢皮球，以为戏乐。乙亥日，在王莽河之滨射雁。辛巳日，突厥浑解楼、渤海国王諲撰都派使者到洛阳来朝见。在北郊射雁。乙酉日，在郭泊射鸭。庚寅日，又在北郊射雁。

三月乙未日，这天是寒食节，在西郊祭祀山川。庚申日，从东京回到宫中。辛酉日，改东京名称为邺都，以洛京为东都。

夏季四月乙亥日，与皇后刘氏一起到郭崇韬、朱汉宾的家中探视。发生旱灾。庚寅日，赵光胤逝世。

五月丁酉日，皇太妃逝世，皇帝五天不朝见群臣。己酉日，黑水、女真都派使者到洛阳来朝见。

六月辛未日，任命宗正卿李纾为昭宗、少帝改卜园陵使。征取民间马匹。

秋季七月壬寅日，皇太后逝世。

八月癸未日，河南县令罗贯被斩。

九月庚子日，任命魏王继岌为西川四面行营都统，郭崇韬为招讨使，遣他们率兵讨伐前蜀。自从六月进入阴雨天气，一直持续到这个月。丁巳日，在尖山射雁。

冬季十月壬午日，奚、吐浑、突厥都派使者来朝见。戊子日，葬贞简太后于坤陵。

十一月丁未，高丽派使者来朝见。己酉日，王衍投降了后唐。郭崇韬杀了王宗弼和宗弼的弟弟宗渥、宗训，诛灭他们的家族。

十二月己卯，皇帝在白沙狩猎。癸未日，从白沙回到宫中。

闰十二月辛亥日，封弟弟存美为邕王，存霸为永王，存礼为薛王，存渥为申王，存义为睦王，存确为通王，存纪为雅王。

四年春季正月壬戌日，下恩诏给死罪以下的囚犯减刑。甲子日，魏王继岌在蜀杀死郭崇韬和崇韬的两个儿子。壬寅日，契丹派使者梅老鞋里来朝见。庚辰日，李存勖杀了他的弟弟睦王存义和河中护国军节度使李继麟，诛灭了继麟的家族。乙酉日，沙州曹义金派使者来朝见。丙戌日，回鹘阿咄欲派使者来朝见。丁亥日，杀李继麟的部将史武、薛敬容、周唐殷、杨师太、王景、来仁、白奉国，诛灭了他们的家族。

二月己丑日，任命宣徽南院使李绍宏为枢密使。癸巳日，邺都军将赵在礼在贝州反叛。甲午日，皇帝在冷泉狩猎。赵在礼攻陷了邺都，武宁军节度使李绍荣讨伐在礼。邢州军将赵太发动兵变，东北面招讨使李绍真率兵讨伐赵太。甲辰日，成德军节度使李嗣源讨伐赵在礼。

三月，赵太被诛杀。李嗣源发动兵变。博州守将翟建自称刺史。甲子日，杀死王衍，诛灭了他的家族。乙丑日，前往汴州。壬申日，驻在荥泽。龙骧指挥军使姚彦温率领前锋军叛变，投降了李嗣源。嗣源率军进入了汴州。甲戌日，皇帝从万胜镇回到京都。从马直指挥使郭从谦发动兵变。

夏季四月初一丁亥日，后唐皇帝李存勖在兵变中被杀。

晋本纪

新五代史卷八

晋本纪第八

晋高祖

高祖圣文章武明德孝皇帝,其父臬捩鸡,本出于西夷,自朱邪归唐,从朱邪入居阴山。其后,晋王李克用起于云、朔之间,臬捩鸡以善骑射,常从晋王征伐有功,官至洺州刺史。臬捩鸡生敬瑭,其姓石氏,不知得其姓之始也。

敬瑭为人沈厚寡言,明宗爱之,妻以女,是为永宁公主,由是常隶明宗账下,号左射军。

庄宗已得魏,梁将刘鄩急攻清平,庄宗驰救之,兵未及阵,为鄩所掩,敬瑭以十余骑横槊驰击,取之以旋。庄宗拊其背而壮之,手啗以酥,啗酥夷狄所重,由是名动军中。十五年,庄宗战于胡柳,前锋周德威战死,敬瑭以左射军从明宗复击败梁兵。明宗战胡卢套、杨村,为梁兵所败,敬瑭常脱明宗于危。

赵在礼之乱,明宗讨之,至魏而兵变,明宗初欲自归于天子,明己所以不反者。敬瑭献计曰:"岂有军变于外,上将独无事者乎?且犹豫者兵家大忌,不如速行。愿得骑兵三百先攻汴州,夷门天下之要害也,得之可以成事。"明宗然之,与之骁骑三百,渡黎阳为前锋,明宗遂入汴。庄宗自洛后至,不得入,而兵皆溃去。庄宗西还,明宗以敬瑭为前锋趣氾水,且收其散卒。庄宗遇弑,明宗入立,拜敬瑭保义军节度使,赐号"竭忠建策兴复功臣",兼六军诸卫副使。

在陕为政以廉闻。是时,诸侯多不奉法,邓州陶玘、亳州李邺皆以赃污论死,明宗下诏书褒廉吏普州安崇阮、洺州张万进、耀州孙岳等以讽天下,而以敬瑭为首。

天成二年十月,从幸汴州,为御营使,拜宣武军节度使、侍卫亲军马步军都指挥使,六军副使如故;改赐"耀忠匡定保节功臣"。三年四月,徙镇天雄,拜同中书门下平章事、兴唐尹。五月,拜驸马都尉。董璋反东川,为行营都招讨使,不克而还。复兼六军诸卫副使。徙镇河阳三城,未行,而契丹、吐浑、突厥皆入寇,是时,秦王从荣统六军,敬瑭疑其必及祸,不欲为其副,乃自请行。及制出,不落副使,辄复辞行。明宗数责大臣问谁可行者,范延光、赵延寿等卒以敬瑭为请,乃拜河东节度使、大同彰国振武威塞等军蕃汉马步军总管,落六军副使,乃行。

明年,明宗崩,愍帝即位,加中书令。三月,徙镇成德。清泰元年五月,复镇太原,来朝京师。潞王从珂反于凤翔,愍帝出奔,遇敬瑭于道,敬瑭杀帝从者百余人,幽帝于卫州而去。废帝即位,疑敬瑭必反。

天福元年五月,徙镇天平,敬瑭果不受命,谓其属曰:"先帝授吾太原使老焉,今无故而迁,是疑吾反也。且太原地险而粟多,吾当内檄诸镇,外求援于契丹,可乎?"桑维翰、刘知远等共以为然。乃上表论废帝不当立,请立许王从益为明宗嗣。废帝下诏削夺敬瑭官爵,命张敬达等讨之,敬瑭求援于契丹。

九月,契丹耶律德光入自雁门,与唐兵战,敬达大败。敬瑭夜出北门见耶律德光，约为父子。

十一月丁酉，皇帝即位，国号晋。以幽、涿、蓟、檀、顺、瀛、莫、蔚、朔、云、应、新、妫、儒、武、寰州入于契丹。己亥，大赦，改元。掌书记桑维翰为翰林学士、尚书礼部侍郎，知枢密使事。

闰月丙寅，翰林学士承旨、尚书户部侍郎赵莹为门下侍郎，桑维翰为中书侍郎：同中书门下平章事，兼枢密使。甲戌，赵德钧及其子延寿叛于唐来降，契丹镍之以归。己卯，次河阳，节度使苌从简叛于唐来降。辛巳，至自太原。卢文纪、姚顗罢。甲申，大赦，杀张延朗、刘延朗，赦房暠。

十二月乙酉，如河阳。追降王从珂为庶人。丁亥，司空冯道兼门下侍郎、同中书门下平章事。己丑，曹州指挥使石重立杀其刺史郑玩。辛卯，御札求直言。癸巳，镇州牙内都虞候祕琼逐其节度副使李彦琦。同州裨将门铎杀其将杨汉宾。庚子，天平军节度使王建立杀其副使李彦赟。旱。

二年春正月癸亥，安远军节度使卢文进叛降于吴。丁卯，天雄军节度使范延光杀齐州防御使祕琼。戊寅，兵部侍郎李崧为中书侍郎、同中书门下平章事、枢密使。封唐宗室子为公，及隋酅公为二王后，以周介公备三恪。

二月丁酉，契丹使皇太子解里来。

三月庚辰，如汴州。

夏四月丁亥，赦囚，蠲民租赋。赵莹使于契丹。辛卯，宣武军节度使杨光远进助国钱。契丹使宫苑使李可兴来。

五月壬戌，御札求直言。丁丑，追尊祖考为皇帝，妣为皇后：高祖璟谥曰孝安，庙号靖祖，祖妣秦氏谥曰孝安元；曾祖郴谥曰孝简，庙号肃祖，祖妣安氏谥曰孝简恭；祖昱谥曰孝平，庙号睿祖，祖妣来氏谥曰孝平献；考绍雍谥曰孝元，庙号献祖，妣何氏谥曰孝元懿。

六月癸未，契丹使夷离毕来。天雄军节度使范延光反。丁酉，传箭于义成军节度使符彦饶。丁未，杨光远为魏府四面行营都部署。东都巡检张从宾反，留守判官李遐死之，奉国都指挥使侯益、护圣都指挥使杜重威讨之。从宾寇河阳，杀皇子重信；寇河南，杀皇子重义。

秋七月，从宾陷汜水关，杀巡检使宋廷浩。壬子，右卫大将军尹晖叛奔于吴，不克，伏诛。右监门卫大将军娄继英叛降于张从宾。义成军乱，杀戍将侍卫马步军都指挥使白奉进。甲寅，戍将奉国指挥使马万执符彦饶归于京师，命杀之于赤冈。乙卯，杨光远为魏府行营都招讨使。辛酉，杜重威克汜水关。壬申，杨光远克博州。丙子，安州屯防指挥使王晖杀其节度使周瑰，右卫大将军李金全讨之。

八月丙申，静难军节度使安叔千进添都马。乙巳，赦非死罪囚及张从宾、符彦饶、王晖余党。

九月，杨光远进粟。

冬十月辛巳，禁造甲兵。

三年春二月戊戌，诸镇皆进物以助国。

三月壬戌，回鹘可汗王仁美使翟全福来。丁丑，禁私造铜器。

秋七月辛酉，以皇业钱作受命宝。

八月戊寅，冯道及左仆射刘昫为契丹册礼使。壬午，澶州刺史冯晖降。丙戌，许御署官选。己丑，蠲水旱民税。辛丑，归伶官于契丹。

九月己酉，赦范延光。己未，归静鞭官刘守威、金吾勘契官王殷、司天鸡叫学生殷晖于契丹。于阗使马继荣来，回鹘使李万金来。己巳，赦魏州，蠲民税。是月，宣徽南院使刘处让为枢密使。

冬十月戊寅，契丹使中书令韩颋来奉册曰英武明义皇帝。庚辰，升汴州为东京，以洛阳为西京，雍州为晋昌军。戊子，右金吾卫大将军马从斌使于契丹。己未，契丹使梅里来。戊戌，大赦。庚子，封李圣天为大宝于阗国王。

十一月辛亥，升广晋府为邺都。壬戌，除铸钱令。

十二月丙子，封子重贵为郑王。

四年春正月，盗发唐愍皇帝墓。辛亥，澶州防御使张从恩为枢密副使。旌表深州民李自伦门闾。

三月乙巳，回鹘使其都督拽里敦来。丙辰，颁《调元历》。灵州戍将王彦忠以怀远城反。

己未，彦忠降，供奉官齐延祚杀之。

夏四月辛巳，封回鹘可汗王仁美为奉化可汗。甲申，废枢密使。

秋七月丙辰，复禁铸钱。

闰月壬申，桑维翰罢。

八月己亥朔，河决博平。西戎寇泾州，彰义军节度使张彦泽败之，执其首领野离罗虾独。

九月丁丑，契丹使粘木孤来。癸未，封李从益为郇国公以奉唐后。丙戌，高丽王建使其广评侍郎邢顺来。

冬十一月乙亥，立唐高祖、太宗、庄宗、明宗、愍帝庙于西京。戊子，契丹使遥折来，吐蕃罢延族来附。

五年春正月丁卯朔，德音除民公私债。己丑，回鹘使石海金来。

夏四月甲子，契丹兴化王来。

五月丙戌，安远军节度使李金全叛附于唐。

六月癸卯，李昪遣其将李承裕入于安州，金全奔于唐，安远军节度使马全节及承裕战，败之。丁巳，克安州，承裕奔于云梦，全节执而杀之。

秋八月丁酉，阅稼于西郊。己未，西京留守杨光远杀太子太师范延光。

九月丁卯，翰林学士承旨、户部侍郎和凝为中书侍郎、同中书门下平章事。辛巳，阅稼于沙台。

冬十月丁未，契丹使舍利来。

十一月丙子，冬至，始用二舞。

六年春正月戊寅，封唐叔虞为兴安王，台骀为昌宁公。

二月戊申，停买宴钱。三月，除民二年至四年以前税。

夏四月己未，契丹使述括来。五月，吐浑首领白承福来。

秋七月壬午，突厥使薛同海来。

八月壬辰，如邺都，开封尹郑王重贵留守东京，宣徽南院使张从恩东京内外兵马都监。壬寅，大赦。甲寅，光禄卿张澄使于契丹。

九月乙亥，前安国军节度使杨彦询使于契丹。丁丑，吐浑使白可久来。河决中都，入于沓河。

冬十月，河决滑、濮、郓、澶州。山南东道节度使安从进反。

十一月丁丑，西京留守高行周为南面军前都部署以讨之。

十二月丙戌朔，郑王重贵为广晋尹，徙封齐王。先锋都指挥使郭金海及安从进战于唐州，败之。成德军节度使安重荣反。天平节度使杜重威为镇州行营招讨使。丙申，契丹遣使者来。戊戌，杜重威及安重荣战于宗城，败之。

七年春正月丁巳，克镇州，安重荣伏诛，赦广晋。庚午，契丹使达剌来。

三月，归德军节度使安彦威塞决河于滑州。

闰月，天兴蝗食麦。

夏五月乙巳，尊皇太妃刘氏为太后。

六月丙辰，吐浑使念丑汉来。乙丑，皇帝崩于保昌殿。

译文：

后晋高祖圣文章武明德孝皇帝，父亲叫臬捩鸡，原是西夷人，自从朱邪氏归附唐朝，就跟随朱邪氏进入唐境，居住于阴山一带。此后，晋王李克用起兵于云、朔一带，臬捩鸡因善于骑马射箭，经常跟随晋王出征作战，因战功官至洺州刺史。臬捩鸡生子敬瑭，姓石，不知他得姓的起因是什么。

敬瑭为人深沉厚重，寡言少语，后唐明宗很喜欢他，将女儿嫁给他，这个女儿就是永宁公主，从此他常常隶属于明宗部下，号称左射军。

后唐庄宗攻取魏州后，后梁军将刘鄩猛攻清平，庄宗紧急前往救援，部队还没有列开阵式，就受到刘鄩的袭击，敬瑭率领十几个骑兵举槊猛烈冲击，将庄宗救回。庄宗拍着他的肩膀称赞他很勇敢，亲手端着酥油让他吃，上级亲自给下级酥油吃，在夷狄人中很受看重，因此敬瑭名闻全军。十五年，庄宗领兵在胡柳作战，前锋周德威战死，敬瑭以左射军的身份跟随明宗再次击败后梁军队。明宗在胡卢套、杨村交战中被后梁军队打败，敬瑭屡次使明宗脱离险境。

赵在礼之乱发生后，明宗前往讨伐，至魏州时发生了兵变，明宗起初想亲自回到庄宗身边，以表明自己没有参加反叛。敬瑭向他献计说："哪里有部队在外边发生兵变，而将领能不受怀疑的呢？况且犹豫不决是兵家的大忌，不如迅速发兵。希望能给我三百骑兵，先去攻打汴州，夷门是天下的要害，得到它可以成就大事。"明宗认为他说得很对，给他三百精锐骑兵，从黎阳渡河,作为部队先锋,于是明宗进入了汴州城。庄宗从洛阳赶到时已经晚了一步,无法入城,所率军队都溃散而去。庄宗西还洛阳,明宗派敬瑭作为前锋直趋汜水,同时收编散兵游勇。庄宗被害,明宗入宫称帝,任命敬瑭为保义军节度使,赐给他"竭忠建策兴复功臣"的封号,兼任六军诸卫副使。

在陕州任官期间,以施政廉洁闻名当时。这一时期,许多方镇节帅不遵奉中央法令,邓州的陶玘、亳州的李邺都因贪赃处以死刑,明宗还下诏褒奖清官,用来激励天下的官员,被褒奖的有普州的安崇阮、洺州的张万进、耀州的孙岳等人,敬瑭就列入其中并被排在首位。

天成二年十月,随从明宗前往汴州,担任了御营使一职,拜官为宣武军节度使,侍卫亲军马步军都指挥使,而六军副使一职依然如故;又改赐封号为"耀忠匡定保节功臣"。三年四月,调任镇守天雄军,拜官同中书门下平章事、兴唐尹。五月,拜官驸马都尉。董璋于东川起兵反叛,敬瑭担任行营招讨使前往讨伐,不胜而还。又兼任六军诸卫副使。再度调任镇守河阳三城,还未赴任,契丹、吐浑、突厥都已开始入侵,这时秦王李从荣受命统率六军,敬瑭怀疑他必定会有灾祸,不想担任他的副职,就自己请求出征。可是等诏书发布,仍未除去副使一职,他就屡次请求辞职。明宗多次向大臣询问谁能担当出征的重任,范延光、赵延寿等一直请求以敬瑭出任,于是任命他为河东节度使、大同、彰国、振武、威塞等军蕃汉马步军总管,撤销了六军副使的原职,敬瑭这才前往赴任。

次年,明宗逝世,后唐愍帝即皇帝位,敬瑭加官为中书令。三月,调任镇守成德军。清泰元年五月,重又镇守太原,接着到京城朝见。潞王李从珂在凤翔起兵反叛,愍帝离京逃奔,在路上遇到了敬瑭，敬瑭杀死了愍帝的随从一百多人，将愍帝幽禁于卫州才离去。后唐废帝即皇帝位，他怀疑敬瑭一定会反叛。

天福元年五月，废帝调敬瑭镇守天平，敬瑭果然不从命，对他的部属说："先帝让我镇守太原，是一直到老的，现在无故将我调离，是怀疑我反叛。再说太原地势险要，粮食很多，我应当对内传檄诸镇，对外向契丹求援，你们说可以吗？"桑维翰、刘知远等都认为很对。于是就上表说不应当立废帝当皇帝，请求立许王李从益作明宗的嗣子。于是，废帝下诏剥夺敬瑭的官爵，命令张敬达等讨伐他，敬瑭随即向契丹求援。

九月，契丹耶律德光自雁门进入内地，与后唐军队交战，敬达大败。敬瑭夜晚出北门，与耶律德光会面，相约为父子关系。

十一月丁酉日，敬瑭即皇帝位，国号为晋。将幽州、涿州、蓟州、檀州、顺州、瀛州、莫州、蔚州、朔州、云州、应州、新州、妫州、儒州、武州、寰州划归契丹。己亥日，实行大赦，改年号为天福。任掌书记桑维翰为翰林学士、尚书礼部侍郎，知枢密使事。

闰月丙寅日，任命翰林学士承旨、尚书户部侍郎赵莹为门下侍郎，桑维翰为中书侍郎，均为同中书门下平章事，兼枢密使。甲戌日，赵德钧同他儿子延寿一起背叛后唐来降，契丹兵将他们捆绑带走。己卯日，皇帝行至河阳，节度使苌从简背叛后唐来降。辛巳日，皇帝自太原到达京城。罢免卢文纪、姚顗官职。甲申日，实行大赦，杀死了张延朗、刘延朗，赦免了房暠。

十二月乙酉日，皇帝前往河阳。将王从珂追降为普通百姓。丁亥日，司空冯道兼任门下侍郎、同中书门下平章事。己丑日，曹州指挥使石重立杀死了本州刺史郑玩。辛卯日，皇帝下达札子，求访直言之士。癸巳日，镇州牙内都虞候秘琼赶走了节度副使李彦琦。同州副将门铎杀死了主将杨汉宾。庚子日,天平军节度使王建立杀死了副使李彦赟。发生旱灾。

天福二年春季正月癸亥日,安远军节度使卢文进反叛,投降了吴国。丁卯日,天雄军节度使范延光杀死了齐州防御使秘琼。戊寅日,任兵部侍郎李崧为中书侍郎、同中书门下平章事、枢密使。封唐朝宗室之子为公,与隋酅公同为二王后,以周介公备三恪之员。

二月丁酉日,契丹派皇太子解里来京。

三月庚辰日,皇帝前往汴州。

夏季,四月丁亥日,赦免囚犯,免除百姓租赋。赵莹出使契丹。辛卯日,宣武军节度使杨光远进献助国钱。契丹派宫苑使李可兴来京。

五月壬戌日,皇帝下达札子,求访直言之士。丁丑日,追尊祖先为皇帝,祖先配偶为皇后:追谥高祖父石璟为孝安皇帝,庙号靖祖,高祖母秦氏为孝安元皇后;追谥曾祖父石郴为孝简皇帝,庙号肃祖,曾祖母安氏为孝简恭皇后;追谥祖父石昱为孝平皇帝,庙号睿祖,祖母米氏为孝平献皇后;追谥父亲石绍雍为孝元皇帝,庙号献祖,母亲何氏为孝元懿皇后。

六月癸未日,契丹派夷离毕来京。天雄军节度使范延光反叛。丁酉日,向义成军节度使符彦饶传送信箭。丁未日,任命杨光远为魏府四面行营都部署。东都巡检张从宾反叛,留守判官李遐被杀,奉国都指挥使侯益、护圣都指挥使杜重威发兵讨伐张从宾。从宾进犯河阳,杀害皇子石重信;进犯河南,杀害皇子石重义。

秋季,七月,从宾攻陷汜水关,杀害巡检使宋延浩。壬子日,右卫大将军尹晖反叛,投奔吴国不成,被处决。右监门卫大将军娄继英叛降于张从宾。义成军发生变乱,杀害了戍将侍卫马步军都指挥使白奉进。甲寅日，戍将奉国指挥使马万将符彦饶捕送京城，皇帝命令在赤冈把他杀掉。乙卯日，杨光远担任魏府行营招讨使。辛酉日，杜重威攻克氾水关。壬申日，杨光远攻克博州。丙子日，安州屯防指挥使王晖杀害节度使周瑰，右卫大将军李金全领兵讨伐王晖。

八月丙申日，静难军节度使进献添都马。乙巳日，赦免非死罪囚犯以及张从宾、符彦饶、王晖的余党。

九月，杨光远进献粟米。

冬季，十月辛巳日，禁止制造兵器。

天福三年春季，二月戊戌日，各方镇进献物资以充实中央国库。

三月壬戌日，回鹘可汗王仁美派翟全福来京朝见。丁丑日，下令禁止私造铜器。

秋季，七月辛酉日，将皇业钱作为皇帝承受天命的宝货。

八月戊寅日，冯道以及左仆射刘籧担任出使契丹的册礼使。壬午日，澶州刺史冯晖投降。丙戌日，允许御署选官。己丑日，免除遭受水灾、旱灾的百姓的税收。辛丑日，送乐官给契丹。

九月己酉日，赦免范延光。己未日，将静鞭官刘守威、金吾勘契官王殷、司天鸡叫学生殷晖送给契丹。于阗派马继荣来朝，回鹘派李万金来朝。己巳日，赦免魏州，免除百姓税收。本月，任命宣徽南院使刘处让为枢密使。

冬季，十月戊寅日，契丹派中书令韩颎来京，册封后晋高祖为英武明义皇帝。庚辰日，将汴州升格为东京，以洛阳为西京，雍州为晋昌军。戊子日，右金吾卫大将军马从斌出使契丹。己未日，契丹派梅里来京。戊戌日，实行大赦。庚子日，封李圣天为大宝于阗国王。

十一月辛亥日，将广晋府升为邺都。壬戌日，解除铸钱禁令。

十二月丙子日，封皇子石重贵为郑王。

天福四年春季，正月，强盗发掘后唐愍帝的陵墓。辛亥日，澶州防御使张从恩担任枢密副使。在深州百姓李自伦家门前立牌坊赐匾额，用以表彰。

三月乙巳日，回鹘派都督拽里敦来京朝见。丙辰日，颁布《调元历》。灵州戍将王彦忠据怀远城反叛。己未日，彦忠投降，供奉官齐延祚将他杀掉。

夏季，四月辛巳日，封回鹘可汗王仁美为奉化可汗。甲申日，废去枢密使一职。

秋季，七月丙辰日，恢复私自铸钱的禁令。

闰月壬申日，桑维翰被罢官。

八月己亥日为初一，黄河于博平段决口。西部戎夷进犯泾州，彰义军节度使张彦泽将其击败，俘获了首领野离罗虾独。

九月丁丑日，契丹派粘木孤来京。癸未日，封李从益为郇国公，作为后唐的后裔。丙戌日，高丽王建派广评侍郎邢顺来京朝见。

冬季，十一月乙亥日，在西京建立唐高祖、唐太宗、后唐庄宗、后唐明宗、后唐愍帝庙。戊子日，契丹派遥折来京。吐蕃罢延族前来归附。

天福五年春季，正月丁卯日为初一，皇帝颁布恩诏，免除百姓的公私债务。乙丑日，回鹘派石海金来京朝见。

夏季，四月甲子日，契丹兴化王来京。

五月丙戌日，安远军节度使李金全叛归南唐。

六月癸卯日，李昪派部将李承裕进入安州，金全逃奔南唐，安远军节度使马全节与承裕交战，将南唐军队击败。丁巳日，攻克安州，承裕逃至云梦，全节将他抓获杀掉。

秋季，八月丁酉日，皇帝于京城西郊视察庄稼。己未日，西京留守杨光远杀死太子太师范延光。

九月丁卯日，翰林学士承旨、户部侍郎和凝为中书侍郎、同中书门下平章事。辛巳日，皇帝于沙台视察庄稼。

冬季，十月丁未日，契丹派舍利来京。

十一月丙子日是冬至，开始启用文武二舞的礼仪。

天福六年春季，正月戊寅日，封唐叔虞为兴安王，台骀为昌宁公。

二月戊申日，停罢各地进奉的买宴钱。三月，免除百姓天福二年至四年以前的税收。

夏季，四月己未日，契丹派述括来京。五月，吐浑首领白承福来京朝见。

秋季，七月壬午日，突厥派薛同海来京朝见。

八月壬辰日，皇帝前往邺都，开封尹、郑王重贵留守东京，宣徽南院使张从恩任东京内外兵马都监。壬寅日，实行大赦。甲寅日，光禄卿张澄出使契丹。

九月乙亥日，前安国节度使杨彦询出使契丹。丁丑日，吐浑派白可久来京朝见。黄河于中都一带决口，流入沓河。

冬季，十月，黄河在滑州、濮州、郓州、澶州一带决口。山南东道节度使安从进反叛。

十一月丁丑日，西京留守高行周担任南面军前都部署，前往讨伐安从进。

十二月丙戌日为初一，任郑王重贵为广晋府尹，改封为齐王。先锋都指挥使郭金海与安从进交战于唐州，将安从进击败。成德军节度使安重荣反叛。任命天平节度使杜重威为镇州行营招讨使。丙申日，契丹派使节来京。戊戌日，杜重威与安重荣交战于宗城，将安重荣击败。

天福七年春季，正月丁巳日，攻克镇州，安重荣被处决，赦免广晋一府。庚午日，契丹派达剌来京。

三月，归德军节度使安彦威于滑州堵塞黄河决口。

闰日，天兴一带蝗虫食麦。

夏季，五月乙巳日，尊奉皇太妃刘氏为皇太后。

六月丙辰日，吐浑派念丑汉来京朝见。乙丑日，皇帝逝世于保昌殿。

汉本纪

新五代史卷十

汉本纪第十

汉高祖

高祖睿文圣武昭肃孝皇帝,姓刘氏,初名知远,其先沙陀部人也,其后世居于太原。知远弱不好弄,严重寡言,面紫色,目多白睛,凛如也。

与晋高祖俱事明宗为偏将,明宗及梁人战德胜,晋高祖马甲断,梁兵几及,知远以所乘马授之,复取高祖马殿而还,高祖德之。高祖留守北京,知远为押衙。

潞王从珂反,愍帝出奔,高祖自镇州朝京师,遇愍帝于卫州,止传舍,知远遣勇士石敢袖铁槌侍高祖以虞变。高祖与愍帝议事未决,左右欲兵之,知远拥高祖入室,敢与左右格斗而死,知远即率兵尽杀愍帝左右,留帝传舍而去。

废帝入立,高祖复镇河东,已而有隙,高祖将举兵,知远与桑维翰密为高祖谋画,赞成之。高祖即位于太原,以知远为侍卫亲军都虞候,领保义军节度使。契丹耶律德光送高祖至潞州,临决,指知远曰:"此都军甚操刺,无大故勿弃之。"

天福二年,迁侍卫马步军都指挥使,领忠武军节度使。已而以杜重威代知远领忠武，徙知远领归德，知远耻与重威同制，杜门不出。高祖怒，欲罢其兵职，宰相赵莹以为不可，高祖乃遣端明殿学士和凝就第宣谕，知远乃受命。五年，徙邺都留守。九月，朝京师，高祖幸其第。六年，拜河东节度使、北京留守。七年，高祖崩。

知远从高祖起太原，有佐命功，自出帝立，与契丹绝盟，用兵北方，常疑知远勋位已高，幸晋多故而有异志，每优尊之。拜中书令，封太原王、幽州道行营招讨使，又拜北面行营都统。开运二年四月，封北平王，三年五月，加守太尉，然王未尝出兵。契丹寇澶州，别遣伟王攻雁门，败之于秀容。八月，杀吐浑白承福等族，取其赀巨万，良马数千。

四年，契丹犯京师，出帝北迁，王遣牙将王峻奉表契丹，耶律德光呼之为儿，赐以木拐，虏法贵之如中国几杖，非优大臣不可得。峻持拐归，虏人望之皆避道。峻还，为王言契丹必不能有中国，乃议建国。

二月戊辰，河东行军司马张彦威等上笺劝进。辛未，皇帝即位，称天福十二年。磁州贼首梁晖取相州来归。武节都指挥使史弘肇取代州，杀其刺史王晖。晋州将药可俦杀其守将骆从朗及括钱使、谏议大夫赵熙来归。辛巳，陕州留后赵晖、潞州留后王守恩来归。

三月丙戌朔，蠲河东杂税。辛卯，延州军乱，逐其节度使周密。壬辰，丹州指挥使高彦询以其州来归。壬寅，契丹遁，以其将萧翰为宣武军节度使守汴州。

夏四月己未，右都押衙杨邠为枢密使，蕃汉兵马都孔目官郭威权枢密副使。契丹陷相州，杀梁晖。癸亥，立魏国夫人李氏为皇后。甲子，河东节度判官苏逢吉、观察推官苏禹珪为中书侍郎、同中书门下平章事。乙丑，侍卫亲军步军都指挥使史弘肇取潞州。戊辰，奉国指挥使武行德以河阳来归。史弘肇取泽州。丙子，契丹耶律德光卒于栾城，契丹入于镇州。

五月甲午，太原尹刘崇为北京留守。丙申，如东京。萧翰遁归于契丹，以郇国公李从益知南朝军国事。戊申，次绛州，刺史李从朗来归。

六月丙辰，次河阳，杀李从益及其母于京师。甲子，至自太原。戊辰，改国号汉，赦罪人、蠲民税。于阗遣使者来。

是夏，刘昫薨。

秋闰七月乙丑，禁造契丹服器。天雄军节度使杜重威反，天平军节度使高行周为邺都行营都部署以讨之。庚辰，追尊祖考为皇帝，妣为皇后：高祖湍谥曰明元，庙号文祖，祖妣李氏谥曰明贞；曾祖昂谥曰恭僖，庙号德祖，祖妣杨氏谥曰恭惠；祖僎谥曰昭宪，庙号翼祖，祖妣李氏谥曰昭穆；考琠谥曰章圣，庙号显祖，妣安氏谥曰章懿。以汉高皇帝为高祖，光武皇帝为世祖，皆不祧。

八月，护圣指挥使白再荣逐契丹，以镇州来归。丙申，安国军节度使薛怀让杀契丹之将刘铎，入于邢州。

九月甲戌，吏部尚书窦贞固守司空兼门下侍郎，翰林学士、中书舍人李涛为中书侍郎：同中书门下平章事。庚辰，北征。

冬十月甲申，次韦城，赦河北。

十一月壬申，杜重威降。

十二月癸巳，至自邺都。

乾祐元年春正月乙卯，大赦，改元。己未，更名暠。丁丑，皇帝崩于万岁殿。

译文：

高祖睿文圣武昭肃孝皇帝，姓刘，初名知远，祖先是沙陀部人，以后世代居住于太原。知远童年时就不贪玩，平时很严肃，稳重而寡言，面庞呈紫色，白眼球居多，给人一种凛然的感觉。

与后晋高祖一起侍奉后唐明宗，担任偏将，明宗同后梁军队交战于德胜时，后晋高祖的坐骑马甲断裂，后梁兵几乎快要捉住他，知远将自己的坐骑让给他，又骑上高祖的马殿后，护卫他返回，高祖对他很感激。高祖留守北京时，让知远担任押衙。

后唐潞王李从珂反叛，后唐愍帝从京城出逃，高祖在从镇州前往京城朝见的路上，在卫州遇到了愍帝，住在驿馆里，知远派勇士石敢将铁锤藏在袖子里，以备万一。高祖与愍帝商议政事，没有达成一致意见，愍帝身边的人想要动武，知远赶快拥着高祖进入内室，石敢则与愍帝身边的人格斗起来，直至战死，知远随即率兵将愍帝身边的人全部杀光，将愍帝留在驿馆里，然后才离去。

后唐废帝被立为皇帝后，高祖又重新镇守河东，不久二人之间有了裂痕，高祖打算起兵，知远与桑维翰暗中替高祖进行密谋策划，促成了起兵的计划。高祖在太原称帝后，让知远担任侍卫亲军都虞候，兼领保义军节度使。契丹耶律德光护送高祖到达潞州，临别时，指着知远对后晋高祖说："这个都军很勇敢，没有特别的原因不要抛弃他。"

天福二年，迁官侍卫马步军都指挥使，兼领忠武军节度使。不久让杜重威接替知远兼领忠武军，将知远调任归德镇，知远觉得与杜重威在同一诏书被任命是一种耻辱，就闭门不出。高祖很生气，想要解除他的兵权，但宰相赵莹认为这样做不行。高祖就派端明殿学士和凝到他家去说服，知远这才接受任命。天福五年，调任邺都留守。同年九月，前往京师朝见，高祖亲临其家。

六年，拜他为河东节度使、北京留守。七年，高祖逝世。

知远跟随高祖起兵于太原，有开创基业的功劳，自后晋出帝继位后，与契丹断绝盟约，北方连年用兵，常常猜疑知远功勋地位太高，认为他希望后晋多发生变乱而怀有二心，因此常常表面对他优遇。拜他为中书令，封为太原王、幽州道行营招讨使，又拜为北面行营都统。开运二年四月，又封为北平王，三年五月，又加官守太尉，但知远并没有出兵打仗。契丹入侵澶州时，还另派伟王进攻雁门，知远于秀容将其击败。八月，杀尽吐浑白承福等人家族，夺取了他们很多资财和几千匹好马。

开运四年，契丹进犯京城，后晋出帝被押往北地，知远派牙将王峻向契丹上表，耶律德光称他作儿子，赐给木拐。按照契丹的习惯，木拐的尊贵就好像中国的几杖，不是功高位尊的大臣是得不到的。王峻带着木拐返回的时候，契丹人一望见就赶快让道。王峻返回后，向知远说契丹肯定无法统治中国，于是知远才打算建立王朝。

二月戊辰日，河东行军司马张彦威等人上表，请知远当皇帝。辛未日，知远即皇帝位，仍用晋高祖年号，为天福十二年。磁州贼首梁晖攻取相州后前来归顺。武节都指挥使史弘肇攻取代州，杀死了刺史王晖。晋州将领药可俦杀死守将骆从朗以及括钱使、谏议大夫赵熙，前来归顺。辛巳日，陕州留后赵晖、潞州留后王守恩前来归顺。

三月丙戌日是初一，免除了河东地区的杂税。辛卯日，延州发生兵变，驱逐了节度使周密。壬辰日，丹州指挥使高彦询率州归顺。壬寅日，契丹军队逃遁，让他的将领萧翰担任了宣武军节度使，负责守卫汴州。

夏季，四月己未日，右都押衙杨邠担任了枢密使，蕃汉兵马都孔目官郭威担任了枢密副使。契丹攻陷相州,杀死梁晖。癸亥日,立魏国夫人李氏为皇后。甲子日,任命河东节度判官苏逢吉、观察推官苏禹珪为中书侍郎、同中书门下平章事。乙丑日,侍卫亲军步军都指挥使史弘肇攻取潞州。戊辰日,奉国指挥使武行德率河阳归顺。史弘肇攻取泽州。丙子日,契丹耶律德光逝世于栾城,契丹进入镇州。

五月甲午日,任命太原尹刘崇为北京留守。丙申日,皇帝前往东京。萧翰逃归契丹,任命郇国公李从益掌领南朝军国政事。戊申日,皇帝行至绛州,刺史李从朗归顺。

六月丙辰日,皇帝行至河阳,于京师处死李从益及其母亲。甲子日,皇帝自太原至京城。戊辰日,改国号为汉,赦免罪人,免除百姓税赋。于阗派使者前来朝见。

此年夏季,刘䃅逝世。

秋季,闰七月乙丑日,下令禁止制作契丹服装和器物,天雄军节度使杜重威反叛,任命天平军节度使高行周为邺都行营都部署,前往讨伐杜重威。庚辰日,追尊祖先为皇帝,祖先配偶为皇后:追谥高祖刘湍为明元皇帝,庙号文祖,高祖母李氏为明贞皇后;追谥曾祖刘昂为恭僖皇帝,庙号德祖,曾祖母杨氏为恭惠皇后;追谥祖父刘僎为昭宪皇帝,庙号翼祖,祖母李氏为昭穆皇后;追谥父亲刘琠为章圣皇帝,庙号显祖,母亲安氏为章懿皇后。又以汉高皇帝作为高祖,汉光武皇帝作为世祖,都不再建庙。

八月,护圣指挥使白再荣赶走契丹军队,率镇州归顺。丙申日,安国军节度使薛怀让杀掉契丹将领刘铎,进入邢州。

九月甲戌日,任命吏部尚书窦贞固守司空兼门下侍郎,翰林学士、中书舍人李涛为中书侍郎,均为同中书门下平章事。庚辰日,皇帝开始北征。

冬季，十月甲申日，皇帝在韦城停留，赦免河北境内。

十一月壬申日，杜重威投降。

十二月癸巳日，皇帝自邺都至京城。

乾祐元年春季，正月乙卯日，实行大赦，改换年号。已未日，皇帝更名为刘暠。丁丑日，皇帝逝世于万岁殿。

汉隐帝

隐帝，高祖第二子承祐也。高祖即位，拜右卫上将军、大内都点检。魏王承训长而贤，高祖爱之，方属以为嗣，承训薨，高祖不豫，悲哀疾剧，乃以承祐属诸将相。宰相苏逢吉曰："皇子承祐未封王，请亟封之。"未及封而高祖崩，秘不发丧，杀杜重威。

乾祐元年二月辛巳，封承祐周王。是日，皇帝即位于柩前。壬辰，右卫大将军、凤翔巡检使王景崇及蜀人战于大散关，败之。癸巳，大赦。

三月壬戌，窦贞固为大行皇帝山陵使，吏部侍郎段希尧为副，太常卿张昭为礼仪使，兵部侍郎卢价为卤簿使，御史中丞边蔚为仪仗使。丁丑，李涛罢。护国军节度使李守贞反，陷潼关。

夏四月辛巳，陕州兵马都监王玉克潼关。壬午，永兴军将赵思绾叛附于李守贞，客省使王峻帅师屯于关西。杨邠为中书侍郎兼吏部尚书、同中书门下平章事，郭威为枢密使，镇宁军节度使郭从义为永兴军兵马都部署。戊子，保义军节度使白文珂为河中兵马都部署。河决原武。

五月己未，回鹘遣使者来。乙亥，魏州内黄民武进妻一产三男子。河决滑州鱼池。旱，蝗。

秋七月戊申朔，彰德军节度使王继弘杀其判官张易。鸜鹆食蝗。丙辰，禁捕鸜鹆。庚申，郭威同中书门下平章事。癸亥，契丹郑州刺史王彦徽来奔。庚午，杀成德军副使张鹏。乙亥，王景崇叛附于李守贞。

八月壬午，郭威讨李守贞。

九月，西面行营都虞候尚弘迁及赵思绾战，败绩。

冬十月甲申，吐蕃使斯漫笃蔺毡药斯来。

十一月甲寅，杀太子太傅李崧，灭其族。壬申，葬睿文圣武昭肃孝皇帝于睿陵。

十二月己卯，彰武军节度使高允权杀太子太师致仕刘景岩

二年春正月乙巳朔，赦囚。

二月丙子，蠲民纽配租。

夏五月，李守贞之将周光逊降。乙丑，赵思绾降。

六月辛卯，回鹘首领杨彦珣来。西凉府遣使者来。蝗。

秋七月丁巳，郭威杀华州留后赵思绾于京兆。甲子，克河中。

八月，郭从义杀前永兴巡检乔守温。丙戌，郭威使来献俘。

冬十月，契丹寇赵、魏，群臣进添都马。契丹陷内丘。己丑，郭威及宣徽南院使王峻伐契丹。

十一月，契丹遁。

三年春正月，西面行营都部署赵晖克凤翔。丙午，郭威进添都马。壬子，赵晖献馘俘。

二月甲戌，旌表颍州汝阴民麴温门闾。

三月己酉，寒食，望祭于南御园。

夏四月壬午，郭威以枢密使为天雄军节度。

六月癸卯，河决原武。

秋八月，达靼来附。

冬十一月丙子，杀杨邠及侍卫亲军都指挥使史弘肇、三司使王章，皆灭其族。郭威反。庚辰，义成军节度使宋延渥叛附于

威。壬午，威犯封丘，泰宁军节度使慕容彦超军于七里店。癸未，劳军于北郊。甲申，劳军于刘子陂。慕容彦超及郭威战，败绩，开封尹侯益叛降于威。郭允明反。乙酉，皇帝崩，苏逢吉自杀。汉亡。

呜呼！人君即位称元年，常事尔，古不以为重也。孔子未修《春秋》，其前固已如此，虽暴君昏主，妄庸之史，其记事先后远近，莫不以岁月一二数之，乃理之自然也。其谓一为元，亦未尝有法，盖古人之语尔。及后世曲学之士，始谓孔子书"元年"为《春秋》大法，遂以改元为重事。

自汉以后，又名年以建元，而正伪纷杂，称号遂多，不胜其纪也。五代，乱世也，其事无法而不合于理者多矣，皆不足道也。至其年号乖错以惑后世，则不可以不明。梁太祖以乾化二年遇弑，明年，末帝已诛友珪，黜其凤历之号，复称乾化三年，尚为有说。至汉高祖建国，黜晋出帝开运四年，复称天福十二年者，何哉？盖以其爱憎之私尔。方出帝时，汉高祖居太原，常愤愤下视晋，而晋亦阳优礼之，幸而未见其隙。及契丹灭晋，汉未尝有赴难之意。出帝已北迁，方阳以兵声言追之，至土门而还。及其即位改元，而黜开运之号，则其用心可知矣。盖其于出帝无复君臣之义，而幸祸以为利者，其素志也，可胜叹哉！夫所谓有诸中必形于外者，其见于是乎！

译文：

隐帝，就是高祖第二子刘承祐。高祖即皇帝位，拜他为右卫上将军、大内都点检。魏王刘承训年长而且有才干，高祖很喜欢他，正要让他做继承人时，承训却逝世了，高祖得病后，因悲伤导致病情加剧，就将承祐委托给诸位将相加以辅佐。宰相苏逢吉说道：

"皇子承祐还没有封王,请赶快给他封号。"还未来得及加封,高祖就逝世了,为了保密,暂时没有办理丧事,杀掉了杜重威。

乾祐元年二月辛巳日,封承祐为周王。同一天,即位于高祖棺前。壬戌日,右卫大将军、凤翔巡检使王景崇与蜀军交战于散关,击败了蜀军。癸巳日,实行大赦。

三月壬戌日,窦贞固担任了逝世皇帝山陵使,吏部侍郎段希尧担任副职。太常卿张昭担任礼仪使,兵部侍郎卢价担任卤簿使,御史中丞边蔚担任仪仗使。丁丑日,李涛被罢官。护国军节度使李守贞反叛,攻陷潼关。

夏季,四月辛巳日,陕州兵马都监王玉攻克潼关。壬午日,永兴军将赵思绾反叛,归附了李守贞,客省使王峻率军驻扎于关西。任命杨邠为中书侍郎兼吏部尚书、同中书门下平章事,郭威为枢密使,镇宁军节度使郭从义为永兴军兵马都部署。戊子日,任命保义军节度使白文珂为河中兵马都部署。黄河决口于原武。

五月己未日,回鹘派使者来京师朝见。乙亥日,魏州内黄百姓武进的妻子一胎生下三个男孩。黄河决口于滑州鱼池。发生旱灾、蝗灾。

秋季,七月戊申日是初一,彰德军节度使王继弘将判官张易杀死。鹳鹆捕食蝗虫。丙辰日,下令禁止捕杀鹳鹆。庚申日,任命郭威同中书门下平章事。癸亥日,契丹郑州刺史王彦徽前来投奔。庚午日,处决成德军副使张鹏。乙亥日,王景崇反叛,归附了李守贞。

八月壬午日,郭威前去讨伐李守贞。

九月,西面行营都虞候尚弘迁与赵思绾交战,失利。

冬季,十月甲申日,吐蕃派斯漫笃蔺毡药斯来京朝见。

十一月甲寅日,杀死太子太傅李崧,诛灭他的全族,壬申日，安葬睿文圣武昭肃孝皇帝于睿陵。

十二月己卯日，彰武军节度使高允权杀死了以太子太师官退休的刘景岩。

乾祐二年春季，正月乙巳日为初一，赦免囚犯。

二月丙子日，免除百姓配租。

夏季，五月，李守贞的部将周光逊前来投降。乙丑日，赵思绾投降。

六月辛卯日，回鹘首领杨彦蓦来京朝见。西凉府派使者来京朝见。发生蝗灾。

秋季，七月丁巳日，郭威于京兆杀死华州留后赵思绾。甲子日，攻克河中。

八月，郭从义杀死前永兴巡检乔守温。丙戌日，郭威派使者至京城献俘。

冬季，十月，契丹进犯赵、魏地区，群臣进献添都马。契丹攻陷内丘。己丑日，郭威同宣徽南院使王峻讨伐契丹。

十一月，契丹军队逃遁。

乾祐三年春季，正月，西面行营都部署赵晖攻克凤翔。丙午日，郭威进献添都马。壬子日，赵晖进献馘俘。

二月甲戌日，为颍州汝阴县百姓麹温建牌坊，进行表彰。

三月己酉日是寒食节，皇帝于南御园遥望致祭。

夏季，四月壬午日，郭威以枢密使身份担任了天雄军节度。

六月癸卯日，黄河决口于原武。

秋季，八月，达靼前来归附。

冬季，十一月丙子日，杀死杨邠及侍卫亲军都指挥使史弘肇、三司使王章，其家族全部诛杀。郭威反叛。庚辰日，义成军节度使宋延渥反叛，归附于郭威。壬午日，郭威进犯封丘，泰宁军节度使慕容彦超屯军于七里店。癸未日，皇帝于北郊慰劳军队。甲申日，皇帝于刘子陂慰劳军队。慕容彦超与郭威交战，失利，开封尹侯益叛降郭威。郭允明反叛。乙酉日，皇帝逝世，苏逢吉自杀。后汉灭亡。

唉！君主即位称号元年，是很正常的事，古人并不认为是多么重大的事。在孔子撰修《春秋》以前本来就已如此，即使暴君昏主，平庸的史著，他们记事的先后远近，也无不按照岁月的顺序依次而记，这是自然而然的道理。所谓以一为元，也并没有一定之法，只是古人的语汇而已。到了后世邪僻之学的人士那里，才开始把孔子写"元年"说成是《春秋》笔法的主要内容，于是就把改元当作一件重事。

从汉代以后，又以年号来建元，于是正伪纷杂，称号繁多起来，纪不胜纪。五代是乱世，做事既不合法又不合理的多了，都不足为道。至于他们年号方面错乱以致影响后世的，则不能不为之辨明。后梁太祖于乾化二年被害，第二年末帝杀掉了朱友珪，废去了他的凤历年号，恢复称为乾化三年，这还有些可以说得过去的理由。至于后汉高祖建国，废去了后晋出帝开运四年，又恢复称为天福十二年，这是为什么呢？这是因为他自己有爱憎的私见。当后晋出帝时，后汉高祖住在太原，经常是愤愤不平轻视后晋，而后晋也表面上对他优礼相加，幸好还没有出现分裂。及至契丹灭后晋，后汉高祖也从未有过前去赴难救援的意向。出帝北迁契丹后，高祖这才表面上声称率兵追击，至土门便返回。等他即皇帝位改元，便废去了开运的年号，他的用意于此可见。这时他对出帝不再有君臣的名分了，而是幸灾乐祸的图私利，这是他一贯的思想，怎能不令人感叹呢？所谓内心所想必然表现于外在行动，在这件事上也可以看到正是如此！

周本纪

新五代史卷十二

周本纪第十二

周世宗

世宗睿武孝文皇帝,本姓柴氏,邢州龙冈人也。柴氏女适太祖,是为圣穆皇后。后兄守礼子荣,幼从姑长太祖家,以谨厚见爱,太祖遂以为子。太祖后稍贵,荣亦壮,而器貌英奇,善骑射,略通书史黄老,性沈重寡言。太祖为汉枢密使,荣为左监门卫大将军,太祖镇天雄,荣领贵州刺史、天雄军牙内都指挥使。

乾祐三年冬,周兵起魏,犯京师,留荣守魏。太祖入立,拜澶州刺史、镇宁军节度使,检校太傅、同中书门下平章事。荣素为枢密使王峻所忌,广顺三年正月来朝,不得留。既而峻有罪诛,三月,拜荣开封尹,封晋王。是冬,卜以来年正月朔旦有事于南郊,而太祖遇疾,不能视朝者久之。

显德元年正月丙子,郊,仅而成礼,即以王判内外兵马事。壬辰,太祖崩,秘不发丧。丙申,发丧,皇帝即位于枢前。右监门卫大将军魏仁浦为枢密副使。

二月庚戌,回鹘遣使者来。丁卯,冯道为大行皇帝山陵使,太常卿田敏为礼仪使,兵部尚书张昭为卤簿使,御史中丞张煦为仪仗使，开封少尹权判府事王敏为桥道顿递使。汉人来讨，攻自潞州。

三月辛巳，大赦。癸未，郑仁诲留守东京。乙酉，如潞州以攻汉。壬辰，次泽州，阅兵于北郊。癸巳，及刘旻战于高原，败之，追之于高平，又败之。丁酉，幸潞州。己亥，侍卫马军都指挥使樊爱能、步军都指挥使何徽伏诛。壬寅，天雄军节度使符彦卿为河东行营都部署。

夏四月乙卯，葬神圣文武恭肃孝皇帝于嵩陵。汾州防御使董希颜叛于汉来附。丙辰，辽州刺史张汉超叛于汉来附。辛酉，取岚、宪州。壬戌，立卫国夫人符氏为皇后。取石、沁州。乙丑，冯道薨。庚午，赦潞州流罪以下囚。如太原。忻州监军李勍杀其刺史赵皋，叛于汉来附。

五月丙子，代州守将郑处谦叛于汉来附，契丹救汉。丁酉，回鹘使因难敌略来。符彦卿及契丹战于忻口，败绩，先锋都指挥使史彦超死之。

六月乙巳，班师。乙丑，次新郑，遂拜嵩陵。庚午，至自太原。

秋七月庚辰，阅稼于南御庄。癸巳，枢密院直学士、工部侍郎景范为中书侍郎、同中书门下平章事，魏仁浦为枢密使。

冬十月甲辰，杀左羽林大将军孟汉卿。

二年春二月，御札求直言。

夏五月辛未，宣徽南院使向训、凤翔节度使王景伐蜀。甲戌，大毁佛寺，禁民亲无侍养而为僧尼及私自度者。

秋九月丙寅朔，颁铜禁。

闰月癸丑，向训克秦州。

冬十月辛未，取成州。戊寅，高丽使王子太相融来。取阶州。

十一月乙未朔，李谷为淮南道行营都部署以伐唐。戊申，王景克凤州。

十二月丙戌，郑仁诲薨。

三年春正月，增筑京城。庚子，向训留守东京。壬寅，南征。辛亥，侍卫亲军都指挥使李重进及唐人战于正阳，败之。甲寅，重进为淮南道行营都招讨使。

二月丙寅，幸下蔡浮桥。壬申，克滁州。甲戌，李景来求成，不答。壬午，景使其臣锺谟来奉表。丙戌，取扬州。辛卯，取泰州。

三月庚子，内外马步军都军头袁彦为竹龙都部署。是月，取光、舒、常州。

夏四月，常、泰州复入于唐。

五月乙卯，至自淮南，赦京师囚。

六月壬申，德音赦淮南囚。

秋七月，皇后崩。扬、光、舒、滁州复入于唐。

八月乙丑，课民种木及韭。

九月丙午，端明殿学士、左散骑常侍王朴为尚书户部侍郎、枢密副使。

冬十月辛酉，葬宣懿皇后于懿陵。

十一月庚寅，废诸祠不在祀典者。乙巳，杀李景之臣孙晟。

四年春正月己丑朔，赦非死罪囚。

二月甲戌，王朴留守东京。乙亥，南征。

三月丁未，克寿州。

夏四月己巳，至自寿州。己卯，放降卒八百归于蜀。癸未，追册彭城郡夫人刘氏为皇后。

五月丙申，杀密州防御使侯希进。

秋八月乙亥，李谷罢，王朴为枢密使。癸未，蜀人来归我濮州刺史胡立。

冬十月己巳，王朴留守东京，三司使张美为大内都点检。壬申，南征。

十二月乙卯，泗州守将范再遇叛于唐，以其州来降。庚申，濠州团练使郭廷谓以其州来降。丁丑，取泰州。

五年春正月丁亥，取海州。壬辰，取静海军。丁未，克楚州，守将张彦卿、郑昭业死之。

二月甲寅，取雄州。丁卯，如扬州。癸酉，如瓜洲。

三月壬午朔，如泰州。丁亥，复如扬州。辛卯，幸迎銮。己亥，克淮南十有四州，以江为界。三月辛亥，李景来买宴。

四月庚申，祔五室神主于新庙。壬申，至自淮南，回鹘、达靼遣使来。

六月辛未，放降卒四千六百于唐。

秋七月乙酉，水部员外郎韩彦卿市铜于高丽。丁亥，颁《均田图》。

九月，占城国王释利因德缦使莆诃散来。

冬十月丁酉，括民租。

十一月庚戌，作《通礼》《正乐》。

十二月丙戌，罢州县课户、俸户。

六年春正月，高丽王昭遣使者来。辛酉，女真使阿辨来。

三月己酉，甘州回鹘来献玉，却之。庚申，王朴薨。丙寅、宣徽南院使吴延祚留守东京。癸酉，停给铜鱼。甲戌，北征。是月，吴延祚为左骁卫上将军、枢密使。

夏四月壬辰，取乾宁军。辛丑，取益津关，以为霸州。癸卯，取瓦桥关，以为雄州。

五月乙巳朔，取瀛州。甲戌，至自雄州。

六月癸未，立皇后符氏，封子宗训为梁王、宗让燕国公。戊子，占城使莆诃散来。己丑，范质、王溥参知枢密院事，魏仁浦同中书门下平章事。癸巳，皇帝崩于滋德殿。

恭皇帝，世宗第四子宗训也。世宗即位，大臣请封皇子为王，世宗谦抑久之。及北取三关，遇疾还京师，始封宗训梁王，时年七岁。

显德六年六月癸巳，世宗崩。甲午，皇帝即位于柩前。癸卯，范质为大行皇帝山陵使，翰林学士窦俨为礼仪使，兵部尚书张昭为卤簿使，御史中丞边归谠为仪仗使，宣徽南院使、判开封府事昝居润为桥道顿递使。

秋七月丁未，户部尚书李涛为山陵副使，度支郎中卢亿为判官。

八月庚寅，封弟熙让为曹王，熙谨纪王，熙诲蕲王。壬寅，高丽遣使者来。

九月丙寅，左骁卫大将军戴交使于高丽。

冬十一月壬寅，葬睿武孝文皇帝于庆陵。高丽遣使者来。

七年春正月甲辰，逊于位。宋兴。

呜呼，五代本纪备矣！君臣之际，可胜道哉？梁之友珪反，唐戕克宁而杀存乂、从璨，则父子骨肉之恩几何其不绝矣。太妃薨而辍朝，立刘氏、冯氏为皇后，则夫妇之义几何其不乖而不至于禽兽矣。寒食野祭而焚纸钱，居丧改元而用乐，杀马延及任圜，则礼乐刑政几何其不坏矣。至于赛雷山、传箭而扑马，则中国几何其不夷狄矣。可谓乱世也欤！而世宗区区五六年间，取秦陇，平淮右，复三关，威武之声震慑夷夏，而方内延儒学文章之士，考制度、修《通礼》、定《正乐》、议《刑统》，其制作之法皆可施于后世。其为人明达英果，论议伟然。即位之明年，废天下佛寺三千三百三十六。是时中国乏钱,乃诏悉毁天下铜佛像以铸钱,尝曰:"吾闻佛说以身世为妄,而以利人为急,使其真身尚在,苟利于世,犹欲割截,况此铜像,岂其所惜哉?"由是群臣皆不敢言。尝夜读书,见唐元稹《均田图》,慨然叹曰:"此致治之本也,王者之政自此始!"乃诏颁其图法,使吏民先习知之,期以一岁大均天下之田,其规为志意岂小哉!其伐南唐,问宰相李谷以计策;后克淮南,出谷疏,使学士陶谷为赞,而盛以锦囊,尝置之坐侧。其英武之材可谓雄杰,及其虚心听纳,用人不疑,岂非所谓贤主哉!其北取三关,兵不血刃,而史家犹讥其轻社稷之重,而侥幸一胜于仓卒,殊不知其料强弱、较彼我而乘述律之殆,得不可失之机,此非明于决胜者,孰能至哉?诚非史氏之所及也!

译文:

周世宗睿武孝文皇帝,原姓柴,是邢州龙冈人。柴氏之女嫁给周太祖,这就是圣穆皇后。皇后的哥哥柴守礼之子柴荣,自幼随从姑姑在周太祖家长大,因恭谨忠厚受到宠爱,周太祖就收养他作为儿子。周太祖后来逐渐尊贵,郭荣也长大成人,资质相貌英武超群,善于骑马射箭,大略通晓书籍历史、黄老之学,性格沉静持重、寡言少语。周太祖任汉枢密使,郭荣任左监门卫大将军;周太祖镇守天雄军时,郭荣任贵州刺史、天雄军牙内都指挥使。

汉隐帝乾祐三年冬天,周太祖军队从魏州起兵,进犯京师,留郭荣镇守魏州。周太祖进入京师立为皇帝,授郭荣为澶州刺史、镇宁军节度使、检校太傅、同中书门下平章事。郭荣素向被枢密使王峻所忌恨,周太祖广顺三年正月来京朝见,不准留住。不久王峻犯罪被杀,三月,周太祖授郭荣为开封尹,封为晋王。

这年冬天，占卜选定于来年正月初一到南郊祭天，但周太祖染病，不能上朝理政有很长时间。

周太祖显德元年正月丙子日，祭天，太祖只能勉强行礼而已，立即任命晋王总领内外兵马军事。壬辰日，周太祖去世，封锁消息不发丧。丙申日，发布丧事，郭荣在太祖灵柩前即皇帝位。右监门卫大将军魏仁浦任枢密副使。

二月庚戌日，回鹘派遣使者前来。丁卯日，任命冯道为大行皇帝山陵使，太常卿田敏为礼仪使，兵部尚书张昭为卤簿使，御史中丞张煦为仪仗使，开封少尹权判府事王敏为桥道顿递使。北汉军队前来讨伐，从潞州方向发起进攻。

三月辛巳日，实行大赦。癸未日，任命郑仁诲为东京留守。乙酉日，周世宗前往潞州去攻伐北汉。壬辰日，在泽州住下，到城北郊外检阅军队。癸巳日，与北汉将领刘崇在野外高原交战，击败北汉军队，追到高平，又击败敌军。丁酉日，周世宗亲临潞州。乙亥日，侍卫马军都指挥使樊爱能、步军都指挥使何徽伏法诛杀。壬寅日，任命天雄军节度使符彦卿为河东行营都部署。

夏天四月乙卯日，将神圣文帝恭肃孝皇帝安葬在嵩陵。汾州防御使董希颜背叛北汉前来归附。丙辰日，辽州刺史张汉超背叛北汉前来归附。辛酉日，取得岚州、宪州。壬戌日，册立卫国夫人符氏为皇后。攻取石州、沁州。乙丑日，冯道去世。庚午日，赦免潞州流放罪以下的囚犯。周世宗前往太原。忻州监军李勍杀死本州刺史赵皋，背叛北汉前来归附。

五月丙子日，代州守将郑处谦背叛北汉前来归附，契丹出兵救援北汉。丁酉日，回鹘使者因难敌略前来。符彦卿与契丹军队在忻口交战，失利，先锋都指挥使史彦超战死。

六月乙巳日，周世宗从太原回师。乙丑日，住宿新郑，于是拜谒嵩陵。庚午日，从太原到达大梁。

秋天七月庚辰日，周世宗到南御庄视察庄稼。癸巳日，任命枢密院直学士、工部侍郎景范为中书侍郎、同中书门下平章事，魏仁浦为枢密使。

冬天十月甲辰日，周世宗下令杀死左羽林大将军孟汉卿。

周世宗显德二年春天二月，下诏书征求直言。

夏天五月辛未日，宣徽南院使向训、凤翔节度使王景攻伐后蜀。甲戌日，下诏书大毁佛教寺院，禁止百姓父母无人奉养而去当和尚、尼姑以及私自出家。

秋天九月丙寅初一，颁布私自铸造铜器的禁令。

闰九月癸丑日，向训攻克秦州。

冬天十月辛未日，取得成州。戊寅日，高丽派遣王子太相融前来。取得阶州。

十一月己未初一，任命李谷为淮南道行营都部署来攻伐南唐。戊申日，王景攻克凤州。

十二月丙戌日，郑仁诲去世。

周世宗显德三年春天正月，扩建京城大梁。庚子日，任命向训为东京留守。壬寅日，周世宗南下出征。辛亥日，侍卫亲军都指挥使李重进与南唐军队在正阳交战，大败唐人。甲寅日，任命李重进为淮南道行营都招讨使。

二月丙寅日，周世宗亲临下蔡浮桥。壬申日，攻克滁州。甲戌日，南唐君主李景派使来求和，不予答复。壬午日，李景派他的大臣钟谟前来奉致表书。丙戌日，取得扬州。辛卯日，取得泰州。

三月庚子日，任命内外马步军都军头袁彦为竹龙都部署。当月，取得光州、舒州、常州。

夏天四月，常州、泰州又落入南唐。

五月乙卯日，周世宗从淮南到达大梁，赦免京师囚犯。

六月壬申日，颁诏布施恩德赦免淮南囚犯。

秋天七月，皇后符氏去世。扬州、光州、舒州、滁州又落入南唐。

八月乙丑日，征百姓种树和种韭菜的税。

九月丙午日，任命端明殿学士、左散骑常侍王朴为尚书户部侍郎、枢密副使。

冬天十月辛酉日，将宣懿皇后安葬在懿陵。

十一月庚寅日，废除各种不见于祭祀典册的祠庙。乙巳日，杀死南唐君主李景的臣子孙晟。

周世宗显德四年春天正月己丑初一，赦免不是死罪的囚犯。

二月甲戌日，命王朴留守东京。乙亥日，周世宗南下出征。

三月丁未日，攻克寿州。

夏天四月己巳日，从寿州到达大梁。己卯日，释放投降的八百士卒回归后蜀。癸未日，追封彭城郡夫人刘氏为皇后。

五月丙申日，杀死密州防御使侯希进。

秋天八月乙亥日，李谷免去相职，王朴任枢密使。癸未日，后蜀前来送回前濮州刺史胡立。

冬天十月乙巳日，王朴任东京留守，三司使张美任大内都点检。壬申日，周世宗南下出征。

十二月乙卯日，泗州守将范再遇背叛南唐，率泗州前来降附。庚申日，濠州团练使郭廷谓率领濠州前来降附。丁丑日，取得泰州。

周世宗显德五年春天正月丁亥日，取得海州。壬辰日，取得静海军。丁未日，攻克楚州，南唐守将张彦卿、郑昭业死于此战。

二月甲寅日，取得雄州。丁卯日，周世宗前往扬州。癸酉日,前往瓜洲。

三月壬午初一,周世宗前往泰州。丁亥日,前往扬州。辛卯日,到达迎銮镇。己亥日,攻克淮南十四州,与南唐以长江为界。三月辛亥日,南唐君主李景派使者前来进献买宴钱。

四月庚申日,周世宗将五庙神主迁入新落成太庙。壬申日,从淮南到达东京,回鹘、达靼派遣使者前来。

六月辛未日,释放投降士卒四千六百人回南唐。

秋天七月乙酉日,水部员外郎韩彦卿到高丽买铜。丁亥日,周世宗颁发元稹《均田图》。

九月,占城国王释利因德缦派遣莆诃散前来。

冬天十月丁酉日,征收百姓赋税。

十一月庚戌日,编撰成《通礼》《正乐》。

十二月丙戌日,诏令取消各州县的课户、俸户。

周世宗显德六年春天正月,高丽王昭派遣使者前来。辛酉日,女真使者阿辨前来。

三月乙酉日,甘州回鹘前来进献宝玉,推辞不受。庚申日,王朴去世。丙寅日,宣徽南院使吴延祚为东京留守。癸酉日,诏令停止发放州官调任时所给的铜鱼。甲戌日,周世宗北上出征。当月,任命吴延祚为左骁卫上将军、枢密使。

夏天四月壬辰日,取得乾宁军。辛丑日,取得益津关,于此设置霸州。癸卯日,取得瓦桥关,于此设置雄州。

五月乙巳初一,取得瀛州。甲戌日,周世宗从雄州到达大梁。

六月癸未日,周世宗立符氏为皇后,封儿子郭宗训为梁王、郭宗让为燕国公。戊子日,占城使者莆诃散前来。己丑日,命范质、王溥参与枢密院事务,魏仁浦为同中书门下平章事。癸巳日,周世宗在滋德殿去世。

周恭帝，就是周世宗第四个儿子周宗训。周世宗即皇帝位后，大臣请求封皇子为王，周世宗谦让将此事压了很久。到了北征取得三关，染病返回京师，才封郭宗训为梁王，当时年仅七岁。

显德六年六月癸巳日，周世宗去世。甲午日，周恭帝在灵柩前即皇帝位。癸卯日，任命范质为大行皇帝山陵使，翰林学士窦俨为礼仪使，兵部尚书张昭为卤簿使，御史中丞边归说为仪仗使，宣徽南院使、判开封府事昝居润为桥道顿递使。

秋天七月丁未日，户部尚书李涛为山陵副使，度支郎中卢亿为判官。

八月庚寅日，周恭帝封弟弟郭熙让为曹王，郭熙瑾为纪王，郭熙诲为蕲王。壬寅日，高丽派遣使者前来。

九月丙寅日，左骁卫大将军戴交出使到高丽。

冬天十一月壬寅日，将睿武孝文皇帝安葬于庆陵。高丽派遣使者前来。

显德七年春天正月甲辰日，周恭帝让位。宋朝兴起。

啊，五代本纪已经详备了！君臣之间的关系如此错综复杂，难道可以全部说尽吗！梁代朱友珪的谋反杀父，唐庄宗杀叔父李克宁和弟弟李存乂，明宗杀侄儿李从璨，如此则父子兄弟骨肉之情还有多少能不断绝呢！刘太妃去世而唐庄宗为之罢朝五日，唐庄宗立妃子刘氏为皇后，晋出帝立婶母冯氏为皇后，如此则夫妻的理义人伦还有多少能不混乱而不至于禽兽的地步呢！寒食节到野外祭祀而且焚烧纸钱，唐愍帝在父丧期间改年号而用音乐，安重诲滥杀殿直马延和太子少保致仕任圜，如此则礼乐刑法还有多少能不败坏呢！至于唐庄宗到雷山祭天神、用箭传达号令而晋出帝击杀御马祭祀亡灵，如此则中国还有多少能不改从夷狄习俗呢！真可称之为乱世啊！然而周世宗在仅仅五六年之间，取得秦陇，平定淮右，收复三关，威武的名声震慑华夏夷狄，同时在管区之内延请精通儒学、富有文采的士人，考究制度，撰修《通礼》、编定《正乐》，议订《刑统》，他创制建立的法度都可以施用于后代。他为人明白通达、英勇果敢，议论规划恢宏伟大。即皇帝位的第二年，废除天下佛教寺院三千三百三十六座。当时中原缺乏铜钱，于是下诏销毁天下全部铜佛像来铸造铜钱，曾经这样说："我听说佛祖教导将人身看作虚妄，而以利人作为当务之急，假使佛祖的真身还存在，只要有利于世人，就不惜宰割自己的肉体，何况这铜像，哪里是他所吝惜的呢？"因此群臣不敢再说什么。夜间读书，看到唐朝元稹《均田图》，深有感触地赞叹道："这是达到大治的根本啊，王者的仁政从这里开始！"于是下诏颁发元稹的《均田图》和均田法，让官吏百姓事先熟悉通晓它，期望用一年时间普遍平均分配天下的田地，他筹划的志向本意岂可小看！他征讨南唐，向宰相李谷询问略计策；攻克淮南后，找出李谷奏疏，让学士陶谷撰写赞文，放在锦囊之中，常摆在座位旁边，他的英武材资可以称得上是人中雄杰。至于他虚心听取意见接纳劝谏，任用人才没有犹豫，难道不正是所说的贤明君主吗！他北伐取得三关，兵不血刃，但史家还是讥刺他看轻社稷的重要，在仓促之中侥幸取胜，实在是太不了解他分析强弱、比较敌我而利用契丹王述律的昏庸破绽，取得不可轻易丧失的机会，这如果不是深明决定胜负的韬略，谁能做到这样呢？确实不是一般史家眼光所能及得上的啊！

梁臣传

新五代史卷二十一

梁臣传第九

敬　翔

敬翔字子振，同州冯翊人也，自言唐平阳王晖之后。少好学，工书檄，乾符中举进士不中，乃客大梁。翔同里人王发为汴州观察支使，遂往依焉。

久之，发无所荐引，翔客益窘，为人作笺刺，传之军中。太祖素不知书，翔所作皆俚俗语，太祖爱之，谓发曰："闻君有故人，可与俱来。"翔见太祖，太祖问曰："闻子读《春秋》，《春秋》所记何等事？"翔曰："诸侯争战之事耳。"太祖曰："其用兵之法可以为吾用乎？"翔曰："兵者，应变出奇以取胜，《春秋》古法，不可用于今。"太祖大喜，补以军职，非其所好，乃以为馆驿巡官。

太祖与蔡人战汴郊，翔时时为太祖谋画，多中，太祖欣然，以谓得翔之晚，动静辄以问之。太祖奉昭宗自岐还长安，昭宗召翔与李振升延喜楼劳之，拜太府卿。

初，太祖常侍殿上，昭宗意卫兵有能擒之者，乃佯为鞋结解，以顾太祖，太祖跪而结之，而左右无敢动者，太祖流汗浃背，由此稀复进见。昭宗迁洛阳，宴崇勋殿，酒半起，使人召太祖入内殿，将有所托。太祖益惧，辞以疾。昭宗曰："卿不欲来，可使敬翔来。"太祖遽麾翔出，亦佯醉去。

太祖已破赵匡凝，取荆、襄，遂攻淮南。翔切谏，以谓新胜之兵，宜持重以养威。太祖不听。兵出光州，遭大雨，几不得进，进攻寿州，不克，而多所亡失，太祖始大悔恨。归而忿躁，杀唐大臣几尽，然益以翔为可信任。

梁之篡弑，翔之谋为多。太祖即位，以唐枢密院故用宦者，乃改为崇政院，以翔为使。迁兵部尚书、金銮殿大学士。

翔为人深沉有大略，从太祖用兵三十余年，细大之务必关之。翔亦尽心勤劳，昼夜不寐，自言惟马上乃得休息。而太祖刚暴难近，有所不可，翔亦未尝显言，微开其端，太祖意悟，多为之改易。

太祖破徐州，得时溥宠姬刘氏，爱幸之，刘氏故尚让妻也，乃以妻翔。翔已贵，刘氏犹侍太祖，出入卧内如平时，翔颇患之。刘氏诮翔曰："尔以我尝失身于贼乎？尚让，黄家宰相；时溥，国之忠臣。以卿门地，犹为辱我，请从此诀矣！"翔以太祖故，谢而止之。刘氏车服骄侈，别置典谒，交结藩镇，权贵往往附之，宠信言事不下于翔。当时贵家，往往效之。

太祖崩，友珪立，以翔先帝谋臣，惧其图己，不欲翔居内职，乃以李振代翔为崇政使，拜翔中书侍郎、同中书门下平章事。翔以友珪畏己，多称疾，未尝省事。

末帝即位，赵岩等用事，颇离间旧臣，翔愈郁郁不得志。其后，梁尽失河北，与晋相拒杨刘，翔曰："故时河朔半在，以先帝之武，御貔虎之臣，犹不得志于晋。今晋日益强，梁日益削，陛下处深宫之中，所与计事者，非其近习，则皆亲戚之私，而望成事乎？臣闻晋攻杨刘，李亚子负薪渡水，为士卒先。陛下委蛇守文，以儒雅自喜，而遣贺瑰为将，岂足当彼之余锋乎？臣虽惫矣，受国恩深，若其乏材，愿得自效。"岩等以翔为怨言，遂不用。

其后，王彦章败于中都，末帝惧，召段凝于河上。是时，梁精兵悉在凝军，凝有异志，顾望不来。末帝遽呼翔曰："朕居常忽卿言，今急矣，勿以为怼，卿其教我当安归？"翔曰："臣从先帝三十余年，今虽为相，实朱氏老奴尔，事陛下如郎君，以臣之心，敢有所隐？陛下初用段凝，臣已争之，今凝不来，敌势已迫，欲为陛下谋，则小人间之，必不见听。请先死，不忍见宗庙之亡！"君臣相向恸哭。

翔与李振俱为太祖所信任，庄宗入汴，诏赦梁群臣，李振喜谓翔曰："有诏洗涤，将朝新君。"邀翔欲俱入见。翔夜止高头车坊，将旦，左右报曰："崇政李公入朝矣！"翔叹曰："李振谬为丈夫矣！复何面目入梁建国门乎？"乃自经而卒。

译文：

敬翔，字子振，同州冯翊县人，自称是唐代平阳王敬晖的后代。少年时喜欢学习，善于撰写各种文书，乾符年间参加进士考试落选，于是就客居大梁。敬翔的同乡王发是汴州观察支使，遂前往投靠。

在好长时间内，王发都没有荐举他做官，敬翔的客居生活更加困窘，就只好替别人书写文书和公文，在军队中传递。后梁太祖素来没有文化，敬翔所写文书都是使用民间通俗的口语，太祖很喜欢，对王发说："听说你有一位朋友，可以同他一块来见见。"敬翔拜见太祖，太祖问道："听说你正在读《春秋》，

《春秋》记载的都是些什么事?"敬翔回答:"都是诸侯争斗打仗的事。"太祖又问:"他们用兵的方法可以为我所用吗?"敬翔回答:"兵法上应该讲究随机应变,出奇制胜,《春秋》所记都是古代的方法,不能运用于现在。"太祖非常高兴,补给他一个军职,他不喜欢,就让他担任了馆驿巡官。

太祖与蔡州兵交战于汴州城郊外,敬翔常常给太祖出谋划策,很多都取得成功,太祖很高兴,认为发现敬翔太晚了,一有事往往就问他。太祖护送唐昭宗从岐州返回长安后,昭宗召见敬翔与李振登上延喜楼,慰劳他们,任命他为太常卿。

起初,太祖经常在殿上随侍昭宗,昭宗以为卫兵中应有能够擒获他的人,就假装鞋带开了,回头看看太祖,太祖就跪下给他系鞋带,但周围的人无人敢动,太祖害怕得汗流浃背,从此就很少再去进见。昭宗迁居洛阳,设宴于崇勋殿,酒宴进行到一半的时候,派人召太祖进入内殿,将要有所托付。太祖越发恐惧,就借口有病来推辞。昭宗说:"你不想来,可以让敬翔来。"太祖赶快示意敬翔出去,敬翔便顺势假装喝醉离开。

太祖击败赵匡凝,攻取了荆、襄地区,接着又进攻淮南。敬翔极力谏阻,认为刚刚取得胜利的军队,应该行动慎重以保持军威。太祖不听。部队进至光州时,遇到大雨,几乎无法前进,进攻寿州,又未能攻克,而且损失兵将很多,太祖这才感到后悔,返回后情绪异常愤懑烦躁,将唐朝大臣几乎杀光,但对敬翔越发认为可以信赖。

后梁残杀唐朝皇帝取代唐朝的活动,其中敬翔的计谋居多。太祖即位称帝,鉴于唐朝的枢密院使用的都是宦官,就改为崇政院,任命敬翔为崇政院使。又迁升兵部尚书、金銮殿大学士。

敬翔为人深沉,很有智略,跟随太祖打仗三十多年,大小事务都要参与。敬翔也是尽心操劳,昼夜不寝,他自己说只有骑在马上的时候才能休息一下。太祖性情暴戾,难以接近,有些事敬翔认为不当,也不明白直说,只是婉言开导,太祖明白后,很多事都因此而改正。

太祖攻克徐州,得到了时溥的爱姬刘氏,非常宠幸她。刘氏原是尚让的妻子,太祖让她做了敬翔的妻子。敬翔地位尊贵以后,刘氏仍然陪侍太祖,出入他的卧室很随便,敬翔对此很忧虑。刘氏曾讥笑敬翔说:"你认为我曾失身于贼人吧?尚让是黄巢的宰相,时溥是国家的忠臣。按你的门望,这还是屈辱了我,那就从现在分手吧!"敬翔由于太祖的缘故,只好向她赔罪,留住了她。刘氏乘坐的车马和服装穿戴非常豪华奢侈,还另外设置有掌管宾客往来联络事务的典谒,专门交结藩镇,权贵们也往往依附她,在太祖跟前受宠和说话起作用的程度都不次于敬翔。当时的权贵之家,往往都效仿她。

太祖逝世,朱友珪继位称帝,因为敬翔是父亲时的谋臣,害怕他图谋暗算自己,不想让他在官内任职,就让李振取代敬翔担任崇政使,另任敬翔为中书侍郎、同中书门下平章事。敬翔则因友珪总是担心提防自己,就常常自称有病,不理政事。

末帝继位后,赵岩等人当权,猜疑离间大臣很厉害,敬翔更加郁郁不得志。此后,后梁尽失河北地区,与晋军对峙于杨刘地区,敬翔对末帝说:"过去河朔地区一半在我们手中,凭着太祖的英武,指挥着勇猛如虎的大臣,尚且无法消灭晋军。现在晋军日益强大,后梁日益削弱,陛下处于深官之中,和您在一起商议政事的人,不是平常接近熟悉的人,便都是自己的亲戚,这能指望成事吗?我听说晋军进攻杨刘,李亚子背着柴草泅人渡河,身先士卒。陛下悠悠然自得,吟诵诗文,以儒雅而沾沾自喜,却派遣贺瑰担任主将,这怎么能抵挡人家的一次小小的冲击呢?"我虽然已经疲惫不堪了,但深受国恩,如果前线缺乏合适的人选,我愿意前去投效。"赵岩等人认为敬翔是在发牢骚,就不采纳他的意见。

此后,王彦章在中都打了败仗,末帝很害怕,就在黄河边上召见段凝。当时,后梁的精兵都集中在段凝的部队,段凝这时已有了二心,故意拖延不来。末帝赶快喊来敬翔对他说:"朕平时忽略了你的建议,现在情况紧急,不要为此怨恨了,你告诉我现在应该怎么办?"敬翔回答说:"我随从先帝三十多年,现在虽然是宰相,实际是朱家的老奴才,侍奉陛下就好像奴才侍奉主人,就凭我的忠心,岂敢隐瞒?陛下一开始重用段凝,我就已反对,现在段凝不来,敌军已经迫近,想为陛下谋划,小人又在其中挑拨离间,肯定不会听从。请让我先死,不忍心眼见着朱家的天下灭亡!"他们君臣面对面大声痛哭。

敬翔与李振都受到太祖的信任,后唐庄宗进入汴州城,下诏赦免后梁群臣,李振高兴地对敬翔说:"有诏书免除我们的罪行,就要朝见新皇帝了。"邀请敬翔一同入朝拜见。敬翔晚上住在高头车坊,天快亮的时候,身边人报告说:"崇政使李公入朝去了!"敬翔叹口气说道:"李振枉为大丈夫!还有什么脸面进入梁朝的建国门呢?"说罢就上吊自杀而死。

新五代史卷二十三

梁臣传第十一

杨师厚

杨师厚,颍州斤沟人也。少事河阳李罕之,罕之降晋,选其麾下劲卒百人献于晋王,师厚在籍中。师厚在晋,无所知名,后以罪奔于梁,太祖以为宣武军押衙、曹州刺史。梁攻王师范,师厚战临朐,擒其偏将八十余人,取棣州,以功拜齐州刺史。

太祖攻赵匡凝于襄阳,遣师厚为先锋。师厚取谷城西童山木为浮桥,渡汉水,击匡凝,败之,匡凝弃城走。师厚进攻荆南,又走匡凝弟匡明,功为多,拜山南东道节度使、同中书门下平章事。

刘知俊叛,攻陷长安,刘鄩、牛存节等攻之,久不克。师厚以奇兵出,旁南山入其西门,降其守者,遂克之。晋周德威攻晋州以应知俊,师厚败之于蒙坑,以功迁保义军节度使,徙镇宣义。

是时,梁兵攻赵久无功,太祖病卧洛阳,少间,乃自将北击赵。师厚从太祖至洹水,夜行迷失道,明旦,次魏县,闻敌将至,梁兵溃乱不可止,久之无敌,乃定。已而太祖疾作,乃还。明年少间,而晋军攻燕,燕王刘守光求援于梁,太祖为之击赵以牵晋，屯于龙花，遣师厚攻枣强，三月不能下。太祖怒，自往督兵战，乃破，屠之，进围蓨县。晋史建瑭以轻兵夜击梁军，梁军大扰，太祖与师厚皆弃辎重南走。太祖还东都，师厚留屯魏州。明年，太祖遇弑，友珪自立，师厚乘间杀魏牙将潘晏、臧延范等，逐出节度使罗周翰，友珪因以师厚为天雄军节度使。

自太祖与晋战河北，师厚常为招讨使，悉领梁之劲兵。太祖崩，师厚遂逐其帅，而稍矜倨难制。时魏恃牙兵，其帅得以倔强。罗绍威时，牙兵尽死，魏势孤，始为梁所制。师厚已得志，乃复置银枪效节军。友珪阴欲图之，召师厚入计事。其吏田温等劝师厚勿行，师厚曰："吾二十年不负朱家，今若不行，则见疑而生事，然吾知上为人，虽往，无如我何也。"乃以劲兵二万朝京师，留其兵城外，以十余人自从，入见友珪，友珪益恐惧，赐与巨万而还。

已而末帝谋讨友珪，问于岩，岩曰："此事成败，在招讨杨公尔。得其一言谕禁军，吾事立办。"末帝乃遣马慎交阴见师厚，布腹心。师厚犹豫未决，谓其下曰："方郢王弑逆时，吾不能即讨。今君臣之分已定，无故改图，人谓我何？"其下或曰："友珪弑父与君，乃天下之恶，均王仗大义以诛贼，其事易成。彼若一朝破贼，公将何以自处？"师厚大悟，乃遣其将王舜贤至洛阳，见袁象先计事，使朱汉宾以兵屯滑州为应。末帝卒与象先杀友珪。

末帝即位，封师厚邺王，诏书不名，事无巨细皆以谘之，然心益忌而畏之。已而师厚疡发卒，末帝为之受贺于宫中。由是始分相、魏为两镇。魏军乱，以魏博降晋，梁失河北自此始。

译文：

杨师厚，颍州斤沟县人，从小即侍奉河阳人李罕之。李罕之投降后晋时，从部下中挑选了一百名精兵献给晋王，杨师厚即挂名其中。师厚在晋军中并没有什么名气，后因犯罪投奔了梁兵，后梁太祖让他当了宣武军押衙、曹州刺史。后梁军队进攻王师范，师厚在临朐之战中擒获了敌军偏将八十多人，并攻取了棣州，他因军功拜官齐州刺史。

后梁太祖向襄阳的赵匡凝发动进攻，派师厚为先锋。师厚砍伐谷城西童山的树木做成浮桥，渡过汉水，进攻并击败了赵匡凝，匡凝弃城逃跑。师厚又进攻荆南，赶跑了匡凝的弟弟匡明。这次军事行动师厚的军功较多，被任为山南东道节度使、同中书门下平章事。

刘知俊反叛后，攻陷了长安，刘鄩、牛存节等向他发起了进攻，好长时间都未能攻克。师厚派出一支奇兵，依傍南山进入叛军的西门，诱降了守军，于是攻克长安。晋军周德威进攻晋州以策应刘知俊，师厚于蒙坑将其击败，他因这次战功升迁为保义军节度使，不久移镇宣义军。

这一时期，后梁军队进攻赵军，长期未能攻破，太祖卧病于洛阳，病情稍有好转，就亲自率军北上攻赵。师厚跟随太祖到达洹水时，夜晚行军迷了路，第二天天亮才到达魏县，听说敌军就要来到，后梁兵溃乱，无法制止，很久未见敌军来，后梁兵才稳定下来。不多久太祖病复发，于是撤退。第二年病情稍有好转，而晋军又开始进攻燕军，燕王刘守光向后梁求援，太祖为了援助燕军向赵军发起进攻，以牵制晋军，就屯驻于龙花，派师厚进攻枣强，连攻三月都未攻下。于是，太祖大怒，亲自前往督战，终于攻克，随后屠杀全城，接着又进围蓨县。晋军史建瑭用轻骑兵夜袭后梁军，后梁军一时大乱，太祖与师厚都扔掉了辎重向南逃跑。太祖返回东都，师厚留下屯守魏州。第二年，太祖被害，朱友珪自立称帝，师厚乘机杀掉了魏军牙将潘晏、臧延范等人，赶跑了节度使罗周翰，朱友珪就顺势任他为天雄军节度使。

自从太祖与晋军争战于河北，师厚就经常担任招讨使，统领后梁的全部精兵。太祖逝世，师厚随即赶走了魏军的主帅，也逐渐骄横跋扈起来。当时魏军依恃的是牙兵，因而魏军的主帅才骄横难制。罗绍威时期，牙军全部被杀，魏军势力也因此孤衰，开始受制于后梁。师厚得志后，就重新设置银枪效节军。友珪暗中想图谋师厚，就召他入京议事。师厚的属吏田温等人劝阻他不要去，师厚说："我二十年没有对不起朱家，这次假若不去，那就会受到怀疑而生出事端，不过我知道皇上的为人，即使去了，他也对我无可奈何。"于是就带了精兵二万去京师朝见，将军队留在城外，自己带了十几人入宫去见友珪，友珪见状越发恐慌，赏赐了很多东西之后又让他返回。

不久，末帝谋划诛讨友珪，向赵岩询问计策，赵岩回答说："此事的成败，关键在于招讨使杨公，假如能得到他的支持并向禁军说明，这件事就可以立刻办成。"于是，末帝派马慎交秘密去见师厚，说出肺腑之言。师厚为此犹豫不决，告诉部属说："郢王（朱友珪）刚作乱杀害太祖时，我未能立即讨伐。现在君臣的名分已成定局，再无法改变，别人该怎么说我呢？"部下有人说道："友珪既是杀害父亲又是杀害皇帝，是天下的极恶，均王（末帝）从大义出发诛杀贼人，事情容易成功。假如他一旦杀死贼人，那您将处于一个什么地位呢？"师厚顿时醒悟，于是派遣部将王舜贤到洛阳，谒见袁象先商议计策，派朱汉宾率兵屯驻于滑州作为策应。末帝终于与象先一道杀死了友珪。

末帝当了皇帝之后，封师厚为邺王，连下诏书也不直呼他的名字，事无巨细都向他咨询，但内心更加猜忌并害怕他。不久师厚发病逝世，末帝为此还在宫中私下接受了大臣的庆贺。从此之后遂将原魏博镇分割为相、魏两个方镇。魏军发生变乱后，以魏博镇投降了晋军，后梁失去河北地区就是从这里开始的。

唐臣传

新五代史卷二十四

唐臣传第十二

郭崇韬

郭崇韬，代州雁门人也，为河东教练使。为人明敏，能应对，以材干见称。

庄宗为晋王，孟知祥为中门使，崇韬为副使。中门之职，参管机要，先时，吴珙、张虔厚等皆以中门使相继获罪。知祥惧，求外任，庄宗曰："公欲避事，当举可代公者。"知祥乃荐崇韬为中门使，甚见亲信。

晋兵围张文礼于镇州，久不下，而定州王都引契丹入寇。契丹至新乐，晋人皆恐，欲解围去，庄宗未决，崇韬曰："契丹之来，非救文礼，为王都以利诱之耳，且晋新破梁军，宜乘已振之势，不可遽自退怯。"庄宗然之，果败契丹。庄宗即位，拜崇韬兵部尚书、枢密使。

梁王彦章击破德胜，唐军东保杨刘，彦章围之。庄宗登垒，望见彦章为重堑以绝唐军，意轻之，笑曰："我知其心矣，其欲持久以弊我也。"即引短兵出战，为彦章伏兵所射，大败而归。庄宗问崇韬："计安出？"是时，唐已得郓州矣，崇韬因曰：

"彦章围我于此，其志在取郓州也。臣愿得兵数千，据河下流，筑垒于必争之地，以应郓州为名，彦章必来争，既分其兵，可以图也。然板筑之功难卒就，陛下日以精兵挑战，使彦章兵不得东，十日垒成矣。"庄宗以为然，乃遣崇韬与毛璋将数千人夜行，所过驱掠居人，毁屋伐木，渡河筑垒于博州东，昼夜督役，六日垒成。彦章果引兵急攻之，时方大暑，彦章兵热死，及攻垒不克，所失太半，还趋杨刘，庄宗迎击，遂败之。

康延孝自梁奔唐，先见崇韬，崇韬延之卧内，尽得梁虚实。是时，庄宗军朝城，段凝军临河。唐自失德胜，梁兵日掠澶、相，取黎阳、卫州，而李继韬以泽潞叛入于梁，契丹数犯幽、涿，又闻延孝言梁方召诸镇兵欲大举，唐诸将皆忧惑，以谓成败未可知。庄宗患之，以问诸将，诸将皆曰："唐得郓州，隔河难守，不若弃郓与梁，而西取卫州、黎阳，以河为界，与梁约罢兵，毋相攻，庶几以为后图。"庄宗不悦，退卧帐中，召崇韬问计，崇韬曰："陛下兴兵仗义，将士疲战争、生民苦转饷者，十余年矣。况今大号已建，自河以北，人皆引首以望成功而思休息。今得一郓州，不能守而弃之，虽欲指河为界，谁为陛下守之？且唐未失德胜时，四方商贾，征输必集，薪刍粮饷，其积如山。自失南城，保杨刘，道路转徙，耗亡太半。而魏、博五州，秋稼不稔，竭民而敛，不支数月，此岂按兵持久之时乎？臣自康延孝来，尽得梁之虚实，此真天亡之时也。愿陛下分兵守魏，固杨刘，而自郓长驱擣其巢穴，不出半月，天下定矣！"庄宗大喜曰："此大丈夫之事也！"因问司天，司天言："岁不利用兵。"崇韬曰："古者命将，凿凶门而出。况成算已决，区区常谈，岂足信也！"庄宗即日下令军中，归其家属于魏，夜渡杨刘，从郓州入袭汴，用八日而灭梁。庄宗推功，赐崇韬铁券，拜侍中、成德军节度使,依前枢密使。

庄宗与诸将以兵取天下,而崇韬未尝居战阵,徒以谋议居佐命第一之功,位兼将相,遂以天下为己任,遇事无所回避。而宦官、伶人用事,特不便也。

初,崇韬与宦者马绍宏俱为中门使,而绍宏位在上。及庄宗即位,二人当为枢密使,而崇韬不欲绍宏在己上,乃以张居翰为枢密使,绍宏为宣徽使。绍宏失职怨望,崇韬因置内勾使,以绍宏领之。凡天下钱谷出入于租庸者,皆经内勾。既而文簿繁多,州县为弊,谯罢其事,而绍宏尤侧目。崇韬颇惧,语其故人子弟曰:"吾佐天子取天下,今大功已就,而群小交兴,吾欲避之,归守镇阳,庶几免祸,可乎?"故人子弟对曰:"俚语曰:'骑虎者,势不得下。'今公权位已隆,而下多怨嫉,一失其势,能自安乎?"崇韬曰:"奈何?"对曰:"今中宫未立,而刘氏有宠,宜请立刘氏为皇后,而多建天下利害以便民者,然后退而乞身。天子以公有大功而无过,必不听公去。是外有避权之名,而内有中宫之助,又为天下所悦,虽有谗间,其可动乎?"崇韬以为然,乃上书请立刘氏为皇后。

崇韬素廉,自从入洛,始受四方赂遗,故人子弟或以为言,崇韬曰:"吾位兼将相,禄赐巨万,岂少此邪?今藩镇诸侯,多梁旧将,皆主上斩袪射钩之人也。今一切拒之,岂无反侧?且藏于私家,何异公帑?"明年,天子有事南郊,乃悉献其所藏,以佐赏给。

庄宗已郊,遂立刘氏为皇后。崇韬累表自陈,请依唐旧制,还枢密使于内臣,而并辞镇阳,优诏不允。崇韬又曰:"臣从陛下军朝城,定计破梁,陛下抚臣背而约曰:'事了,与卿一镇。'今天下一家,俊贤并进,臣惫矣,愿乞身如约。"庄宗召崇韬谓曰："朝城之约，许卿一镇，不许卿去。欲舍朕，安之乎？"崇韬因建天下利害二十五事，施行之。

李嗣源为成德军节度使，徙崇韬忠武。崇韬因自陈权位已极，言甚恳至。庄宗曰："岂可朕居天下之尊，使卿无尺寸之地？"崇韬辞不已，遂罢其命，仍为侍中、枢密使。

同光三年夏，霖雨不止，大水害民田，民多流死。庄宗患宫中暑湿不可居，思得高楼避暑。宦官进曰："臣见长安全盛时，大明、兴庆宫楼阁百数。今大内不及故时卿相家。"庄宗曰："吾富有天下，岂不能作一楼？"乃遣宫苑使王允平营之。宦官曰："郭崇韬眉头不伸，常为租庸惜财用，陛下虽欲有作，其可得乎？"庄宗乃使人问崇韬曰："昔吾与梁对垒于河上，虽祁寒盛暑，被甲跨马，不以为劳。今居深宫，荫广厦，不胜其热，何也？"崇韬对曰："陛下昔以天下为心，今以一身为意，艰难逸豫，为虑不同，其势自然也。愿陛下无忘创业之难，常如河上，则可使繁暑坐变清凉。"庄宗默然。终遣允平起楼，崇韬果切谏。宦官曰："崇韬之第，无异皇居，安知陛下之热！"由是谗间愈入。

河南县令罗贯，为人强直，颇为崇韬所知。贯正身奉法，不受权豪请托，宦官、伶人有所求请，书积几案，一不以报，皆以示崇韬。崇韬数以为言，宦官、伶人由此切齿。河南自故唐时张全义为尹，县令多出其门，全义厮养畜之。及贯为之，奉全义不屈，县民恃全义为不法者，皆按诛之。全义大怒，尝使人告刘皇后，从容为白贯事，而左右日夜共攻其短。庄宗未有以发。皇太后崩，葬坤陵，陵在寿安，庄宗幸陵作所，而道路泥涂，桥坏。庄宗止舆问："谁主者？"宦官曰："属河南。"因亟召贯，贯至，对曰："臣初不奉诏，请诘主者。"庄宗曰："尔之所部，复问何人！"即下贯狱，狱吏榜掠，体无完肤。明日，传诏杀之。崇韬谏曰："贯罪无佗，桥道不修，法不当死。"庄宗怒曰："太后灵驾将发，天子车舆往来，桥道不修，卿言无罪，是朋党也！"崇韬曰："贯虽有罪，当具狱行法于有司。陛下以万乘之尊，怒一县令，使天下之人，言陛下用法不公，臣等之过也。"庄宗曰："贯，公所爱，任公裁决！"因起入宫，崇韬随之，论不已，庄宗自阖殿门，崇韬不得入。贯卒见杀。

明年征蜀，议择大将。时明宗为总管，当行。而崇韬以谗见危，思立大功为自安之计，乃曰："契丹为患北边，非总管不可御。魏王继岌，国之储副，而大功未立；且亲王为元帅，唐故事也。"庄宗曰："继岌，小子，岂任大事？必为我择其副。"崇韬未及言，庄宗曰："吾得之矣，无以易卿也。"乃以继岌为西南面行营都统，崇韬为招讨使，军政皆决崇韬。

唐军入蜀，所过迎降。王衍弟宗弼，阴送款于崇韬，求为西川兵马留后，崇韬以节度使许之。军至成都，宗弼迁衍于西宫，悉取衍嫔妓、珍宝奉崇韬及其子廷诲。又与蜀人列状见魏王，请崇韬留镇蜀。继岌颇疑崇韬，崇韬无以自明，因以事斩宗弼及其弟宗渥、宗勋，没其家财。蜀人大恐。

崇韬素嫉宦官，尝谓继岌曰："王有破蜀功，师旋，必为太子，俟主上千秋万岁后，当尽去宦官，至于扇马，亦不可骑。"继岌监军李从袭等见崇韬专任军事，心已不平，及闻此言，遂皆切齿，思有以图之。庄宗闻破蜀，遣宦官向延嗣劳军，崇韬不郊迎，延嗣大怒，因与从袭等共构之。延嗣还，上蜀簿，得兵三十万，马九千五百匹，兵器七百万，粮二百五十三万石，钱一百九十二万缗，金银二十二万两，珠玉犀象二万，文锦绫罗五十万匹。庄宗曰："人言蜀天下之富国也，所得止于此邪？"

延嗣因言蜀之宝货皆入崇韬，且诬其有异志，将危魏王。庄宗怒，遣宦官马彦珪至蜀，视崇韬去就。彦珪以告刘皇后，刘皇后教彦珪矫诏魏王杀之。

崇韬有子五人，其二从死于蜀，余皆见杀。其破蜀所得，皆籍没。明宗即位，诏许归葬，以其太原故宅赐其二孙。

当崇韬用事，自宰相豆卢革、韦悦等皆倾附之。崇韬父讳弘，革等即因佗事，奏改弘文馆为崇文馆。以其姓郭，因以为子仪之后，崇韬遂以为然。其伐蜀也，过子仪墓，下马号恸而去，闻者颇以为笑。然崇韬尽忠国家，有大略。其已破蜀，因遣使者以唐威德风谕南诏诸蛮，欲因以绥来之，可谓有志矣！

译文：

郭崇韬是代州雁门人氏，曾任河东教练使，为人处事明达敏捷，善于和人交谈应对，因有才干受到人们的称道。

庄宗李存勖作晋王时，孟知祥当了中门使的官职，崇韬为中门副使。中门官的职掌是参与管理机密要事，当初，吴珙、张虔厚等人都是在中门使的官任上先后犯了罪。知祥对此很畏惧，请求担任外官，庄宗说："您想躲避事情，应该举荐一位可以接替您的人。"于是，知祥推荐崇韬做了中门使，从此崇韬颇受到庄宗李存勖的亲信。

晋王的军队包围了驻守镇州的张文礼，长时间拿不下镇州城，而且定州的守将王都引来了契丹兵援救镇州，契丹兵到了新乐，晋王的军人都害怕起来，想解散对镇州的包围因而撤退，庄宗李存勖犹豫不决，崇韬说："契丹兵的到来，并不是来救文礼，不过是王都用利诱惑他们罢了，况且晋王刚刚击破后梁的军队，应该乘着军队已经振作起来的气势，不可仓促自我恐惧地退走。"庄宗点头称是,结果打败了契丹兵。庄宗即皇帝位,崇韬拜任为兵部尚书、枢密使。

后梁王彦章率军击破了德胜,后唐的军队向东撤退,保卫杨刘,彦章包围了杨刘。庄宗登上垒墙,看见彦章挖了深沟想困绝后唐的军队,脸上泛出一副轻蔑的表情,笑着说:"我明白了他们的心思,他们想长期包围,困死我呀。"即刻带领士卒用短武器出战,遭到彦章埋设的伏兵箭射,大败而回。庄宗向崇韬问计说:"有什么计策?"这时,后唐已经取得了郓州,于是崇韬说:"彦章把我们包围在这里,他的目的在于夺取郓州。我希望得到几千兵卒,占据河的下游,在双方必争的地方构筑营垒,名义上是为了接应郓州,这样,彦章必然来争夺。待分散了他的兵力后,就可以对付他了。但是板筑营垒的工程一时难以完成,陛下您每天用精兵向他挑战,使彦章的兵不能东去,有十天的时间营垒就能筑成了。"庄宗同意了这样做,于是派崇韬和毛璋带领几千人在夜间行动,沿途路过的地方,驱赶掳掠居民,拆毁房屋,砍伐树木,渡过大河,在博州东构筑营垒,日夜督促工役,用了六天的时间把就营垒筑成了。彦章果然引兵急攻崇韬的新营垒,这时正是大暑天气,彦章的兵被热死的很多,又攻不下营垒,损失了大半人马,不得不回过头来再奔杨刘,庄宗率兵迎面攻击,于是打败了彦军。

康延孝从后梁投奔了后唐,先来见崇韬,崇韬请他到卧室内,言谈之中全都获得了后梁的虚实情况。这时,庄宗的军队驻扎在朝城,段凝的军队驻守临河。后唐自从失掉了德胜,后梁的兵每天到澶、相二州来扰掠,又夺取了黎阳、卫州,而且李继韬在泽、潞叛变投靠了后梁,契丹兵也几次侵犯幽州、涿州,又听延孝说后梁正在召集各镇的兵准备大举进攻,后唐的众位将领都有些忧虑、迷惑，认为战事的结果是成功还是失败，都难断定。庄宗也忧患这一点，于是向众将问计，众将都说："唐取得了郓州，隔着大河难以守卫，不如放弃郓州给梁，进而向西用兵攻取卫州、黎阳，以大河为两国的分界，与梁缔结罢兵的和约，不得相互进攻，这样可以将来再作打算。"庄宗有些不乐，回到帐中躺下，召来崇韬讨问计策，崇韬说："陛下您凭正义兴兵，将士由于战争感到疲劳、平民为了运送粮饷受到苦累，已经十多年了。况且现在唐政权已经建立，自大河以北，人们都翘首盼着成功，渴望休养生息。现在取得了一座郓州城，不能守卫而且丢弃它，虽然想指定大河为分界线，谁为陛下您守卫这条河界呢？再说唐没有丢失德胜城时，四方的商贾，都积极送来国家向他们征收的赋税，柴草粮饷都堆成了山。自从丢失了南城，保卫杨刘，长途转运，有一大半被消耗在路上。而且魏、博等五州，秋庄稼收成不好，就是把百姓所有的粮食都收敛上来，也支持不了几个月，这难道是按兵不动持久消耗的时机吗？自从康延孝投靠过来，我把梁的虚实情况全都弄清楚了，这真是上天灭亡梁朝的时机呀。希望陛下您分兵守卫魏州，巩固杨刘，而且从郓州出发，长驱直捣梁的巢穴，过不了半个月的时间，天下就会平定了！"庄宗十分高兴地说："这才是大丈夫干的事呀！"于是又以战事问掌管天文天象的官司天，司天说："今年不利于用兵。"崇韬说："古代受命的将军，以必死的决心凿开北门出战。况且成功的谋算已经决定，这些老生常谈，怎么能相信呢！"庄宗在当天就号令军队，把随军的家属送回魏州，于夜间自杨刘渡河，从郓州进入梁地，袭击汴梁城，用了八天的时间就灭掉了梁朝。庄宗推崇有功的人，赐给崇韬铁券，拜任他为侍中、成德军节度使，依照前枢密使的例子行事。

庄宗和众将依仗军队夺取了天下，但崇韬并不曾亲临战阵，唯凭着谋略居佐命第一位的功劳，集将相之任于一身，遂把天下的事当成了自己的事，无论遇到什么事都不回避。而那些受宠的宦官和乐官恃宠弄权，就感到特别不方便。

当初，崇韬与宦人马绍宏同作中门使，而且绍宏的职位比崇韬高。等到庄宗即皇帝位，二人应当任作枢密使，但崇韬不想让绍宏的官位高出自己，于是让张居翰做了枢密使，绍宏作宣徽使。绍宏因丢了枢密使的要职，有些生气，崇韬因此设置内勾使，让绍宏领任。凡是从租庸方面收入支出的天下钱粮，都要经过内勾使。不久，文簿账目繁多起来，州县借机作弊，于是很快罢废了内勾使这一官职，因此绍宏十分恼恨。崇韬有些畏惧，对他老朋友的子弟说："我帮助天子取得了天下，现在大功已经成就，但是那些群小相互交结，兴风作浪，我想躲避他们，回到镇阳守将的位上，这样也许能避免祸患，可以吗？"老朋友的子弟回答说："俗话说：'骑虎难下。'现在您的权位已经很高了，但下面的人多怨恨嫉妒，一旦失了权势，能自保安全吗？"崇韬说："怎么办？"回答说："现在皇后还没有封立，刘氏特别受皇帝宠幸，应向皇帝请求立刘氏为皇后，而且多做些关系到天下利害、便利于百姓的事情，然后退一步请求退休。天子因您有大功而且又没有过错，必然不让您走。这样对外有逃避权势的名声，而且对内有封立皇后的帮助，又取得了天下百姓的信赖，虽然有些谗言离间，这能动摇了您的地位吗？"崇韬接受了这些意见，于是上书请求封立刘氏为皇后。

崇韬向来廉洁，自从到了洛阳，开始接受四方赠送的礼物，老朋友的子弟有人劝诫他，崇韬说："我的官位兼具将相，俸禄和赏赐达亿万，难道还缺少这些？现在这些藩镇诸侯多是梁朝的旧将,都是曾危害当今皇上的人。现在一切都拒绝他们,难道他们不会反叛吗?暂且把这些礼物储藏在家中,和公家的钱币有什么不同的地方?"第二年,天子在南郊举行祭天典礼,于是将家中所藏的钱物全都贡献出来,用此来帮助庄宗赏赐群臣。

庄宗行过郊祭后,于是封立刘氏为皇后。崇韬连续上表陈述己见,请求按照唐朝的传统制度,把枢密使的职位还给内臣,并要求辞去镇阳守将之职,庄宗特别下诏不允许他退职。崇韬又说:"我跟随陛下您驻守朝城时,定计破梁,陛下您抚着我的背和我约定说:'事情成功了,给您一个镇将干干。'现在天下成了一家,俊杰贤士都在朝任职,我已经疲惫了,希望陛下您遵守过去的约定,准我退休。"庄宗召见崇韬说:"在朝城时的约定,许给您一个镇将,没有允许您离开我。您想舍下我走了,心里能安吗?"于是,崇韬提出了有关天下利害的二十五件事,并一一施行了。

李嗣源做了成德军节度使,调任崇韬为忠武军节度使。于是,崇韬陈说自己权位已到了极点,言辞十分恳切。庄宗说:"难道可以让我居天下的尊位,使您没有一尺一寸的土地?"崇韬不停地辞让,这才收回了成命,让他仍作侍中、枢密使。

同光三年夏天,大雨连绵不停地下,民田被大水淹没,百姓多流徙死亡。庄宗忧患宫中暑热潮湿不能居住,想建筑一座高楼避暑。宦官进言说:"我见长安全盛的时候,大明宫、兴庆宫楼阁有一百多座。现在皇宫还比不上过去卿相的宅第。"庄宗说:"我的富贵,兼有天下,难道还不能建一座楼?"于是派宫苑使王允平营建高楼。宦官说:"郭崇韬眉头不展,经常为了租庸顾惜财用,陛下您虽然想建高楼,这能行吗?"于是,庄宗派人去问崇韬说:"过去我与梁军在大河上对垒。虽是大寒盛暑,披甲跨马,不感到是什么疲劳。今天居住在深官,乘着广夏的阴凉,却忍受不了天气的炎热,这是怎么回事?"崇韬回答说:"陛下您过去为了夺天下操心,现在为了自身的舒适着想,艰难和舒适,想法不同,也就自然会形成不同的感受。希望陛下您不要忘了创业的艰难,常常像过去在大河上一样,就可以盛暑坐变清凉。"庄宗默不作声。最后还是派了允平营建高楼,崇韬果然恳切劝阻。宦官说:"崇韬的宅第,和皇宫没有什么不同,怎么能知道陛下您的暑热!"从此谗言离间愈来愈被庄宗听从。

河南县令罗贯,为人耿直,崇韬对他很了解。罗贯本人正直守法,拒绝权豪的请托,宦官、伶人有事请他帮忙,书信堆积在几案上,一件也不答复,全把这些书信拿给崇韬阅览。崇韬几次为此向皇帝上奏,宦官、伶人由此咬牙切齿地恨他。河南府自从故唐时张全义来这里作府尹,县令多出于他的门下,全义把他们作牲口一样对待。等到罗贯做了河南县令,对待上司张全义不屈不卑,县民有恃仗着全义的势力犯法的人,罗贯一一核实后把他们杀了。全义非常恼火,曾派人到刘皇后处告状,一五一十地诉说了罗贯干的事,而刘皇后左右身边的人日夜一起攻击罗贯的短处。庄宗只是没有机会发作。皇太后逝世,葬在坤陵,陵地在寿安县境,庄宗到陵地检查建造情况,但道路泥泞,桥梁也毁坏了。庄宗叫停下辇舆问道:"谁是主管的人?"宦官说:"属河南县地。"于是立即召来罗贯,罗贯到了,回答说:"我当初没有接到诏书,请皇上责问主事的人。"庄宗说:"是你管辖的地方,还问什么别的人!"即时把罗贯投入监狱。狱吏严刑拷打,打得罗贯体无完肤。第二天,庄宗传下诏书,杀掉罗贯。崇韬劝阻说:"罗贯没有其他罪过,只是没有修理桥梁和道路,按法不应当判成死罪。"庄宗愤愤地说:"太后的灵柩就要出殡了,天子的车舆来来往往，桥梁道路不修，你还说这人无罪，敢情是朋党呀！"崇韬说："罗贯虽然有罪，应当让有关部门把他下狱，按照法律处理，陛下您处在万乘的尊位，为了一位县令发怒，使天下的人议论陛下您用法不公，这也是我们做大臣的错误。"庄宗说："罗贯是你喜欢的人，由你裁决吧！"于是起身回到宫中，崇韬随后跟来，不停地劝说，庄宗关上殿门，崇韬不得进入。罗贯终究被杀了。

第二年征伐蜀国，朝廷议论选择大将。这时明宗作总管，应该由他出征。而崇韬因谗毁受到威胁，想立大功作为保全自己的计策，于是说："契丹是北部边地的祸患，非总管不能抗御。魏王继岌是国君继承人，但没有立下大功，况且亲王任元帅，是唐朝的惯例。"庄宗说："继岌还是小孩子，怎么能担任大事？您一定要为我选择一位副帅。"还未等崇韬开口，庄宗说："我已选好了副帅，没有人能比得上您了。"于是任命继岌为西南面行营都统，崇韬任招讨使，军政大事都由崇韬决断。

唐的军队进入蜀地，沿途城镇纷纷迎降。王衍的弟弟王宗弼，暗中归顺了崇韬，请求担任西川兵马留后，崇韬许给他节度使的官职。军队到了成都，宗弼把王衍转移到西宫，把王衍嫔妓、珍宝全都取出来献给了崇韬和他的儿子廷诲。又与蜀人列下状纸一起去见魏王，请求把崇韬留下来镇守蜀地。继岌有些怀疑崇韬，崇韬没有办法洗清自己，于是借故杀了宗弼和他的弟弟宗渥、宗勋，抄没了他的家财。蜀人十分恐惧。

崇韬向来嫉恨宦官，曾对继岌说："您有破灭蜀国的功劳，班师凯旋后，必然被立为太子，等到主上千秋万岁后，应当将宦官全都废除，就是阉割过的马，也不要乘骑。"继岌的监军李从袭等人见崇韬专权军事，心里早就不满，又听到这话，于是都恨得咬牙切齿,想方设法谋害他。庄宗听到破蜀的消息,派宦官向延嗣犒劳军队,崇韬不到郊外迎接,延嗣大怒,于是与从袭一起陷害他。延嗣回到宫中,呈上伐蜀的簿籍,共得兵三十万,马九千五百匹,兵器七百万件,粮食二百五十三万石,钱一百九十二万缗,金银二十二万两,珠玉犀象二万件,文锦绫罗五十万匹。庄宗说:"别人说蜀是天下的富国,所得怎么仅仅是这么一些呀?"于是,延嗣说蜀国的宝货都入了崇韬的私囊,并且诬告他有反叛之心,将要危及魏王。庄宗发起怒来,派宦官马彦皀到蜀,监视崇韬的去就动向。彦皀把这事告诉了刘皇后,刘皇后教彦皀假借诏书让魏王杀了崇韬。

崇韬有儿子五人,其中二人在蜀随从父亲被处死,其余的都被杀害。他破蜀所得到的财物,都被抄没。明宗即皇帝位,下诏允许他归葬故里,把他在太原的故宅赐给了他的两个孙子。

当崇韬任事的时候,宰相豆卢革、韦悦等人都倾心依附他。崇韬的父亲名叫郭弘,豆卢革等人趁处理其他事情,上奏皇上,改弘文馆为崇文馆。由于他姓郭,因把他附会成郭子仪的后代,于是崇韬承认这样的附会。他伐蜀时,路过郭子仪的墓,下马到墓前号恸大哭而去,听到这事的人都觉得有些好笑。然而崇韬为国家竭尽忠心,有远大谋略。他攻破蜀国后,于是派使者以唐朝的威德劝说南诏诸蛮族部落,打算借此绥抚招怀他们,可以说是有远见的啊!

新五代史卷二十五

唐臣传第十三

周德威

周德威字镇远，朔州马邑人也。为人勇而多智，能望尘以知敌数。其状貌雄伟，笑不改容，人见之，凛如也。事晋王为骑将，稍迁铁林军使，从破王行瑜，以功迁衙内指挥使。其小字阳五，当梁、晋之际，周阳五之勇闻天下。

梁军围晋太原，令军中曰："能生得周阳五者为刺史。"有骁将陈章者，号陈野义，常乘白马被朱甲以自异，出入阵中，求周阳五，欲必生致之。晋王戒德威曰："陈野义欲得汝以求刺史，见白马朱甲者，宜善备之！"德威笑曰："陈章好大言耳，安知刺史非臣作邪？"因戒其部兵曰："见白马朱甲者，当佯走以避之。"两军皆阵，德威微服杂卒伍中。陈章出挑战，兵始交，德威部下见白马朱甲者，因退走，章果奋槊急追之，德威伺章已过，挥铁锤击之，中章堕马，遂生擒之。

梁攻燕，晋遣德威将五万人为燕攻梁，取潞州，迁代州刺史、内外蕃汉马步军都指挥使。梁军舍燕攻潞，围以夹城，潞州守将李嗣昭闭城拒守，而德威与梁军相持于外逾年。嗣昭与德威素有隙，晋王病且革，语庄宗曰："梁军围潞，而德威与嗣昭有隙，吾甚忧之！"王丧在殡，庄宗新立，杀其叔父克宁，国中未定，而晋之重兵，悉属德威于外，晋人皆恐。庄宗使人以丧及克宁之难告德威，且召其军。德威闻命，即日还军太原，留其兵城外，徒步而入，伏梓宫前恸哭几绝，晋人乃安。遂从庄宗复击梁军，破夹城，与李嗣昭欢如初。以破夹城功，拜振武节度使、同中书门下平章事。

天祐七年秋，梁遣王景仁将魏、滑、汴、宋等兵七万人击赵。赵王王镕乞师于晋，晋遣德威先屯赵州。冬，梁军至柏乡，赵人告急，庄宗自将出赞皇，会德威于石桥，进距柏乡五里，营于野河北。晋兵少，而景仁所将神威、龙骧、拱宸等军，皆梁精兵，人马铠甲饰以组绣金银，其光耀日，晋军望之色动。德威勉其众曰："此汴、宋佣贩儿，徒饰其外耳，其中不足惧也！其一甲直数十千，擒之适足为吾资，无徒望而爱之，当勉以往取之。"退而告庄宗曰："梁兵甚锐，未可与争，宜少退以待之。"庄宗曰："吾提孤军出千里，其利速战。今不乘势急击之，使敌知吾之众寡，则吾无所施矣！"德威曰："不然，赵人能城守而不能野战。吾之取胜，利在骑兵，平川广野，骑兵之所长也。今吾军于河上，迫贼营门，非吾用长之地也。"庄宗不悦，退卧帐中，诸将无敢入见。德威谓监军张承业曰："王怒老兵。不速战者，非怯也。且吾兵少而临贼营门，所恃者，一水隔耳。使梁得舟筏渡河，吾无类矣！不如退军鄗邑，诱敌出营，扰而劳之，可以策胜也。"承业入言曰："德威老将知兵，愿无忽其言！"庄宗遽起曰："吾方思之耳。"已而德威获梁游兵，问景仁何为，曰："治舟数百，将以为浮梁。"德威引与俱见，庄宗笑曰："果如公所料。"乃退军鄗邑。德威晨遣三百骑叩梁营挑战，自以劲兵三千继之。景仁怒，悉其军以出，与德威转斗数十里，至于鄗南。两军皆阵，梁军横亘六七里，汴、宋之军居西，魏、滑之军居东。庄宗策马登高，望而喜曰："平原浅草，可前可却，真吾之胜地！"乃使人告德威曰："吾当为公先，公可继进。"德威谏曰："梁军轻出而远来，与吾转战，其来必不暇赍粮糗，纵其能赍，亦不暇食，不及日午，人马俱饥，因其将退而击之胜。"诸将亦皆以为然。至未申时，梁军东偏尘起，德威鼓噪而进，麾其西偏曰："魏、滑军走矣！"又麾其东偏曰："梁军走矣！"梁阵动，不可复整，乃皆走，遂大败。自鄗追至于柏乡，横尸数十里，景仁以十余骑仅而免。自梁与晋争，凡数十战，其大败未尝如此。

刘守光僭号于燕，晋遣德威将三万出飞狐以击之。德威入祁沟关，取涿州，遂围守光于幽州，破其外城，守光闭门距守。而晋军尽下燕诸州县，独幽州不下，围之逾年乃破之，以功拜卢龙军节度使。德威虽为大将，而常身与士卒驰骋矢石之间。守光骁将单廷珪，望见德威于阵，曰："此周阳五也！"乃挺枪驰骑追之。德威佯走，度廷珪垂及，侧身少却，廷珪马方驰，不可止，纵其少过，奋楇击之，廷珪坠马，遂见擒。

庄宗与刘鄩相持于魏，鄩夜潜军出黄泽关以袭太原，德威自幽州以千骑入土门以蹑之。鄩至乐平，遇雨不得进而还。德威与鄩俱东，争趋临清。临清有积粟，且晋军饷道也，德威先驰据之，以故庄宗卒能困鄩军而败之。

庄宗勇而好战，尤锐于见敌。德威老将，常务持重以挫人之锋，故其用兵，常伺敌之隙以取胜。十五年，德威将燕兵三万人，与镇、定等军从庄宗于河上，自麻家渡进军临濮，以趋汴州。军宿胡柳陂，黎明，候骑报曰："梁军至矣！"庄宗问战于德威,德威对曰:"此去汴州,信宿而近,梁军父母妻子皆在其中,而梁人家国系此一举。吾以深入之兵,当其必死之战,可以计胜,而难与力争也。且吾军先至此,粮糗具而营栅完,是谓以逸待劳之师也。王宜按军无动,而臣请以骑军扰之,使其营栅不得成,樵爨不暇给,因其劳乏而乘之,可以胜也。"庄宗曰:"吾军河上,终日俟敌,今见敌不击,复何为乎?"顾李存审曰:"公以辎重先,吾为公殿。"遽督军而出。德威谓其子曰:"吾不知死所矣!"前遇梁军而阵:王居中,镇、定之军居左,德威之军居右,而辎重次右之西。兵已接,庄宗率银枪军驰入梁阵,梁军小败,犯晋辎重,辎重见梁朱旗,皆惊走入德威军,德威军乱,梁军乘之,德威父子皆战死。庄宗与诸将相持而哭曰:"吾不听老将之言,而使其父子至此!"庄宗即位,赠德威太师。明宗时,加赠太尉,配享庄宗庙。晋高祖追封德威燕王。子光辅,官至刺史。

译文:

周德威字镇远,朔州马邑人士。他智勇双全,望见尘雾就能知道敌人的数量。生得雄伟魁梧,笑起来容貌不改,人们见了,有一种威风凛凛的感觉。在晋王李克用手下干事,任骑兵将领,不久又任铁林军使的官职,跟随晋王破王行瑜,因功升任衙内指挥使。他的小字叫阳五,在梁、晋之际时,周阳五的勇敢在天下出了名。

梁的军队包围了晋的太原,传令军中说:"能生擒周阳五的人赏给刺史的官职。"有一位骁将名叫陈章的人,外号叫陈野义,经常骑白马披红铠甲表示与众不同,出入阵中,寻找周阳五,一心想着定要活捉他。晋王告诫德威说:"陈野义想活捉你求得刺史,看到骑白马披红甲的人,应多加提防他。"德威笑着说:"陈章喜欢说大话罢了,怎么知道刺史的官职不是我作的呢?"于是提醒他部下的兵卒说:"见到白马红甲的人,要假装跑走躲避他。"两军都摆好了阵势,德威穿着士兵的衣服混杂在卒伍中间。陈章出阵挑战,双方的兵士刚刚交手,德威部下军士看到白马红甲的人,于是退走,陈章果然舞枪急追过来,德威在阵中偷偷地看到陈章已经过来,挥动铁锤击他,陈章中锤落马,于是活捉了陈章。

梁进攻燕,晋派德威率领五万人帮助燕攻梁,夺取了潞州,升任代州刺史、内外蕃汉马步军都指挥使。梁的军队舍下燕,掉转头来进攻潞州,环城筑起长围,潞州的守将李嗣昭闭门拒守,而德威与梁的军队在城外对阵,相持了一年多。嗣昭与德威向来不和,晋王患病而且病情愈来愈重了,对庄宗说:"梁的军队围困潞州,而德威与嗣昭不和,我心里十分担忧!"晋王死后,殡丧期间,庄宗刚刚被立为王,杀了他的叔父克宁,国内还未安定,但晋国的重兵,全都归属德威统领在外,晋国的人都有些恐惧。庄宗派人把晋王李克用死丧和克宁发难的事告诉了德威,并且召还他的军队。德威听到命令,于当天还军到太原,把他的兵士留在城外,步行入城,趴在李克用的棺材前大声恸哭,几乎昏绝,晋国的人心这才安定下来了。于是,德威跟随庄宗又攻击梁的军队,破了潞州长围,与李嗣昭和好如初。因他破潞州长围有功,升任振武节度使、同中书门下平章事。

天祐七年秋天,梁王派王景仁率领魏、滑、汴、宋等兵七万人击赵,赵王王镕求救于晋,晋派德威先行屯驻赵州。冬天,梁军到了柏乡,赵王派人来告说事情紧急,庄宗亲自率兵从赞皇出发,在石桥与德威会师,进军到距离柏乡五里的地方,在野河北扎下营寨。晋的兵少,而景仁所率领的神威、龙骧、拱宸等军,都是梁的精兵,人马铠甲全用组绣金银装饰起来,闪光耀日,晋军见了脸色就变了。德威勉励他的部众说:"这是汴、宋的贩夫走卒,只不过装饰了一下外表而已。实际上是不足惧怕的呀!他们的一副铠甲价值几万钱,擒捉住他们正可满足我们的使用,不要只看着喜欢,应当努力去夺取它。"他回到营中告诉庄宗说:"梁兵十分精锐,不能和他们硬拼,应稍稍后退,等待时机。"庄宗说:"我率领孤军外出千里,利在速战。现在不乘势猛烈进攻,使敌人知道我们军队的数量,那么我们就无计可施了!"德威说:"不是这样的,赵王的军队能城守但不能野战。我们取胜,利在骑兵,平川旷野,是骑兵的长处。现在我军驻守在河上,迫近贼兵的营门,不是我发挥优长的地方。"庄宗听了很不高兴,回到帐中躺下,众将没有人敢进去见他。德威对监军张承业说:"晋王生气的是怕士卒疲竭,之所以不速战速决,并不是怯战。况且我们兵少而面临贼兵的营门,所仗恃的不过是一条河水的阻隔。如果梁军有了舟筏渡河,我们就要全军覆没了!不如退军到鄗邑,诱惑敌人出营,每天骚扰他们并使他们疲劳,然后用计策战胜他们。"承业到帐中进言说:"德威是老将,懂得兵法,希望您不要忽视他的看法!"庄宗仓促起身说:"我正在考虑这些。"不久德威捕捉了梁军的巡逻兵,审问景仁打算干什么,回答说:"造舟几百只,准备用舟搭设浮桥。"德威带着俘虏去见庄宗,庄宗笑着说:"果然和您料想的一样。"于是退军至鄗邑。德威于早晨派骑兵三百人攻击梁军的营门挑战,自己又亲率劲兵三千人继续挑战。惹得景仁恼怒起来,带领全部军队出战,与德威转斗数十里,到了鄗邑城南。两军都摆开了阵势,梁军东西摆开六七里,汴、宋的军队在西,魏、滑的军队在东。

庄宗策马登上高埠，看到这种形势，不禁高兴起来，说："平原草矮，可进可退，真是我取胜的地方！"于是派人告诉德威说："我应当在您前面冲锋，您可随后继进。"德威劝阻说："梁军轻装出阵，且又是远道而来，与我们转战，他们来时必然顾不得带干粮饭食，纵然能带来，也顾不上吃，等不到中午，人马都饿了，乘他们要退的时候发动攻击，定能取胜。"众将也都赞同这个看法。到了未申时刻，梁国的东边阵地上尘土飞扬，德威擂鼓呼叫着进攻，麾动着指挥旗对着梁军西边阵地喊道："魏、滑军逃走了！"又向东边阵地喊道："梁军逃走了！"梁军的阵势动乱，不能再整齐起来，于是都跑走了，遂大败。晋军自鄗追到柏乡，沿途几十里，死尸横枕，景仁仅带十多名骑兵逃得性命。自从梁与晋两军相争，共打了几十次的仗，梁军大败还未曾这样。

刘守光在燕自称皇帝，晋派德威带兵三万人出飞狐口击燕。德威入祁沟关，夺取了涿州，于是把守光包围在幽州，攻破了幽州外城，守光闭城拒守。而且晋的军队占据了燕的全部州县，唯独幽州攻克不下，围了一年多的时间才攻破，因功拜任卢龙节度使。德威虽然身为大将，而常常和士卒一起驰骋于流矢飞石之中。守光部下的骁将有位叫单廷珪的，望见德威在阵中，喊道："这就是周阳五！"于是挺枪策马向他追来。德威假装逃走，估计廷珪追至将近，侧身闪过，廷珪的马正飞速奔跑，不能急停，待他刚刚过去，便飞枪猛刺，廷珪落下马来，于是被活捉了。

庄宗与刘鄩双方在魏州相持，鄩在夜间潜军出黄泽关偷袭太原，德威自幽州率领一千名骑兵入土门关跟在刘鄩军的后边。刘鄩到了乐平，遇上雨天，前进不了，只得回军。德威与他都往东撤，争相奔往临清。临清有蓄积的粮食，并且又是晋军的饷道，德威先行占据了临清，因此，庄宗最终能围困刘鄩的军队而且打败他们。

庄宗勇敢而且好战,一见到敌人就特别有锐气。德威是老将军,每遇战事常常谨慎持重,先挫败敌人的前锋,所以他用兵,常常抓住敌人的空子来取胜。天祐十五年,德威率燕军三万,与镇、定等军随从庄宗扎营在大河岸上,从麻家渡进军到临濮,直奔汴州。军队宿营在胡柳陂,黎明的时候,哨骑报告说:"梁军到了!"庄宗问德威怎么个战法,德威回答说:"这里离汴州只不过有一天一夜的路程,梁军的父母妻子都在城里,而且梁人家国的存亡都关系到这一仗。我们是深入梁境的军队,面对敌人生死存亡的战斗,只能用计取胜,很难和他们死拼。况且我军先行到了这里,粮饷具备了,而且营栅也竖立起来了,可以说是以逸待劳的队伍。晋王您应该按兵不动,请您允许我率领骑兵骚扰梁军,使他们的营栅建不起来,打柴做饭都来不及,乘他们劳乏的时候出击,就能取胜了。"庄宗说:"我们驻扎在大河岸上,整天等着敌人,现在发现敌人不攻击我们,我们还干什么?"转过脸来望着李存审说:"您让运载粮草的辎重先行一步,我为您殿后。"仓促率军队出发了。德威对他的儿子说:"我不知道死在哪里呀!"前面遇上了梁军,从而摆开了阵势,晋王在中间,镇州、定州的兵在左边,德威的军队在右边,而且部队的辎重又停在德威军队的西边。战斗开始了,庄宗率领银枪突入梁军,梁军稍稍败退,掉转过头来进攻晋军的辎重,那些运粮兵见了梁军的红旗,都吓得逃入德威的军队中来,德威的军队乱了,梁军乘机进攻,德威父子都战死了。庄宗与众将相互护持着德威的遗体哭着说:"我不听老将军的话,让他们父子到了这等地步!"庄宗即位以后,赠封德威为太师。明宗的时候,又加赠为太尉,把他的牌位放在庄宗庙内。晋高祖追封德威为燕王。德威的儿子周光辅,官至刺史。

晋臣传

新五代史卷二十九

晋臣传第十七

桑维翰

桑维翰字国侨，河南人也。为人丑怪，身短而面长，常临鉴以自奇曰："七尺之身，不如一尺之面。"慨然有志于公辅。初举进士，主司恶其姓，以"桑""丧"同音。人有劝其不必举进士，可以从佗求仕者，维翰慨然，乃著《日出扶桑赋》以见志。又铸铁砚以示人曰："砚弊则改而佗仕。"卒以进士及第。晋高祖辟为河阳节度掌书记，其后常以自从。

高祖自太原徙天平，不受命，而有异谋，以问将佐，将佐皆恐惧不敢言，独维翰与刘知远赞成之，因使维翰为书求援于契丹。耶律德光已许诺，而赵德钧亦以重赂啖德光，求助己以篡唐。高祖惧事不果，乃遣维翰往见德光，为陈利害甚辩，德光意乃决，卒以灭唐而兴晋，维翰之力也。高祖即位，以维翰为翰林学士、礼部侍郎、知枢密院事，迁中书侍郎、同中书门下平章事，兼枢密使。天福四年，出为相州节度使，岁余，徙镇泰宁。

吐浑白承福为契丹所迫，附镇州安重荣以归晋，重荣因请与契丹绝好，用吐浑以攻之。高祖重违重荣，意未决。维翰上疏言契丹未可与争者七，高祖召维翰使者至卧内，谓曰："北面之事，方挠吾胸中，得卿此疏，计已决矣，可无忧也。"维翰又劝高祖幸邺都。七年，高祖在邺，维翰来朝，徙镇晋昌。

出帝即位，召拜侍中。而景延广用事，与契丹绝盟，维翰言不能入，乃阴使人说帝曰："制契丹而安天下，非用维翰不可。"乃出延广于河南，拜维翰中书令，复为枢密使，封魏国公，事无巨细，一以委之。数月之间，百度寖理。初，李瀚为翰林学士，好饮而多酒过，高祖以为浮薄。天福五年九月，诏废翰林学士，按《唐六典》归其职于中书舍人，而端明殿学士、枢密院学士皆废。及维翰为枢密使，复奏置学士，而悉用亲旧为之。

维翰权势既盛，四方赂遗，岁积巨万。内客省使李彦韬、端明殿学士冯玉用事，共谗之。帝欲骤黜维翰，大臣刘昫、李崧皆以为不可，卒以玉为枢密使，既而以为相，维翰日益见疏。帝饮酒过度得疾，维翰遣人阴白太后，请为皇弟重睿置师傅。帝疾愈，知之，怒，乃罢维翰以为开封尹。维翰遂称足疾，稀复朝见。

契丹屯中渡，破栾城，杜重威等大军隔绝，维翰曰："事急矣！"乃见冯玉等计事，而谋不合。又来见帝，帝方调鹰于苑中，不暇见，维翰退而叹曰："晋不血食矣！"

自契丹与晋盟，始成于维翰，而终败于景延广，故自兵兴，契丹凡所书檄，未尝不以此两人为言。耶律德光犯京师，遣张彦泽遗太后书，问此两人在否，可使先来。而帝以维翰尝议毋绝盟而己违之也，不欲使维翰见德光，因讽彦泽图之，而彦泽亦利其赀产。维翰状貌既异，素以威严自持，晋之老将大臣，见者无不屈服，彦泽以骁捍自矜，每往候之，虽冬月未尝不流汗。初，彦泽入京师，左右劝维翰避祸，维翰曰："吾为大臣，国家至此，安所逃死邪！"安坐府中不动。彦泽以兵入，问："维翰何在？"维翰厉声曰："吾，晋大臣，自当死国，安得无礼邪！"彦泽股栗不敢仰视，退而谓人曰："吾不知桑维翰何如人，今日见之，犹使人恐惧如此，其可再见乎？"乃以帝命召维翰。维翰行，遇李崧，立马而语，军吏前白维翰，请赴侍卫司狱。维翰知不免，顾崧曰："相公当国，使维翰独死？"崧惭不能对。是夜，彦泽使人缢杀之，以帛加颈，告德光曰："维翰自缢。"德光曰："我本无心杀维翰，维翰何必自致。"德光至京师，使人检其尸，信为缢死，乃以尸赐其家，而赀财悉为彦泽所掠。

译文：

桑维翰，字国侨，河南人。容貌丑陋怪诞，身材短小而脸形狭长，他常常对着镜子自感奇特，说道："七尺长的身躯，不如一尺长的脸面。"因此慨然有感，立志做至公辅的官位。开始考进士的时候，主管官员厌恶他的姓，因为"桑"与"丧"是同音，别人劝他不必再去考进士，可以从别的途径去做官，维翰很感慨，就写了《日出扶桑赋》，以表达自己的志向。他还铸造了铁砚让别人看，说道："铁砚磨穿了，我就以其他途径求官。"到底还是考中了进士。后晋高祖辟召他为河阳节度掌书记，此后常常让他跟随自己。

后唐皇帝命高祖从太原镇守天平，高祖拒不服从命令，便产生了称帝的图谋，就以此询问部将和僚佐，部将和僚佐听说后都很害怕，不敢说话，只有维翰和刘知远表示赞成，因此就让维翰写信给契丹求援。契丹的耶律德光答应援助以后，赵德钧也贿以重赂引诱德光，请求援助自己篡夺后唐的帝位。高祖担心自己的计划无法实现，就派维翰出使前往会见德光，向他陈述利害得失，言辞很雄辩，德光这才下定决心，最终帮助灭掉了后唐建立了后晋，这是维翰的功劳。高祖称帝后，任命维翰为翰林学士、礼部侍郎、知枢密院事，接着又迁官中书侍郎、同中书门下平章事，兼枢密使。天福四年，出任为相州节度使，一年多后，调任镇守泰宁。

吐浑人白承福因受契丹压迫，就投奔镇州的安重荣归附了后晋，重荣因此请求朝廷与契丹断绝交好，借用吐浑进攻契丹。高祖对重荣的建议很犯难，犹豫不决。维翰为此上书，从七个方面陈述了不可与契丹相争的理由，高祖将维翰的使者召至卧室，对他说道："北面的事情正搅得我心烦意乱，得到你的这个上疏，大计就定下了，可以不犯愁了。"维翰又劝高祖前往邺都。七年，高祖在邺都期间，维翰前来朝见，被调镇晋昌。

后晋出帝当皇帝后，维翰被召回京，拜官为侍中。这时景延广当权，与契丹断绝了盟交，维翰的意见无法被采纳，他就暗中派人向出帝游说道："要想控制契丹安定天下，非用维翰不可。"出帝因此将延广调至河南任官，拜维翰为中书令，恢复了枢密使之职，封他为魏国公，事无大小，全都交给他处理。仅仅数月的时间，各类政务都渐渐有了条理。起初，李瀚是翰林学士，喜欢饮酒，因此犯有不少过失，高祖认为此人太轻浮。天福五年九月，就下令废去翰林学士，根据《唐六典》将有关职事归入了中书舍人，也将端明殿学士、枢密院学士都废去了。等维翰担任了枢密使，又上奏请求复置学士，并全部用亲戚故旧担任。

维翰的权势达到鼎盛之后，各个方面都来贿赂，一年累积起来的数目极大。内客省使李彦韬、端明殿学士冯玉当权后，都在出帝跟前说他的坏话。出帝想要立刻罢免维翰，大臣刘昫、李崧都认为不行，不过最后还是让冯玉担任了枢密使，不久又让他做了宰相。维翰一天天被疏远。出帝因饮酒过度得了一场病，维翰暗中派人告诉太后，请求给皇弟重睿安排辅佐臣僚。出帝的病痊愈后，知道了这件事，很生气，于是罢免了维翰的相职，让他去做开封府尹。于是，维翰就声称有腿病，很少去上朝。

契丹屯兵中渡一带，攻破了栾城，隔断了杜重威等率领的后晋大军的后路，维翰说道："情况已经很紧急了！"就去见冯玉等人商量对策，但意见不合。他又去见出帝，出帝这时正在宫苑中纵鹰游乐，没有工夫见他，维翰退下去后叹道："晋朝就要完了！"

自从契丹与后晋订立盟约，开始时是成于维翰之手，最终是败于景延广之手，因此战争发生以后，契丹凡是书写檄文，没有不提及这两个人的。耶律德光进犯京师时，派张彦泽送给太后一封信，询问这两个人是否还在，可让他们先来。出帝因维翰曾主张不要同契丹绝盟而自己没有听从，不想让维翰去见德光，就委婉地请彦泽另想办法收拾维翰。而彦泽也很贪维翰的家产。维翰的身材相貌与众不同，一向以威严自重，后晋的老将大臣，凡是见到他的人没有不屈意顺从的，彦泽虽因骁勇强悍自我矜持，每次去见他，即使冬天也未尝不流汗。起初，彦泽进入京城，身边人劝维翰躲避祸害，维翰说道："我身为大臣，国家到了这个地步，哪里能去逃死呢？"在府中安坐不动，彦泽领兵进来后问道："维翰在哪里？"维翰厉声喝道："我是晋朝大臣，理当为国而死，岂得无礼！"彦泽胆战心惊不敢仰视维翰，退下去后对别人说："我不知道维翰是怎样一个人，今天见到他，还是让人这样害怕，这还能再去见他吗？"就以出帝的名义召来维翰。

维翰在路上遇到李崧,勒住马说起话来,军吏走到维翰跟前告诉说,请前往侍卫司的监狱。维翰已知道大祸难免,就回头对李崧说:"你现在当权,难道就单单让我死吗?"李崧很惭愧,无以对答。这天晚上,彦泽派人将维翰勒死,将帛带放在他的脖子上,告诉德光说:"维翰自己吊死了。"德光说道:"我本来无意杀维翰,维翰何必自己走到这个地步。"德光到了京城,派人检验他的尸体,认为确实是自杀,就把尸体赐给了他的家属,他的家产都被彦泽抢掠一空。

史记
汉书
后汉书
三国志
晋书
宋书
南齐书
梁书
陈书
魏书
北齐书
周书
隋书
南史
北史
旧唐书
新唐书
旧五代史
新五代史
▫ **宋史**
辽史
金史
元史
明史

宋史

本　纪

宋史卷一

本纪第一

太祖一

太祖启运立极英武睿文神德圣功至明大孝皇帝，讳匡胤，姓赵氏，涿郡人也。高祖朓，是为僖祖，仕唐历永清、文安、幽都令。朓生珽，是为顺祖，历藩镇从事，累官兼御史中丞。珽生敬，是为翼祖，历营、蓟、涿三州刺史。敬生弘殷，是为宣祖。周显德中，宣祖贵，赠敬左骁骑卫上将军。

宣祖少骁勇，善骑射，事赵王王镕，为镕将五百骑援唐庄宗于河上有功。庄宗爱其勇，留典禁军。汉乾祐中，讨王景于凤翔，会蜀兵来援，战于陈仓。始合，矢集左目，气弥盛，奋击大败之，以功迁护圣都指挥使。周广顺末，改铁骑第一军都指挥使，转右厢都指挥，领岳州防御使。从征淮南，前军却，吴人来乘，宣祖邀击，败之。显德三年，督军平扬州，与世宗会寿春。寿春卖饼家饼薄小，世宗怒，执十余辈将诛之，宣祖固谏得释。累官检校司徒、天水县男，与太祖分典禁兵，一时荣之。卒，赠武清军节度使、太尉。

太祖，宣祖仲子也，母杜氏。后唐天成二年，生于洛阳夹马营，赤光绕室，异香经宿不散，体有金色，三日不变。既长，容貌雄伟，器度豁如，识者知其非常人。学骑射，辄出人上。尝试恶马，不施衔勒，马逸上城斜道，额触门楣坠地，人以为首必碎，太祖徐起，更追马腾上，一无所伤。又尝与韩令坤博土室中，雀斗户外，因竞起掩雀，而室随坏。

汉初，漫游无所遇，舍襄阳僧寺，有老僧善术数，顾曰："吾厚赆汝，北往则有遇矣。"会周祖从枢密使征李守真，应募居帐下。广顺初，补东西班行首，拜滑为副指挥。世宗尹京，转开封府马直军使。

世宗即位，复典禁兵。北汉来寇，世宗率师御之，战于高平。将合，指挥樊爱能等先遁，军危，太祖麾同列驰马冲其锋，汉兵大溃。乘胜攻河东城，焚其门，左臂中流矢，世宗止之。还，拜殿前都虞候，领严州刺史。

三年春，从征淮南，首败万众于涡口，斩兵马都监何延锡等。南唐节度皇甫晖、姚凤众号十五万，塞清流关，击走之。追至城下，晖曰："人各为其主，愿成列以决胜负。"太祖笑而许之。晖整阵出，太祖拥马项直入，手刃晖中脑，并姚凤禽之。宣祖率兵夜半至城下，传呼开门，太祖曰："父子固亲，启闭，王事也。"诘旦，乃得入。韩令坤平扬州，南唐来援，令坤议退，世宗命太祖率兵二千趋六合。太祖下令曰："扬州兵敢有过六合者，断其足。"令坤始固守。太祖寻败齐王景达于六合东，斩首万余级。还，拜殿前都指挥使，寻拜定国军节度使。

四年春，从征寿春，拔连珠寨，遂下寿州。还，拜义成军节度、检校太保，仍殿前都指挥使。冬，从征濠、泗，为前锋。时南唐寨于十八里滩，世宗方议以橐驼济师，而太祖独跃马截流先渡，麾下骑随之，遂破其寨。因其战舰乘胜攻泗州，下之。南唐屯清口，太祖从世宗翼淮东下，夜追至山阳，俘唐节度使陈承昭以献，遂拔楚州。进破唐人于迎銮江口，直抵南岸，焚其营栅，又破之于瓜步，淮南平。唐主畏太祖威名，用间于世宗，遣使遗太祖书，馈白金三千两，太祖悉输之内府，间乃不行。五年，改忠武军节度使。

六年，世宗北征，为水陆都部署。及莫州，先至瓦桥关，降其守将姚内斌，战却数千骑，关南平。世宗在道，阅四方文书，得韦囊，中有木三尺余，题云"点检作天子"，异之。时张永德为点检，世宗不豫，还京师，拜太祖检校太傅、殿前都点检，以代永德。恭帝即位，改归德军节度、检校太尉。

七年春，北汉结契丹入寇，命出师御之。次陈桥驿，军中知星者苗训引门吏楚昭辅视日下复有一日，黑光摩荡者久之。夜五鼓，军士集驿门，宣言策点检为天子，或止之，众不听。迟明，逼寝所，太宗入白，太祖起。诸校露刃列于庭，曰："诸军无主，愿策太尉为天子。"未及对，有以黄衣加太祖身，众皆罗拜，呼万岁，即掖太祖乘马。太祖揽辔谓诸将曰："我有号令，尔能从乎？"皆下马曰："唯命。"太祖曰："太后、主上，吾皆北面事之，汝辈不得惊犯；大臣皆我比肩，不得侵凌；朝廷府库、士庶之家，不得侵掠。用令有重赏，违即孥戮汝。"诸将皆载拜，肃队以入。副都指挥使韩通谋御之，王彦升遽杀通于其第。

太祖进登明德门，令甲士归营，乃退居公署。有顷，诸将拥宰相范质等至，太祖见之，呜咽流涕曰："违负天地，今至于此！"质等未及对，列校罗彦瑰按剑厉声谓质等曰："我辈无主，今日须得天子。"质等相顾，计无从出，乃降阶列拜。召文武百僚，至晡，班定。翰林承旨陶谷出周恭帝禅位制书于袖中，宣徽使引太祖就庭，北面拜受已，乃掖太祖升崇元殿，服衮冕，即皇帝位。迁恭帝及符后于西宫，易其帝号曰郑王，而尊符后为周太后。

建隆元年春正月乙巳，大赦，改元，定有天下之号曰宋。赐内外百官军士爵赏，贬降者叙复，流配者释放，父母该恩者封赠。遣使遍告郡国。丙午，诏谕诸镇将帅。戊申，赐书南唐。赠韩通中书令，命以礼收葬。己酉，遣官告祭天地社稷。复安州、华州、兖州为节度。辛亥，论翊戴功，以周义成军节度使、殿前都指挥使石守信为归德军节度使、侍卫亲军马步军副都指挥使，江宁军节度使、侍卫亲军马军都指挥使高怀德为义成军节度使、殿前副都点检，武信军节度使、侍卫亲军步军都指挥使张令铎为镇安军节度使、侍卫亲军马步军都虞候，殿前都虞候王审琦为泰宁军节度使、殿前都指挥使，虎捷右厢都虞候张光翰为江宁军节度使、侍卫亲军马军都指挥使，龙捷右厢都指挥使赵彦徽为武信军节度使，余领军者并进爵。壬子，赐宰相、枢密、诸军校袭衣、犀玉带、鞍马有差。癸丑，放南唐降将周成等归国。乙卯，遣使分振诸州。丁巳，命周宗正郭玘祀周陵庙，仍以时祭享。己未，宰相表请以二月十六日为长春节。癸亥，以周天雄军节度使、魏王符彦卿守太师，雄武军节度使王景守太保、太原郡王，定难军节度使、守太傅、西平王李彝殷守太尉，荆南节度使高保融守太傅，余领节镇者并进爵。甲子，赐皇弟殿前都虞候匡义名光义。己巳，立太庙。镇州郭崇报契丹与北汉军皆遁。

二月乙亥，尊母南阳郡夫人杜氏为皇太后。以周宰相范质依前守司徒、兼侍中，王溥守司空、兼门下侍郎、同中书门下平章事，魏仁浦为尚书右仆射、兼中书侍郎、同中书门下平章事，枢密使吴廷祚同中书门下二品。丙戌，长春节，赐群臣衣各一袭。

三月乙巳，改天下郡县之犯御名、庙讳者。丙辰，南唐主李景、吴越王钱俶遣使以御服、锦绮、金帛来贺。宿州火，遣使恤灾。壬戌，定国运以火德王，色尚赤，腊用戌。癸亥，命武胜军节度使宋延渥等率舟师巡江徼。是春，均、房、商、洛鼠食苗。

夏四月癸酉，窦俨上二舞十二乐曲名、乐章。乙酉，幸玉津园。遣使分诣京城门，赐饥民粥。丙戌，浚蔡河。癸巳，昭义军节度使李筠叛，遣归德军节度使石守信讨之。

五月己亥朔，日有食之。庚子，遣昭化军节度使慕容延钊、彰德军节度使王全斌将兵出东道，与守信会讨李筠。壬寅，窦俨上太庙舞曲名。癸卯，石守信败李筠于长平。甲辰，命诸道进讨。丙午，幸魏仁浦第视疾。己酉，西京作周六庙成，遣官奉迁。丁巳，诏亲征，以枢密使吴廷祚留守上都，都虞候光义为大内都点检，命天平军节度使韩令坤屯兵河阳。己未，发京师。丁卯，石守信、高怀德破筠众于泽州，禽伪节度范守图，杀北汉援兵之降者数千人，筠遁入泽州。戊辰，王师围之。

六月癸酉，有星赤色出心。辛未，拔泽州，筠赴火死。命埋胔骼，释河东相卫融，禁剽掠。甲申，免泽州今年租。有星赤色出太微垣，历上相。乙酉，伐上党。丁亥，筠子守节以城降，赦之。上如潞。辛卯，大赦，减死罪，免附潞三十里今年租，录阵殁将校子孙，丁夫给复三年。甲午，永安军节度使折德扆破北汉沙谷寨。

秋七月戊申，上至自潞。壬子，幸范质第视疾。甲子，遣工部侍郎艾颖拜嵩、庆陵。乙丑，南唐进白金，贺平泽、潞。丁卯，南唐进乘舆御服物。

八月戊辰朔，御崇元殿，行入阁仪。辛未，遣郭玘飨周庙。壬申，复贝州为永清军节度。甲戌，命宰相祷雨。辛巳，以周武胜军节度使侯章为太子太师。壬午，以光义领泰宁军节度，依前殿前都虞候。甲申，立琅琊郡夫人王氏为皇后。戊子，南唐进贺平泽潞金银器、罗绮以千计。

九月壬寅，昭义军节度使李继勋焚北汉平遥县。癸卯，三佛齐国遣使贡方物。丙午，奉玉册谥高祖曰文献皇帝，庙号僖祖，高祖妣崔氏曰文懿皇后；曾祖曰惠元皇帝，庙号顺祖，曾祖妣桑氏曰惠明皇后；祖曰简恭皇帝，庙号翼祖，祖妣刘氏曰简穆皇后；皇考曰武昭皇帝，庙号宣祖。己酉，幸宜春苑。中书舍人赵逢坐从征避难，贬房州司户参军。己未，淮南节度李重进以扬州叛，遣石守信等讨之。甲子，归太原俘。

冬十月丁卯朔，赐内外文武官冬衣有差。壬申，定县为望、紧、上、中、下，令三年一注。壬午，河决厌次。乙酉，晋州兵马钤辖荆罕儒袭北汉汾州，死之；龙捷指挥石进二十九人坐不救弃市。丁亥，诏亲征扬州，以都虞候光义为大内都部署，枢密使吴廷祚权上都留守。戊子，诏诸道长贰有异政，众举留请立碑者，委参军验实以闻。庚寅，发京师。

十一月丁未，师傅扬州城，拔之，重进尽室自焚。戊申，诛重进党，扬州平。命诸军习战舰于迎銮，南唐主惧甚。其臣杜著、薛良因诡迹来奔，帝疾其不忠，斩著下蜀市，配良庐州牙校。己酉，振扬州城中民人米一斛，十岁以下者半之。胁隶为军者，赐衣屦遣还。庚戌，给攻城役夫死者人绢三匹，复三年。乙卯，南唐主遣使来犒师。庚申，遣其子从镒来朝。

十二月己巳，驾还。丁亥，上至自扬。辛卯，泉州节度使留从效称藩。

二年春正月丙申朔，上诣太后宫门称庆。庚子，占城国王遣使来朝。壬寅，幸造船务，观习水战。戊申，以扬州行宫为建隆寺。太仆少卿王承哲坐举官失实，责授殿中丞。壬子，商州鼠食苗，诏免赋。谓宰臣曰："比命使度田，多邀功弊民，当慎其选，以见朕意。"丁巳，寻蔡水入颍。己未，遣郭玘飨周庙。灵武节度使冯继业献马五百、橐驼百、野马二。甲子，泽州刺史张崇诂坐党李重进弃市。

二月丙寅，幸飞山营阅炮车。壬申，疏五丈河。癸酉，有司奏进士合格者十一人。荆南高保勖进黄金什器。甲戌，幸城南，观修水匮。丁丑，南唐进长春节御衣、金带及金银器。己卯，赐天雄军节度符彦卿粟。禁春夏捕鱼射鸟。己丑，定窃盗律。

三月丙申，内酒坊火，酒工死者三十余人，乘火为盗者五十人，擒斩三十八人，余以宰臣谏获免。酒坊使左承规、副使田处岩以酒工为盗，坐弃市。

闰月己巳，幸玉津园，谓侍臣曰："沉湎非令仪，朕宴偶醉，恒悔之。"壬辰，南唐进谢赐生辰金器、罗绮。丁丑，金、商、房三州饥，振之。癸未，幸迎春苑宴射。

夏四月癸巳朔，日有食之。壬寅，诏郡国置前代帝王、贤臣陵冢户。己酉，无棣男子赵遇诈称皇弟，伏诛。己未，商河县令李瑶坐赃杖死，左赞善大夫申文纬坐失觉察除籍。庚申，班私铸货易盐及货造酒麹律。

五月癸亥朔，以皇太后疾，赦杂犯死罪已下。乙丑，天狗堕西南。丙寅，三佛齐国来献方物。丁丑，以安邑、解两池盐给徐、宿、郓、济。庚寅，供奉官李继昭坐盗卖官船弃市。诏诸道邮传以军卒递。

六月甲午，皇太后崩于滋德殿。己亥，群臣请听政，从之。庚子，以太后丧，权停时享。辛丑，见百官于紫宸殿门。壬子，祈雨。庚申，释服。

秋七月壬戌，以皇太后殡，不受朝。辛未，晋州神山县谷水泛出铁，方圆二丈三尺，重七千斤。壬申，以光义为开封府尹，光美行兴元尹。己卯，陇州进黄鹦鹉。

八月壬辰朔，不视朝。壬寅，诏诸大辟送所属州军决判。甲辰，南唐主李景死，子煜嗣，遣使请追尊帝号，从之。己酉，执易定节度使、同平章事孙行友，削官勒归私第。辛亥，幸崇夏寺，观修三门。女直国遣使来朝献。大名府永济主簿郭颙坐赃弃市。庚申，《周世宗实录》成。

九月壬戌朔，不御殿。南唐遣使来进金银、缯彩。甲子，契丹解利来降。荆南节度使高保勖遣其弟保寅来朝。戊子，遣使南唐赗祭。

冬十月癸巳，南唐遣其臣韩熙载、田霖来会皇太后葬。丙申，遣枢密承旨王仁赡赐南唐礼物。戊戌，禁边民盗塞外马。辛丑，丹州大雨雹。丙午，葬明宪皇太后于安陵。

十一月辛酉朔，不视朝。甲子，太后祔庙。己巳，幸相国寺，遂幸国子监。癸酉，沙州节度使曹元忠、瓜州团练使曹延继等遣使献玉鞍勒马。

十二月壬申，回鹘可汗景琼遣使来献方物。乙未，李继勋败北汉军，俘辽州刺史傅廷彦、弟勋来献。辛丑，幸新修河仓。庚戌，畋于近郊。癸丑，遣使赐南唐吴越马、羊、橐驼有差。

三年春正月庚申朔，以丧不受朝贺。己巳，淮南饥，振之。庚午，幸迎春苑宴射。甲戌，广皇城。诏郡国长吏劝民播种。丙子，瓜沙归义节度使曹元忠献马。庚辰，女直国遣使只骨来献。诏郡国不得役道路居民。癸未，幸国子监。

二月丙辰，复幸国子监，遂如迎春苑宴从官。庚寅，诏文班官举堪为宾佐、令录者各一人，不当者比事连坐。甲午，诏自今百官朝对，须陈时政利病，无以触讳为惧。乙未，滑州节度使张建丰坐失火免官。己亥，更定窃盗律。壬午，上谓侍臣曰："朕欲武臣尽读书以通治道，何如？"左右不知所对。甲寅，北汉寇潞、晋，守将击走之。

三月戊午朔，厌次霣霜杀桑。壬戌，三佛齐国遣使来献。癸亥，祷雨。丁卯，幸太清观，遂幸开封尹后园宴射。己巳，大雨。诏申律文谕郡国，犯大辟者刑部审覆。乙亥，遣使赐南唐主生辰礼物。丁丑，女直国遣使来献。丁亥，命徙北汉降人于邢、洺。

夏四月乙未，延州大雨雪，赵、卫二州旱。丙申，宁州大雨雪，沟洫冰。戊戌，幸太清观。庚子，回鹘阿督等来献方物。壬寅，丹州雪二尺。乙巳，赠兄光济为邕王，弟光赞为夔王，追册夫人贺氏为皇后。

五月甲子，幸相国寺祷雨，遂幸迎春苑宴射。乙亥，海州火。开太行运路。癸未，命使检河北诸州旱。甲申，诏均户役，敢蔽占者有罪。复幸相国寺祷雨。乙酉，广大内。齐、博、德、相、霸五州自春不雨，以旱减膳彻乐。

六月辛卯，振宿州饥。癸巳，吴廷祚以雄武军节度使罢。乙未，赐酒国子监。丁酉，幸太清观。己亥，减京畿、河北死罪以下。壬寅，京师雨。壬子，蕃部尚波于等争采造务，以兵犯渭北，知秦州高防击走之。乙卯，幸迎春苑宴射。黄陂县有象自南来食稼。

秋七月庚申，南唐遣其臣翟如璧谢赐生辰礼，贡金银、锦绮千万。壬戌，放南唐降卒弱者数千人归国。乙丑，免舒州菰蒲新税。丁卯，潞州大雨雹。索内外军不律者配沙门岛。己卯，北汉捉生指挥使路贵等来降。辛巳，遣从臣十人检河北旱。癸未，兖、济、德、磁、洺五州蝗。

八月癸巳，蔡河务纲官王训等四人坐以糠土杂军粮，磔于市。乙未，用知制诰高锡言，诸行赂获荐者许告讦。奴婢邻亲能告者赏。诏注诸道司法参军皆以律疏试判。诏尚书吏部举书判拔萃科。

九月庚午，吐蕃尚波于等归伏羌县地。壬申，修武成王庙。丙子，占城国来献。禁伐桑枣。

冬十月乙酉朔，赐百官冬服有差。丙戌，幸太清观，遂幸造船务，观习水战。己亥，幸岳台，命诸军习骑射，复幸玉津园。辛丑，以枢密副使赵普为枢密使。辛亥，畋近郊。

十一月癸亥，禁奉使请托。县令考课以户口增减为黜陟。丙寅，南唐遣其臣顾彝来朝。丙子，三佛齐国使李丽林等来献，高丽国遣使李兴祐等来朝。己卯，畋于近郊。壬午，赐南唐建隆四年历。

十二月丙戌，诏县置尉一员，理盗讼；置弓手，视县户为差。戊戌，蒲、晋、慈、隰、相、卫六州饥，振之。庚子，班捕盗令。甲辰，衡州刺史张文表叛。

是岁，周郑王出居房州。

乾德元年春正月甲寅朔，不御殿。乙卯，发关西乡兵赴庆州。丁巳，修畿内河隄。己未，遣使赐南唐吴越马、橐驼、羊有差。庚申，遣山南东道节度使慕容延钊率十州兵以讨张文表。乙丑，幸造船务，观造战船。甲戌，诏荆南发水卒三千应延钊于潭。己卯，女直国遣使来献。

二月壬辰，周保权将杨师璠枭文表于朗陵市。甲午，慕容延钊入荆南，高继冲请归朝，得州三，县十七。乙未，克潭州。辛亥，澶、滑、卫、魏、晋、绛、蒲、孟八州饥，命发廪振之。

三月辛未，幸金凤园习射，七发皆中。符彦卿等进马称贺，乃遍赐从臣名马、银器有差。壬申，高继冲籍其钱帛刍粟来上。

癸酉，班新定律。戊寅，慕容延钊破三江口，下岳州，克复朗州，湖南平，得州十四，监一，县六十六。

夏四月，旱。甲申，遍祷京城祠庙，夕雨。减荆南朗州、潭州管内死罪一等，卤掠者给主。乙酉，遣使祭南岳。丁亥，幸国子监，遂幸武成王庙，宴射玉津园。庚寅，出内钱募诸军子弟凿习战池。辛卯，《建隆应天历》成，御制序。壬辰，赏湖南立功将士。癸巳，幸玉津园。丙申，兵部郎中曹匪躬弃市，海陵、盐城屯田副使张蒍除名，并坐不法。庚子，荆南节度使高继冲进助宴金银、罗纨、柱衣、屏风等物。癸卯，辰、锦、叙等州归顺。甲辰，诏疏凿三门。禁泾、原、邠、庆等州补蕃人为边镇将。夏西平王李彝兴献牦牛一。乙巳，幸玉津园，阅诸军骑射。丙午，免湖南茶税，禁峡州盐井。辛亥，贷澶州民种食。

五月壬子朔，祷雨京城。甲寅，遣使祷雨岳渎。乙丑，广大内。庚午，给荆南管内符印。癸酉，幸玉津园。

六月乙酉，免潭州诸县无名配敛。壬辰，暑，罢营造，赐工匠衫履。乙未，诏：荆南兵愿归农者听。丙申，诏历代帝王三年一飨，立汉光武、唐太宗庙。己亥，澶、濮、曹、绛蝗，命以牢祭。庚子，百官三上表请举乐，从之。减左右仗千牛员。丙午，雨。诏蜡祀、庙、社皆用戌腊一日。己酉，命习水战于新池。

秋七月辛亥朔，定州县所置杂职、承符、厅子等名数。甲寅，以湖湘殁王事靳彦朗男承勋等三十人补殿直。丙辰，幸新池，赐役夫钱，遂幸玉津园。丁巳，安国军节度使王全斌等率兵入太原境，以俘来献，给钱米以释之。己未，诏民有疾而亲属遗去者罪之。癸亥，湖南疫，赐行营将校药。丁卯，幸武成王庙，遂幸新池，观习水战。己巳，郎州贼将汪端寇州城，都监尹重睿击走之。诏免荆南管内夏税之半。甲戌，释周保权罪。乙亥，诏缮朗州城，免其管内夏税。丁丑，分命近臣祷雨。己卯，班《重定刑统》等书。

八月壬午，殿前都虞候张琼以陵侮军校史珪、石汉卿等，为所诬谮，下吏，琼自杀。丙戌，遣给事中刘载朝拜安陵。丁亥，王全斌攻北汉乐平县，降之。辛卯，以乐平县为平晋军，降卒千八百人为效顺军，人赐钱帛。壬辰，诏《九经》举人下第者再试。癸巳，女直国遣使献名马。蠲登州沙门岛民税，令专治船渡马。丙申，北汉静阳十八寨首领来降。泉州陈洪进遣使来朝贡。齐州河决。京师雨。己亥，契丹幽州岐沟关使柴廷翰等来降。癸卯，宰相质率百官上尊号，不允。

九月甲寅，三上表请，从之。丙寅，宴广政殿，始用乐。丁卯，责宣徽南院使兼枢密副使李处耘为淄州刺史。戊辰，女直国遣使献海东青名鹰。丙子，禁朝臣公荐贡举人。赐南唐羊万口。磔汪端于朗州。戊寅，北汉引契丹兵攻平晋，遣洺州防御使郭进等救之。

冬十月庚辰，诏州县征科置簿籍。己亥，畋近郊。丁未，吴越国王进郊祀礼金银、珠器、犀象、香药皆万计。十一月乙卯，荆南节度使高继冲进郊祀银万两。甲子，有事南郊，大赦，改元乾德。百官奉玉册上尊号曰应天广运仁圣文武至德皇帝。丙寅，南唐进贺南郊、尊号银绢万计。丁卯，赐近臣袭衣、金带、器币、鞍马有差。乙亥，畋近郊。

十二月庚辰，殿前祗候李璘以父雠杀员僚陈友，璘自首，义而释之。辛巳，开封府尹光义、兴元尹光美各益食邑，赐功臣号；宰相质、溥、仁浦并特进，易封，益食邑；枢密使普加光禄大夫，易功臣号；文武臣僚各进阶、勋、爵、邑。甲申，皇后王氏崩。辛卯，罢登州都督。己亥，泉州陈洪进遣使贡白金千两，乳香、茶药皆万计。己巳，南唐主上表乞呼名，诏不允。

闰月己酉朔，校医官，黜其艺不精者二十二人。甲寅，命近臣祈雪。丁卯，覆试拔萃科，田可封、宋白、谭利用等称旨，赐与有差。辛未，卜安陵于巩县。乙亥，折德扆败北汉军于府州城下，禽其将杨璘。以太常议，奉赤帝为感生帝。

二年春正月辛巳，谕郡国长吏劝农耕作。有象入南阳，虞人杀之，以齿革来献。京师雨雪，雷。癸未，幸迎春苑宴射。甲申，诏著四时听选式。回鹘遣使献方物。戊子，质以太子太傅、溥以太子太保、仁浦仍尚书左仆射罢。庚寅，以赵普为门下侍郎、同中书门下平章事，李崇矩枢密使。壬辰，诏亲试制举三科，不限官庶，许直诣阁门进状。甲辰，诏诸道狱词令大理、刑部检详，或淹留差失致中书门下改正者，重其罪。乙巳，幸玉津园宴射。丁未，诏县令、簿、尉非公事毋至村落。令、录、簿、尉诸职官有耄耋笃疾者举劾之。

二月戊申朔，北汉辽州刺史杜延韬以城来降。癸丑，遣使振陕州饥。导濮水入京。丁巳，治安陵，隧坏，役兵压死者二百人，命有司瘗恤。庚午，府州俘北汉卫州刺史杨璘来献。甲戌，南唐进改葬安陵银绫绢各万计。浚汴河。

三月辛巳，幸教船池，赐水军将士衣有差，还幸玉津园宴射。乙未，北汉耀州团练使周审玉等来降。丁酉，遣使祈雨于五岳。禁臣僚往来假官军部送。辛丑，遣摄太尉光义奉册宝上明宪皇太后谥曰昭宪，皇后贺氏谥曰孝惠，王氏谥曰孝明。

夏四月丁未朔，策贤良方正直言极谏科，博州判官颍赘中第。戊申，振河中饥。己酉，免诸道今年夏税之无苗者。乙卯，葬昭宪皇太后、孝明皇后于安陵。乙丑，始置参知政事，以兵部侍郎薛居正、吕余庆为之。己巳，灵武饥，转泾粟以馈。壬申，祔二后于别庙。徙永州诸县民之畜蛊者三百二十六家于县之僻处，不得复齿于乡。

五月己卯，知制诰高锡坐受藩镇赂，贬莱州司马。辛巳，宗正卿赵砺坐赃杖、除籍。癸未，幸玉津园宴射。

六月己酉，以光义为中书令，光美同中书门下平章事，子德昭贵州防御使。庚申，幸相国寺，遂幸教船池、玉津园。辛未，河南北及秦诸州蝗，惟赵州不食稼。

秋七月乙亥，春州暴水溺民。庚辰，邰阳雨雹。辛巳，幸玉津园，还幸新池，观习水战。辛卯，诏翰林学士陶谷、窦仪等举堪为藩郡通判者各一人，不当者连坐。

九月甲戌朔，《周易》博士奚屿责乾州司户，库部员外王贻孙责左赞善大夫，并坐试任子不公。戊子，延州雨雹。乙未，幸北郊观稼。辛丑，太子太傅质薨。壬寅，潘美等克郴州。

冬十月戊申，周纪王熙谨薨，辍视朝。

十一月甲戌，命忠武军节度使王全斌为西川行营前军兵马都部署，武信军节度崔彦进副之，将步骑三万出凤州道；江宁军节度使刘光义为西川行营前军兵马副都部署，枢密承旨曹彬副之，将步骑二万出归州道以伐蜀。乙亥，宴西川行营将校于崇德殿，示川峡地图，授攻取方略，赐金玉带、衣物各有差。壬辰，畋近郊。

十二月乙巳，释广南郴州都监陈珝等二百人。戊申，刘光义拔夔州，蜀节度高彦俦自焚。丁巳，蠲归、峡秋税。辛酉，王全斌克万仞、燕子二寨，下兴州，连拔石圌等二十余寨。甲子，光义拔巫山等寨，斩蜀将南光海等八千级，禽其战棹都指挥袁德宏等千二百人。全斌先锋史进德败蜀人于三泉寨，禽其节度使韩保正、李进等。南唐进银二万两、金银器皿数百事。庚午,诏招复山林聚匿。辛未,畋北郊。

译文:

太祖启运立极英武睿文神德圣功至明大孝皇帝,名匡胤,姓赵氏,涿郡人。高祖赵朓,就是赵匡胤称帝后尊加庙号的僖祖,在唐朝做官时历任永清、文安、幽都三县的县令。赵朓的儿子赵珽,就是后来的顺祖,历官藩镇从事,累官兼御史中丞。赵珽的儿子赵敬,就是后来的翼祖,历任营州、蓟州、涿州三州刺史。赵敬的儿子赵弘殷,就是后来的宣祖。后周显德年间,宣祖显贵之际,后周皇帝追赠他的父亲赵敬为左骁骑卫上将军。

宣祖年轻时十分骁勇,擅长骑马射箭,在赵王王镕帐下供职,为王镕率领五百名骑兵在黄河沿岸增援后唐庄宗立有战功。庄宗喜爱他勇猛善战,留他掌管禁军。后汉乾祐年间,宣祖前往凤翔征讨王景,恰逢后蜀军队来援救王景,在陈仓大战。刚刚交兵,宣祖左眼中箭,但他的气势更旺盛,奋勇攻击,把敌军打得大败,因功升任护圣都指挥使。后周太祖广顺末年,改任铁骑第一军都指挥使,转任右厢都指挥,遥领岳州防御使。跟随后周世宗柴荣出征淮南,前军战斗不力而退却,吴兵乘机进攻,宣祖率领军队拦腰攻击吴兵,把他们打败。显德三年,统率军队攻打扬州,与周世宗在寿春会合。寿春卖饼店的饼既薄又小,世宗大怒,捉拿了十几个卖饼人将要处死他们,宣祖坚持进谏才获得释放。累官至检校司徒、天水县男,和儿子赵匡胤分别执掌禁军,是当时荣耀的事情。宣祖逝世,后周朝廷追赠他为武清军节度使、太尉。

太祖,是宣祖的二儿子,母亲杜氏。后唐天成二年,出生在洛阳夹马营，当时红光绕室，奇异的香气一夜没有消散，身体上有金黄颜色，三天没有变。长大后，太祖相貌雄伟，器度豁达自如，有见识的人知道他绝非一般人。学习骑马射箭，则在常人之上。曾经试骑一匹脾气凶恶的烈马，不用嚼口马鞍，烈马奔上登城楼的坡道，太祖的额头撞在门框的横木而从马上摔到地下，人们都认为太祖的脑袋一定撞碎了，只见太祖慢慢站起来，再次追赶烈马飞身跳上，一处也没受伤。又曾经和韩令坤在一间土屋中赌博，麻雀在屋子外面互相啄斗，因此二人争着起身到屋子外捕捉麻雀，而土屋随即坍塌了。

后汉初年，太祖四处漫游却没有获得机遇，在襄阳寺庙中借住，有位老和尚擅长看相算命，看了太祖后说："我给你足够的旅费，你朝北走就会有机遇了。"正好周太祖以后汉枢密使的身份征讨李守真，太祖应募在周太祖军帐下供职。后周广顺初年，太祖补为禁军东西班行首，任滑州副指挥。周世宗任开封尹时，太祖转任开封府马直军使。

周世宗即位当了皇帝，太祖又执掌禁军。北汉来侵犯，周世宗率领军队抵御来犯之敌，在高平摆开战场。战斗将要展开的时候，指挥樊爱能等人首先逃跑，周军十分危急，太祖指挥自己的同伴催马迅速冲向敌人前锋，北汉军队大败溃逃。太祖乘胜进攻河东城，焚烧城门，左臂被流箭射中，周世宗制止他再攻城。回到京城后，太祖被任命为殿前都虞候、遥领严州刺史。

显德三年春天，太祖跟随周世宗征伐淮南，首战在涡口打败南唐军万余人，斩杀南唐兵马都监何延锡等人。南唐节度使皇甫晖、姚凤率领号称十五万的军队，驻扎在清流关，太祖率领军队把他们打走了。太祖追到城下，皇甫晖说："我们各自为了自己的主人，我希望双方布好阵式以决胜负。"太祖笑着回答说可以。皇甫晖摆好阵式出来迎战，太祖抱着马脖子一直冲入敌军阵内，手中兵刃砍中皇甫晖的脑袋，并把姚凤一起擒获。宣祖率领军队半夜时来到城下，传呼开门，太祖说："父子诚然是至亲，但是城门开关，却是国家的事情。"等到天亮，宣祖才得以进城。韩令坤攻下扬州，南唐派军队来取，韩令坤主张退兵，周世宗命令太祖率兵二千赶往六合。太祖下令说："扬州兵敢有过六合的，砍断他们的脚。"韩令坤才固守扬州。太祖不久在六合东面打败南唐齐王李景达，斩杀一万多人。回来后，太祖被任命为殿前都指挥使，不久又被委任为定国军节度使。

显德四年春天，跟随周世宗出征寿春，攻克连珠寨，乘势攻下寿州。还军后，太祖拜义成军节度使、检校太保，仍旧担任殿前都指挥使。这年冬天，跟随周世宗征伐濠州、泗州，充当前锋。当时南唐在十八里滩扎寨，周世宗刚刚商议用骆驼载渡军队时，而太祖已率先独自单骑横渡而过，他的部下骑兵也紧随他渡过了河，因而攻破南唐军寨。又用缴获的南唐战舰乘胜进攻泗州，攻克了泗州。南唐在清口驻屯军队，太祖跟世宗两翼分兵沿淮河东下，连夜追到山阳，俘虏南唐节度使陈承昭献给周世宗，因而攻下楚州。乘胜进军，在迎銮江口打败南唐军，直抵南岸，烧毁敌军营寨，又在瓜步攻破南唐军，淮南平定。南唐主畏惧太祖的威名，在周世宗那里使用离间计，派遣使臣送给太祖一封信，馈赠三千两白金，太祖把白金全部送到内府，南唐的离间计失败。显德五年，太祖改任忠武军节度使。

显德六年，周世宗北伐，太祖担任水陆都部署。到达莫州，先到瓦桥关，守将姚内斌投降，打退几千名敌军骑兵，关南平定。周世宗在行军路上，审阅各地所上文书，得到一只皮口袋，袋中有一块三尺多长的木板，上面写着"点检作天子"，周世宗感到这件事十分奇怪。当时张永德任点检，世宗卧病，回到京城，任命太祖为检校太傅、殿前都点检，用来代替张永德。周恭帝即位当皇帝，太祖改任归德军节度使、检校太尉。

显德七年春天，北汉勾结契丹进犯后周，朝廷命令太祖率领军队抵御敌人。大军到达陈桥驿，军队里一名懂得天文的人苗训招呼门吏楚昭辅看太阳下面还有一个太阳，黑光来回摇动了很长时间。这天下半夜，军中将士集中在驿门前，当众宣布策立点检做皇帝，有人劝阻将士，大家也不听。天快亮的时候，将士们来到太祖寝室外，太宗进入房间向太祖报告外面发生的事情，太祖起身。军校们手里拿着兵器排列在庭院中，说："现在军队没有主人，我们愿意策立太尉当皇帝。"太祖还没有来得及答话，就有人把黄袍加在太祖身上，大家围着他下拜，高喊万岁，立即扶太祖上马。太祖拉住马缰绳对将领们说："我的号令，你们能够听从吗？"众将下马答道："一定听从命令。"太祖说："太后、皇帝，我都北面侍奉他们，你们这些人不能惊扰冒犯；各位大臣都是我的平辈同事，你们不得侵犯凌侮；朝廷的府库、官宦百姓的家庭，不得侵犯掠夺。听从命令有重赏，违抗命令就杀你们的头。"将领们都再次下拜，严整队伍返回开封城。后周副都指挥使韩通计划抵抗，王彦升情急之下把韩通杀死在他家中。

太祖进城登上明德门，命令将士回到军营去，自己也回官署。过了不久，将领们拥着宰相范质等人前来，太祖见了他们，低声哭泣着说："我违背天地，今天到了这种地步！"范质等人还没有来得及答话，列校罗彦瑰手按宝剑高声对范质等人说："我们这些人没有主人，今天一定要有天子。"范质等人互相看看，没有什么办法可想，于是退到台阶下列队下拜。太祖召集文武百官，到了黄昏时，文武官员已排定了位置。翰林承旨陶谷从袍袖中拿出周恭帝的禅位制书，宣徽使引导太祖到了殿前庭里，北面下拜接受制书后，又扶着太祖登上崇元殿，换上皇帝的衣帽，登上皇帝宝座。把周恭帝和符太后迁到西宫，把恭帝改为郑王，而尊奉符太后为周太后。

建隆元年春正月乙巳，大赦天下，改用新纪元，定国号为宋。赐给朝廷内外文武百官和军士爵位与奖赏，贬官降职的人恢复原职，发配流放的人一律释放，文武百官的父母亲按照应该得到的恩典加以封赠。派遣使臣通告全国各地州郡。丙午，太祖下诏告知各地将帅。戊申，赐给南唐书信。追赠韩通为中书令，下令按照礼仪收殓安葬。己酉，派遣官员祭告天地社稷。恢复安州、华州、兖州为节度州。辛亥，论定拥戴太祖为皇帝的有功人员，任命后周义成军节度使、殿前都指挥使石守信为归德军节度使、侍卫亲军马步军副都指挥使，江宁军节度使、侍卫亲军马军都指挥使高怀德为义成军节度使、殿前副都点检，武信军节度使、侍卫亲军步军都指挥使张令铎为镇安军节度使、侍卫亲军马步军都虞候，殿前都虞候王审琦为泰宁军节度使、殿前都指挥使，虎捷右厢都虞候张光翰为江宁军节度使、侍卫亲军马军都指挥使，龙捷右厢都指挥使赵彦徽为武信军节度使，其余统兵将领也一律提升爵位。壬子，赐给宰相、枢密使、禁军各位将领整套衣服、用犀玉带、配好马鞍的骏马多少不等。癸丑，释放南唐投降的将领周成等人回国。乙卯，派遣使臣分别赈济各地州县。丁巳，命令后周宗正少卿郭玘祭祀后周的皇陵和太庙，仍旧和后周一样按时祭祀供献。己未，宰相上表请以二月十六日为长春节。癸亥，任命后周天雄军节度使、魏王符彦卿守太师，雄武军节度使王景守太保、太原郡王，定难军节度使、守太傅、西平王李彝殷守太尉，荆南节度使高保融守太傅，其余领节度使的人一律提升了爵位。甲子，赐皇弟殿前都虞候赵匡义改名为光义。己巳，建立太庙。镇州郭崇报告契丹和北汉军队都退回去了。

二月乙亥，太祖尊奉母亲南阳郡夫人杜氏为皇太后。任命后周宰相范质和从前一样守司徒、兼侍中，王溥守司空、兼门下侍郎、同中书门下平章事，魏仁浦为尚书右仆射、兼中书侍郎、同中书门下平章事，枢密使吴廷祚同中书门下二品。丙戌，长春节，太祖赐给大臣们衣服各一套。

三月乙巳，修改全国触犯太祖名字、已死皇帝名字的州县名称。丙辰，南唐主李景、吴越王钱俶派遣使臣送来皇帝衣服、锦绮、金帛表示祝贺。宿州发生火灾，太祖派遣使者抚恤灾区。壬戌，决定国运以火德王，颜色崇尚红色，年终岁末祭祀百神的腊日用戌这一天。癸亥，太祖命令武胜军节度使宋延渥等人率领水军在长江巡查。这年春天，均州、房州、商州、洛阳田鼠吃庄稼幼苗。

夏四月癸酉，窦俨进上两种舞蹈十二种乐曲的名称、乐章。乙酉，太祖亲临玉津园。派遣使臣分别到京城各门，赐给饥民粥。丙戌，疏浚蔡河。癸巳，昭义军节度使李筠叛乱，太祖派遣归德军节度使石守信讨伐他。

五月己亥初一，日食。庚子，太祖派遣昭化军节度使慕容延钊、彰德军节度使王全斌率领军队从东路出兵，和石守信会合讨伐李筠。壬寅，窦俨进上太庙舞曲名称。癸卯，石守信在长平打败李筠。甲辰，太祖下令各路兵马进军讨伐李筠。丙午，太祖亲临魏仁浦的府第探视他的病情。己酉，西京洛阳建成后周六祖的宗庙，太祖派官员把后周六祖的神位由京城开封迁往西京安奉。丁巳，太祖下诏亲征，派枢密使吴廷祚留守京城，都虞候赵光义任大内都点检，命令天平军节度使韩令坤屯兵河阳。己未，太祖从京城出发。丁卯，石守信、高怀德在泽州打败李筠军队，擒获李筠所部节度范守图，杀掉北汉援救李筠而降宋的士兵几千人。李筠逃入泽州城。戊辰，宋军包围泽州城。

六月癸酉，有一颗红色星从心宿处出现。辛未，攻克泽州，李筠自焚而死。太祖下令掩埋死尸，释放北汉宰相卫融，禁止士兵抢劫掠夺。甲申，免征泽州今年的田租。有一颗红色星从太微垣星处出现，经过上相星。乙酉，讨伐上党。丁亥，李筠的儿子李守节在上党投降，太祖赦免了他的罪过。太祖到潞州。辛卯，大赦天下，死罪犯人减刑，免除潞州城附近三十里内地区今年的田租，录用阵亡将士的子孙，随军丁夫免除三年徭役。甲午，永安军节度使折德扆攻下北汉沙谷寨。

秋七月戊申，太祖自潞州回到京城开封。壬子，太祖亲临范质府第探视他的病情。甲子，派遣工部侍郎艾颖朝拜嵩陵、庆陵。乙丑，南唐进贡白金，祝贺平定泽州、潞州叛乱。丁卯，南唐进贡皇帝乘坐的车子、衣服等物。

八月戊辰初一，太祖到崇元殿，举行入阁仪式。辛未，太祖派遣郭玘祭祀后周的太庙。壬申，恢复贝州为永清军节度。甲戌，命令宰相祈祷降雨。辛巳，任命后周武胜军节度使侯章为太子太师。壬午，任命赵光义领泰宁军节度，仍旧担任殿前都虞候。甲申，太祖立琅琊郡夫人王氏为皇后。戊子，南唐进贡数以千计的金银器具、罗绮祝贺平定泽州、潞州叛乱。

九月壬寅，昭义军节度使李继勋火烧北汉平遥县。癸卯，三佛齐国派遣使臣进贡当地特产。丙午，太祖手捧玉册给祖先加谥号，高祖父被尊为文献皇帝，庙号僖祖，高祖母崔氏被尊为文懿皇后；曾祖父被尊为惠元皇帝，庙号顺祖，曾祖母桑氏被尊为惠明皇后，祖父被尊为简恭皇帝，庙号翼祖，祖母刘氏被尊为简穆皇后；父亲被尊为武昭皇帝，庙号宣祖。己酉，太祖亲临宜春苑。中书舍人赵逢因跟随太祖征讨李筠时逃避艰险，被贬为房州司户参军。己未，淮南节度使李重进占据扬州发动叛乱，太祖派遣石守信等人率领军队讨伐他。甲子，归还北汉俘虏。

冬十月丁卯初一，太祖赏赐朝廷内外文武官员冬衣多少不等。壬申，决定县分为望、紧、上、中、下几个等级，规定每三年注册一次。壬午，黄河在厌次决口。乙酉，晋州兵马钤辖荆罕儒袭击北汉汾州，他死于这次战斗；龙捷指挥使石进等二十九人因没有去援救荆罕儒而在闹市被斩首示众。丁亥，太祖下诏亲征扬州，派都虞候赵光义为大内都部署，枢密使吴廷祚权上都留守。戊子，太祖下诏各个道的正副长官有优异政绩，百姓公举请求留任而立碑的人，由参军考察查实后上报朝廷。庚寅，太祖率军从京城出发。

十一月丁未，宋军到达扬州城下，攻克扬州，李重进全家自焚而死。戊申，处死李重进的同党，扬州平定。太祖命令各军在迎銮操练战舰，南唐主十分恐惧。南唐臣僚杜著、薛良也因恐惧而用欺骗手段逃离南唐来投奔，太祖憎恨他们没有忠义之心，在下蜀闹市把杜著斩首，流放薛良为庐州牙校。己酉，赈济扬州城里百姓每人米一斛，十岁以下的儿童减少一半。被李重进胁迫而当兵的人，太祖赐给他们衣服鞋子遣散回家。庚戌，给因攻城服役而死的丁夫每人绢三匹，死者家属免除三年徭役。乙卯，南唐主派遣使臣来慰劳征伐扬州的宋军。庚申，南唐主派遣儿子李从镒来朝拜太祖。

十二月己巳，太祖起驾回京城。丁亥，太祖从扬州回到京城开封。辛卯，泉州节度使留从效归宋称臣。

建隆二年春正月丙申初一，太祖到杜太后居住的宫门祝贺新春。庚子，占城国王派遣使臣来朝拜。壬寅，太祖到造船务，检阅水军作战演习。戊申，将扬州行宫改为建隆寺。太仆少卿王承哲因举荐官员失实，贬为殿中丞。壬子，商州田鼠吃庄稼幼苗，下诏免征赋税。太祖对宰相说："每次派遣使臣查看庄稼受灾程度，多数使臣只为自己邀功而使百姓受害，今后应当慎重选用使臣，以便让百姓了解我的爱民之意。"丁巳，疏导蔡水流入颖河。己未，派遣郭玘祭祀后周太庙。灵武节度使冯继业进献五百匹马、一百头骆驼、二匹野马。甲子，泽州刺史张崇诂因是李重进同党在闹市被斩首示众。

二月丙寅，太祖到飞山营检阅炮车。壬申，疏浚五丈河。癸酉，经办部门报告有十一人进士合格。荆南高保勖进贡黄金器皿。甲戌，太祖到城南，视察修建水匮。丁丑，南唐进贡祝贺长春节的皇帝衣服、金带以及金银器皿。己卯，太祖赐给天雄军节度使符彦卿粮食。禁止春夏两季捕鱼射鸟。己丑，制定窃盗律。

三月丙申，内酒坊失火，酒工三十多人被烧死，乘火灾之机进行偷盗的五十人，被抓住斩首的有三十八人，其余人因宰相进谏而免于死刑。酒坊使左承规、副使田处岩因酒工行盗在闹市被斩首示众。

闰三月己巳，太祖到玉津园，对侍从大臣说："沉湎于酒不是好榜样，我在宴席上偶然醉倒，常常为之后悔。"壬辰，南唐进奉金器、罗绮用来回谢对他生日的赏赐。丁丑，金、商、房三州发生饥荒，救济那里的百姓。癸未，太祖到迎春苑举行宴会射箭。

夏四月癸巳初一，日食。壬寅，诏令州县设置看守前代帝王、贤臣陵墓的陵冢户。己酉，无棣县男子赵遇谎说自己是皇帝的弟弟，被处死刑。己未，商河县令李瑶因犯赃罪被杖死，左赞善大夫申文纬因没能觉察李瑶赃罪被削官为民。庚申，颁布私自炼盐贸易盐及私自贩酒造酒麴的法律。

五月癸亥初一，因皇太后病，赦免杂犯死罪以下囚犯。乙丑，天狗星在西南方向堕落。丙寅，三佛齐国来进贡当地土产。丁丑，用解州安邑、解县两池盐供给徐州、宿州、郓州、济州。庚寅，供奉官李继昭因盗卖官船罪在闹市被斩首示众。诏令各道的邮传用军卒递送。

六月甲午，皇太后在滋德殿逝世。己亥，大臣们请求太祖治理国事，太祖听从了他们的请求。庚子，因太后逝世，暂停祭祀太庙。辛丑，太祖在紫宸殿门接见百官。壬子，祈求降雨。庚申，太祖脱去丧服。

秋七月壬戌，因为杜太后殡，太祖不受朝拜。辛未，晋州神山县山谷水中流出铁块，方圆二丈三尺，重七千斤。壬申，太祖任命赵光义为开封府尹，赵光美行兴元府尹。己卯，陇州进贡黄鹦鹉。

八月壬辰初一，太祖不上殿处理政事。壬寅，太祖下诏罪至死刑的重犯送所属州军决判。甲辰，南唐主李景逝世，儿子李煜继位当皇帝。派遣使臣请求太祖追尊李景皇帝称号，太祖同意了他的请求。己酉，拘捕易定节度使、同平章事孙行友，削去官爵，押回私宅。辛亥，太祖到崇夏寺，参观修建三门。女直国派遣使臣来朝拜献礼物。大名府永济县主簿郭玘因贪赃罪在闹市被斩首示众。庚申，《周世宗实录》撰修成功。

九月壬戌初一，太祖不上殿处理政事。南唐派遣使者来进贡金银、缯彩。甲子，契丹解利来投降。荆南节度使高保勖派遣自己的弟弟高保寅来朝拜太祖。戊子，太祖派遣使者去南唐赠送财物以助办丧事并祭奠李景。

冬十月癸巳，南唐派遣使臣韩熙载、田霖来参加皇太后的葬礼。丙申,太祖派遣枢密承旨王仁赡去南唐赏赐礼物。戊戌,禁止边境地区的百姓偷盗塞外马匹。辛丑,丹州下大雨冰雹。丙午,将明宪皇太后安葬在安陵。

十一月辛酉初一,太祖不上朝处理政事。甲子,把皇太后的神主牌位送入太庙祭祀。己巳,太祖到相国寺,于是又到了国子监。癸酉,沙州节度使曹元忠、瓜州团练使曹延继等人派遣使者进献戴着用玉镶嵌的马鞍、马笼头的骏马。

十二月壬申,回鹘可汗景琼派遣使者来进贡当地土产。乙未,李继勋打败北汉军队,俘虏辽州刺史傅廷彦、他的弟弟傅勋献给朝廷。辛丑,太祖到新修河仓视察。庚戌,太祖在近郊打猎。癸丑,太祖派遣使者赐给南唐、吴越马匹、羊只、骆驼多少不等。

建隆三年春正月庚申初一,因皇太后丧不受百官朝贺新春。己巳,淮南发生饥荒,救济那里的灾民。庚午,太祖到迎春苑宴会射箭。甲戌,扩建皇城。太祖诏令地方官员劝说百姓春天播种。丙子,瓜沙归义节度使曹元忠进献马匹。庚辰,女直国派遣使者只骨来献礼物。诏令各地不得役使道路居民。癸未,太祖到国子监视察。

二月丙辰,太祖再次视察国子监,于是又到迎春苑设宴款待陪从官员。庚寅,诏令文班官员推荐可以担任宾佐、令录官各一名,举荐不当者比拟被推荐人所犯过失一并治罪。甲午,太祖下诏从现在起百官上朝奏对,必须讲述时政的对与错,不要因为触犯忌讳而惧怕。乙未,滑州节度使张建丰因失火罪被免官。己亥,改定窃盗律。壬午,太祖对侍臣说:"我希望武将们都读书以懂得治理国家的道理,怎么样?"左右侍臣不知如何答对。甲寅,北汉军队进犯潞州、晋州,守城将领把他们打走。

三月戊午初一，厌次县下霜冻死桑树。壬戌，三佛齐国派遣使者来贡献礼物。癸亥，祈祷降雨。丁卯，太祖亲临太清观，于是又到开封府尹赵光义的后园举行宴会射箭。己巳，大雨。太祖下诏申明法律条文通告各地州郡，犯有死罪的人送刑部复审。乙亥，太祖派遣使臣赐给南唐主李煜生日礼物。丁丑，女直国派遣使臣来贡献礼品。丁亥，太祖下令把北汉投降的人迁徙到邢州、洺州。

夏四月乙未，延州下大雨夹雪，赵州、卫州发生旱灾。丙申，宁州下大雨夹雪，沟渠水都结成冰。戊戌，太祖亲临太清观。庚子，回鹘阿督等人来进贡当地土产。壬寅，丹州降雪深达二尺。乙巳，太祖追赠哥哥赵光济为邕王，弟弟赵光赞为夔王，追册夫人贺氏为皇后。

五月甲子，太祖亲自到相国寺祈祷降雨，于是又到迎春苑举行宴会射箭。乙亥，海州发生火灾。在太行山开辟运送物资的道路。癸未，命令使者检查河北各州的旱情。甲申，太祖下诏均衡户役，敢于蔽占的人有罪。太祖再次亲自到相国寺祈祷降雨。乙酉，扩建皇宫。齐、博、德、相、霸五州从春天至今没有下雨，太祖因为旱灾减少肴馔和停奏音乐。

六月辛卯，赈济宿州饥荒。癸巳，任命吴廷祚为雄武军节度使，免去他的枢密使职务。乙未，太祖赐酒给国子监。丁酉，太祖亲临太清观。己亥，京城附近、河北地区犯有死罪以下罪行的囚犯减刑。壬寅，京城下雨。壬子，蕃部尚波于等人来争采造务，用军队进犯渭北，秦州知州高防把他们打败赶走。乙卯，太祖亲临迎春苑举行宴会射箭。黄陂县有大象从南面来吃庄稼。

秋七月庚申，南唐派遣大臣翟如璧谢太祖赐给南唐主李煜的生辰礼物，进贡金银、锦绮以千万计。壬戌，释放南唐投降士兵中几千名体弱的人回国。乙丑,免征舒州茭白香蒲新税。丁卯,滁州下大雨夹冰雹。搜索京城内外军队中不守法的人流放到沙门岛。己卯,北汉捉生指挥使路贵等人来投降。辛巳,太祖派遣十名从臣检查河北旱情。癸未,兖、济、德、磁、洺五州没有生翅膀的小蝗虫吃庄稼。

八月癸巳,蔡河务纲官王训等四人因将糠土掺杂进军粮中,在闹市被分尸。乙未,采用知制诰高锡建议,凡是行贿获得推荐的人允许知情者揭发检举,奴婢邻居亲属能揭发检举的给予奖赏。太祖下诏凡按资叙授各道司法参军时都先要用正律和疏出题考试判案。诏令尚书吏部奏上恢复书判拔萃科的条文。

九月庚午,吐蕃尚波于等人旧还伏羌县土地。壬申,修建武成王庙。丙子,占城国来进献礼物。禁止砍伐桑树、枣树。

冬十月乙酉初一,太祖赐给百官冬天衣服多少不等。丙戌,太祖亲临太清观,于是又去造船务,检阅水战演习。己亥,太祖到岳台,命令各军操练骑马射箭,太祖又到玉津园。辛丑,任用枢密副使赵普为枢密使。辛亥,太祖到近郊打猎。

十一月癸亥,禁止奉命出使各道时私相嘱托。考核县令政绩以辖区百姓户口增减为升降依据。丙寅,南唐派遣使臣顾彝来朝拜。丙子,三佛齐国派遣使臣李丽林等人来进献礼物,高丽国派遣李兴祐等人来朝拜。己卯,太祖在近郊打猎。壬午,赐给南唐建隆四年历。

十二月丙戌,太祖下诏让各县设置县尉一名,主管盗窃诉讼;设置弓手,弓手的数量根据各县户数多少不等。戊戌,蒲、晋、慈、隰、相、卫六州发生饥荒,救济灾区百姓。庚子,颁布捕盗令。甲辰,衡州刺史张文表叛乱。

这一年,周郑王离开京城去房州居住。

乾德元年春正月甲寅初一，太祖不上殿听政。乙卯，征发关西乡兵前往庆州。丁巳，修筑京城开封辖区内的黄河河堤。己未，派遣使臣赐给南唐、吴越马匹、骆驼、羊多少不等。庚申，太祖派遣山南东道节度使慕容延钊率领十州军队去讨伐张文表。乙丑，太祖亲临造船务，视察建造战船。甲戌，太祖诏令荆南征发三千名水军去潭州接受慕容延钊指挥。己卯，女直国派遣使者来进献礼物。

二月壬辰，周保权的将领杨师璠在朗陵闹市把张文表斩首示众。甲午，慕容延钊进入荆南，高继冲请求归顺朝廷，得到三个州、十七个县。乙未，攻克潭州。辛亥，澶、滑、卫、魏、晋、绛、蒲、孟八州发生饥荒，太祖命令开仓救济灾民。

三月辛未，太祖到金凤园练习射箭，七箭都中靶子。符彦卿等人进献马匹表示祝贺，于是太祖遍赏随从大臣名马、银器多少不等。壬申，高继冲登记荆南所有的钱财丝帛、粮食草料来上报给太祖。癸酉，颁布新定的法律。戊寅，慕容延钊攻破三江口，攻克岳州，收复郎州，湖南平定，得到十四个州，一个监，六十六个县。

夏四月，发生旱灾。甲申，在京城所有的祠观庙宇祈祷降雨，傍晚时分下雨。荆南郎州、潭州管辖内的死罪囚犯减刑一等，抢劫掠夺的财物归还原主。乙酉，太祖派遣使者祭祀南岳衡山。丁亥，太祖亲临国子监，于是又去了武成王庙，在玉津园设宴射箭。庚寅，太祖拿出内库钱币招募各军的子弟挖凿练习水战的池塘。辛卯，《建隆应天历》编成，太祖亲自作序。壬辰，赏赐平定湖南的立功将士。癸巳，太祖到玉津园。丙申，兵部郎中曹匪躬在闹市被斩首示众，海陵、盐城屯田副使张蔿除去官籍，都是因为违法犯罪。庚子，荆南节度使高继冲进贡助宴的金银、罗绮、柱衣、屏风等物品。癸卯，辰、锦、叙等州归顺宋朝。甲辰，太祖下诏开凿疏浚黄河三门。禁止泾、原、邠、庆等州补充少数民族人担任镇守边境的将领。夏西平王李彝兴进献一头耗牛。乙巳，太祖亲临玉津园，检阅各军骑马射箭。丙午，免征湖南的茶税，禁止峡州盐井。辛亥，借贷种子粮食给澶州百姓。

五月壬子初一，太祖在京城祈祷降雨。甲寅，太祖派遣使臣到五岳四渎祈祷降雨。乙丑，扩建皇宫。庚午，把符印发给荆南管辖内的官吏。癸酉，太祖到玉津园。

六月乙酉，免除潭州所属各县的无名摊派聚敛。壬辰，天气大热，停止营造工程，赐给工匠衣衫鞋子。乙未，太祖下诏：原荆南士兵愿意回乡务农的可以回去。丙申，诏历代帝王每三年祭献一次，建立汉光武帝、唐太宗庙。己亥，澶州、濮州、曹州、绛州发生蝗灾，太祖命令用牛羊猪三牲祭祀。庚子，百官三次上表请求太祖同意奏乐，太祖同意了他们的请求。太祖减少左右的禁卫官员。丙午，下雨。太祖下诏年终祭祀百神的腊祭、庙祭、社祭都在举行腊祭的戌这一天进行。己酉，太祖命令在新挖成的水池中，演习水战。

秋七月辛亥初一，规定州县所设置的杂职、承符、厅子等人数。甲寅，将平定湖湘时死于公事的靳彦朗的儿子靳承勋等三十人补为殿直。丙辰，太祖到新挖成的水池，赐给役夫钱，于是又到玉津园。丁巳，安国军节度使王全斌等人率领军队进入太原境内，把俘虏献给朝廷，太祖赐给俘虏钱和米后释放他们。己未，太祖下诏百姓如有生病而亲属把他抛弃以犯罪论处。癸亥，湖南发生瘟疫，太祖赐药给行营将校。丁卯，太祖亲临武成王庙，于是又去了新挖的水池，检阅水战演习。己巳，朗州贼将汪端进犯州城，都监尹重睿把他们打败赶走。太祖下诏免征荆南全境的一半夏税。甲戌，免究周保权的罪行。乙亥，诏命修缮朗州城，免征朗州全境的夏税。丁丑，太祖分别命令身边亲近大臣祈祷降雨。己卯，颁布《重定刑统》等书。

八月壬午，殿前都虞候张琼因欺侮军校史珪、石汉卿等人，被他们所诬陷，交法官审讯，张琼自杀。丙戌，太祖派遣给事中刘载朝拜安陵。丁亥，王全斌攻打北汉乐平县，乐平县投降。辛卯，把乐平县改为平晋军，一千八百名投降士兵编为效顺军，赐给每个人钱帛。壬辰，诏《九经》举人落榜以后允许再次参加考试。癸巳，女直国派遣使者进献名马。免去登州沙门岛百姓赋税，命令他们专门治理船只渡送马匹。丙申，北汉静阳十八寨首领来投降。泉州陈洪进派遣使者来朝拜进贡。黄河在齐州决口。京城下雨。己亥，契丹幽州岐沟关使柴廷翰等人来投降。癸卯，宰相范质率领文武百官给太祖上尊号，太祖不接受。

九月甲寅，文武百官三次上表请求太祖接受尊号，太祖答应了他们的请求。丙寅，太祖在广政殿设宴，开始演奏音乐。丁卯，贬责宣徽南院使兼枢密副使李处耘为淄州刺史。戊辰，女直国派遣使者来进献名鹰海东青。丙子，禁止知举官将去贡院时大臣们向他保荐人。赐给南唐羊一万只。在朗州把汪端分尸。戊寅，北汉引诱契丹军队进攻平晋军，太祖派遣洺州防御使郭进等人援救平晋军。

冬十月庚辰，太祖下诏州县征收赋税要造册登记。己亥，太祖在近郊打猎。丁未，吴越国进贡南郊大礼的礼物金银、珍珠器皿、犀象、香药等都以万计。十一月乙卯，荆南节度使高继冲进贡南郊大礼的银子一万两。甲子，太祖在南郊祭祀天地，大赦天下，改年号为乾德。文武百官奉玉册进上尊号为应天广运仁圣文武至德皇帝。丙寅，南唐进贡祝贺南郊、尊号的礼物银绢以万计。丁卯，太祖赐给左右亲近大臣衣服、金带、器币、带鞍的马匹多少不等。乙亥，太祖在近郊打猎。

十二月庚辰，殿前祗候李璘因为父仇杀死员僚陈友，李璘自首，太祖被他的孝义所感动而释放了他。辛巳，开封府尹赵光义、兴元府尹赵光美分别增加封地，赐给功臣号；宰相范质、王溥、魏仁浦都升为特进，易换封号，增加封地；枢密使赵普加官为光禄大夫，易换功臣号；文武臣僚分别提升官阶、勋位、封爵、增加食邑户数。甲申，皇后王氏逝世。辛卯，废除登州都督。己亥，泉州陈洪进派遣使者进贡白金一千两，乳香、茶药都以万计算。己巳，南唐主李煜上表请求直呼其名，太祖下诏不同意。

闰十二月己酉初一，考核医官，退去其中医术不精的二十二人。甲寅，太祖命令左右近臣祈祷降雪。丁卯，拔萃科举行复试，田可封、宋白、谭利用等人符合太祖旨意，太祖赏赐他们多少不等。辛未，安陵选择在巩县。乙亥，折德扆在府州城下打败北汉军队，擒获北汉军队将领杨璘，因为太常建议，奉赤帝为感生帝。

乾德二年春正月辛巳，太祖诏谕州县地方长官劝勉农民及时耕作播种。有大象进入南阳，掌管山泽田猎的官员杀死了大象，把大象皮和象牙拿来献给太祖。京城下雨夹雪，打雷。癸未，太祖到迎春苑设宴射箭。甲申，太祖下诏编著四时听选式。回鹘派遣使者进献当地土产。戊子，范质为太子太傅、王溥为太子太保、魏仁浦仍为尚书左仆射，三人同时被免去了宰相职务。庚寅，任命赵普为门下侍郎、同中书门下平章事，李崇矩为枢密使。壬辰，太祖下诏亲自考试制举的三个科目，不限官员百姓，都可以直接到阁门投进书札自荐。甲辰，太祖下诏各道所上狱词，命令大理寺检断、刑部详复，如有滞留差错失误以致中书门下省加以改正的案件，从重处罚两个机构的责任者。乙巳，太祖到玉津园设宴射箭。丁未,太祖下诏命令县令、主簿、尉没有公事不得下乡。令、录、簿、尉等职官有年老病重的人允许弹劾。

二月戊申初一,北汉辽州刺史杜延韬从辽州来降。癸丑,太祖派遣使臣赈济陕州饥荒。疏导溪水流入京城。丁巳,修建安陵时,隧道坍落,压死役夫士兵二百人,太祖命令有关机构掩埋死尸并抚恤死者家庭。庚午,府州俘虏北汉卫州刺史杨阊来献给朝廷。甲戌,南唐进贡改葬安陵的银绫绢各以万计。疏浚汴河。

三月辛巳,太祖到教船池,赐给水军将士衣服多少不等,回宫时到玉津园设宴射箭。乙未,北汉耀州团练使周审玉等人来投降。丁酉,太祖派遣使者去五岳祈祷降雨。禁止臣僚出外或返京时借官军按部护送。辛丑,太祖派遣摄太尉赵光义手捧宝册上明宪皇太后的谥号为昭宪、皇后贺氏谥号为孝惠,王氏谥号为孝明。

夏四月丁未初一,贤良方正直言极谏科考试策问,博州判官颖贽中第。戊申,赈济河中地区饥荒。己酉,免征各道播种而无禾苗地区的今年夏税。乙卯,在安陵安葬昭宪皇太后、孝明皇后。乙丑,开始设置参知政事,任命兵部侍郎薛居正、吕余庆担任这个职位。己巳,灵武发生饥荒,转运泾州粮食进行救济。壬申,把两位皇后的神主牌位安奉在一个宗庙的两个室中。迁徙永州各县百姓中发生牲畜蛊毒的三百二十六家到县所在的僻静地区,不得再在乡里饲养牲畜。

五月己卯,知制诰高锡因接受藩镇贿赂,贬为莱州司马。辛巳,宗正卿赵砺因贪赃受杖刑、官籍除名。癸未,太祖到玉津园设宴射箭。

六月巳酉,任命弟赵光义为中书令,弟赵光美为同中书门下平章事,儿子赵德昭为贵州防御使。庚申,太祖到相国寺,于是又去了教船池、玉津园。辛未,黄河南北以及陕西各州发生蝗灾，只有赵州蝗虫不吃庄稼。

秋七月乙亥，春州突然发生的大水淹死了百姓。庚辰，邻阳下雨和冰雹。辛巳，太祖到玉津园，回宫时去了新池，视察水战训练。辛卯，太祖下诏让翰林学士陶谷、窦仪等人各自推荐一名能够胜任州郡通判职务的人，推荐不当的连同获罪。

九月甲戌初一，《周易》博士奚屿贬为乾州司户，库部员外郎王贻孙贬为左赞善大夫，都是因为考试品官子弟时不公正。戊子，延州下雨和冰雹。乙未，太祖到京城北郊视察庄稼。辛丑，太子太傅范质逝世。壬寅，潘美等人攻克郴州。

冬十月戊申，周纪王柴熙谨逝世，太祖停止上朝处理政事。

十一月甲戌，太祖命令忠武军节度使王全斌为西川行营前军兵马都部署，武信军节度使崔彦进任他的副手，率领步兵骑兵三万人从凤州道出发；江宁军节度使刘光义为四川行营前军兵马副都部署，枢密承旨曹彬任他的副手，率领步兵骑兵二万人从归州道出发讨伐后蜀。乙亥，太祖在崇德殿设宴招待西川行营将校，出示川峡地图，传授将领们攻取后蜀的措施方法，赐给每人金带玉带、衣物多少不等。壬辰，太祖在近郊打猎。

十二月乙巳，释放广南郴州都监陈珝等二百人。戊申，刘光义攻克夔州，后蜀节度使高彦俦自焚。丁巳，免征归、峡州秋税。辛酉，王全斌攻克万仞、燕子两寨，攻下兴州，接连攻克石圌等二十几个营寨。甲子，刘光义攻克巫山等营寨，斩杀后蜀将领南光海等八千人，擒获后蜀战棹都指挥袁德宏等一千二百人。王全斌的先锋史进德在三泉寨打败后蜀军队，擒获后蜀节度使韩保正、李进等人。南唐进贡白银二万两、金银器皿几百件。庚午，太祖下诏招抚在山林中聚集藏匿的人，辛未，太祖在北郊打猎。

宋史卷二

本纪第二

太祖二

三年春正月癸酉朔，以出师不御殿。甲戌，王全斌克剑门，斩首万余级，禽蜀枢密使王昭远、泽州节度赵崇韬。乙亥，诏瘗征蜀战死士卒，被伤者给缯帛。壬午，全斌取利州。乙酉，蜀主孟昶降。得州四十五、县一百九十八、户五十三万四千三十有九。高丽国王遣使来朝献。戊子，吏部郎中邓守中坐试吏不当，责本曹员外郎。癸巳，刘光义取万、施、开、忠四州，遂州守臣陈愈降。乙未，诏抚西川将吏百姓。丙申，赦蜀，归俘获，除管内逋赋，免夏税及沿征物色之半。

二月癸卯，南唐、吴越进长春节御衣、金银器、锦绮以千计。甲辰，遣皇城使窦思俨迎劳孟昶。丁未，全州大水。庚申，王全斌杀蜀降兵二万七千人于成都。

三月癸酉，诏置义仓。是月，两川贼群起，先锋都指挥使高彦晖死之，诏所在攻讨。

夏四月乙巳，回鹘遣使献方物。癸丑，职方员外郎李岳坐赃弃市。南唐进贺收蜀银绢以万计。戊午，遣中使给蜀臣鞍马、车乘于江陵。癸亥,募诸军子弟导五丈河,通皇城为池。

五月辛未朔,诏还诸道幕职、令录经引对者,以涉途远近,差减其选。壬申,幸迎春苑宴射。乙亥,遣开封尹光义劳孟昶于玉津园。丙戌,见孟昶于崇元殿,宴昶等于大明殿。丁亥,赐将士衣服钱帛。戊子,大赦,减死罪一等。壬辰,宴孟昶及其子弟于大明殿。

六月甲辰,以孟昶为中书令、秦国公,昶子弟诸臣锡爵有差。庚戌,孟昶薨。

秋七月,珍州刺史田景迁内附。壬辰,追封孟昶为楚王。丁酉,幸教船池,遂幸玉津园宴射。

八月戊戌朔,诏籍郡国骁勇兵送阙下。癸卯,河决阳武县。庚戌,诏王全斌等廪蜀亡命兵士家。乙卯,河溢河阳,坏民居。戊午,殿直成德钧坐赃弃市。己未,郓州河水溢,没田。辛酉,寿星见。

九月己巳,阅诸道兵,以骑军为骁雄,步军为雄武,并隶亲军。壬申,诏蜀诸郡各置克宁军五百人。辛巳,河决澶州。戊子,幸西水硙。

十月丁酉朔,大雾。己未,太子中舍王治坐受赃杀人,弃市。丙寅,济水溢邹平。

十一月丙子,甘州回鹘可汗遣僧献佛牙、宝器。乙未,剑州刺史张仁谦坐杀降。贬宋州教练。

十二月丁酉朔,诏妇为舅姑丧者齐、斩。己亥,诏西川管内监军、巡检毋预州县事。戊午,甘州回鹘可汗、于阗国王等遣使来朝,进马千匹、橐驼五百头、玉五百团、琥珀五百斤。

四年春正月丙子,遣使分诣江陵、凤翔,赐蜀群臣家钱帛。丁亥,命丁德裕等率兵巡抚西川。己丑,幸迎春苑宴射。

二月癸卯，视皇城役。丙辰，于阗国王遣其子德从来献。安国军节度使罗彦瑰等败北汉于静阳，擒其将鹿英。辛酉，试下第举人。甲子，免西川今年夏税及诸征之半，田不得耕者尽除之。岳州火。

三月癸酉，罢义仓。甲戌，占城国遣使来献。癸未，僧行勤等一百五十七人，各赐钱三万，游西域。

夏四月丁酉，占城遣使来献。丙午，潭州火。壬子，罢光州贡鹰鹞。丁巳，契丹天德军节度使于延超与其子来降。进士李蔼坐毁释氏，辞不逊，黥杖，配沙门岛。庚申，幸燕国长公主第视疾。

五月，南唐贺文明殿成，进银万两。甲戌，光禄少卿郭玘坐赃弃市。乙亥，阅蜀法物、图书。丁丑，诏蜀郡敢有不省父母疾者罪之。辛巳，潭州火。壬午，澶州进麦两岐至六岐者百六十五本。辛卯，荧惑犯轩辕。

六月甲午，东阿河溢。甲辰，河决观城。月犯心前星。丙午，澧州刺史白全绍坐纵纪纲规财部内，免官。诏：人臣家不得私养宦者，内侍年三十以上方许养一子，士庶敢有阉童男者不赦。己酉，果州贡禾，一茎十三穗。

秋七月丙寅，诏：蜀官将吏及姻属疾者，所在给医药钱帛。戊辰，西南夷首领董裛等内附。己巳，幸造船务，又幸开封尹北园宴射。癸酉，赐西川行营将士钱帛有差。庚辰，罢剑南蜀米麦征。华州旱，免今年租。给州县官奉户。

八月丁酉，诏除蜀倍息。庚子，水坏高苑县城。壬寅，诏宪臣及吏、刑部官三周岁满日，即转授加恩。庚戌，枢密直学士冯瓒、绫锦副使李美、殿中侍御史李楫为宰相赵普陷，以赃论死；会赦，流沙门岛，逢恩不还。辛亥，幸玉津园宴射。京兆府贡野蚕茧。壬子，衡州火。乙卯，录囚。丙辰，河决滑州，坏灵河大堤。普州兔食稼。

闰月乙丑，河溢入南华县。己巳，衡州火。乙亥，诏：民能树艺、开垦者不加征，令佐能劝来者受赏。

九月壬辰朔，水。虎捷指挥使孙进、龙卫指挥使吴瑰等二十七人，坐党吕翰乱伏诛，夷进族。庚子，占城献驯象。乙巳，幸教船池，遂幸玉津园观卫士骑射。丙午，诏吴越立禹庙于会稽。

冬十月辛酉朔，命太常复二舞。癸亥，诏诸郡立古帝王陵庙，置户有差。己巳，禁吏卒以巡察扰民。

十二月庚辰，妖人张龙儿等二十四人伏诛，夷龙儿、李玉、杨密、聂赟族。

五年春正月戊戌，治河堤。丁未，合州汉初县上青樗木，中有文曰"大连宋"。甲寅，王全斌等坐伐蜀黩货杀降，全斌责崇义军节度使，崔彦进责昭化军节度使，王仁赡责右卫大将军。丙辰，诏伐蜀将校有受蜀人钱物者，并即还主。丁巳，赏伐蜀功，曹彬、刘光义等进爵有差。

二月庚申朔，幸造船务，遂幸城西观卫士骑射。甲子，薛居正、吕余庆并为吏部侍郎，依前参知政事。己丑，幸教船池。

三月甲辰，诏翰林学士、常参官于幕职、州县及京官内各举堪任常参官者一人，不当者连坐。乙巳，诏诸道举部内官吏才德优异者。丙午，以普为尚书左仆射兼门下侍郎、同中书门下平章事，崇矩检校太傅。是日，幸教船池，又幸玉津园宴射。丙辰，北汉石盆寨招收指挥使阎章以寨来降。五星聚奎。

夏五月乙巳，赐京城贫民衣。北汉鸿唐寨招收指挥使樊晖以寨来降。甲寅，王溥为太子太傅。

六月戊午朔，日有食之。辛巳，幸建隆观，遂幸飞龙院。丁亥，牡㮚顺化王子等来献方物。

七月丁酉，禁毁铜佛像。己酉，免水旱灾户今年租。

八月甲申，河溢入卫州城，民溺死者数百。

九月壬辰，仓部员外郎陈郾坐赃弃市。甲午，西南蕃顺化王子部才等遣使献方物。己酉，畋近郊。

十一月乙酉朔，工部侍郎毋守素坐居丧娶妾免。供奉武仁海坐枉杀人弃市。

十二月丙辰，禁新小铁镴等钱、疏恶布帛入粉药者。癸酉，升麟州为建宁军节度。赵普以母忧去位，丙子，起复。

开宝元年春正月甲午，增治京城。陕之集津、绛之垣曲、怀之武陟饥，振之。己亥，北汉偏城寨招收指挥使任恩等来降。

三月庚寅，班县令、尉捕盗令。癸巳，幸玉津园。乙巳，有驯象自至京师。

夏四月乙卯，幸节度使赵彦徽第视疾。

五月丁未，赐南唐米麦十万斛。

六月癸丑朔，诏民田为霖雨、河水坏者，免今年夏税及沿征物。癸亥，诏：荆蜀民祖父母、父母在者，子孙不得别财异居。丁丑，太白昼见；戊寅，复见。辛巳，龙出单父民家井中，大风雨，漂民舍四百区，死者数十人。

秋七月丙申，幸铁骑营，赐军钱羊酒有差。北汉颍州寨主胡遇等来降。丙午，幸铁骑营，遂幸玉津园。戊申，坊州刺史李怀节坐强市部民物，责左卫率府率。北汉主刘钧卒，养子继恩立。

八月乙卯，按鹘于近郊，还幸相国寺。戊午，又按鹘于北郊，还幸飞龙院。丙寅，遣客省使卢怀忠等二十二人率禁军会潞州。戊辰，命昭义军节度使李继勋等征北汉。

九月辛巳朔，禁钱出塞。癸未，监察御史杨士达坐鞫狱滥杀弃市。庚子，李继勋败北汉于铜温河。己酉，北汉供奉官侯霸荣弑其主继恩，继元立。

冬十月己未，畋近郊，还幸飞龙院。丙子，吴越王遣其子惟浚来朝贡。

十一月癸卯，日南至，有事南郊，改元开宝，大赦，十恶、杀人、官吏受赃者不原。宰相普等奉玉册、宝，上尊号曰应天广运大圣神武明道至德仁孝皇帝。

十二月甲子，行庆，自开封兴元尹、宰相、枢密使及诸道蕃侯，并加勋爵有差。乙丑，大食国遣使献方物。

二年春正月己卯朔，以出师，不御殿。

二月乙卯，命昭义军节度使李继勋为河东行营前军都部署，侍卫步军指挥使党进副之，宣徽南院使曹彬为都监，棣州防御使何继筠为石岭关部署，建雄军节度使赵赞为汾州路部署，以伐北汉。宴长春殿。命彰德军节度使韩仲赟为北面都部署，彰义军节度使郭延义副之，以防契丹。戊午，诏亲征。己酉，以开封尹光义为上都留守，枢密副使沈义伦为大内部署、判留司三司事。甲子，发京师。乙亥，雨，驻潞州。

三月壬辰，发潞州。乙未，李继勋败北汉军于太原城下。戊戌，驾传城下。庚子，观兵城南，筑长连城。辛丑，幸汾河，作新桥。发太原诸县丁数万集城下。癸卯，北汉史昭文以宪州来降。乙巳，临城南，谓汾水可以灌其城，命筑长堤壅之，决晋祠水注之。遂寨城四面，继勋军于南，赞军于西，彬军于北，进军于东，乃北引汾水灌城。辛亥，遣海州刺史孙方进率兵围汾州。

四月戊申，幸城东观筑堤。壬子，复幸城东。己未，何继筠败契丹于阳曲，斩首数千级，俘武州刺史王彦符以献，命陈示所获首级、铠甲于城下。壬戌，幸汾河观造船。戊辰，幸城西上生院。丙子，复幸城西。

五月癸未，韩仲赟败契丹于定州北。自戊子至庚寅，命水军载弩环攻，横州团练使王廷义、殿前都虞候石汉卿死之。甲午，北汉赵文度以岚州来降。甲辰，都虞候赵廷翰奏，诸军欲登城以死攻，上愍之，不允。

闰月戊申，雉圮，水注城中，上遽登堤观。己酉，右仆射魏仁浦薨。壬子，以太常博士李光赞言，议班师。己未，命兵士辽河东民万户丁山东。庚中，分命使臣率兵赴镇、潞。壬戌，驾还。戊辰，驻跸于镇州。

六月丙子朔，发镇州。癸巳，至自太原。曲赦京城囚。

秋七月丁巳，幸封禅寺。诏镇、深、赵、邢、洺五州管内镇、寨、县悉城之。甲子，大宴。赐宰相、枢密使、翰林学士、节度、观察使袭衣金带。戊辰，西南夷顺化王子武才等来献方物。癸酉，幸新水碨。汴决下邑。乙亥，寿星见。

八月丁亥，诏川峡诸州察民有父母在而别籍异财者，论死。

九月乙巳朔，幸武成王庙。壬戌，幸玉津园宴射。

冬十月戊子，畋近郊。庚寅，散指挥都知杜延进等谋反伏诛，夷其族。诏：相、深、赵三州丁夫死太原城下者，复其家。庚子，以王溥为太子太师，武衡德为太子太傅。癸卯，西川兵马都监张延通、内臣张屿、引进副使王玨为丁德裕所潛，延通坐不逊诛，屿、玨并杖配。

十一月丙午，幸镇宁军节度使张令铎第视疾。甲寅，畋近郊，还幸金凤园。庚申，回鹘、于阗遣使来献方物。

十二月癸未，幸中书视宰相赵普疾。己亥，右赞善大夫王昭坐监大盈仓，其子与仓吏为奸赃，夺两任，配隶汝州。丁德裕诬奏西川转运使李铉指斥，事既直，犹坐酒失，责授右赞善大夫。

三年春正月癸卯朔，雨雪，不御殿。癸丑，增河堤。辛酉，诏：民五千户举孝弟彰闻、德行纯茂者一人，奇才异行不拘此限，里闾郡国递审连署以闻，仍为治装诣阙。

二月庚寅，幸西茶库，遂幸建隆观。

三月庚戌，诏阅进士十五举以上司马浦等百六人，并赐本科出身。辛亥，赐处士王昭素国子博士致仕。丙辰，殿中丞张颙坐先知颍州政不平，免官。己未，幸宰相赵普第视疾。

夏四月辛未朔，日有食之。丁亥，幸寺观祷雨。辛卯，雨。甲午，幸教船池。己亥，罢河北诸州盐禁。诏郡国非其土产者勿贡。

五月丁未，禁京城民畜兵器。癸丑，幸城北观水硙。癸亥，赐诸班营舍为雨坏者钱有差。

六月乙未，禁诸州长吏亲随人掌厢镇局务。

秋七月乙巳，立报水旱期式。壬子，诏蜀州县官以户口差第省员加禄，寻诏诸路亦如之。戊辰，幸教船池，又幸玉津园宴射。

八月戊子，幸教船池，又幸玉津园。

九月己亥朔，命潭州防御使潘美为贺州道兵马行营都部署，朗州团练使尹崇珂副之。遣使发十州兵会贺州，以伐南汉。甲辰，诏：西京、凤翔、雄耀等州，周文、成、康三王，秦始皇，汉高、文、景、武、元、成、哀七帝，后魏孝文，西魏文帝，后周太祖，唐高祖、太宗、中宗、肃宗、代宗、德、顺、文、武、宣、懿、僖、昭诸帝，凡二十七陵，尝被盗发者，有司备法服、常服各一袭，具棺椁重葬，所在长吏致祭。己酉，幸开宝寺观新钟。丙辰，女直国遣使赍定安国王烈万华表，献方物。丁卯，潘美等败南汉军万众于富州，下之。

十月庚辰，克贺州。

十一月壬寅，下昭、桂二州。乙巳，减桂阳岁贡白金额。癸丑，右领军卫将军石延祚坐监仓与吏为奸赃弃市。癸亥，定州驻泊都监田钦祚败契丹于遂城。丙寅，以曹州举德行孔蟾为章丘主簿。

十二月壬申，潘美等下连州。辛卯，大败南汉军万余于韶州，下之。癸巳，增河堤。

四年春正月戊戌朔，以出师，不视朝。丙午，罢诸道州县摄官。丁未，右千牛卫大将军桑进兴坐赃弃市。癸丑，潘美等取英州、雄州。

二月丁亥，南汉刘鋹遣其左仆射萧漼等以表来上。己丑，潘美克广州，俘刘鋹，广南平。得州六十、县二百十四、户十七万二百六十三。辛卯，大赦广南，免二税，伪署官仍旧。

三月乙未，幸飞龙院，赐从臣马。丙申，诏：广南有买人男女为奴婢转佣利者，并放免；伪政有害于民者具以闻，除之。增前代帝王守陵户二。

夏四月丙寅朔，前左监门卫将军赵玭诉宰相赵普，坐诬毁大臣，汝州安置。丁卯，三佛齐国遣使献方物。己巳，诏禁岭南商税、盐、麴，如荆湖法。辛未，幸永兴军节度使吴廷祚第视疾。癸未，幸开宝寺。辛卯，南唐遣其弟从谏来朝贡。发厢军千人修前代陵寝之在秦者。壬辰，监察御史闾丘舜卿坐前任盗用官钱，弃市。

五月乙未朔，御明德门受刘鋹俘，释之；斩其柄臣龚澄枢、李托、薛崇誉。大宴于大明殿，鋹预焉。丁酉，赏伐广南功，潘美、尹崇珂等进爵有差。

六月癸酉，遣使祀南海。丁丑，命翰林试南汉官，取书判稍优者，授令、录、簿、尉。壬午，以孝子罗居通为延州主簿。封刘鋹为恩赦侯。乙酉，罢贺州银场。赐刘鋹月奉外钱五万、米麦五十斛。河决原武，汴决谷熟。

秋七月戊戌，赐开封尹光义门戟十四。庚子，幸新修水砲，赐役人钱帛有差。戊午，复著内侍养子令。癸亥，幸建武军节度使何继筠第视疾。汴决宋城。

八月壬申，文武百官上尊号，不允。辛卯，景星见。

冬十月癸亥朔，日有食之。己巳，诏伪作黄金者弃市。庚午，太子洗马王元吉坐赃弃市。辛巳，除广南旧无名配敛。甲申，诏十月后犯强窃盗者郊赦不原。丙戌，放广南民驱充军者。

十一月癸巳朔，南唐遣其弟从善，吴越国王遣其子惟浚，以郊祀来朝贡。南唐主煜表乞去国号呼名，从之。庚戌，诏诸道所罢摄官三任无遗阙者以闻。河决澶州，通判姚恕坐不即上闻弃市。己未，日南至，有事南郊，大赦，十恶、故劫杀、官吏受赃者不原。诏置诸州幕职官奉户。壬戌，蜀班内殿直四十人，援御马直例乞赏，遂挝登闻鼓，命各杖二十；翌日，悉斩于营，都指挥单斌等皆杖、降。

十二月癸亥朔，赐南郊执事官器币有差。丁卯，行庆，开封尹光义、兴元尹光美、贵州防御使德昭、宰相赵普并益食邑。己巳，内外文武官递进勋爵。辛未，赐《九经》李符本科出身。壬午，畋近郊。

译文：

乾德三年春正月癸酉初一，因为军队出征太祖不上殿听政。甲戌，王全斌攻克剑门，杀死后蜀军一万多人，擒获后蜀枢密使王昭远、泽州节度使赵崇韬。乙亥，太祖下诏埋葬出征后蜀战死的士兵，受伤的士兵赐给丝帛。壬午，王全斌攻取利州。乙酉，后蜀皇帝孟昶投降，得到四十五个州、一百九十八个县、百姓五十三万四千零三十九户。高丽国王派遣使臣来朝奉献礼品。戊子。吏部郎中邓守中因考试吏员不当而获罪，贬为吏部员外郎。癸巳，刘光义攻取万、施、开、忠四个州，遂州守臣陈愈投降。乙未，太祖下诏抚恤西川将士官吏百姓。丙申，赦免后蜀全境，虏获的牲口归还原来主人，免除原后蜀管辖地区内拖欠的赋税，免征一半夏税和沿纳征收物品。

二月癸卯，南唐、吴越进贡长春节御衣、金银器皿、锦绮一千多件。甲辰，派遣皇城使窦思俨迎接慰问孟昶。丁未，全州发大水。庚申，王全斌在成都杀死后蜀投降的士兵二万七千人。

三月癸酉，太祖下诏设置义仓。这个月，两川地区盗贼群起，先锋都指挥使高彦晖被盗贼杀死，太祖下诏所在地区攻击讨伐盗贼。

夏四月乙巳，回鹘派遣使臣进献当地土产。癸丑，职方员外郎李岳因赃罪在闹市被斩首示众。南唐进献祝贺收复蜀地的银绢以万计。戊午，太祖派遣中使在江陵赐给后蜀官员鞍马、车辆。癸亥，招募各军子弟疏导五丈河，河水贯通皇城流入内庭池塘。

五月辛未初一，太祖诏令放还各道幕职、令录已经引人问对过的官员，根据离京路程的远近，差等减少选限。壬申，太祖到迎春苑设宴射箭。乙亥，派遣开封尹赵光义在玉津园慰劳孟昶。丙戌，太祖在崇元殿接见孟昶，在大明殿宴请孟昶等人。丁亥，太祖赐给将士衣服钱帛。戊子，大赦天下，死罪囚犯减刑一等。壬辰，在大明殿宴请孟昶以及他的子弟。

六月甲辰，任命孟昶为中书令、秦国公，赐给孟昶的子弟及臣僚不等的官爵。庚戌，孟昶逝世。

秋七月，珍州刺史田景迁归附宋朝。壬辰，追封孟昶为楚王。丁酉，太祖到教船池，于是又到玉津园设宴射箭。

八月戊戌初一，太祖下诏登记州郡中骁勇的士兵并把他们送到京师。癸卯，黄河在阳武县决口。庚戌，太祖诏令王全斌等人发粮食给后蜀逃亡士兵家庭。乙卯，黄河在河阳溢出河道，毁坏百姓房屋。戊午，殿直成德钧因贪赃受贿在闹市被斩首示众。己未，黄河在郓州溢出河道，淹没田地。辛酉，寿星出现。

九月己巳，太祖检阅各个道的军队，把骑兵编为骁雄军，步兵编为雄武军，全部隶属侍卫亲军。壬申，诏令蜀地各州郡各自建立五百人的克宁军。辛巳，黄河在澶州决口。戊子，太祖到西水砲视察。

十月丁酉初一，大雾。己未，太子中舍王治因接受贿赂杀人，在闹市被斩首示众，丙寅，济水在邹平溢出河道。

十一月丙子，甘州回鹘可汗派遣和尚进献佛牙、宝器。乙未，剑州刺史张仁谦因杀死投降的人而获罪，贬为宋州教练。

十二月丁酉初一，太祖下诏已嫁女子在舅父、姑母去世时穿用粗麻布做成的缉边缝齐的丧服、粗麻布做成的左右和下边不缝的丧服。己亥，太祖下诏西川管辖区内的监军、巡检不得干预州县事务。戊午，甘州回鹘可汗、于阗国王等派遣使臣来朝拜，进贡一千匹马、五百头骆驼、五百团玉、五百斤琥珀。

乾德四年春正月丙子，太祖派遣使臣分赴江陵、凤翔，赐给后蜀官员家庭钱帛。丁亥，命令丁德裕等人率领军队巡行安抚西川。己丑，太祖到迎春苑设宴射箭。

二月癸卯，太祖视察皇城工程。丙辰，于阗国王派遣他的儿子李德从来进贡。安国军节度使罗彦瑰等部在静阳打败北汉军队，擒获北汉将领鹿英。辛酉，考试落榜的举人。甲子，免征西川今年的夏税以及各种应征物品的一半，田地未能得到耕种的全部免征。岳州发生火灾。

三月癸酉，废除义仓。甲戌，占城国派遣使臣来进贡。癸未，僧行勤等一百五十七人，太祖赐给每人三万钱，去西域游历。

夏四月丁酉，占城国派遣使臣来朝进贡。丙午，潭州发生火灾。壬子，停止光州进贡老鹰鹞子。丁巳，契丹天德军节度使于延超和他的儿子来投降。进士李蔼因诋毁佛教获罪，说话又不谦虚恭敬，被刺面服杖刑，流放沙门岛。庚申，太祖到燕国长公主府第看望她的病情。

五月，南唐祝贺文明殿建成，进贡一万两银子。甲戌，光禄少卿郭玘因贪赃罪在闹市被斩首示众。乙亥，太祖观看后蜀皇帝仪仗队所用的器物、图书。丁丑，太祖下诏蜀郡敢有不探视父母疾病的人以犯罪论处。辛巳，潭州发生火灾。壬午，澶州进贡有两处分蘖至六处分蘖的小麦一百六十五株。辛卯，火星侵犯轩辕星。

六月甲午，黄河水在东阿溢出河道。甲辰，黄河在观城决口。月亮侵犯心前星。丙午，澧州刺史白全绍因破坏法纪在管辖区内聚敛财物，被免去官职。太祖下诏：大臣们家中不得私自养阉人，年龄在三十岁以上的内侍当允许收养一个儿子，官吏和百姓敢有阉割童男的人决不赦免罪行。己酉，果州进贡水稻，一株稻上有十三棵穗。

秋七月丙寅，诏令：后蜀文武官吏以及他们的亲属有生病的人，所在地区的官府给他们医药钱帛。戊辰，西南夷首领董暠等人归附。己巳，太祖到造船务，又到开封尹赵光义的北园设宴射箭。癸酉，赐给西川行营将士数量不等的钱帛。庚辰，免去后蜀在剑南地区的米麦征敛。华州旱灾，免去华州今年的田租。给州县官员俸户。

八月丁酉，太祖下诏免除蜀地加倍的利息。庚子，大水冲坏高苑县城。壬寅，太祖下诏御史以及吏部、刑部官员任满三周年时，就可以根据原任官职转官或加恩。庚戌，枢密直学士冯瓒、绫锦副使李美、殿中侍御史李楫被宰相赵普陷害，以贪赃定为死罪；恰好大赦，被流放到沙门岛，逢到朝廷施恩时也不得回来。辛亥，太祖到玉津园设宴射箭。京兆府进贡野蚕茧。壬子，衡州火灾。乙卯，讯问记录囚徒的罪状。丙辰，黄河在滑州决口，冲坏灵河大堤。普州野兔吃庄稼。

闰八月乙丑，黄河水溢出河道流入南华县。己巳，衡州火灾。乙亥，太祖下诏：百姓能广栽桑枣树，开垦荒田者不加租税，令佐官员能招复逃亡农户和劝勉农户栽桑植枣树的受赏。

九月壬辰初一，发大水。虎捷指挥使孙进、龙卫指挥使吴瑰等二十七个人，因参与吕翰叛乱被处于死刑，孙进被灭族。庚子，占城国进贡受过驯养的大象。乙巳，太祖亲临教船池，于是又到玉津园观看卫士骑马射箭。丙午，太祖下诏吴越国在会稽建立大禹庙。

冬十月辛酉初一，命令太常恢复文德、武功二舞。癸亥，诏令各个州郡修建古代帝王的陵墓和宗庙，安排不同数量的民户护陵。己巳，禁止吏员士兵借口巡察骚扰百姓。

十二月庚辰，妖人张龙儿等二十四人被处死刑，张龙儿、李玉、杨密、聂赟被灭族。

乾德五年春正月戊戌，修治黄河堤。丁未，合州汉初县上贡青樱木，木头中有文字写着"大连宋"。甲寅，王全斌等人因征伐后蜀时贪污受贿杀死投降的士兵而获罪，王全斌被贬为崇义军节度使，崔彦进被贬为昭化军节度使，王仁赡被贬为右卫大将军。丙辰，诏令征伐后蜀的将校军官中有接受后蜀钱财物品的、都要立即归还原主。丁巳，赏赐征伐后蜀有功的将士，曹彬、刘光义等人不同程度地提升了官爵。

二月庚申初一，太祖亲临造船务，于是到城西观看卫士骑马射箭。甲子，薛居正、吕余庆一起任吏部侍郎，仍担任参知政事。己丑，太祖亲临教船池。

三月甲辰，太祖下诏翰林学士、常参官在幕职、州县官员以及京官内各自推荐一名能够担任常参官的人员，被推荐人不称职，推荐人将连同获罪。乙巳，太祖下诏让各个道推举所属官吏中才能德行优异的人。丙午，任命赵普为尚书左仆射兼门下侍郎、同中书门下平章事，李崇矩为检校太傅。这一天，太祖到教船池，又到玉津园举行宴会射箭。丙辰，北汉石盆寨招收指挥使阎章在本寨投降。金、木、水、火、土五颗行星在奎宿星处相聚。

夏五月乙巳，太祖赐给京城里的贫苦百姓衣服。北汉鸿唐寨招收指挥使樊晖在本寨投降。甲寅，任命王溥为太子太傅。

六月戊午初一，日食。辛巳，太祖到建隆观，于是又到飞龙院。丁亥，牡牁顺化王子等人来进献当地土产。

七月丁酉，禁止毁坏铜佛像。己酉，免征遭受水旱灾害的农户今年的租税。

八月甲申，黄河水溢出河道流入卫州城，溺死百姓数百人。

九月壬辰，仓部员外郎陈郾因贪赃犯法在闹市被斩首示众。甲午，西南蕃顺化王子部才等人派遣使臣进献当地土产。己酉，太祖在近郊打猎。

十一月乙酉初一，工部侍郎毋守素因在父丧期中娶妾被免官。供奉武仁海因滥杀无辜在闹市被斩首示众。

十二月丙辰，禁止使用新铸的小铁镴等钱、涂粉加药质地稀疏低劣的布帛。癸酉,升麟州为建宁军节度。宰相赵普因母亲去世而离任,丙子,赵普服丧期未满重新被起用为宰相。

开宝元年春正月甲午,扩大修治京城。陕州的集津、绛州的垣曲、怀州的武陟发生饥荒,下诏救济这些地区。己亥,北汉偏城寨招收指挥使任恩等人来投降。

三月庚寅,颁布县令、尉捕盗令。癸巳,太祖亲临玉津园。乙巳,有驯养的大象自行来到京城。

夏四月乙卯,太祖到节度使赵彦徽的府第探视他的病情。

五月丁未,赐给南唐大米小麦十万斛。

六月癸丑初一,太祖下诏百姓田地被连绵大雨、河水淹坏的,免征今年的夏税和因袭征收的杂税。癸亥,太祖下诏:荆蜀地区百姓中有祖父母、父母在世的人,他们的子孙不准分开财产另外居住。丁丑,太白星白天出现;戊寅,太白星再次出现。辛巳,在单父县百姓家中的水井里有龙出来,伴随着大风大雨,漂没百姓房屋四百间,死亡几十人。

秋七月丙申,太祖到铁骑营,赐给将士钱羊酒多少不等。北汉颍州寨主胡遇等人来投降。丙午,太祖到铁骑营,于是到玉津园。戊申,坊州刺史李怀节因强行购买辖区百姓的物品,贬为左卫率府率。北汉主刘钧去世,养子刘继恩继位当皇帝。

八月乙卯,太祖在近郊打鹘鸟,回宫时到相国寺。戊午,太祖又在北郊打鹘鸟,回宫时到飞龙院。丙寅,派遣客省使卢怀忠等二十二人率领禁军在潞州会合。戊辰,太祖命令昭义军节度使李继勋等人征伐北汉。

九月辛巳初一,禁止钱币出边境。癸未,监察御史杨士达因审案滥杀无辜在闹市被斩首示众。庚子,李继勋在铜温河打败北汉军队。己酉,北汉供奉官侯霸荣杀死北汉皇帝刘继恩,刘继元继位当皇帝。

冬十月己未，太祖在近郊打猎，回宫时到飞龙院。丙子，吴越王派遣儿子钱惟浚来朝贡。

十一月癸卯，冬至日，太祖在南郊举行祭祀，改年号为开宝，大赦天下，犯有十恶、杀人、贪污受贿的官吏不赦罪。宰相赵普等人进奉玉册、宝，进上太祖尊号为应天广运大圣神武明道至德仁孝皇帝。

十二月甲子，进行庆祝活动，从开封尹、兴元尹、宰相、枢密使到各个道的藩侯，都不同程度地加勋晋爵。乙丑，大食国派遣使臣进贡当地土产。

开宝二年春正月己卯初一，太祖因军队出征，不上殿听政。

二月乙卯，任命昭义军节度使李继勋为河东行营前军都部署，侍卫步军指挥使党进担任他的副手，宣徽南院使曹彬为都监，棣州防御使何继筠为石岭关部署，建雄军节度使赵赞为汾州路部署，以征伐北汉。太祖在长春殿设宴款待。任命彰德军节度使韩仲赟为北面都部署，彰义军节度使郭延义担任副职，以防备契丹。戊午，太祖下诏亲征。己酉，任命开封尹赵光义为上都留守，枢密副使沈义伦为大内部署、判留司三司事。甲子，太祖率领大军从京城出发。乙亥，下雨，大军驻扎在潞州。

三月壬辰，太祖在潞州出发。乙未，李继勋在太原城下打败北汉军队。戊戌，太祖来到靠近太原城下的地方。庚子，在太原城南检阅军队显示军威，修筑长连城。辛丑，太祖到汾河，修建一座新桥。征发太原附近各县的几万名男丁集中在太原城下。癸卯，北汉史昭文在宪州投降，乙巳，太祖到太原城南，说汾河水可以淹灌太原城，命令筑起长堤阻塞汾河水，决引晋祠水淹灌太原城。于是又在太原城四周建立营寨，李继勋军队在太原城南，赵赞军队在太原城西，曹彬军队在太原城北，党进军队在太原城东，再从北面引汾河水淹灌太原城。辛亥，派遣海州刺史孙方进率领军队包围汾州。

四月戊申，太祖到太原城东观看修建堤坝。壬子，太祖又来到太原城东。己未，何继筠在阳曲打败契丹，斩杀几千人，把俘虏的武州刺史王彦符献给太祖，太祖命令把所缴获的首级、铠甲在太原城下陈列出来，壬戌，太祖亲临汾河边视察造船。戊辰，太祖到太原城西上生院。丙子，又来到城西。

五月癸未，韩仲赟在定州北面打败契丹。自戊子到庚寅，太祖命令水军驾船载着强弩四面围攻太原城，横州团练使王廷义、殿前都虞候石汉卿战死。甲午，北汉赵文度在岚州投降。甲辰，都虞候赵廷翰奏，各军要求冒死攻击登上太原城，太祖怜惜将士，不允许进攻。

闰五月戊申，太原城墙坍塌，河水灌注进城内，太祖马上登上长堤观察。己酉，右仆射魏仁浦去世。壬子，因太常博士李光赞提议，讨论大军班师回朝。己未，命令士兵把河东万户百姓迁徙到山东。庚申，太祖分别命令使臣率领军队去镇州、潞州。壬戌，太祖起驾回京。戊辰，太祖在镇州停留。

六月丙子初一，太祖车驾从镇州出发。癸巳，太祖从太原回到京城。赦免京城里的囚犯。

秋七月丁巳，太祖亲临封禅寺。下诏镇、深、赵、邢、洺五个州管辖内的镇、寨、县都要修建城墙。甲子，举行盛大宴会。赐给宰相、枢密使、翰林学士、节度使、观察使成套衣裳和金带。戊辰，西南夷顺化王子武才等人来进贡当地土产。癸酉，太祖来到新建的水硙视察。汴河在下邑决口。乙亥，寿星出现。

八月丁亥，太祖下诏川峡各州检察百姓中有父母在世而本人分家另住的，以死罪论处。

九月乙巳初一，太祖亲临武成王庙。壬戌，太祖到玉津园设宴射箭。

冬十月戊子，太祖在近郊打猎。庚寅，散指挥都知杜延进等人谋划作乱被处死，杜延进被灭族。太祖下诏：相、深、赵三州丁夫死于太原城下的人，免除各家的赋税和徭役。庚子，任命王溥为太子太师，武衡德为太子太傅。癸卯，西川兵马都监张延通、内臣张屿、引进副使王珏被丁德裕在太祖面前进谗言，张延通以大不敬获罪被杀，张屿、王珏都服杖刑并被流放。

十一月丙午，太祖到镇宁军节度使张令铎府第探视张令铎的病情。甲寅，太祖在近郊打猎，回官时到金凤园。庚申，回鹘、于阗派遣使臣来进贡当地土产。

十二月癸未，太祖亲临中书省探视宰相赵普病情。己亥，右赞善大夫王昭因监大盈仓，儿子和仓吏勾结贪污，被剥夺两任官职，流放到汝州服役。丁德裕上奏诬陷西川转运使李铉指斥皇上，冤枉已经得伸，李铉还是因为酒醉的过失，被贬为右赞善大夫。

开宝三年春正月癸卯初一，降雨雪，太祖不上殿处理政务。癸丑，增筑黄河堤。辛酉，太祖下诏：百姓每五千户推举一名孝顺父母敬爱兄长名声显著的人，德行善美优秀的人，有才能卓越、行为与众不同的人不受这条限制，里巷州郡逐级审查联名签署后呈报朝廷，还要为被推荐人赴朝廷准备行装。

二月庚寅，太祖到西茶库，于是又到建隆观。

三月庚戌，太祖下诏选取参加进士考试十五次以上的司马浦等一百零六人，都赐给本科出身。辛亥，赐给处士王昭素国子博士后让他退休。丙辰，殿中丞张颙因为在以前担任颍州知州时处理政务不平允，被免去官职。己未，太祖亲临赵普府第看望他的病情。

夏四月辛未初一，日食。丁亥，太祖亲临寺观祈祷下雨。辛卯，下雨。甲午，太祖亲临教船池。己亥，废除河北各个州的盐禁。太祖下诏州郡不是当地的土产不要进贡朝廷。

五月丁未，禁止京城百姓积贮兵器。癸丑，太祖到城北观看水碓。癸亥，赐给营房被雨水淋坏的各班钱多少不等。

六月乙未，禁止各州长吏的亲随人员执掌厢镇局务。

秋七月乙巳，建立报告水旱灾害期限的法令。壬子，太祖下诏蜀地州县官员根据管辖户口数多少不等地减少官吏和增加俸禄，不久又下诏各路也按照蜀地办法减员增俸。戊辰，太祖到教船池，又亲临玉津园举行宴会射箭。

八月戊子，太祖到教船池，又到了玉津园。

九月己亥初一，任命潭州防御使潘美为贺州道兵马行营都部署，朗州团练使尹崇珂担任他的副手。派遣使者征发十个州的军队到贺州会合，以讨伐南汉。甲辰，太祖下诏：西京、凤翔、雄州、耀州等州，周文王、成王、康王三位周王，秦始皇，汉高祖、文帝、景帝、武帝、元帝、成帝、哀帝七位汉朝皇帝，后魏孝文帝，西魏文帝，后周太祖，唐高祖、太宗、中宗、肃宗、代宗、德、顺、文、武、宣、懿、僖、昭各位唐代帝王，一共二十七座陵墓，其中曾经被盗挖过的陵墓，有关机构准备礼法规定的衣服、平常的衣服各一套，备好棺椁重新安葬，所在地区的长吏祭祀。己酉，太祖亲临开宝寺观看新钟。丙辰，女直国派遣使臣带着安定国王烈万华的表章，贡献当地土产。丁卯，潘美等人在富州打败一万多名南汉军队，攻克富州。

十月庚辰，攻克贺州。

十一月壬寅，攻克昭、桂二州。乙巳，减少桂阳每年进贡的白金数额。癸丑，右领军卫将军石延祚因为利用监仓身份和管库的吏员勾结贪污在闹市被斩首示众。癸亥,定州驻泊都监田钦祚在遂城打败契丹。丙寅,任命曹州所荐德行善美的孔蟾为章丘主簿。

十二月壬申,潘美等人攻克连州。辛卯,在韶州把一万多名南汉军队打得大败,攻克韶州。癸巳,加筑黄河堤坝。

开宝四年春正月戊戌初一,因军队出征,太祖不上朝处理政事。丙午,罢免各道州县原有的代理官员。丁未,右千牛卫大将军桑进兴因贪赃在闹市被斩首示众。癸丑,潘美等人攻克英州、雄州。

二月丁亥,南汉刘鋹派遣他的左仆射萧漼等人带着表章来上。己丑,潘美攻克广州,俘虏刘鋹,平定广南。得到六十个州、二百十四个县、十七万零二百六十三户。辛卯,大赦广南,免征夏秋二税,原来广南政权的官吏留任。

三月乙未,太祖亲临飞龙院,赐给随从官员马匹。丙申,太祖下诏:广南地区有买人家子女作奴婢而转雇给他人以获利的人,一律释放;原来广南政权有损害百姓的政策措施都要汇报朝廷,加以废除。增加前代帝王各个陵墓的守陵户二户。

夏四月丙寅初一,前任左监门卫将军赵玭告宰相赵普,因诬蔑诋毁大臣而获罪,被安置到汝州。丁卯,三佛齐国派遣使者进贡当地土产。己巳,太祖下诏禁止岭南地区商税、盐、麹,按荆湖地区法令执行。辛未,太祖亲临永兴军节度使吴廷祚府第探视他的病情。癸未,太祖到开宝寺。辛卯,南唐派遣皇弟李从谏来朝贡。征发一千名厢军修缮在陕西地区的前代帝王陵墓。壬辰,监察御史间丘舜卿因为以前当官时盗用官钱,在闹市被斩首示众。

五月乙未初一,太祖亲临明德门行受俘刘鋹礼,赦免刘鋹罪；把他的权臣龚澄枢、李托、薛崇誉斩首。太祖在大明殿举行盛大宴会，刘鋹也参加了。丁酉，太祖奖赏征伐广南的有功人员，潘美、尹崇珂等人晋升爵位不等。

六月癸酉，派遣使者祭祀南海。丁丑，命令翰林院考试南汉官员，选取书判稍优的人，授予令、录、簿、尉的官职。壬午，任命孝子罗居通为延州主簿。封刘鋹为恩赦侯。乙酉，撤销贺州银场。在刘鋹每月俸禄之外另赐给五万钱、米麦五十斛。黄河在原武决口，汴河在谷熟决口。

秋七月戊戌，太祖赐给开封尹赵光义十四把门戟。庚子，太祖亲临新修建的水硙，赐给工匠役人钱财布帛多少不等。戊午，重新签署内侍养子令。癸亥，太祖亲临建武军节度使何继筠府第探视他的病情。汴水在宋城决口。

八月壬申，文武百官给太祖上尊号，太祖不允许。辛卯，景星出现。

冬十月癸亥初一，日食。己巳，太祖下诏凡伪造黄金者都将在闹市被斩首示众。庚午，太子洗马王元吉因贪赃在闹市被斩首示众。辛巳，免除南地区原有的无名摊派苛敛。甲申，太祖下诏十月后犯有强行盗窃抢劫罪行的人在南郊大赦时也不能得到赦免。丙戌，释放被强行驱赶充军的广南百姓。

十一月癸巳初一，南唐皇帝派遣弟弟李从善，吴越国王派遣儿子钱惟浚，因太祖在郊外祭祀天地而来朝贡。南唐主李煜上表要求去掉国号和直呼其名，太祖同意了他的请求。庚戌，太祖下诏各道把罢免的代理官员中三任没有什么过失的人报告上来。黄河在澶州决口，通判姚恕因没有立即上报朝廷在闹市被斩首示众。己未，冬至日，在南郊举行祭祀典礼，大赦天下，犯有刑律规定的十恶罪犯、故意抢劫杀人犯、贪污受贿的官吏不赦。太祖下诏设置各州幕职官俸户。壬戌，四十名蜀班内殿直，援引御马直的例子要求赏赐，竟敲登闻鼓请愿；太祖下令各杖二十；第二天，全部在营中斩首，都指挥单斌等人都被处以杖刑、降官。

十二月癸亥初一，赐给南郊祭祀时的执事官器皿钱财多少不等。丁卯，举行庆祝活动，开封尹赵光义、兴元尹赵光美、贵州防御使赵德昭、宰相赵普都增加了食邑。己巳，朝廷内外的文武官员分别递升了勋爵。辛未，赐给考试《九经》的李符本科出身。壬午，太祖到近郊打猎。

宋史卷三

本纪第三

太祖三

五年春正月壬辰朔，雨雪，不御殿。禁铁铸浮屠及佛像。庚子，前卢氏县尉鄢陵许永年七十有五，自言父琼年九十九，两兄皆八十余，乞一官以便养。因召琼厚赐之，授永鄢陵令。壬寅，省州县小吏及直力人。乙巳，罢襄州岁贡鱼。

二月丙子，诏沿河十七州各置河堤判官一员。庚辰，以凤州七房银冶为开宝监。庚寅，以兵部侍郎刘熙古参知政事。

闰月壬辰，礼部试进士安守亮等诸科共三十八人，召对讲武殿，始放榜。庚戌，升密州为安化军节度。

三月庚午，赐颍州龙骑指挥使仇兴及兵士钱。辛未，占城国王波美税遣使来献方物。壬申，幸教船池习战。乙酉，殿中侍御史张穆坐赃弃市。

夏四月庚寅朔，三佛齐国主释利乌耶遣使来献方物。丙午，遣使检视水灾田。丙寅，遣使诸州捕虎。

五月庚申，赐恩赦侯刘鋹钱一百五十万。乙丑，命近臣祈晴。并广南州十三、县三十九。丙寅，罢岭南采珠媚川都卒为静江军。辛未,河决濮阳,命颍州团练使曹翰往塞之。甲戌,以霖雨,出后宫五十余人,赐予以遣之。丁亥,河南、北淫雨,澶、滑、济、郓、曹、濮六州大水。

六月己丑,河决阳武,汴决谷熟。丁酉,诏:淫雨河决,沿河民田有为水害者,有司具闻除租。戊申,修阳武堤。

秋七月己未,右拾遗张恂坐赃弃市。癸未,邕、容等州獠人作乱。

八月庚寅,高丽国王王昭遣使献方物。己亥,广州行营都监朱宪大破獠贼于容州。癸卯,升宿州为保静军节度,罢密州仍为防御。

九月丁巳朔,日有食之。癸酉,李崇矩以镇国军节度使罢。

冬十月庚子,幸河阳节度使张仁超第视疾。甲辰,试道流,不才者勒归俗。

十一月己未,李继明、药继清大破獠贼于英州。癸亥,禁僧道习天文地理。己巳,禁举人寄应。庚辰,命参知政事薛居正、吕余庆兼淮、湖、岭、蜀转运使。

十二月乙酉朔,祈雪。己亥,畋近郊。开封尹光义暴疾,遂如其第视之。甲寅,内班董延谔坐监务盗刍粟,杖杀之。诏合入令录者引见后方注。乙卯,大雨雪。

是岁,大饥。

六年春正月丙辰朔,不御殿。置蜀水陆转运计度使。癸酉,修魏县河。

二月丙戌朔,棣州兵马监押、殿直傅延翰谋反伏诛。丙申,曹州饥,漕太仓米二万石振之。己亥,吴越国进银装花舫、金香师子。

三月乙卯朔,周郑王殂于房州,上素服发哀,辍朝十日,谥曰恭帝，命还葬庆陵之侧，陵曰顺陵。己未，复密州为安化军节度。庚申，覆试进士于讲武殿，赐宋准及下第徐士廉等诸科百二十七人及第。乙亥，赐宋准等宴钱二十万。大食国遣使来献。翰林学士、知贡举李昉坐试人失当，责授太常少卿。试朝臣死王事者子陆坦等，赐进士出身。丙子，幸相国寺观新修塔。

夏四月丁亥，召开封尹光义、天平军节度使石守信等赏花习射于苑中。辛丑，遣卢多逊为江南国信使。甲辰，占城国王悉利陀盘印茶遣使来献方物。丙午，黎州保塞蛮来归。戊申，诏修《五代史》。

五月庚申，刘熙古以户部尚书致仕。诏：中书吏擅权多奸赃，兼用流内州县官。己巳，交州丁琏遣使贡方物。幸玉津园观刈麦。辛巳，杀右拾遗马适。

六月辛卯，阅在京百司吏，黜为农者四百人。癸巳，占城国遣使献方物。隰州巡检使李谦溥拔北汉七寨。癸卯，雷有邻告宰相赵普党堂吏胡赞等不法，赞及李可度并杖、籍没。庚戌，诏参知政事与宰相赵普分知印押班奏事。

秋七月壬子朔，诏诸州府置司寇参军，以进士、明经者为之。丙辰，减广南无名率钱。

八月乙酉，罢成都府伪蜀嫁装税。辛卯，赐布衣王泽方同学究出身。丁酉，泗州推官侯济坐试判假手，杖、除名。甲辰，赵普罢为河阳三城节度使、同平章事。辛酉，幸都亭驿。

九月丁卯，余庆以尚书左丞罢。己巳，封光义为晋王、兼侍中，德昭同中书门下平章事，薛居正为门下侍郎、同平章政事，户部侍郎、枢密副使沈义伦为中书侍郎、同平章事，石守信兼侍中，卢多逊中书舍人、参知政事。壬申，诏晋王光义班宰相上。

冬十月甲申，葬周恭帝，不视朝。丁亥，幸玉津园观稼。戊子,流星出文昌、北斗。甲辰,特赦诸官吏奸赃。

十一月癸丑,诏常参官进士及第者各举文学一人。

十二月壬午,命近臣祈雪。丙午,前中书舍人、参知政事多逊起复视事。行《开宝通礼》。限度僧法,诸州僧帐及百人岁许度一人。

七年春正月庚戌,不御殿。庚申,占城国王波美税遣使献方物。齐州野蚕成茧。癸亥,左拾遗秦亶、太子中允吕鹄并坐赃,宥死,杖、除名。

二月庚辰朔,日有食之。丙戌,日有二黑子。癸卯,命近臣祈雨。诏:《诗》《书》《易》三经学究,依《三经》《三传》资叙入官。乙巳,太子中舍胡德冲坐隐官钱,弃市。

三月乙丑,三佛齐国王遣使献方物。

夏四月丙午,遣使检岭南民田。

五月戊申朔,殿中侍御史李莹坐受南唐馈遗,责授右赞善大夫。甲寅,以布衣齐得一为章丘主簿。乙丑,诏市二价者以枉法论。丙寅,幸讲武池观习水战。丙子,又幸讲武池,遂幸玉津园。

六月丙申,河中府饥,发粟三万石振之。己亥,淮溢入泗州城;壬寅,安阳河溢,皆坏居民。

秋七月壬子,幸讲武池观习水战,遂幸玉津园。丙辰,南丹州溪洞酋帅莫洪燕内附。诏减成都府盐钱。庚午,太子中允李仁友坐不法,弃市。

八月戊寅,吴越国王遣使来朝贡。丁亥,谕吴越伐江南。戊子,陈州贡芝草,一本四十九茎。己丑,幸讲武池,赐习水战军士钱。戊戌,殿中丞赵象坐擅税,除名。甲辰,幸讲武池观习水战,遂幸玉津园。

九月癸亥,命宣徽南院使、义成军节度使曹彬为西南路行营马步军战櫂都部署,山南东道节度使潘美为都监,颍州团练使曹翰为先锋都指挥使,将兵十万出荆南,以伐江南。将行,召曹彬、潘美戒之曰:"城陷之日,慎无杀戮;设若困斗,则李煜一门,不可加害。"丁卯,以知制诰李穆为江南国信使。

冬十月甲申,幸迎春苑,登汴堤观战舰东下。丙戌,又幸迎春苑,登汴堤观诸军习战,遂幸东水门,发战櫂东下。江南进绢数万,御衣、金带、器用数百事。壬辰,曹彬等将舟师步骑发江陵,水陆并进。丁酉,命吴越王钱俶为升州东南行营招抚制置使。己亥,曹彬收下峡口,获指挥使王仁震、王宴、钱兴。

闰月己酉,克池州。丁巳,败江南军于铜陵。庚申,命宰相、参知政事更知日历。壬戌,彬等拔芜湖、当涂两县,驻军采石。癸亥,诏减湖南新制茶。甲子,薛居正等上新编《五代史》,赐器币有差。丁卯,彬败江南军于采石,擒兵马部署杨收、都监孙震等千人,为浮梁以济。

十一月癸未,籍李从善部下及江南水军一千三百九十人为归化军。甲申,诏省剑南、山南等道属县主簿。丁亥、秦、晋旱,免蒲、陕、晋、绛、同、解六州逋赋,关西诸州免其半。己丑,知汉阳军李恕败江南水军于鄂。甲午,曹彬败江南军于新林寨。辛丑,命知雄州孙全兴答涿州修好书。壬寅,大食国遣使献方物。

十二月己酉,彬败江南军于白鹭洲。辛亥,命近臣祈雪。甲子,吴越王帅兵围常州,获其人马,寻拔利城寨。丙寅,彬败江南军于新林港。己巳,左拾遗刘祺坐受赂,黥面、杖配沙门岛。庚午,北汉寇晋州,守臣武守琦败之于洪洞。壬申,吴越王败江南军于常州北界。

八年春正月甲戌朔,以出师,不御殿。丙子,知池州樊若水败江南军于州界;田钦祚败江南军于溧水,斩其都统使李雄。乙酉，御长春殿，谓宰相曰："朕观为臣者比多不能有终，岂忠孝薄而无以享厚福耶？"宰相居正等顿首谢。庚寅，曹彬拔升州城南水寨。

二月癸丑，彬败江南军于白鹭洲。乙卯，拔升州关城。丁巳，太子中允徐昭文坐抑人售物，除籍。甲子，知扬州侯陟败江南军于宣化镇。戊辰，覆试进士于讲武殿，赐王嗣宗等三十一人、诸科纪自成等三十四人及第。

三月乙酉，赐王嗣宗等宴钱二十万。己丑，命祈雨。庚寅，彬败江南军于江中。己亥，契丹遣使克沙骨慎思以书来讲和。知潞州药继能拔北汉鹰涧堡。辛丑，召契丹使于讲武殿观习射。壬寅，遣内侍王继恩领兵赴升州。大食国遣使来朝献。

夏四月乙巳，幸东水砦。癸丑，幸都亭驿阅新战船。丁巳，吴越王拔常州。壬戌，彬等败江南军于秦淮北。戊辰，幸玉津园观种稻，遂幸讲武池观习水战。庚午，诏岭南盗赃满十贯以上者死。幸西水砦。

五月壬申朔，以吴越国王钱俶守太师、尚书令，益食邑。知桂阳监张侃发前官隐没羡银，追罪兵部郎中董枢、右赞善大夫孔璘，杀之，太子洗马赵瑜杖配海岛；侃受赏，迁屯田员外郎。辛巳，祈晴。甲申，江南宁远军及沿江寨并降。乙酉，诏武冈、长沙等十县民为贼卤掠者蠲其逋租，仍给复一年。甲午，安南都护丁琏遣使来贡。辛丑，河决濮州。

六月壬寅，曹彬等遣使言，败江南军于其城下。丁未，宋州观察判官崔绚、录事参军马德休并坐赃弃市。辛亥，河决澶州顿丘。甲子，彗出柳，长四丈，辰见东方。

秋七月辛未朔，日有食之。庚辰，遣阁门使郝崇信、太常丞吕端使契丹。癸未，西天东印土王子穰结说啰来朝献。甲申，诏吴越王班师。己亥，山后两林鬼主、怀化将军勿尼等来朝献。

八月乙卯，幸东水碓观鱼，遂幸北园。辛酉，诏权停今年贡举。壬戌，契丹遣左卫大将军耶律霸德等致御衣、玉带、名马。西南蕃顺化王子若废等来献名马。癸亥，丁德裕败润州兵于城下。

九月壬申，狩近郊，逐兔，马蹶坠地，因引佩刀刺马杀之。既而悔之，曰："吾为天下主，轻事畋猎，又何罪马哉！"自是遂不复猎。戊寅，润州降。

冬十月己亥朔，江南主遣徐铉、周惟简来乞缓师。辛亥，诏郡国令佐察民有孝悌力田、奇材异行或文武可用者遣诣阙。丁巳，修西京宫阙。江南主贡银五万两、绢五万匹，乞缓师。戊午，改润州镇海军节度为镇江军节度。幸晋王北园。己未，曹彬遣都虞候刘遇破江南军于皖口，擒其将朱令赟、王晖。

十一月辛未，江南主遣徐铉等再奉表乞缓师，不报。甲申，曹彬夜败江南军于城下。丙戌，以校书郎宋准、殿直邢文庆充贺契丹正旦使。乙未，曹彬克升州，俘其国主煜，江南平，凡得州十九、军三、县一百八十、户六十五万五千六十。临视新龙兴寺。

十二月庚子，幸惠民河观筑堰。辛丑，赦江南，复一岁；兵戈所经，二岁。戊申，三佛齐遣使来献方物。己酉，幸龙兴寺。辛亥，免开封府诸县今年秋租十之三。己未，以恩赦侯刘铱为彭城郡公。甲子，契丹遣使耶律乌正来贺正旦。丁卯，吴越国王乞以长春节朝觐，从之。

九年春正月辛未，御明德门，见李煜于楼下，不用献俘仪。壬申，大赦，减死罪一等。乙亥，封李煜为违命侯，子弟臣僚班爵有差。己卯，江南昭武军节度使留后卢绛焚掠州县。庚辰，诏郊西京。癸巳，晋王率文武上尊号，不允。

二月癸卯，三上表，不允。庚戌，以曹彬为枢密使。辛亥，命德昭迎劳吴越国王钱俶于宋州。契丹遣使耶律延领以御衣、玉带、名马、散马、白鹘来贺长春节。乙卯，吴越王奏内客省使丁德裕贪很，贬房州刺史。丁巳，观礼贤宅。戊午，以卢多逊为吏部侍郎，仍参知政事。己未，吴越国王钱俶偕子惟浚等朝于崇德殿，进银绢以万计。赐俶衣带鞍马，遂以礼贤宅居之，宴于长安殿。壬戌，钱俶进贺平升州银绢、乳香、吴绫、紬绵、钱茶、犀象、香药，皆亿万计。甲子，召晋王、吴越国王并其子等射于苑中，俶进御衣、寿星、通犀带及金器。丁卯，幸礼贤宅，赐俶金器及银绢倍万。

三月己巳，俶进助南郊银绢、乳香以万计。庚午，赐俶剑履上殿，诏书不名。癸酉，以皇子德芳为检校太保、贵州防御使，中书侍郎、同平章事沈义伦为大内都部署，右卫大将军王仁赡权判留司三司、兼知开封府事。丙子，幸西京。己卯，次巩县，拜安陵，号恸陨绝者久之。庚辰，赐河南府民今年田租之半，奉陵户复一年。辛巳，至洛阳。庚寅，大雨，分命近臣诣诸祠庙祈晴。辛卯，幸广化寺，开无畏三藏塔。

夏四月己亥，雨霁。庚子，有事圜丘，回御五凤楼大赦，十恶、故杀者不原，贬降责免者量移叙用，诸流配及逋欠悉放，诸官未赠恩者悉覃赏。壬寅，大宴，赐亲王、近臣、列校袭衣金带鞍马器币有差。丙午，驾还。辛亥，上至自洛。丁巳，曹翰拔江州，屠之，擒牙校宋德明、胡则等。诏益晋王食邑，光美、德昭并加开府仪同三司，德芳益食邑，薛居正、沈义伦加光禄大夫，枢密使曹彬、宣徽北院使潘美加特进，吴越国王钱俶益食邑，内外文武臣僚咸进阶封。己未，著令旬假为休沐。丙寅，大食国王珂黎拂遣使蒲希密来献方物。

五月己巳，幸东水硙，遂幸飞龙院，观渔金水河。甲戌，遣司勋员外郎和岘往江南路采访。杀卢绛。庚辰，幸讲武池，遂幸玉津园观稼。宋州大风，坏城楼官民舍几五千间。甲申，以阁门副使田守奇等充贺契丹生辰使。晋州以北汉岚、石、宪三州巡检使王洪武等来献。

六月庚子，步至晋王邸，命作机轮，挽金水河注邸中为池。癸卯，吴越王进银、绢、绵以倍万计。乙卯，荧惑入南斗。

秋七月戊辰，幸晋王第观新池。丙子，幸京兆尹光美第视疾。戊寅，再幸光美第。泉州节度使陈洪进乞朝觐。丙戌，命近臣祈晴。丁亥，命修先代帝王及五岳四渎祠庙。庚寅，幸光美第。

八月乙未朔，吴越国王进射火箭军士。己亥，幸新龙兴寺。辛丑，太子中允郭思齐坐赃弃市。乙巳，幸等觉院，遂幸东染院，赐工人钱。又幸控鹤营观习射，赐帛有差。又幸开宝寺观藏经。丁未，遣侍卫马军都指挥使党进、宣徽北院使潘美伐北汉。丙辰，遣使率兵分五道入太原。

九月甲子，幸绫锦院。庚午，权高丽国事王伷遣使来朝献。党进败北汉军于太原城北。辛巳，命忻、代行营都监郭进迁山后诸州民。庚寅，幸城南池亭，遂幸礼贤宅，又幸晋王第。

冬十月甲午朔旦，赐文武百官衣有差。丁酉，兵马监押马继恩率兵入河东界，焚荡四十余寨。己亥，幸西教场。庚子，镇州巡检郭进焚寿阳县，俘九千人。辛丑，晋、隰巡检穆彦璋入河东，俘二千余人。党进败北汉军于太原城北。己酉，吴越王献驯象。癸丑夕，帝崩于万岁殿，年五十，殡于殿西阶，谥曰英武圣文神德皇帝，庙号太祖。太平兴国二年四月乙卯，葬永昌陵。大中祥符元年，加上尊谥曰启运立极英武睿文神德圣功至明大孝皇帝。

帝性孝友节俭，质任自然，不事矫饰。受禅之初，颇好微行，或谏其轻出。曰："帝王之兴，自有天命，周世宗见诸将方面大耳者皆杀之，我终日侍侧，不能害也。"既而微行愈数，有谏，辄语之曰："有天命者任自为之，不汝禁也。"

一日，罢朝，坐便殿，不乐者久之。左右请其故。曰："尔谓为天子容易耶？早作乘快误决一事，故不乐耳。"汴京新宫成，御正殿坐，令洞开诸门，谓左右曰："此如我心，少有邪曲，人皆见之。"

吴越钱俶来朝，自宰相以下咸请留俶而取其地，帝不听，遣俶归国。及辞，取群臣留俶章疏数十轴，封识遗俶，戒以涂中密观，俶届途启视，皆留己不遣之章也。俶自是感惧，江南平，遂乞纳土。南汉刘鋹在其国，好置酖以毒臣下，既归朝，从幸讲武池，帝酌卮酒赐鋹，鋹疑有毒，捧杯泣曰："臣罪在不赦，陛下既待臣以不死，愿为大梁布衣，观太平之盛，未敢饮此酒。"帝笑而谓之曰："朕推赤心于人腹中，宁肯尔耶？"即取鋹酒自饮，别酌以赐鋹。

王彦升擅杀韩通，虽预佐命，终身不与节钺。王全斌入蜀，贪恣杀降，虽有大功，即加贬绌。

宫中苇帘，缘用青布；常服之衣，浣濯至再。魏国长公主襦饰翠羽，戒勿复用，又教之曰："汝生长富贵，当念惜福。"见孟昶宝装溺器，搥而碎之，曰："汝以七宝饰此，当以何器贮食？所为如是，不亡何待！"

晚好读书，尝读《二典》，叹曰："尧、舜之罪四凶，止从投窜，何近代法网之密乎？"谓宰相曰："五代诸侯跋扈，有枉法杀人者，朝廷置而不问。人命至重，姑息藩镇，当若是耶？自今诸州决大辟，录案闻奏，付刑部覆视之。"遂著为令。

乾德改元，先谕宰相曰："年号须择前代所未有者。"三年，蜀平，蜀宫人入内，帝见其镜背有志"乾德四年铸"者，召窦仪等诘之。仪对曰："此必蜀物，蜀主尝有此号。"乃大喜曰："作相须读书人。"由是大重儒者。

受命杜太后，传位太宗，太帝尝病亟，帝往视之，亲为灼艾，太宗觉痛，帝亦取艾自灸。每对近臣言：太宗龙行虎步，生时有异，他日必为太平天子，福德吾所不及云。

赞曰：昔者尧、舜以禅代，汤、武以征伐，皆南面而有天下。四圣人者往，世道升降，否泰推移。当斯民涂炭之秋，皇天眷求民主，亦惟责其济斯世而已。使其必得四圣人之才，而后以行其事畀之，则生民平治之期，殆无日也。

五季乱极，宋太祖起介胄之中，践九五之位，原其得国，视晋、汉、周亦岂甚相绝哉？及其发号施令，名藩大将，俯首听令，四方列国，次第削平，此非人力所易致也。建隆以来，释藩镇兵权，绳赃吏重法，以塞浊乱之源；州郡司牧，下至令录、幕职，躬自引对；务农兴学，慎罚薄敛，与世休息，迄于丕平；治定功成，制礼作乐。在位十有七年之间，而三百余载之基，传之子孙，世有典则。遂使三代而降，考论声明文物之治，道德仁义之风，宋于汉、唐，盖无让焉。呜呼，创业垂统之君，规模若是，亦可谓远也已矣！

译文：

开宝五年春正月壬辰初一，降雪，太祖不上殿处理政事。禁止用铁铸造宝塔和佛像。庚子，前任卢氏县尉鄢陵人许永年龄七十五岁，自己说父亲许琼年龄九十九岁，两位哥哥都有八十多岁了，请求朝廷委派他一个官职以便奉养父兄。因此太祖召见许琼并厚厚地赏赐了他，任命许永为鄢陵县令。壬寅，减少州县小吏和为衙门服役的人。乙巳，停止襄州每年进贡鱼。

二月丙子，太祖下诏沿黄河的十七个州各设立河堤判官一名。庚辰，在凤州七房冶炼银子的地方设立开宝监。庚寅，任命兵部侍郎刘熙古为参知政事。

闰二月壬辰，礼部考试合格进士安守亮和诸科共三十八人，太祖召他们到讲武殿回答题问，然后才张榜公布。庚戌，把密州升为安化军节度。

三月庚午，赐钱给颍州龙骑指挥使仇兴和他的士兵。辛未，占城国王波美税派遣使臣来进贡当地土产。壬申，太祖亲临教船池进行作战演习。乙酉，殿中侍御史张穆因贪赃在闹市被斩首示众。

夏四月庚寅初一，三佛齐国主释利乌耶派遣使臣来进贡当地土产。丙午，太祖派遣使臣查看遭受水灾的田地。丙寅，派遣使臣到各个州郡捕捉老虎。

五月庚申，赐给恩赦侯刘鋹一百五十万钱。乙丑，太祖命令亲近大臣祈祷天气放晴。合并掉广南十三个州、三十九个县。丙寅，废除岭南专门采集珍珠的媚川都并把原有士兵改编为静江军。辛未，黄河在濮阳决口，太祖命令颍州团练使曹翰前去堵塞决口。甲戌，因为阴雨连绵，放出后宫五十多名宫女，赏赐后把她们送回家。丁亥，河南、河北接连下大雨、澶、滑、济、郓、曹、濮六个州发大水。

六月己丑，黄河在阳武决口，汴水在谷熟决口。丁酉，太祖下诏说：大雨连绵，黄河决口，黄河沿岸百姓农田有遭水灾的地方，有关机构全部报告朝廷免除田租。戊申，修复阳武地区的黄河河堤。

秋七月己未，右拾遗张恂因贪赃在闹市被斩首示众。癸未，邕、容等州郡的獠人发生叛乱。

八月庚寅，高丽国王王昭派遣使臣来进贡当地土产。己亥，广州行营都监朱宪在容州大破獠人贼寇。癸卯，把宿州升为保静军节度，废密州安化军节度，仍旧为防御州。

九月丁巳初一，日食。癸酉，李崇矩被免去枢密使，出任镇国军节度使。

冬十月庚子，太祖亲临河阳节度使张仁超府第探视他的病情。甲辰，举行道士考试，学业不够格的人被强迫还俗。

十一月己未，李继明、药继清在英州大破獠贼。癸亥，禁止僧人道士学习天文地理。己巳，禁止举人寄住他处参加进士科举考试。庚辰，任命参知政事薛居正、吕余庆兼任淮、湖、岭、蜀转运使。

十二月乙酉初一，祈祷降雪。己亥，太祖到近郊打猎。开封尹赵光义突然生病，于是太祖到他府第探视病情。甲寅，内班董延谔因监守自盗草料粮食，处以杖死之刑。太祖下诏符合条件担任令录的人引对之后才能注官。乙卯，降大雪。

这一年，发生大饥荒。

开宝六年春正月丙辰初一，太祖不上殿处理政事。设置蜀水陆转运计度使。癸酉，修缮魏县境内的黄河堤。

二月丙戌初一，棣州兵马监押、殿直傅延翰谋划反叛被处死刑。丙申，曹州发生饥荒，运京师太仓大米二万石救济灾荒地区。己亥，吴越国进贡用银子装饰的花舫、用黄金香料装饰的狮子。

三月乙卯初一，后周郑王在房州逝世，太祖穿素色衣服发布哀丧，停止上朝十天，赐谥号为恭帝，命令把棺木运回来葬在庆陵的旁边，称为顺陵。己未，恢复密州为安化军节度。庚申，太祖在讲武殿复试进士，赐给宋准以及落第的徐士廉等诸科考生一百二十七人及第。乙亥，赐给宋准等人宴会钱二十万。大食国派遣使臣来进贡。翰林学士、知贡举李昉因考试举人不得当，贬为太常少卿。考试朝廷官员中因公事死亡人员的儿子陆坦等人，赐给他们进士出身。丙子，太祖亲临相国寺观看新修建成的宝塔。

夏四月丁亥，太祖召来开封尹赵光义、天平军节度使石守信等人在御苑中赏花练习射箭。辛丑，派遣卢多逊为江南国信使。甲辰，占城国王悉利陀盘印茶派遣使臣来进献当地土产。丙午，黎州保塞蛮来归顺朝廷。戊申，太祖下诏撰写《五代史》。

五月庚申，刘熙古以户部尚书的身份退休。太祖下诏说：中书吏人揽权又大多贪赃受贿，现在兼用入流的州县官员担任堂吏。己巳，交州丁琏遣使进贡当地土产。太祖亲临玉津园观看收割小麦。辛巳，杀右拾遗马适。

六月辛卯，太祖召试在京各个机构的吏员，把其中的四百人罢黜为农民。癸巳，占城国派遣使臣进贡当地土产。隰州巡检使李谦溥攻克北汉的七个寨子。癸卯，雷有邻控告宰相赵普袒护堂吏胡赞等人违法，胡赞和李可度都受杖刑、登记抄没家产。庚戌，太祖下诏让参知政事和宰相赵普分别掌管宰相印信，上朝时分别领班启奏政事。

秋七月壬子初一，太祖下诏各州府设置司寇参军，让考中进士、明经科的人担任这个职务。丙辰，减免广南地区无名率钱。

八月乙酉，废除成都府后蜀时期的嫁妆税。辛卯，赐给平民王泽方同学究出身。丁酉，泗州推官侯济因在考虑据律断案时让别人顶替自己，被处以仗刑、除名。甲辰，罢免赵普宰相职务，任命他为河阳三城节度使，同平章事。辛酉，太祖亲临都亭驿。

九月丁卯，吕余庆任尚书左丞，免去他的参知政事职务。己巳，太祖封赵光义为晋王、兼任侍中，封赵德昭同中书门下平章事,任命薛居正为门下侍郎、同平章事,任命户部侍郎、枢密副使沈义伦为中书侍郎、同平章事,任命石守信兼任侍中,任命卢多逊为中书舍人、参知政事。壬申,太祖下诏晋王赵光义班位在宰相之上。

冬十月甲申,安葬周恭帝,太祖不上朝处理政务,丁亥,太祖亲临玉津园视察庄稼。戊子,流星在文昌星、北斗星处出现。甲辰,太祖特赦犯有隐瞒贪污受贿的官吏。

十一月癸丑,太祖下诏常参官进士及第的人各自推荐一名文学。

十二月壬午,太祖命令自己左右的大臣祈祷降雪。丙午,前任中书舍人、参知政事卢多逊服丧期没满又被起用处理政事。推行《开宝通礼》。颁布限数剃度平民为僧的法令,规定各州据僧帐现管数目满百人每年准许剃度一人出家。

开宝七年春正月庚戌,太祖不上殿处理政务。庚申,占城国王波美税派遣使臣进贡当地土产。齐州的野蚕结出蚕茧。癸亥,左拾遗秦蚍、太子中允吕鹄因贪污受贿,免于死刑,服杖刑、取消他们的原有身份。

二月庚辰初一,日食。丙戌,太阳中出现二颗黑子。癸卯,太祖命令身边的大臣祈求降雨。太祖下诏:《诗》《书》《易》三经学究,依照《三经》《三传》资格按规定的等级次第授予官职。乙巳,太子中舍胡德冲因为隐没官钱,在闹市被斩首示众。

三月乙丑,三佛齐国王派遣使臣进贡当地土产。

夏四月丙午,太祖派遣使臣检查岭南地区百姓的田地。

五月戊申初一,殿中侍御史李莹因为接受南唐馈赠的礼物,贬为右赞善大夫。甲寅,任命平民齐得一为章丘县主簿。乙丑,太祖下诏自今买卖官物不得与时价不同,如有抬高或压低价钱的以违法论处。丙寅,太祖亲临讲武池视察水战训练。丙子,太祖又到讲武池，于是又去了玉津园。

六月丙申，河中府发生饥荒，调运三万石谷子救济受灾地区。己亥，淮河水溢出河道流入泗州城；壬寅，黄河水在安阳溢出河道，这两次水灾都淹坏了百姓房屋。

秋七月壬子，太祖亲临讲武池视察水战训练，于是又到玉津园。丙辰，南丹州溪洞首领统帅莫洪燕归顺朝廷。太祖下诏降低成都府盐价。庚午，太子中允李仁友因为犯法，在闹市被斩首示众。

八月戊寅，吴越国王派遣使臣来朝拜进贡。丁亥，太祖通知吴越出兵讨伐江南。戊子，陈州进贡芝草，一棵草有四十九条茎。己丑，太祖亲临讲武池，赐钱给进行水战训练的将士。戊戌，殿中丞赵象因为擅自收税，被取消原有身份。甲辰，太祖亲临讲武池观察水战训练，于是又到了玉津园。

九月癸亥，太祖任命宣徽南院使、义成军节度使曹彬为西南路行营马步军战棹都部署，山南东道节度使潘美为都监，颍州团练使曹翰为先锋都指挥使，率领十万大军从荆南出发，征伐江南。大军即将出发时，太祖召曹彬、潘美来，告诫他们说："攻陷升州的时候，重要的是不要杀戮；假如守军作困兽犹斗的话，那么李煜一家，不可以杀害。"丁卯，派知制诰李穆担任江南国信使。

冬十月甲申，太祖亲临迎春苑，登上汴水河堤观看战舰顺水东下。丙戌，太祖又亲临迎春苑，登上汴水河堤视察各军作战训练，于是又到了东水门，命令战舰出发顺水东下。江南进贡几万匹绢，皇帝的御衣、金带、几百件器皿用品。壬辰，曹彬等人率领水军、步兵、骑兵从江陵出发，水陆并进。丁酉，太祖任命吴越王钱俶为升州东南行营招抚制置使。己亥，曹彬攻克峡口，俘虏江南指挥使王仁震、王宴、钱兴。

闰十月己酉，攻克池州。丁巳，在铜陵击败江南军队。庚申，太祖命令宰相、参知政事交替主持按日记载朝政事务的日历工作。壬戌，曹彬等人攻克芜湖、当涂两个县，在采石驻扎军队。癸亥，太祖下诏减免湖南新制茶叶。甲子，薛居正等人进上新编的《五代史》，太祖赐给他器皿钱财多少不等。丁卯，曹彬在采石打败江南军队，活捉江南兵马部署杨收、都监孙震等一千人，在长江上架设浮桥让大军渡过长江。

十一月癸未，在李从善部下以及江南水军一千三百九十人脸上刺字，编为归化军。甲申，太祖下诏减省剑南、山南等道属县的主簿。丁亥，秦、晋地区干旱，免除蒲、陕、晋、绛、同、解六个州拖欠的赋税，关西地区各州减免一半。己丑，知汉阳军李恕在鄂州击败江南水军。甲午，曹彬在新林寨击败江南军队。辛丑，太祖命令知雄州孙全兴回信答复契丹涿州守臣重新和好的书信。壬寅，大食国派遣使进贡当地土产。

十二月己酉，曹彬在白鹭洲打败江南军队。辛亥，太祖命令身边的亲近大臣祈祷降雪。甲子，吴越王率领军队包围常州，俘获一些江南守军人马。不久攻克利城寨。丙寅，曹彬在新林港打败江南军队。己巳，左拾遗刘祺因接受贿赂，被脸上刺字、服杖刑流放沙门岛。庚午，北汉侵犯晋州，晋州守臣武守琦在洪洞打败北汉军队。壬申，吴越王在常州北界打败江南军队。

开宝八年春正月甲戌初一，太祖因军队出征，不上殿处理政事。丙子，知池州樊若水在池州附近打败江南军队；田钦祚在溧水打败江南军队，斩杀江南军都统使李雄。乙酉，太祖在长春殿听政时，对宰相说："我看做臣子的人大都不能把名节保持到晚年，难道是他们忠孝很薄因而没法享受厚福吗？"宰相薛居正等人叩头感谢教诲。庚寅，曹彬攻克升州城南水寨。

二月癸丑，曹彬在白鹭洲打败江南军队。乙卯，攻克升州关城。丁巳，太子中允徐昭文因抑制百姓出售货物获罪，从簿籍上除去姓名。甲子，知扬州侯陟在宣化镇打败江南军队。戊辰，太祖在讲武殿举行进士复试，赐给进士王嗣宗等三十一人、纪自成等诸科三十四人及第。

三月乙酉，赐给王嗣宗等人宴会钱二十万贯。己丑，太祖命令祈求降雨。庚寅，曹彬在长江中打败江南军队。己亥，契丹派遣使臣克沙骨慎思带着国书来讲和。知潞州药继能攻克北汉鹰涧堡。辛丑，太祖召契丹使臣到讲武殿观看演习射箭。壬寅，太祖派遣太监王继恩率领军队赴升州。大食国派遣使臣来朝拜进贡。

夏四月乙巳，太祖亲临东水磨视察。癸丑，太祖到都亭驿检阅新造的战船。丁巳，吴越王攻克常州。壬戌，曹彬等人在秦淮北面打败江南军队。戊辰，太祖亲临玉津园观看种植水稻。于是又亲临讲武池视察水军作战训练。庚午，太祖下诏岭南地区盗窃赃物满十贯钱以上的处以死刑。太祖亲临西水磨视察。

五月壬申初一，任命吴越国王钱俶守太师、尚书令，增加食邑。知桂阳监张侃揭发前任官隐瞒并吞没多余的银子，追究处罚兵部郎中董枢、右赞善大夫孔璘，斩首，太子洗马赵瑜服杖刑，流放海岛；张侃受到赏赐，升任屯田员外郎。辛巳，祈祷天气放晴。甲申，江南宁远军和沿江营寨投降。乙酉，太祖下诏武冈、长沙等十县百姓遭盗贼掠夺的人家减免拖欠的田租，并免除一年徭役。甲午，安南都护丁琏派遣使臣来进贡。辛丑，黄河在濮州决口。

六月壬寅，曹彬等人派遣使者报告说，在升州城下打败江南军队。丁未，宋州观察判官崔绚、录事参军马德休都因贪赃受贿在闹市被斩首示众。辛亥，黄河在澶州顿丘决口。甲子，彗星在柳宿出现,四丈长,辰时出现在东方。

秋七月辛未初一,日食。庚辰,太祖派遣閤门使郝崇信、太常丞吕端出使契丹。癸未,西天东印土王子穰结说啰来朝贡。甲申,太祖诏令吴越王钱俶班师。己亥,山后两林鬼主、怀化将军勿尼等人来朝贡。

八月乙卯,太祖亲临东水磨观赏游鱼。于是又去了北园。辛酉,太祖下诏暂停今年的科举考试。壬戌,契丹派遣左卫大将军耶律霸德等人送来皇帝穿的衣服、玉带、名马。西南蕃顺化王子若废等人来进贡名马。癸亥,丁德裕在润州城下打败守军。

九月壬申,太祖在近郊打猎,骑马追赶兔子时,马突然跌倒,太祖摔在地上,因此太祖拔出佩刀刺死了这匹马。立刻就又后悔做了这件事,说:"我是天下的主人,轻率地出来打猎,又为什么要处罚马匹呢!"于是自此以后不再打猎。戊寅,润州投降。

冬十月己亥初一,江南主派遣徐铉、周惟简来朝乞求宋军暂缓进攻。辛亥,太祖下诏州县令佐官员察举百姓中孝顺父母敬爱兄长努力耕种田地、具有非凡才能和优异行为或者文武才能可以任用的人送到朝廷。丁巳,修建西京宫殿。江南国主李煜进贡银子五万两、绢五万匹,乞求暂缓进攻。戊午,改润州镇海军节度为镇江军节度。太祖亲临晋王赵光义的北园。己未,曹彬派遣都虞候刘遇在皖口击溃江南军队,擒获江南军将领朱令赟、王晖。

十一月辛未,江南主李煜派遣徐铉等人再次带着表章乞求宋军暂缓进攻,没有得到答复。甲申夜里,曹彬在升州城下打败江南军队。丙戌,任命校书郎宋准、殿直邢文庆担任贺契丹正旦使。乙未,曹彬攻克升州,俘虏江南国主李煜,江南平定,一共得到十九个州、三个军、一百八十个县、六十五万五千零六十户。太祖亲临视察新建的龙兴寺。

十二月庚子，太祖亲临惠民河视察修筑堤堰。辛丑，在江南地区实行大赦，免除一年徭役；经过战争的地区，免除两年徭役。戊申，三佛齐国派遣使者来进贡当地土产。己酉，太祖亲临龙兴寺。辛亥，减免开封府所属各县今年十分之三的秋租。己未，任命恩赦侯刘鋹为彭城郡公。甲子，契丹派遣使臣耶律乌正来朝廷祝贺正旦。丁卯，吴越国王钱俶请求在长春节来朝见太祖，太祖同意了他的请求。

开宝九年春正月辛未，太祖来到明德门，在楼下接见李煜，没有用进献俘虏的仪式。壬申，大赦天下，犯有死罪的减刑一等。乙亥，太祖封李煜为违命侯，他的子弟和臣僚也都封爵不等。己卯，江南昭武军节度使留后卢绛焚烧并掠夺州县。庚辰，太祖下诏在西京举行祭祀活动。癸巳，晋王赵光义率领满朝文武官员进上尊号，太祖不允许。

二月癸卯，三次上表进尊号，太祖还是不同意。庚戌，任命曹彬为枢密使。辛亥，太祖命令赵德昭在宋州迎接慰劳吴越国王钱俶。契丹派遣使臣耶律延颌带着御衣、玉带、名马、散马、白鹘来庆贺长春节。乙卯，吴越国王钱俶上奏朝廷指责内客省使丁德裕贪婪凶狠，丁德裕被贬为房州刺史。丁巳，太祖观察礼贤宅。戊午，任命卢多逊为吏部侍郎，仍旧担任参知政事。己未，吴越国王钱俶和他的儿子钱惟浚等人在崇德殿朝见太祖，进贡银绢数以万计。太祖赐给他衣带和鞍马，于是让钱俶等人住在礼贤宅，太祖在长安殿设宴款待他们。壬戌，钱俶进贡庆贺平定升州的银绢、乳香、吴绫、丝绵、钱茶、犀象、香药，都以亿万计。甲子，太祖召晋王赵光义、吴越国王钱俶以及他的儿子等人在御苑中射箭，钱俶进上皇帝的御衣、寿星、通犀带以及金器。丁卯，太祖亲临礼贤宅，赐给钱俶金器以及银绢数万。

三月己巳，钱俶进贡帮助南郊祭祀的银绢、乳香数以万计。庚午，太祖赐钱俶可以佩剑穿履朝见皇帝，诏书中不写他的名字。癸酉，任命皇子赵德芳为检校太保、贵州防御使，中书侍郎、同平章事沈义伦为大内都部署，右卫大将军王仁赡权判留司三司、兼知开封府事。丙子，太祖去西京。己卯，太祖在巩县停留，朝拜安陵，痛哭悲号很长时间。庚辰，太祖赐河南府百姓今年田租减免一半，侍奉陵墓的百姓家庭免除一年的徭役。辛巳，太祖到达洛阳。庚寅，大雨，太祖分别命令左右亲近大臣到各个祠观庙宇祈祷天晴。辛卯，太祖亲临广化寺，正式开放无畏三藏塔。

夏四月己亥，雨停。庚子，太祖在圜丘祭天，回来时到五凤楼大赦天下，十恶、故意杀人者不赦免，贬谪降官受责免官的人酌情移近安置分级进用，各种流放以及拖欠赋税的人全部释放免于追究，官吏中没有得到赠恩的人也都广泛地得到赏赐。壬寅，太祖举行盛大宴会，赐给亲王、左右亲近大臣、将帅们一套衣裳、金带、带鞍的马匹、器皿钱币多少不等。丙午，太祖起驾回京。辛亥，太祖从洛阳回到开封。丁巳，曹翰攻克江州，屠城，擒获牙校宋德明、胡则等人。太祖下诏增加晋王赵光义的食邑，赵光美、赵德昭都加封开府仪同三司，增加赵德芳食邑，薛居正、沈义伦加封光禄大夫，枢密使曹彬、宣徽北院使潘美加封为特进，吴越国王钱俶增加食邑，朝廷内外的文武官员都得到封赏，提升了官阶。己未，太祖立官吏每十天休假一天以休息沐浴的诏令。丙寅，大食国王珂黎拂派遣使者蒲希密来进贡当地土产。

五月己巳，太祖亲临东水磨视察，于是又到了飞龙院，观看在金水河中捕鱼。甲戌，太祖派遣司勋员外郎和岘前往江南路采访民情。处死卢绛。庚辰，太祖亲临讲武池，于是又到玉津园视察庄稼。宋州大风，吹坏城楼官民房屋近五千间。甲申，任命阁门副使田守奇等人担任贺契丹生辰使。晋州把北汉岚、石、宪三州巡检使王洪武等人送来献给朝廷。

六月庚子，太祖步行来到晋王赵光义的府邸，命令建造抽水的机轮，汲取金水河水灌注到赵光义府邸形成池塘。癸卯，吴越国王钱俶进贡银两、绢帛、丝绵以数万计。乙卯，火星进入南斗。

秋七月戊辰，太祖亲临晋王赵光义府邸视察新挖成的池塘。丙子，太祖亲临京兆尹赵光美府第探视他的病情。戊寅，太祖再次亲临赵光美府第。泉州节度使陈洪进请求来朝廷觐见太祖，丙戌，命令左右亲近大臣祈祷天晴。丁亥，太祖命令修建先代帝王以及五岳四渎的祠庙。庚寅，太祖亲临赵光美府第。

八月乙未初一，吴越国王钱俶进献会发射火箭的军士。己亥，太祖亲临新建的龙兴寺。辛丑，太子中允郭思齐因贪赃在闹市被斩首示众。乙巳，太祖到等觉院，于是又去了东染院，赐给工人钱币。又到控鹤营视察将士练习射箭，赐给将士布帛多少不等。又亲临开宝寺观看藏经。丁未，太祖派遣侍卫马军都指挥使党进、宣徽北院使潘美征伐北汉。丙辰，派遣西上阁门使等率领军队分五路进攻太原。

九月甲子，太祖亲临绫锦院。庚午，权高丽国事王伷派遣使臣来朝拜进贡。党进在太原城北击败北汉军队。辛巳，太祖命令忻、代行营都监郭进迁徙山后各州的百姓。庚寅，太祖亲临城南池亭，于是又到了礼贤宅，又去了晋王赵光义的府第。

冬十月甲午初一，太祖赐给文武百官衣服多少不等。丁酉，兵马监押马继恩率领军队进入河东境内，焚烧扫荡了四十多处营寨。己亥，太祖亲临西教场。庚子，镇州巡检郭进焚烧寿阳县，俘虏九千人。辛丑，晋、隰巡检穆彦璋进入河东，俘虏二千多人。党进在太原城北击败北汉军队。己酉，吴越国王钱俶进贡经过驯养的大象。癸丑晚上，太祖在万岁殿逝世，终年五十岁，灵柩停放在进万岁殿的西甬道中，谥号为英武圣文神德皇帝，庙号为太祖。太宗太平兴国二年四月乙卯，安葬在永昌陵。真宗大中祥符元年，加上尊崇太祖的谥号为启运立极英武睿文神德圣功至明大孝皇帝。

太祖皇帝天性孝顺父母，友爱兄弟，节约俭省，秉性任其自然，不故意矫揉造作以掩饰自己。接受后周禅让的初期，很喜欢便装出行，有人劝说他不要轻易出去。太祖说："帝王的兴起，自有天命，周世宗看到将领中有方脸大耳的人都把他们杀死，我整天侍奉在他身边，他也不能危害我。"这之后便装出宫的次数更加多了，有人规劝他，他就对规劝的人说："享有天命的人任他自己做事，你不要禁止。"

有一天，太祖退朝下来，坐在便殿中不高兴了很长时间。左右侍从问太祖为了什么事。太祖说："你们认为当天子是件容易的事吗？我在早朝时乘一时高兴而错误地处理了一件事，因此不高兴。"汴京新建的宫殿落成，太祖来到正殿坐下，命令把殿门全部打开，对左右说："这好比是我的内心，很少有不正的地方，人们都可以看见的。"

吴越国王钱俶来朝廷，自宰相以下的文武官员都请求太祖留下钱俶而收取他的土地，太祖不听这种意见，放他回国。等到钱俶辞行的时候，太祖取来大臣们请求留下钱俶的几十件章疏，密封后交给他，告诉他在路上秘密观看。钱俶到途中启封阅读，都是要求太祖把自己留下而不要遣还吴越的奏章。他从这件事之后既感激又恐惧。江南平定，于是请求把国土归宋。南汉刘鋹在自己的国家里，好在酒中放毒药毒死臣下，不久归顺朝廷，跟着太祖来到讲武池，太祖倒了一杯酒赐给刘鋹，刘鋹怀疑酒中有毒药，捧着杯子哭泣着说："我犯的罪是在不赦之列的，陛下既然不以死罪对待我，我愿意做一名大梁的平民百姓，亲眼看看太平盛世，我不敢饮下这杯酒。"太祖笑着对他说："我把自己的一颗赤诚之心放到别人的胸膛里，我怎么会这样做呢？"立即拿过刚给刘鋹倒的酒自己喝了下去，另外倒了一杯酒赐给他。

王彦升擅自杀死韩通，虽然参与辅佐太祖建立王朝，但终身没有得到大将的符节和斧钺。王全斌进入四川，贪婪放纵屠杀降兵，虽然立有大功，也立即被贬官黜责。

皇宫中的苇帘，用青布包边，太祖经常穿的衣服，洗涤过多次还在穿。魏国长公主短袄上装饰着翠鸟的羽毛，太祖告诫她不要再用了，又教诲她说："你生长在富贵之中，应当懂得珍惜福分。"看见孟昶用珠宝装饰的小便器具，就把它捣毁打碎，说："你用七种宝石装饰便器，那么应该用什么器皿来盛放食物？你这样的所作所为，不亡国还等什么！"

太祖晚年喜好读书，曾经读《尚书》的《尧典》《舜典》，叹息说："尧、舜处罚四个凶人，也仅仅把他们流放出去，为什么近代法网如此严密啊！"对宰相说："五代时期诸侯骄横，有违法杀人的人，朝廷也置之不问。人命至关重要，姑息纵容藩镇，应当是这样的吗？自现在开始各州判处犯人死刑的，要记录好案情上奏朝廷，交给刑部重新审查复核。"于是立为法令。

乾德改年号，太祖事先告诉宰相说："年号必须选择以前朝代没有使用过的文辞。"乾德三年，后蜀平定，后蜀宫女来到太祖内宫，太祖看到她们使用的铜镜背后铸有"乾德四年铸"这样的文字，把窦仪等人召来查问这件事。窦仪回答说："这一定是后蜀的东西，后蜀皇帝曾经使用过这个年号。"于是，太祖很高兴地说：

"担任宰相的还应该是读书人。"自此以后十分器重读书人。

太祖接受杜太后之命，把皇位传给太宗。太宗曾经病得很重，太祖前去看望他，亲自为太宗用艾草灼烧穴位，太宗感到疼痛，太祖也拿艾草烧灼自己的穴位。他经常对左右亲近大臣们说："太宗龙行虎步，出生时有奇异的现象发生，以后一定成为太平天子，论福分我不及他。"

评论说：过去唐尧、虞舜因为禅让，商汤、周武因为征伐，都面南背北而有天下。四位圣人之后，世道升降，否泰转易。正当百姓灾难困苦的时刻，皇天遍求的百姓主人，也仅要求他能救助这个世界而已。假如一定要求他具备四位圣人一样的才能，而后才把天下事务交给他处理，那么百姓平定治理的日子，似乎遥遥无期了。

五代时期极为混乱，宋太祖从行伍起家，登上皇帝的宝座，推求他取得国家的根源，比晋、汉、周又难道有何独一无二的条件吗？等到他发号施令，有名的藩镇大将，俯首听命，四方诸侯，依次削平，这不是人力容易做到的。建隆以来，解除藩镇兵权，用重法绳治贪官污吏，以堵塞混乱的根源；上自州郡长吏、下到令录、幕职官，亲自接见问对；专力农业，振兴学校，慎重刑罚、减轻赋敛，给全国休养生息，终于获得太平；治定功成之后，制礼作乐。太祖在位十七年时间，而把宋朝三百多年的基业，传给了子孙，世代有了常典法则。即使从三代以下，考评声教文明、典章制度之治，道德仁义之风，宋代和汉、唐相比，也没有什么可以退让之处。呜呼，创基业垂统绪的帝王，规模如宋太祖，也可以说影响很深远的啊！

列　传

宋史卷二百六十四

列传第二十三

薛居正

薛居正字子平，开封浚仪人。父仁谦，周太子宾客。居正少好学，有大志。清泰初，举进士不第，为《遣愁文》以自解，寓意倜傥，识者以为有公辅之量。逾年，登第。

晋天福中，华帅刘遂凝辟为从事。遂凝兄遂清领邦计，奏署盐铁巡官。开运初，改度支推官。宰相李崧领盐铁，又奏署推官，加大理司直，迁右拾遗。桑维翰为开封府尹，奏署判官。

汉乾祐初，史弘肇领侍卫亲军，威权震主，残忍自恣，无敢忤其意者。其部下吏告民犯盐禁，法当死。狱将决，居正疑其不实，召诘之，乃吏与民有私憾，因诬之，逮吏鞠之，具伏抵法。弘肇虽怒甚，亦无以屈。周广顺初，迁比部员外郎，领三司推官，旋知制诰。周祖征兖州，诏居正从行，以劳加都官郎中。显德三年，迁左谏议大夫，擢弘文馆学士，判馆事。六年，使沧州定民租。未几，以材干闻于朝，擢刑部侍郎，判吏部铨。

宋初，迁户部侍郎。太祖亲征李筠及李重进，并判留司三司，俄出知许州。建隆三年，入为枢密直学士，权知贡举。初平湖湘，以居正知朗州。会亡卒数千人聚山泽为盗，监军使疑城中僧千余人皆其党，议欲尽捕诛之。居正以计缓其事，因率众剿灭群寇，擒贼帅汪端，诘之，僧皆不预，赖以全活。

乾德初，加兵部侍郎。车驾将亲征太原，大发民馈运。时河南府饥，逃亡者四万家，上忧之，命居正驰传招集，浃旬间民尽复业。以本官参知政事。五年，加吏部侍郎。开宝五年，兼淮南、湖南、岭南等道都提举三司水陆发运使事，又兼判门下侍郎事，监修国史；又监修《五代史》，逾年毕，锡以器币。六年，拜门下侍郎、平章事。八年二月，上谓居正等曰："年谷方登，庶物丰盛，若非上天垂佑，何以及斯。所宜共思济物，或有阙政，当与振举，以成朕志。"居正等益修政事，以副上意焉。

太平兴国初，加左仆射、昭文馆大学士。从平晋阳还，进位司空。因服丹砂遇毒，方奏事，觉疾作，遽出。至殿门外，饮水升余，堂吏掖归中书，已不能言，但指庑间储水器。左右取水至，不能饮，偃阁中，吐气如烟焰，舆归私第卒，六年六月也，年七十。赠太尉、中书令，谥文惠。

居正气貌瑰伟，饮酒至数斗不乱。性孝行纯，居家俭约。为相任宽简，不好苛察，士君子以此多之。自参政至为相，凡十八年，恩遇始终不替。

先是，太祖尝谓居正曰："自古为君者鲜克正己，为臣者多无远略，虽居显位，不能垂名后代，而身陷不义，子孙罹殃，盖君臣之道有所未尽。吾观唐太宗受人谏疏，直诋其非而不耻。以朕所见，不若自不为之，使人无异词。又观古之人臣多不终始，能保全而享厚福者，由忠正也。"开宝中，居正与沈伦并为相，卢多逊参知政事，九年冬，多逊亦为平章事。及居正卒，而沈伦责授，多逊南流，论者以居正守道蒙福，果符太祖之言。

居正好读书，为文落笔不能自休。子惟吉集为三十卷上之，赐名《文惠集》。咸平二年，诏以居正配飨太宗庙庭。"

译文：

薛居正，字子平，是开封浚仪人。他的父亲薛仁谦，是后周太子宾客。薛居正年轻时喜爱学习，有远大的志向。清泰初年，参加进士考试落榜，写了《遣愁文》来自我解脱，文中的寓意是洒脱、不拘束，看过的人都认为他有作公卿辅佐之臣的气量。过了一年，中了进士。

后晋天福年间，华州统帅刘帅凝授予他从事的职务。刘帅凝的哥哥刘遂清担任邦计，上奏请求他任盐铁巡官。开运初年，改任度支推官。宰相李崧负责盐铁业，又上奏请求他任推官，并做大理司直，晋升为右拾遗。桑维翰任开封府知府，上奏请他任判官。

后汉乾祐初年，史弘肇负责侍卫亲军，权力很大，危及君王，残忍自恣，没有敢违背他意见的人。他部下有一个官吏控告老百姓触犯盐铁禁令，按照法律应该判处死罪。监狱将处决，薛居正怀疑情况不真实，召来罪犯责问，原来是因为官吏与那个平民有私怨，因此被诬告，（于是）逮捕了那诬告的官吏，对其审讯，全部承认了罪行，伏法。史弘肇虽然很生气，也毫无办法。后周广顺初年，晋升为比部员外郎，兼任三司推官，不久，又负责起草皇帝诏书。周太祖征讨兖州，令薛居正同行，因为有功劳，便任命为都官郎中。显德三年，晋升为左谏议大夫，提拔为弘文馆学士，主持馆内事务。六年，出使沧州，裁定老百姓的租税。不久，因为才能闻名于朝廷，被提拔为刑部侍郎，负责吏部选拔人才。

宋朝初年，升为户部侍郎。宋太祖亲征李筠和李重进时，均负责留守三司，不久，出京任许州知州。建隆三年，回京任枢密直学士，暂时负责乡举里选之制。刚刚平定湖湘，任命他为朗州知州。当时有逃亡的兵士数千人聚集在深山和大湖里，为盗贼，监军使怀疑城中的和尚千余人都是他们的同党，准备将和尚全部逮捕斩首。薛居正用计暂缓执行，乘机率兵消灭了群盗，捉住了盗贼的头目汪端，责问他（是否和尚们与他有勾结），原来和尚们并没有参与，依赖他的这个行动，和尚们得以免于死难。

乾德初年，加官兵部侍郎。皇上将亲自征讨太原，大举征发百姓运送粮草。当时河南府闹饥荒，离家逃亡的有四万家，皇上十分忧虑此事，命令薛居正骑马传达皇帝的诏书，召集流民，十天时间，老百姓全部恢复本业。（回朝以后）以原来的官职参与政事。五年，加任吏部侍郎。开宝五年，兼任淮南、湖南、岭南等道都提举三司水陆发运使事，又附带负责门下侍郎事务，监督修撰国史；又监修《五代史》，过了一年，书成，被赐给器物和钱币。六年，拜官为门下侍郎、平章事。八年二月，皇上对薛居正说："粮食丰收，各种物资都很丰盛，如果不是上天保佑，怎么会达到这样。所要做的应该是共同思考有益的事物，如果有失误的政策，应该振作起来。加以改变，以符合我的志向。"薛居正等人因此更加注重国家大事，以便符合皇上的意思。

太平兴国初年，增补为左仆射、昭文馆大学士。跟从（皇上）平定晋阳回到朝廷，晋升为司空。因为服用丹砂中毒，正在上奏事情时，发觉疾病发作，立即出来。走到官殿门外，饮了一升水，宫堂中的官吏扶着他回到中书省时，已经不能说话，仅仅能指着里屋盛水的容器。旁边的人拿来水，已不能喝了，倒在阁中，吐出的气像烟火一样。抬回家中就死了，时间是六年六月，终年七十岁。被赠予太尉、中书令,谥号叫文惠。

薛居正的气貌像玉的石头一样伟岸,饮酒多至数斗也不乱来,性格孝顺,行为纯正,持家讲究节俭。担任宰相为政宽仁简朴,不喜欢苛求细察,士大夫君子因此很多。从他担任参知政事到任宰相,总共十八年,皇上给他的恩遇始终没有改变。

早先时候,宋太祖曾对薛居正说:"自古以来做君王的,少有能克制自己的,做臣子的,大多没有长远的谋略,尽管他处在显要位置,也不能名扬后代,然而自身不讲仁义,子孙遭殃的人,大概君主与臣子之间的道义没有尽到。我看唐太宗接受别人的劝谏,直接说他的不是而不感到羞耻。依我看,不如自己不做它,使别人无可厚非。又看到古代的臣子多有不能善始善终的,能够保全自己享受丰厚待遇的,是由于他们忠诚正直。"开宝中叶,薛居正与沈伦一起任宰相,卢多逊任参知政事。九年冬天,卢多逊也任平章事。等到薛居正一死,而沈伦因为被责备(罢免宰相职务),授予另外的官职,卢多逊(因为诬告秦王谋反)被贬黜到南方,舆论认为薛居正遵守道义,蒙受洪福,果真符合太祖所说的话。

薛居正喜欢读书,写文章一下笔就不能自己停下来。他的儿子薛惟吉收集他的文章三十卷,呈送给皇上,皇上赐名叫《文惠集》。咸平二年,下诏把薛居正供奉在太祖的庙中。

宋史卷二百七十二

列传第三十一

杨 业

杨业，并州太原人。父信，为汉麟州刺史。业幼倜傥任侠，善骑射，好畋猎，所获倍于人。尝谓其徒曰："我他日为将用兵，亦犹用鹰犬逐雉兔尔。"弱冠事刘崇，为保卫指挥使，以骁勇闻。累迁至建雄军节度使，屡立战功，所向克捷，国人号为"无敌"。

太宗征太原，素闻其名，尝购求之。既而孤垒甚危，业劝其主继元降，以保生聚。继元既降，帝遣中使召见业，大喜，以为右领军卫大将军。师还，授郑州刺史。帝以业老于边事，复迁代州兼三交驻泊兵马都部署，帝密封橐装，赐予甚厚。会契丹入雁门，业领麾下数千骑自西陉而出，由小陉至雁门北口，南向背击之，契丹大败。以功迁云州观察使，仍判郑州、代州。自是契丹望见业旌旗，即引去。主将戍边者多忌之，有潜上谤书斥言其短，帝览之皆不问，封其奏以付业。

雍熙三年，大兵北征，以忠武军节度使潘美为云、应路行营都部署，命业副之。以西上阁门使、蔚州刺史王侁，军器库使、顺州团练使刘文裕护其军。诸军连拔云、应、寰、朔四州,师次桑乾河,会曹彬之师不利,诸路班师,美等归代州。

未几,诏迁四州之民于内地,令美等以所部之兵护之。时,契丹国母萧氏,与其大臣耶律汉宁、南北皮室及五押惕隐领众十余万,复陷寰州。业谓美等曰:"今辽兵益盛,不可与战。朝廷止令取数州之民,但领兵出大石路,先遣人密告云、朔州守将,俟大军离代州日,令云州之众先出。我师次应州,契丹必来拒,即令朔州民出城,直入石碣谷。遣强弩千人列于谷口,以骑士援于中路,则三州之众,保万全矣。"侁沮其议曰:"领数万精兵而畏懦如此。但趋雁门北川中,鼓行而往。"文裕亦赞成之。业曰:"不可,此必败之势也。"侁曰:"君侯素号无敌,今见敌逗挠不战,得非有他志乎?"业曰:"业非避死,盖时有未利,徒令杀伤士卒而功不立。今君责业以不死,当为诸公先。"

将行,泣谓美曰:"此行必不利。业,太原降将,分当死。上不杀,宠以连帅,授之兵柄。非纵敌不击,盖伺其便,将立尺寸功以报国恩。今诸君责业以避敌,业当先死于敌。"因指陈家谷口曰:"诸君于此张步兵强弩,为左右翼以援,俟业转战至此,即以步兵夹击救之,不然,无遗类矣。"

美即与侁领麾下兵阵于谷口。自寅至巳,侁使人登托逻台望之,以为契丹败走,欲争其功,即领兵离谷口。美不能制,乃缘灰河西南行二十里。俄闻业败,即麾兵却走。业力战,自午至暮,果至谷口。望见无人,即拊膺大恸,再率帐下士力战,身被数十创,士卒殆尽,业犹手刃数十百人。马重伤不能进,遂为契丹所擒,其子延玉亦没焉。业因太息曰:"上遇我厚,期讨贼捍边以报,而反为奸臣所迫,致王师败绩,何面目求活耶!"乃不食,三日死。

帝闻之痛惜甚，俄下诏曰："执干戈而卫社稷，闻鼓鼙而思将帅。尽力死敌，立节迈伦，不有追崇，曷彰义烈！故云州观察使杨业诚坚金石，气激风云。挺陇上之雄才，本山西之茂族，自委戎乘，式资战功。方提貔虎之师，以效边陲之用；而群帅败约，援兵不前。独以孤军，陷于沙漠；劲果森厉，有死不回。求之古人，何以加此！是用特举徽典，以旌遗忠；魂而有灵，知我深意。可赠太尉、大同军节度，赐其家布帛千匹，粟千石。大将军潘美降三官；监军王侁除名，隶金州；刘文裕除名，隶登州。"

业不知书，忠烈武勇，有智谋。练习攻战，与士卒同甘苦。代北苦寒，人多服毡罽，业但挟纩，露坐治军事，傍不设火，侍者殆僵仆，而业怡然无寒色。为政简易，御下有恩，故士卒乐为之用。朔州之败，麾下尚百余人，业谓曰："汝等各有父母妻子，与我俱死无益也，可走还报天子。"众皆感泣不肯去。淄州刺史王贵杀数十人，矢尽遂死。余亦死，无一生还者。闻者皆流涕。

业既没，朝廷录其子供奉官延朗为崇仪副使，次子殿直延浦、延训并为供奉官，延瑰、延贵、延彬并为殿直。

延昭本名延朗，后改焉。幼沉默寡言，为儿时，多戏为军阵，业尝曰："此儿类我。"每征行，必以从。太平兴国中，补供奉官。业攻应、朔，延昭为其军先锋，战朔州城下，流矢贯臂，斗益急。以崇仪副使出知景州。时江、淮凶歉，命为江、淮南都巡检使。改崇仪使，知定远军，徙保州缘边都巡检使，就加如京使。

咸平二年冬，契丹扰边，延昭时在遂城。城小无备，契丹攻之甚急，长围数日。契丹每督战，众心危惧，延昭悉集城中丁壮登陴，赋器甲护守。会大寒，汲水灌城上，且悉为冰，坚滑不可上。契丹遂溃去，获其铠仗甚众。以功拜莫州刺史。时真宗驻大名，傅潜握重兵顿中山。延昭与杨嗣、石普屡请益兵以战，潜不许。及潜抵罪，召延昭赴行在，屡得对，访以边要。帝甚悦，指示诸王曰："延昭父业为前朝名将，延昭治兵护塞，有父风，深可嘉也。"厚赐遣还。

是冬，契丹南侵，延昭伏锐兵于羊山西，自北掩击，且战且退。及西山，伏发，契丹众大败，获其将，函首以献。进本州团练使，与保州杨嗣并命。帝谓宰相曰："嗣及延昭，并出疏外，以忠勇自效。朝中忌嫉者众，朕力为保庇，以及于此。"五年，契丹侵保州，延昭与嗣提兵援之，未成列，为契丹所袭，军士多丧失。命李继宣、王汀代还，将治其罪。帝曰："嗣辈素以勇闻，将收其后效。"即宥之。六年夏，契丹复侵望都，继宣逗留不进，坐削秩，复用延昭为都巡检使。时讲防秋之策，诏嗣及延昭条上利害，又徙宁边军部署。

景德元年，诏益延昭兵满万人，如契丹骑入寇，则屯静安军之东。令莫州部署石普屯马村西以护屯田。断黑卢口、万年桥敌骑奔冲之路，仍会诸路兵掎角追袭，令魏能、张凝、田敏奇兵牵制之。时王超为都部署，听不隶属。延昭上言："契丹顿澶渊，去北境千里，人马俱乏，虽众易败，凡有剽掠，率在马上。愿饬诸军，扼其要路，众可歼焉，即幽、易数州可袭而取。"奏入不报，乃率兵抵辽境，破古城，俘馘甚众。

及请和，真宗选边州守臣，御笔录以示宰相，命延昭知保州兼缘边都巡检使。二年，追叙守御之劳，进本州防御使，俄徙高阳关副都部署。在屯所九年，延昭不达吏事，军中牒诉，常遣小校周正治之，颇为正所罔，因缘为奸。帝知之，斥正还营而戒延昭焉。大中祥符七年，卒，年五十七。

延昭智勇善战，所得奉赐悉犒军，未尝问家事。出入骑从如小校，号令严明，与士卒同甘苦，遇敌必身先，行阵克捷，推功于下，故人乐为用。在边防二十余年，契丹惮之，目为杨六郎。及卒，帝嗟悼之，遣中使护榇以归，河朔之人多望柩而泣。录其三子官，其常从、门客亦试艺甄叙之。子文广。

文广字仲容。以班行讨贼张海有功，授殿直。范仲淹宣抚陕西，与语奇之，置麾下。从狄青南征，知德顺军，为广西钤辖，知宜、邕二州，累迁左藏库使、带御器械。治平中，议宿卫将，英宗曰："文广，名将后，且有功。"乃擢成州团练使、龙神卫四厢都指挥使，迁兴州防御使。秦凤副都总管韩琦使筑筚篥城，文广声言城喷珠，率众急趣筚篥，比暮至其所，部分已定。迟明，敌骑大至，知不可犯而去，遗书曰："当白国主，以数万精骑逐汝。"文广遣将袭之，斩获甚众。或问其故，文广曰："先人有夺人之气。此必争之地，彼若知而据之，则未可图也。"诏书褒谕，赐袭衣、带、马。知泾州、镇戎军，为定州路副都总管，迁步军都虞候。辽人争代州地界，文广献阵图并取幽燕策，未报而卒，赠同州观察使。

译文：

杨业，是并州太原人。父亲杨信。为后汉麟州刺史。杨业幼年时洒脱任侠，善于骑马射箭，喜欢打猎，所获猎物比一同去的人多一倍，曾经对他手下的人说："我将来为将用兵，也如同用鹰犬追逐雉兔一样。"年二十左右，侍奉刘崇，任保卫指挥使，因骁勇闻名。累迁至建雄军节度使，屡立战功，所到之处克敌获胜，时人称他为"无敌"。

宋太宗征太原，素闻其名，曾经悬赏求他。不久，太原孤垒十分危险，杨业劝说其君主刘继元投降，以保生灵免遭涂炭。刘继元投降，皇帝派遣中使召见杨业，十分欢喜，任命他为右领军卫大将军。班师回朝，授予他郑州刺史。皇帝因为杨业熟悉边事，又调他到代州，兼三交驻泊兵马都部署，皇帝密封装有宝物的袋子，赏赐给杨业十分丰厚。碰上契丹侵犯雁门，杨业率领部下数千骑从西陉而出，由小陉到雁门北口，向南从背后攻击他们，契丹兵大败。因为战功迁为云州观察使，仍判郑州、代州。从此契丹兵望见杨业的旌旗，就引兵而退。主将戍边者对此很忌恨他，有人暗地里上书诽谤他，揭露他的短处，皇帝看了都置之不问，封好这些奏章交给杨业。

雍熙三年，大兵北征，以忠武军节度使潘美为云、应路行营都部署，命令杨业为副将。以西上閤门使、蔚州刺史王侁，军器库使、顺州团练使刘文裕监护他们所统帅的军队。诸军接连攻下云、应、寰、朔四州，军队进驻桑乾河，碰上曹彬所统帅的军队不利，各路军班师，潘美等返归代州。

不久，下诏迁徙四州的老百姓到内地，命令潘美等以所统之兵护送他们。当时，契丹国母萧氏，和她的大臣耶律汉宁、南北皮室及五押惕隐领众十余万，又攻陷寰州。杨业对潘美等说："现在辽兵更盛，不可与他们交战。朝廷只命令夺取几州的民众，只领兵出大石路，先派人秘密地告诉云、朔州的守将，等到大军离开代州的那天，让云州的民众先出。我们的军队到应州，契丹的军队一定会来抵挡，即可命令朔州的民众出城，直接进入石碣谷派遣持强弩的兵士千人排列在谷口，用骑兵救援中路，那么三州的民众，可以保证万无一失了。"王侁阻拦他的建议说："率数万精兵而畏惧害怕成这样。只管赶赴雁门北边的平川上，击鼓而行。"刘文裕也赞成王侁的说法。杨业说:"不行,这是必败的情势。"王侁说:"你一向号称无敌,现在被敌人挑逗而不交战,莫非另有打算?"杨业说:"杨业并非避死,因为时机不利,只是白白地使士卒伤亡而功业不立。现在你责备我杨业不赴死难,我当为诸公先死。"

将出发,哭着对潘美说:"这次去一定不利。我杨业,是太原降将,职分应当去死。皇上不杀我,宠爱我,以我作将帅,授予我兵权。不是纵容敌人不攻击,主要是伺便利时,立尺寸之功来报答国家的恩惠。现在各位都责备我杨业避敌,我杨业当先死于敌难。"因此指着陈家谷口说:"各位在这里布下步兵,准备强弩,分左右两翼作为救援,等待我杨业转战到这里,就用步兵夹击敌人,救助我,否则,没有活着的了。"

潘美随即与王侁率兵在陈家谷口布阵。从寅时到巳时,王侁派人登上托逻台瞭望杨业,以为契丹失败逃走,想争夺功劳,就领兵离开了谷口。潘美不能制止,于是沿灰河西南行走了二十里。不久听说杨业失败,立即指挥军队退却。杨业奋力作战,从中午到傍晚,果真到了谷口。望见没有人,就拊胸大哭,又率领手下兵士力战,身上受伤数十处,士卒死亡殆尽,杨业还亲手杀死敌人数十百人。马匹受伤不能前进,终于被契丹擒获,他的儿子杨延玉也战死。杨业因而叹息说:"皇上厚待我,希望讨伐敌贼,捍卫边疆来报答,然而反被奸臣所迫害,致使王师失败,有什么面目寻求活路呀!"于是绝食,三日而死。

皇帝听说后极为哀痛、怜惜,不久下诏说:"执掌干戈而保卫国家,听到战鼓就思念将帅。尽力死敌,树立气节,勉行伦理,没有追思崇尚,怎么表彰义烈!已故云州观察使杨业诚实坚强如同金石,气激风云。突出了陇上的雄才,本是山西的望族。

自从委身兵事，屡立战功。正指挥精锐之兵，来报效边陲之用；而其他将帅失约，救援的军队不前进。唯独以孤军，陷入沙漠；刚劲果敢像暴风一样飞扬，誓死不回。寻求古人，谁能相比！所以特地举行大典，来表彰他的遗忠；如果魂魄有灵，会知道我的心意。可以赠予太尉、大同军节度使，赏赐他的家属布帛千匹，粟一千石。大将军潘美降三官；监军王侁除去吏籍，隶属金州；刘文裕除去吏籍，隶属登州。"

杨业不知书，忠烈武勇，有智谋。平时练习攻战，与士卒同甘共苦。代北严寒，人们大多穿毛皮衣服，杨业只穿用丝绵絮做的衣服，坐在外边处理军务，旁边不设火，侍奉的人差不多冻僵了，而杨业却怡然自得毫无寒冷之感。为政简易，对待下属有恩惠，所以士卒乐意为他效命。朔州一仗失败，麾下还有百余人，杨业对他们说："你们各自都有父母妻子，与我一同死没有益处，可以跑回去报告天子。"众人都感动得哭泣，不肯离去。淄州刺史王贵杀敌数十人，箭尽后终于身亡。其余的人也战死，没有一个活着回来的。听到这一情况的人都流下眼泪。

杨业阵亡，朝廷录用他的儿子时任供奉官的杨延朗为崇仪副使，次子殿直杨延浦、杨延训一同供奉官，杨延环、杨延贵、杨延彬一同为殿直。

杨延昭本名杨延朗，延昭是后来改名的。幼年时沉默寡言，儿童时期，多用游戏演习战阵，杨业曾经说："这个儿子类似我。"每次征战出发，一定要让他跟从。太平兴国年间，增补为供奉官。杨业进攻应州、朔州，杨延昭是杨业军队的先锋官，在朔州城下交战，流矢穿透手臂，他战斗得更加激烈。以崇仪副使的身份出任景州知州。当时江、淮年成不好，任命他为江、淮南都巡检使。改任崇仪使，知定远军，调任保州缘边都巡检使，就地加任如京使。

咸平二年冬天，契丹侵扰边境，杨延昭当时在遂城。城小没有防备，契丹攻城很急，重围数天。契丹每次督战攻城，大家都恐惧害怕，杨延昭全部召集城中的丁壮男子登上城上女墙，发给器甲护守。碰上天气严寒，引水浇灌城上，一早晨就结成冰，坚硬光滑不能攻上。于是，契丹人溃散离去，获得的铠甲器仗很多。因为战功被拜为莫州刺史。当时宋真宗停驻在大名，傅潜手握重兵驻扎在中山。杨延昭与杨嗣、石普等屡次请求增兵作战，傅潜都不答应。等到傅潜抵偿其应负的罪责，召杨延昭赴皇帝行宫，多次得以对策，询问边防要事。皇帝很高兴，指着他对诸王说："杨延昭的父亲杨业是前朝名将，杨延昭领兵守卫边塞，有父亲的风度，值得嘉奖称赞。"重重地赏赐他，打发他回军。

这年冬天，契丹南侵，杨延昭埋伏精锐部队在羊山西边，从北边袭击契丹兵，一边交战一边退却。退到西山，伏兵发起进攻，契丹兵大败，俘获了契丹兵将领，将他斩首献功。进本州团练使，与保州杨嗣一起被任命。皇帝对宰相说："杨嗣与杨延昭，一同出兵在远处，以忠勇报效国家。朝廷中忌恨嫉妒的人很多，我极力替他们保护，以至于这个样子。"五年，契丹侵犯保州，杨延昭与杨嗣率兵救援，还没有准备阵列，被契丹兵袭击，兵士大多丧失。命李继宣、王汀代理职务，返回朝廷，准备接受处罪。皇帝说："杨嗣等人一向以勇敢闻名，让他们今后效力。"于是宽恕了他们。六年夏天，契丹又侵犯望都，李继宣滞留不进兵，获罪削职，又任命杨延昭为都巡检使。当时议论防止秋天敌人进犯的策略，诏令杨嗣及杨延昭分别上陈利害，又调任宁边军部署。

景德元年，下诏增杨延昭兵士到一万人，如果契丹骑兵入侵，就屯据在静安军的东面。命令莫州部署石普屯扎马村西边，保护屯田。截断黑卢口、万年桥敌人骑兵奔冲之路，仍然汇合各路兵马呈掎角之势追袭敌人，命令魏能、张凝、田敏用奇兵牵制敌人。当时王超任都部署，听任他不隶属。杨延昭上书说："契丹兵停在澶渊，离他们的边境有千里，人马都疲乏，虽然人多，但容易被打败，凡是剽劫、抢掠（的东西），都在马上。希望命令各军，控制扼守要道，敌众可以歼灭，随即幽、易几州可以袭击夺取。"奏书上达没有回报，于是率兵抵达了国境内，攻破古城，俘获斩杀敌人很多。

等到请求议和，宋真宗选拔边州守卫的大臣，亲自写上交给宰相，任命杨延昭为保州知州兼缘边都巡检使。二年，追述守御的功劳，进本州防御使，不久调任高阳关副都部署。在屯扎的住所九年，杨延昭不涉及吏事，军队中的讼辞。常常派遣小校周正处理，大为周正所蒙蔽，周正趁机为奸。皇帝知道，斥令周正还营，告诫杨延昭。大中祥符七年，去世，终年五十七岁。

杨延昭智勇善战，所得俸禄和赏赐全部犒劳兵士，从来不问家事。出入骑马如同小校，号令严明，与士率同甘共苦，遇敌一定自己向前，交战获胜，把功劳让给部下，所以下属乐意被他任用。在边防二十余年，契丹人害怕他，把他视之为杨六郎。去世后，皇帝嗟叹悼唁他，派遣中使护送灵柩回朝，河朔一带的人大多望着灵柩哭泣。录用他的三个儿子为官，常常跟随他的人、门客也考试武艺，分别录用。儿子杨文广。

杨文广字仲容。因为班列讨伐盗贼有功，被授予殿直。范仲淹安抚陕西，和他说话，认为他是奇才，把他安置在手下。跟从狄青南征，知德顺军，任广西钤辖，知宜、邕二州；累迁左藏库使、带御器械。治平年间，谈论宿卫将领，英宗说："杨文广，是名将的后代,并且有功劳。"于是提拔为成州团练使、龙神卫四厢都指挥使,晋升为兴州防御史。秦凤副都总管韩琦派遣他筑筚篥城,杨文广声称应筑于喷珠,韩琦率众急忙赶赴筚篥,到傍晚到达处所,部分已经筑好。天明,敌人的骑兵云集而至,知道不可侵犯离开了,留下文书说:"当报告国主,派数万精锐骑兵驱逐你。"杨文广派遣部将袭击,斩首和俘虏敌人很多。有人询问(取胜)的缘故,杨文广说:"先发制人有夺人的气魄。这是兵家必争之地,他们如果知道而占据它,那么就不可图谋了。"下诏褒奖晓谕,赏赐袭衣、带、马。知泾州、镇戎军,为定州路副都总管,晋升为步军都虞候。辽人争夺代州边界,杨文广献阵图及攻取幽燕之策,没有得到回报就病逝,赠授同州观察使。

宋史卷二百八十一

列传第四十

寇 准

寇准字平仲，华州下邽人也。父相，晋开运中，应辟为魏王府记室参军。准少英迈，通《春秋》三传；年十九，举进士。太宗取人，多临轩顾问，年少者往往罢去。或教准增年，答曰："准方进取，可欺君邪？"后中第，授大理评事，知归州巴东、大名府成安县。每期会赋役，未尝辄出符移，唯具乡里姓名揭县门，百姓莫敢后期。累迁殿中丞、通判郓州。召试学士院，授右正言、直史馆，为三司度支推官，转盐铁判官。会诏百官言事，而准极陈利害，帝益器重之。擢尚书虞部郎中，枢密院直学士，判吏部东铨。尝奏事殿中，语不合，帝怒起，准辄引帝衣，令帝复坐，事决乃退。上由是嘉之，曰："朕得寇准，犹文皇之得魏徵也。"

淳化二年春，大旱，太宗延近臣问时政得失，众以天数对。准对曰："《洪范》天人之际，应若影响；大旱之证，盖刑有所不平也。"太宗怒，起入禁中，顷之，召准问所以不平状，准曰："愿召二府至，臣即言之。"有诏召二府入，准乃言曰：

"顷者祖吉、王淮皆侮法受赇，吉赃少乃伏诛；淮以参政沔之弟，盗主守财至千万，止杖，仍复其官，非不平而何？"太宗以问沔，沔顿首谢，于是切责沔，而知准为可用矣。即拜准左谏议大夫、枢密副使，改同知院事。

准与知院张逊数争事上前。他日，与温仲舒偕行，道逢狂人迎马呼万岁，判左金吾王宾与逊雅相善，逊嗾上其事。准引仲舒为证，逊令宾独奏，其辞颇厉，且互斥其短。帝怒，谪逊，准亦罢知青州。

帝顾准厚，既行，念之，常不乐。语左右曰："寇准在青州乐乎？"对曰："准得善藩，当不苦也。"数日，辄复问。左右揣帝意且复召用准，因对曰："陛下思准不少忘，闻准日纵酒，未知亦念陛下乎？"帝默然。明年，召拜参知政事。

自唐末，蕃户有居渭南者，温仲舒知秦州，驱之渭北，立堡栅以限其往来。太宗览奏不怿，曰："古羌戎尚杂处伊、洛，彼蕃夷易动难安，一有调发，将重困吾关中矣。"准言："唐宋璟不赏边功，卒致开元太平。疆埸之臣邀功以稔祸，深可戒也。"帝因命准使渭北，安抚族帐，而徙仲舒凤翔。

至道元年，加给事中。时太宗在位久，冯拯等上疏乞立储贰，帝怒，斥之岭南，中外无敢言者。准初自青州召还，入见，帝足创甚，自褰衣以示准，且曰："卿来何缓耶？"准对曰："臣非召不得至京师。"帝曰："朕诸子孰可以付神器者？"准曰："陛下为天下择君，谋及妇人、中官，不可也；谋及近臣，不可也；唯陛下择所以副天下望者。"帝仰首久之，屏左右曰："襄王可乎？"准曰："知子莫若父，圣虑既以为可，愿即决定。"帝遂以襄王为开封尹，改封寿王，于是立为皇太子。庙见还，京师之人拥道喜跃，曰："少年天子也。"帝闻之不怿，召准谓曰："人心遽属太子，欲置我何地？"准再拜贺曰："此社稷之福也。"帝入语后嫔，宫中皆前贺，复出，延准饮，极醉而罢。

二年，祠南郊，中外官皆进秩。准素所喜者多得台省清要官，所恶不及知者退序进之。彭惟节位素居冯拯下，拯转虞部员外郎，惟节转屯田员外郎，章奏列衔，惟节犹处其下。准怒，堂帖戒拯毋乱朝制。拯愤极，陈准擅权，又条上岭南官吏除拜不平数事。广东转运使康戬亦言：吕端、张洎、李昌龄皆准所引，端德之，洎能曲奉准，而昌龄畏慑，不敢与准抗，故得以任胸臆，乱经制。太宗怒，准适祀太庙摄事，召责端等。端曰："准性刚自任，臣等不欲数争，虑伤国体。"因再拜请罪。及准入对，帝语及冯拯事，自辩。帝曰："若廷辩，失执政体。"准犹力争不已，又持中书簿论曲直于帝前，帝益不悦，因叹曰："鼠雀尚知人意，况人乎？"遂罢准知邓州。

真宗即位，迁尚书工部侍郎。咸平初，徙河阳，改同州。三年，朝京师，行次阌乡，又徙凤翔府。帝幸大名，诏赴行在所，迁刑部，权知开封府。六年，迁兵部，为三司使。时合盐铁、度支、户部为一使，真宗命准裁定，遂以六判官分掌之，繁简始适中。

帝久欲相准，患其刚直难独任。景德元年，以毕士安参知政事，逾月，并命同中书门下平章事，准以集贤殿大学士位士安下。是时，契丹内寇，纵游骑掠深、祁间，小不利辄引去，徜徉无斗意。准曰："是狃我也。请练师命将，简骁锐据要害以备之。"是冬，契丹果大入。急书一夕凡五至，准不发，饮笑自如。明日，同列以闻，帝大骇，以问准。准曰："陛下欲了此，不过五日尔。"因请帝幸澶州。同列惧，欲退，准止之，令候驾起。帝难之，欲还内。准曰："陛下入则臣不得见，大事去矣，请毋还而行。"帝乃议亲征，召群臣问方略。

既而契丹围瀛州，直犯贝、魏，中外震骇。参知政事王钦若，江南人也，请幸金陵；陈尧叟，蜀人也，请幸成都。帝问准，准心知二人谋，乃阳若不知，曰："谁为陛下画此策者，罪可诛也。今陛下神武，将臣协和，若大驾亲征，贼自当遁去。不然，出奇以挠其谋，坚守以老其师，劳佚之势，我得胜算矣。奈何弃庙社欲幸楚、蜀远地，所在人心崩溃，贼乘势深入，天下可复保邪？"遂请帝幸澶州。

及至南城，契丹兵方盛，众请驻跸以觇军势。准固请曰："陛下不过河，则人心益危，敌气未慑，非所以取威决胜也。且王超领劲兵屯中山以扼其亢，李继隆、石保吉分大阵以扼其左右肘，四方征镇赴援者日至，何疑而不进？"众议皆惧，准力争之，不决。出遇高琼于屏间，谓曰："太尉受国恩，今日有以报乎？"对曰："琼武人，愿效死。"准复入对，琼随立庭下，准厉声曰："陛下不以臣言为然，盍试问琼等。"琼即仰奏曰："寇准言是。"准曰："机不可失，宜趣驾。"琼即麾卫士进辇，帝遂渡河，御北城门楼，远近望见御盖，踊跃欢呼，声闻数十里。契丹相视惊愕，不能成列。

帝尽以军事委准，准承制专决，号令明肃，士卒喜悦。敌数千骑乘胜薄城下，诏士卒迎击，斩获太半，乃引去。上还行宫，留准居城上，徐使人视准何为，准方与杨亿饮博，歌谑欢呼。帝喜曰："准如此，吾复何忧。"相持十余日，其统军挞览出督战。时威虎军头张瑰守床子弩，弩撼机发，矢中挞览额，挞览死，乃密奉书请盟。准不从，而使者来请益坚，帝将许之。准欲邀使称臣，且献幽州地。帝厌兵，欲羁縻不绝而已。有谮准幸兵以自取重者，准不得已许之。帝遣曹利用如军中议岁币，曰：

"百万以下皆可许也。"准召利用至幄,语曰:"虽有敕,汝所许毋过三十万,过三十万,吾斩汝矣。"利用至军,果以三十万成约而还。河北罢兵,准之力也。

准在相位,用人不以次,同列颇不悦。它日,又除官,同列因吏持例簿以进。准曰:"宰相所以进贤退不肖也,若用例,一吏职尔。"二年,加中书侍郎兼工部尚书。准颇自矜澶渊之功,虽帝亦以此待准甚厚。王钦若深嫉之。一日会朝,准先退,帝目送之,钦若因进曰:"陛下敬寇准,为其有社稷功邪?"帝曰:"然。"钦若曰:"澶渊之役,陛下不以为耻,而谓准有社稷功,何也?"帝愕然曰:"何故?"钦若曰:"城下之盟,《春秋》耻之;澶渊之举,是城下之盟也。以万乘之贵而为城下之盟,其何耻如之!"帝愀然为之不悦。钦若曰:"陛下闻博乎?博者输钱欲尽,乃罄所有出之,谓之孤注。陛下,寇准之孤注也,斯亦危矣。"

由是帝顾准寖衰。明年,罢为刑部尚书、知陕州,遂用王旦为相。帝谓旦曰:"寇准多许人官,以为己恩。俟行,当深戒之。"从封泰山,迁户部尚书、知天雄军。祀汾阴,命提举贝、德、博、洺、滨、棣巡检捉贼公事,迁兵部尚书,入判都省。幸亳州,权东京留守,为枢密院使、同平章事。

林特为三司使,以河北岁输绢阙,督之甚急。而准素恶特,颇助转运使李士衡而沮特,且言在魏时尝进河北绢五万而三司不纳,以至阙供,请劾主吏以下。然京师岁费绢百万,准所助才五万。帝不悦,谓王旦曰:"准刚忿如昔。"旦曰:"准好人怀惠,又欲人畏威,皆大臣所避;而准乃为己任,此其短也。"未几,罢为武胜军节度使、同平章事、判河南府。徙永兴军。

天禧元年,改山南东道节度使,时巡检朱能挟内侍都知周怀政诈为天书,上以问王旦。旦曰:"始不信天书者准也。今天书降,须令准上之。"准从上其书,中外皆以为非。遂拜中书侍郎兼吏部尚书、同平章事、景灵宫使。

三年,祀南郊,进尚书右仆射、集贤殿大学士。时真宗得风疾,刘太后预政于内,准请间曰:"皇太子人所属望,愿陛下思宗庙之重,传以神器,择方正大臣为羽翼。丁谓、钱惟演,佞人也,不可以辅少主。"帝然之。准密令翰林学士杨亿草表,请太子监国,且欲援亿辅政。已而谋泄,罢为太子太傅,封莱国公。时怀政反侧不自安,且忧得罪,乃谋杀大臣,请罢皇后预政,奉帝为太上皇,而传位太子,复相准。客省使杨崇勋等以告丁谓,谓微服夜乘犊车诣曹利用计事,明日以闻。乃诛怀政,降准为太常卿、知相州,徙安州,贬道州司马。帝初不知也,他日,问左右曰:"吾目中久不见寇准,何也?"左右莫敢对。帝崩时亦言惟准与李迪可托,其见重如此。

乾兴元年,再贬雷州司户参军。初,丁谓出准门至参政,事准甚谨。尝会食中书,羹污准须,谓起,徐拂之。准笑曰:"参政国之大臣,乃为官长拂须邪?"谓甚愧之,由是倾构日深。及准贬未几,谓亦南窜,道雷州,准遣人以一蒸羊逆境上。谓欲见准,准拒绝之。闻家僮谋欲报仇者,乃杜门使纵博,毋得出,伺谓行远,乃罢。

天圣元年,徙衡州司马。初,太宗尝得通天犀,命工为二带,一以赐准。及是,准遣人取自洛中,既至数日,沐浴,具朝服束带,北面再拜,呼左右趣设卧具,就榻而卒。

初,张咏在成都,闻准入相,谓其僚属曰:"寇公奇材,惜学术不足尔。"及准出陕,咏适自成都罢还,准严供帐,大为具待。咏将去,准送之郊,问曰:"何以教准?"咏徐曰:"《霍光传》不可不读也。"准莫谕其意,归取其传读之,至"不学无术",笑曰:"此张公谓我矣。"

准少年富贵,性豪侈,喜剧饮,每宴宾客,多阖扉脱骖。家未尝爇油灯,虽庖匽所在,必然炬烛。

在雷州逾年。既卒,衡州之命乃至,遂归葬西京。道出荆南公安,县人皆设祭哭于路,折竹植地,挂纸钱,逾月视之,枯竹尽生笋。众因为立庙,岁时享之。无子,以从子随为嗣。准殁后十一年,复太子太傅,赠中书令、莱国公,后又赐谥曰忠愍。皇祐四年,诏翰林学士孙抃撰神道碑,帝为篆其首曰"旌忠"。

译文:

寇准字平仲,是华州下邽人。父亲寇相,后晋开运年间,应辟为魏王府记室参军。寇准少时,识见才智出众,通晓《春秋》三传,十九岁,中进士。宋太宗选取人才,大多是皇帝亲试的贡士和顾问,年少的人往往被罢去。有人教寇准虚报年龄,寇准回答说:"我寇准正锐意进取,可以欺骗君主吗?"后来在殿试中及第,被授予大理评事,知归州巴东县、大名府成安县。每当收取赋役时,从来没有发出符移,只是把乡里姓名全部公布在县衙门外,老百姓没有敢拖延缴纳时间的。累迁殿中丞、通判郓州。召试学士院,被授予右正言、直史馆,为三司度支推官,转任盐铁判官。碰上诏令文武百官议论政事,寇准极陈利害,皇帝更加器重他。提拔他为尚书虞部郎中、枢密院直学士,负责吏部选取官员事务。曾经在宫殿中奏事,所说与皇帝意见不合,皇帝愤怒地站起来,寇准拉着皇帝的衣服,让皇帝重新坐下,事情定下来才退出宫中。皇上因此而称赞他,说:"我得到寇准,如同唐太宗得到魏徵。"

淳化二年春天，大旱，太宗请近臣入宫，询问时政得失，大家以天数来回答。寇准回答说："《洪范》中天和人的关系，应验得像阴影一样，大旱的征兆，大概是刑罚有不公平之处。"太宗愤怒，起身回到禁中。过了一会，召见寇准，询问所以不公平的情况，寇准说："希望把二府的人召来，我就说明。"于是下诏召二府的人入宫，寇准才说："近来祖吉、王淮都犯法接受贿赂，祖吉的赃物少被诛杀；王淮因为是参知政事王沔的弟弟，盗窃他所主管的财物达一千万，只施以杖刑，仍旧官复原职，不是不公平而是什么？"太宗因此向王沔询问，王沔叩头谢罪。于是，皇帝深深地指责王沔，而知道寇准可以重任。立即拜寇准为左谏议大夫、枢密副使，改任同知院事。

寇准与知院张逊多次在皇上面前争论事情。有一天，寇准与温仲舒一同行走，路上碰到有一个狂人对着他的马迎上来，高呼万岁，判左金吾王宾与张逊十分友好，张逊便唆使王宾将这件事上报皇上。寇准拿温仲舒作证，张逊让王宾一个人单独上奏，言辞十分严厉。后来两人互相揭露对方的短处。皇帝愤怒，贬黜张逊，寇准也罢官为青州知州。

皇帝回想寇准厚道，已经走后，又想念他，为此经常不高兴。对身边的人说："寇准在青州快乐吗？"回答说："寇准所处的地方很好，应该不会苦恼。"几天后，皇帝又询问。身边的近臣猜测皇帝的意思是想再召回寇准任用，因此回答说："陛下思念寇准，没有稍许忘记他，听说寇准每天纵酒，不知是否也想念陛下？"皇帝默不作声。第二年，召拜他为参知政事。

自从唐朝末年，蕃户有居住在渭南的，温仲舒任秦州知州，把他驱赶到渭水北边，设立堡垒、栅栏，限制他们往来活动。太宗看到奏章很不高兴，说："古代的羌族还杂居在伊、洛一带，那些蕃人和夷人容易冲动难以安稳,一有调发,将会严重困扰我们的关中。"寇准说:"唐朝时宋璟不奖赏边境有功的人,终于导致开元年间的太平盛世。战场上的臣子因为邀功而酿成祸害,应深以为戒。"皇帝因此命令寇准出使渭北,安抚少数民族部族,迁徙温仲舒到凤翔。

至道元年,加给事中。当时太宗在位很久了,冯拯等人上书请求立太子,皇帝大怒,把冯拯贬斥到岭南,朝廷内外没有敢再说的人。寇准从青州召回朝廷,入宫拜见,皇帝脚伤很重,自己用手提起衣服给寇准看,并且说:"你来得怎么这样缓慢呀?"寇准回答说:"我不是征召不能到京师。"皇帝说:"我的几个儿子哪个可以托付国家大事?"寇准说:"陛下为天下选择君主,与妇人、中官谋划,是不行的;与近臣谋划,不可以;只有陛下自己选择符合天下百姓愿望的人。"皇帝低头很久,屏退左右的人说:"襄王可以吗?"寇准说:"知子莫若父,皇上既然认为可以,希望立即决定。"于是,皇帝以襄王为开封尹,改封寿王,被立为皇太子。拜见宗庙回来,京师的人拥挤在路上,高兴得跳起来,说:"是少年天子。"皇帝听说不高兴,召见寇准,对他说:"人心立即归属太子,想把我放在什么位置?"寇准下拜两次,祝贺说:"这是国家的洪福。"皇帝入宫告诉后妃嫔妾,宫中的人都前去庆贺。又出宫,请寇准饮酒,喝到烂醉才罢宴。

二年,在南郊祭祀(天地),朝廷内外官吏都进秩。寇准平日所喜欢的人,大多得到台、省等清闲而又重要的官职,所厌恶的人还不如不知道的人晋升的职位高。彭惟节的职位一向在冯拯之下,冯拯转为虞部员外郎,彭惟节转为屯田员外郎,章奏上所列官衔,彭惟节还是位居冯拯之下。寇准大怒,出堂帖告诫冯拯不要扰乱朝廷制度。冯拯愤怒极了，告寇准擅权，又分别上陈岭南官吏拜授不平等几件事。广东转运使康戬也说："吕端、张洎、李昌龄都是寇准所引荐，吕端有德行，张洎能够曲意奉承寇准，而李昌龄却畏惧害怕，不敢与寇准对抗，所以寇准得以随心所欲，扰乱经制。太宗大怒，寇准被降职到祭祀太庙理事，皇上又召见、责备吕端等人。吕端说："寇准性格刚直自信，我们这些人不想和他多次争辩，是考虑到有伤国体。"因此再拜请罪。待寇准入宫与皇帝对策，皇帝说到冯拯的事，寇准自己辩解。皇帝说："如果在朝廷辩解，有失执政体面。"寇准还是力争不止，又拿着中书省的簿籍到皇帝面前争论是非曲直，皇帝更加不高兴，因此叹息说："鼠雀还知道人的意思，何况人呢？"于是罢免寇准，让他出知邓州。

宋真宗即位，迁尚书工部侍郎。咸平初年，徙居河阳，改到同州。三年，去京师朝拜皇帝，行走到阌乡，又令徙居凤翔府。皇帝巡幸大名，诏令他赶赴皇帝巡行的住所，晋升为刑部官员，代理开封府知府。六年，迁兵部，任三司使。当时合并盐铁司、度支司、户部为一使，真宗命令寇准裁定，于是用六个判官分别掌管，繁简才适中。

皇帝很久就想任命寇准为相，担心他刚正难以独任。景德元年，以毕士安为参知政事，过了一月，一同任命寇准为同中书门下平章事，寇准以集贤殿大学士的身份位处毕士安之下。当时，契丹人入侵，驱使骑兵抢掠深、祁一带，稍微不利就退却，徘徊无作战的意思。寇准说："这是试探我们。请求练兵命将，选拔骁勇精锐之兵占据要害地带防备他们。"这年冬天，契丹兵果然大举入侵。告急的文书一天五次送达，寇准不公开，饮酒谈笑像平时一样。第二天，同事们告诉皇帝，皇帝大为惊骇，拿这件事质问寇准。寇准说:"陛下想了结此事,不过用五天时间罢了。"因而请求皇帝巡幸澶渊。同事们害怕,想退避,寇准制止他们,命令他们等候皇帝驾起。皇帝感到为难,想回内宫。寇准说:"陛下回内宫,我就不能够相见,国家大事也就完了,请不回内宫就出发。"于是,皇帝决定亲征,召集群臣询问方针策略。

随即契丹围攻瀛州,直接侵犯贝、魏,朝廷内外震骇。参知政事王钦若,是江南人,请皇帝巡幸金陵;陈尧叟,是四川人,请皇帝巡幸成都。皇帝向寇准询问,寇准心里明白是这两个人的主意,却假装不知,说:"谁替陛下谋划这个策略,罪当杀头。现在陛下神武,将臣协和,如果大驾亲征,敌贼自己就会逃走。否则,出奇兵扰乱敌人的谋略,坚守来使敌人的军队疲劳,(敌人的军队一旦出现)疲劳、离散的情势,我们就可以取胜了。怎么放弃宗庙、国家而想出巡楚、蜀等遥远地方呢?(如果这样)人心崩溃,敌人乘势深入,天下还可以保住吗?"于是请求皇帝出巡澶州。

到达南城,契丹的兵势很盛,大家请求皇帝停驻,来观察军势。寇准坚决请求说:"陛下不渡过黄河,那么人心更加害怕,敌人的气势没有被震慑,不是取得声威和决定胜负。况且王超率领精锐部队驻据在中心,扼守着要害,李继隆、石保吉分别布下大阵控制着左右两边,四方征伐镇守,前来救援的人每天都到达,怎么疑虑而不进兵呢?"大家的议论都恐惧,寇准极力争取,没有决定。出来时在无人的地方碰上高琼,对他说:"太尉蒙受国家恩惠,今天想有所报效吗?"回答说:"我高琼是武将,愿意效死力。"寇准又入内对策,高琼跟随他站在堂下,寇准厉声地说:"陛下不认为我所说的正确,不妨问一问高琼等人。"高琼当即抬头向皇上面奏说:"寇准所说是对的。"寇准说:"时机不可失去,应该赶快起驾。"高琼随即指挥卫士准备步辇（让皇帝乘坐），皇帝终于渡过黄河，抵达北城门楼上，远近的人望见皇帝的华盖，都踊跃欢呼，声音传到数十里。契丹人互相观望、惊恐，队列大乱。

皇帝把军务全部委托给寇准，寇准秉承制度专决，号令严明，士卒高兴。敌人的骑兵乘胜接近城下，诏令士卒迎击被斩首俘获的有一大半，被迫退却离去。皇帝回到行宫，留下寇准居住在城上，不时派人观看寇准有什么作为，寇准正与杨亿饮酒打赌，歌舞、戏谑、欢呼。皇帝高兴地说："寇准是这个样子，我又有什么忧虑呢？"相持不下十余天，契丹统军挞览出来督战，当时威虎军头张瓌守着床子弩，弩机被扣动，箭中挞览前额，挞览死亡，于是秘密送书请求订立盟约。寇准不依从，而使者前来请求更加坚决，皇帝准备答应。寇准想要邀约使者使他们称臣，并且进献幽州之地。皇帝厌恶兵事，只想对他们进行牵制而已。有人进谗言说寇准拥兵自重，寇准不得已答应了。皇帝派遣曹利用到契丹军中商议岁币，说："一百万以下都可答应。"寇准召曹利用到帐篷中，对他说："虽有皇帝的命令，你所答应的不得超过三十万，超过三十万，我杀你的头。"曹利用到契丹军中，果真以三十万成约而返回。河北罢除兵事，寇准出了大力。

寇准在宰相职位上，用人不因为次序而有所区别，同列对此颇不高兴。有一天，又授予官职，同列让属吏拿着例簿送给他。寇准说："宰相是进贤能，斥退不肖的人，如果用惯例，只是一个吏职罢了。"二年，加授中书侍郎兼工部尚书。寇准对澶渊之攻颇自夸，即使是皇帝也因为这个而对寇准厚待。王钦若对此十分痛恨。有一天上朝，寇准先退，皇帝用目光送走他，王钦若趁机进言说："陛下敬重寇准，为的是他对国家有功劳吗？"皇帝说："是的。"王钦若说："澶渊那一战役，陛下不认为是耻辱，而说寇准有功于国家，为什么？"皇帝惊奇地说："什么缘故？"王钦若说："城下之盟，《春秋》上面认为是耻辱；澶渊的举动，是城下之盟。以万乘的尊贵而订立城下之盟，有什么耻辱像这样！"皇帝神色变得严肃而不高兴。王钦若说："陛下听说过赌博吗？赌博的人输钱将尽时，才把所有的东西拿出来（作赌注），这叫作孤注。陛下，是寇准的孤注，这个也是危险的。"

从此以后皇帝对寇准的宠爱日减。第二年，罢相为刑部尚书，知陕州，用王旦做宰相。皇帝对王旦说："寇准多次许人以官，以此作为自己的恩惠。你以后办事，应当深以为戒。"寇准跟从皇上封泰山，迁为户部尚书、知天雄军。祭祀汾阴，命他提举贝、德、博、洺、滨、棣巡检捉贼公事，迁为兵部尚书，入判都省。皇帝巡幸亳州，代理东京留守，为枢密院使，同平章事。

林特任三司使，因为河北每年缴纳绢缺少，督促很急，而寇准一向厌恶林特，特别帮助转运使李士衡诋毁林特，并且说在魏时曾经进献河北的绢五万匹，而三司使不收纳，以至于缺少供给，请求弹劾主管官吏以下的人，然而，京师每年耗费绢百万匹，我寇准所能帮助的才五万。皇帝不高兴，对王旦说："寇准刚直、愤恨像过去一样。"王旦说："寇准喜欢别人怀念他的恩惠，又想要使别人害怕他的威严，都是大臣所应该避免的；而寇准把它们作为己任，这是他的缺点。"不久，罢职，任武胜军节度使、同平章事、判河南府。迁徙到永兴军。

天禧元年，改任山南东道节度使，当时巡检朱能要挟内侍都知周怀政伪造天书，皇上因此询问王旦。王旦说："开始不信天书的是寇准，现在天书降下来，必须让寇准上呈。"寇准听从了，上呈天书，朝廷内外都对此非议。于是被拜为中书侍郎兼吏部尚书、同平章事、景灵宫使。

三年，在圜丘祭天，晋升为尚书右仆射、集贤殿大学士。当时宋真宗中风，刘太后在宫内参与政事，寇准请求与皇上单独说："皇太子是众望所归，希望陛下以国家为重，传以帝位，选择方正大臣辅佐。丁谓、钱惟演，是佞人，不可以辅佐少主。"皇帝认为说得对。寇准秘密地让翰林学士杨亿起草书表，请求让太子监国，并且想支持杨亿辅政。不久计谋败露，罢官，任太子太傅，封莱国公。当时怀政左思右想不自安，担心得罪，于是谋杀大臣，请求废除皇后干预政事，奉帝为太上皇，传位给太子，重新任用寇准做宰相。客省使杨崇勋等把这件事告诉丁谓，丁谓在晚上穿着便衣，坐着牛车到曹利用家谋划事情，第二天事发。于是诛杀怀政，降寇准为太常卿、知相州，迁徙到安州，又贬为道州司马。皇帝起初不知道，有一天，问左右说："我眼中久不见寇准，什么原因？"左右没有人敢回答。皇帝临终时，还说只有寇准与李迪可以托付重任，他被器重就像这样。

乾兴元年，再贬为雷州司户参军。以前，丁谓离开寇准家门到参与政事，侍奉寇准十分谨慎。曾经一同在中书省吃饭，菜汤弄脏了寇准的胡须，丁谓起身，慢慢地帮他擦除。寇准笑着说："参与国政的大臣，竟为官长擦胡须呀？"丁谓十分惭愧，由此怀恨日深。等到寇准被贬不久，丁谓也被流放到南方，路过雷州，寇准派人把一只蒸羊在他不顺利时送给他。丁谓想见寇准，寇准拒绝了他。听说家僮密谋想要报仇，寇准闭门让他们赌博，不许出门，等到丁谓走远了，才罢除禁令。

天圣元年，调任衡州司马。以前，太宗曾经得到通天犀，命令工匠做成二带，将其中一带赏赐给寇准。到这时，寇准派人从洛阳取回，取回来数日，洗澡，穿上朝服系上佩带，向北面再拜，招呼左右赶快铺设卧具，倒在卧榻上就去世了。

刚开始时，张咏在成都，听说寇准入朝为相，对他的僚属说："寇公是天下奇才，可惜学术不足罢了。"等到寇准出京到陕州，张咏刚好从成都罢官回家，寇准替他准备住处，盛情款待。张咏将告辞，寇准送他到郊外，问他说："拿什么指教我寇准？"张咏慢慢地说："《霍光传》不可不读。"寇准不明白他的意思，回去后把《霍光传》拿出来读，读到"不学无术"，寇准笑着说："这是张公在说我。"

寇准少年富贵，性格豪华奢侈，喜欢狂饮，每次宴请宾客，多关闭门户，解除客人车辆的骖马（挽留客人）。家中从来没有烧过油灯，即使是厨房的角落之处，一定点着炬烛。

在雷州一年多。死后，调往衡州的任命才到，于是归葬西京洛阳。路经荆南公安县，县里的人都在路上设祭哭泣，砍下竹子插在地上，挂上纸钱，过了一个多月去看，干枯的竹子上全部长着嫩芽。人们因此为他立庙，每年祭祀他。没有儿子，以从子寇随作为后代。寇准死后十一年，追复为太子太傅，赠中书令、莱国公，后又赐谥叫忠愍。皇祐四年，诏令翰林学士孙抃撰写神道碑，皇帝在神道碑的头上篆刻"旌忠"二字。

宋史卷二百九十

列传第四十九

狄青

狄青字汉臣，汾州西河人。善骑射。初隶骑御马直，选为散直。宝元初，赵元昊反，诏择卫士从边，以青为三班差使、殿侍、延州指使。时偏将屡为贼败，士卒多畏怯，青行常为先锋。凡四年，前后大小二十五战，中流矢者八。破金汤城，略宥州，屠咙咩、岁香、毛奴、尚罗、庆七、家口等族，燔积聚数万，收其帐二千三百，生口五千七百。又城桥子谷，筑招安、丰林、新寨、大郎等堡，皆扼贼要害。尝战安远，被创甚，闻寇至，即挺起驰赴，众争前为用。临敌被发、带铜面具，出入贼中，皆披靡莫敢当。

尹洙为经略判官，青以指使见，洙与谈兵，善之，荐于经略使韩琦、范仲淹曰："此良将材也。"二人一见奇之，待遇甚厚。仲淹以《左氏春秋》授之曰："将不知古今，匹夫勇尔。"青折节读书，悉通秦、汉以来将帅兵法，由是益知名。以功累迁西上閤门副使，擢秦州刺史、泾原路副都总管、经略招讨副使，又加捧日天武四厢都指挥使、惠州团练使。

仁宗以青数有战功，欲召见问以方略，会贼寇渭州，命图形以进。元昊称臣，徙真定路副都总管，历侍卫少军殿前都虞候、眉州防御使，迁步军副都指挥使、保大安远二军节度观察留后，又迁马军副都指挥使。

青奋行伍，十余年而贵，是时面涅犹存。帝尝敕青傅药除字，青指其面曰："陛下以功擢臣，不问门地，臣所以有今日，由此涅尔，臣愿留以劝军中，不敢奉诏。"以彰化军节度使知延州，擢枢密副使。

皇祐中，广源州蛮侬智高反，陷邕州，又破沿江九州，围广州，岭外骚动。杨畋等安抚经制蛮事，师久无功。又命孙沔、余靖为安抚使讨贼，仁宗犹以为忧。青上表请行，翌日入对，自言："臣起行伍，非战伐无以报国。愿得蕃落骑数百，益以禁兵，羁贼首致阙下。"帝壮其言，遂除宣徽南院使、宣抚荆湖南北路、经制广南盗贼事，置酒垂拱殿以遣之。时智高还据邕州，青合孙沔、余靖兵次宾州。

先是，蒋偕、张忠皆轻敌败死，军声大沮。青戒诸将毋妄与贼斗，听吾所为。广西钤辖陈曙乘青未至，辄以步卒八千犯贼，溃于昆仑关，殿直袁用等皆遁。青曰："令之不齐，兵所以败。"晨会诸将堂上，揖曙起，并召用等三十人，按以败亡状，驱出军门斩之。沔、靖相顾愕眙，诸将股栗。

已而顿甲，令军中休十日。觇者还，以为军未即进。青明日乃整军骑，一昼夜绝昆仑关，山归仁铺为阵。贼既失险，悉出逆战。前锋孙节搏贼死山下，贼气锐甚，沔等惧失色。青执白旗麾骑兵，纵左右翼，出贼不意，大败之，追奔五十里，斩首数千级，其党黄师宓、侬建中智中及伪官属死者五十七人，生擒贼五百余人，智高夜纵火烧城遁去。迟明，青按兵入城，获金帛巨万、杂畜数千，招复老壮七千二百尝为贼所俘肋者，慰遣之。枭黄师宓等邕州城下，敛尸筑京观于城北隅。时贼尸有衣金龙衣者，众谓智高已死，欲以上闻。青曰："安知非诈邪？宁失智高，不敢诬朝廷以贪功也。"初，青之至邕也，会瘴雾昏塞，或谓贼毒水上流，士饮者多死，青殊忧之。一夕，有泉涌寨下，汲之甘，众遂以济。

复为枢密副使，迁护国军节度使、河中尹。还至京师，帝嘉其功，拜枢密使，赐第敦教坊，优进诸子官秩。初，青既行，帝每忧之曰："青有威名，贼当畏其来。左右使令，非青亲信者不可；虽饮食卧起，皆宜防窃发。"乃驰使戒之。及闻青已破贼，顾宰相曰："速议赏，缓则不足以劝矣。"

始，交阯愿出兵助讨智高，余靖言其可信，具万人粮于邕、钦待之。诏以缗钱三万赐交阯为兵费，许贼平厚赏之。青既至，檄余靖无通使假兵，即上奏曰："李德政声言将步兵五万、骑一千赴援，非其情实。且假兵于外以除内寇，非我利也。以一智高而横蹂二广，力不能讨，乃假兵蛮夷，蛮夷贪得忘义，因而启乱，何以御之？请罢交阯助兵。"从之，贼平，人服其有远略。

青在枢密四年，每出，士卒辄指目以相矜诧。又言者以青家狗生角，且数有光怪，请出青于外以保全之，不报。嘉祐中，京师大水，青避水徙家相国寺，行止殿上，人情颇疑，乃罢青为同中书门下平章事，出判陈州。明年二月，疽发髭，卒。帝发哀，赠中书令，谥武襄。

青为人慎密寡言，其计事必审中机会而后发。行师先正部伍，明赏罚，与士同饥寒劳苦，虽敌猝犯之，无一士敢后先者，故其出常有功。尤喜推功与将佐。始，与孙沔破贼，谋一出青，贼既平，经制余事，悉以诿洙，退若不用意者。洙始叹其勇，既而服其为人，自以为不如也。尹洙以贬死，青悉力赒其家事。子谘、咏，并为阁门使。咏数有战功。

熙宁元年，神宗考次近世将帅，以青起行伍而名动夷夏，深沉有智略，能以畏慎保全终始，慨然思之，命取青画像入禁中，御制祭文，遣使赍中牢祠其家。

译文：

狄青字汉臣，是汾州西河人。善于骑马射箭。起初隶属于骑御马直，后选拔为散直。

宝元初，赵元昊反叛，下诏选拔卫士从边，以狄青为三班差使、殿侍、延州指使。当时偏将屡次被敌贼打败，士卒大多畏惧胆怯，狄青经常为先锋。总共四年，前后大小共二十五次交战，中流矢八次。攻破金汤城，经略宥州，屠杀咕庞咩、岁香、毛奴、尚罗、庆七、家口等部族，焚烧他们的聚积数万，收复他们的帐篷二千三百，人口五千七百。又在桥子谷修建城市，在招安、丰林、新寨、大郎等地修筑城堡，都是控制敌贼的要害的地方。曾经在安远作战，受伤很重，听说敌寇来到，就挺身骑马赴敌，众人争着为他效命。临敌披发，带铜面具，出入敌贼中，所向披靡，没有人敢抵挡。

尹洙任经略判官，狄青以指使的身份拜见他，尹洙与他谈论兵事，称赞他，向经略使韩琦、范仲淹推荐说："这是良将的材料。"二人一见到他，就认为他是奇才，待他很厚。范仲淹给他《左氏春秋》，说："将领不知道古今，只不过是匹夫之勇罢了。"于是，狄青强自克制读书，全部精通秦、汉以来将帅兵法，因此更加知名。因功累迁西上阁门副使，提拔为秦州刺史、泾原路副都总管、经略招付副使，又加捧日天武四厢都指挥使、惠州团练使。

宋仁宗因为狄青多次有战功，想召见他询问用兵方略，碰上敌贼入侵渭州，命令他绘成阵图进献。元昊称臣，调任真定路副都总管，历侍卫步军殿前都虞侯、眉州防御使，迁步军副都指挥使、保大、安远二军节度观察留后，又迁马军副都指挥使。

狄青从行伍奋起，十余年而富贵，这时脸上的黑字还保存着。皇帝曾经敕令狄青用药消除脸上的字，狄青指着自己的脸说："陛下因功提拔我，不问门第出身，我所以有今天，是由于有这个字，我愿意留下它劝勉兵士，不敢接受诏令。"以彰化军节度使知延州，提拔为枢密副使。

皇祐中，广源州蛮族侬智高造反，攻陷邕州，又攻破沿江九州，围困广州，岭外骚动。杨畋等人安抚管理蛮族事务，用兵很长时间却没有功劳。又命令孙沔、余靖任安抚吏，讨伐叛贼，宋仁宗还对此忧虑。狄青上表请求讨伐，第二天入宫对策，自己说："我出身于行伍，不是交战、讨伐，不能报效国家。希望得到部落骑兵数百，加上禁军，逮捕叛贼头目押送官门。"皇帝鼓励他，于是任命他为宣徽南院使、宣抚荆湖南北路、经制广南盗贼事，在垂拱殿设酒宴为他送行。当时侬智高还据邕州，狄青汇合孙沔、余靖的军队，进据宾州。

早些时候，蒋偕、张忠都因为轻敌而失败身亡，军队的名声也大大地跌落。狄青告诫将领不要轻易和叛贼交战，一切听从他的安排。广西铃辖陈曙趁狄青未到，就以步兵八千人进攻叛贼，在昆仑关被击溃，殿直袁用等都逃跑。狄青说："命令不一致，军队所以失败。"早晨集合将领们于堂上，缉拿陈曙，并且召唤袁用等三十人，调查核实他们败亡的情况，将他们驱出军门斩首。孙沔、余靖互相对视，露出惊异的目光，将领们两腿发抖。

接着整齐兵甲，命令军中休息十天。视察的人回来，认为军队没有立即前进。狄青第二天整正军骑，一天一夜渡过昆仑关，出归仁铺列阵。叛贼因为失去天险，全部出来迎战。前锋孙节与叛贼在山下搏斗而死，叛贼气势很甚，孙沔等害怕而失色。狄青持白旗指挥骑兵，驱纵左右两翼骑兵，出叛贼不意，大败敌人，追捕奔跑了五十里，斩首数千级，叛贼的党羽黄师宓、侬建中、侬智中以及伪官属死亡的五十七人，活擒叛贼五百余人，侬智高夜里纵火烧城逃跑。大明，狄青按兵入城，获金帛巨万、杂畜数千，召集年老的壮丁曾经被叛贼胁迫的七千二百人，慰劳遣散他们。将黄师宓等枭首邕州城下，收敛尸体，在城北角封土成高冢。当时叛盗的尸体中有穿金龙衣的，众人说侬智高已经死亡，想要因此上报。狄青说："怎么知道不是奸诈呢？宁可失去侬智高，不敢欺骗朝廷而贪求功劳。"刚开始，狄青到邕州，碰上瘴雾昏暗要塞，有人说叛盗在河水上流放毒，士兵饮了水的，大多死亡，狄青特别忧虑。一天傍晚，有泉水从山寨下边涌出，饮了甘甜，于是众人得以保存。

又任枢密副使，迁护国军节度使、河中尹。回到京师，皇帝嘉奖他的功劳，拜为枢密使，在敦教坊赏赐住宅，优惠晋升他的几个儿子官秩。以前，狄青已经出发，皇帝每次忧虑说："狄青有威名，叛贼会畏惧他的到来。左右的使令，不是狄青的亲信不行；虽然是饮食起居，都应该防止敌贼的变故。"于是派使者疾驰告诫。当听说狄青已经破贼，回过头对宰相说："赶紧商议赏赐，迟缓就不足以惩恶劝善。"

以前，交阯愿意出兵帮助讨伐侬智高，余靖说交阯可以相信，让一万人在邕州、饮州，供给粮食。下诏用缗钱三万赐给交阯军队作为军费，答应待叛贼被平定后再重赏他们。狄青一到，檄书余靖不要派使借兵，当即上书说："李德政声称率步兵五万、骑兵一千援助，不是他心甘情愿。并且对外借兵消除内贼，对我们不利。因为一个侬智高横行，蹂躏二广，力量不能讨平，就向蛮夷借兵，蛮夷贪婪而忘道义，因此而发生变乱，拿什么抵御？请求罢除交阯援助的军队。"朝廷听从了。叛贼平定，众人佩服他有远略之见。

狄青在枢密院四年，每次出兵，士卒们就指着他称赞、夸奖。又有人说狄青家的狗头上长角，并且多次有光怪，请求让狄青出京，以便保全他（免遭不测），皇帝不允。嘉祐中，京师涨洪水，狄青因避水而把家搬到相国寺，行走到宫殿上，人们对他怀疑，于是罢狄青为同中书门下平章事，出判陈州。第二年二月，胡须部位长疽，去世。皇帝为他致哀，赠中书令，谥号武襄。

狄青为人缜密寡言，他考虑谋划事情必定要仔细地考虑机会，然后才做出行动。行军用兵首先整正部队，声明赏罚，与士卒同甘共苦，即使是敌人突然来犯，没有一个兵士敢落后的，所以他出兵常常有功。特别喜欢将功劳推让给将佐。刚开始，与孙沔破贼，计谋都是狄青想出，盗贼就平定了，经制处理后事，全部归功于孙沔，退回好像没有别意。孙沔开始叹服他勇敢，不久又佩服他为人，自己认为赶不上他。尹洙因被贬而死，狄青全力救济他家的一切事情。儿子狄谘、狄咏，一同为閤门使，狄咏多次立有战功。

熙宁元年，神宗考察近代将帅，因为狄青出身行伍而名显夷族，深沉有智略，能够因为敬畏、谨慎保全终始，感慨地思念他，命令拿出狄青的画像放入禁中，亲自撰写祭文，派遣使者带着中牢的祭礼到他家祭祀。

宋史卷三百一十四

列传第七十三

范仲淹

范仲淹字希文，唐宰相履冰之后。其先，邠州人也，后徙家江南，遂为苏州吴县人。仲淹二岁而孤，母更适长山朱氏，从其姓，名说。少有志操，既长，知其世家，乃感泣辞母，去之应天府，依戚同文学。昼夜不息，冬月惫甚，以水沃面；食不给，至以糜粥继之，人不能堪，仲淹不苦也。举进士第，为广德军司理参军，迎其母归养。改集庆军节度推官，始还姓，更其名。

监泰州西溪盐税，迁大理寺丞，徙监楚州粮料院，母丧去官。晏殊知应天府，闻仲淹名，召置府学。上书请择郡守，举县令，斥游惰，去冗僭，慎选举，抚将帅，凡万余言。服除，以殊荐，为秘阁校理。仲淹泛通《六经》，长于《易》，学者多从质问，为执经讲解，亡所倦。尝推其奉以食四方游士，诸子至易衣而出，仲淹晏如也。每感激论天下事，奋不顾身，一时士大夫矫厉尚风节，自仲淹倡之。

天圣七年，章献太后将以冬至受朝，天子率百官上寿。仲淹极言之，且曰："寿亲于内，自有家人礼，顾与百官同列，南面而朝之,不可为后世法。"且上疏请太后还政,不报。寻通判河中府,徙陈州。时方建太一宫及洪福院,市材木陕西。仲淹言:"昭应、寿宁,天戒不远。今又侈土木,破民产,非所以顺人心、合天意也。宜罢修寺观,减常岁市木之数,以蠲除积负。"又言:"恩幸多以内降除官,非太平之政。"事虽不行,仁宗以为忠。

太后崩,召为右司谏。言事者多暴太后时事,仲淹曰:"太后受遗先帝,调护陛下者十余年,宜掩其小故,以全后德。"帝为诏中外,毋辄论太后时事。初,太后遗诰以太妃杨氏为皇太后,参决军国事。仲淹曰:"太后,母号也,自古无因保育而代立者。今一太后崩,又立一太后,天下且疑陛下不可一日无母后之助矣。"

岁大蝗旱,江、淮、京东滋甚。仲淹请遣使循行,未报。乃请间曰:"宫掖中半日不食,当何如?"帝恻然,乃命仲淹安抚江、淮,所至开仓振之,且禁民淫祀,奏蠲庐舒折役茶、江东丁口盐钱,且条上救敝十事。

会郭皇后废,率谏官、御史伏阁争之,不能得。明日,将留百官揖宰相廷争,方至待漏院,有诏出知睦州。岁余,徙苏州。州大水,民田不得耕,仲淹疏五河,导太湖注之海,募人兴作,未就,寻徙明州,转运使奏留仲淹以毕其役,许之。拜尚书礼部员外郎、天章阁待制,召还,判国子监,迁吏部员外郎、权知开封府。

时吕夷简执政,进用者多出其门。仲淹上《百官图》,指其次第曰:"如此为序迁,如此为不次,如此则公,如此则私。况进退近臣,凡超格者,不宜全委之宰相。"夷简不悦。他日,论建都之事,仲淹曰:"洛阳险固,而汴为四战之地,太平宜居汴,即有事必居洛阳。当渐广储蓄,缮宫室。"帝问夷简,夷简曰："此仲淹迂阔之论也。"仲淹乃为四论以献，大抵讥切时政。且曰："汉成帝信张禹，不疑舅家，故有新莽之祸。臣恐今日亦有张禹，坏陛下家法。"夷简怒诉曰："仲淹离间陛下君臣，所引用，皆朋党也。"仲淹对益切，由是罢知饶州。

殿中侍御史韩渎希宰相旨，请书仲淹朋党，揭之朝堂。于是秘书丞余靖上言曰："仲淹以一言忤宰相，遽加贬窜，况前所言者在陛下母子夫妇之间乎？陛下既优容之矣，臣请追改前命。"太子中允尹洙自讼与仲淹师友，且尝荐己，愿从降黜。馆阁校勘欧阳修以高若讷在谏官，坐视而不言，移书责之。由是，三人者偕坐贬。明年，夷简亦罢，自是朋党之论兴矣。仲淹既去，士大夫为论荐者不已。仁宗谓宰相张士逊曰："向贬仲淹，为其密请建立皇太弟故也。今朋党称荐如此，奈何？"再下诏戒敕。

仲淹在饶州岁余，徙润州，又徙越州。元昊反，召为天章阁待制、知永兴军，改陕西都转运使。会夏竦为陕西经略安抚、招讨使，进仲淹龙图阁直学士以副之。夷简再入相，帝谕仲淹使释前憾。仲淹顿首谢曰："臣乡论盖国家事，于夷简无憾也。"

延州诸寨多失守，仲淹自请行，迁户部郎中兼知延州。先是，诏分边兵：总管领万人，钤辖领五千人，都监领三千人。寇至御之，则官卑者先出。仲淹曰："将不择人，以官为先后，取败之道也。"于是大阅州兵，得万八千人，分为六，各将三千人，分部教之，量贼众寡，使更出御贼。时塞门、承平诸寨既废，用种世衡策，城青涧以据贼冲，大兴营田，且听民得互市，以通有无。又以民远输劳苦，请建鄜城为军，以河中、同、华中下户税租就输之。春夏徙兵就食，可省粟十之三，他所减不与。诏以为康定军。

明年正月，诏诸路入讨，仲淹曰："正月塞外大寒，我师暴露，不如俟春深入，贼马瘦人饥，势易制也。况边备渐修，师出有纪，贼虽猖獗，固已慑其气矣。鄜、延密迩灵、夏，西羌必由之地也。第按兵不动，以观其衅，许臣稍以恩信招来之。不然，情意阻绝，臣恐偃兵无期矣。若臣策不效，当举兵先取绥、宥，据要害，屯兵营田，为持久计，则茶山、横山之民，必挈族来归矣。拓疆御寇，策之上也。"帝皆用其议。仲淹又请修承平、永平等寨，稍招还流亡，定堡障，通斥候，城十二寨，于是羌汉之民，相踵归业。

久之，元昊归陷将高延德，因与仲淹约和，仲淹为书戒喻之。会任福败于好水川，元昊答书语不逊，仲淹对来使焚之。大臣以为不当辄通书，又不当辄焚之，宋庠请斩仲淹，帝不听。降本曹员外郎、知耀州，徙庆州，迁左司郎中，为环庆路经略安抚、缘边招讨使。初，元昊反，阴诱属羌为助，而环庆酋长六百余人，约为乡道，事寻露。仲淹以其反复不常也，至部即奏行边，以诏书犒赏诸羌，阅其人马，为立条约："若雠已和断，辄私报之及伤人者，罚羊百、马二，已杀者斩。负债争讼，听告官为理，辄质缚平人者，罚羊五十、马一。贼马入界，追集不赴随本族，每户罚羊二，质其首领。贼大入，老幼入保本寨，官为给食；即不入寨，本家罚羊二；全族不至，质其首领。"诸羌皆受命，自是始为汉用矣。

改邠州观察使，仲淹表言："观察使班待制下，臣守边数年，羌人颇亲爱臣，呼臣为'龙图老子'，今退而与王兴、朱观为伍，第恐为贼轻矣。"辞不拜。庆之西北马铺寨，当后桥川口，在贼腹中。仲淹欲城之，度贼必争，密遣子纯祐与蕃将赵明先据其地，引兵随之。诸将不知所向，行至柔远，始号令之，版筑皆具，旬日而城成，即大顺城是也。贼觉，以骑三万来战，佯北，仲淹戒勿追，已而果有伏。大顺既城，而白豹、金汤皆不敢犯，环庆自此寇益少。

明珠、灭臧劲兵数万，仲淹闻泾原欲袭讨之，上言曰："二族道险，不可攻，前日高继嵩已丧师。平时且怀反侧，今讨之，必与贼表里，南入原州，西扰镇戎，东侵环州，边患未艾也。若北取细腰、胡芦众泉为堡障，以断贼路，则二族安，而环州、镇戎径道通彻，可无忧矣。"其后，遂筑细腰、胡芦诸寨。

葛怀敏败于定川，贼大掠至潘原，关中震恐，民多窜山谷间。仲淹率众六千，由邠、泾援之，闻贼已出塞，乃还。始，定川事闻，帝按图谓左右曰："若仲淹出援，吾无忧矣。"奏至，帝大喜曰："吾固知仲淹可用也。"进枢密直学士、右谏议大夫。仲淹以军出无功，辞不敢受命，诏不听。

时已命文彦博经略泾原，帝以泾原伤夷，欲对徙仲淹，遣王怀德喻之。仲淹谢曰："泾原地重，第恐臣不足当此路。与韩琦同经略泾原，并驻泾州，琦兼秦凤，臣兼环庆。泾原有警，臣与韩琦合秦凤、环庆之兵，掎角而进；若秦凤、环庆有警，亦可率泾原之师为援。臣当与琦练兵选将，渐复横山，以断贼臂，不数年间，可期平定矣。愿诏庞籍兼领环庆，以成首尾之势。秦州委文彦博，庆州用滕宗谅总之。孙沔亦可办集。渭州，一武臣足矣。"帝采用其言，复置陕西路安抚、经略、招讨使，以仲淹、韩琦、庞籍分领之。仲淹与琦开府泾州，而徙彦博帅秦，宗谅帅庆，张亢帅渭。

仲淹为将，号令明白，爱抚士卒，诸羌来者，推心接之不疑，故贼亦不敢辄犯其境。元昊请和，召拜枢密副使。王举正懦默不任事，谏官欧阳修等言仲淹有相材，请罢举正用仲淹，遂改参知政事。仲淹曰："执政可由谏官而得乎？"固辞不拜，愿与韩琦出行边。命为陕西宣抚使，未行，复除参知政事。会王伦寇淮南，州县官有不能守者，朝廷欲按诛之。仲淹曰："平时讳言武备，寇至而专责守臣死事，可乎？"守令皆得不诛。

帝方锐意太平，数问当世事，仲淹语人曰："上用我至矣，事有先后，久安之弊，非朝夕可革也。"帝再赐手诏，又为之开天章阁，召二府条对，仲淹皇恐，退而上十事：

一曰明黜陟。二府非有大功大善者不迁，内外须在职满三年，在京百司非选举而授，须通满五年，乃得磨勘，庶几考绩之法矣。二曰抑侥幸。罢少卿、监以上乾元节恩泽；正郎以下若监司、边任，须在职满二年，始得荫子；大臣不得荐子弟任馆阁职，任子之法无冗滥矣。三曰精贡举。进士、诸科请罢糊名法，参考履行无阙者，以名闻。进士先策论，后诗赋，诸科取兼通经义者。赐第以上，皆取诏裁。余优等免选注官，次第人守本科选。进士之法，可以循名而责实矣。四曰择长官。委中书、枢密院先选转运使、提点刑狱、大藩知州；次委两制、三司、御史台、开封府官、诸路监司举知州、通判；知州通判举知县、令。限其人数，以举主多者从中书选除。刺史、县令，可以得人矣。五曰均公田。外官廪给不均，何以求其为善耶？请均其入，第给之，使有以自养，然后可以责廉节，而不法者可诛废矣。六曰厚农桑。每岁预下诸路，风吏民言农田利害，堤堰渠塘，州县选官治之。定劝课之法以兴农利，减漕运。江南之圩田，浙西之河塘，隳废者可兴矣。七曰修武备。约府兵法，募畿辅强壮为卫士，以助正兵。三时务农，一时教战，省给赡之费。畿辅有成法，则诸道皆可举行矣。八曰推恩信。赦令有所施行，主司稽违者，重置于法；别遣使按视其所当行者，所在无废格上恩者矣。九曰重命令。法度所以示信也，行之未几，旋即厘改。请政事之臣参议可以久行者，删去烦冗，裁为制敕行下，命令不至于数变更矣。十曰减徭役。户口耗少而供亿滋多，省县邑户少者为镇，并使、州两院为一，职官白直，给以州兵，其不应受役者悉归之农，民无重困之忧矣。

天子方信响仲淹，悉采用之，宜著令者，皆以诏书画一颁下；独府兵法，众以为不可而止。

又建言："周制，三公分兼六官之职，汉以三公分部六卿，唐以宰相分判六曹。今中书，古天官冢宰也，枢密院，古夏官司马也；四官散于群有司，无三公兼领之重。而二府惟进拟差除，循资级，议赏罚，检用条例而已。上非三公论道之任，下无六卿佐王之职，非治法也。臣请仿前代，以三司、司农、审官、流内铨、三班院、国子监、太常、刑部、审刑、大理、群牧、殿前马步军司，各委辅臣兼判其事。凡官吏黜陟、刑法重轻、事有利害者，并从辅臣予夺；其体大者，二府佥议奏裁。臣请自领兵赋之职，如其无补，请先黜降。"章得象等皆曰不可。久之，乃命参知政事贾昌朝领农田，仲淹领刑法，然卒不果行。

初，仲淹以忤吕夷简，放逐者数年，士大夫持二人曲直，交指为朋党。及陕西用兵，天子以仲淹士望所属，拔用之。及夷简罢，召还，倚以为治，中外想望其功业。而仲淹以天下为己任，裁削幸滥，考覆官吏，日夜谋虑兴致太平。然更张无渐，规摹阔大，论者以为不可行。及按察使出，多所举劾，人心不悦。自任子之恩薄，磨勘之法密，侥幸者不便，于是谤毁稍行，而朋党之论浸闻上矣。

会边陲有警，因与枢密副使富弼请行边。于是，以仲淹为河东、陕西宣抚使，赐黄金百两，悉分遗边将。麟州新罹大寇，言者多请弃之，仲淹为修故寨，招还流亡三千余户，蠲其税，罢榷酤予民。又奏免府州商税，河外遂安。比去，攻者益急，仲淹亦自请罢政事，乃以为资政殿学士、陕西四路安抚使、知邠州。其在中书所施为，亦稍稍沮罢。

以疾请邓州，进给事中。徙荆南，邓人遮使者请留，仲淹亦愿留邓，许之。寻徙杭州，再迁户部侍郎，徙青州。会病甚，请颍州，未至而卒，年六十四。赠兵部尚书，谥文正。初，仲淹病，帝常遣使赐药存问，即卒，嗟悼久之。又遣使就问其家，既葬，帝亲书其碑曰"褒贤之碑"。

仲淹内刚外和，性至孝，以母在时方贫，其后虽贵，非宾客不重肉。妻子衣食，仅能自充。而好施予，置义庄里中，以赡族人。泛爱乐善，士多出其门下，虽里巷之人，皆能道其名字。死之日，四方闻者，皆为叹息。为政尚忠厚，所至有恩，邠、庆二州之民与属羌，皆画像立生祠事之。及其卒也，羌酋数百人，哭之如父，斋三日而去。四子：纯祐、纯仁、纯礼、纯粹。

译文：

范仲淹字希文，唐朝宰相杜履冰的后代。他的祖先，原是邠州人，后来迁徙到江南定居，于是成为苏州吴县人。范仲淹两岁时父亲去世了，母亲改嫁到长山县的朱家，他也就跟着姓了朱，名说。范仲淹少年时就有志气节操，长大后，知道了自己的家世，就流着眼泪辞别母亲，前往应天府，依从戚同文学习。他昼夜不停地刻苦学习，冬天读书十分疲乏时，用冷水浇脸；他的食物不够，甚至不得不靠喝稀粥度日，一般人不能忍受的困苦生活，范仲淹却从不叫苦。他考中进士后，被任命为广德军司理参军，他把母亲接来奉养。调任集庆军节度推官后，就恢复了原来的范姓，改名为仲淹。

监泰州西溪盐税，升为大理寺丞，移监楚州粮料院，因母亲去世离职。晏殊知应天府时，听说范仲淹的名声，召请他到府学任职。范仲淹上书朝廷请求选择郡守，举荐县令，斥逐游散懒惰之人，裁汰冗员和不守本分的人，慎重选举官员，慰抚将帅，这封上书长达万余字。他为母亲服丧满期后，因为得到晏殊的举荐，任秘阁校理。他通晓《六经》，长于《易经》，学习经学的人大多向他请教求正是非，他手持经典为他们讲解，不知疲倦。他曾经用自己的俸禄供养前来求学的四方游士，自己的几个孩子甚至要轮换穿一件好衣服才能出门，范仲淹却处之泰然。每当他激动地谈论起天下大事时，就奋不顾身，当时士大夫间注意矫正世风，严于律己，崇尚品德节操，是从范仲淹倡导的。

天圣七年，章献太后将在冬至这天接受朝拜，届时仁宗率领文武百官为太后上寿。范仲淹上疏详细论述了这件事，并且说："在内宫侍奉亲长，自当有家人礼仪，但在朝廷上天子和百官站在一起，朝南面礼拜太后，不可以成为后世的礼法。"他还上疏要求章献太后把朝政大权交还仁宗，这道章疏没有得到答复。他不久任河中府通判，又调任陈州通判。当时正在建造太一宫和洪福院，朝廷在陕西征购木材。范仲淹说："昭应宫、寿宁宫毁于火灾，上天的惩戒刚过去不久。如今又大兴土木，破费百姓财产，这不是顺乎人心、合乎天意的事情。应该停止修建寺观，减少平常年份征购木材的数量，以及蠲免百姓上供木材的积欠。"又说："受到恩宠的人多由皇宫里直接降敕授官，这不是太平治世的政策。"这些事情虽然没有实行，但仁宗认为范仲淹是忠诚的。

章献太后逝世后，范仲淹被召回朝廷任右司谏。这时上疏议论国事的臣僚们大多揭露章献太后听政时的事情，范仲淹说："太后接受先帝的遗命，调理保护陛下十几年，应该遮掩她的细小过错，以成全太后的德誉。"仁宗因此诏谕朝廷内外，不要每次都谈论太后听政时的事情。当初，章献太后立下遗诰以皇太妃杨氏为皇太后，参与决策军国大事。范仲淹说："太后，是皇帝母亲的称号，自古以来没有因保育皇帝有功而代皇帝立太后的。如今一位太后去世，又立一位太后，天下人恐怕要怀疑陛下一天也离不开母后的扶助了。"

这年发生大蝗灾和旱灾，江南路、淮南路、京东路的灾情尤其严重。范仲淹请求朝廷派遣使臣前往灾区巡视，没有得到答复。于是就问仁宗说："宫廷里的人如果半天不吃饭，会怎么样呢？"仁宗脸上显露出难过的神情，便派范仲淹去安抚江南路、淮南路的受灾地区，范仲淹所到之处开仓赈济灾民，并且禁止灾区百姓过分的祭祀活动，奏请朝廷免除庐州、舒州上供的折役茶、江南东路的丁口盐钱，并且逐条陈述了救治朝政弊端的十件事。

恰巧郭皇后被废，范仲淹率领谏官、御史跪伏在閤门前争谏此事，没有能得到同意。第二天，范仲淹准备留下百官拜见宰相在朝廷上再次争辩，他刚走到待漏院，有诏命他出任睦州知州。过了一年多，调任苏州知州。苏州发大水，民田不能耕种，范仲淹疏凿五条河渠，导引太湖水流入大海，他募人兴修的水利工程，还没有成功，接着调任明州知州，转运使奏请暂留范仲淹以完成水利工程，朝廷准许了转运使的请求。升为礼部员外郎、天章阁待制，召回京城，判国子监。转官为吏部员外郎、权知开封府。

当时吕夷简执掌朝政，受到提拔和重用的大多出自他的门下。范仲淹向仁宗呈上一份《百官图》，指着图上百官升迁次序说："这样是循序升迁，那样是不合次序的提拔，这样升迁是公道，那样提拔是私意。况且天子近臣的提拔和贬降，凡是超过规矩制度的，也不应该全部都委托宰相处理。"吕夷简很不高兴。

另一天讨论建都的事情，范仲淹说："洛阳地势险要，城池坚固，而汴京是四面攻战之地，天子在太平时适宜住在汴京，如有事必然居住在洛阳。应当逐渐扩大洛阳的储备，修缮那里的宫室。"仁宗问吕夷简，吕夷简说："这是范仲淹迂阔的空论。"范仲淹便又写了四论呈给仁宗，大都是指斥当时的朝政。并且说："汉成帝相信张禹的话，不怀疑母舅家，因而有王莽篡位的灾祸。我恐怕今天也有张禹那样的人，破坏陛下的家法。"吕夷简愤怒地对仁宗诉说道："范仲淹离间我们君臣关系，他所引用的人，都是他的同党。"范仲淹对抗之辞也更加急切，因此他被罢免天章阁待制而出知饶州。

殿中侍御史韩渎迎合宰相旨意，奏请仁宗把范仲淹同党的姓名写出来，在朝廷上张贴公布。于是秘书丞余靖上奏说："范仲淹因为一句话得罪了宰相，就仓卒间加以贬斥流窜，何况他前次所议论的是关于陛下母子夫妇间的事，陛下都已经宽容他了呢！我请求陛下追回并修改前道诏命。"太子中允尹洙上疏自讼和范仲淹是师友关系，并且范仲淹还曾经推荐过自己，愿意和范仲淹一起受到降官贬黜。馆阁校勘欧阳修因为高若讷身为谏官，坐视范仲淹被贬谪而不发一言，就写信责备他。因此，这三位都为范仲淹一案而被贬官。第二年，吕夷简也被免除宰相职务，从此关于朋党的争论便兴起了。范仲淹离开朝廷后，士大夫们接连不断地为他辩白举荐。仁宗对宰相张士逊说："以前贬谪范仲淹，是因为他密奏请求立皇太弟的缘故。如今他的同党这样称赞举荐他，怎么办？"再次下诏警告不准结党。

范仲淹知饶州一年多之后，调任润州知州，又调任越州知州。赵元昊背叛，范仲淹被召回京城任天章阁待制、出知永兴军，改任陕西都转运使。当时夏竦做陕西经略安抚、招讨使，朝廷提升范仲淹为龙图阁直学士以担任夏竦的副手。吕夷简再次担任宰相,仁宗劝告范仲淹解除当年与吕夷简的怨恨。范仲淹叩头回答说:"我以前的论奏都是国家的公事,对于吕夷简个人是没有怨恨的。"

延州附近各寨大多失守,范仲淹主动请求去那里,被升为户部侍郎兼知延州。以前,诏令规定将领分别统领边境军队:总管统领一万人,钤辖统领五千人,都监统领三千人。敌寇来到而要抵御时,官职低的将领首先出击。范仲淹说:"战将不选择适当的人,只以官阶高低作为出阵的先后次序,这是自取失败的办法。"于是他普遍检阅本州厢兵,得到一万八千人,分为六部,每位将领各自统帅三千人,分部训练士兵,根据敌军多少,派遣他们轮流出战抵御敌军。那时塞门、承平各寨已被废弃,范仲淹采纳种世衡的计策,筑起青涧城以阻挡敌军锋芒,大兴营田,并且开放民间贸易,以便边民互通有无。又因为百姓远路输纳赋税过于劳苦,他奏请将鄜城县升为军一级的行政单位,让河中府、同州、华州的中下户就近送缴税租。春夏季节调军队来就地取得给养,可以节省十分之三的买粮开支,其他所省费用还不计算在内。仁宗诏命该军为康定军。

第二年正月,仁宗诏命陕西各路进兵讨伐西夏,范仲淹说:"正月是塞外最冷的时候,我军露野受冻,不如等到春季深入敌境,敌军马瘦人饥,我军形势容易控制。况且边防守备逐渐加强,我军出师纪律严明,敌军虽然猖獗,必然已被我军气势所镇服了。鄜州、延州邻近灵州、夏州,是西羌族的必经之地。我军只宜按兵不动,注意观察他们的破绽,请允许我渐渐用恩惠和信义招纳他们前来归附。不然,情义断绝,我怕罢兵休战遥遥无期了。如果我这个计策没有取得效果,就应当发兵先夺取绥州、宥州,占据要害地区,屯兵营田,作长久打算,那么茶山、横山的百姓，必然会带着全族来归顺的。开拓疆土抵御敌寇，这是上策。"仁宗全部采纳了他的建议。范仲淹又奏请朝廷修筑承平、永平等寨，逐渐招回流亡的百姓，加固堡寨屏障，畅通敌情侦察，把十二座旧寨改建为城，于是羌族和汉族的流散百姓相继归来重操旧业。

这了较长的时间，赵元昊遣还被俘的宋将高延德，用他与范仲淹约和，范仲淹写信告诫西夏罢兵。恰巧任福在好水川打了败仗，赵元昊给范仲淹复信的语气很不恭敬，范仲淹当着来使的面烧了它。朝中大臣认为不应擅自与西夏通信，又不应随意把西夏复信烧掉，宋庠奏请处斩范仲淹，仁宗没有听他的意见。范仲淹降为户部员外郎、知耀州，调任庆州知州，升阶为左司郎中，任环庆路经略安抚、缘边招讨使。当初，赵元昊反叛时，秘密诱使归属宋朝的羌人帮助自己，而环庆路羌人首领六百多人，与元昊相约做向导，这项密约不久就败露了。范仲淹因为羌人反复无常，一到达辖区就奏请到边境巡察，他用皇帝诏命的名义犒赏羌族各部，检阅他们的人马，同他们订立条约："假如仇恨已经和解或了断，又擅自进行报复并伤人的，罚羊一百只、马两匹，已杀死人的斩首。因负债而引起的争讼，听任到官府告状理断，擅自扣押捆缚无辜者的，罚羊五十只，马一匹，西夏军马侵入边界时，集合时不随本族前往的人家，每户罚羊两只，扣押他们的首领。敌军大举入侵时，老少自外而入保卫本寨，官府供给食粮；到时不入寨的人家，每家罚羊两只；全族不进寨的，扣押他们的首领。"羌族各部都接受这些条约，从此他们开始为宋朝效力了。

范仲淹改授邠州观察使，上表说："观察使在朝班中的位次在待制之下，我守边数年，羌人颇为亲爱我，称我为'龙图老子'，今天退到与王兴、朱观为同伙，但怕被敌军轻蔑的。"他辞谢而没有接受这个任务,庆州西北的马铺寨,正当后桥川口,在西夏的腹地中。范仲淹想在那里筑城,料定敌军一定会来争夺,秘密派遣儿子范纯祐和少数族将领赵明先占据这一地区,自己带领军队紧随其后。将领们不知道行军的目的地,部队行进到柔远寨,才发布筑城的号令,版筑工具都已准备好了,十天就筑起一座城池,这就是大顺城。敌军发觉之后,派三万骑兵来攻,并假装战败而逃,范仲淹命令部下不得追击,随后知道敌军果然有伏兵。大顺城建成后,白豹城、金汤寨一带的敌军都不敢再来进犯,对环庆路的侵犯从此就更少了。

明珠、灭臧两部族拥有强兵数万,范仲淹听说泾原路宋军将要袭击讨伐他们,上奏朝廷说:"通往明珠、灭臧两族的道路险恶,不可以进攻他们,前些时候高继嵩的军队已经败亡。这两族平时尚且怀有二心,如今讨伐他们,必然与敌军相互呼应,向南入侵原州,向西骚扰镇戎军,向东入侵环州,边患将没有终止了。如能北取细腰、胡芦泉等地筑起堡垒屏障,以切断敌军的通路,那么这两族能安心归附,而环州、镇戎军之间的小路近道也畅通无阻,可以不用忧虑了。"此后,便筑起细腰、胡芦各寨。

葛怀敏在定川战败,西夏军大掠至潘原县一带,关中地区震动惊恐,百姓纷纷逃窜到山谷里去。范仲淹率领军队六千人,由邠州、泾州出发援救泾原路,听说西夏军已撤出边塞,才率领军队回去。当初,定川战败的消息传到朝廷,仁宗审视地图对身边大臣们说:"如果范仲淹出兵援救,我就没有什么忧虑了。"范仲淹出兵援救的奏报一到,仁宗大喜说:"我一向知道范仲淹是可以信用的。"提升范仲淹为枢密直学士、右谏议大夫。范仲淹因这次军队出征没有立功,辞谢不敢接受任命,仁宗没有接受他的意见。

当时已经任命文彦博治理泾原路,仁宗认为泾原路在战争中深受创伤,打算让文彦博与范仲淹对调辖区,派遣王怀德去传达这件事。范仲淹辞谢说:"泾原路的地位重要,只怕我不足以担当这路的责任。请让我和韩琦共同筹划泾原路的事务,并且一起驻扎在泾州。韩琦兼管秦凤路。我兼管环庆路。泾原路有警报,我和韩琦联合秦凤、环庆两路兵马,成掎角之势进攻敌军;如果秦凤路、环庆路有警报,我也可以率领泾原路的军队去做援军。我应当和韩琦一起训练士兵,选拔将才,逐渐收复横山,以斩断敌人的臂膀,不出数年时间,可以期望平定边患了。我希望陛下降诏任命庞籍兼领环庆路统帅,以形成首尾呼应的态势。秦州委派文彦博负责,庆州任用滕宗谅总领事务。孙沔也可以办理成功。渭州,有一员武将负责就足够了。"仁宗采纳了他的建议,恢复设置陕西路安抚、经略、招讨使,让范仲淹、韩琦、庞籍分领职事。范仲淹和韩琦在泾州设置帅府,而把文彦博调到秦州做统帅,滕宗谅调到庆州做统帅,张亢在渭州任统帅。

范仲淹做将领,号令清楚,爱护士兵,对于前来归附的各部羌人,他能诚恳接纳信任不疑,因此西夏军也不敢轻易就来进犯他统辖的地区。元昊请求议和,范仲淹被召回朝任枢密副使。王举正怯懦不敢直言不能胜任职事,谏官欧阳修等人说范仲淹有宰相之才,请求皇帝罢免王举正而任用范仲淹,于是范仲淹改任参知政事。范仲淹说:"执政官可以由谏官的几句话就得到吗?"他坚决辞谢不肯接受任命,希望和韩琦一同出京巡视边防。任命他为陕西宣抚使,还没有出发,又被任命为参知政事。恰逢王伦进犯淮南路,州县官中有不能守卫城池的人,朝廷准备调查核实后处死他们。范仲淹说:"平时忌讳讲究武备,贼寇来到时却专一责令州县官员以死殉职,应该吗?"未能坚守城池的州县官都没有被处死。

仁宗正急于实现太平，多次询问当世急需办理的大事，范仲淹对人说："皇上对我信用至极，不过做事总是有先后，长期安定局面所带来的弊病，不是一朝一夕就可以革除的。"仁宗再次赐给他亲笔写的诏书，又为这件事打开天章阁，把二府大臣召来按条奏对，范仲淹惶恐不安，退朝回家后就奏上十件事：

一是严明官吏升降制度。二府官员没有大功劳和完美品德的人不得升迁，朝廷内外官员必须在职任满三年，在京城各个部门任职的官员如果不是通过选任和保举而得官的人，必须累计任满五年，才能磨勘升迁，这差不多算是考核官员政绩的方法吧。二是抑制侥幸。取消乾元节给少卿、监以上官员任子的恩泽；正郎以下如监司官、边远地区的文官，必须在职任满二年，才可以享受恩荫任子；大臣不得荐举自己的子弟担任馆阁职务，这样任子制度就不会出现冗滥了。三是严密贡举制度。进士、诸科考试时请取消试卷将姓名封起的糊名法，结合考察操行，将没有缺陷人的姓名报上朝廷。进士先考策论，后考诗赋，诸科录取兼通经旨大义的人。赐第以上的高等人，都由皇帝裁定宣布。其余优等的人免除吏部铨选而直接注册授官，再次一等的人由本科发给凭证而等候吏部铨选。这样进士考试的方法，便可以就其名而求其实了。四是选择地方长官。委托中书省、枢密院首先选拔转运使、提点刑狱、大州郡的知州；其次委任两制、三司、御史台、开封知府、各路监司长官举荐知州、通判；知州、通判举荐知县、县令。限制各级官员举荐的人数，在举主多的被荐举人中，由中书挑选授官。这样刺史、县令，可以得到称职的人选了。五是均公田。外官的廪食供给不均，怎能要求他们行善政呢？请朝廷均衡他们的职田收入，按等级给他们职田，使他们能有足够的衣食来养活自己，然后朝廷可以要求他们为政廉洁奉公，对违法的官员就可以进行惩办或撤职了。六是重视农桑生产。每年预先给各路转运司下达诏书，要他们鼓动官吏百姓陈说农田利害，堤堰河渠、陂塘等水利工程，由州县选派官员治理。制定奖励和考核制度以大兴农利，减省漕运的费用。江南路的圩田，浙西路的河塘，已经废弃毁坏的可以兴修恢复了。七是整治军备。大体依照府兵制度，招募京畿及其附近州郡的强壮男子充当卫士，用来辅助正规军。一年之中三个季度务农，一个季度训练作战，可以节省国家供养军队的费用。京畿及其附近州郡有了完备的制度，然后各路仿效实行。八是落实朝廷的恩泽和信义。赦令内宣布的恩泽有所施行，而主管部门拖延或违反赦令施行的，要依法从重处理；另外派遣使臣到各州检查那些应当施行的恩泽是否得到施行。这样各处就没有搁置皇上恩泽的官员了。九是慎重发布朝廷命令。法度要示信于民，现在一项政令颁行不久，很快就加以更改变动了。请让掌管政事的大臣讨论出可以长久实行的法令，删去繁杂多余的部分，裁定为皇帝的制书敕令颁行下去，这样朝廷的命令就不至于屡次变更了。十是减轻徭役。现在州县户口减少而对官府的供给却更加繁重，应将户口少的县改为镇，把各州军的使院和州院合并为一院，职官厅的白直人等所服杂役，可以让州兵承担，凡不应当服役的人全部放回农村，这样百姓便没有重役困扰而产生的忧愁了。

天子正专意信任范仲淹，全部采用了这些意见，凡适合立为法令的，便都用诏书统一颁布下去；只有府兵制度，大家认为不能施行而作罢。

范仲淹又建议说："周代的制度，三公分别兼任六官的职务，汉代是以三公分别管辖六卿职事，唐代是以宰相分别兼判六曹事务。现在的中书，就是古代天官卿冢宰，枢密院，就是古代的夏官卿司马；其余四官负责的职事如今分散给众多的官吏办理，已经没有三公兼掌大权的重任了。而现在的二府只是草拟授官文书时，依照资历级别，讨论赏罚时，检用现成条例罢了。上没有三公讲论天下治道的重任，下没有六卿辅佐君王的职责，这不是治国的办法。我请求仿效前代的制度，把三司、司农寺、审官院、流内铨、三班院、国子监、太常寺、刑部、审刑院、大理寺、群牧司、殿前马步军司，分别委派宰辅大臣兼判这些机构的职事。凡属官吏黜降擢升、刑法减轻加重、事情有关利害关系的，都听从宰辅大臣全权处理；其中事关重大的，由二府大臣共同讨论并奏请皇帝裁决。我请求兼领军事和财赋方面的职事，如果对职事没有裨益，请将我先贬官罢免。"宰相章得象等人都说范仲淹的建议不能实行。很久以后，才任命参知政事贾昌朝兼领农田方面的事务，范仲淹兼领刑法方面的事务，然而最终都没有实行。

当初，范仲淹因为触犯了吕夷简，被放逐在外多年，士大夫们坚持他们两人的是非曲直，互相指责对方是朋党。等到陕西一带发生战争，天子因为看到范仲淹众望所归，便提拔重用他。待到吕夷简罢相，朝廷召回范仲淹，依靠他来治理国事，朝廷内外都想望他能建功立业。而范仲淹本人也把治理天下作为己任，他裁抑侥幸，削减冗滥，考察审核官吏，日夜思虑谋划以实现太平世界。然而他的改革没能逐渐推行，改革的规模过于浩大，评论者认为无法实行。等到按察使出巡，许多问题被检举揭发出来之后，人们心里是不高兴的，自任子的恩荫减损，磨勘制度的严密，希图侥幸的人深感不便，于是毁谤的言论逐渐传播，而指责范仲淹等是朋党的议论也渐渐传到了仁宗耳里。

适逢边境报警，范仲淹就和枢密副使富弼请求去巡视边防。于是，任命范仲淹为河东、陕西宣抚使，赐给他黄金一百两，他全部分赠给守边的将领。麟州新近遭到了大规模的侵扰，进言的人大多请求放弃麟州，范仲淹则整修旧寨，招回流亡的百姓三千多户，免除他们的赋税，废止当地官府酒类专卖，准予百姓卖酒，他又奏请朝廷免去府州商税，于是黄河以外地区安定下来了。范仲淹离开朝廷后，反对他的人更加紧了对他的攻击，范仲淹也自请罢免参知政事职务，这样他被任命为资政殿学士、陕西四路安抚使、知邠州。他在中书时所推行的政策，也渐渐被废止了。

范仲淹因病请求知邓州，被升为给事中，调任荆南知府时，邓州百姓拦住使者请求留任范仲淹，范仲淹也愿意继续留在邓州，朝廷准许了他的请求。不久调任知杭州，再升为户部侍郎，又调任知青州。正当他的病情加重，他奏请知颍州，还没到任便去世了，终年六十四岁。朝廷赠他为兵部尚书，谥文正。当初，范仲淹生病期间，仁宗经常派遣使臣去赐给他药物并慰问他。他死后，仁宗悲伤了很长时间。又派遣使臣到他家中去慰问，范仲淹安葬以后，仁宗亲自在他的墓碑头上书写了"褒贤之碑"四个字。

范仲淹内心刚强而外表温和，天性十分孝顺父母，因为母亲在世时他正贫困，后来虽然富贵了，没有宾客时仍不吃两样肉菜，妻子儿女的衣食，也仅够自己吃穿。然而他乐意把自己的钱财送给他人，在家乡设置义庄，用来赡养本族的穷人。他博爱众人，乐于行善，当时的读书人很多出自他的门下，虽然是城乡的普通百姓，也都能说出他的名字。他去世的时候，各地听到死讯的人，都为他叹息。他处理政务崇尚忠厚，所到之处多有恩德，邠、庆二州的百姓和归附宋朝的羌人，都画了他的肖像并建立生祠来纪念他。等到他去世的时候，羌族大小首领几百人，像父亲去世一样为他痛哭，斋祭了三天才散去。范仲淹有四个儿子：范纯祐、范纯仁、范纯礼、范纯粹。

宋史卷三百一十六

列传第七十五

包 拯

包拯字希仁,庐州合肥人也。始举进士,除大理评事,出知建昌县。以父母皆老,辞不就。得监和州税,父母又不欲行,拯即解官归养。后数年,亲继亡,拯庐墓终丧,犹徘徊不忍去,里中父老数来劝勉。久之,赴调,知天长县。有盗割人牛舌者,主来诉。拯曰:"第归,杀而鬻之。"寻复有来告私杀牛者,拯曰:"何为割牛舌而又告之?"盗惊服。徙知端州,迁殿中丞。端土产砚,前守缘贡,率取数十倍以遗权贵。拯命制者才足贡数,岁满不持一砚归。

寻拜监察御史里行,改监察御史。时张尧佐除节度、宣徽两使,右司谏张择行、唐介与拯共论之,语甚切。又尝建言曰:"国家岁赂契丹,非御戎之策,宜练兵选将,务实边备。"又请重门下封驳之制,及废锢赃吏,选守宰,行考试补荫弟子之法。当时诸道转运加按察使,其奏劾官吏多摭细故,务苛察相高尚,吏不自安,拯于是请罢按察使。

去使契丹,契丹令典客谓拯曰:"雄州新开便门,乃欲诱我叛人，以刺疆事耶？"拯曰："涿州亦尝开门矣，刺疆事何必开便门哉？"其人遂无以对。

历三司户部判官，出为京东转运使，改尚书工部员外郎、直集贤院，徙陕西，又徙河北，入为三司户部副使。秦陇斜谷务造船材木，率课取于民；又七州出赋河桥竹索，恒数十万，拯皆奏罢之。契丹聚兵近塞，边郡稍警，命拯往河北调发军食。拯曰："漳河沃壤，人不得耕，邢、洺、赵三州民田万五千顷，率用牧马，请悉以赋民。"从之。解州盐法率病民，拯往经度之，请一切通商贩。

除天章阁待制、知谏院。数论斥权幸大臣，请罢一切内除曲恩。又列上唐魏郑公三疏，愿置之坐右，以为龟鉴。又上言天子当明听纳，辨朋党，惜人才，不主先入之说，凡七事；请去刻薄，抑侥幸，正刑明禁，戒兴作，禁妖妄。朝廷多施行之。

除龙图阁直学士、河北都转运使。尝建议无事时徙兵内地，不报。至是，请："罢河北屯兵，分之河南兖、郓、齐、濮、曹、济诸郡，设有警，无后期之忧。借曰戍兵不可遽减，请训练义勇，少给糇粮，每岁之费，不当屯兵一月之用，一州之赋，则所给者多矣。"不报。徙知瀛州，诸州以公钱贸易，积岁所负十余万，悉奏除之。以丧子乞便郡，知扬州，徙庐州，迁刑部郎中。坐失保任，左授兵部员外郎、知池州。

复官，徙江宁府，召权知开封府，迁右司郎中。拯立朝刚毅，贵戚宦官为之敛手，闻者皆惮之。人以包拯笑比黄河清，童稚妇女，亦知其名，呼曰"包待制"。京师为之语曰："关节不到，有阎罗包老。"旧制，凡讼诉不得径造庭下。拯开正门，使得至前陈曲直，吏不敢欺。中官势族筑园榭，侵惠民河，以故河塞不通，适京师大水，拯乃悉毁去。或持地券自言有伪增步数者，皆审验劾奏之。

迁谏议大夫、权御史中丞。奏曰："东宫虚位日久，天下以为忧，陛下持久不决，何也？"仁宗曰："卿欲谁立？"拯曰："臣不才备位，乞豫建太子者，为宗庙万世计也。陛下问臣欲谁立，是疑臣也。臣年七十，且无子，非邀福者。帝喜曰："徐当议之。"请裁抑内侍，减节冗费，条责诸路监司，御史府得自举属官，减一岁休暇日，事皆施行。

张方平为三司使，坐买豪民产，拯劾奏罢之；而宋祁代方平，拯又论之；祁罢，而拯以枢密直学士权三司使。欧阳修言："拯所谓牵牛蹊田而夺之牛，罚已重矣，又贪其富，不亦甚乎！"拯因家居避命，久之乃出。其在三司，凡诸筦库供上物，旧皆科率外郡，积以困民。拯特为置场和市，民得无扰。吏负钱帛多缧系，间辄逃去，并械其妻子者，类皆释之。迁给事中，为三司使。数日，拜枢密副使。顷之，迁礼部侍郎，辞不受，寻以疾卒，年六十四。赠礼部尚书，谥孝肃。

拯性峭直，恶吏苛刻，务敦厚，虽甚嫉恶，而未尝不推以忠恕也。与人不苟合，不伪辞色悦人，平居无私书，故人、亲党皆绝之。虽贵，衣服、器用、饮食如布衣时。尝曰："后世子孙仕宦，有犯赃者，不得放归本家，死不得葬大茔中。不从吾志，非吾子若孙也。"初，有子名繶，娶崔氏，通判潭州，卒。崔守死，不更嫁。拯尝出其媵，在父母家生子，崔密抚其母，使谨视之。繶死后，取媵子归，名曰綖。有奏议十五卷。

译文：

包拯，字希仁，庐州合肥人。刚中进士时，朝廷授他大理评事，派遣他担任建昌县知县。他以自己父母都已年老，辞谢没有就职。又得到监和州税的差遣,包拯的父母还是不愿意离开家乡,他就辞官回乡奉养双亲。过了几年,父母相继去世,他在父母的墓旁建起茅屋守丧到期满,仍然在墓旁徘徊不忍离去,乡里的父老多次来劝勉安慰他。过了较长的时间,包拯听从调遣,任天长县知县。有人偷偷将别人耕牛的舌头割掉,耕牛的主人到县衙告状。包拯对牛主人说:"你立即回去,把牛杀掉卖肉。"不久就有人来告发牛主人私自宰杀耕牛。包拯对这个人说:"你为什么割掉别人耕牛的舌头而又来告发别人呢?"这个盗贼大吃一惊地认了罪。包拯调任端州知州,并迁升为殿中丞。端州的特产是砚台,以前的知州总是借进贡端砚为名,敛取几十倍于进贡定额的砚台,用来送给朝廷的权贵。包拯命令只制作刚够进贡之数的砚台,他任职期满离开端州时没有带走一块砚台。

　　不久包拯被任命为监察御史里行,后改任监察御史。当时张尧佐被授予节度使、宣徽使两种官职,右司谏张择行、唐介和包拯一起评论这件事,言语激切。他又曾经建议说:"国家年年送给契丹财物,这不是抵御契丹的办法,应该训练士兵,选拔将才,大力充实边境的守备力量。"又请求重视门下省封还和驳正诏命的制度,以及罢免、禁锢贪官污吏,选拔地方长官,推行考试官员子弟恩荫补官的方法。当时各路转运使兼任按察使,他们上奏弹劾官吏大多是收集这些官吏的细小过失,力求用苛刻的审查以标榜自己的高尚,使州县官吏惴惴不安,于是包拯请求罢除按察使。

　　包拯奉命出使契丹,契丹命令典客对包拯说:"雄州新开了一座便门,是否打算引诱我国的叛徒,用来刺探我国边境机密?"包拯回答说:"涿州也曾开过便门,刺探边境机密又何必开便门呢?"于是那个典客无言以对。

包拯任三司户部判官后，出任京东转运使，又改任尚书工部员外郎、直集贤院，调任陕西转运使，再调任河北转运使，入朝任三司户部副使。秦陇斜谷务造船所用的木材物料，全部作为课税取自百姓；还有七个州要出河桥竹索的税钱，通常达几十万缗，包拯都奏明皇帝予以废除。契丹在接近宋朝边境要塞的地方聚集军队，边境州县逐渐出现紧张气氛。朝廷命令包拯往河北调运军粮。包拯说：“漳河附近土地肥沃，而百姓得不到耕种，邢州、洺州、赵州三州的民田一万五千顷，都用来牧马，请朝廷全部分给百姓耕种交租。”朝廷同意了他这个建议。解州的盐法总是损害百姓，包拯前往那里经营规划，请求一切通商，禁止官府专卖。

包拯任天章阁待制、知谏院。多次评论斥责皇帝亲近的权贵宠臣，请求废除一切皇帝从内廷而不经过有关机构降下的恩命。又分别进上唐朝魏徵的三道奏疏，希望皇帝能把它放在座右，作为龟鉴。还上书皇帝，指出天子应当明于听取采纳正确的见解，辨别朋党，爱惜人才，不要有先入为主的看法等七件事；同时要求皇帝清除刻薄之人，抑制侥幸之辈，纠正刑法，申明禁令，不要大兴土木，禁止妖言惑众的不法活动。这些建议多数为朝廷采纳实行。

包拯任龙图阁直学士、河北都转运使。曾经建议边境没有事情的时候把军队调到内地，没有得到答复。到这时，包拯要求：“取消河北的屯兵，将军队分别调往河南的兖、郓、齐、濮、曹、济等州，假如遇有紧急情况，也不会有误期的忧虑。如果说边境驻军不能大量减少，那么请训练义勇，少许供给他们点干粮，每年的花费不到屯驻部队一个月的费用，这样一个州的财赋，能够供给的部队多了。”还是没有得到答复。调任瀛州知州，各州都用公家的钱从事贸易，多年来亏损了十多万贯，包拯上奏全部免除了这笔钱款。包拯因儿子去世请求在家乡附近的州郡任职，朝廷派他为扬州知州，调任庐州知州，迁刑部郎中。由于保举人失误，降为兵部员外郎、池州知州。

包拯复官刑部郎中，调任江宁府知府。奉诏入京权知开封府，升为右司郎中。包拯在朝为人刚强坚毅，皇亲贵戚、内侍宦官因而有所收敛，听到他名字的人都感到害怕。人们把包拯笑比作难以见到的黄河清，儿童妇女也都知道包拯的名字，称呼他为"包待制"。京城里流传着这样的话："关节不到，有阎罗包老。"过去制度规定，凡是打官司的人，不能直接到官衙庭下投诉。包拯大开开封府衙正门，使告状的人可以直到官衙陈述案情的是非曲直，这样，府吏不敢从中欺骗。宦官和势家大族建筑园第亭榭时，侵占了惠民河岸边土地，因此造成河道堵塞不通，恰逢京城发大水，包拯下令将这些建筑全部拆毁。有人拿着地契说上面写明如此，实际是弄虚作假增大土地面积的，包拯全都查明验实，上奏弹劾他们弄虚作假的行为。

包拯升任谏议大夫、权御史中丞。上奏说："东宫太子的位置空缺时间已经很长了，天下人为此很忧虑，陛下长期不作立太子的决定，是为什么呢？"仁宗说："你看应该立谁为太子？"包拯回答说："我以低下的才智供职朝廷，所以恳请预先确立太子，是为大宋江山千秋万世考虑。陛下问我谁可以立为太子，是怀疑我了。我已经七（应是六）十岁了，而且没有儿子，并不谋求日后的富贵。"仁宗高兴地说："这件事还是慢慢商议。"包拯请求裁减和抑制宦官，节减不必要的开支，按条文要求各路监司尽职，御史府可以自行举荐所属官吏，减少一年的休假日，这些建议都得到了施行。

张方平担任三司使,由于买豪民的产业,包拯上奏弹劾,朝廷免去了张方平的三司使职务;宋祁代替张方平后,包拯又上疏抨击;宋祁也被免职,而朝廷任命包拯以枢密直学士之职权三司使。欧阳修说:"包拯这样做是所谓的人牵牛踩了别人的田,别人就把他的牛夺为己有,惩罚已经很重了。还要贪图他的富有,这不是太过分了吗!"包拯因此在家回避任命,过了很长时间才就职。包拯在三司时,凡是仓库里供应皇宫的物品,过去都是摊派到外地州县,增加了百姓负担,包拯特地设置场务机构向百姓购买这些物品,使百姓没有了这项困扰。三司吏员亏空了钱帛的大多被关押起来,其间有些人逃跑了,就把他们的妻子儿女关押起来,凡是这类人,包拯都把他们释放了。升为给事中,任三司使。几天后,被任命为枢密副使。不久,升任礼部侍郎,包拯辞谢不受命,很快便因病去世,终年六十四岁。朝廷追赠他为礼部尚书,谥号孝肃。

包拯性格严峻刚直,痛恶官吏的苛刻,做事力求诚朴宽厚,虽然疾恶如仇,然而未曾不以忠恕之道待人,与人交往不随意附合,不以虚伪的言辞和笑脸取悦于人。平时没有私人信件往来。和朋友、亲戚都断绝了来往。虽然身居高位,但衣服、器用、饮食如同没有做官时一样。他曾经说:"我的后代子孙做官,如有犯贪污罪的,不准放他进入家门,死后也不准埋葬到我家的墓地里。不遵从我的这个志向,就不是我的子孙。"以前,包拯有个儿子名叫繶,娶妻崔氏,任潭州通判,已死。崔氏守节到死,没有改嫁。包拯曾经逐走一位偏房,这位小妾在自己父母家生了一个儿子。崔氏秘密供养孩子的母亲,要她仔细照看孩子,包繶死后,就把妾生的儿子接回来了,取名叫綖。包拯有奏议十五卷。

宋史卷三百一十九

列传第七十八

欧阳修

欧阳修字永叔,庐陵人。四岁而孤,母郑,守节自誓,亲诲之学,家贫,至以荻画地学书。幼敏悟过人,读书辄成诵。及冠,嶷然有声。

宋兴且百年,而文章体裁,犹仍五季余习。锼刻骈偶,淟涊弗振,士因陋守旧,论卑气弱。苏舜元舜钦、柳开、穆修辈,咸有意作而张之,而力不足。修游随,得唐韩愈遗稿于废书簏中,读而心慕焉。苦志探赜,至忘寝食,必欲并辔绝驰而追与之并。

举进士,试南宫第一,擢甲科,调西京推官。始从尹洙游,为古文,议论当世事,迭相师友,与梅尧臣游,为歌诗相倡和,遂以文章名冠天下。入朝,为馆阁校勘。

范仲淹以言事贬,在廷多论救,司谏高若讷独以为当黜。修贻书责之,谓其不复知人间有羞耻事。若讷上其书,坐贬夷陵令,稍徙乾德令、武成节度判官。仲淹使陕西,辟掌书记。修笑而辞曰:"昔者之举,岂以为己利哉?同其退不同其进可也。"久之,复校勘,进集贤校理。庆历三年,知谏院。

时仁宗更用大臣，杜衍、富弼、韩琦、范仲淹皆在位，增谏官员，用天下名士，修首在选中。每进见，帝延问执政，咨所宜行。既多所张弛，小人翕翕不便。修虑善人必不胜，数为帝分别言之。

初，范仲淹之贬饶州也，修与尹洙、余靖皆以直仲淹见逐，目之曰"党人"。自是，朋党之论起，修乃为《朋党论》以进。其略曰："君子以同道为朋，小人以同利为朋，此自然之理也。臣谓小人无朋，惟君子则有之。小人所好者利禄，所贪者财货，当其同利之时，暂相党引以为朋者，伪也。及其见利而争先，或利尽而反相贼害，虽兄弟亲戚，不能相保，故曰小人无朋。君子则不然，所守者道义，所行者忠信，所惜者名节。以之修身，则同道而相益，以之事国，则同心而共济，终始如一，故曰：惟君子则有朋。纣有臣亿万，惟亿万心，可谓无朋矣，而纣用以亡。武王有臣三千，惟一心，可谓大朋矣，而周用以兴。盖君子之朋，虽多而不厌故也。故为君但当退小人之伪朋，用君子之真朋，则天下治矣。"

修论事切直，人视之如仇，帝独奖其敢言，面赐五品服。顾侍臣曰："如欧阳修者，何处得来？同修起居注，遂知制诰。故事，必试而后命，帝知修，诏特除之。

奉使河东。自西方用兵，议者欲废麟州以省馈饷。修曰："麟州天险不可废，废之，则河内郡县，民皆不安居矣。不若分其兵，驻并河内诸堡，缓急得以应援，而平时可省转输，于策为便。"由是州得存。又言："忻、代、岢岚多禁地废田，愿令民得耕之，不然，将为敌有。"朝廷下其议，久乃行，岁得粟数百万斛。凡河东赋敛过重民所不堪者，奏罢十数事。

使还，会保州兵乱，以为龙图阁直学士、河北都转运使。

陛辞，帝曰："勿为久留计，有所欲言，言之。"对曰："臣在谏职得论事，今越职而言，罪也。"帝曰："第言之，毋以中外为间。"贼平，大将李昭亮、通判冯博文私纳妇女，修捕博文系狱，昭亮惧，立出所纳妇。兵之始乱也，招以不死，既而皆杀之，胁从二千人，分隶诸郡。富弼为宣抚使，恐后生变，将使同日诛之，与修遇于内黄，夜半，屏人告之故。修曰："祸莫大于杀已降，况胁从乎？既非朝命，脱一郡不从，为变不细。"弼悟而止。

方是时，杜衍等相继以党议罢去，修慨然上疏曰："杜衍、韩琦、范仲淹、富弼，天下皆知其有可用之贤，而不闻其有可罢之罪。自古小人谗害忠贤，其说不远。欲广陷良善，不过指为朋党，欲动摇大臣，必须诬以颛权，其故何也？去一善人，而众善人尚在，则未为小人之利；欲尽去之，则善人少过，难为一一求瑕，唯指以为党，则可一时尽逐。至如自古大臣，已被主知而蒙信任，则难以他事动摇，唯有颛权是上之所恶，必须此说，方可倾之。正士在朝，群邪所忌，谋臣不用，敌国之福也。今此四人一旦罢去，而使群邪相贺于内，四夷相贺于外，臣为朝廷惜之。"于是邪党益忌修，因其孤甥张氏狱傅致以罪，左迁知制诰、知滁州。居二年，徙扬州、颍州。复学士，留守南京，以母忧去。服除，召判流内铨，时在外十一年矣。帝见其发白，问劳甚至。小人畏修复用，有诈为修奏，乞澄汰内侍为奸利者。其群皆怨怒，谮之，出知同州，帝纳吴充言而止。迁翰林学士，俾修《唐书》。奉使契丹，其主命贵臣四人押宴，曰："此非常制，以卿名重故尔。"

知嘉祐二年贡举。时士子尚为险怪奇涩之文，号"太学体"，修痛排抑之，凡如是者辄黜。毕事，向之嚣薄者伺修出，聚譟于马首，街逻不能制；然场屋之习，从是遂变。

加龙图阁学士、知开封府，承包拯威严之后，简易循理，不求赫赫名，京师亦治。旬月，改群牧使。《唐书》成，拜礼部侍郎兼翰林侍读学士。修在翰林八年，知无不言。河决商胡，北京留守贾昌朝欲开横垅故道，回河使东流。有李仲昌者，欲导入六塔河，议者莫知所从。修以为："河水重浊，理无不淤，下流既淤，上流必决。以近事验之，决河非不能力塞，故道非不能力复，但势不能久耳。横垅功大难成，虽成将复决。六塔狭小，而以全河注之，滨、棣、德、博必被其害。不若因水所趋，增隄峻防，疏其下流，纵使入海，此数十年之利也。"宰相陈执中主昌朝，文彦博主仲昌，竟为河北患。

台谏论执中过恶，而执中犹迁延固位。修上疏，以为："陛下拒忠言，庇愚相，为圣德之累。"未几，执中罢。狄青为枢密使，有威名，帝不豫，讹言籍籍，修请出之于外，以保其终，遂罢知陈州，修尝因水灾上疏曰："陛下临御三纪，而储宫未建。昔汉文帝初即位，以群臣之言，即立太子，而享国长久，为汉太宗。唐明宗恶人言储嗣事，不肯早定，致秦王之乱，宗社遂覆。陛下何疑而久不定乎？"其后建立英宗，盖原于此。

五年，拜枢密副使。六年，参知政事。修在兵府，与曾公亮考天下兵数及三路屯戍多少、地理远近，更为图籍。凡边防久缺屯戍者，必加蒐补。其在政府，与韩琦同心辅政。凡兵民、官吏、财利之要，中书所当知者，集为总目，遇事不复求之有司。时东宫犹未定，与韩琦等协定大议，语在《琦传》。英宗以疾未亲政，皇太后垂帘，左右交构，几成嫌隙。韩琦奏事，太后泣语之故。琦以帝疾为解，太后意不释，修进曰："太后事仁宗数十年，仁德著于天下。昔温成之宠，太后处之裕如；今母子之间，反不能容邪？"太后意稍和，修复曰："仁宗在位久，德泽在人。故一日晏驾，天下奉戴嗣君，无一人敢异同者。今太后一妇人，臣等五六书生耳，非仁宗遗意，天下谁肯听从。"太后默然，久之而罢。

修平生与人尽言无所隐。及执政，士大夫有所干请，辄面谕可否，虽台谏官论事，亦必以是非诘之，以是怨诽益众。帝将追崇濮王，命有司议，皆谓当称皇伯，改封大国。修引《丧服记》，以为："'为人后者，为其父母报。'降三年为期，而不没父母之名，以见服可降而名不可没也。若本生之亲，改称皇伯，历考前世，皆无典据。进封大国，则又礼无加爵之道。故中书之议，不与众同。"太后出手书，许帝称亲，尊王为皇，三夫人为后。帝不敢当。于是御史吕诲等诋修主此议，争论不已，皆被逐。惟蒋之奇之说合修意，修荐为御史，众目为奸邪。之奇患之，则思所以自解。修妇弟薛宗孺有憾于修，造帷薄不根之谤摧辱之，展转达之中丞彭思永，思永以告之奇，之奇即上章劾修。神宗初即位，欲深谴修。访故宫臣孙思恭，思恭为辨释，修杜门请推治。帝使诘思永、之奇，问所从来，辞穷，皆坐黜。修亦力求退，罢为观文殿学士、刑部尚书、知亳州。明年，迁兵部尚书、知青州，改宣徽南院使、判太原府。辞不拜，徙蔡州。

修以风节自持，既数被污蔑，年六十，即连乞谢事，帝辄优诏弗许。及守青州，又以请止散青苗钱，为安石所诋，故求归愈切。熙宁四年，以太子少师致仕。五年，卒，赠太子太师，谥曰文忠。

修始在滁州，号醉翁，晚更号六一居士。天资刚劲，见义勇为，虽机穽在前，触发之不顾。放逐流离，至于再三，志气自若也。方贬夷陵时，无以自遣，因取旧案反覆观之，见其枉直乖错不可胜数，于是仰天叹曰："以荒远小邑，且如此，天下固可知。"自尔，遇事不敢忽也。学者求见，所与言，未尝及文章，惟谈吏事，谓文章止于润身，政事可以及物。凡历数郡，不见治迹，不求声誉，宽简而不扰，故所至民便之。或问："为政宽简，而事不弛废，何也？"曰："以纵为宽，以略为简，则政事弛废，而民受其弊。吾所谓宽者，不为苛急；简者，不为繁碎耳。"修幼失父，母尝谓曰："汝父为吏，常夜烛治官书，屡废而叹。吾问之，则曰：'死狱也，我求其生，不得尔。'吾曰：'生可求乎？'曰：'求其生而不得，则死者与我皆无恨。夫常求其生，犹失之死，而世常求其死也。'其平居教他子弟，常用此语，吾耳熟焉。"修闻而服之终身。

为文天才自然，丰约中度。其言简而明，信而通，引物连类，折之于至理，以服人心。超然独骛，众莫能及，故天下翕然师尊之。奖引后进，如恐不及，赏识之下，率为闻人。曾巩、王安石、苏洵、洵子轼辙，布衣屏处，未为人知，修即游其声誉，谓必显于世。笃于朋友，生则振掖之，死则调护其家。

好古嗜学，凡周、汉以降金石遗文、断编残简，一切掇拾，研稽异同，立说于左，的的可表证，谓之《集古录》。奉诏修《唐书》纪、志、表，自撰《五代史记》，法严词约，多取《春秋》遗旨。苏轼叙其文曰："论大道似韩愈，论事似陆贽，记事似司马迁，诗赋似李白。"识者以为知言。

译文：

欧阳修，字永叔，庐陵人。四岁时父亲去世，母亲郑氏，自己立誓守节，亲自教欧阳修读书，家里贫穷，欧阳修甚至用芦荻在地上练习写字。欧阳修从小就聪敏机灵过人，读过的书马上可以背诵。等到成年时,已有很高的声望。

宋朝兴起已经将近百年,而文章的体裁风格,还仍旧沿袭五代遗留下来的习气。雕琢文字讲究对偶,格调卑污靡弱,士人因陋守旧,议论卑下而气势衰落。苏舜元、苏舜钦、柳开、穆修等人,都有意用写作来张大文风,但笔力不足。欧阳修客居随州时,在旧书筐中得到唐代韩愈的遗稿,读过后非常钦佩。于是苦心探求其中的精微妙处,以致废寝忘食,决心要使自己赶上韩愈而与他并驾齐驱。

欧阳修参加进士考试,被礼部录取为第一名,中甲等进士,调任为西京推官。他开始与尹洙交游,写作古文,议论时事,轮流把对方作为求教的师友。他和梅尧臣来往作诗歌互相唱和。于是便以善写文章而名满天下。入朝,任馆阁校勘。

范仲淹因上书言事被贬官,朝廷许多官员都上书替他辩护,只有司谏高若讷认为范仲淹应当贬黜。欧阳修写信责备高若讷,说他不再知道人间有羞耻事。高若讷把欧阳修的信上交给朝廷。因此欧阳修被贬为夷陵县令,不久改任乾德县令、武成军节度判官。范仲淹担任陕西经略安抚副使时,他征聘欧阳修为掌书记。欧阳修笑着辞谢说:"我过去的举动,难道是为了自己的利益吗?同您一起降职而不同您一起升迁就可以了。"过了很久,欧阳修复职为馆阁校勘,升集贤校理。庆历三年,知谏院。

当时仁宗更换执政大臣,杜衍、富弼、韩琦、范仲淹都身居要职,增加谏官的人数,任用天下名士,欧阳修首先被选中。他每次进见,都劝皇帝向执政大臣询问,参谋朝廷应该施行的措施。政廷政事做了一些改革之后,奸邪小人众口一词都说不便。欧阳修担心正人君子必然不能取胜,经常在皇帝面前评论朝廷大臣的邪正善恶。

当初，范仲淹被贬往饶州时，欧阳修与尹洙、余靖都因为替范仲淹辩护而被驱逐，被人看为"党人"。从此，朋党的议论便产生了，于是欧阳修写了《朋党论》进给皇帝。文章的大意是："君子因为志同道合而结为朋党，小人则因为私利相同而结成朋党，这是自然的道理。我认为小人没有朋党，只有君子才有朋党。小人所喜爱的是官位和私利，所贪恋的是金钱财物，当他们利益一致时，暂时互相勾结攀引而成为同党，其实是虚假的。等到他们见到利益就会争先抢夺，或者利益抢完就反过来互相伤害，即使是兄弟亲戚，也不能互相保护，所以说小人没有朋党。君子就不是这样，他们恪守的是道义，所奉行的是忠信，所爱惜的是名节。用这些道德加强修养，就能志同道合而互相补益。用这些道德品质来为国家效劳，就会同心同德而同舟共济，始终如一。所以说：只有君子才有朋党。商纣王有臣子亿万个，就有亿万颗心，可以说是没有什么朋党的了，但商纣王却因此而灭亡。周武王有臣子三千人，只有一条心，可以说是很大的朋党了，但是周朝却因此而兴起。这是因为君子的朋党，虽多而不会堵塞贤路的缘故。所以做君主的人只要贬退小人的假朋党，起用君子的真朋党，那么天下就可以得到大治了。"

欧阳修议论政事坦率恳切，奸邪小人把他当作仇敌，仁宗却夸奖他敢于直言，当面赐给他五品官的服饰。并对左右的大臣说："像欧阳修这样的人，哪里容易得到呢？"欧阳修任同修起居注，加知制诰。按照惯例，必须先经过考试然后才正式任命，仁宗了解欧阳修，就下诏特授予他知制诰的官职。

欧阳修奉命视察河东路。自从西部边境有战事，有人建议废弃麟州以节省军粮。欧阳修说："麟州地形险要不能废弃，假如废弃麟州，那么黄河以东州县的百姓都不能安居了。不如分出一部分驻扎在麟州的军队,驻守在黄河附近的各个军事堡寨中,军情急促时可以及时支援前线,而平时可以节省军需物资的运输,从策略上考虑是合适的。"因此麟州才得以保存。欧阳修又说:"忻州、代州、岢岚军有许多禁地废田,希望朝廷能让百姓耕种,不然,这些土地将会被敌人占据。"朝廷将他的建议交给有关官员讨论,过了很长久才得以实行,一年就收获数百万斛粮食。凡是河东路赋税过重而百姓不负担的,欧阳修上奏废止了十几种。从河东路视察回朝,适逢保州发生兵变,朝廷任命欧阳修为龙图阁直学士、河北路都转运使。他向仁宗皇帝辞行时,仁宗说:"不要作在河北长久逗留的打算,有什么想说的,就报告给我。"欧阳修回答说:"我在谏官的职位上可以议论朝廷政事,现在超越我的职责范围议论朝政,是有罪的。"仁宗说:"你尽管说,不要因为在朝廷任职或到地方任职而有什么差别。"兵变平定之后,大将李昭亮、通判冯博文私自收纳妇女,欧阳修将冯博文拘禁在狱中,李昭亮害怕,马上将收纳的妇女放回家。兵变刚发生,朝廷招降这些士兵时答应不杀他们,后又将他们全部处死,胁从的二千人,分散到各郡看管。富弼任河北路宣抚使,担心将来这些人又要生出什么变故来,打算在同一天将他们杀掉。富弼和欧阳修在内黄县相遇,半夜时,富弼避开别人把他的计划告诉了欧阳修。欧阳修说:"祸害没有比杀害已经投降的人更大的了,何况是杀害胁从的人呢?既然这不是朝廷的命令,倘若有一州不执行您的计划,那造成的变故就不会小了。"富弼省悟而停止执行这项计划。

  正当这个时候,杜衍等人相继以朋党的罪名被免职而离开朝廷,欧阳修激愤地上疏说:"杜衍、韩琦、范仲淹、富弼,天下都知道他们具有可以重用的才能和德行,却没有听说他们有应该罢免的罪过。自古以来奸邪小人陷害忠良贤臣,借口并不深奥。想大批陷害贤良的人,不过是指责他们结为朋党,想动摇大臣的地位,必然要诬蔑他们专权,这是什么缘故呢?排挤走一位贤人,而众多的贤人还在朝中,那对小人来说还不能算有利;想把贤人都排挤掉,但是贤人很少有错误,难以一一找出他们的过失,只有指责他们是朋党,便可以将他们一齐赶走。至于自古以来那些地位尊贵的大臣,已经被君主了解而深得信任,就难用其他的事端去动摇他们的地位,只有专权是君主最憎恶的,必须这样说,才可以排挤掉他们。正人君子在朝,是众多的奸邪小人所忌惮的,有智慧谋略的大臣被弃置不用,正是敌国的福气。现在杜衍等四人一下子全被罢去,而使奸邪小人相贺于国内,四方的敌国相贺于境外,我真替朝廷惋惜呀。"于是小人们更加忌恨欧阳修,乘着他那位幼年丧父的外甥女张氏犯罪下狱的机会,牵强附会罗织罪名陷害欧阳修,他被贬为知制诰、知滁州。两年之后,调任扬州、颍州。恢复龙图阁直学士,留守南京。由于母亲去世而离职回家守丧。守孝期满之后,被朝廷召回判流内铨,这时欧阳修离开朝廷已经十一年了。仁宗见他头发都花白了,关怀备至地向他慰问劳苦。小人们怕欧阳修再度被重用,伪造欧阳修的奏章,要求清除作奸谋利的宦官。宦官们都怨恨欧阳修,纷纷在仁宗面前说他的坏话,欧阳修出任同州知州,仁宗采纳吴充的意见而撤销了这一任命。升任翰林学士,以便纂修《唐书》。奉命出使契丹国,契丹国主让四位贵臣陪他饮宴,告诉他:"这种做法并非惯例,因为你的名声大才这样做的。"

欧阳修主持嘉祐二年礼部贡举。当时的读书人喜欢写险怪奇涩的文章,号称"太学体",欧阳修坚决排斥贬抑这种文章,凡是写这种文章的一概不录取。录取结束之后,过去一向喧闹浮薄的落选考生等待欧阳修出来时，聚集在他的马前起哄吵闹，街上巡逻的兵卒也制止不住；然而科场的文风，从此也就起了变化。

欧阳修升为龙图阁学士、知开封府，继包拯执法威严之后，他为政简易按理办事，不追求显赫的威名，京师也得到治理。十个月之后，改任群牧使。《唐书》修撰完成，升任礼部侍郎兼翰林侍读学士。欧阳修在翰林学士院任职八年，知无不言。黄河在澶州商胡决口，北京大名府留守贾昌朝建议开挖久已淤塞的横垅段黄河故道，使河水回流沿横垅段黄河故道依旧东流大海。有位叫李仲昌的人，主张引黄河水入六塔河，议论此事的人不知道究竟采纳谁的意见好。欧阳修认为："黄河水浊沙多，就不可能不淤积，下游既然已经淤塞了，那么上游必定会决口。从最近这些年的实例来看，决口并非不能努力将它堵塞，黄河故道也不是不可以努力将它恢复，只是这种情势是不可能持久的。开挖横垅故道工程浩大而难以成功，即使挖成了还是会重新决口的。六塔河狭小，而引整个黄河的水注其中，滨、棣、德、博等州必然会遭受水患。不如根据水流的趋向，增高河堤、疏浚黄河下游，使河水顺利入海，这样做可以收到数十年的功效。"宰相陈执中支持贾昌朝的意见，文彦博赞同李仲昌的主张，最终还是成为河北的灾患。

御史和谏官弹劾宰相陈执中的过失与错误，而陈执中仍然拖延时间安于权位。欧阳修上疏，认为"陛下拒绝忠告，庇护愚昧无能的宰相，还有损您的圣德"。不久，陈执中被罢免了宰相的职务。狄青任枢密使，有很高的威信和名声。仁宗生病，谣言纷纷，欧阳修建议将狄青调出朝廷到地方任职，使狄青能保其晚节，于是狄青出知陈州。欧阳修又曾经因为水灾上疏说："陛下即位已经三十多年了，而太子还没有确立。从前汉文帝刚即位，接受群臣的意见，就确立了太子，因而在位时间长久，成为汉朝的太宗。后唐明宗讨厌人家提及确立太子的事，不肯早日确定下来，导致秦王之乱，后唐王朝也因此而灭亡。陛下为什么还犹疑不决而长时间不确定太子呢？"后来仁宗决定立英宗为太子，就是根源于欧阳修的建议。

嘉祐五年，欧阳修任枢密副使。嘉祐六年，任参知政事。欧阳修在枢密院，与枢密使曾公亮一起考查天下军队的数量及河北、河东、陕西三路屯驻军的多少、地理方位的远近，重新制作了军事地图与士兵名册。凡是边境上长期缺少屯戍的地方，一定从各处调集兵员加以补充。他在政府任参加政事时，与宰相韩琦同心合力辅佐皇帝处理朝政。凡有关军民、官吏、财政等重要资料，中书所应当了解和掌握的，都搜集起来编为总目，遇到应该处理的事务不必再临时向有关机构询问。当时仍未确立太子，欧阳修同韩琦等大臣一起协助皇帝确定立太子的大事，此事记载在《韩琦传》中。英宗因病不能亲自处理政事，由曹太后垂帘听政，太后及英宗左右的亲信侍从造作谣言来制造事端，使两人之间几乎因彼此猜疑而形成仇怨。韩琦奏事时，太后哭着向他诉说与英宗不和的缘故。韩琦用皇帝有病来加以劝解，太后神色不太高兴，欧阳修上前说："太后您侍奉仁宗皇帝已经有数十年之久，天下人都知道您的仁慈德行。从前温成皇后深得仁宗皇帝宠幸，太后与她相处时应付裕如；现在母子之间，反而不能相容吗？"太后神色稍微和缓了一些，欧阳修又说："仁宗皇帝在位时间长久，他的恩惠留在人间。所以逝世之后，天下人都拥戴太子，没有一个人敢反对的。现在太后您只不过是一个妇人，我们几个执政大臣也只不过是五六个读书人而已。如果不是仁宗皇帝的遗志，天下人谁肯服从呢？"太后默默不语，过了很长时间也就不再提英宗的事了。

欧阳修平生与人谈话畅所欲言而无所保留和隐瞒。等到他做了执政，士大夫有所请求时，他也都当面表示可否，即使是台谏官议论政事，他也一定向他们询问事情的是非曲直，因此对他的怨恨毁谤就更多了。英宗皇帝想尊崇自己的生父濮安懿王，命有关官员讨论追赠事宜，有关官员都说应当称呼濮王为皇伯，并改封大国的爵位。欧阳修引述《丧服记》的有关规定，认为："'过继给人作嗣子的人，也应该为自己的本生父母服丧'。服丧的时间由三年降低一等，而不取消自己的本生父母的名分，以表示服丧的规格可以降低而亲生父母的名分不能去除。假如将自己的亲生父母，改称为皇伯，遍考以往的各个朝代，都没有先例可以作为依据。进封大国爵位，从礼制上又没有儿子加爵位于父亲的道理。所以中书的意见，与大家的议论不同。"曹太后发出手令，允许英宗皇帝称呼本生父母为父母，尊称濮王为皇帝，称濮王的三位夫人为皇后。英宗皇帝不敢承受太后的旨意。于是御史吕诲等人指责欧阳修是太后旨意的谋主，一再上疏争论不休，都被逐出朝廷。只有蒋之奇的主张符合欧阳修的意见，欧阳修便推荐他做了御史，大家都将蒋之奇看作是奸邪小人。蒋之奇忧虑这种处境，就想方设法替自己辩解。欧阳修的妻弟薛宗儒对欧阳修早有怨恨，便造出欧阳修与儿媳吴氏有暧昧之事的谣言挫辱他。谣言辗转相传到御史中丞彭思永，彭思永又告诉了蒋之奇，蒋之奇便立即上疏弹劾欧阳修。神宗刚即位，想从严处罚欧阳修。询问自己在藩邸时的旧臣孙思恭，孙思恭替欧阳修辩解，欧阳修闭门家居要求朝廷调查推究这件事。神宗皇帝派人询问彭思永、蒋之奇，让他们讲明此事的来源，彭思永和蒋之奇无话可说，都因此被降职。欧阳修也坚决要求退出朝廷，于是免去执政而以观文殿学士、刑部尚书知亳州。第二年,升为兵部尚书、知青州,改任宣徽南院使、判太原府。欧阳修辞谢不接受,调任蔡州知州。

欧阳修以高风亮节自重,由于几次遭人诬陷污蔑,六十岁时,便一再请求退休,皇帝则每次都慰勉嘉奖而不允许他辞职。等到任青州知州时,又因为请求朝廷停止发放青苗钱,受到王安石的指责,所以退休的要求更加坚决。熙宁四年,以太子少师退休。熙宁五年,逝世,被追赠为太子太师。谥号文忠。

欧阳修开始到滁州时,自号醉翁,晚年改号六一居士。他天性刚毅强劲,见义勇为,即使有陷阱圈套在面前,也毫不退缩。虽然放逐流离,达到三番五次,他都意气自如。当他被贬为夷陵县令时,没有什么东西可以自我消遣,于是找出前任官员已经判定的刑事案卷反复审核,看到被颠倒是非曲直的案件多得不可胜数,于是仰天长叹说:"一个荒凉僻远的小城,尚且如此,那么天下错案之多就可以想见了。"从此以后,他处理案件决不敢疏忽大意。读书人求见他,他谈的内容,未曾涉及文章,只谈论政务,他认为文学修养只能对自身有所滋益,政务则对于国家人民都会有影响,他担任过好几个州的地方长官,不见治理的成绩,不追求声誉,处理政事宽缓简便而不骚扰百姓,所以他所任职的地方百姓们都感到方便。有人问他:"你为政宽缓简便,但事情却不会荒废松弛,这是什么缘故呢?"他回答说:"把放纵百姓当成宽缓,把办事粗疏说成简便,那么政事一定会荒废松弛,百姓也就要遭受损害了。我所说的宽缓,是不做苛刻急迫的事;我所说的简便,是不把事情办得复杂琐碎罢了。"欧阳修幼年丧父,母亲曾对他说:"你父亲做地方官时,常常在夜晚还点着灯批阅文书案卷,经常放下案卷而叹息。我问他为什么叹息,他总是说:'这是要判死刑的案件啊,我千方百计想使他不死,但是没有办法啊。'我问:'生路可以用人力求得吗?'他回答说:'我求他生而不能成功,那么死者和我都没有遗憾了。我常常想办法给他们寻求生路,尚且不能使他们冤死,而世上有些人却常常是要他们死啊!'你父亲平素教育同族子弟时,常常这样讲,我就记住了。"欧阳修听后终身都在奉行。

欧阳修写文章才华横溢而又朴实自然,长短繁简都恰到好处。文辞简洁明快,信实通达,广征博引,都用最醇正的道理加以判断,来折服人心。成就远远超过了一般人,大家都赶不上他,所以天下的读书人都一致像对待老师那样敬重他。他奖励引荐后辈,好像怕来不及,经他赏识的人,都成了名人。曾巩、王安石、苏洵、苏洵的儿子苏轼、苏辙等人,作为平民隐居家乡时,不被人所了解,欧阳修就揄扬他们的声名,认为他们将来一定会闻名于世。欧阳修对朋友非常忠实,朋友在世时就推荐帮助他们,朋友去世后就尽力保护周济他们的家庭。

欧阳修喜爱古代文并酷爱学习,凡是周代、汉朝以来的金石遗文,断章残篇,他都尽量收集记录下来,仔细稽考研究它们的不同之处,在记载下来的金石文字后面,写上自己的跋语,一一加以确凿的考证,取名为《集古录》。他奉皇帝的命令纂修《唐书》的纪、志、表,又独立写成了《五代史记》,义法严谨而文字简练,大多继承了《春秋》笔法。苏轼为欧阳修文集作序说:"论说道理与韩愈相似,议论政事与陆贽相似,记叙事情与司马迁相似,诗词歌赋与李白相似。"有见识的人认为这番评论是很有见地的。

宋史卷三百二十七

列传第八十六

王安石

王安石字介甫，抚州临川人。父益，都官员外郎。安石少好读书，一过目终身不忘。其属文动笔如飞，初若不经意，既成，见者皆服其精妙。友生曾巩携以示欧阳修，修为之延誉。擢进士上第，签书淮南判官。旧制，秩满许献文求试馆职，安石独否。再调知鄞县，起堤堰，决陂塘，为水陆之利；贷谷与民，出息以偿，俾新陈相易，邑人便之。通判舒州。文彦博为相，荐安石恬退，乞不次进用，以激奔竞之风。寻召试馆职，不就。修荐为谏官，以祖母年高辞。修以其须禄养言于朝，用为群牧判官，请知常州。移提点江东刑狱，入为度支判官，时嘉祐三年也。

安石议论高奇，能以辨博济其说，果于自用，慨然有矫世变俗之志。于是上万言书，以为："今天下之财力日以困穷，风俗日以衰坏，患在不知法度，不法先王之政故也。法先王之政者，法其意而已。法其意，则吾所改易更革，不至乎倾骇天下之耳目，嚣天下之口，而固已合先王之政矣。因天下之力以生天下之财，收天下之财以供天下之费，自古治世，未尝以财不足为公患也，患在治财无其道尔。在位之人才既不足，而闾巷草野之间亦少可用之才，社稷之托，封疆之守，陛下其能久以天幸为常，而无一旦之忧乎？愿监苟且因循之弊，明诏大臣，为之以渐，期合于当世之变。臣之所称，流俗之所不讲，而议者以为迂阔而熟烂者也。"后安石当国，其所注措，大抵皆祖此书。

俄直集贤院。先是，馆阁之命屡下，安石屡辞；士大夫谓其无意于世，恨不识其面，朝廷每欲畀以美官，惟患其不就也。明年，同修起居注，辞之累日。阁门吏赍敕就付之，拒不受；吏随而拜之，则避于厕；吏置敕于案而去，又追还之；上章至八九，乃受。遂知制诰，纠察在京刑狱，自是不复辞官矣。

有少年得斗鹑，其侪求之不与，恃与之昵辄持去，少年追杀之。开封当此人死，安石驳曰："按律，公取、窃取皆为盗。此不与而彼携以去，是盗也；追而杀之，是捕盗也，虽死当勿论。"遂劾府司失入。府官不伏，事下审刑、大理，皆以府断为是。诏放安石罪，当诣阁门谢。安石言："我无罪。"不肯谢。御史举奏之，置不问。

时有诏舍人院无得申请除改文字，安石争之曰："审如是，则舍人不得复行其职，而一听大臣所为，自非大臣欲倾侧而为私，则立法不当如此。今大臣之弱者不敢为陛下守法；而强者则挟上旨以造令，谏官、御史无敢逆其意者，臣实惧焉。"语皆侵执政，由是益与之忤。以母忧去，终英宗世，召不起。

安石本楚士，未知名于中朝，以韩、吕二族为巨室，欲借以取重。乃深与韩绛、绛弟维及吕公著交，三人更称扬之，名始盛。神宗在颍邸，维为记室，每讲说见称，辄曰："此非维之说，维之友王安石之说也。"及为太子庶子，又荐自代。帝由是想见其人，甫即位，命知江宁府。数月，召为翰林学士兼侍讲。熙宁元年四月,始造朝。入对,帝问为治所先,对曰:"择术为先。"帝曰:"唐太宗何如?"曰:"陛下当法尧、舜,何以太宗为哉?尧、舜之道,至简而不烦,至要而不迂,至易而不难。但末世学者不能通知,以为高不可及尔。"帝曰:"卿可谓责难于君,朕自视眇躬,恐无以副卿此意。可悉意辅朕,庶同济此道。"

一日讲席,群臣退,帝留安石坐,曰:"有欲与卿从容论议者。"因言:"唐太宗必得魏徵,刘备必得诸葛亮,然后可以有为,二子诚不世出之人也。"安石曰:"陛下诚能为尧、舜,则必有皋、夔、稷、卨;诚能为高宗,则必有傅说。彼二子皆有道者所羞,何足道哉?以天下之大,人民之众,百年承平,学者不为不多。然常患无人可以助治者,以陛下择术未明,推诚未至,虽有皋、夔、稷、卨、傅说之贤,亦将为小人所蔽,卷怀而去尔。"帝曰:"何世无小人,虽尧、舜之时,不能无四凶。"安石曰:"惟能辨四凶而诛之,此其所以为尧、舜也。若使四凶得肆其谗慝,则皋、夔、稷、卨亦安肯苟食其禄以终身乎?"

登州妇人恶其夫寝陋,夜以刃斫之,伤而不死。狱上,朝议皆当之死,安石独援律辨证之,为合从谋杀伤,减二等论。帝从安石说,且著为令。

二年二月,拜参知政事。上谓曰:"人皆不能知卿,以为卿但知经术,不晓世务。"安石对曰:"经术正所以经世务,但后世所谓儒者,大抵皆庸人,故世俗皆以为经术不可施于世务尔。"上问"然则卿所施设以何先?"安石曰:"变风俗,立法度,最方今之所急也。"上以为然。于是设制置三司条例司,命与知枢密院事陈升之同领之。安石令其党吕惠卿任其事。而农田水利、青苗、均输、保甲、免役、市易、保马、方田诸役相继并兴,号为新法,遣提举官四十余辈,颁行天下。

青苗法者，以常平籴本作青苗钱，散与人户，令出息二分，春散秋敛。均输法者，以发运之职改为均输，假以钱货，凡上供之物，皆得徙贵就贱，用近易远，预知在京仓库所当办者，得以便宜蓄买。保甲之法，籍乡村之民，二丁取一，十家为保，保丁皆授以弓弩，教之战阵。免役之法，据家赀高下，各令出钱雇人充役，下至单丁、女户，本来无役者，亦一概输钱，谓之助役钱。市易之法，听人赊贷县官财货，以田宅或金帛为抵当，出息十分之二，过期不输，息外每月更加罚钱百分之二。保马之法，凡五路义保愿养马者，户一匹，以监牧见马给之，或官与其直，使自市，岁一阅其肥瘠，死病者补偿。方田之法，以东、西、南、北各千步，当四十一顷六十六亩一百六十步为一方，岁以九月，令、佐分地计量，验地土肥瘠，定其色号，分为五等，以地之等，均定税数。又有免行钱者，约京师百物诸行利入厚薄，皆令纳钱，与免行户祗应。自是四方争言农田水利。古陂废堰，悉务兴复。又令民封状增价以买坊场，又增茶盐之额，又设措置河北籴便司，广积粮谷于临流州县，以备馈运。由是赋敛愈重，而天下骚然矣。

御史中丞吕诲论安石过失十事，帝为出诲，安石荐吕公著代之。韩琦谏疏至，帝感悟，欲从之，安石求去。司马光答诏，有"士夫沸腾，黎民骚动"之语，安石怒，抗章自辨，帝为巽辞谢，令吕惠卿谕旨，韩绛又劝帝留之。安石入谢，因为上言中外大臣、从官、台谏、朝士朋比之情，且曰："陛下欲以先王之正道胜天下流俗，故与天下流俗相为重轻。流俗权重，则天下之人归流俗；陛下权重，则天下之人归陛下。权者与物相为重轻，虽千钧之物，所加损不过铢两而移。今奸人欲败先王之正道，以沮陛下之所为。于是陛下与流俗之权适争轻重之时，加铢两之力，则用力至微，而天下之权，已归于流俗矣，此所以纷纷也。"上以为然。安石乃视事，琦说不得行。

安石与光素厚，光援朋友责善之义，三诒书反覆劝之，安石不乐。帝用光副枢密，光辞未拜而安石出，命遂寝。公著虽为所引，亦以请罢新法出颍州。御史刘述、刘琦、钱𫖮、孙昌龄、王子韶、程颢、张戬、陈襄、陈荐、谢景温、杨绘、刘挚，谏官范纯仁、李常、孙觉、胡宗愈皆不得其言，相继去。骤用秀州推官李定为御史，知制诰宋敏求、李大临、苏颂封还词头，御史林旦、薛昌朝、范育论定不孝，皆罢逐。翰林学士范镇三疏言青苗，夺职致仕。惠卿遭丧去，安石未知所托，得曾布，信任之，亚于惠卿。

三年十二月，拜同中书门下平章事。明年春，京东、河北有烈风之异，民大恐。帝批付中书，令省事安静以应天变，放遣两路募夫，责监司、郡守不以上闻者。安石执不下。

开封民避保甲，有截指断腕者，知府韩维言之，帝问安石，安石曰："此固未可知，就令有之，亦不足怪。今士大夫睹新政，尚或纷然惊异；况于二十万户百姓，固有蠢愚为人所感动者，岂应为此遂不敢一有所为邪？"帝曰："民言合而听之则胜，亦不可不畏也。"

东明民或遮宰相马诉助役钱，安石白帝曰："知县贾蕃乃范仲淹之婿，好附流俗，致民如是。"又曰："治民当知其情伪利病，不可示姑息。若纵之使妄经省台，鸣鼓邀驾，恃众侥幸，则非所以为政。"其强辩背理率类此。

帝用韩维为中丞，安石憾囊言，指为善附流俗以非上所建立，因维辞而止。欧阳修乞致仕，冯京请留之，安石曰："修附丽韩琦，以琦为社稷臣。如此人，在一郡则坏一郡，在朝廷则坏朝廷，留之安用？"乃听之。富弼以格青苗解使相，安石谓不足以阻奸，至比之共、鲧。灵台郎尤瑛言天久阴，星失度，宜退安石，即黥隶英州。唐坰本以安石引荐为谏官，因请对极论其罪，谪死。文彦博言市易与下争利，致华岳山崩。安石曰："华山之变，殆天意为小人发。市易之起，自为细民久困，以抑兼并尔，于官何利焉。"阂其奏，出彦博守魏。于是吕公著、韩维，安石借以立声誉者也；欧阳修、文彦博，荐己者也；富弼、韩琦，用为侍从者也；司马光、范镇，交友之善者也：悉排斥不遗力。

礼官议正太庙太祖东向之位，安石独定议还僖祖于祧庙，议者合争之，弗得。上元夕，从驾乘马入宣德门，卫士诃止之，策其马。安石怒，上章请逮治。御史蔡确言："宿卫之士，拱扈至尊而已，宰相下马非其处，所应诃止。"帝卒为杖卫士，斥内侍，安石犹不平。王诏开熙河奏功，帝以安石主议，解所服玉带赐之。

七年春，天下久旱，饥民流离，帝忧形于色，对朝嗟叹，欲尽罢法度之不善者。安石曰："水旱常数，尧、汤所不免，此不足招圣虑，但当修人事以应之。"帝曰："此岂细事，朕所以恐惧者，正为人事之未修尔。今取免行钱太重，人情咨怨，至出不逊语。自近臣以至后族，无不言其害。两宫泣下，忧京师乱起，以为天旱更失人心。"安石曰："近臣不知为谁，若两宫有言，乃向经、曹俏所为尔。"冯京曰："臣亦闻之。"安石曰："士大夫不逞者以京为归，故京独闻此言，臣未之闻也。"监安上门郑侠上疏，绘所见流民扶老携幼困苦之状，为图以献，曰："旱由安石所致。去安石，天必雨。"侠又坐窜岭南。慈圣、宣仁二太后流涕谓帝曰："安石乱天下。"帝亦疑之，遂罢为观文殿大学士、知江宁府，自礼部侍郎超九转为吏部尚书。

吕惠卿服阕，安石朝夕汲引之，至是，白为参知政事，又乞召韩绛代己。二人守其成模，不少失，时号绛为"传法沙门"，惠卿为"护法善神"。而惠卿实欲自得政，忌安石复来，因郑侠狱陷其弟安国，又起李士宁狱以倾安石。绛觉其意，密白帝请召之。八年二月，复拜相，安石承命，即倍道来。《三经义》成，加尚书左仆射兼门下侍郎，以子雱为龙图阁直学士。雱辞，惠卿劝帝允其请，由是嫌隙愈著。惠卿为蔡承禧所击，居家俟命。雱风御史中丞邓绾，复弹惠卿与知华亭县张若济为奸利事，置狱鞫之，惠卿出守陈。

十月，彗出东方，诏求直言，及询政事之未协于民者。安石率同列疏言："晋武帝五年，彗出轸；十年，又有孛。而其在位二十八年，与《乙巳占》所期不合。盖天道远，先王虽有官占，而所信者人事而已。天文之变无穷，上下傅会，岂无偶合。周公、召公，岂欺成王哉？其言中宗享国日久，则曰'严恭寅畏，天命自度，治民不敢荒宁'。其言夏、商多历年所，亦曰'德'而已。裨灶言火而验，欲禳之，国侨不听，则曰'不用吾言，郑又将火'。侨终不听，郑亦不火。有如裨灶，未免妄诞，况今星工哉？所传占书，又世所禁，誊写讹误，尤不可知。陛下盛德至善，非特贤于中宗，周、召所言，则既阅而尽之矣，岂须愚瞽复有所陈。窃闻两宫以此为忧，望以臣等所言，力行开慰。"帝曰："闻民间殊苦新法。"安石曰："祁寒暑雨，民犹怨咨，此无庸恤。"帝曰："岂若并祁寒暑雨之怨亦无邪？"安石不悦，退而属疾卧，帝慰勉起之。其党谋曰："今不取上素所不喜者暴进用之，则权轻，将有窥人间隙者。"安石是其策。帝喜其出，悉从之。时出师安南，谍得其露布，言："中国作青苗、助役之法，穷困生民。我今出兵，欲相拯济。"安石怒，自草敕榜诋之。

华亭狱久不成，雱以属门下客吕嘉问、练亨甫共议，取邓绾所列惠卿事，杂他书下制狱，安石不知也。省吏告惠卿于陈，惠卿以状闻，且讼安石曰："安石尽弃所学，隆尚纵横之末数，方命矫令，罔上要君。此数恶力行于年岁之间，虽古之失志倒行而逆施者，殆不如此。"又发安石私书曰"无使上知"者。帝以示安石，安石谢无有，归以问雱，雱言其情，安石咎之。雱愤恚，疽发背死。安石暴绾罪，云"为臣子弟求官及荐臣婿蔡卞"，遂与亨甫皆得罪。绾始以附安石居言职，及安石与吕惠卿相倾，绾极力助攻惠卿。上颇厌安石所为，绾惧失势，屡留之于上，其言无所顾忌；亨甫险薄，谄事雱以进，至是皆斥。

安石之再相也，屡谢病求去，及子雱死，尤悲伤不堪，力请解几务。上益厌之，罢为镇南军节度使、同平章事、判江宁府。明年，改集禧观使，封舒国公。屡乞还将相印。元丰二年，复拜左仆射、观文殿大学士。换特进，改封荆。哲宗立，加司空。

元祐元年，卒，年六十六，赠太傅。绍圣中，谥曰文，配享神宗庙庭。崇宁三年，又配食文宣王庙，列于颜、孟之次，追封舒王。钦宗时，杨时以为言，诏停之。高宗用赵鼎、吕聪问言，停宗庙配亨，削其王封。

初，安石训释《诗》《书》《周礼》，既成，颁之学官，天下号曰"新义"。晚居金陵，又作《字说》，多穿凿傅会。其流入于佛、老。一时学者，无敢不传习，主司纯用以取士，士莫得自名一说，先儒传注，一切废不用。黜《春秋》之书，不使列于学官，至戏目为"断烂朝报"。

安石未贵时，名震京师，性不好华腴，自奉至俭，或衣垢不澣，面垢不洗，世多称其贤。蜀人苏洵独曰："是不近人情者，鲜不为大奸慝。"作《辩奸论》以刺之，谓王衍、卢杞合为一人。

安石性强忮，遇事无可否，自信所见，执意不回。至议变法，而在廷交执不可，安石傅经义，出己意，辩论辄数百言，众不能诎。甚者谓"天变不足畏，祖宗不足法，人言不足恤。"

罢黜中外老成人几尽，多用门下儇慧少年。久之，以旱引去，洎复相，岁余罢，终神宗世不复召，凡八年。子雱。

译文：

王安石，字介甫，抚州临川人。父王益，任都官员外郎。王安石少年时喜好读书，一过目终身不忘。他写文章落笔如飞，初看好像漫不经心，完成后，见到的人都佩服他的文章精采奇妙。朋友曾巩把他的文章带给欧阳修看，欧阳修为他播扬美誉。王安石考中进士，名列上等，任签书淮南判官。以前的制度规定，任职期满，准许呈献文章要求考试馆阁职务，唯独王安石没有这样做。再调任鄞县知县，他在鄞县修筑堤堰，浚治陂塘，使水陆交通得到方便；把官谷借贷给百姓，秋后百姓加些利息偿还，使官仓中的存谷换新粮，鄞县的百姓也感到方便。再任舒州通判。文彦博做宰相，向皇帝推荐王安石淡于名利，请求越级提拔，以此来遏止为名利而奔走竞争的见气。不久，朝廷召他考试馆职，他不肯参加。欧阳修推荐他任谏官，他以祖母年事已高辞谢。欧阳修对朝廷说王安石须用俸禄养家，因此任命他为群牧判官，他请求担任常州知州。调任提点江东刑狱，入京任度支判官，当时是仁宗嘉祐三年。

王安石的议论高深新奇，善于用辩论驳难和旁征博引来维护自己的学说，敢于坚持按照自己的意见办事，满怀激愤地立下矫正世事、改变传统风俗的志向。于是他向仁宗上万言书，认为："如今天下的财力一天比一天困难穷乏，风俗一天比一天衰落败坏，症结在于不知道规律，不效法先王政令的缘故。效法先王政令，在于效法先王政令的精神。只要效法先王政令的精神，我们所进行的更改变革，既不至于惊扰天下人的视听，也不至于引起天下人的喧哗，也就必然合乎先王的政令了。依靠天下的人力物力来生产天下的财富，征收天下的财富来供给天下的费用，自古代以来的太平治世，不曾因为财富不足而造成国家的忧患，忧患在于治理财政没有符合它的规律。居官任职的人才既然不足，城乡又缺少可以使用的人才，国家的重托，疆域的保持，陛下能够长久依靠天赐的幸运为常法，而没有一旦发生忧患的考虑吗？我希望陛下能明察朝中苟且因循的弊病，明文诏令大臣，逐渐革除这些弊病，以期符合当前世事的变化。我所说的，流于颓靡风俗的人是不会讲的，而议论国家大事的人又认为这是不近事理的陈词滥调。"后来王安石执政时，他所施行的政策措施，大多是根据这份万言书。

不久王安石任直集贤院。在此之前，朝廷多次下达委任他担任馆阁职务的命令，他都辞谢了；士大夫们认为他是无意显赫于世，以求仕途腾达，都恨自己不能结识他，朝廷多次打算委派他担任名利优厚的美官，只是怕他不肯就任。明年，任命他同修起居注，他推辞了好多天。阁门吏带着委任敕命到他府上交给他，他拒不接受；阁门吏随即下拜，他却躲避到厕所里去；阁门吏把委任敕命放在桌上离去，王安石又追上去把敕命交还给阁门吏；他上章辞谢了八九次，才接受了同修起居注的任命。于是任知制诰，纠察在京刑狱，从此他不再辞官了。

有位少年得到一只善斗的鹌鹑，朋友向他讨取，他不给，朋友仗着与少年平时关系亲昵就拿走了鹌鹑，少年追上去把朋友杀死了。开封府判决这位少年当处死刑，王安石反驳说："按照法律,公开地夺取、偷偷地窃取都是盗贼行为。少年不肯把鹌鹑送给他,而他拿了就走,这是盗贼的行为。少年追上去把他杀死,是追捕盗贼,虽然杀了人也应当不加追究。"于是弹劾开封府审判机构将不该判刑的反而判了重刑,犯了失入错误。开封府的官吏不服,皇帝把这件事交给审刑院、大理寺再审,审刑院、大理寺一致认为开封府的判决是正确的。皇帝下诏免于追究王安石这次弹劾错误,他应当到阁门前谢罪。王安石说:"我没有罪。"不肯谢罪。御史全部上奏皇帝,皇帝置之不问。

当时有诏令规定舍人院不得申请删改皇帝诏书文字,王安石争辩说:"确实如诏令所说,那么舍人就再不能履行他们的职责,而听任大臣为所欲为,这虽不是大臣为了私利而倾夺舍人职权,不过立法也不应当如此。今天大臣中软弱的人不敢为陛下执法守纪;而刚强的人则假借陛下的旨意来制造命令,谏官、御史都不敢违背他们的旨意,我实在感到害怕。"王安石的这些话都侵犯了执政大臣,从此更加与执政大臣相抵触。王安石因母亲去世离任,一直到英宗朝结束,朝廷多次召他,他都不肯起复任职。

王安石本是楚人,在朝中并不知名,因为韩、吕二族是世家大族,想借助韩、吕来取得别人对自己的尊重。于是就和韩绛、韩绛弟韩维以及吕公著深交,这三人更加对人称道赞扬王安石,王安石的声望才开始显著。神宗在颍王府时,韩维任记室,每当他的谈话得到神宗称赞时,就说:"这不是我的说法,是我朋友王安石的说法。"当他升任太子庶子时,又推荐王安石代替自己任记室之职。神宗因此很想见到王安石,刚一即位当皇帝,就委派王安石为江宁府知府。几个月后,召入朝廷任翰林学士兼侍讲。熙宁元年四月,王安石才到朝廷。他进宫答对神宗询问时,神宗问治理国家应当首先做什么事,他回答说:"首先要选择推行政策的方法。"神宗问道："唐太宗怎么样？"他答道："陛下应当效法尧、舜，何必要效法唐太宗呢？尧、舜之道，极其简明而不繁杂，扼要而不迂阔，容易而不繁难。但是后世学者不能通晓，才以为高不可及。"神宗说："你这可说是以难为之事要求我了，我自顾微末之身，恐怕无法与你的这番好意相称。你可以尽心尽意地辅佐我，希望共同成就这一目标。"

一天讲学，大臣们都退朝了，皇帝让王安石留坐，说："我有些想和你从容讨论的事情。"因此说："唐太宗必须得到魏徵，刘备必须得到诸葛亮，然后可以有所作为，这二人确实不是每代都有的杰出人物。"王安石回答说："陛下果真能为尧、舜，那必然会有皋陶、后夔、后稷、离；果真能为商高宗，那必然会有傅说。魏徵、诸葛亮两人都是有识之士所耻的，有什么值得称道的呢？以天下之大，人民之多，百年治平相承，学者不能说不多。然而经常忧虑无人可以帮助陛下治理国家，这是因为陛下选择人才的方法不明确，诚意待人做得不到家，虽然有皋陶、后夔、后稷、离、傅说那样的贤人，也会被小人遮蔽，藏身退隐而去的。"神宗说："哪个朝代没有小人，虽然是尧、舜的时代，也不能没有四凶。"王安石回答说："只有能够辨别四凶而惩处他们，这才所以成为尧、舜。假如让四凶任意谗害忠良，妄为邪恶，那么皋陶、后夔、后稷、离难道也得过且过地拿着俸禄而虚度一生吗？"

登州有名妇女厌恶自己丈夫相貌丑陋，夜里用刀砍杀丈夫，伤重没有死。这件案子上报朝廷后，朝中讨论一致认为这名妇女应判死刑，独有王安石引用法律辩驳证明，适合从谋杀伤律条，减死刑二等论处。神宗同意王安石的意见，并且把它定为法律。

熙宁二年二月，王安石被任命为参知政事。神宗对王安石说："人们都不能了解你，以为你只知道经学，不明白世上的事务。"王安石回答说："经学正可以用来治理世上的事务，但是后世所谓学习经学的读书人，大都是些庸人，所以世俗就认为经学不可以施行于世务了。"神宗又问："那么你首先要施行设置的是什么呢？"王安石说："改变风俗，建立法度，最为今天当务之急。"神宗认为很对。于是设立制置三司条例司，任命王安石和知枢密院事陈升之共同掌管。王安石令他的党徒吕惠卿承担条例司的日常事务。因而农田水利、青苗、均输、保甲、免役、市易、保马、方田等法相继问世，称为新法，派遣提举官四十多人，颁行新法于天下。

青苗法，是把籴买常平粮的本钱作为青苗钱，散给百姓，要他们出二分的利息，春天散出秋天收回。均输法，是把发运的职能改为均输，朝廷给予钱币和米粮，凡是上供朝廷的物品，都必须离开价钱高的地区而在价钱便宜的地区购买，以路程近的地区代替路程远的地区，预先知道京城仓库需要购买的物品，能在价钱便宜时购买贮存。保甲法，乡村人口编入户籍簿，两名男丁取一人，十家为一保，保丁都发给弓弩，教他们战斗阵法。免役法，根据百姓家庭财产多少，分别令他们出钱雇人充役，下至单丁户、女户本来不要服役的家庭，也一概出钱，叫作助役钱。市易法，允许私人向官府赊购或借贷货物钱款，以自己的田地，住宅或金帛作为抵押，出息十分之二，超过期限没有交纳的，利息之外每月另加罚金百分之二。保马法，凡是五路义勇保甲愿意养马的，每户养一匹，用牧马监现有的马匹给他们喂养，或是官府给买马的钱，让他们自行购买，每年检查一次马的肥瘦程度，死亡或生病的要补偿。方田法，把东、西、南、北各千步，相等于四十一顷六十六亩一百六十步作为一方，每年九月，县令、县佐分地丈量计算，检验土地肥瘠，确定这些土地的成色，分为五个等级，按照土地的等级，均定赋税数额。还有免行钱，规定京城各行各业根据获利多少，都必须交纳免行钱，给予免除行户当差。自这些法令推行以后，全国各地争着报告农田水利，古代的陂塘和废弃的堤堰，都必须兴建修复。又下令平民百姓可以投递密封状，增加价钱购买坊场，又增加茶、盐的税收数额，又设立措置河北籴便司，在临近河流的州县广积粮食，以备粮饷运输。从此赋税聚敛愈来愈重，而天下骚动不安了。

御史中丞吕诲说王安石有十大过失，神宗为此派吕诲去做地方官，王安石推荐吕公著代替吕诲任御史中丞。韩琦规劝神宗停止实行青苗法的奏疏送到朝廷，神宗感动醒悟，打算同意韩琦的意见，王安石立即要求辞职离去。司马光为神宗起草批答诏书，其中有"士大夫沸腾，百姓骚动"的话，王安石大怒，上章为自己辩护，神宗用恭敬的言语表示歉意，派吕惠卿传达旨意，韩绛又劝神宗留下王安石。王安石入朝谢恩，因而对神宗说了朝廷内外大臣、从官、台谏官、朝士互相依附勾结的情况，并且说："陛下想用先王的正道战胜天下流于颓靡风俗的人，所以是与天下流俗相互较量重轻。流俗的这个秤锤重了，那么天下的人们就都归向流俗；陛下的这个秤锤重了，那么天下的人们就都归向陛下。秤锤与物体较量重轻的时候，虽然是重达千钧的物体，增加或减少秤锤一铢一两的重量就会使准确性发生改变。今天奸邪之人想败坏先王的正道，以此阻止陛下所做的改革。现在正是陛下和流俗的秤锤较量轻重的时候，流俗增加铢两的重量，用力虽然极其微小，但是天下这一秤锤，已归属于流俗了，这就是天下议论纷纷的缘故。"神宗认为是如此。于是王安石重新任职治事，韩琦的意见没有得到采纳。

王安石与司马光一直相交甚厚，司马光根据朋友之间互相督促行善的道理，三次写信给王安石反复劝说，王安石很不高兴。神宗起用司马光任枢密副使，司马光辞谢还没有任职时，而王安石已任执政，于是这项任命就中止执行了。虽然吕公著是王安石推荐的，也因为请求罢除新法而被派出任颍州知州。御史刘述、刘琦、钱顗、孙昌龄、王子韶、程颢、张戬、陈襄、陈荐、谢景温、杨绘、刘挚，谏官范纯仁、李常、孙觉、胡宗愈都因为自己意见没有被采纳，相继离开朝廷。王安石很快提升秀州推官李定任御史，知制诰宋敏求、李大临、苏颂封还任命诏令，御史林旦、薛昌朝、范育弹劾李定违背孝道，都被罢免并逐出朝廷。翰林学士范镇三次上疏议论青苗法，被免去职务而退休。吕惠卿因父亲逝世离开朝廷，王安石不知道把吕惠卿走后的空缺委任给什么人时，得到了曾布，很信任他，信任的程度仅次于吕惠卿。

　　熙宁三年十二月，王安石任同中书门下平章事。第二年春天，京东路、河北路发生暴风的异常现象，百姓十分恐慌。神宗批示中书省，省事安静，不再变法以应付天变，放还这两路应募的农夫，责罚不如实反映汇报情况的监司、郡守。王安石扣住而不下达这道诏令。

　　开封百姓为逃避保甲，有截掉自己手指、砍断自己手腕的人，知府韩维报告朝廷，神宗向王安石，王安石回答说："这些事我固然还没有知道，即使有这种情况，也不足为怪。今天士大夫看到新政，尚且吵吵嚷嚷感到惊异；何况二十万户百姓，必然会有由于愚蠢而受到别人蛊惑煽动的人，怎能因为这种人而不敢有所作为？"神宗说："听取百姓的各种意见就能取得成功，百姓的意见也不能不畏惧。"

　　东明县百姓有人拦住宰相的马头控诉助役钱，王安石对神宗说：“知县贾蕃是范仲淹的女婿，喜好附和流俗，导致百姓做了这种事。”又说：“治理百姓应当知道他们的真假利弊，不可以向他们表示无原则的姑息宽容。如果放纵他们越轨进入中书省、御史台等中枢机构，击鼓拦驾，凭借人多以图侥幸，这不是治理国家的办法。”王安石强词争辩，违背常理，都像这样。

皇帝起用韩维为御史中丞，王安石怀恨韩维以往的言论，指责韩维善于附和流俗以此否定神宗所建立的新法，这次任用事因韩维的辞谢而结束。欧阳修请求退休，冯京要求朝廷挽留他，王安石说：“欧阳修依附韩琦，推崇韩琦是关系国家安危的大臣。这样的人，在一郡就败坏一郡，在朝廷就败坏朝廷，留下他有什么用呢？”于是神宗同意欧阳修退休。富弼因为阻挠施行青苗法被解除了使相，王安石说这不足以阻止奸邪小人，甚至把富弼比作为共工、鲧。灵台郎尤瑛说天气阴了很长时间，星辰失去了正常运行，应该黜退王安石，朝廷立即把尤瑛刺面发配到英州。唐坰本是因王安石的推荐而担任了谏官，只因他借请求奏对的机会极力论说了王安石的罪过，结果贬谪而死。文彦博说市易法是与百姓争利，致使华山崩塌。王安石说：“华山的变化，仅是天意为小人而发作的。市易法的起因，是由于平民长久穷困，用它来抑制兼并，对官府有什么利益呢？”压下文彦博的奏章，把他派出去任大名府留守。于是吕公著、韩维，王安石凭借他们树立自己声誉的人；欧阳修、文彦博，推荐自己的人；富弼、韩琦，用自己担任皇帝侍从的人；司马光、范镇，与自己友情甚厚的人；王安石都不遗余力地加以排斥。

礼官讨论确立太庙中太祖神主牌位东向的位置，王安石独自决定把僖祖的神主牌位奉入祧庙，参加讨论的官员联合起来与王安石争论，没能改变他的决定。上元节的傍晚，王安石跟随圣驾骑马进入宣德门,守门卫士大声呵斥阻止,并鞭打王安石骑的马匹。王安石发怒,上章要求逮捕惩办这些卫士。御史蔡确说:"宫廷中值宿的卫士,保卫皇帝而已,宰相不在他应该下马的地方下马,卫士理所应当加以呵斥制止。"皇帝终于还是杖打卫士,斥责内侍,王安石还是愤愤不平。王韶开拓熙河成功向朝廷报告功绩,神宗因为这是王安石的建议,解下自己身佩的玉带赐给王安石。

熙宁七年春天,全国一直干旱,饥民流离失所,皇帝忧容满面,上朝时感叹不已,想要罢除全部不好的法度。王安石说:"水旱灾害是常会发生的事,尧、汤时代也不能避免,这事不足以致使招来陛下忧虑,不过应当治理好人为之事来应付天灾。"神宗说:"这怎么是小事,我所感到恐惧,正是因为没能做好人为之事。现在收取免行钱太重,人们怨叹,甚至有人说出对朝廷不恭顺的话来。自亲近大臣到皇后家族,没有不说免行钱有害的。两宫太后声泪俱下,担忧京城里会发生动乱,认为天旱更加失去了人心。"王安石说:"亲近大臣不知是谁,如果两宫有这种话,那是向经、曹佾所干的。"冯京说:"我也听说了。"王安石说:"士大夫中不如意不得志的人都归附冯京,所以只有冯京听到这些话,我是没有听说。"监安上门郑侠上疏,把所见到的流民扶老携幼的困苦情状,画成图进献神宗,说:"旱灾是由王安石招致来的。罢免王安石,上天一定会下雨。"郑侠又因为这事被放逐到岭南。慈圣、宣仁两位太后痛哭流涕地对神宗说:"王安石扰乱了天下。"神宗也怀疑王安石,于是罢免了他的宰相职务,任命为观文殿大学士、知江宁府,从礼部侍郎超九转而为吏部尚书。

吕惠卿服丧期满时,王安石早晚不停地推荐他,这时,王安石奏请皇帝让吕惠卿任参知政事,又要求召韩绛替代自己。二人坚持王安石制定的成法规模,没有丝毫改变,当时韩绛的绰号是"传法沙门",吕惠卿的绰号是"护法善神"。然而吕惠卿实际上是想自己掌握大权,害怕王安石重新回来当政,就乘办理郑侠案件的机会陷害王安石的弟弟王安国,又兴起李士宁案件来倾覆王安石。韩绛觉察到吕惠卿的用意,秘密奏知皇帝请求召回王安石。熙宁八年二月,王安石再次被委任为宰相,他接到诏命后,立即兼程赴京。《三经义》写成,王安石加官为尚书左仆射兼门下侍郎。任命他的儿子王雱为龙图阁直学士。王雱推辞不就,吕惠卿劝说皇帝接受他的请求,因此王、吕间猜疑成仇更加明显。吕惠卿被蔡承禧弹劾,在家等待皇帝的处理诏命。王雱以传闻暗示御史中丞邓绾,再次弹劾吕惠卿和华亭县知县张若济共同犯法谋利事,立案审查他们,吕惠卿被派出任陈州知州。

十月,彗星出现在东方,神宗下诏征求直言得失,以及询问政事之中不能与百姓相和谐的方面。王安石带领同朝大臣们上疏说:"晋武帝五年,彗星出现在轸宿;十年,又有孛星出现。然而晋武帝在位二十八年,与《乙巳占》所预言的日期不符合。这是因为天道遥远,先王虽然有官方占卜的预言,但他所相信仍是人为之事。天文的变化无穷无尽,上下牵强附会,难道就没有偶然的巧合。周公、召公,怎么会欺骗成王。他们说到商中宗在位的时间很长,就说'中宗谦虚谨慎,兢兢业业,用天命约束自己,勤于治民不敢荒废政事'。他们说夏、商两朝维持很长时间时,也说是由于'施行德政'而已。神灶预言火灾能够应验,想用祭祀求免灾祸,国侨不听他的意见,神灶就说'不采纳我的意见,郑国又将会发生火灾'。国侨终于还是没有听他的意见,郑国也没有发生火灾。有像神灶这样的人,未免荒诞,何况今天的占卜星象之人呢？现在流传的占书，又是历代所禁止的，誊写讹误，尤其不知道有多少。陛下的品德至善至美，不仅比商中宗更加贤能，而且周公、召公所说的话早已全部看过了，哪里需要蠢人、盲人再有什么陈述。我听说两宫太后因为这件事而担忧，希望陛下用我们所说的这些道理，尽力地开导劝慰。"神宗说："听说民间极其苦于新法。"王安石回答说："冬天严寒，夏天暴雨，百姓尚且怨恨，这不用抚恤。"神宗说："不能使冬天严寒夏天暴雨这种怨恨也没有吗？"王安石听后很不高兴，回家托病卧床，神宗安慰劝勉，王安石才上朝治理政事。他的同党出计谋说："现在不要选取皇上历来不喜欢的人迅速提拔重用，那会使自己变轻，这时就将有窥伺君臣间隙的人。"王安石同意这个谋略。皇帝高兴王安石出来执政，听从他的一切意见。当时军队出征安南，密探得到安南的露布，说："中国推行青苗、助役法，使平民百姓十分贫困。我国今天出兵，是要帮助拯救那里的百姓。"王安石恼怒，自己起草敕榜诋毁安南。

华亭案久久未能成立，王雱把它交给门客吕嘉问、练亨甫共同商议，他们取来邓绾所列举的吕惠卿的事项，夹杂在其他的文书中下达给皇帝批准审讯的制狱，王安石不知道这件事。省吏到陈州把这件事告诉了吕惠卿，吕惠卿报告给皇帝，并控告王安石说："王安石完全抛弃了自己所学的先儒教诲，崇尚纵横家的末流方法，违背君命假传号令，欺骗皇上，要挟君主。一年之间极力干这些恶事，纵然是古代丧失志行而倒行逆施的人，恐怕都没有这样的。"又揭发王安石在私人书信中写有"不要让皇上知道"的话。神宗把这些材料给王安石看，王安石说没有这些事，回家问王雱，王雱说出这些事的情况，王安石责备了他。王雱愤怒怨恨，背上的痈疽发作而死。王安石公开宣布邓绾的罪过，说:"邓绾为我的子弟求取官职及举荐我的女婿蔡卞",于是邓绾和练亨甫都获罪。邓绾开始是以依附王安石而做到谏官的,到王安石和吕惠卿互相倾轧时,邓绾极力帮助王安石攻击吕惠卿。神宗很厌恶王安石的所作所为,邓绾惧怕失势,多次留在皇上身边,说话无所顾忌;练亨甫邪恶不厚道,巴结奉承王雱得到进用,这时候都被贬斥了。

王安石再次任宰相,多次托病请求离职,到儿子王雱死去,更是悲伤得不堪承受,极力请求解除枢要职务。神宗愈加厌恶他,罢免了他的宰相职务,任命他为镇南军节度使、同平章事、判江宁府。第二年,改任集禧观使,封舒国公。王安石多次乞求把自己的将相大印交还朝廷。元丰二年,再次被任命为左仆射、观文殿大学士。换官特进,改封荆国公。哲宗即位,加封司空。

元祐元年,王安石去世,终年六十六岁,追赠他为太傅。绍圣年间,赐谥为"文",配享神宗庙庭。徽宗崇宁三年,又配享文宣王庙,位次排在颜回、孟子之后,追封为舒王。钦宗时,杨时有议论,皇帝下诏停止王安石在文宣王庙配享。高宗采纳赵鼎、吕聪问的意见,停止王安石在宗庙配享,并削去他的王位封号。

当初,王安石训释《诗》《书》《周礼》,写成后,颁布到学舍,天下称为《新义》。晚年居住在金陵,又撰写《字说》,书中多有穿凿附会之处。他的学说混合入佛经、老庄的思想。当时学习的人,没有人敢于不传授学习他的《新义》和《字说》,主考官只用它为标准来录取考生,士人不得自立一说,先儒解释经书的著作,一切废除不用。废黜《春秋》这部书,不把它列在学舍里,甚至戏弄地看为是"断简残篇的朝廷公报"。

王安石没有尊贵的时候,声名震动京师,他生性不喜好华美的服饰和丰盛的饮食,自己的日常起居饮食极其俭朴,有时衣服脏了不洗，脸上的污垢也不清洗，当时人们多称赞他的贤德。独有四川人苏洵说："这是不近人情的人，很少有不成为大奸大邪的。"撰写《辩奸论》以讽刺王安石，说他是王衍、卢杞合为一身的人。

王安石性格坚强刚愎，遇到事情不论可否，相信自己的见解，坚持己见不肯改变。到议论变法时，在朝百官全持不可变法的意见，王安石附会经义，提出自己的变法意见，辩论起来动辄数百言，众人不能使他屈服。他甚至说："天变不足以畏惧，祖宗不足以效法，人们的议论不足以忧虑顾忌。"朝廷内外的老成人几乎罢黜殆尽，多用自己门下轻薄而有小聪明的青年人。很久以后，因为旱灾而引退，到再任宰相，一年多被罢免，直到神宗朝结束没有再召他回朝，共计八年。儿子王雱。

宋史卷三百三十一

列传第九十

沈　括

括字存中，以父任为沭阳主簿。县依沭水，乃职方氏所书"浸曰沂、沭"者，故迹漫为污泽，括新其二坊，疏水为百渠九堰，以播节原委，得上田七千顷。

擢进士第，编校昭文书籍，为馆阁校勘，删定三司条例。故事，三岁郊丘之制，有司按籍而行，藏其副，吏沿以干利。坛下张幄，距城数里为园囿，植采木、刻鸟兽绵络其间。将事之夕，法驾临观，御端门、陈仗卫以阅严警，游幸登赏，类非斋祠所宜。乘舆一器，而百工侍役者六七十辈。括考礼沿革，为书曰《南郊式》。即诏令点检事务，执新式从事，所省万计，神宗称善。

迁太子中允、检正中书刑房、提举司天监，日官皆市井庸贩，法象图器，大抵漫不知。括始置浑仪、景表、五壶浮漏，招卫朴造新历，募天下上太史占书，杂用士人，分方技科为五，后皆施用。加史馆检讨。

淮南饥，遣括察访，发常平钱粟，疏沟渎，治废田，以救水患。迁集贤校理，察访两浙农田水利，迁太常丞、同修起居注。时大籍民车，人未谕县官意，相挺为忧；又市易司患蜀盐之不禁，欲尽实私井而辇解池盐给之。言者论二事如织，皆不省，括侍帝侧，帝顾曰："卿知籍车乎？"曰："知之。"帝曰："何如？"对曰："敢问欲何用？"帝曰："北边以马取胜，非车不足以当之。"括曰："车战之利，见于历世。然古人所谓兵车者，轻车也，五御折旋，利于捷速。今之民间辎车重大，日不能三十里，故世谓之太平车，但可施于无事之日尔。"帝喜曰："人言无及此者，朕当思之。"遂问蜀盐事，对曰："一切实私井而运解盐，使一出于官售，诚善。然忠、万、戎、泸间夷界小井尤多，不可猝绝也，势须列候加警，臣恐得不足偿费。"帝领之。明日，二事俱寝。擢知制诰，兼通进、银台司，自中允至是才三月。

为河北西路察访使。先是，银冶，转运司置官收其利，括言："近宝则国贫，其势必然；人众则囊橐奸伪何以检颐？朝廷岁遗契丹银数十万，以其非北方所有，故重而利之。昔日银城县、银坊城皆没于彼，使其知凿山之利，则中国之币益轻，何赖岁饷，邻衅将自兹始矣。"

时赋近畿户出马备边，民以为病，括言："北地多马而人习骑战，犹中国之工强弩也。今舍我之长技，强所不能，何以取胜。"又边人习兵，唯以挽强定最，而未必能贯革，谓宜以射远入坚为法。如是者三十一事，诏皆可之。

辽萧禧来理河东黄嵬地，留馆不肯辞，曰："必得请而后反。"帝遣括往聘。括诣枢密院阅故牍，得顷岁所议疆地书，指古长城为境，今所争盖三十里远，表论之。帝以休日开天章阁召对，喜曰："大臣殊不究本末，几误国事。"命以画图示禧，禧议始屈。赐括白金千两使行。至契丹庭，契丹相杨益戒来就议，括得地讼之籍数十,预使吏士诵之,益戒有所问,则顾吏举以答。他日复问,亦如之。益戒无以应,谩曰:"数里之地不忍,而轻绝好乎?"括曰:"师直为壮,曲为老。今北朝弃先君之大信,以威用其民,非我朝之不利也。"凡六会,契丹知不可夺,遂舍黄嵬而以天池请。括乃还,在道图其山川险易迂直,风俗之纯庞,人情之向背,为《使契丹图抄》上之。拜翰林学士、权三司使。

尝白事丞相府,吴充问曰:"自免役令下,民之诋訾者今未衰也,是果于民何如?"括曰:"以为不便者,特士大夫与邑居之人习于复除者尔,无足恤也。独微户本无力役,而亦使出钱,则为可念。若悉弛之,使一无所预,则善矣。"充然其说,表行之。

蔡确论括首鼠乖剌,阴害司农法,以集贤院学士知宣州。明年,复龙图阁待制、知审官院,又出知青州,未行,改延州。至镇,悉以别赐钱为酒,命廛市良家子驰射角胜,有轶群之能者,自起酌酒以劳之,边人骧激,执弓傅矢,唯恐不得进。越岁,得彻札超乘者千余,皆补中军义从,威声雄他府。以副总管种谔西讨拔银、宥功,加龙图阁学士。朝廷出宿卫之师来戍,赏赉至再而不及镇兵。括以为卫兵虽重,而无岁不战者,镇兵也。今不均若是,且召乱。乃藏敕书,而矫制赐缯钱数万,以驿闻。诏报之曰:"此右府颁行之失,非卿察事机,必扰军政。"自是,事不暇请者,皆得专之。蕃汉将士自皇城使以降,许承制补授。

谔师次五原,值大雪,粮饷不继,殿直刘归仁率众南奔,士卒三万人皆溃入塞,居民怖骇。括出东郊饯河东归师,得奔者数千,问曰:"副都总管遣汝归取粮,主者为何人?"曰:"在后。"即谕令各归屯。及暮,至者八百,未旬日,溃卒尽还。括出按兵,归仁至,括曰:"汝归取粮,何以不持军符?"归仁不能对,斩以狗。经数日,帝使内侍刘惟简来诘叛者,具以对。

大将景思谊、曲珍拔夏人磨崖葭芦浮图城,括议筑石堡以临西夏,而给事中徐禧来,禧欲先城永乐。诏禧护诸将往筑,令括移府并塞,以济军用。已而禧败没,括以夏人袭绥德,先往救之,不能援永乐,坐谪均州团练副使。元祐初,徙秀州,继以光禄少卿分司,居润八年卒,年六十五。

括博学善文,于天文、方志、律历、音乐、医药、卜算,无所不通,皆有所论著。又纪平日与宾客言者为《笔谈》,多载朝廷故实、耆旧出处,传于世。

译文:

沈括,字存中,因为父荫得官为沭阳主薄。沭阳县靠着沭水,是职方氏所写的"水泽叫作沂水、沭水"的地方,早先的河道漫衍为停滞不流的污泽,沈括重新修筑二堤,疏浚水流为一百条水渠九个坝,用来分导和节制沭水的主流和支流,得到上等好田七千顷。

考中进士后,沈括被派去编集校对昭文馆的书籍,担任馆阁校勘,删定三司条例。按照惯例,皇帝每三年一次往南郊的圜丘祭祀天地的礼仪,是由有关机构按照典籍记载安排进行,他们把副本收藏起来,吏员往往借着举行祭祀仪式而谋求私利。祭坛下张设帐幕,距离皇城数里的地方修建园林,竖立起五彩的木头、把雕刻好的飞鸟走兽绵延不断地放置在林木之间。将要举行祭祀的前夕,皇帝亲自前来观赏,登上端门,陈列仪仗卫队以检阅他们的威严警戒,游览赏玩,这些都不是斋戒祭祀时所应有的现象。皇帝使用的一个器物,就需要六七十名工匠制作。沈括考察了南郊大礼的历史沿革,撰写了一本书叫《南郊式》,于是皇帝降诏命令他掌管郊祀的事务，按照新礼仪办事，所节省的费用数以万计，神宗十分满意。

升任太子中允、检正中书刑房、提举司天监，当时的日官都是些庸庸碌碌的人，对于天文现象、天体图像及天文仪器，几乎全然不知。沈括开始设置浑仪、景表、五壶浮漏，招请卫朴修造新的历法，向全国各地征集太史用的观测天象的书籍，在司天监里掺杂使用读书人，把方技科分为五项，这些办法后来都被采用施行。加官为史馆检讨。

淮南发生饥荒，朝廷派遣沈括前去巡察，他发放常平仓的钱和粮食，疏通河渠，修治荒废的农田，以此来消除水灾造成的破坏。升任集贤校理，巡察两浙地区的农田水利情况，升任太常丞、同修起居注。当时朝廷大规模地登记民间车辆，人们不了解朝廷的用意，都引以为忧；市易司又担忧四川禁止不了私贩井盐，打算把四川的私井全部填实封住而运解池的盐去供应。上书议论这两件事的奏疏多得像织机上的纱线，但神宗都不予理睬，沈括侍立在神宗身边，神宗回头看看他说："你知道征集车辆的事吗？"沈括回答说："我知道这件事。"神宗说："这事怎么样？"沈括回答说："请问征集车辆打算做什么用？"神宗说："北方的辽军用马来取胜，没有车是不足以抵挡他们的。"沈括说："车战的好处，在历代都可以看到。但是古人所说兵车，是轻车，五匹马拉车折冲旋转，有利于快速行军。如今民间的载重车笨重庞大，每天走不了三十里路，因此人们把它叫作太平车，只能够在太平的日子用用罢了。"神宗高兴地说："别人都没有说到这些话，我要好好考虑。"于是又问他川盐的事，沈括回答说："把所有的私井都填塞封掉而运去解池的盐，使盐全部都由官府发售，固然好。但是忠州、万州、戎州、泸州一带少数民族地区的小盐井很多，不可能一下子禁绝的，势必要在这个地区设斥候加强警戒，夷界更须列候加警，我怕所得不足以偿所费。"神宗点头同意。第二天，这二件事都停止实施了。提升为知制诰，兼管通进、银台司，沈括从任太子中允到知制诰才三个月的时间。

任河北西路察访使。以前的惯例，凡有银冶之处，转运使就设置官员收取银冶的息钱，沈括说："靠近宝藏就会使国家贫穷，这是必然的事；靠近宝藏的人多了，那么窝藏的奸伪之徒怎样检查出来呢？朝廷每年送给契丹数十万两银子，因为它不是北方所有的东西，所以他们看重它而认为获得它是有利的。过去的银城县、银坊城都已经被他们侵占，假如使他们知道开凿矿山的好处，那么中国的岁币更加要被他们看轻了，还有什么东西可以每年送给他们，边境争端将要从这里开始了。"

当时朝廷要京城附近地区的百姓每户出马来作赋税以保卫边境，百姓把这当作灾难。沈括说："北方地区马多而且人们熟悉骑马作战，好比是中国擅长强弩。如今舍弃我们擅长的技艺，勉强去做不擅长的事，怎么能够取得胜利。"另外边境地区的人练习打仗，只以拉开弓的强度来确定高下，但未必能射穿皮革，沈括说应该以射出远近的距离和射入硬物的程度作为考核的标准。沈括提出类似的建议三十一件，皇帝降诏都同意实行。

辽国的萧禧处理河东黄嵬一带分划地界争议，留在馆舍不肯辞去，说："我一定要达到目的才能返回。"神宗派遣沈括出使辽国。沈括到枢密院查阅以前的档案文件，查找到往年商定边境的文件，文件指定以古代的长城作为边界，而现在所争的地方与长城相距三十里远，沈括上表论述了这件事。神宗在休假日打开天章阁召见沈括答对，高兴地说："大臣们根本不去探究事情的原委,差一点误了国家大事。"神宗命令把地图拿给萧禧看,萧禧的主张才理屈。神宗赐给沈括白金一千两,让他出发去辽国。他到了契丹官廷,契丹宰相杨益戒来同他面议,沈括找到争论地界的各种书信档案数十件,预先让吏员和幕僚背熟它,杨益戒有问题提出,沈括就回头让吏员列举所得档案回答。另一天再问,还是同样回答。杨益戒无言可对,傲慢地说:"几里土地都不忍心,难道忍心轻率地断绝和好吗?"沈括回答说:"军队以正义为强大,以理屈为衰弱,现在你们北朝抛弃你们以前皇帝的重大信誓,用暴力役使人民,这对我们南朝没有什么不利。"总共会谈了六次,契丹知道沈括不会屈服,于是丢开黄嵬不谈而只要求将天池地区划归他们。于是沈括启程回国,他在路上画下沿途山川的险峻平缓迂回顺直,风俗的纯朴和复杂,人情的向背,撰修成《使契丹图抄》一书献给朝廷。朝廷任命他为翰林学士、权三司使。

沈括曾经到宰相府汇报事情,吴充问他说:"自从免役令颁布以后,百姓对它的诋毁攻击至今没有减少。免役法究竟对百姓怎么样?"沈括说:"认为不方便的,只是士大夫和城市中习惯于免除服役的人,这不必顾虑。只是贫穷寒微人家本来不服力役,现在也要他们出钱,那是应该考虑的。如果对这些人全部放宽,完全不收他们的钱,就好了。"吴充认为他说得对,上表朝廷施行了这项建议。

蔡确抨击沈括对役法的言行前后反复不同,暗中妨害司农法,沈括以集贤院学士出任宣州知州。第二年,复职龙图阁待制、知审官院,又被派遣出任青州知州,还没有去上任,改任延州知州。到了延州,沈括把朝廷额外赐给的钱买成酒,命令街市百姓中清白人家的子弟比赛骑马射箭以分高下,有超群出众才能的人，沈括亲自起身酌酒慰劳他，边境上的百姓欢悦激动，拿着弓箭，唯恐不能参加比赛。过了一年，沈括挑选到能射穿箭靶、飞身上车的人一千多名，都补充到中军做志愿兵，因此延州军队的声威超过了其他州府。由于副总管种谔讨伐西夏攻下银州、宥州有功，沈括加官为龙图阁学士。朝廷派出守卫京城的禁军到边境驻防，两次赏赐他们也没有赏地方军队。沈括认为京城的卫兵虽然重要，但是没有一年不战斗的军队，则是地方守军。如果像现在这样赏赐不均，会引起变乱。于是藏起敕书，假托朝廷命令赐给地方军队钱几万缗，并通过驿站上报朝廷。神宗降诏答复他说："这是枢密院颁布赏赐时的失误，不是你看到事情的要害，必然会扰乱军政。"从此以后，事情来不及请示报告的，沈括都可以自己做主处理。少数民族和汉族将士从皇城使以下的官职，允许沈括以朝廷的名义补授。

种谔军队来到五原，正遇下大雪，粮饷没有及时运到，殿直刘归仁率领部下向南奔逃，士兵三万多人都溃散入塞，当地居民恐怖害怕。沈括出城在东郊用酒食接待回来的河东军队，得到逃回来的士兵几千人，问他们说："副都总管派你们回来取粮食，为首的人是谁呢？"士兵回答说："在后面。"沈括便命令他们各回兵营去。到了晚上，又到了八百人，不到十天，溃散的士兵全部回来了。沈括出去巡察部队，刘归仁来见，沈话说："你回来取粮食，为什么不拿军符？"刘归仁无言以对，沈括将他斩首示众。过了几天，神宗派内侍刘惟简来查问叛乱的人，沈括把处理的情况报告了朝廷。

大将景思谊、曲珍攻克西夏的磨崖、葭芦、浮图城，沈括建议修筑石堡城来对付西夏，但是给事中徐禧来到，他要先修建永乐城。皇帝降诏要徐禧总领将领们前去筑城，命令沈括把他的帅府移到边界，以便接济军用物资和救援。不久徐禧失败战死，沈括因为西夏军队袭击绥德，而先去援救绥德，不能去援救永乐城，因而被贬为均州团练副使。元祐初年，改到秀州安置，接着以光禄少卿分司，在润州居住八年后去世，终年六十五岁。

　　沈括学识广博，善于写文章，对于天文、方志、律历、音乐、医药、卜算，没有不通晓的，都有论述著作。他又把平时与宾客谈论的事记录下来编成《笔谈》一书，大多记载朝廷中的典故事实，故旧老臣的进退，流传于世。

宋史卷三百三十六

列传卷九十五

司马光

司马光字君实，陕州夏县人也。父池，天章阁待制。光生七岁，凛然如成人，闻讲《左氏春秋》，爱之，退为家人讲，即了其大指。自是手不释书，至不知饥渴寒暑。群儿戏于庭，一儿登瓮，足跌没水中，众皆弃去，光持石击瓮破之，水迸，儿得活。其后京、洛间画以为图。仁宗宝元初，中进士甲科。年甫冠，性不喜华靡，闻喜宴独不戴花，同列语之曰："君赐不可违。"乃簪一枝。

除奉礼郎，时池在杭，求签苏州判官事以便亲，许之。丁内外艰，执丧累年，毁瘠如礼。服除，签书武成军判官事，改大理评事，补国子直讲。枢密副使庞籍荐为馆阁校勘，同知礼院。

中官麦允言死，给卤簿。光言："繁缨以朝，孔子且犹不可。允言近习之臣，非有元勋大劳，而赠以三公官，给一品卤簿，其视繁缨，不亦大乎？"夏竦赐谥文正，光言："此谥之至美者，竦何人，可以当之？"改文庄。加集贤校理。

从庞籍辟，通判并州。麟州屈野河西多良田，夏人蚕食其地，为河东患。籍命光按视，光建："筑二堡以制夏人，募民耕之，耕者众则籴贱，亦可渐纾河东贵籴远输之忧。"籍从其策；而麟将郭恩勇且狂，引兵夜渡河，不设备，没于敌，籍得罪去。光三上书自引咎，不报。籍没，光升堂拜其妻如母，抚其子如昆弟，时人贤之。

改直秘阁、开封府推官。交趾贡异兽，谓之麟，光言："真伪不可知，使其真，非自至不足为瑞，愿还其献。"又奏赋以风。修起居注，判礼部。有司奏日当食，故事食不满分，或京师不见，皆表贺。光言："四方见、京师不见，此人君为阴邪所蔽；天下皆知而朝廷独不知，其为灾当益甚，不当贺。"从之。

同知谏院。苏辙答制策切直，考官胡宿将黜之，光言："辙有爱君忧国之心，不宜黜。"诏置末级。

仁宗始不豫，国嗣未立，天下寒心而莫敢言。谏官范镇首发其议，光在并州闻而继之，且贻书劝镇以死争。至是，复面言："臣昔通判并州，所上三章，愿陛下果断力行。"帝沉思久之，曰："得非欲选宗室为继嗣者乎？此忠臣之言，但人不敢及耳。"光曰："臣言此，自谓必死，不意陛下开纳。"帝曰："此何害，古今皆有之。"光退未闻命，复上书曰："臣向者进说，意谓即行，今寂无所闻，此必有小人言陛下春秋鼎盛，何遽为不祥之事。小人无远虑，特欲仓卒之际，援立其所厚善者耳。'定策国老'、'门生天子'之祸，可胜言哉？"帝大感动曰："送中书。"光见韩琦等曰："诸公不及今定议，异日禁中夜半出寸纸，以某人为嗣，则天下莫敢违。"琦等拱手曰："敢不尽力。"未几，诏英宗判宗正，辞不就，遂立为皇子，又称疾不入。光言："皇子辞不赀之富，至于旬月，其贤于人远矣。然父召无诺，君命召不俟驾，愿以臣子大义责皇子，宜必入。"英宗遂受命。

兖国公主嫁李玮，不相能，诏出玮卫州，母杨归其兄璋，主入居禁中。光言："陛下追念章懿太后，故使玮尚主。今乃母子离析，家事流落，独无雨露之感乎？玮既黜，主安得无罪？"帝悟，降主沂国，待李氏恩不衰。

进知制诰，固辞，改天章阁待制兼侍讲、知谏院。时朝政颇姑息，胥史喧哗则逐中执法，辇官悖慢则退宰相，卫士凶逆而狱不穷治，军卒詈三司使而以为非犯阶级。光言皆陵迟之渐，不可以不正。

充媛董氏薨，赠淑妃，辍朝成服，百官奉慰，定谥，行册礼，葬给卤簿。光言："董氏秩本微，病革方拜充媛。古者妇人无谥，近制惟皇后有之。卤簿本以赏军功，未尝施于妇人。唐平阳公主有举兵佐高祖定天下功，乃得给。至韦庶人始令妃主葬日皆给鼓吹，非令典，不足法。"时有司定后宫封赠法，后与妃俱赠三代，光论："妃不当与后同，袁盎引却慎夫人席，正为此耳。天圣亲郊，太妃止赠二代，而况妃乎？"

英宗立，遇疾，慈圣光献后同听政。光上疏曰："昔章献明肃有保佑先帝之功，特以亲用外戚小人，负谤海内。今摄政之际，大臣忠厚如王曾，清纯如张知白，刚正如鲁宗道，质直如薛奎者，当信用之；猥鄙如马季良，谗诌如罗崇勋者，当疏远之，则天下服。"

帝疾愈，光料必有追隆本生事，即奏言："汉宣帝为孝昭后，终不追尊卫太子、史皇孙；光武上继元帝，亦不追尊巨鹿、南顿君，此万世法也。"后诏两制集议濮王典礼，学士王珪等相视莫敢先，光独奋笔书曰："为人后者为之子，不得顾私亲。王宜准封赠期亲尊属故事，称为皇伯，高官大国，极其尊荣。

议成，珪即命吏以其手稿为按。既上与大臣意殊，御史六人争之力，皆斥去。光乞留之，不可，遂请与俱贬。

初，西夏遣使致祭，延州指使高宜押伴，傲其使者，侮其国主，使者诉于朝。光与吕诲乞加宜罪，不从。明年，夏人犯边，杀略吏士。赵滋为雄州，专以猛悍治边，光论其不可。至是，契丹之民捕鱼界河，伐柳白沟之南，朝廷以知雄州李中祐为不材，将代之。光谓："国家当戎夷附顺时，好与之计较末节，及其桀骜，又从而姑息之。近者西祸生于高宜，北祸起于赵滋；时方贤此二人，故边臣皆以生事为能，渐不可长。宜敕边吏，疆埸细故辄以矢刀相加者，罪之。"

仁宗遗赐直百余万，光率同列三上章，谓："国有大忧，中外窘乏，不可专用乾兴故事。若遗赐不可辞，宜许侍从上进金钱佐山陵。"不许。光乃以所得珠为谏院公使钱，金以遗舅氏，义不藏于家。后还政，有司立式，凡后有所取用，当覆奏乃供。光云："当移所属使立供已，乃具数白后，以防矫伪。"

曹佾无功除使相，两府皆迁官。光言："陛下欲以慰母心，而迁除无名，则宿卫将帅、内侍小臣，必有觊望。"已而迁都知任守忠等官，光复争之，因论："守忠大奸，陛下为皇子，非守忠意，沮坏大策，离间百端，赖先帝不听；及陛下嗣立，反覆交构，国之大贼。乞斩于都市，以谢天下。"责守忠为节度副使，蕲州安置，天下快之。

诏刺陕西义勇二十万，民情惊挠，而纪律疏略不可用。光抗言其非，持白韩琦。琦曰："兵贵先声，谅祚方桀骜，使骤闻益兵二十万，岂不震慑？"光曰："兵之贵先声，为无其实也，独可欺之于一日之间耳。今吾虽益兵，实不可用，不过十日，彼将知其辞，尚何惧？"琦曰："君但见庆历间乡兵刺为保捷，忧今复然,已降敕榜与民约,永不充军戍边矣。"光曰:"朝廷尝失信,民未敢以为然,虽光亦不能不疑也。"琦曰:"吾在此,君无忧。"光曰:"公长在此地,可也;异日他人当位,因公见兵,用之运粮戍边,反掌间事耳。"琦嘿然,而讫不为止。不十年,皆如光虑。

王广渊除直集贤院,光论其奸邪不可近:"昔汉景帝重卫绾,周世宗薄张美。广渊当仁宗之世,私自结于陛下,岂忠臣哉?宜黜之以厉天下。"进龙图阁直学士。

神宗即位,擢为翰林学士,光力辞。帝曰:"古之君子,或学而不文,或文而不学,惟董仲舒、扬雄兼之。卿有文学,何辞为?"对曰:"臣不能为四六。"帝曰:"如两汉制诏可也;且卿能进士取高第,而云不能四六,何邪?"竟不获辞。

御史中丞王陶以论宰相不押班罢,光代之,光言:"陶由论宰相罢,则中丞不可复为。臣愿俟既押班,然后就职。"许之。遂上疏论修心之要三:曰仁,曰明,曰武;治国之要三:曰官人,曰信赏,曰必罚。其说甚备。且曰:"臣获事三朝,皆以此六言献,平生力学所得,尽在是矣。"御药院内臣,国朝常用供奉官以下,至内殿崇班则出;近岁暗理官资,非祖宗本意。"因论高居简奸邪,乞加远窜。章五上,帝为出居简,尽罢寄资者。既而复留二人,光又力争之。张方平参加政事,光论其不叶物望,帝不从。还光翰林兼侍读学士。

光常患历代史繁,人主不能遍览,遂为《通志》八卷以献。英宗悦之,命置局秘阁,续其书。至是,神宗名之曰《资治通鉴》,自制《序》授之,俾日进读。

诏录颍邸直省官四人为閤门祗候,光曰:"国初草创,天步尚艰,故御极之初,必以左右旧人为腹心耳目,谓之随龙,非平日法也。阁门祗候在文臣为馆职，岂可使厮役为之。"

西戎部将嵬名山欲以横山之众，取谅诈以降，诏边臣招纳其众。光上疏极论，以为："名山之众，未必能制谅诈。幸而胜之，灭一谅诈，生一谅诈，何利之有；若其不胜，必引众归我，不知何以待之。臣恐朝廷不独失信谅诈，又将失信于名山矣。若名山余众尚多，还北不可，入南不受，穷无所归，必将突据边城以救其命。陛下不见侯景之事乎？"上不听，遣将种谔发兵迎之，取绥州，费六十万，西方用兵，盖自此始矣。

百官上尊号，光当答诏，言："先帝亲郊，不受尊号。末年有献议者，谓国家与契丹往来通信，彼有尊号我独无，于是复以非时奉册。昔匈奴冒顿自称'天地所生日月所置匈奴大单于'，不闻汉文帝复为大名以加之也。愿追述先帝本意，不受此名。"帝大悦，手诏奖光，使善为答辞，以示中外。

执政以河朔旱伤，国用不足，乞南郊勿赐金帛。诏学士议，光与王珪、王安石同见，光曰："救灾节用，宜自贵近始，可听也。"安石曰："常衮辞堂馔，时以为衮自知不能，当辞位不当辞禄。且国用不足，非当世急务，所以不足者，以未得善理财者故也。"光曰："善理财者，不过头会箕敛尔。"安石曰："不然，善理财者，不加赋而国用足。"光曰："天下安有此理？天地所生财货百物，不在民，则在官，彼设法夺民，其害乃甚于加赋。此盖桑羊欺武帝之言，太史公书之以见其不明耳。"争议不已。帝曰："朕意与光同，然姑以不允答之。"会安石草诏，引常衮事责两府，两府不敢复辞。

安石得政，行新法，光逆疏其利害。迩英进读，至曹参代萧何事，帝曰："汉常守萧何之法不变，可乎？"对曰："宁独汉也，使三代之君常守禹、汤、文、武之法，虽至今存可也。汉武取高帝约束纷更，盗贼半天下；元帝改孝宣之政，汉业遂衰。由此言之，祖宗之法不可变也。"

吕惠卿言："先王之法，有一年一变者，'正月始和，布法象魏'是也；有五年一变者，巡守考制度是也；有三十年一变者，'刑罚世轻世重'是也。光言非是，其意以风朝廷耳。"帝问光，光曰："布法象魏，布旧法也。诸侯变礼易乐者，王巡守则诛之，不自变也。刑新国用轻典，乱国用重典，是为世轻世重，非变也。且治天下譬如居室，敝则修之，非大坏不更造也。公卿侍从皆在此，愿陛下问之。三司使掌天下财，不才而黜可也，不可使执政侵其事。今为制置三司条例司，何也？宰相以道佐人主，安用例？苟用例，则胥吏矣。今为看详中书条例司，何也？"惠卿不能对，则以他语诋光。帝曰："相与论是非耳，何至是。"光曰："平民举钱出息，尚能蚕食下户，况县官督责之威乎！"惠卿曰："青苗法，愿取则与之，不愿不强也。"光曰："愚民知取债之利，不知还债之害，非独县官不强，富民亦不强也。昔太宗平河东，立籴法，时米斗十钱，民乐与官为市。其后物贵而和籴不解，遂为河东世世患。臣恐异日之青苗，亦犹是也。"帝曰："坐仓籴米何如？"坐者皆起，光曰："不便。"惠卿曰："籴米百万斛，则省东南之漕，以其钱供京师。"光曰："东南钱荒而粒米狼戾，今不籴米而漕钱，弃其有余，取其所无，农末皆病矣！"侍讲吴申起曰："光言，至论也。"

它日留对，帝曰："今天下汹汹者，孙叔敖所谓'国之有是，众之所恶'也。"光曰："然。陛下当论其是非。今条例司所为，独安石、韩绛、惠卿以为是耳，陛下岂能独与此三人共为天下邪？"帝欲用光，访之安石。安石曰："光外托劘上之名，内怀附下之实。所言尽害政之事，所与尽害政之人，而欲置之左右，使与国论，此消长之大机也。光才岂能害政，但在高位，则异论之人倚以为重。韩信立汉赤帜，赵卒气夺，今用光，是与异论者立赤帜也。"

安石以韩琦上疏，卧家求退。帝乃拜光枢密副使，光辞之曰："陛下所以用臣，盖察其狂直，庶有补于国家。若徒以禄位荣之，而不取其言，是以天官私非其人也。臣徒以禄位自荣，而不能救生民之患，是盗窃名器以私其身也。陛下诚能罢制置条例司，追还提举官，不行青苗、助役等法，虽不用臣，臣受赐多矣。今言青苗之害者，不过谓使者骚动州县，为今日之患耳。而臣之所忧，乃在十年之外，非今日也。夫民之贫富，由勤惰不同，惰者常乏，故必资于人。今出钱贷民而敛其息，富者不愿取，使者以多散为功，一切抑配。恐其逋负，必令贫富相保，贫者无可偿，则散而之四方；富者不能去，必责使代偿数家之负。春算秋计，展转日滋，贫者既尽，富者亦贫。十年之外，百姓无复存者矣。又尽散常平钱谷，专行青苗，它日若思复之，将何所取？富室既尽，常平已废，加之以师旅，因之以饥馑，民之羸者必委死沟壑，壮者必聚而为盗贼，此事之必至者也。"抗章至七八，帝使谓曰："枢密，兵事也，官各有职，不当以他事为辞。"对曰："臣未受命，则犹侍从也，于事无不可言者。"安石起视事，光乃得请，遂求去。

以端明殿学士知永兴军。宣抚使下令分义勇戍边，选诸军骁勇士，募市井恶少年为奇兵；调民造干糇，悉修城池楼橹，关辅骚然。光极言："公私困敝，不可举事，而京兆一路皆内郡，缮治非急。宣抚之令，皆未敢从，若乏军兴，臣当任其责。"于是一路独得免。徙知许州，趣入觐，不赴；请判西京御史台归洛，自是绝口不论事。而求言诏下，光读之感泣，欲嘿不忍，乃复陈六事，又移书责宰相吴充，事见《充传》。

蔡天申为察访，妄作威福，河南尹、转运使敬事之如上官；尝朝谒应天院神御殿，府独为设一班，示不敢与抗。光顾谓台吏曰："引蔡寺丞归本班。"吏即引天申立监竹木务官富赞善之下。天申窘沮，即日行。

元丰五年，忽得语涩疾，疑且死，豫作遗表置卧内，即有缓急，当以畀所善者上之。官制行，帝指御史大夫曰："非司马光不可。"又将以为东宫师傅。蔡确曰："国是方定，愿少迟之。"《资治通鉴》未就，帝尤重之，以为贤于荀悦《汉纪》，数促使终篇，赐以颍邸旧书二千四百卷。及书成，加资政殿学士。凡居洛阳十五年，天下以为真宰相，田夫野老皆号为司马相公，妇人孺子亦知其为君实也。

帝崩，赴阙临，卫士望见，皆以手加额曰："此司马相公也。"所至，民遮道聚观，马至不得行，曰："公无归洛，留相天子，活百姓。"哲宗幼冲，太皇太后临政，遣使问所当先，光谓："开言路。"诏榜朝堂。而大臣有不悦者，设六语云："若阴有所怀；犯非其分；或扇摇机事之重；或迎合已行之令；上以徼幸希进；下以眩惑流俗。若此者，罚无赦。"后复命示光，光曰："此非求谏，乃拒谏也。人臣惟不言，言则入六事矣。"乃具论其情，改诏行之，于是上封者以千数。

起光知陈州，过阙，留为门下侍郎。苏轼自登州召还，缘道人相聚号呼曰："寄谢司马相公，毋去朝廷，厚自爱以活我。"是时天下之民，引领拭目以观新政，而议者犹谓"三年无改于父之道"，但毛举细事，稍塞人言。光曰："先帝之法，其善者虽百世不可变也。若安石、惠卿所建，为天下害者，改之当如救焚拯溺。况太皇太后以母改子，非子改父。"众议甫定。遂罢保甲团教，不复置保马；废市易法，所储物皆鬻之，不取息，除民所欠钱；京东铁钱及茶盐之法，皆复其旧。或谓光曰："熙、丰旧臣，多憸巧小人，他日有以父子义间上，则祸作矣。"光正色曰："天若祚宗社，必无此事。"于是天下释然，曰："此先帝本意也。"

元祐元年复得疾，诏朝会再拜，勿舞蹈。时青苗、免役、将官之法犹在，而西戎之议未决。光叹曰："四患未除，吾死不瞑目矣。"折简与吕公著云："光以身付医，以家事付愚子，惟国事未有所托，今以属公。"乃论免役五害，乞直降敕罢之。诸将兵皆隶州县，军政委守令通决。废提举常平司，以其事归之转运、提点刑狱。边计以和戎为使。谓监司多新进少年，务为刻急，令近臣于郡守中选举，而于通判中举转运判官。又立十科荐士法。皆从之。

拜尚书左仆射兼门下侍郎，免朝觐，许乘肩舆，三日一入省。光不敢当，曰："不见君，不可以视事。"诏令子康扶入对，且曰："毋拜。"遂罢青苗钱，复常平籴粜法。两宫虚己以听。辽、夏使至，必问光起居，敕其边吏曰："中国相司马矣，毋轻生事，开边隙。"光自见言行计从，欲以身徇社稷，躬亲庶务，不舍昼夜。宾客见其体羸，举诸葛亮食少事烦以为戒，光曰："死生，命也。"为之益力。病革，不复自觉，谆谆如梦中语，然皆朝廷天下事也。

是年九月薨，年六十八。太皇太后闻之恸，与帝即临其丧，明堂礼成不贺，赠太师、温国公，襚以一品礼服，赙银绢七千。诏户部侍郎赵瞻、内侍省押班冯宗道护其丧，归葬陕州。谥曰文正，赐碑曰《忠清粹德》。京师人罢市往吊，鬻衣以致奠，巷哭以过车。及葬，哭者如哭其私亲。岭南封州父老，亦相率具祭，都中及四方皆画像以祀，饮食必祝。

光孝友忠信，恭俭正直，居处有法，动作有礼。在洛时，每往夏县展墓，必过其兄旦，旦年将八十，奉之如严父，保之如婴儿。自少至老，语未尝妄，自言："吾无过人者，但平生所为，未尝有不可对人言者耳。"诚心自然，天下敬信，陕、洛间皆化其德，有不善，曰："君实得无知之乎？"

光于物澹然无所好，于学无所不通，惟不喜释、老，曰："其微言不能出吾书，其诞吾不信也。"洛中有田三顷，丧妻，卖田以葬，恶衣菲食以终其身。

绍圣初，御史周秩首论光诬谤先帝，尽废其法。章惇、蔡卞请发冢斲棺，帝不许，乃令夺赠谥，仆所立碑。而惇言不已，追贬清远军节度副使，又贬崖州司户参军。徽宗立，复太子太保。蔡京擅政，复降正议大夫，京撰《奸党碑》，令郡国皆刻石。长安石工安民当镌字，辞曰："民愚人，固不知立碑之意。但如司马相公者，海内称其正直，今谓之奸邪，民不忍刻也。"府官怒，欲加罪，泣曰："被役不敢辞，乞免镌安民二字于石末，恐得罪于后世。"闻者愧之。

靖康元年，还赠谥。建炎中，配飨哲宗庙庭。

译文：

司马光，字君实，是陕州夏县人。他的父亲司马池，曾任天章阁待制。司马光生下来七岁，严肃如同成年人，听别人讲授《左氏春秋》，特别喜爱，回家后将所听到的讲给家人，能说出其中的大意，此后，（他读书的兴趣越来越浓厚）整天手不释卷，往往不知道饥饿、口渴和寒暑季节。（有一次）一群小孩在院中游戏，其中有一小孩爬到一个大缸上，不慎落入有水的缸中,(小孩们因害怕)都逃跑了,(只有司马光非常冷静,从地上拾起一块石头)把缸砸破,缸里的水一下子全流了出来,小孩得救。后来京师、洛阳一带把这件事绘成图画。宋仁宗宝元初年,中进士甲科,年刚二十。性格不喜欢华丽,唯独司马光不戴花。(朝廷上规定,凡是中进士的人,都要参加一次"闻喜宴",在参加宴会时,皇帝要赐给每位新中的进士一朵大红花佩戴。)一个同中进士的人告诉他说:"君王的赏赐,不敢违背。"于是,司马光才别上了一枝花。

朝廷授予他奉礼郎,因司马池在杭州,司马光便请求任苏州判官以便侍奉父亲,被答应了。父母亲去世,守丧多年。容貌憔悴,谨守礼节。守丧期满,负责武成军判官的事务,改为大理评事,增补为国子监直讲。枢密副使庞籍推荐他为馆阁校勘,一同负责礼院事务。

中官麦允言死后,被给予帝王驾出时扈从的仪仗队。司马光说:"戴很多缨子的帽子上朝,孔子尚且义为不可。麦允言只是皇上亲近的大臣,没有勋劳,而被赠以三公的官位,给予一品官的仪仗队,看他帽上的缨子,不也太多了吗?"夏竦(死后)被赐谥文正,司马光说:"这个谥号是最美的,夏竦是什么人,可以受得了吗?"(因为他的话),夏竦被改谥文庄。司马光被加官为集贤校理。

司马光接受庞籍的邀请,担任并州判官。麟州屈野河西有许多良田,西夏人蚕食这一带土地,成为河东的祸患。庞籍命令司马光巡视,司马光建议说:"修筑两个城堡来抵御西夏人,招募老百姓去耕种,耕种的人多,粮食买卖价格就低,也就可以慢慢缓和河东粮食买卖价格昂贵而依赖远处供给的忧虑。"庞籍听从了他的计策;然而,麟州将领郭恩勇敢却狂妄,率兵在夜间渡河,不加防备,被敌人消灭,庞籍因此得罪离开了麟州。司马光三次上书说(郭恩被敌方消灭这件事)是自己的过失,没有答复。庞籍死后,司马光上堂拜见他的妻子,待她像母亲一样,抚养他的儿子像自己的兄弟一样,当时的人称赞他。

改任直秘阁、开封府推官。交趾贡纳一种奇怪的野兽,说是麟,司马光说:"真假不得而知,即使是真的,不是自己来的不足以说是祥瑞,希望送还他们献纳之物。"又写了一篇赋进行讽谏。修撰起居注,负责礼部。有关部门说有日食,按惯例,日食不满度数,或许京师看不见,大家都上表祝贺。司马光说:"四方都看得见,京师看不见,这是君王被阴险邪恶的人所蒙蔽;天下的人都知道,唯独朝廷不知道,它所带来的灾害会更厉害,不应当庆贺。"朝廷听从了。

一同负责谏院。苏辙在回答科举考试的对策中,言辞切中要害而且直率,考官胡宿打算不录取他,司马光说:"苏辙有爱君忧国之心,不应该落榜。"(因为司马光的建议),下诏将他定为最后一等。

仁宗身体不好,国家的继承人还未确立,天下的人都很忧虑却不敢说。谏官范镇首先发表自己的议论,司马光在并州听说后,接着发表意见,并且赠送书信给范镇,劝他以死抗争。到这时,司马光又(对皇帝)当面说:"我过去在并州作通判,所上的文书三章,希望陛下果断力行。"皇帝深思了很久,说:"莫非想要挑选宗室后代作为继承人吗?这是忠臣的话,只是别人不敢说到罢了。"司马光说:"我说这个,自己认为一定会招来死罪,没想到皇上开明接受了。"皇上说:"这有什么害处,古今都有这类事。"司马光退朝后没有听说有命令,又上书说:"我前面所说,心想立即就会施行,现在沉默未听到什么,这中间一定有小人说陛下年富力强，怎么立即做不吉祥的事。小人没有长远的考虑，只是想在仓促之间，拉拢他们所看重和友善的。'定策国老'、'门生天子'之祸，能说得完吗？"皇帝大大地感动，说："将上书送到中书省。"司马光见到韩琦等说："诸公没来得及商定大议，他日宫中半夜传出寸纸，把某人作为继承人，而且天下的人不敢违背。"韩琦等双手作揖说："不敢不尽力。"不久，下诏让英宗负责宗正事务，一再推辞，不肯答应，于是被立为皇子。（英宗）又说自己有病，不肯入宫。司马光说："皇子推辞没有料到的富贵，已经有一个月，可见他比一般人贤能得多。然而，对父亲的召唤不答应，君王征召不肯应征，希望以臣下的道义来责备皇子，想必一定会入宫。"（皇上照办以后），英宗果真接受了命令。

兖国公主嫁给李玮，李玮不能胜任宰相，下诏调李玮到卫州，李玮的母亲归附其兄李璋，公主回到宫中居住。司马光说："皇帝陛下想念章懿太后，所以让李玮娶了公主。现在是母子分离，家事流落，唯独皇上没有感觉没有恩泽吗？李玮已经罢黜，公主怎么会没有罪过？"皇帝明白了，下诏让公主到沂国，对待李氏的恩惠不变。

晋升负责起草皇帝诏书，他一再推辞，于是改授为天章阁待制兼侍讲、负责谏院。当时朝政多姑息迁就，小官吏们起哄就可以驱逐执法官，负责皇帝坐车的官吏违令、傲慢，就撤换宰相，卫士们行凶、造反，可监狱不治理，兵士辱骂三司使而认为不是冒犯长官。司马光说这些都是犯死罪的开始，不能不正法。

充媛董氏死后，被赠给淑妃称号，停止上朝，为她穿丧服，官员们都前去安慰，议定谥号，实行册封的礼节，送葬时给予仪仗队，司马光说："董氏的次序本来低微，病危将死才拜为充媛。古时候妇人没有谥号,近代的制度只有皇后才有。仪仗队本来是用于奖赏有军功的人,从来没有给妇人。唐朝平阳公主有率兵辅佐唐高祖平定天下的功劳,才被给予。至于韦庶人开始让妃子下葬的日子都给予鼓吹,不是要让它成为制度,不值得效法。"当时有关部门议定后宫的封赠办法,皇后和妃子全部封赠三代,司马光议论说:"妃子不应当和皇后相同,(西汉)袁盎引导慎夫人离开(与皇后同坐的)坐席,正是这个缘故。仁宗天圣年间行郊祀祭礼,太妃只赠给三代,何况妃子呢?"

英宗被立为皇帝,害病,慈圣光献皇后一同处理政务,司马光上疏说:"过去章献明肃皇后有保佑先帝的功劳,只是因为亲用外戚小人,被海内外人士非议。现在处理政务,大臣中忠诚厚道的像王曾,清静纯正的像张知白,刚正不阿的像鲁宗道,正直无私的像薛奎等人,应该相信重用他们;低劣、卑鄙的像马季良,谗害忠良的像罗崇勋等,应当疏远他们,那么天下的人就会心悦诚服。"

皇帝病愈,司马光料想一定会追究出继皇子的事,于是上书说:"汉宣帝作为孝昭帝的后代,终究不追尊卫太子、史皇孙;光武帝是继承西汉元帝,也不追尊巨鹿、南顿君,这是万世的法表。"后来下诏让两制集体商议濮王的典章礼节,学士王珪等互相观望不敢首先说话,司马光独自挥笔写道:"作为一个人后嗣,就是这个人的儿子,不得顾及自己的亲属。大王应该准许封赠他的父亲的习惯,称为皇伯,给他以高官和很大的封国,以表示对他的尊敬和荣耀。"商议完了,王珪即命令属吏将司马光的手稿作为商议结果。送上去以后,与大臣们的意见不同,御史六人力争,都被斥退。司马光请求将他们留下,没有允许,于是请求与他们一同被贬。

起初，西夏派遣使者来参加祭祀，延州指挥使高宜负责护送作伴，对西夏使者很傲慢，侮辱西夏国王，使者回去以后，报告了他们的朝廷。司马光与吕诲请求对高宜治罪，没有听从。第二年，西夏人侵犯边疆，杀略官吏和平民。赵滋在雄州为官，专门凭借勇猛和劲悍治理边境，司马光认为不行。到这时，契丹的人民在界河捕鱼，在白沟的南面砍伐柳树，朝廷认为雄州知州李中祐没有才能，准备派人取代他。司马光说："国家应当在少数民族归附服从时，喜欢和他们计较细枝末节，等到他们桀骜不驯，又听从他们、姑息他们。近来西边的祸害因为高宜，北边的祸害因为赵滋，时论认为这两个人是贤人，所以边境的臣子都以惹是生非为本事，渐渐发展到不可阻挡。应该命令边境官吏，边疆的小事动辄用武力的人，按犯罪论处。"

宋仁宗用于赠送、赏赐的东西，价值达百余万，司马光率领同事三次上书，说："国家有大的忧患，中外很贫乏，不可以专门使用乾兴的旧事。如果赠送、赏赐不能免除，应该准许侍从向上进送金钱来帮助营建山陵。"没有许可。于是，司马光把所得到的珠宝作为谏院的办公费，黄金送给舅家，坚决不肯收藏在家里。皇后归政，有关部门制订法律，大凡皇后想要获取东西，应该上奏两次才供给。司马光说："应该转交给所归属的部门供给，如数告诉皇后，防止其中作弊。"

曹佾没有功劳被任命为使相，两府都升官。司马光说："皇帝陛下想要慰藉母亲的心，而晋升和提拔无名之辈，然则守卫的老将、侍奉的小臣，一定会有所希图。"不久，晋升都知任守忠等官员，司马光又争辩，并因此发表议论说："任守忠是大奸臣，陛下做皇子，不是任守忠的意思，他阻止和破坏重大决策，离间各种事情，幸好先帝没有听从；等到陛下继承皇位，他又多次交结干坏事,是国家的大贼。请求将其斩首于都市,以此答谢天下。"(由于他的这一议论),贬谪任守忠为节度副使,在蕲州居住,天下人对此都感到高兴。

下诏征发陕西义勇二十万人,百姓很惊扰,而且纪律混乱,不可任用。司马光慷慨激昂地加以非议,把情况告诉韩琦。韩琦说:"用兵贵在先声夺人,谅诈现在正桀骜不驯,假使他一下听说增兵二十万,难道不会感到震惊害怕?"司马光说:"用兵之所以贵在先声夺人,是因为它不真实,唯独可以欺骗一时罢了。现在我们虽然增兵,实际上不能用,不超过十天,他们就会知道我们的真实情况,还会有什么害怕的呢?"韩琦说:"你只看到庆历年间乡兵打了胜仗,忧虑现在又会像那样,已经下达圣旨与百姓约定,永远不再充军防守边防。"司马光说:"朝廷曾经失信于民,老百姓不敢那样认为,即使我司马光也不能不怀疑。"韩琦说:"我在这里,你不要有忧虑。"司马光说:"您在这里,可以这样,他日别人处在这个位置,因为公事征兵,用兵运粮守边,易如反掌。"韩琦默不作声,可事情完了,也不停止(老百姓的兵役)。不到十年,都像司马光所考虑的情形一样。

王广渊被安置到集贤院,司马光认为他奸邪不可亲近,说:"过去汉景帝重用卫绾,周世宗鄙薄张美。王广渊在仁宗在世时,私自结交陛下,难道是忠臣吗?应该贬黜他,以严肃天下。"司马光被晋升为龙图阁直学士。

宋神宗即位,提拔为翰林学士,司马光极为推辞。皇帝说:"古时候的君子,要么有学问而不写文章,要么写文章而无学问,只有董仲舒、扬雄二者兼之。你有文章、学问,怎么推辞呢?"回答说:"我不能作四六骈体文。"皇帝说:"象两汉的诏书可以;何况你能在进士考试中获得很高名次,而说不能作四六骈文，为什么？"终究推辞不得。

御史中丞王陶因为议论宰相不值日而罢官，让司马光取代他。司马光说："王陶由于议论宰相被罢免，那么御史中丞不能再担任。我希望等到宰相已值日，然后再就职。"被答应了。于是上书谈论修心的三个要领：仁、明、武；治国的三个主要问题：任人、信赏、必罚。他的议论十分详备。并且还说："我侍奉三朝，都以这六句话进献，一生努力学习所获得的，全部在这里。"任音乐院内臣，宋朝常常任用供奉官以下的官吏，调到内殿领班一段时间就调出了；近年官吏暗中领取国家财物，不是祖宗的本意。因此，司马光议论说高居简是奸邪之人，请求疏远和流放他。奏章上了五次，皇帝罢黜了高居简，全部罢免了那些转寄资财（牟求私利）的人，不久又留下二人，司马光又极力争论。张方平担任参知政事，司马光说他与众望不合，皇帝没有听从。让他继续担任翰林兼侍读学士。

司马光常常忧虑历代史书繁浩，君主不能全部浏览，于是撰写《通志》八卷，呈献皇上。英宗十分高兴，下令放在秘书省，让他继续写这部书。到这时，宋神宗命名为《资治通鉴》，亲自撰写《序》给他，使人每天诵读。

下诏录用颍邸直省官四人为阁门祗候，司马光说："朝廷刚建立初年，大政施展困难，所以统治开始，必定使用左右旧人作为心腹耳目，把他们叫作随龙，并不是平时的常法。阁门祗候在文臣是馆职，怎么可以让服役的仆人担任。"

西边的少数民族部落将领嵬名山想凭借横山的人们，夺取谅祚来投降，诏令边境的臣子招纳他的人众。司马光上疏尖锐地指出说："嵬名山的民众，不一定能制服谅祚。侥幸战胜它，灭亡了谅祚，又生出一谅祚，有什么利益；如果不获胜，一定会带领民众归顺我们,不知道怎么对待他们。我恐怕朝廷不仅失信于谅祚,而且又会失信于嵬名山了。如果嵬名山余众还很多,返回北边又不行,进入南边又不被接受,穷困无所归附,一定会突然占据边境城堡来自救性命。陛下没有听说过侯景的事吗?"皇上没有听从,派遣将领种谔带兵迎接,夺取绥州,花费六十万,西方用兵,从此开始了。

百官上尊号,司马光掌管诏书,说:"先帝举行祭祀大礼,不接受尊号。末年有进献建议的人,说国家与契丹往来通信,他们有尊号我们唯独没有,因此在不是册封的时候进行册封。过去匈奴冒顿自称'天地所生日月所置匈奴大单于',没有听说汉文帝又取大名来加封给自己。希望追述先帝的本意,不接受这个名号。"皇帝很高兴,亲手下诏嘉奖司马光,使他写好答谢辞,显示给中外人士。

掌管政务时,因为河朔一带天旱伤农,国家用度不充足,请求南郊大祀时不赏赐黄金绢帛。下诏让学士们议论,司马光和王珪、王安石同时被召见,司马光说:"救灾节约用度,应该从贵戚和近臣开始,可以听从。"王安石说:"常衮推辞政事堂的公膳,当时人认为常衮自己没有能力,应当辞去职务而不应当推辞俸禄。况且国家用度不足,不是当前紧急事务,之所以国用不足,是因为没有得到善于理财的人。"司马光说:"善于理财的人,不过是按人头收取,用箕收取之罢了。"王安石说:"不是这样,善于理财的人,不增加赋税而国家的财用会充足。"司马光说:"天下怎么会有这样的道理?天地所生财货和各种物资,不在于老百姓,就在于官,他们设法掠夺百姓,其危害比增加赋税更厉害。这大概是桑弘羊欺骗汉武帝的话,太史公写他,可见太史公不明白罢了。"(对这个问题)群臣们争论不休。皇帝说:"我的意思与司马光相同,然而姑且用不允许答复。"碰上王安石草拟诏书,引用常衮事责备两府,两府不敢再推辞。

王安石主持政务,施行新法,司马光反对,上书陈述利害。迩英将上书进献诵读,当读到曹参代替萧何事时,皇帝说:"汉朝经常守萧何之法不变,行得通吗?"回答说:"不仅是汉朝、三代的君主也常常固守大禹、商汤、周文王、周武王的法规,即使保存到今日也可以。汉武帝采取高祖纷纷改变成规的办法,盗贼布满了半壁天下,元帝更改孝宣帝时候的政策,于是汉朝的王业衰落。由此说来,祖宗之法不可变改。"

吕惠卿说:"先王的成法,有一年改变一次的,'正月始和,布法象魏'就是说的这个;有五年变更一次的,巡行境内的考绩制度就是;有三十年变更一次的,'刑法时轻时重'就是。司马光说的不对,他的用意在于讽刺朝廷罢了。"皇帝问司马光,司马光说:"布法象魏,是颁布原来的法规。诸侯国改变礼节和变换乐器的,国君巡行境内遇到了就要诛杀诸侯王,不是自己改变。刑法是刚刚建立的国家用轻法,混乱的国家用重法,这就是时重时轻,不是变化。况且治理天下好比住的房子,房子坏了就修补一下;不是大坏,就不要另造新的。公卿侍从们都在这里,希望陛下询问他们。三司使掌管天下财富,没有才能的人罢黜是可以的,但不要让掌管政事的人干预三司使的事务。现在设立三司条例司,不知为什么?宰相用德行辅佐君王,怎么用规程、条例呢?如果用规程、条例,那么是低级官吏了。现在看到的详见于中书条例司,为什么呢?"吕惠卿不能回答,就用其他话来诋毁司马光。皇帝说:"互相讨论是非,何必这样。"司马光说:"百姓放债收取利息,还能够蚕食下等人家,何况政府放债的威力呢?"吕惠卿说:"青苗法,是愿意借就给他,不愿借的不强迫。"司马光说:"愚民知道借债的利益,不知道还债的害处,不只是政府不强迫,富裕的百姓也不强迫。过去太宗平定河东,制定和籴法令,当时一斗米十钱,百姓乐意和官府交易。后来物价昂贵而和籴没有取消,终于成为河东的世代祸害。我恐怕它日的青苗法,也像这样。"皇帝说:"官仓籴米怎么样?"在座的人都站了起来,司马光说:"不便。"吕惠卿说:"籴米一百万斛,就可以省去东南的漕运,拿这些省下的钱供给京师。"司马光说:"东南缺少钱币,为了一粒大米而变得贪暴凶残,现在不籴米而收取漕运的费用,是舍弃有余,取其没有,对农业和商业都有害处!"侍讲吴申站起来说:"司马光所说,是切中要害的。"

第二天留下来回答问题,皇帝说:"现在天下一片混乱不安,是孙叔敖所说'国家有的,民众所厌恶'的。"司马光说:"是的,陛下应当讨论谁是谁非。现在条例司所作所为,唯独王安石、韩绛、吕惠卿认为是对的,陛下怎么能够单独与这三个人共同治理天下呢?"皇帝想要重用司马光,询问王安石。王安石说:"司马光外表借直言劝谏皇上的名义,内心却怀依附下臣的真实用意。所说全部是危害政务的事情,和他在一起的人,全部是危害政务的人,而想要安置在身边,使他参与讨论国家大事,这是互相消耗的关键所在。司马光的才能不足以危险政治,只是他处在高位,那些有不同意见的人会倚附他作为重托。韩信树起汉的红色旗,赵地士兵的勇气全没有了,现在任用司马光,是给那些有不同意见的人树红色旗。"

王安石因为韩琦上疏,躺在家里请求退位。于是,皇帝任命司马光为枢密副使,司马光推辞说:"陛下之所以任用我,大概是发现我狂妄直率,也许有助于国家。如果仅仅是用俸禄和职位荣耀我,而不听我的言论,是拿官位来作私恩,而不是任用人。我仅仅拿俸禄和职位作为荣耀,而不能拯救百姓的患难,是盗窃国家的名位和车服仪制来为自己谋利。陛下如果真能够罢去制置条例司,追还提举官,不施行青苗、助役等法令,虽然不任用我,我得到的恩赐也多了。现在说青苗法害处的,不过是说使者骚动州县,是作为现在的祸患而已。可是我所忧虑的,乃是十年以后,不是今天的事。百姓的贫富,由于勤劳和懒惰不同,懒惰的人常常贫乏,所以必定求助于别人。现在拿出钱借给百姓收取利息,富裕的人不愿意借取,而使者以多借出去作为功劳,一切都是压制分配。恐怕拖欠债务,一定要让贫人和富人互相担保,贫困的人没有可以偿还的,就会向四方逃跑;富裕的人不能离开,一定会被责令偿还几家所欠的债。春天开始到秋天结算,数额一天天增大,贫困的人跑光了,富裕的人也贫困了。十年以后,百姓没有生存的了。又全部散发常平仓的钱和谷,专门实行青苗法,他日如果想要恢复常平仓,将拿取什么?富裕人家既然没有了,常平仓也废除了,加上军队,因而造成饥荒,老百姓中那些羸弱的一定会死于沟壑,强壮的一定会聚集起来造反作盗贼,这是事情一定发展的地步。"上书达七八次,皇帝派人对他说:"枢密,是负责军事,为官各有职责,不应该拿其他事情来推辞。"回答说:"我没有接受任命,那么还是侍从,对于事情没有不可说的。"王安石出来料理政事,于是司马光获得请求辞职的机会,终于离开了京城。

以端明殿学士的身份出知永兴军。宣抚使下命令分拨义勇戍守边疆,挑选诸军骁勇武士,招募市井恶少年为奇兵,征调百姓制造干粮,全部修筑城池望楼,关辅一带骚扰不安。司马光大声疾呼:"公私固困疲乏,不可以生事,京兆一路全部是内郡,修缮并不是当务之急。宣抚的命令,都没有敢听从,如果说缺乏军事行动,我当担负责任。"于是一路独免骚扰。迁徙到许州任知州,急忙朝见皇帝,不赴任;请求回洛阳西京御史台任职,从此绝口不谈政事。而请求言论的诏令下达以后,司马光读后感动得流了泪,想默不作声又不能忍受,于是又陈述了六件事,又写信谴责宰相吴充,事情见于《吴充传》。

蔡天申担任察访官,作威作福,河南尹、转运使对他恭敬得像对待上司一样;曾经朝拜应天院神御殿,官府单独为他设了一班,以示不敢与他对抗。司马光回头走到台吏面前说:"把蔡寺丞带回本班。"于是,官吏带蔡天申站到监竹木务官富赞善之后,蔡天申很窘迫和沮丧,当天就走了。

元丰五年,忽然患言语不流畅的疾病,自己怀疑将离开人世,预备了遗书,将其放在屋内卧房里,一旦病情加重,就把它交给所友好的人送给皇上。官制施行,皇帝指着御史大夫说:"非司马光不可。"又准备以他为太子东宫的师傅。蔡确说:"国家的储君刚定下来,希望稍微推迟。"《资治通鉴》还没有完成,皇帝特别注重它,认为比荀悦的《汉纪》好,多次催促他完稿,把颖邸旧书二千四百卷赏赐给他。等到书写完,加授他为资政殿学士。总共居住在洛阳十五年,天下把他当作真正的宰相,村夫野老都称他为司马相公,妇人孺子都知道他是司马君实。

皇帝去世,赶赴宫殿,守卫的士兵望见他,都把手放在前额说:"这是司马相公呀!"所到之处,老百姓拦在路上,聚集在一起观看,以致马不能通过,说:"你不要回洛阳了,留下来做天子的宰相,救活百姓。"哲宗年幼,太皇太后临朝听政,派遣使者问司马光首要之务,司马光说:"广开言路。"于是下诏在朝堂公开张贴文书、告示。针对大臣有不高兴的人,定下了六条,说:"象暗中有所怀疑;犯非其分;或者煽动动摇机要事情;或者迎合已经在施行的法令;对上想侥幸希望晋升;往下想迷惑流俗。像这些,受惩罚不能赦免。"然后把它交给司马光,司马光说:"这不是请求进谏,而是在拒谏。作臣子的只有不说,一说就归入到六条里了。"于是全部议论其中的情况,将诏书修改后施行。在当时,上书言事的人以千数计。

起任司马光作陈州知州,路经朝廷,被留下为门下侍郎。苏轼从登州被召回朝廷,所过路上,人们聚集在一起大声呼喊说:"感谢司马相公,你不要去朝廷了,好好保重救活我们。"当时天下的老百姓,都拿衣袖擦亮眼睛来看新政,可是议论的人还说:"三年不改变父亲的制度。"只是粗略地举出一些细小事情,稍微搪塞人们的耳目。司马光说:"先帝的法规,好的部分即使百代也不应该改变,象王安石、吕惠卿所创建的,成为天下的祸害,更改它们就像救民于水火一样。何况太皇太后因母亲改变儿子,不是儿子改变父亲。"众议决定了。于是罢去保甲团教,不再设立保马法;废除市易法,所储存的物资全部卖掉,不收利息,免除老百姓所欠的钱;京东铁钱及茶盐的办法,都恢复原来的样子。有人对司马光说:"熙宁、咸丰时期的旧臣,大多是奸佞小人,他日有人拿父子情义离间皇上,那么大祸就发生了。"司马光用严厉的神色说:"上天若降福宗庙,必定没有这类事。"于是天下的人都放心了,说:"这是先帝的本意。"

元祐元年又得了疾病,皇帝下诏说朝会后再去拜见,不要激动。当时青苗法、免役法、将官法还存在,而对待西方少数民族的意见也没有决定。司马光叹息说:"四个祸患没有消除,我死不瞑目呀!"写信给吕公著说:"我把身体交给了医生,把家事交给儿子,只有国家大事没有可寄托的人,现在把它交给您。"

于是议论免役法的五点害处，请求直接下令罢去。各位将领的兵士都隶属州县，军政事务委托郡守、县令一同决定。废除提举常平司，将其事务转交给转运使、提点刑狱。边疆大计以和少数民族讲和为便利。说监司多为新近选拔的少年，以刻薄急躁为务，命令亲近的臣子从郡守中选拔举荐，而在通判中选拔转运判官。又设立十科荐士法。都听从了。

拜授尚书左仆射兼门下侍郎，免除上朝朝拜，准许他坐肩舆，三天到一次门下省。司马光不敢接受，说："不见到君王，不能够管理事务。"下诏让司马光的儿子司马康搀扶着司马光入朝对策，并且说："不要下拜。"（在司马光的一再反对下）罢去了青苗钱，恢复了常平仓的籴粜法。皇官和东宫太子都虚心地听从他的意见。辽国、西夏的使者来到，一定要询问司马光的起居，并且命令他们的边境官吏说："中国的宰相是司马氏，不要轻率生事，发生边境纠纷。"司马光被言听计从，想要以身报国，便亲自过问一切事务，不分昼夜。宾客见他身体羸弱，列举诸葛亮吃得少而事多作为鉴戒，司马光说："死和生，是命中注定的。"工作更加努力。病危将死，不再有知觉，恳切教导好像是梦中说话，然而，所说都是朝廷、天下的大事。

这年九月去世，终年六十八岁。太皇太后听到司马光去世的消息，十分悲哀，和皇帝当即去吊丧，以致明堂建成的大礼也没有去祝贺，赠封他为太师、温国公，赠给死者的衣服是一品官的礼服，赠送的白银和绢达七千。诏令户部侍郎赵瞻、内侍省押班冯宗道监护丧事，归葬到陕州。谥号叫文正，赐碑叫《忠清粹德》。京师的人们罢市前往凭吊，卖掉衣物去祭奠，街巷中的哭声超过了车子的声音。等到安葬，哭的人好像是在哭自己的亲属。岭南封州的父老，也都纷纷祭奠，京城及四方都画他的像以示祭祀，饭食前一定要先祝福。

司马光孝顺朋友，讲求忠信、恭敬、节俭、正直，居处有法度，言行举动有礼节。在洛阳时，每次到夏县去扫墓，一定要经过他的哥哥司马旦家，司马旦年近八十，司马光侍奉他像严父，保护他像婴儿一样。从小到老，言语从来没有妄说一句，自己说："我没有超过别人的地方，只是一生的所为，从来没有不可对别人说的。"一片诚心就像天生的，天下的人都敬重相信他，陕西、洛阳一带都把他的德行作为教化，说："司马君实莫非不知道吗？"

司马光对东西看得很淡薄，没有什么爱好，对学问没有不精通的，唯独不喜欢佛教、道教，说："其中的微言大义不能够超过我的书，其中的荒诞我不相信。"洛阳有田三顷，妻子死后，卖掉土地作为葬丧费用，很普通的衣服和微薄的饮食一直到死。

绍圣初年，御史周秩第一个说司马光诬蔑、诽谤先帝，全部废除先帝新法。章惇、蔡卞请求掘其墓，砸碎他的棺材，皇帝不允许，仅下令剥夺他的赠谥，推倒为他所立的碑。可是，章惇的话一直不停止，于是追贬他为清远军节度副使，又贬他为崖州司户参军。宋徽宗被立为帝，恢复他为太子太保。蔡京擅权专政，又降司马光为正议大夫，在京城撰刻《奸党碑》，命令郡国都刻石勒碑。长安石工安民准备刻字，推辞说："安民是愚蠢之人，固然不知道立碑的用意。但像司马相公这样的人，海内外都称赞他的正直，现在说他是奸邪，我安民不忍心刻。"长安府的官吏十分恼怒，想要治他的罪，安民哭着说："被征发服役，不敢推辞，在碑的最后请求免刻'安民'二字，害怕得罪后世的人。"听到此话的人都感觉到很羞惭。

靖康元年，又归赠他原先的谥号。建炎年间，把他供奉在哲宗的宗庙里。

宋史卷三百三十八

列传第九十七

苏　轼

苏轼字子瞻，眉州眉山人。生十年，父洵游学四方，母程氏亲授以书，闻古今成败，辄能语其要。程氏读东汉《范滂传》，慨然太息，轼请曰："轼若为滂，母许之否乎？"程氏曰："汝能为滂，吾顾不能为滂母邪？"

比冠，博通经史，属文日数千言，好贾谊、陆贽书。既而读《庄子》，叹曰："吾昔有见，口未能言，今见是书，得吾心矣。"嘉祐二年，试礼部。方时文磔裂诡异之弊胜，主司欧阳修思有以救之，得轼《刑赏忠厚论》，惊喜，欲擢冠多士，犹疑其客曾巩所为，但置第二；复以《春秋》对义居第一，殿试中乙科。后以书见修，修语梅圣俞曰："吾当避此人出一头地。"闻者始哗不厌，久乃信服。

丁母忧。五年，调福昌主簿。欧阳修以才识兼茂，荐之秘阁。试六论，旧不起草，以故文多不工。轼始具草，文义粲然。复对制策，入三等。自宋初以来，制策入三等，惟吴育与轼而已。

除大理评事、签书凤翔府制官。关中自元昊叛，民贫役重，岐下岁输南山木筏，自渭入河，经砥柱之险，衙吏踵破家。轼访其利害，为修衙规，使自择水工以时进止，自是害减半。

治平二年，入判登闻鼓院。英宗自藩邸闻其名，欲以唐故事召入翰林，知制诰。宰相韩琦曰："轼之才，远大器也，他日自当为天下用。要在朝廷培养之，使天下之士莫不畏慕降伏，皆欲朝廷进用，然后取而用之，则人人无复异辞矣。今骤用之，则天下之士未必以为然，适足以累之也。"英宗曰："且与修注如何？"琦曰："记注与制诰为邻，未可遽授。不若于馆阁中近上帖职与之，且请召试。"英宗曰："试之未知其能否，如轼有不能邪？"琦犹不可，及试二论，复入三等，得直史馆。轼闻琦语，曰："公可谓爱人以德矣。"

会洵卒，赙以金帛，辞之，求赠一官，于是赠光禄丞。洵将终，以兄太白早亡，子孙未立，妹嫁杜氏，卒未葬，属轼。轼既除丧，即葬姑。后官可荫，推与太白曾孙彭。

熙宁二年，还朝。王安石执政，素恶其议论异己，以判官告院。四年，安石欲变科举、兴学校，诏两制、三馆议。轼上议曰：

得人之道，在于知人；知人之法；在于责实。使君相有知人之明，朝廷有责实之政，则胥史皂隶未尝无人，而况于学校贡举乎？虽因今之法，臣以为有余。使君相不知人，朝廷不责实，则公卿侍从常患无人，而况学校贡举乎？虽复古之制，臣以为不足。夫时有可否，物有废兴，方其所安，虽暴君不能废，及其既厌，虽圣人不能复。故风俗之变，法制随之，譬如江河之徙移，强而复之，则难为力。

庆历固尝立学矣，至于今日，惟有空名仅存。今将变今之礼，易今之俗，又当发民力以治官室，敛民财以食游士。百里之内,置官立师,狱讼听于是,军旅谋于是,又简不率教者屏之远方,则无乃徒为纷乱,以患苦天下邪?若乃无大更革,而望有益于时,则与庆历之际何异?故臣谓今之学校,特可因仍旧制,使先王之旧物,不废于吾世足矣。至于贡举之法,行之百年,治乱盛衰,初不由此。陛下视祖宗之世,贡举之法,与今为孰精?言语文章,与今为孰优?所得人才,与今为孰多?天下之事,与今为孰办?较此四者之长短,其议决矣。

今所欲变改不过数端:或曰乡举德行而略文词,或曰专取策论而罢诗赋,或欲兼采誉望而罢封弥,或欲经生不帖墨而考大义,此皆知其一,不知其二者也。愿陛下留意于远者、大者,区区之法何预焉。臣又切有私忧过计者。夫性命之说,自子贡不得闻,而今之学者,耻不言性命,读其文,浩然无当而不可穷;观其貌,超然无著而不可挹,此岂真能然哉!盖中人之性,安于放而乐于诞耳。陛下亦安用之?

议上,神宗悟曰:"吾固疑此,得轼议,言释然矣。"即日召见,问:"方今政令得失安在?虽朕过失,指陈可也。"对曰:"陛下生知之性,天纵文武,不患不明,不患不勤,不患不断,但患求治太急,听言太广,进人太锐。愿镇以安静,待物之来,然后应之。神宗悚然曰:"卿三言,朕当熟思之。凡在馆阁,皆当为朕深思治乱,无有所隐。"轼退,言于同列。安石不悦,命权开封府推官,将困之以事。轼决断精敏,声闻益远。会上元敕府市浙灯,且令损价。轼疏言:"陛下岂以灯为悦?此不过以奉二宫之欢耳。然百姓不可户晓,皆谓以耳目不急之玩,夺其口体必用之资。此事至小,体则甚大,愿追还前命。"即诏罢之。

时安石创行新法，轼上书论其不便，曰：

臣之所欲言者，三言而已。愿陛下结人心，厚风俗，存纪纲。人主之所恃者人心而已，如木之有根，灯之有膏，鱼之有水，农夫之有田，商贾之有财。失之则亡，此理之必然也。自古及今，未有和易同众而不安，刚果自用而不危者。陛下亦知人心之不悦矣。

祖宗以来，治财用者不过三司。今陛下不以财用付三司，无故又创制置三司条例一司，使六七少年，日夜讲求于内，使者四十余辈，分行营干于外。夫制置三司条例司，求利之名也；六七少年与使者四十余辈，求利之器也。造端宏大，民实惊疑；创法新奇，吏皆惶惑。以万乘之主而言利，以天子之宰而治财，论说百端，喧传万口，然而莫之顾者，徒曰："我无其事，何恤于人言。"操罔罟而入江湖，语人曰"我非渔也"，不如捐罔罟而人自信。驱鹰犬而赴林薮，语人曰"我非猎也"，不如放鹰犬而兽自训。故臣以为欲消谗慝而召和气，则莫若罢条例司。

今君臣宵旰，几一年矣，而富国之功，茫如捕风，徒闻内币出数百万缗，祠部度五千余人耳。以此为术，其谁不能？而所行之事，道路皆知其难。汴水浊流，自生民以来，不以种稻。今欲陂而清之，万顷之稻，必用千顷之陂，一岁一淤，三岁而满矣。陛下遂信其说，即使相视地形，所在凿空，访寻水利，妄庸轻剽，率意争言。官司虽知其疏，不敢便行抑退，追集老少，相视可否。若非灼然难行，必须且为兴役。官吏苟且顺从，真谓陛下有意兴作，上糜币廪，下夺农时。隄防一开，水失故道，虽食议者之肉，何补于民！臣不知朝廷何苦而为此哉？

自古役人，必用乡户。今者徒闻江、浙之间，数郡顾役，而欲措之天下。单丁、女户，盖天民之穷者也，而陛下首欲役之，富有四海，忍不加恤！自杨炎为两税，租调与庸既兼之矣，奈何复欲取庸？万一后世不幸有聚敛之臣，庸钱不除，差役仍旧，推所从来，则必有任其咎者矣。青苗放钱，自昔有禁。今陛下始立成法，每岁常行。虽云不许抑配，而数世之后，暴君污吏，陛下能保之与？计愿请之户，必皆孤贫不济之人，鞭挞已急，则继之逃亡，不还，则均及邻保，势有必至，异日天下恨之，国史记之，曰"青苗钱自陛下始"，岂不惜哉！且常平之法，可谓至矣。今欲变为青苗，坏彼成此，所丧逾多，亏官害民，虽悔何及！

昔汉武帝以财力匮竭，用贾人桑羊之说，买贱卖贵，谓之均输。于时商贾不行，盗贼滋炽，几至于乱。孝昭既立，霍光顺民所欲而予之，天下归心，遂以无事。不意今日此论复兴。立法之初，其费已厚，纵使薄有所获，而征商之额，所损必多。譬之有人为其主畜牧，以一牛易五羊。一牛之失，则隐而不言；五羊之获，则指为劳绩。今坏常平而言青苗之功，亏商税而取均输之利，何以异此？臣窃以为过矣。议者必谓："民可与乐成，难与虑始。"故陛下坚执不顾，期于必行。此乃战国贪功之人，行险侥幸之说，未及乐成，而怨已起矣。臣之所愿陛下结人心者，此也。

国家之所以存亡者，在道德之浅深，不在乎强与弱；历数之所以长短者，在风俗之薄厚，不在乎富与贫。人主知此，则知所轻重矣。故臣愿陛下务崇道德而厚风俗，不愿陛下急于有功而贪富强。爱惜风俗，如护元气。圣人非不知深刻之法可以齐众，勇悍之夫可以集事，忠厚近于迂阔，老成初若迟钝。然终不肯以彼易此者，知其所得小，而所丧大也。仁祖持法至宽，用人有叙，专务掩覆过失，未尝轻改旧章。考其成功，则曰未至。以言乎用兵，则十出而九败；以言乎府库，则仅足而无余。徒以德泽在人，风俗知义，故升遐之日，天下归仁焉。议者见其末年吏多因循，事不振举，乃欲矫之以苛察，齐之以智能，招来新进勇锐之人，以图一切速成之效。未享其利，浇风已成。多开骤进之门，使有意外之得，公卿侍从跬步可图，俾常调之人举生非望，欲望风俗之厚，岂可得哉？近岁朴拙之人愈少，巧进之士益多。惟陛下哀之救之，以简易为法，以清净为心，而民德归厚。臣之所愿陛下厚风俗者，此也。

祖宗委任台谏，未尝罪一言者。纵有薄责，旋即超升，许以风闻，而无官长。言及乘舆，则天子改容；事关廊庙，则宰相待罪。台谏固未必皆贤，所言亦未必皆是。然须养其锐气，而借之重权者，岂徒然哉？将以折奸臣之萌也。今法令严密，朝廷清明，所谓奸臣，万无此理。然养猫以去鼠，不可以无鼠而养不捕之猫；畜狗以防盗，不可以无盗而畜不吠之狗。陛下得不上念祖宗设此官之意，下为子孙万世之防？臣闻长老之谈，皆谓台谏所言，常随天下公议。公议所与，台谏亦与之；公议所击，台谏亦击之。今者物论沸腾，怨谤交至，公议所在，亦知之矣。臣恐自兹以往，习惯成风，尽为执政私人，以致人主孤立，纪纲一废，何事不生！臣之所愿陛下存纪纲者，此也。

轼见安石赞神宗以独断专任，因试进士发策，以"晋武平吴以独断而克，苻坚代晋以独断而亡，齐桓专任管仲而霸，燕哙专任子之而败，事同而功异"为问。安石滋怒，使御史谢景温论奏其过，穷治无所得，轼遂请外，通判杭州。高丽入贡，使者发币于官吏，书称甲子。轼却之曰："高丽于本朝称臣，而不禀正朔，吾安敢受！"使者易书称熙宁，然后受之。

时新政日下，轼于其间，每因法以便民，民赖以安。徙知密州。司农行手实法，不时施行者以违制论。轼谓提举官曰："违制之坐，若自朝廷，谁敢不从？今出于司农，是擅造律也。"提举官惊曰："公姑徐之。"未几，朝廷知法害民，罢之。

有盗窃发，安抚司遣三班使臣领悍卒来捕，卒凶暴恣行，至以禁物诬民，入其家争斗杀人，且畏罪惊溃，将为乱。民奔诉轼，轼投其书不视，曰："必不至此。"散卒闻之，少安，徐使人招出戮之。

徙知徐州。河决曹村，泛于梁山泊，溢于南清河，汇于城下，涨不时泄，城将败，富民争出避水。轼曰："富民出，民皆动摇，吾谁与守？吾在是，水决不能败城。"驱使复入。轼诣武卫营，呼卒长曰："河将害城，事急矣，虽禁军且为我尽力。"卒长曰："太守犹不避涂潦，吾侪小人，当效命。"率其徒持畚锸以出，筑东南长堤，首起戏马台，尾属于城。雨日夜不止，城不沈者三版。轼庐于其上，过家不入，使官吏分堵以守，卒全其城。复请调来岁夫增筑故城，为木岸，以虞水之再至。朝廷从之。

徙知湖州，上表以谢。又以事不便民者不敢言，以诗托讽，庶有补于国。御史李定、舒亶、何正臣摭其表语，并媒蘖所为诗以为讪谤，逮赴台狱，欲置之死，锻炼久之不决。神宗独怜之，以黄州团练副使安置。轼与田父野老，相从溪山间，筑室于东坡，自号"东坡居士"。

三年，神宗数有意复用，辄为当路者沮之。神宗尝语宰相王珪、蔡确曰："国史至重，可命苏轼成之。"珪有难色。神宗曰："轼不可，姑用曾巩。"巩进《太祖总论》，神宗意不允，遂手扎移轼汝州，有曰："苏轼黜居思咎，阅岁滋深，人材实难，不忍终弃。"轼未至汝，上书自言饥寒，有田在常，愿得居之。朝奏，夕报可。

道过金陵，见王安石，曰："大兵大狱，汉、唐灭亡之兆。祖宗以仁厚治天下，正欲革此。今西方用兵，连年不解，东南数起大狱，公独无一言以救之乎？"安石曰："二事皆惠卿启之，安石在外，安敢言？"轼曰："在朝则言，在外则不言，事君之常礼耳。上所以待公者非常礼，公所以待上者，岂可以常礼乎？"安石厉声曰："安石须说。"又曰："出在安石口，入在子瞻耳。"又曰："人须是知行一不义，杀一不辜，得天下弗为，乃可。"轼戏曰："今之君子，争减半年磨勘，虽杀人亦为之。"安石笑而不言。

至常，神宗崩，哲宗立，复朝奉郎、知登州，召为礼部郎中。轼旧善司马光、章惇。时光为门下侍郎，惇知枢密院，二人不相合，惇每以谑侮困光，光苦之。轼谓惇曰："司马君实时望甚重。昔许靖以虚名无实，见鄙于蜀先主，法正曰：'靖之浮誉，播流四海，若不加礼，必以贱贤为累。'先主纳之，乃以靖为司徒。许靖且不可慢，况君实乎？"惇以为然，光赖以少安。

迁起居舍人。轼起于忧患，不欲骤履要地，辞于宰相蔡确。确曰："公徊翔久矣，朝中无出公右者。"轼曰："昔林希同在馆中，年且长。"确曰："希固当先公耶？"卒不许。元祐元年，轼以七品服入侍延和，即赐银绯，迁中书舍人。

初，祖宗时，差役行久生弊，编户充役者不习其役，又虐使之，多致破产，狭乡民至有终岁不得息者。王安石相神宗，改为免役，使户差高下出钱雇役，行法者过取，以为民病。司马光为相，知免役之害，不知其利，欲复差役，差官置局，轼与其选。轼曰："差役、免役，各有利害。免役之害，掊敛民财，十室九空，敛聚于上而下有钱荒之患。差役之害，民常在官，不得专力于农,而贪吏猾胥得缘为奸。此二害轻重,盖略等矣。"光曰:"于君何如?"轼曰:"法相因则事易成,事有渐则民不惊。三代之法,兵农为一,至秦始分为二,及唐中叶,盖变府兵为长征之卒。自尔以来,民不知兵,兵不知农,农出谷帛以养兵,兵出性命以卫农,天下便之。虽圣人复起,不能易也。今免役之法,实大类此。公欲骤罢免役而行差役,正如罢长征而复民兵,盖未易也。"光不以为然。轼又陈于政事堂,光忿然。轼曰:"昔韩魏公刺陕西义勇,公为谏官,争之甚力,韩公不乐,公亦不顾。轼昔闻公道其详,岂今日作相,不许轼尽言耶?"光笑之。寻除翰林学士。

二年,兼侍读。每进读至治乱兴衰、邪正得失之际,未尝不反覆开导,觊有所启悟。哲宗虽恭默不言,辄首肯之。尝读祖宗《宝训》,因及时事,轼历言:"今赏罚不明,善恶无所劝沮;又黄河势方北流,而强之使东;夏人入镇戎,杀掠数万人,帅臣不以闻。每事如此,恐寖成衰乱之渐。"

轼尝锁宿禁中,召入对便殿,宣仁后问曰:"卿前年为何官?"曰:"臣为常州团练副使。"曰:"今为何官?"曰:"臣今待罪翰林学士。"曰:"何以遽至此?"曰:"遭遇太皇太后、皇帝陛下。"曰:"非也。"曰:"岂大臣论荐乎?"曰:"亦非也。"轼惊曰:"臣虽无状,不敢自他途以进。"曰:"此先帝意也。先帝每诵卿文章,必叹曰'奇才,奇才!'但未及进用卿耳。"轼不觉哭失声,宣仁后与哲宗亦泣,左右皆感涕。已而命坐赐茶,彻御前金莲烛送归院。

三年,权知礼部贡举。会大雪苦寒,士坐庭中,噤未能言。轼宽其禁约,使得尽技。巡铺内侍每摧辱举子,且持暧昧单词,诬以为罪,轼尽奏逐之。

四年，积以论事，为当轴者所恨。轼恐不见容，请外拜龙图阁学士、知杭州。未行，谏官言前相蔡确知安州，作诗借郝处俊事以讥太皇太后。大臣议迁之岭南。轼密疏："朝廷若薄确之罪，则于皇帝孝治为不足；若深罪确，则于太皇太后仁政为小累。谓宜皇帝敕置狱逮治，太皇太后出手诏赦之，则于仁孝两得矣。"宣仁后心善轼言而不能用。轼出郊，用前执政恩例，遣内侍赐龙茶、银合，慰劳甚厚。

既至杭，大旱，饥疫并作。轼请于朝，免本路上供米三之一，复得赐度僧牒，易米以救饥者。明年春，又减价粜常平米，多作饘粥药剂，遣使挟医分坊治病，活者甚众。轼曰："杭，水陆之会，疫死比他处常多。"乃裒羡缗得二千，复发橐中黄金五十两，以作病坊，稍畜钱粮待之。

杭本近海，地泉咸苦，居民稀少。唐刺史李泌始引西湖水作六井，民足于水。白居易又浚西湖水入漕河，自河入田，所溉至千顷，民以殷富。湖水多葑，自唐及钱氏，岁辄浚治，宋兴，废之，葑积为田，水无几矣。漕河失利，取给江潮，舟行市中，潮又多淤，三年一淘，为民大患，六井亦几于废。轼见茅山一河专受江潮，盐桥一河专受湖水，遂浚二河以通漕。复造堰闸，以为湖水畜泄之限，江潮不复入市。以余力复完六井，又取葑田积湖中，南北径三十里，为长堤以通行者。吴人种菱，春辄芟除，不遗寸草。且募人种菱湖中，葑不复生。收其利以备修湖，取救荒余钱万缗、粮万石，及请得百僧度牒以募役者。堤成，植芙蓉、杨柳其上，望之如画图，杭人名为苏公堤。

杭僧净源，旧居海滨，与舶客交通，舶至高丽，交誉之。元丰末，其王子义天来朝，因往拜焉。至是，净源死，其徒窃持其像，附舶往告。义天亦使其徒来祭，因持其国母二金塔，云祝两宫寿。轼不纳,奏之曰:"高丽久不入贡,失赐予厚利,意欲求朝,未测吾所以待之厚薄,故因祭亡僧而行祝寿之礼。若受而不答,将生怨心;受而厚赐之,正堕其计。今宜勿与知,从州郡自以理却之。彼庸僧猾商,为国生事,渐不可长,宜痛加惩创。"朝廷皆从之。未几,贡使果至,旧例使所至吴越七州,费二万四千余缗。轼乃令诸州量事裁损,民获交易之利,无复侵挠之害矣。

浙江潮自海门东来,势如雷霆,而浮山峙于江中,与渔浦诸山犬牙相错,洄洑激射,岁败公私船不可胜计。轼议自浙江上流地名石门,并山而东,凿为漕河,引浙江及溪谷诸水二十余里以达于江。又并山为岸,不能十里以达龙山大慈浦,自浦北折抵小岭,凿岭六十五丈以达岭东古河,浚古河数里达于龙山漕河,以避浮山之险,人以为便。奏闻,有恶轼者,力沮之,功以故不成。

轼复言:"三吴之水,潴为太湖,太湖之水,溢为松江以入海。海日两潮,潮浊而江清,潮水常欲淤塞江路,而江水清驶,随辄涤去,海口常通,则吴中少水患。昔苏州以东,公私船皆以篙行,无陆挽者。自庆历以来,松江大筑挽路,建长桥以扼塞江路,故今三吴多水,欲凿挽路、为千桥,以迅江势。"亦不果用,人皆以为恨。轼二十年间再莅杭,有德于民,家有画像,饮食必祝。又作生祠以报。

六年,召为吏部尚书,未至。以弟辙除右丞,改翰林承旨。辙辞右丞,欲与兄同备从官,不听。轼在翰林数月,复以谗请外,乃以龙图阁学士出知颍州。先是,开封诸县多水患,吏不究本末,决其陂泽,注之惠民河,河不能胜,致陈亦多水。又将凿邓艾沟与颍河并,且凿黄堆欲注之于淮。轼始至颍,遣吏以水平准之,淮之涨水高于新沟几一丈,若凿黄堆,淮水顾流颍地为患。轼言于朝，从之。

郡有宿贼尹遇等，数劫杀人，又杀捕盗吏兵。朝廷以名捕不获，被杀家复惧其害，匿不敢言。轼召汝阴尉李直方曰："君能禽此，当力言于朝，乞行优赏；不获，亦以不职奏免君矣。"直方有母且老，与母诀而后行。乃缉知盗所，分捕其党与，手戟刺遇，获之。朝廷以小不应格，推赏不及。轼请以己之年劳，当改朝散郎阶，为直方赏，不从。其后吏部为轼当迁，以符会其考，轼谓已许直方，又不报。

七年，徙扬州。旧发运司主东南漕法，听操舟者私载物货，征商不得留难。故操舟者辄富厚，以官舟为家，补其弊漏，且周船夫之乏，故所载率皆速达无虞。近岁一切禁而不许，故舟弊人困，多盗所载以济饥寒，公私皆病。轼请复旧，从之。未阅岁，以兵部尚书召兼侍读。

是岁，哲宗亲祀南郊，轼为卤簿使，导驾入太庙。有赭繖犊车并青盖犊车十余争道，不避仪仗。轼使御营巡检使问之，乃皇后及大长公主。时御史中丞李之纯为仪仗使，轼曰："中丞职当肃政，不可不以闻之。"纯不敢言，轼于车中奏之。哲宗遣使赍疏驰白太皇太后，明日，诏整肃仪卫，自皇后而下皆毋得迎谒。寻迁礼部兼端明殿、翰林侍读两学士，为礼部尚书。高丽遣使请书，朝廷以故事尽许之。轼曰："汉东平王请诸子及《太史公书》，犹不肯予。今高丽所请，有甚于此，其可予乎？"不听。

八年，宣仁后崩，哲宗亲政。轼乞补外，以两学士出知定州。时国是将变，轼不得入辞。既行，上书言："天下治乱，出于下情之通塞。至治之极，小民皆能自通；迨于大乱，虽近臣不能自达。陛下临御九年，除执政、台谏外，未尝与群臣接。今听政之初，当以通下情、除壅蔽为急务。臣日侍帷幄，方当戍边，顾不得一见而行,况疏远小臣欲求自通,难矣。然臣不敢以不得对之故,不效愚忠。古之圣人将有为也,必先处晦而观明,处静而观动,则万物之情,毕陈于前。陛下圣智绝人,春秋鼎盛。臣愿虚心循理,一切未有所为,默观庶事之利害,与群臣之邪正。以三年为期,俟得其实,然后应物而作。使既作之后,天下无恨,陛下亦无悔。由此观之,陛下之有为,惟忧太蚤,不患稍迟,亦已明矣。臣恐急进好利之臣,辄劝陛下轻有改变,故进此说,敢望陛下留神,社稷宗庙之福,天下幸甚。"

定州军政坏弛,诸卫卒骄惰不教,军校蚕食其廪赐,前守不敢谁何。轼取贪污者配隶远恶,缮修营房,禁止饮博,军中衣食稍足,乃部勒战法,众皆畏伏。然诸校业业不安,有卒史以赃诉其长,轼曰:"此事吾自治则可,听汝告,军中乱矣。"立决配之,众乃定。

会春大阅,将吏久废上下之分,轼命举旧典,帅常服出帐中,将吏戎服执事。副总管王光祖自谓老将,耻之,称疾不至。轼召书吏使为奏,光祖惧而出,讫事,无一慢者。定人言:"自韩琦去后,不见此礼至今矣。"契丹久和,边兵不可用,惟沿边弓箭社与寇为邻,以战射自卫,犹号精锐。故相庞籍守边,因俗立法。岁久法弛,又为保甲所挠。轼奏免保甲及两税折变科配,不报。

绍圣初,御史论轼掌内外制日,所作词命,以为讥斥先朝。遂以本官知英州,寻降一官,未至,贬宁远军节度副使,惠州安置。居三年,泊然无所蒂芥,人无贤愚,皆得其欢心。又贬琼州别驾,居昌化。昌化,故儋耳地,非人所居,药饵皆无有。初僦官屋以居,有司犹谓不可,轼遂买地筑室,儋人运甓畚土以助之。独与幼子过处,著书以为乐,时时从其父老游,若将终身。

徽宗立，移廉州，改舒州团练副使，徙永州。更三大赦，遂提举玉局观，复朝奉郎。轼自元祐以来，未尝以岁课乞迁，故官止于此。建中靖国元年，卒于常州，年六十六。

轼与弟辙，师父洵为文，既而得之于天。尝自谓："作文如行云流水，初无定质，但常行于所当行，止于所不可不止。"虽嬉笑怒骂之辞，皆可书而诵之。其体浑涵光芒，雄视百代，有文章以来，盖亦鲜矣。洵晚读《易》，作《易传》未究，命轼述其志。轼成《易传》，复作《论语说》；后居海南，作《书传》；又有《东坡集》四十卷、《后集》二十卷、《奏议》十五卷、《内制》十卷、《外制》三卷、《和陶诗》四卷。一时文人如黄庭坚、晁补之、秦观、张耒、陈师道，举世未之识，轼待之如朋俦，未尝以师资自予也。

自为举子至出入侍从，必以爱君为本，忠规谠论，挺挺大节，群臣无出其右。但为小人忌恶挤排，不使安于朝廷之上。

高宗即位，赠资政殿学士，以其孙符为礼部尚书。又以其文置左右，读之终日忘倦，谓为文章之宗，亲制集赞，赐其曾孙峤。遂崇赠太师，谥文忠。轼三子：迈、迨、过，俱善为文。迈，贺部员外郎。迨，承务郎。

译文：

苏轼字子瞻，眉州眉山人。苏轼十岁时，父亲苏洵到各地求学，母亲程氏亲自教授苏轼读书，听到古今成功和失败之处，就能说出其中的要害。程氏读《后汉书·范滂传》，激愤叹息，苏轼请问母亲："我如果成为范滂，母亲是否赞许？"程氏说："你能成为范滂，难道我就不能成为范滂的母亲吗？"

等到二十岁，苏轼博通经书史籍，一天能写几千字的文章，喜好读贾谊、陆贽的书，不久读了《庄子》，感叹说："我过去有见解，口中说不出来，今天见到这本书，深得我的心意。"嘉祐二年，参加礼部考试。当时流行文章的弊病是割裂肢解、诡辩异辞占据优势，主考官欧阳修很想矫正这些弊端，看到苏轼的《刑赏忠厚论》，十分惊喜，打算把苏轼录取为第一名，然而还怀疑是自己门客曾巩所作，只把这篇文章放在第二；苏轼再以回答《春秋》意旨获第一，殿试时考中进士乙科。此后苏轼写了谢书去见欧阳修，欧阳修对梅圣俞说："我应当避让这个人，给出一头之地。"听说此话的人开始纷纷议论不息，久久以后才信服。

苏轼因母亲去世在家服丧。嘉祐五年，苏轼调任福昌主簿。欧阳修以苏轼才能见识都好，把他推荐到秘阁。考试六篇论文，以往考试不打草稿，因此文章大多写得不工整。从苏轼开始打草稿，文字意义十分灿烂。再对答皇帝的策问，考入三等。自宋朝初年以来，制策考入三等的，只有吴育和苏轼二人而已。

苏轼被任命为大理评事、签书凤翔府判官。关中自从赵元昊叛乱以来，百姓贫困，徭役沉重，岐下每年运输南山木筏，从渭水入黄河，经过砥柱险要地区，负责运输的衙吏接踵倾家荡产。苏轼调查了运输南山木筏的利害关系，特为修正了衙规，允许衙吏自行选择水工和根据河水涨落的时间决定木筏行进还是停止，从此以后运输的危害减少了一半。

治平二年，苏轼入京任判登闻鼓院。英宗在藩王府时就听到他的名声，想仿照唐朝故事召苏轼进入翰林院，任命他为知制诰。宰相韩琦说："苏轼的才能，将来是会成为大器的，今后自然会被朝廷大用。关键在于朝廷要善于培养他，使天下的人都仰慕信服他，都希望朝廷重用他。到那时重用苏轼，那么人们就不会再有异议。假如现在马上提拔重用他，那么人们未必信服，反而有害于他。"英宗说:"暂且让他任修起居注怎么样?"韩琦说:"修起居注和知制诰的地位差不多,不可以马上任命他。不如给苏轼一个接近皇上的馆阁职务,并且要召他来参加考试。"英宗说:"考试是不知道他能否胜任,象苏轼还有什么不能的吗?"韩琦还是不同意,后来考试两道策论,再次考入三等,得到直史馆的职务。苏轼听说了韩琦的话,说:"韩公可以说是用道德修养来爱护人才。"

适逢苏洵逝世,英宗赐给黄金丝帛帮助办理丧事,苏轼辞谢了赏赐,请求赠给苏洵一官,于是朝廷赠苏洵为光禄丞。苏洵临死时,因为兄长苏太白早年亡故,子孙还没有自立,妹妹嫁给了杜氏,死后还没有下葬,苏洵把这些事托付给苏轼。苏轼服丧期满,立即安葬了姑姑。后来苏轼的官职可以恩荫子孙时,让给了苏太白的曾孙苏彭。

熙宁二年,苏轼回到朝廷。王安石执政,一直厌恶他的议论和自己不同,让他判官告院。熙宁四年,王安石打算改变科举、兴办学校,皇帝下诏两制、三馆讨论。苏轼上疏说:

得到人才的途径,在于知人;知人的方法,在于求实。假如皇帝和宰相有知人之明,朝廷有求实措施,那么胥史皂隶之中未尝没有人才,何况是学校贡举呢?虽然因袭现在的方法,我认为也足够有余。假如皇帝和宰相没有知人之明,朝廷不求实,那么公卿侍从大臣都经常忧虑没有人才,何况学校贡举呢?虽然恢复古代的制度,我认为也是不够的。时代有可以不可以,万物有废有兴,当一项制度是合乎时代需要的,虽是暴君也不能废除它,等到它已经没落,虽是圣人也不能使它恢复。所以风俗变化了,法制也跟着变化,这好比江河的迁移,强要它回到故道,那是难以为力的。

庆历年间原曾建立学校，到了今天，仅有空名存在。如今要改变现存的礼仪，变易现存的风俗，又要征发民力修筑官舍，聚敛百姓的钱财来供养游说的人。百里以内，设置官员设立老师，案件诉讼听命于此，军旅之事谋划于此，又简出不遵守教育的人屏弃到远方，不是空增加纷乱，因而害苦天下吗？若是没有大的更新改革，而期望能对当代有利，那么与庆历年间的改革有什么不同？所以我认为现在的学校，只可以因袭原有的制度，使先王的旧制度，不在我们这一代废弃就足够了。至于贡举的规定，已实行了百年，国家的治乱盛衰，当初不由此。陛下看祖宗的时代，贡举的规定，和现在相比哪时更精审？文章著作，和现在相比哪时更优秀？所得到的人才，和现在相比哪时更多？天下的事情，和现在相比哪时更得到治理？比较这四方面的长短，这次讨论就可以得出结论了。

现在想改变的不过几件事：或是说乡举重视德行而忽略文辞，或是说专取策论而废除诗赋，或是想兼用有声誉人望而废除封弥制度，或是想让参加考试儒家经典著作的考生不考试帖经墨义而考试经书的要旨，这都是知其一，不知其二的主张。我希望陛下注意长远的事情、大的事情，区区科举，学校制度何必参与呢？我又切实有超过正常估计的暗自忧虑之点。关于性命的学说，自子贡那时就没有听说了，然而今天的学者，却以不谈性命为耻，读他们的文章，浩然之气已到不恰当的地步而还不可穷尽；看他们容貌仪表，超脱世俗已到无所建立的地步而还不可抑制，这些怎么真能那样呢！一般人的习性，习惯于放纵自己又喜欢说大话。陛下又怎么能任用他们呢？

苏轼奏议呈上之后,神宗醒悟说:"我本来怀疑这件事,读了苏轼的奏议,思想上的疑虑消失了。"当天召见苏轼,问道:"现在的政令得失在哪里?即使是我的过失,你也可以指明陈述出来。"苏轼回答说:"陛下天性具有文武才能,不担心陛下不明察,不担心陛下不勤奋,不担心陛下不果断,但是担心陛下求治太迫切,听他人的话太广,提拔人太快。希望陛下以安静来镇住局面,等待事情发生,然后再处理它。"神宗吃惊地说:"你所说的三句话,我要周密思考。凡是在馆阁任职的人,都应当为我深入思考治乱的问题,不要有所隐讳。"苏轼退出后,把召见的情况对同僚们说了。王安石不高兴,任命苏轼权开封府推官,想用事务来困住苏轼。苏轼决狱断案清确敏捷,名声愈传愈远。恰逢上元节皇帝降旨要开封府购买浙江产的灯,而且下令要压低价格。苏轼上疏说:"陛下难道是用灯取乐?不过是让两宫太后高兴罢了。然而百姓不可能家家知道陛下的心意,都说是用听的看的一类不急需的玩物,夺取他们吃的穿的生活必需品。这件事很小,对国家大体的影响却很大,希望陛下追还前面下达的诏命。"皇帝立即下诏停止买灯。

当时王安石开始颁行新法,苏轼上书论新法不便,说:

我所想说的,三句话而已。希望陛下凝聚人心,敦厚风俗,保存纪纲。皇帝可以凭借的是人心而已。好比树木有根,灯有油,鱼有水,农夫有田,商贾有财。失去这些东西就会败亡,这是必然的道理。从古到今,没有和易同其众而不安定的,刚愎自用自以为是而不危险的。陛下也知道现在人心是不快乐的。

祖宗开国以来,管理财政开支的不过是三司。现在陛下不把财政开支交给三司管理,无缘无故又创建制置三司条例司这样一个机构，让六七名少年，日夜在里面谋划索取，使者四十多人，在外面分到各处经营办理。制置三司条例司，是求利的名称；六七名少年和四十多名使者，是求利的工具。开始时声势浩大，百姓实在惊疑；创立的各法十分新奇，官吏也都感到疑惧。以大国之主来谈利，以天子的宰相来治财，议论百出，万口喧哗，然而仍不回头，光空说："我没有做这种事，何必怕人家说三道四。"拿着渔网到江河湖泊去，对人们说"我不是去打鱼"，不如舍弃渔网而人们自然相信。驱赶着鹰犬到森林里去，对人们说"我不是去打猎"，不如放走鹰犬而野兽自然驯服。所以我认为要消除谗言恶语而召来和气，就不如取消制置三司条例司。

现在皇帝和大臣们勤于政务，已经快一年了，然而富强国家的功效，渺茫的好比捉风，光听说内库钱币拿出来几百万缗，祠部准许剃度五千多人出家罢了。用这样的措施作为办法，那么谁不能呢？然而要实行的事情，大家都知道它的困难。汴水浑浊，自有百姓以来，不用来种植水稻。现在主张修筑池塘使水澄清，种万顷地的水稻，必须使用千顷面积的池塘，一年一淤，三年池塘就淤满了。于是，陛下相信这种说法，立即派人察看地形，到处凿空，寻访水利。狂妄轻飘无知的人，任意争相进言。有关衙门虽然知道他们的办法粗疏，却不敢自行贬退他们，把年老和年少的人追集起来，去察看他们所说的是否可行。假如不是明显难以办理的，必须动工兴建。官吏苟且顺从，真的以为是陛下有意兴建，上耗费国家的钱财粮食，下误农时。万一堤防决口，河水冲出原来的河道，虽吃提出建议人的肉，对于百姓又有什么补救！我真不知道朝廷何苦要做这件事？

自古役使人，必然使用乡村农户。现在但听说江、浙之间，几个州郡实行雇募役人，而且想把雇役推行于全国。单丁、女户，是百姓中最穷苦的人，然而陛下首先想要役使他们，陛下富有四海，怎忍心不加抚恤！自从杨炎推行两税法，田租户调和庸役就包括在一起了，为什么又要征取庸役呢？万一后世不幸出现搜刮百姓钱财的大臣，没有废除雇人服役的钱，差役又和从前一样，推究其根源，就必然会有担当这罪责的人。青苗时放债钱，自古代就有禁令。现在陛下把它确立为成法，每年都要推行。虽然说不许强迫百姓借贷交易，但几代之后，暴君污吏，陛下能保证他们不这样做吗？估计愿意请求借贷青苗钱的农户，必然都是孤苦贫穷没有接济的人，鞭挞他们急了之后，他们就要接着逃亡，这些人不还青苗钱，就由邻居互保户均摊，这种情况是必然会来到的，他日天下百姓痛恨青苗法，国史记载这件事，说："青苗钱从陛下开始"，难道不可惜！况且常平法，可以说非常完善了，现在想改变为青苗法，破坏常平法推行青苗法，所丧失的更加多了，亏了官家害了百姓，虽然后悔又怎么来得及！

　　过去汉武帝因为财产匮乏枯竭，采用商人桑羊的建议，买进时便宜卖出时贵，称为均输。当时行商坐贾都不流通，盗贼滋生势盛，几乎导致叛乱。孝昭帝即位当了皇帝，霍光顺应百姓所希望的而给予他们，天下百姓都归向朝廷，于是天下无事。不料现在这种论调重新兴起。立法的初期，它的费用已经很多，即使稍稍有所收获，但是商税征收的数额，损失的必然很多。譬如有人为他的主人放牧牲畜时，用一头牛换了五只羊，一头牛的损失，隐瞒而不说，五只羊的收获，却指为功劳成绩。现在破坏常平法而说青苗法的功劳，亏损商税来获取均输的利益，与上面所说的比喻有什么不同？我私下认为太过分了。议论的人必然会说："可以和百姓一起享受成功的快乐，难以和他们一起谋虑创始。"所以陛下坚持实行而不顾反对意见，期望这些新法必然得到推行。这正是战国时代贪图功利的人，冒险侥幸的观点，没有等到成功的快乐，怨恨却已经起来了，我之所以希望陛下凝聚人心，正在于此。

国家之所以生存与灭亡的原因，在于道德的高低，不在于国家的强弱；改朝换代之所以有长短，在于风俗的轻薄还是敦厚，不在于国家的富有和贫穷。皇帝知道了这个道理，就知道孰轻孰重了。因此我希望陛下务必崇尚道德而敦厚风俗，不希望陛下急于取得成功而欲图富强。爱惜风俗，好像保护人的元气。圣人不是不知道严峻刻薄的法律可以使百姓整齐划一，勇猛强悍的男子可以成就事业，忠厚近似迂阔，老成初看好像是迟钝。但是终究不肯以彼代此，是因为知道所得到的小，而所丧失的大啊。仁宗皇帝执行法律非常宽厚，用人按次序，专意从事遮盖过失，不曾轻易改动旧的规章制度。考察他的成功，只能说还没有得到。说到用兵，那么十次出征九次战败；说到国库，那么仅仅能满足需要而没有剩余。但因恩泽存在百姓之中，民间风俗知道大义，因此仁宗皇帝升天之日，天下归于仁。议论是非的人见到仁宗皇帝晚年官吏大多因循守旧，政事没有什么起色，就想用苛细急察加以矫正，用智谋和才能加以划一，招来新提拔的勇于急进的人，以求取得一切速成的效果。还没有享受到它的好处，浮薄的社会风气已经形成。多开迅速提拔官员的途径，假使有意外的收获，一步便可得到公卿侍从这样的官职，使得按照常规升迁的人也产生非分的希望，想期望风俗的敦厚，哪里可能得到呢？近年率真纯厚的人愈来愈少，投机取巧得到提拔的人愈来愈多。只有陛下痛惜这种状况挽救这种风气，以简单易便作为立法的标准，以清静作为思想的出发点，百姓的道德便会归向敦厚了。我之所以希望陛下敦厚风俗，正在于此。

祖宗委任台谏官，不曾处罚过一位进谏的人。即便有轻微的责罚，不久就越级提升，允许台谏官根据传闻弹劾，而御史台和谏院都不设第一把手。进谏时说到皇帝，那么天子改变仪容；弹劾之事牵涉到朝廷，那么宰相暂离相位等待调查。台谏官固然未必个个都是贤人，所说的也未必都是正确的。然而必须培养台谏官的锐气，借用他们来使掌权者感到压力沉重，这是空说的吗？将用他们摧折奸臣的萌芽。现在法令严密，朝廷清明，所谓的奸臣，万万没有存在的道理。然而养猫是为了捕捉老鼠，不能因为没有老鼠而养不捕捉老鼠的猫；养狗是为了防盗，不能因为没有盗贼而养不叫的狗。陛下怎能不上面常思祖宗设立这一官职的用意，下面为子孙后代做好长久的防备？我听过老年人的谈话，都说台谏官所讲的，常常是随着天下公论。公论所赞许的，台谏官也赞许；公论所抨击的，台谏官也抨击。现在世人舆论沸腾，怨恨毁谤交替而来，公众议论所在之处，也可以知道了。我恐怕从今以后，习惯成风气，台谏官都成为执政大臣的私人工具，以致皇帝孤立，纪纲法度一旦坏乱，什么事情不会发生！我之所以希望陛下保存纪纲法度，正在于此。

苏轼见王安石引导神宗独断专行和专用大臣，因此在考试进士策论出题时，用"晋武帝平定东吴因为独自决断而成功，苻坚伐晋因为独自决断而亡国，齐桓公专用管仲而称霸，燕哙专用子之而失败，事情相同而结果不同"作为问题。王安石更加恼怒，让御史谢景温弹劾苏轼的过失，但一再追究没有得到什么材料，于是苏轼请求出任地方官，任杭州通判。高丽国来朝进贡，使者赠送礼物给官吏们，书写时用干支纪年。苏轼拒绝接受礼物说："高丽国对本朝称臣，然而不接受本朝颁布的年号历法，我怎么敢接受他们的礼品！"使者改写为熙宁年号，然后苏轼才接受了礼品。

当时新法天天下达，苏轼在这中间，每每借行新法之际方便百姓，百姓依靠这种做法得安定。调任密州知州。司农寺推行手实法，不按时施行的官员以违反法令论处。苏轼对提举官说："违反法令的罪名，如果出自朝廷，谁敢不遵从？现在出于司农寺，这是擅自制造法律。"提举官惊慌地说："您暂且慢慢施行。"没过多久，朝廷知道手实法损害百姓，废除了它。

有盗窃案发生，安抚使派三班使臣率领强悍兵士前来搜捕，兵士凶暴放纵行事，甚至用藏有违禁物品来诬陷百姓，进入百姓家中争斗杀人，又畏罪惊慌溃散，将要作乱。百姓急忙跑去告诉苏轼，苏轼扔掉百姓的投诉书不看，说："一定不会到此地步。"溃散的兵士听说这件事，稍稍安定，苏轼慢慢派人查出肇事的兵士杀了。

调任徐州知州，黄河在曹村决口，使梁山泊泛滥，南清河水溢出河道，洪水汇聚在徐州城下，暴涨的洪水不时泄出，城墙即将被洪水冲毁，富有的百姓争相出城躲避洪水。苏轼说："富有的百姓出城逃避洪水，全城百姓都会动摇，我和谁来守城？我在这里，洪水决不能冲毁城墙。"驱使富有的百姓重新回到城里。苏轼去武卫营，呼喊长官说："河水即将冲毁城墙，事情已经很紧急，虽然你们是禁军，但也请你们为我尽一点力。"士卒长官说："太守尚且不躲避路上的洪水，我辈小人，应当效命。"率领士兵们拿着铁锹畚箕出来，修筑东南长堤，头起戏马台，尾连着城墙。雨日夜不停地下，城墙露出水面仅仅只有三版那么高。苏轼搭建小草屋住在城墙上，路过自己家门也不进去，派官吏分别堵塞缺口以守护城墙,终于保全了徐州城。又请求征调明年服役的役人增筑徐州旧城,修建木质护岸,以防洪水再来。朝廷同意了苏轼的请求。

调任湖州知州,苏轼上表感谢。又因为一些措施不方便百姓但又不敢说,他写诗寄托讽喻,希望对国家有所补救。御史李定、舒亶、何正臣摘录苏轼谢表上的话,并且诬陷苏轼所写的诗是毁谤朝廷,逮捕苏轼押送京城投入御史台监狱,想把他置之死地,罗织罪名很长时间却一直不能决断。唯独神宗怜惜苏轼,用黄州团练副使安置了他。苏轼和乡里父老结伴去山水之间消磨光阴,在东坡修筑房屋,自号"东坡居士"。

元丰三年,神宗几度有意再次起用苏轼,但被当政的大臣阻止了。神宗曾经对宰相王珪、蔡确说:"国史至关重要,可以命令苏轼撰成国史。"王珪面有难色。神宗说:"苏轼不可用,姑且用曾巩。"曾巩进上《太祖总论》,神宗意思不满意,于是亲自写信把苏轼调到汝州,其中有这样的话:"苏轼贬谪居住黄州期间反思自己的错误,经过一年认识更加深刻,人才确实难得,不忍心一直弃之不用。"苏轼还没有到达汝州时,上书说自己饥寒贫穷,在常州有田地,希望能到常州居住,早晨上奏,傍晚皇帝就答复同意了。

路过金陵,见到王安石,苏轼说:"兴大兵起大狱,是汉、唐灭亡的征兆。祖宗用仁厚治理天下,正是想革除它。现在西方打仗,连年不得解除,东南几次兴起大狱,您独不能说句话来制止它吗?"王安石回答说:"这两件事都是吕惠卿挑起的,我在朝廷外面,怎么敢说话?"苏轼说:"在朝廷内就说,在朝廷外就不说,这是侍奉皇帝的常礼。皇帝对待您的不是常礼,您对待皇上,怎么可以用常礼呢?"王安石大声说:"我王安石要说话的。"又说:"话出自我王安石之口,进入在你苏子瞻的耳朵。"又说:"一个人要知道做一件不义的事,杀一个无辜的人,虽能得到天下也不去做,这才可以。"苏轼开玩笑说:"现在的君子,争着要减去半年磨勘,虽去杀人也会干的。"王安石笑而不答。

到常州,神宗死了,哲宗继位当皇帝,恢复苏轼为朝奉郎、知登州,召入朝廷任礼部郎中。苏轼过去和司马光、章惇友好。当时司马光任门下侍郎,章惇知枢密院,两人意见不合,章惇经常开玩笑侮辱司马光,司马光很苦恼章惇的行为。苏轼对章惇说:"司马君实现在声望很高。以前许靖因为只有虚名而无实际才能,被蜀先主鄙视,法正说:'许靖虚假的名声,在四海流传,如果对他不加礼遇,必然会被认为是轻视贤人而受到损害。'先主采纳了法正的意见,就让许靖担任司徒。许靖尚且不可轻慢,何况君实呢?"章惇认为苏轼说得对,司马光借此得到了稍稍安定。

升任起居舍人。苏轼起自忧患之中,不想立即踏进要害部门,向宰相蔡确要求辞去这个职务。蔡确说:"你在仕途盘旋已经很久了,朝廷中没有人比你强。"苏轼说:"过去林希和我同在馆阁中,而且他比我年长。"蔡确说:"林希果真应当比你先提拔吗?"最终还是不同意苏轼的请求。元祐元年,苏轼穿戴七品官服入延和殿侍奉皇帝,立即赐给苏轼用银装饰的红色六品官服,升任中书舍人。

当初,祖宗时,差役法实行的时间长了产生弊病,百姓中服役的人却不熟习所服的差役,官府又残暴地使用他们,导致多数服役的百姓破产,地少人多的地区百姓中有人终年得不到休息。王安石在神宗朝任宰相时,把差役法改为免役法,根据百姓户等的高低让他们出钱雇人服役,执行免役法的官吏向百姓索取超过规定的钱财,因此成为百姓的苦难。司马光任宰相,知道免役法的危害,而不知它有利的一面,打算恢复差役法,选差官吏和设置机构,苏轼给选中了。苏轼说:"差役法、免役法,各有利弊,免役法的害处,在于聚敛民财,百姓十室九空,聚敛在上面而下层有饥荒之害。差役法的害处,在于百姓经常在为官府服役,不能集中力量务农,而贪官污吏得以乘机敲诈勒索。这二者的危害,大致相等。"司马光问:"你看应该怎么办呢?"苏轼回答说:"法令制度连续相承事情就容易成功,事情逐渐变化百姓就不会惊慌。三代之法,兵农合一,到秦朝才分为二,到唐朝中叶,把府兵改变为长征健儿。自从那时以来,百姓不知道当兵,当兵的也不知道务农,农民出粮食布帛养活军队,军队出性命护卫农民,天下都感到方便。虽然圣人再次出现,不能改变这种情况。现在实行的免役法,实际上大致和这一样。您想立即废除免役法而再行差役法,正好比废除长征健儿而恢复府兵,不容易吧。"司马光听了不以为然。苏轼又到政事堂陈述自己的意见,司马光很不高兴。苏轼说:"过去韩魏公在陕西采取义勇兵制,您任谏官,为此事争辩十分激烈,韩魏公不高兴,您也不顾。我过去听您说得很详细,难道您今天当了宰相,就不许我讲完自己的意见?"司马光笑笑。不久苏轼任翰林学士。

元祐二年,苏轼兼任侍读。每当给皇帝读书读到治乱兴衰、邪正得失的时候,不曾不反复开导皇帝,希望能对皇帝有所启发醒悟。哲宗虽然恭敬而沉默不语,但总是点头肯定。苏轼曾经给哲宗读祖宗《宝训》,因此讲到时事,苏轼依次说道:"现在赏罚不明,对善恶没有什么鼓励或阻止的措施;再有黄河大势是正向北流，然而强要使它向东流；西夏人入侵镇戎军，杀死掠走几万人，军队主帅不向陛下报告，每件事都这样的话，恐怕会渐渐成为衰乱的开端。"

苏轼曾经锁在皇宫中宿值，奉召入对于便殿，宣仁太后说："你前年担任什么官职？"苏轼回答说："我任常州团练副使。"宣仁太后又问："现在担任什么官职？"苏轼回答说："我现在担任翰林学士。"宣仁太后问："你为什么被迅速提升到这个官职？"苏轼回答说："我遇到了太皇太后、皇帝陛下。"宣仁太后说："不是。"苏轼说："难道是大臣们推荐的？"宣仁太后说："也不是。"苏轼吃惊地说："我虽然不肖，但也不敢从其他途径得到提拔。"宣仁太后说："这是先帝的意思。先帝每次诵读你的文章，必然感叹地说：'奇才，奇才！'但是没有来得及提拔任用你罢了。"苏轼不觉放声痛哭，宣仁太后和哲宗也哭泣，左右侍从也都被感动得泪下涕流。过了一会让苏轼坐下吃茶，撤下皇帝御座前面的金莲烛送苏轼回到学士院。

元祐三年，权知礼部贡举。当时大雪纷飞十分寒冷，参加贡举考试的士人坐在庭院中，打寒噤冷得说不出话。苏轼放宽对他们的禁约，使他们得以施展自己的全部才能。巡铺内侍每每折辱应试的举人，并且拿意思暧昧的单词，诬陷为罪状，苏轼全部上奏朝廷赶走了他们。

元祐四年，因为积久评论政事，苏轼被执政大臣所恼恨。他恐怕不被执政大臣宽容，请求出任地方官，任龙图阁学士、知杭州。还没走，谏官说前任宰相蔡确知安州时，写诗借郝处俊事来讥讽太皇太后。大臣们讨论把蔡确迁到岭南。苏轼秘密上疏说："朝廷如果从轻处罚蔡确的罪行，那么对于皇帝以孝治国来说是不够的；如果从重处罚蔡确的罪行，那么对于太皇太后的仁政不免有些损害。我认为应该是皇帝降旨设置诏狱逮捕蔡确治罪，太皇太后降下亲笔诏令赦免他，那么仁孝两个方面都照顾到了。"宣仁太后内心赞同苏轼的建议却不能采纳。苏轼到京城郊外，皇帝沿用对待前任执政大臣的恩例，派内侍赐苏轼龙茶、银合，慰劳很厚。

不久苏轼到杭州，杭州大旱，饥馑瘟疫一起发生。苏轼请求朝廷，减免本路上供米三分之一，又得到朝廷赐给的剃度和尚的度牒，换成大米以救济饥饿的百姓。第二年春天，又减价出卖常平仓的大米，做了很多厚粥和汤药，派人带着医生分街坊给百姓治病，救活的人很多。苏轼说："杭州，水陆交会的地方，瘟疫死亡的人常常比其他地区多。"于是集中多余的公款共得二千缗，苏轼又拿出自己的五十两黄金，办起病坊，稍微积蓄一些钱粮收治生病的百姓。

杭州本来靠近大海，地下的泉水又咸又苦，居民稀少。唐朝杭州刺史李泌首先引来西湖水修建六井，百姓饮用水充足了。白居易又疏浚西湖水引入运河，湖水从运河流入农田，所灌溉的农田多达千顷，百姓因此殷富。西湖水中水草很多，自唐代到五代钱氏，年年都要疏浚治理，宋朝建立后，西湖荒废，水草淤积形成葑田，湖水几乎都没有了。运河失去西湖水的补给，就从钱塘江的潮水中引水，船航行在城市中，潮水又挟带着大量泥沙淤塞运河，每隔三年就得疏浚一次，成为百姓的一大灾患，六井也几乎废坏了。苏轼看到茅山有一条河专门容纳钱塘江潮水，盐桥一河专门容纳西湖水，于是疏浚这两条河道以通航。接着修造堤堰闸门，控制西湖水的蓄积和排泄，钱塘江潮水不再进入杭州城内。又用剩余的人力物力修复了六井，再把挖出来的淤泥堆积在湖中，南北长三十里，修筑成长堤以来往行人。吴地百姓种菱，春天就除草，寸草不留。苏轼雇募人在西湖中种菱，水草不再生长。把种菱的收入备作以后修浚西湖的费用，取救济灾荒剩余的一万缗钱、万石粮食，以及申请得到的一百张僧人度牒用来雇募民工。长堤筑成，堤上种植芙蓉、杨柳，望去好像图画，杭州百姓把长堤称为苏公堤。

杭州和尚净源，过去居住在海边，与海船客商交往，海船航行到高丽，客商交口称赞他。元丰末年，高丽王子义天来宋朝拜，因而前往净源住处拜访他。到这时，净源死了，他的信徒偷偷拿净源的像，搭乘海船前往高丽报告。义天也派他的门徒来祭奠净源，并且拿着高丽国母的两座金塔，说是祝贺两宫太后寿辰。苏轼不接受，上奏说："高丽很长时间不进贡了，失去了朝廷赐给他们的厚利，他们意图想来朝进贡，不了解我们对待他们的厚薄，因此借祭奠净源而行祝寿的礼节。如果接受他们的礼物而不回报他们，高丽将会产生怨恨的思想；接受高丽的贺礼而厚赐他们，又正好堕入他们的计策中。现在朝廷应该不参与这件事，让州郡自行以理拒绝接受他们的礼物。那些平庸的和尚狡猾的商人，给国家滋生事端，这种事不可渐长，应该痛加惩治。"朝廷全部同意苏轼的意见。没过多久，来进贡的使臣果然到了，过去例子使臣所到的吴越七个州郡，要花费二万四千缗钱。于是，苏轼命令各个州郡根据情况裁减开支，百姓获得交易的好处，再也没有受到侵扰的危害。

浙江潮从海门东面而来，势如雷霆，而浮山屹立在江中，和渔浦各山犬牙交错，水流相激，漩涡回旋，每年损坏的公私船只不可胜数。苏轼建议从浙江上游名叫石门的地方，沿山向东，开凿漕河，引浙江和溪谷各水二十多里到达钱塘江。又沿着山作河岸，不出十里到达龙山大慈浦，从浦北转弯抵达小岭，开凿六十五丈山岭通达小岭东面的古河，疏浚几里长的古河到达龙山漕河，以避开浮山之险，人们认为便利，奏章上报朝廷，一些讨厌苏轼的大臣，极力阻止这个计划，因此凿河工程没有完成。

苏轼又说："三吴地区的水，潴积形成太湖，太湖之水，溢出形成松江流入大海。大海每天两次潮汐，潮水混浊而江水清澈，潮水经常要淤塞松江水道，然而江水清澈流速快，随即把泥沙冲走，出海口经常是畅通的，因此吴中地区很少有水灾。过去苏州以东地区，公私船只都是用竹篙撑船航行，没有在陆地背纤行船的。自从庆历年间以来，松江大筑背纤的道路，修建长桥扼塞松江水道，因此现在三吴地区多水灾，我打算凿开背纤的道路、修筑千桥，以加快江水的流速。"这个建议也没有被采纳，人们都觉得很遗憾。苏轼二十年间再次到杭州任官，对杭州百姓有恩德，百姓家中有苏轼画像，吃饭时一定对着画像祝福。又修建苏轼的生祠以报答他的恩德。

元祐六年，召苏轼担任吏部尚书，没有到任。因为弟弟苏辙任尚书右丞，苏轼改任翰林承旨。苏辙推辞尚书右丞的职务。想和兄长苏轼一同担任侍从官，朝廷没有同意。苏轼在翰林院几个月，又因为谗言攻击请求出任地方官，于是以龙图阁学士出知颍州。以前，开封附近几个县多水灾，地方官吏不深究造成水灾的原委，挖开陂泽，把水引入惠民河，惠民河容不下，造成陈州也多水灾。又打算凿开邓艾沟和颍河沟通，并且开凿黄堆想把水引入淮河。苏轼一到颍州，派遣吏员用水平测量地形高低，淮河涨水时水位比新沟几乎高出一丈，如果凿开黄堆，淮河水就会倒灌颍州造成水灾。苏轼对朝廷说了自己的意见，朝廷采纳了。

颍州有长期做盗贼的尹遇等人，几次抢劫杀人，又杀死捕捉盗贼的官吏和士兵。朝廷点名搜捕他也没有擒获，被他杀死过人的家庭又害怕他再次加害，躲避不敢说。苏轼召来汝阳尉李直方说："你能擒获尹遇，我一定极力向朝廷推荐，要求从优奖赏；抓不到他，我就要以不称职的名义上奏朝廷罢免你的官职。"李直方家有母亲而且已经年老，他和母亲诀别后就出发了。于是李直方侦察得知盗贼所在的地方，分别派人捕获尹遇的党羽，自己用手戟刺中尹遇，擒获了他。朝廷以事情太小不符合奖赏的规定，赏赐时没有赏到李直方。苏轼请求以自己的年资劳绩，应当改官阶为朝散郎，把它作为给李直方的奖赏，朝廷不同意。后来吏部提出苏轼应当升官，以符合苏轼的考绩，苏轼说已许给了李直方了，又没有得到答复。

元祐七年，调任扬州。过去发运司主管东南漕运，听任撑船的船夫私载货物，征收商税的部门不得留难他们。因此掌船的人总很富裕，他们以官船为家，修补官船损坏的地方，并且周济船夫短缺，所以运载的货物到达目的地既迅速又没有损失。近年来禁止一切私载货物，因此船破损人穷困，船夫大多盗窃运载的官物来接济自己饥寒的生活，公私两方面都受害。苏轼请求恢复原有的制度，朝廷同意了。没过年，朝廷以兵部尚书的职务召苏轼入京，兼任侍读学士。

这一年，哲宗亲自到南郊祭祀，苏轼担任卤簿使，引导圣驾进入太庙。有十几辆打着红伞的牛车和十多辆打青盖的牛车争抢道路，不躲避皇帝的仪仗队。苏轼派御营巡检使询问他们，竟是皇后和大长公主。当时御史中丞李之纯任仪仗使，苏轼说："中丞的职责应当是严肃政纪，不可以不把这件事报告皇帝。"李之纯不敢说，苏轼在车上把这件事报告了皇帝。哲宗派遣使臣捧着书信骑马告诉太皇太后，第二天，下诏整肃皇帝仪卫，自皇后以下都不得迎接谒见。苏轼不久升任礼部兼端明殿、翰林侍读二学士，任礼部尚书。高丽派遣使臣请求朝廷给他们一些书籍，朝廷沿用旧例全部同意他们的要求。苏轼说："汉朝东平王请求朝廷赐给他们诸子和《太史公书》，朝廷尚且不肯给予。现在高丽所要求的书籍，远远超过了汉东平王的请求，难道这些书籍可以给他们吗？朝廷没有接受他的意见。

元祐八年，宣仁太后死了，哲宗亲自裁决大政。苏轼请求出外任地方官，以两学士的身份出知定州。当时国家大计方针将发生变化，苏轼没有能够入宫向皇帝辞行。已经上路赴任时，苏轼上书说："天下是治还是乱，在于下情上达的途径是畅通的还是堵塞的。天下大治时，普通百姓的意见都能自由通达朝廷；等到天下大乱时，虽然是皇帝的近臣也不能将自己的意见进给皇帝。陛下治理天下九年了，除了执政大臣、台谏官外，不曾和大臣们有什么接触。现在陛下刚开始亲自处理政务，就把了解下情、清除阻塞作为急需要办的事情。我每天侍奉在宫中，现在正要去守卫边境，却不能见陛下一次就动身了，何况疏远的小官们要把自己的意见报告给皇帝，那就更加困难了。然而我不敢因为不得与陛下答对的缘故，不报效自己的愚忠。古代的圣人将有作为的时候，必然先处在暗处而观察明处，处于静止而观察动态，那么万般事物的情形，全部都会摆在面前。陛下的智慧超人，年龄正当盛年。我希望陛下虚心顺理，一切不要有所作为，暗自观察各种事物的利与害，以及大臣们的邪与正。以三年为期限，等获得实际情况，然后顺应事物采取行动。要使有了作为之后，天下没有怨恨，陛下也没有后悔。由此看来，陛下有所作为，只担忧太早，不忧虑稍迟，这已是很明显的了。我恐怕急功近利的大臣们，就要劝陛下轻率地有所改变，所以进了上述意见，冒昧地企望陛下留神，国家宗庙的福分，天下太幸运了。"

定州军政败坏松弛，士兵们骄惰不服教诲，军中小校们蚕食士卒的口粮和赏赐的财物，前任地方官谁也不敢过问。苏轼把贪污的军官发配到远恶州郡，又修缮营房，禁止士兵饮酒赌博，军队里士兵的衣服粮食稍稍充足了一些，于是以战法部署约束士卒，士卒都畏惧服从他。然而军官们害怕不安，有卒史拿着赃物控告自己的长官，苏轼说："这种事情我自己处理是可以的，听任你告状，会在军队中造成混乱。"立即把他判决流放，于是大家才安定。

正当春天大检阅军队，将校官吏们很长时间废除了上下级名分，苏轼命令全按旧有的规章制度，主帅穿平常的服装到帐中来，将校官吏穿军装供给使令。副总管王光祖自认为是老将，感到这样做耻辱，假装生病不来。苏轼叫来书吏，让他起草奏章，王光祖惧怕而出来参加阅军，检阅结束，没有一个怠慢的人。定州百姓说："自从韩琦走后，一直到今天没有见过这种检阅典礼了。"与契丹和平了很长时间，守卫边境的军队已不能用，只有边境一带的弓箭社和敌寇相邻，因战射自卫，尚可号称精锐。已故宰相庞籍守卫边境时，依百姓的习俗立法。年代久远法令松弛，又被保甲法所阻挠。苏轼上奏朝廷免除保甲法和两税折变、摊派，没有得到朝廷的答复。

绍圣初年，御史弹劾苏轼执掌内外制命的时候，所起草的制词告命，认为是诽谤指斥先朝。于是苏轼以本官知英州，不久降一官，苏轼还没有到英州，贬为宁远军节度副使，安置在惠州居住。苏轼在惠州住了三年，淡泊而没有什么怨恨不快，人不分聪明和愚笨的，都得到他的欢心。又被贬为琼州别驾，在昌化居住。昌化，旧儋耳郡地区，不是人所能居住的地方，药物、调补品都没有。苏轼开始时租赁官屋居住，官吏还说不可以，于是苏轼买地建房，当地百姓运砖搬土帮助他。苏轼独自和小儿子苏过住在这里，以著书为乐，常常和当地的父老乡亲交往，好像要在这里终老一身。

徽宗继位当皇帝，苏轼迁移到廉州，改任舒州团练副使，又迁徙到永州。经过三次大赦，于是苏轼提举玉局观，恢复了朝奉郎。苏轼自从元祐以来，不曾因为每年的考课而要求升官，因此他的官职停止在此。建中靖国元年，苏轼在常州逝世，终年六十六岁。

苏轼和弟弟苏辙，以父亲苏洵为老师学习写文章，而他们写文章的本领全得自天赋。苏轼自己曾经说："写文章好比行云流水，开始时没有一定的形态，但是文章要常行在它所应当行的时候，止在它所不可不停止的地方。"虽然是嬉笑怒骂的词句，也都可以把这些句子写下来诵读。苏轼的文章广大深沉光芒四射，雄视百代，自有文章以来，也很少有像他那样的文章。苏洵晚年读《易经》、撰写《易传》没有完成，要苏轼继承他的遗志。苏轼撰写成《易传》，又撰写了《论语说》；后来居住在海南，撰写《书传》；苏轼又有《东坡集》四十卷、《东坡后集》二十卷、《奏议》十五卷、《内制》十卷、《外制》三卷、《和陶诗》四卷。同时代的文人如黄庭坚、晁补之、秦观、张耒、陈师道，还没有被社会所了解时，苏轼对待他们好像朋友同辈，不曾以老师的资格自居。

苏轼自为举子到出入宫廷担任皇帝侍从，必定以爱君作为自己的根本，忠规善言，正直大节，大臣们没有谁能超过他。但是被小人妒忌排挤，不使他安处于朝廷上做官。

高宗即位当皇帝，赠苏轼为资政殿学士，让他的孙子苏符担任礼部尚书。又把苏轼写的文章放在自己的身边，整天读他的文章而忘记了疲倦，说是文章之宗，亲自撰写东坡集赞，赐给苏轼的曾孙苏峤。于是尊赠苏轼为太师，谥文忠。苏轼有三个儿子：苏迈、苏迨、苏过，都善于写文章。苏迈，任驾部员外郎。苏迨，任承务郎。

宋史卷三百六十五

列传第一百二十四

岳　飞

岳飞字鹏举，相州汤阴人。世力农。父和，能节食以济饥者。有耕侵其地，割而与之；贳其财者不责偿。飞生时，有大禽若鹄，飞鸣室上，因以为名。未弥月，河决内黄，水暴至，母姚抱飞坐瓮中，冲涛及岸得免，人异之。

少负气节，沈厚寡言，家贫力学，尤好《左氏春秋》、孙吴兵法。生有神力，未冠，挽弓三百斤，弩八石。学射于周同，尽其术，能左右射。同死，朔望设祭于其冢。父义之，曰："汝为时用，其徇国死义乎！"

宣和四年，真定宣抚刘韐募敢战士，飞应募。相有剧贼陶俊、贾进和，飞请百骑灭之。遣卒伪为商人贼境，贼掠以充部伍。飞遣百人伏山下，自领数十骑逼贼垒。贼出战，飞阳北，贼来追之，伏兵起，先所遣卒擒俊及进和以归。

康王至相，飞因刘浩见，命招贼吉倩，倩以众三百八十人降。补承信郎。以铁骑三百往李固渡尝敌，败之。从浩解东京围，与敌相持于滑南，领百骑习兵河上。敌猝至，飞麾其徒曰：

"敌虽众，未知吾虚实，当及其未定击之。"乃独驰迎敌。有枭将舞刀而前，飞斩之，敌大败。迁秉义郎，隶留守宗泽。战开德、曹州皆有功，泽大奇之，曰："尔勇智才艺，古良将不能过，然好野战，非万全计。"因授以阵图。飞曰："阵而后战，兵法之常，运用之妙，存乎一心。"泽是其言。

康王即位，飞上书数千言，大略谓："陛下已登大宝，社稷有主，已足伐敌之谋，而勤王之师日集，彼方谓吾素弱，宜乘其怠击之。黄潜善、汪伯彦辈不能承圣意恢复，奉车驾日益南，恐不足系中原之望。臣愿陛下乘敌穴未固，亲率六军北渡，则将士作气，中原可复。"书闻，以越职夺官归。

诣河北招讨使张所，所待以国士，借补修武郎，充中军统领。所问曰："汝能敌几何？"飞曰："勇不足恃，用兵在先定谋，栾枝曳柴以败荆，莫敖采樵以致绞，皆谋定也。"所矍然曰："君殆非行伍中人。"飞因说之曰："国家都汴，恃河北以为固。苟冯据要冲，峙列重镇，一城受围，则诸城或挠或救，金人不能窥河南，而京师根本之地固矣。招抚诚能提兵压境，飞唯命是从。"所大喜，借补武经郎。

命从王彦渡河，至新乡，金兵盛，彦不敢进。飞独引所部鏖战，夺其纛而舞，诸军争奋，遂拔新乡。翌日，战侯兆川，身被十余创，士皆死战，又败之。夜屯石门山下，或传金兵复至，一军皆惊，飞坚卧不动，金兵卒不来。食尽，走彦壁乞粮，彦不许。飞引兵益北，战于太行山，擒金将拓跋耶乌。居数日，复遇敌，飞单骑持丈八铁枪，刺杀黑风大王，敌众败走。飞自知与彦有隙，复归宗泽，为留守司统制。泽卒，杜充代之，飞居故职。

二年，战胙城，又战黑龙潭，皆大捷。从间勍保护陵寝，大战汜水关，射殪金将，大破其众。驻军竹芦渡，与敌相持，选精锐三百伏前山下，令各以薪刍交缚两束，夜半，爇四端而举之。金人疑援兵至，惊溃。

三年，贼王善、曹成、孔彦舟等合众五十万，薄南薰门。飞所部仅八百，众惧不敌，飞曰："吾为诸君破之。"左挟弓，右运矛，横冲其阵，贼乱，大败之。又擒贼杜叔五、孙海于东明。借补英州刺史。王善围陈州，飞战于清河，擒其将孙胜、孙清，授真刺史。

杜充将还建康，飞曰："中原地尺寸不可弃，今一举足，此地非我有，他日欲复取之，非数十万众不可。"充不听，遂与俱归。师次铁路步，遇贼张用，至六合遇李成，与战，皆败之。成遣轻骑劫宪臣犒军银帛，飞进兵掩击之，成奔江西。时命充守建康，金人与成合寇乌江，充闭门不出。飞泣谏请视师，充竟不出。金人遂由马家渡渡江，充遣飞等迎战，王燮先遁，诸将皆溃，独飞力战。

会充已降金，诸将多行剽掠，惟飞军秋毫无所犯。兀术趋杭州，飞要击至广德境中，六战皆捷，擒其将王权，俘签军首领四十余。察其可用者，结以恩遣还，令夜斫营纵火，飞乘乱纵击，大败之。驻军钟村，军无见粮，将士忍饥，不敢扰民。金所籍兵相谓曰："此岳爷爷军。"争来降附。

四年，兀术攻常州，宜兴令迎飞移屯焉。盗郭吉闻飞来，遁入湖，飞遣王贵、傅庆追破之，又遣辩士马皋、林聚尽降其众。有张威武者不从，飞单骑入其营，斩之。避地者赖以免，图飞像祠之。

金人再攻常州，飞四战皆捷；尾袭于镇江东，又捷；战于清水亭，又大捷，横尸十五里。兀术趋建康，飞设伏牛头山待之。夜，令百人黑衣混金营中扰之，金兵惊，自相攻击。兀术次龙湾，飞以骑三百、步兵二千驰至新城，大破之。兀术奔淮西，遂复建康。飞奏："建康为要害之地，宜选兵固守，仍益兵守淮，拱护腹心。"帝嘉纳。兀术归，飞邀击于静安，败之。

诏讨戚方，飞以三千人营于苦岭。方遁，俄益兵来，飞自领兵千人，战数十合，皆捷。会张俊兵至，方遂降。范宗尹言张俊自浙西来，盛称飞可用，迁通、泰镇抚使兼知泰州。飞辞，乞淮南东路一重难任使，收复本路州郡，乘机渐进，使山东、河北、河东、京畿等路次第而复。

会金攻楚急，诏张俊援之。俊辞，乃遣飞行，而命刘光世出兵援飞。飞屯三墅为楚援，寻抵承州，三战三捷，杀高太保，俘酋长七十余人。光世等皆不敢前，飞师孤力寡，楚遂陷。诏飞还守通、泰，有旨可守即守，如不可，但于沙洲保护百姓，伺便掩击。飞以泰无险可恃，退保柴墟，战于南霸桥，金大败。渡百姓于沙上，飞以精骑二百殿，金兵不敢近。飞以泰州失守待罪。

绍兴元年，张俊请飞同讨李成。时成将马进犯洪州，连营西山。飞曰："贼贪而不虑后，若以骑兵自上流绝生米渡，出其不意，破之必矣。"飞请自为先锋，俊大喜。飞重铠跃马，潜出贼右，突其阵，所部从之。进大败，走筠州。飞抵城东，贼出城，布阵十五里，飞设伏，以红罗为帜，上刺"岳"字，选骑二百随帜而前。贼易其少，薄之，伏发，贼败走。飞使人呼曰："不从贼者坐，吾不汝杀。"坐而降者八万余人。进以余卒奔成于南康。飞夜引兵至朱家山，又斩其将赵万。成闻进败，自引兵十余万来。飞与遇于楼子庄，大破成军，追斩进。成走蕲州，降伪齐。

张用寇江西，用亦相人，飞以书谕之曰："吾与汝同里，南薰门、铁路步之战，皆汝所悉。今吾在此，欲战则出，不战则降。"用得书曰:"果吾父也。"遂降。

江、淮平,俊奏飞功第一,加神武右军副统制,留洪州,弹压盗贼,授亲卫大夫、建州观察使。建寇范汝为陷邵武,江西安抚李回檄飞分兵保建昌军及抚州,飞遣人以"岳"字帜植城门,贼望见,相戒勿犯。贼党姚达、饶青逼建昌,飞遣王万、徐庆讨擒之。升神武副军都统制。

二年,贼曹成拥众十余万,由江西历湖湘,据道、贺二州。命飞权知潭州,兼权荆湖东路安抚都总管,付金字牌、黄旗招成。成闻飞将至,惊曰:"岳家军来矣。"即分道而遁。飞至茶陵,奉诏招之,成不从。飞奏:"比年多命招安,故盗力强则肆暴,力屈则就招,苟不略加剿除,蠢起之众未可遽殄。"许之。

飞入贺州境,得成谍者,缚之帐下。飞出帐调兵食,吏曰:"粮尽矣,奈何?"飞阳曰:"姑反茶陵。"已而顾谍若失意状,顿足而入,阴令逸之。谍归告成,成大喜,期翌日来追。飞命士蓐食,潜趋绕岭,未明,已至太平场,破其寨。成据险拒飞,飞麾兵掩击,贼大溃。成走据北藏岭、上梧关,遣将迎战,飞不阵而鼓,士争奋,夺二隘据之。成又自桂岭置寨至北藏岭,连控隘道,亲以众十余万守蓬头岭。飞部才八千,一鼓登岭,破其众,成奔连州。飞谓张宪等曰:"成党散去,追而杀之,则胁从者可悯,纵之则复聚为盗。今遣若等诛其酋而抚其众,慎勿妄杀,累主上保民之仁。"于是宪自贺、连,徐庆自邵、道,王贵自郴、桂,招降者二万,与飞会连州。进兵追成,成走宣抚司降。时以盛夏行师瘴地,抚循有方,士无一人死疠者,岭表平。授武安军承宣使,屯江州。甫入境,安抚李回檄飞捕剧贼马友、郝通、刘忠、李通、李宗亮、张式,皆平之。

三年春,召赴行在。江西宣谕刘大中奏:"飞兵有纪律,人恃以安，今赴行在，恐盗复起。"不果行。时虔、吉盗连兵寇掠循、梅、广、惠、英、韶、南雄、南安、建昌、汀、邵武诸郡，帝乃专命飞平之。飞至虔州，固石洞贼彭友悉众至零都迎战，跃马驰突，飞麾兵即马上擒之，余酋退保固石洞。洞高峻环水，止一径可入。飞列骑山下，令皆持满，黎明，遣死士疾驰登山，贼众乱，弃山而下，骑兵围之。贼呼丐命，飞令勿杀，受其降。授徐庆等方略，捕诸郡余贼，皆破降之。初，以隆祐震惊之故，密旨令飞屠虔城。飞请诛首恶而赦胁从，不许；请至三四，帝乃曲赦。人感其德，绘像祠之。余寇高聚、张成犯袁州，飞遣王贵平之。

秋，入见，帝手书"精忠岳飞"字，制旗以赐之。授镇南军承宣使、江南西路沿江制置使，又改神武后军都统制，仍制置使，李山、吴全、吴锡、李横、牛皋皆隶焉。

伪齐遣李成挟金人入侵，破襄阳、唐、邓、随、郢诸州及信阳军，湖寇杨么亦与伪齐通，欲顺流而下，李成又欲自江西陆行，趋两浙与么会。帝命飞为之备。

四年，除兼荆南、鄂岳州制置使。飞奏："襄阳等六郡为恢复中原基本，今当先取六郡，以除心膂之病。李成远遁，然后加兵湖湘，以殄群盗。"帝以谕赵鼎，鼎曰："知上流利害，无如飞者。"遂授黄复州、汉阳军、德安府制置使。飞渡江中流，顾幕属曰："飞不擒贼，不涉此江。"抵郢州城下，伪将京超号"万人敌"，乘城拒飞。飞鼓众而登，超投崖死，复郢州，遣张宪、徐庆复随州。飞趣襄阳，李成迎战，左临襄江，飞笑曰："步兵利险阻，骑兵利平旷。成左列骑江岸，右列步平地，虽众十万何能为。"举鞭指王贵曰："尔以长枪步卒击其骑兵。"指牛皋曰："尔以骑兵击其步卒。"合战，马应枪而毙，后骑皆拥入江,步卒死者无数,成夜遁,复襄阳。刘豫益成兵屯新野,飞与王万夹击之,连破其众。

飞奏:"金贼所爱惟子女金帛,志已骄惰;刘豫僭伪,人心终不忘宋。如以精兵二十万,直捣中原,恢复故疆,诚易为力。襄阳、随、郢地皆膏腴,苟行营田,其利为厚。臣候粮足,即过江北剿戮敌兵。"时方重深入之举,而营田之议自是兴矣。

进兵邓州,成与金将刘合孛堇列寨拒飞。飞遣王贵、张宪掩击,贼众大溃,刘合孛堇仅以身免。贼党高仲退保邓城,飞引兵一鼓拔之,擒高仲,复邓州。帝闻之,喜曰:"朕素闻岳飞行军有纪律,未知能破敌如此。"又复唐州、信阳军。

襄汉平,飞辞制置使,乞委重臣经画荆襄,不许。赵鼎奏:"湖北鄂、岳最为上流要害,乞令飞屯鄂、岳,不惟江西借其声势,湖、广、江、浙亦获安妥。"乃以随、郢、唐、邓、信阳并为襄阳府路隶飞,飞移屯鄂,授清远军节度使、湖北路、荆、襄、潭州制置使,封武昌县开国子。

兀术、刘豫合兵围庐州,帝手札命飞解围,提兵趋庐,伪齐已驱甲骑五千逼城。飞张"岳"字旗与"精忠"旗,金兵一战而溃,庐州平。飞奏:"襄阳等六郡人户阙牛、粮,乞量给官钱,免官私逋负,州县官以招集流亡为殿最。"

五年,入觐,封母国夫人;授飞镇宁、崇信军节度使,湖北路、荆襄潭州制置使,进封武昌郡开国侯;又除荆湖南北、襄阳路制置使,神武后军都统制,命招捕杨么。飞所部皆西北人,不习水战,飞曰:"兵何常,顾用之何如耳。"先遣使招谕之。贼党黄佐曰:"岳节使号令如山,若与之敌,万无生理,不如往降。节使诚信,必善遇我。"遂降。飞表授佐武义大夫,单骑按其部,拊佐背曰:"子知逆顺者。果能立功,封侯岂足道?欲复遣子至湖中，视其可乘者擒之，可劝者招之，如何？"佐感泣，誓以死报。

时张浚以都督军事至潭，参政席益与浚语，疑飞玩寇，欲以闻。浚曰："岳侯，忠孝人也，兵有深机，胡可易言？"益慭而止。黄佐袭周伦寨，杀伦，擒其统制陈贵等。飞上其功，迁武功大夫。统制任士安不禀王瓊令，军以此无功。飞鞭士安使饵贼，曰："三日贼不平，斩汝。"士安宣言："岳太尉兵二十万至矣。"贼见止士安军，并力攻之。飞设伏，士安战急，伏四起击贼，贼走。

会召浚还防秋，飞袖小图示浚，浚欲俟来年议之。飞曰："已有定画，都督能少留，不八日可破贼。"浚曰："何言之易？"飞曰："王四厢以王师攻水寇则难，飞以水寇攻水寇则易。水战我短彼长，以所短攻所长，所以难。若因敌将用敌兵，夺其手足之助，离其腹心之托，使孤立，而后以王师乘之，八日之内，当俘诸酋。"浚许之。

飞遂如鼎州。黄佐招杨钦来降，飞喜曰："杨钦骁悍，既降，贼腹心溃矣。"表授钦武义大夫，礼遇甚厚，乃复遣归湖中。两日，钦说余端、刘诜等降，飞诡骂钦曰："贼不尽降，何来也？"杖之，复令入湖。是夜，掩贼营，降其众数万。么负固不服，方浮舟湖中，以轮激水，其行如飞，旁置撞竿，官舟迎之辄碎。飞伐君山木为巨筏，塞诸港汊，又以腐木乱草浮上流而下，择水浅处，遣善骂者挑之，且行且骂。贼怒来追，则草木壅积，舟轮碍不行。飞亟遣兵击之，贼奔港中，为筏所拒。官军乘筏，张牛革以蔽矢石，举巨木撞其舟，尽坏。么投水，牛皋擒斩之。飞入贼垒，余酋惊曰："何神也！"俱降。飞亲行诸寨慰抚之，纵老弱归田，籍少壮为军，果八日而贼平。浚叹曰："岳侯神算也。"初，贼恃其险曰："欲犯我者，除是飞来。"至是，人以其言为谶。获贼舟千余，鄂渚水军为沿江之冠。诏兼蕲、黄制置使，飞以目疾乞辞军事，不许，加检校少保，进封公。还军鄂州，除荆湖南北、襄阳路招讨使。

六年，太行山忠义社梁兴等百余人，慕飞义率众来归。飞入觐，面陈："襄阳自收复后，未置监司，州县无以按察。"帝从之，以李若虚为京西南路提举兼转运、提刑，又令湖北、襄阳府路自知州、通判以下贤否，许飞得自黜陟。

张浚至江上会诸大帅，独称飞与韩世忠可倚人事，命飞屯襄阳，以窥中原，曰："此君素志也。"飞移军京西，改武胜、定国军节度使，除宣抚副使，置司襄阳。命往武昌调军。居母忧，降制起复，飞扶榇还庐山，连表乞终丧，不许，累诏趣起，乃就军。又命宣抚河东，节制河北路。首遣王贵等攻虢州，下之，获粮十五万石，降其众数万。张浚曰："飞措画甚大，令已至伊、洛，则太行一带山寨，必有应者。"飞遣杨再兴进兵至长水县，再战皆捷，中原响应。又遣人焚蔡州粮。

九月，刘豫遣子麟、侄猊分道寇淮西，刘光世欲舍庐州，张俊欲弃盱眙，同奏召飞以兵东下，欲使飞当其锋，而已得退保。张浚谓："岳飞一动，则襄汉何所制？"力沮其议。帝虑俊、光世不足任，命飞东下。飞自破曹成、平杨幺，凡六年，皆盛夏行师，致目疾，至是，甚；闻诏即日启行，未至，麟败。飞奏至，帝语赵鼎曰："刘麟败北不足喜，诸将知尊朝廷为可喜。"遂赐札，言："敌兵已去淮，卿不须进发，其或襄、邓、陈、蔡有机可乘，从长措置。"飞乃还军。时伪齐屯兵窥唐州，飞遣王贵、董先等攻破之，焚其营。奏图蔡以取中原，不许。飞召贵等还。

七年，入见，帝从容问曰："卿得良马否？"飞曰："臣有二马，日啖刍豆数斗，饮泉一斛，然非精洁则不受。介而驰，初不甚疾，比行百里始奋迅，自午至酉，犹可二百里。褫鞍甲而不息不汗，若无事然。此其受大而不苟取，力裕而不求逞，致远之材也。不幸相继以死。今所乘者，日不过数升，而秣不择粟，饮不择泉，揽辔未安，踊踊疾驱，甫百里，力竭汗喘，殆欲毙然。此其寡取易盈，好逞易穷，驽钝之材也。"帝称善，曰："卿今议论极进。"拜太尉，继除宣抚使兼营田大使。从幸建康，以王德、郦琼兵隶飞，诏谕德等曰："听飞号令，如朕亲行。"

飞数见帝，谕恢复之略。又手疏言："金人所以立刘豫于河南，盖欲荼毒中原，以中国攻中国，粘罕因得休兵观衅。臣欲陛下假臣月日，便则提兵趋京、洛，据河阳、陕府、潼关，以号召五路叛将。叛将既还，遣王师前进，彼必弃汴而走河北，京畿、陕右可以尽复。然后分兵滁、滑，经略两河，如此则刘豫成擒，金人可灭，社稷长久之计，实在此举。"帝答曰："有臣如此，顾复何忧，进止之机，朕不中制。"又召至寝阁命之曰："中兴之事，一以委卿。"命节制光州。

飞方图大举，会秦桧主和，遂不以德、琼兵隶飞。诏诣都督府与张浚议事，浚谓飞曰："王德淮西军所服，浚欲以为都统，而命吕祉以督府参谋领之，如何？"飞曰："德与琼素不相下，一旦揠之在上，则必争。吕尚书不习军旅，恐不足服众。"浚曰："张宣抚如何？"飞曰："暴而寡谋，尤琼所不服。"浚曰："然则杨沂中尔？"飞曰："沂中视德等尔，岂能驭此军？"浚艴然曰："浚固知非太尉不可。"飞曰："都督以正问飞，不敢不尽其愚，岂以得兵为念耶？"即日上章乞解兵柄，终丧服，以张宪摄军事，步归，庐母墓侧。浚怒，奏以张宗元为宣抚判官，监其军。

帝累诏趣飞还职，飞力辞，诏幕属造庐以死请，凡六日，飞趋朝待罪，帝慰遣之。宗元还言："将和士锐，人怀忠孝，皆飞训养所致。"帝大悦。飞奏："比者寝阁之命，咸谓圣断已坚，何至今尚未决？臣愿提兵进讨，顺天道，因人心，以曲直为老壮，以逆顺为强弱，万全之效可必。"又奏："钱塘僻在海隅，非用武地。愿陛下建都上游，用汉光武故事，亲率六军，往来督战。庶将士知圣意所向，人人用命。"未报而郦琼叛，浚始悔。飞复奏："愿进屯淮甸，伺便击琼，期于破灭。"不许，诏驻师江州为淮、浙援。

飞知刘豫结粘罕，而兀术恶刘豫，可以间而动。会军中得兀术谍者，飞阳责之曰："汝非吾军中人张斌耶？吾向遣汝至齐，约诱至四太子，汝往不复来。吾继遣人问，齐已许我，今冬以会合寇江为名，致四太子于清河。汝所持书竟不至，何背我耶？"谍冀缓死，即诡服。乃作蜡书，言与刘豫同谋诛兀术事，因谓谍曰："吾今贷汝。"复遣至齐，问举兵期，刲股纳书，戒勿泄。谍归，以书示兀术，兀术大惊，驰白其主，遂废豫。飞奏："宜乘废豫之际，捣其不备，长驱以取中原。"不报。

八年，还军鄂州。王庶视师江、淮，飞与庶书："今岁若不举兵，当纳节请闲。"庶甚壮之。秋，召赴行在，命诣资善堂见皇太子。飞退而喜曰："社稷得人矣，中兴基业，其在是乎？"会金遣使将归河南地，飞言："金人不可信，和好不可恃，相臣谋国不臧，恐贻后世讥。"桧衔之。

九年，以复河南，大赦。飞表谢，寓和议不便之意，有"唾手燕云，复雠报国"之语。授开府仪同三司，飞力辞，谓："今日之事，可危而不可安；可忧而不可贺；可训兵饬士，谨备不虞，而不可论功行赏，取笑敌人。"三诏不受，帝温言奖谕，乃受。会遣士傀谒诸陵，飞请以轻骑从洒埽，实欲观衅以伐谋。又奏："金人无事请和，此必有肘腋之虞，名以地归我，实寄之也。"桧白帝止其行。

十年，金人攻拱、亳，刘锜告急，命飞驰援，飞遣张宪、姚政赴之。帝赐札曰："设施之方，一以委卿，朕不遥度。"飞乃遣王贵、牛皋、董先、杨再兴、孟邦杰、李宝等，分布经略西京、汝、郑、颍昌、陈、曹、光、蔡诸郡；又命梁兴渡河，纠合忠义社，取河东、北州县。又遣兵东援刘锜，西援郭浩，自以其军长驱以阚中原。将发，密奏言："先正国本以安人心，然后不常厥居，以示无忘复雠之意。"帝得奏，大褒其忠，授少保，河南府路、陕西、河东北路招讨使，寻改河南、北诸路招讨使。未几，所遣诸将相继奏捷。大军在颍昌，诸将分道出战，飞自以轻骑驻郾城，兵势甚锐。

兀术大惧，会龙虎大王议，以为诸帅易与，独飞不可当，欲诱致其师，并力一战。中外闻之，大惧，诏飞审处自固。飞曰："金人伎穷矣。"乃日出挑战，且骂之。兀术怒，合龙虎大王、盖天大王与韩常之兵逼郾城。飞遣子云领骑兵直贯其阵，戒之曰："不胜，先斩汝！"鏖战数十合，贼尸布野。

初，兀术有劲军，皆重铠，贯以韦索，三人为联，号"拐子马"，官军不能当。是役也，以万五千骑来，飞戒步卒以麻札刀入阵，勿仰视，第斫马足。拐子马相连，一马仆，二马不能行，官军奋击，遂大败之。兀术大恸曰："自海上起兵，皆以此胜，今已矣！"兀术益兵来，部将王刚以五十骑觇敌，遇之，奋斩其将。飞时出视战地，望见黄尘蔽天，自以四十骑突战，败之。

方郾城再捷，飞谓云曰："贼屡败，必还攻颍昌，汝宜速援王贵。"既而兀术果至，贵将游奕、云将背嵬战于城西。云以骑兵八百挺前决战，步军张左右翼继之，杀兀术婿夏金吾、副统军粘罕索字堇，兀术遁去。

梁兴会太行忠义及两河豪杰等，累战皆捷，中原大震。飞奏："兴等过河，人心愿归朝廷。金兵累败，兀术等皆令老少北去，正中兴之机。"飞进军朱仙镇，距汴京四十五里，与兀术对垒而阵，遣骁将以背嵬骑五百奋击，大破之，兀术遁还汴京。飞檄陵台令行视诸陵，葺治之。

先是，绍兴五年，飞遣梁兴等布德意，诏结两河豪杰，山寨韦铨、孙谋等敛兵固堡，以待王师，李通、胡清、李宝、李兴、张恩、孙琪等举众来归。金人动息，山川险要，一时皆得其实。尽磁、相、开德、泽、潞、晋、绛、汾、隰之境，皆期日兴兵，与官军会。其所揭旗以"岳"为号，父老百姓争挽车牵牛，载糗粮以馈义军，顶盆焚香迎候者，充满道路。自燕以南，金号令不行，兀术欲签军以抗飞，河北无一人从者。乃叹曰："自我起北方以来，未有如今日之挫衄。"金帅乌陵思谋素号桀黠，亦不能制其下，但谕之曰："毋轻动，俟岳家军来即降。"金统制王镇、统领崔庆、将官李觊崔虎华旺等皆率所部降，以至禁卫龙虎大王下忔查千户高勇之属，皆密受飞旗榜，自北方来降。金将军韩常欲以五万众内附。飞大喜，语其下曰："直抵黄龙府，与诸君痛饮尔！"

方指日渡河，而桧欲画淮以北弃之，风台臣请班师。飞奏："金人锐气沮丧，尽弃辎重，疾走渡河，豪杰向风，士卒用命，时不再来，机难轻失。"桧知飞志锐不可回，乃先请张俊、杨沂中等归，而后言飞孤军不可久留，乞令班师。一日奉十二金字牌，飞愤惋泣下，东向再拜曰："十年之力，废于一旦。"飞班师，民遮马恸哭，诉曰："我等戴香盆、运粮草以迎官军，金人悉知之。相公去，我辈无噍类矣。"飞亦悲泣，取诏示之曰："吾不得擅留。"哭声震野，飞留五日以待其徙，从而南者如市，亟奏以汉上六郡闲田处之。

方兀术弃汴去，有书生叩马曰："太子毋走，岳少保且退矣。"兀术曰："岳少保以五百骑破吾十万，京城日夜望其来，何谓可守？"生曰："自古未有权臣在内，而大将能立功于外者，岳少保且不免，况欲成功乎？"兀术悟，遂留。飞既归，所得州县，旋复失之。飞力请解兵柄，不许，自庐入觐，帝问之，飞拜谢而已。

十一年，谍报金分道渡淮，飞请合诸帅之兵破敌。兀术、韩常与龙虎大王疾驱至庐，帝趣飞应援，凡十七札。飞策金人举国南来，巢穴必虚，若长驱京、洛以捣之，彼必奔命，可坐而敝。时飞方苦寒嗽，力疾而行。又恐帝急于退敌，乃奏："臣如捣虚，势必得利，若以为敌方在近，未暇远图，欲乞亲至蕲、黄，以议攻却。"帝得奏大喜，赐札曰："卿苦寒疾，乃为朕行，国尔忘身，谁如卿者？"师至庐州，金兵望风而遁。飞还兵于舒以俟命，帝又赐札，以飞小心恭谨、不专进退为得体。兀术破濠州，张俊驻军黄连镇，不敢进；杨沂中遇伏而败，帝命飞救之。金人闻飞至，又遁。

时和议既决，桧患飞异己，乃密奏召三大将论功行赏。韩世忠、张俊已至，飞独后，桧又用参政王次翁计，俟之六七日。既至，授枢密副使，位参知政事上，飞固请还兵柄。五月，诏同俊往楚州措置边防，总韩世忠军还驻镇江。

初，飞在诸将中年最少，以列校拔起，累立显功，世忠、俊不能平，飞屈己下之，幕中轻锐教飞勿苦降意。金人攻淮西，俊分地也，俊始不敢行，师卒无功。飞闻命既行，遂解庐州围，帝授飞两镇节，俊益耻。杨么平，飞献俊、世忠楼船各一，兵械毕备，世忠大悦，俊反忌之。淮西之役，俊以前途粮乏诽飞，飞不为止，帝赐札褒谕，有曰："转饷艰阻，卿不复顾。"俊疑飞漏言，还朝，反倡言飞逗留不进，以乏饷为辞。至视世忠军，俊知世忠忤桧，欲与飞分其背嵬军，飞义不肯，俊大不悦。及同行楚州城，俊欲修城为备，飞曰："当戮力以图恢复，岂可为退保计？"俊变色。

会世忠军吏景著与总领胡纺言："二枢密若分世忠军，恐至生事。"纺上之朝，桧捕著下大理寺，将以扇摇诬世忠。飞驰书告以桧意，世忠见帝自明。俊于是大憾飞，遂倡言飞议弃山阳，且密以飞报世忠事告桧，桧大怒。

初，桧逐赵鼎，飞每对客叹息，又以恢复为己任，不肯附和议。读桧奏，至"德无常师，主善为师"之语，恶其欺罔，恚曰："君臣大伦，根于天性，大臣而忍面谩其主耶！"兀术遗桧书曰："汝朝夕以和请，而岳飞方为河北图，必杀飞，始可和。"桧亦以飞不死，终梗和议，己必及祸，故力谋杀之。以谏议大夫万俟卨与飞有怨，风卨劾飞，又风中丞何铸、侍御史罗汝楫交章弹论，大率谓："今春金人攻淮西，飞略至舒、蕲而不进，比与俊按兵淮上，又欲弃山阳而不守。"飞累章请罢枢柄，寻还两镇节，充万寿观使、奉朝请。桧志未伸也，又谕张俊令劫王贵、诱王俊诬告张宪谋还飞兵。

桧遣使捕飞父子证张宪事，使者至，飞笑曰："皇天后土，可表此心。"初命何铸鞫之，飞裂裳以背示铸，有"尽忠报国"四大字，深入肤理。既而阅实无左验，铸明其无辜。改命万俟卨。卨诬飞与宪书，令虚申探报以动朝廷，云与宪书，令措置使飞还军；且言其书已焚。

飞坐系两月，无可证者。或教卨以台章所指淮西事为言，卨喜白桧，簿录飞家，取当时御札藏之以灭迹。又逼孙革等证飞受诏逗遛，命评事元龟年取行军时日杂定之，傅会其狱。岁暮，狱不成，桧手书小纸付狱，即报飞死，时年三十九。云弃市。籍家赀，徙家岭南。幕属于鹏等从坐者六人。

初，飞在狱，大理寺丞李若朴何彦猷、大理卿薛仁辅并言飞无罪，卨俱劾去。宗正卿士㒟请以百口保飞，卨亦劾之，窜死建州。布衣刘允升上书讼飞冤，下棘寺以死。凡傅成其狱者，皆迁转有差。

狱之将上也，韩世忠不平，诣桧诘其实，桧曰："飞子云与张宪书虽不明，其事体莫须有。"世忠曰："'莫须有'三字，何以服天下？"时洪皓在金国中，蜡书驰奏，以为金人所畏服者惟飞，至以父呼之，诸酋闻其死，酌酒相贺。

飞至孝，母留河北，遣人求访，迎归。母有痼疾，药饵必亲。母卒，水浆不入口者三日。家无姬侍。吴玠素服飞，愿与交驩，饰名姝遗之。飞曰："主上宵旰，岂大将安乐时？"却不受，玠益敬服。少豪饮，帝戒之曰："卿异时到河朔，乃可饮。"遂绝不饮。帝初为飞营第，飞辞曰："敌未灭，何以家为？"或问天下何时太平，飞曰："文臣不爱钱，武臣不惜死，天下太平矣。"

师每休舍，课将士注坡跳壕，皆重铠习之。子云尝习注坡，马踬，怒而鞭之。卒有取民麻一缕以束刍者，立斩以徇。卒夜宿，民开门愿纳，无敢入者。军号"冻死不拆屋，饿死不卤掠。"卒有疾，躬为调药；诸将远戍，遣妻问劳其家；死事者哭之而育其孤，或以子婚其女。凡有颁犒，均给军吏，秋毫不私。

善以少击众。欲有所举，尽召诸统制与谋，谋定而后战，故有胜无败。猝遇敌不动，故敌为之语曰："撼山易，撼岳家军难。"张俊尝问用兵之术，曰："仁、智、信、勇、严，阙一不可。"调军食，必蹙额曰："东南民力，耗敝极矣。"荆湖平，募民营田，又为屯田，岁省漕运之半。帝手书曹操、诸葛亮、羊祜三事赐之。飞跋其后，独指操为奸贼而鄙之，尤桧所恶也。

张所死，飞感旧恩，鞠其子宗本，奏以官。李宝自楚来归，韩世忠留之，宝痛哭愿归飞，世忠以书来谂，飞复曰："均为国家，何分彼此？"世忠叹服。襄阳之役，诏光世为援，六郡既复，光世始至，飞奏先赏光世军。好贤礼士，览经史，雅歌投壶，恂恂如书生。每辞官，必曰："将士效力，飞何功之有？"然忠愤激烈，议论持正，不挫于人，卒以此得祸。

桧死，议复飞官。万俟卨谓金方愿和，一旦录故将，疑天下心，不可。及绍兴末，金益猖獗，太学生程宏图上书讼飞冤，诏飞家自便。初，桧恶岳州同飞姓，改为纯州，至是仍旧。中丞汪澈宣抚荆、襄，故部曲合辞讼之，哭声雷震。孝宗诏复飞官，以礼改葬，赐钱百万，求其后悉官之。建庙于鄂，号忠烈。淳熙六年，谥武穆。嘉定四年，追封鄂王。

五子：云、雷、霖、震、霆。

译文：

  岳飞，字鹏举，相州汤阴人，世代务农，父亲岳和，能够节约食物以救济饥饿的人。有人耕田侵占了他家的土地，他便割让这块土地送给了这人；有人赊欠他的财物也不去索回。岳飞出生时，有一只像鹄一样的大鸟，在他的屋顶上飞旋鸣叫，因此而取名。没有满月，黄河在内黄决口，洪水汹涌冲来，母亲姚氏抱着岳飞坐在瓮中，被波涛冲到岸边得以幸免，人们认为这是一件不平常的事。

岳飞少年时有志气节操，性格朴实敦厚，很少说话，家庭贫穷却努力学习，尤其喜好《春秋左氏传》、孙、吴兵法。天生有神力，没有成年，能拉三百斤的硬弓，八石的强弩。向周同学习射箭，把周同射箭的技术全部掌握，能左右开弓。周同去世，岳飞每月初一、十五到他的坟上祭奠。父亲认为这样做很对，说："你能为当今社会所用，必能为国殉身，为正义而死。"

宣和四年，真定宣抚使刘韐招募敢战士，岳飞应募。相州有大贼陶俊、贾进和，岳飞请求率领百名骑兵去消灭这些贼寇。他派遣士兵伪装成商人进入贼人盘踞的地区，贼寇掠夺这些人以扩充自己的部队。岳飞派遣一百人埋伏在山下，自己率领几十名骑兵逼近贼寇营垒。贼寇出战，岳飞假装败北，贼寇赶来追击，伏兵四起，先前派遣的士兵擒获陶俊和贾进和归还军营。

康王来到相州，岳飞因刘浩而见到康王，命令他去招安贼人吉倩，吉倩率领部众三百八十人投降。岳飞补为承信郎。率领铁骑三百前往李固渡试向敌军挑战，打败敌军。跟从刘浩解东京围，与敌军相持于滑州南面，岳飞率领百名骑兵在黄河上操练。敌军突然杀来，岳飞指挥自己的部队说："敌军虽然众多，但不知我们虚实，应当趁他们立足未定攻击他们。"于是岳飞单骑冲向敌军。敌军的一员猛将挥舞大刀前来迎战，岳飞把他斩死，敌军大败。升秉义郎，隶属东京留守宗泽。转战开德府、曹州都立下战功，宗泽十分惊奇岳飞的才能，说："你的勇敢机智、才能武艺，古代良将不能超过，然而你喜好野战，不是万全之计。"因此传授阵图给岳飞。岳飞说："布阵之后战斗，这是兵法的常规，运用的妙处，在于将领一人的体会。"宗泽赞同岳飞的这个观点。

康王即位当皇帝，岳飞呈上长达数千言的奏章，大意是："陛下已登皇位，社稷有了主人，已经有足够的讨伐敌人的谋略，而且援救皇帝的军队一天天地聚集，敌人认为我方一向懦弱，应该乘敌人懈怠而攻击他们。黄潜善、汪伯彦这些人不能秉承圣上心意恢复中原，却送皇上车驾一天天向南，这样恐怕不能维系中原百姓的敬仰。我希望陛下乘敌人巢穴尚未坚固，亲自率领六军北渡黄河，那么将士士气大振，中原可望恢复。"奏章上达朝廷，朝廷以岳飞越职上书罢免了他的官职，让他回乡。

岳飞投奔河北招讨使张所，张所用国士的礼仪接待他，借补为修武郎，充任中军统领。张所问道："你能抵挡多少敌人？"岳飞说："作战不能只靠勇猛，用兵在于战前制定谋略，栾枝用拖树枝的计策打败楚国，莫敖用派兵打柴的计策打败绞国，都是制定谋略的结果。"张所肃然起敬地说："您大概不是行伍出身的人。"岳飞借机对他说："国家定都在汴梁，依靠河北作为安全保障。如果占据交通要地，屹立起系列有重兵驻守的城池，一座城池受到敌军包围，其他城镇或是阻挠敌人援军，或是救援被围的城市，金人不能窥伺河南，而京城根本之地就能巩固了。您如果能率领部队迫近敌境，岳飞绝对听从您的命令。"张所十分高兴，借补岳飞为武经郎。

命令岳飞跟随王彦渡黄河，到达新乡，金兵很多，王彦不敢前进。岳飞率领自己的部队与金军激战，夺取金军大旗挥舞，众将士奋勇争先，于是攻占新乡。第二天，在侯兆川与金军交战，岳飞负伤十多处，士兵都拼死战斗，又打败金军。夜晚驻扎在石门山下，有人传说金兵又来了，全军都很惊慌，岳飞坚持躺着不为所动，金兵终于没来。粮食没有了，岳飞到王彦营中求借军粮，王彦不答应。岳飞率领军队更加向北，战斗在太行山，擒获金将拓跋耶乌。住了几天，又遭遇敌军，岳飞单骑拿着丈八铁枪，刺死黑风大王，敌军溃败逃走。岳飞自知和王彦有矛盾，又重归宗泽部下，任留守司统制。宗泽死，杜充替代宗泽，岳飞仍任原职。

建炎二年，在胙城作战，又在黑龙潭作战，都取得大捷。跟从间勍保护帝王陵寝，大战汜水关，射死金将，大破金军。驻军竹芦渡，与敌军相持，岳飞挑选三百名精锐士兵埋伏在前山脚下，命令他们各自扎好两束交叉的柴草，半夜，点燃两束柴草的四头并高举起来，金兵怀疑宋援军来到，惊慌溃逃。

建炎三年，贼寇王善、曹成、孔彦舟等聚合部众五十万，迫近南熏门。岳飞统率的部队仅八百人，众人惧怕打不过敌军，岳飞说："我为诸位破敌。"左手挟着弓，右手运矛，横冲敌阵，贼寇慌乱，被打得大败。又在东明擒获贼寇杜叔五、孙海。岳飞借补英州刺史。王善包围陈州，岳飞在清河与敌交战，擒获敌将孙胜、孙清，升任真刺史。

杜充将要返还建康，岳飞说："中原土地一尺一寸也不能放弃，今天一走，这块地方就不属于我们所有，他日想要重新收复它，非几十万大军不可。"杜充不听，于是和杜充一起南归。军队到了铁路步，遭遇贼寇张用，到六合遭遇李成，和他们作战，把他们都打败了。李成派遣轻骑兵劫持御史犒军的银两丝帛，岳飞进兵掩蔽袭击，李成奔逃到江西。当时命令杜充守卫建康，金兵和李成联合进犯乌江，杜充闭门不出。岳飞流着眼泪进谏，请求杜充视察军队，杜充竟然不出来。于是金兵从马家渡渡过长江，杜充派遣岳飞等人迎战，王璂首先逃跑，其他将领也都溃逃，唯独岳飞奋力战斗。

恰逢杜充已经投降金军，将领大多进行剽窃掠夺，唯有岳飞军队秋毫无犯。兀术进军杭州，岳飞在广德境内拦腰截击，六战全胜，擒获金将王权，俘虏签军首领四十多人。岳飞考察出其中可以利用的人，结下恩情之后让他们返回金营，命令他们夜间在营寨中砍杀纵火，岳飞乘乱直攻，把金军打得大败，驻军钟村，军中没有存粮，将士忍饥挨饿，也不敢骚扰百姓。金朝所征集的士兵互相说："这是岳爷爷的军队。"争相前来投降归附。

建炎四年，兀术进攻常州，宜兴县令迎接岳飞移驻宜兴。强盗郭吉听说岳飞来了，逃入太湖，岳飞派遣王贵、傅庆追击并打败了他们，又派能说会辩的马皋、林聚劝说他们全部投降。有个叫张威武的不肯服从，岳飞单骑进入他的营寨，把他斩杀。避乱到此地居住的人们因此而得到幸免，他们画岳飞像供奉他。

金军再次进攻常州，岳飞四战四胜；尾追袭击金兵于镇江东，又胜；在清水亭作战中，再次大胜，金兵尸横遍野长达十五里。兀术奔向建康，岳飞在牛头山设下埋伏等待他们。夜里，命令一百名士兵身穿黑色衣服混入金营骚扰，金兵慌乱，自相攻击。兀术驻扎龙湾，岳飞率领骑兵三百名、步兵二千名急行军到新城，把金兵打得大败。兀术奔逃到淮西，于是宋军收复建康。岳飞上奏说："建康是要害之地，应挑选士兵固守，还须增加兵力守两淮，保护心腹地区。"皇帝赞许采纳。兀术归还北方，岳飞在静安拦击，打败了金兵。

奉诏讨伐戚方，岳飞率领三千人在苦岭安营。戚方逃跑，不久增加了兵力又回来，岳飞亲自领兵一千人，激战几十回合，全部取胜。恰好张俊军队到来，于是戚方投降。范宗尹说张俊从浙西来朝廷，十分称赞岳飞可用，岳飞升任通、泰镇抚使兼知泰州。岳飞推辞，请求担任淮南东路的一个重要而困难的职务，以收复本路州郡，抓住机会渐渐推进，使山东、河北、河东、京畿等路陆续得到收复。

当金兵加紧进攻楚州时，诏命张俊援救楚州。张俊推辞，于是派遣岳飞前去，并命令刘光世出兵支援岳飞。岳飞屯兵三墅作为楚州的援军，不久抵达承州，三战三捷，杀死高太保，俘获敌军首领七十多人。刘光世等部都不敢前进，岳飞孤军作战兵力单薄，于是楚州沦陷。诏命岳飞还军守通州、泰州，有圣旨说可以守就守。如守不住，只要在沙州保护百姓，寻找机会袭击敌人。岳飞因为泰州无险可以凭恃，退兵保卫柴墟，在南霸桥作战中，金军大败。在沙州护送百姓渡江，岳飞率领二百名精锐骑兵殿后，金兵不敢靠近。岳飞因泰州失守等待朝廷处分。

绍兴元年，张俊请岳飞一起讨伐李成。当时李成部将马进侵犯洪州，在西山连营扎寨。岳飞说："贼人贪心而不考虑后路，假如派骑兵从上流生米渡过江，出其不意，必然能够破敌。"岳飞请求亲自担任先锋，张俊大喜。岳飞身披重甲跳上马，悄悄出现在贼人右翼，突入贼兵阵地，部下跟随进攻。马进大败，逃到筠州。岳飞抵达城东，贼人出城，布下战阵长十五里，岳飞设埋伏，以红色的罗作旗帜，上绣"岳"字，挑选二百名骑兵跟随旗帜前进。贼人轻视岳飞兵少，逼近岳飞军队，埋伏的军队突然杀出，贼兵大败逃走。岳飞派人大声呼喊："不愿跟随贼寇的人坐下，我不杀你们。"坐下投降的有八万多人。马进率领残余士卒到南康投奔李成。夜里，岳飞率领军队到朱家山，又斩杀马进部将赵万。李成听到马进兵败的消息，亲自带领军队十多万人来犯，岳飞与李成在楼子庄遭遇，大破李成军队，追击并杀死了马进。李成败走蕲州，投降伪齐。

张用进犯江西，张用也是相州人，岳飞写信告谕他说："我和你同乡同里，南熏门、铁路步的战斗，都是你所知道的。今天我在这里,你打算作战就出来,不战就投降。"张用接到岳飞的信说:"果真是我的岳爷爷。"于是投降。

江、淮平定,张俊奏报岳飞战功第一,朝廷加封岳飞为神武右军副统制,留守洪州,镇压盗贼,授予他亲卫大夫、建州观察使。建州贼寇范汝为攻陷邵武,江西安抚使李回召岳飞分兵保卫建昌军及抚州,岳飞派人把绣着"岳"字的旗帜插在城门上,贼寇望见,互相告诫不要去侵犯。贼寇同党姚达、饶青逼近建昌,岳飞派遣王万、徐庆讨伐并擒获了他们。岳飞升任神武副军都统制。

绍兴二年,贼寇曹成率领部众十多万人,由江西经湖湘,占据道、贺二州。命令岳飞权知潭州,兼权荆湖东路安抚都总管,付给他金字牌、黄旗招安曹成。曹成听说岳飞将来,惊呼:"岳家军来了。"立刻分路逃跑。岳飞到茶陵,奉诏招安曹成,曹成不听从。岳飞上奏说"近年来多次命令招安,因此盗贼兵力强大时就恣行暴虐,被制服时就接受招安,如果不稍加剿灭铲除,蜂拥而起的盗贼就不可能迅速剿灭。"皇帝同意他的意见。

岳飞进入贺州境内,抓到曹成的探子,捆缚在帐下,岳飞出帐调动军粮,管军粮的吏说:"粮食已吃完,怎么办?"岳飞假装说:"暂且返回茶陵。"随即回头看到探子,好像因泄露军情而很懊悔的样子,跺脚进入中军帐,暗地下令放探子逃跑。探子回去告诉曹成,曹成大喜,期待第二天来追击岳飞军队。岳飞命令士兵早起身吃饱饭,暗暗绕岭急行,天没亮,已到太平场,攻破曹成营寨,曹成占据险要地形抗拒岳飞,岳飞指挥军队偷袭敌军,贼寇大败溃逃。曹成逃到北藏岭、上梧关盘踞,派遣将领迎战,岳飞没有摆开阵势就擂鼓出击,士兵个个奋勇争先,夺取两个关隘据守。曹成又从桂岭一直到北藏岭设置营寨,接连控制险要通道，亲自率领部众十多万人守蓬头岭。岳飞部队才八千人，一鼓作气登上山岭，击溃曹成大军。曹成奔逃到连州，岳飞对张宪等人说："曹成同党已经溃散，赶上去杀死他们，那么胁从者却是让人怜悯，放跑他们，就会重新聚集起来成为盗贼。今天派遣你们去诛杀他们的首领而安抚他们的部众，小心不要妄加杀戮，使皇帝保护百姓的仁德受到损害。"于是张宪自贺州、连州，徐庆自邵州、道州，王贵自郴州、桂州，招降曹成部下二万人，与岳飞在连州会合。进军追击曹成，曹成到宣抚司投降。盛夏季节在有瘴气的地区行军，岳飞抚慰军队有法，士兵没有一人死于瘟疫，岭表平定。岳飞被授予武安军承宣使，驻屯江州。刚刚入境，安抚使李回召岳飞捕捉大贼马友、郝通、刘忠、李通、李宗亮、张式，他都一一平定了。

绍兴三年春天，召岳飞到行在杭州。江西宣谕刘大中上奏说："岳飞的军队有纪律，百姓依靠他们得到安定，今天召他到行在来，恐怕盗贼又会重新起来作乱。"最后岳飞没有去行在。当时虔州、吉州的盗贼联合兵力进犯掠夺循、梅、广、惠、英、韶、南雄、南安、建昌、汀、邵武等州府，高宗给岳飞专决行事的权力讨平这些盗贼。兵飞到虔州，固石洞贼寇彭友率领全部人员到雩都迎战，跃马奔驰突击，岳飞指挥士兵在马上把他擒获，其余的贼寇首领退兵保卫固石洞。固石洞地势很高有水环绕，只有一条小路可以通入。岳飞让骑兵在山下列队，命令他们都拉满弓弦，黎明，派敢死队迅速奔驰登山，贼兵大乱，放弃山头逃下来，岳飞的骑兵包围了他们。贼寇呼喊乞求饶命，岳飞下令不要屠杀，接受他们的投降。教给徐庆等人计谋，搜捕其他州府的剩余贼寇，攻破并迫使他们投降。当初，因为隆祐太后受震惊的缘故，高宗密令岳飞屠虔州城。岳飞请求诛杀首恶而赦免胁从，高宗不许；岳飞请求三四次，高宗才特令赦免了虔州城。百姓感谢岳飞的恩德，绘岳飞像供奉。剩余的贼寇高聚、张成侵犯袁州，岳飞派遣王贵平定了他们。

秋天，岳飞入朝见高宗，高宗亲自书写"精忠岳飞"四个字，制成旗帜赐给岳飞。任命他为镇南军承宣使、江南西路沿江制置使，又改任神武后军都统制，仍旧保留制置使的职务，李山、吴全、吴锡、李横、牛皋都归他统辖。

伪齐派遣李成依仗金兵入侵，攻破襄阳、唐、邓、随、郢等州府以及信阳军，洞庭湖盗寇杨么也和伪齐联络，打算顺流而下，李成又打算从江西陆路进攻，直趋两浙和杨么会合，高宗命令岳飞做好准备。

绍兴四年，任命岳飞兼任荆南、鄂州岳州制置使。岳飞上奏说："襄阳等六个州郡是收复中原的根本，今天应当先攻取这六个州郡，以解除心腹之患。迫使李成远远逃走，然后在湖湘地区增加兵力，以歼灭所有的盗寇。"高宗把岳飞的建议告诉赵鼎，赵鼎说："知道上流利害，没有如岳飞的人。"于是任命岳飞为黄州、复州、汉阳军、德安府制置使。岳飞渡到长江中流，回头对幕僚部属们说："我不擒获贼寇，再不渡过此江。"抵达郢州城下，伪将京超号称"万人敌"，凭借坚城抗拒岳飞。岳飞擂鼓摧动士兵登城，京超跳崖而死，收复郢州，派遣张宪、徐庆收复随州。岳飞赶到襄阳，李成迎战，左翼靠着襄江，岳飞笑道："步兵适宜在险阻地区作战，骑兵适宜在开阔平地作战。李成左翼骑兵排列在江岸，右翼步兵排列在平地，虽有十万军队又能有什么作为？"他举起马鞭指着王贵说："你用使长枪的步兵进攻李成的骑兵。"指着牛皋说："你用骑兵攻击他的步兵。"两军交锋，李成军的战马应枪倒毙，后面的骑兵都被挤着掉入江中，步兵死亡的人不计其数，李成连夜逃走，岳飞收复襄阳。刘豫增加李成兵力驻守新野，岳飞和王万两面夹击，接连打败李成的军队。

岳飞上奏说："金人所爱的只有子女金帛，意志已经骄逸怠惰；刘豫超越本分建立伪政权，人心终究不忘大宋。如果派精兵二十万，直捣中原，恢复原有的疆土，实在是容易做到的。襄阳、随州、郢州土地都十分肥沃，假如实行营田，好处很大。我等到军粮充足，就过到江北剿杀敌兵。"当时正重视深入北方举动之际，因而营田的议论从此多了起来。

岳飞进军邓州，李成和金将刘合孛堇排列营寨抗拒岳飞。岳飞派遣王贵、张宪乘敌军不备发起攻击，敌军大败，仅有刘合孛堇只身逃脱。李成的党羽高仲退保邓州城，岳飞率领军队一鼓作气攻下邓州城，擒获高仲，收复邓州。高宗听到这消息，高兴地说："我早就听说岳飞行军有纪律，不知道他也能如此攻战破敌。"又收复唐州、信阳军。

襄汉地区平定，岳飞辞去制置使，请求委派重臣经营治理荆襄地区，高宗不同意。赵鼎上奏说："湖北鄂州、岳州是上流的要害，请求命令岳飞驻屯鄂州、岳州，不仅江西可以借助他的声势，湖、广、江、浙也可以获得安定。"于是以随州、郢州、唐州、邓州、信阳军合为襄阳府路隶属岳飞，岳飞移驻鄂州，朝廷授他为清远军节度使、湖北路、荆、襄、潭州制置使，封爵为武昌县开国子。

兀术、刘豫合兵包围庐州，高宗亲自写信命令岳飞解围，岳飞率领军队赶往庐州，伪齐已驱使五千名铁甲骑兵进逼城下。岳飞打出"岳"字旗和"精忠"旗，金兵一交战就溃败了，庐州恢复了平静。岳飞上奏说："襄阳等六郡的农家缺少耕牛、粮食，请朝廷酌量贷给官钱，免除他们拖欠的公私债务，州县官员以召集流亡百姓多少作为考核政绩优劣的标准。"

绍兴五年，岳飞到朝廷觐见高宗，封岳飞母亲为国夫人；授予岳飞镇宁、崇信军节度使，湖北路、荆襄潭州制置使，进封为武昌郡开国侯；又任命他为荆湖南北路、襄阳路制置使，神武后军都统制，命令他招捕杨么。岳飞所辖部队都是西北人，不习惯水战，岳飞说："战斗哪有常规，看你如何用兵罢了。"他先派遣使臣招谕杨么。贼寇同党黄佐说："岳节使号令如山，假如和他敌对抗衡，绝没有能活着的理由，不如去岳飞军前投降。节度使是真诚讲信用的人，必然会好好对待我们。"于是投降。岳飞上表授予黄佐武义大夫，自己单骑巡视黄佐的部队，抚摸黄佐的背说："你是知道逆顺的人。果真能立功，封侯难道还用说？我打算派你重新到洞庭湖中去，看到杨么军队中有把握制服的人就擒获他，可以劝降的人就劝降，怎么样？"黄佐感激流泪，发誓以死报答。

当时张浚以都督军事的身份来到潭州，参政席益对张浚说，怀疑岳飞玩忽贼寇，想把这情况报告朝廷。张浚说："岳侯，是一个忠孝的人，用兵有机密，怎么可以随便议论呢？"席益感到惭愧而就此为止。黄佐袭击周伦营寨，杀死周伦，擒获他的统制陈贵等人。岳飞上报黄佐战功，升黄佐为武功大夫。统制官任士安不服从王瓘命令，军队因此没有立功。岳飞鞭打任士安并命令他作钓饵引诱贼寇，说："三天中没有扫平贼寇，杀你的头。"任士安到处扬言："岳太尉军队二十万到了。"贼寇看到只是任士安一支军队，集中兵力进攻他。岳飞设置埋伏，任士安战斗危急时，伏兵四起攻击贼寇，贼寇逃走。

恰好召还张浚防备金兵秋季入侵，岳飞从衣袖中取出一幅小图给张浚看，张浚打算等来年商议这件事。岳飞说："已经有了确定的计划，都督能够稍稍留几天，不用八天可以攻破贼寇。"张浚说："怎么说得这么容易？"岳飞说："王四厢用官军攻打水寇就困难，我用水寇攻打水寇就容易。水战是我们的短处他们的长处，用我们的短处攻击敌人的长处，所以困难。假如延用敌将使用敌兵，使敌人首领失去手足的帮助，断绝敌人心腹地区的依托，使它孤立，而后用官军乘机进攻，八天之内，应当俘获敌人的首领。"张浚同意这样做。

于是岳飞往鼎州。黄佐招杨钦来投降，岳飞高兴地说："杨钦骁勇强悍，既然他都投降，贼寇的心腹崩溃了。"上表朝廷授予杨钦武义大夫的官阶，礼遇很隆重，仍旧派遣他重新回到湖中。两天后，杨钦劝说余端、刘诜等人投降，岳飞假装骂杨钦说："贼寇没有全部投降，你为什么来？"用杖打他，重新命令他进湖。当天夜里，岳飞军队偷袭贼寇营垒，贼寇有几万人投降。杨么依仗地势险固不肯降服，正在湖中驾着船，用水轮拨水，航行如飞。船两侧装置撞竿，官船迎上去就被撞得粉碎。岳飞砍伐君山上的树木制成巨大的木筏，堵塞湖湾港汊，又在上流投下腐木乱草，让它顺流而下，选择水浅的地方，派遣善于辱骂的士兵挑逗贼寇，一边走一边骂。贼寇愤怒来追，因乱草腐木堆积堵塞水道，敌船的水轮受阻不能转动。岳飞迅急派兵进攻，贼寇奔逃到港湾中，又被木筏拦阻。官军乘着木筏，用张开的牛皮草遮挡弓箭石块，举着大木头撞击贼船，把敌船全部撞坏。杨么跳水，被牛皋捉住斩首。岳飞进入贼军营垒，余下的贼寇首领惊奇地说："真神啊！"都投降了。岳飞亲自到各个营寨安抚劝慰投降的贼寇，释放年老体弱的人回乡，登记年轻力壮的人编入官军。果然八天内将贼寇平定。张俊惊叹道："岳侯真是神机妙算啊。"当初，贼寇凭借天险说："要来攻打我的人，除非是从天上飞来。"这时，人们认为这是应验了岳飞来的谶语。缴获贼船千余艘，鄂州水军成为沿江水军中装备最好的。诏命岳飞兼任蕲、黄制置使，岳飞以眼睛有病请求辞去军事职务，皇帝不同意，加升岳飞为检校少保，进封公。岳飞率领军队回到鄂州，被任命为荆湖南北、襄阳路招讨使。

绍兴六年，太行山忠义社梁兴等一百多人，仰慕岳飞的忠义，率领部下来归顺。岳飞入朝觐见高宗，当面陈述说："自从襄阳收复后，没有设置监司机构，无法巡察州县。"高宗接受这个意见，任命李若虚为京西南路提举兼任转运使、提点刑狱，又命令湖北、襄阳府路自知州、通判以下官员善恶如何，允许岳飞可以自行罢免或提升。

张浚到长江边会见各位军事统帅，唯独称赞岳飞和韩世忠可以依靠成大事。张浚命令岳飞驻军襄阳，以便等候时机收复中原，并说："这是你的一贯志向。"岳飞把军队转移到京西，改任武胜、定国军节度使，并任宣抚副使，在襄阳设置宣抚司。命令岳飞前往武昌调动军队。岳飞因母亲去世在家守丧，高宗降下诏令要岳飞在守丧未满就应召复职，岳飞护送母亲的棺木回到庐山，接连上表请求守满丧期，高宗不同意，几次下诏催促岳飞复职，于是岳飞回到军队。又命令岳飞处理河东路的军政大事，管辖河北路。岳飞首先派遣王贵等人进攻虢州，攻克虢州，缴获粮食十五万石，敌军有几万人投降。张浚说："岳飞筹措计划很大，他的命令已到伊水、洛水一带，那么太行山一带的山寨，必然会有响应的人。"岳飞派遣杨再兴进兵到长水县，几次作战都取胜，中原响应。岳飞又派人焚烧蔡州的粮食。

九月，刘豫派遣儿子刘麟、侄子刘猊分路进犯淮西地区，刘光世打算放弃庐州，张俊打算放弃盱眙，一同上奏要求召岳飞率领军队东下，想让岳飞部队抵挡敌军的锋芒，而自己能够退守自保。张浚说："岳飞军队一走，襄阳地区靠什么控制？"极力反对这个建议。皇帝担心张俊、刘光世不能担此重任，命令岳飞东下。自从岳飞攻破曹成，平定杨么，前后六年，都是在盛夏时行军作战，导致眼睛生病，到这时候，眼病很严重；接到诏命岳飞当天启程出发，没有到，刘麟兵败。岳飞奏状到朝廷，高宗对赵鼎说："刘麟败北不足以高兴，各位将领知道尊从朝廷是可喜的。"于是赐给岳飞书信说："敌兵已经离开淮河地区，你不必继续前进，或许襄、邓、陈、蔡地区有机可乘，从长计划处置。"于是，岳飞撤回军队。当时伪齐聚集军队等待时机进犯唐州，岳飞派遣王贵、董先等人攻破敌军，焚烧敌军营寨。上奏计划夺取蔡州以进军收复中原，皇帝不准，岳飞召王贵等人回来。

绍兴七年，入朝见高宗皇帝，皇帝从容地问岳飞："你得到良马没有？"岳飞回答说："我有两匹马，每天吃几斗草料豆子，饮一斛泉水，然而料不精水不洁就不吃不饮。披挂鞍甲奔驰，开始跑得不太快，等到跑了百里开始奋起加速，自午时到酉时，还可以奔跑二百里。卸下鞍甲也不喘急流汗，好像没有事一样。这是它吃喝量大而不贪吃滥饮，力量充裕而不求逞一时之速，是能跑得远的良材。不幸相继死亡。今天我所乘坐的马匹，一天吃草料不过几升，而且吃草料不挑食，饮水不选择泉眼，缰绳还没有拿稳当，踊跃急奔，才跑了一百里，力量枯竭而流汗气喘，像要倒毙一样。这是它吃喝不多容易得到满足，好逞能卖弄而力量容易枯竭，是马匹中平庸低下的材料。"高宗称赞岳飞说得好，说："你今天的议论很有可取之处。"任命岳飞为太尉。接着任命岳飞为宣抚使兼任营田大使。跟随高宗来到建康，高宗把王德、郦琼的军队隶属岳飞指挥,下诏晓谕王德等人说:"听从岳飞的号令,如同我亲自行令。"

岳飞几次见到高宗,谈论恢复中原的谋略。又手写奏章说:"金人所以在河南立刘豫,是想残害中原,用中国人攻打中国人,粘罕因此可以休整军队,找机会进攻。我希望陛下给予我一些时间,有机会时就带领军队直奔汴京、洛阳,占据河阳、陕州、潼关,以此来号召五路的叛将。叛将既然归顺,派遣官军前进,敌军必然放弃汴京而逃奔河北,京畿、陕石可以全部收复。然后分兵进攻浚州、滑州,经营收复两河地区,这样刘豫定被擒获,金人可以消灭,国家的长久之计,实在于这一行动了。"高宗回答说:"有你这样的大臣,还有什么忧虑,进退的时机,我不作规定。"又把岳飞召到寝阁命令他说:"中兴的大事,全委托你了。"命令岳飞管辖光州。

岳飞刚刚计划大的军事行动,恰逢秦桧主张和谈,于是不把王德、郦琼的军队隶属岳飞统辖。诏令岳飞到都督府和张浚议事,张浚对岳飞说:"王德为淮西军所佩服,我想任命他为都统,而任命吕祉以都督府参谋的身份统辖这支军队,怎么样?"岳飞说:"王德和郦琼一向不相上下,一旦提拔王德位于郦琼之上,那必然争执。吕尚书不熟悉军队,恐怕不能使众人服从。"张浚说:"张宣抚怎么样?"岳飞回答说:"残暴而缺少智谋,尤其为郦琼所不服。"张浚说:"那么杨沂中怎样?"岳飞说:"杨沂中看来和王德差不多,岂能驾驭这支军队"张浚恼怒地说:"我知道非太尉你不可。"岳飞说:"都督光明正大地问我的意见,我不敢不全部说出我的愚见,哪里是想得到兵权呀?"当天岳飞上奏章请求解除兵权,服满守丧期,让张宪代理指挥军队,自己步行回乡,在母亲墓傍搭建小屋居住以守护坟墓。张浚愤怒，奏明皇帝让张宗元为宣抚判官，监督岳飞的军队。

高宗几次下诏催促岳飞复职，岳飞极力推辞，高宗下诏命令岳飞的幕僚部属到岳飞守丧的小屋去，死也要把他请回来，有六天时间，岳飞赶到朝廷等待责罚，高宗安慰他并把他派回军队。张宗元回来说："将领团结和睦，士兵锐气十足，人人满怀忠孝，这都是岳飞培养教育的结果。"高宗十分高兴。岳飞上奏说："近来在寝阁下达的命令，都说陛下的决心已定，为什么至今还没有决定？我愿意带领军队进讨，顺应天道，符合民心，我军师出有名则士气旺盛，敌军师出无名则士气沮丧，我军顺应天道则强大，敌军违背人心则虚弱，必然可以收到万全的效果。"又上奏说："钱塘地处偏僻的海边，不是用武之地。我希望陛下在上游建都，效法汉光帝当年的做法，亲自统率六军，往来各个战场督战，使全军将士知道陛下的意图所向，人人会拼死效力。"没有得到回答而郦琼叛变，张浚开始后悔了，岳飞又奏道："我愿意进军驻扎在淮河流域，等到机会便进攻郦琼，必定消灭他。"高宗不同意，诏令岳飞军队驻扎江州作为淮、浙两地的后援。

岳飞知道刘豫勾结粘罕，而兀术厌恶刘豫，可以离间他们而后行动。恰好军队中捕获兀术的探子，岳飞假装责备他说："你不是我军中的张斌吗？我以前派你到齐国去，约定引诱四太子兀术来，你去后不再回来，我再派人去询问，齐国已经答应我，今年冬天以联合进攻长江为名，把四太子诱到清河。你拿去的书信竟然没有送到，为什么要背叛我？"敌探希望不被处死，就假意服罪。岳飞又写了一封蜡丸信，写着和刘豫共同策划诛杀兀术的事情，而且对敌探说："我今天饶恕你。"又派他到齐国去，询问军事行动的日期，割开敌探的大腿把蜡丸藏在里面，警告他不得泄露，敌探回去，把蜡书交给了兀术，兀术大吃一惊，迅速报告金国皇帝，于是废掉了刘豫。岳飞上奏说："应该乘废掉刘豫的机会，攻其不备，长驱直入进取中原。"没有得到朝廷的答复。

绍兴八年，岳飞率领军队回到鄂州。王庶在江、淮地区视察军队，岳飞写信给王庶说："今年如果不进兵，我就交还符节请求辞职过清闲的日子。"王庶鼓励岳飞。秋天，岳飞奉召去行在杭州，命令他去资善堂见皇太子。岳飞退下后高兴地说："国家得到主人了，中兴的基业，就在于此吗？"恰好金国派遣使臣来将要归还河南失地，岳飞说："金人不能信，和好不可依赖，宰相谋划国家大事不妥当，恐怕会留给后世讥笑。"秦桧暗暗怀恨岳飞。

绍兴九年，因为收复河南，朝廷大赦。岳飞上表感谢朝廷，其中包含有不应该与金和议的意思，有"唾手可以收复燕云，复仇报答国家"等句子。朝廷授予岳飞开府仪同三司，岳飞极力推辞，说："今天的国家大事，可以感到危急而不可以感到安全；可以忧虑而不能庆贺；可以训练士兵告诫整顿士大夫，谨慎戒备料想不到的事情，而不可以论功行赏，让敌人取笑。"高宗三次诏命他都不接受，高宗说好话奖励劝勉他，岳飞才接受。正好派遣赵士儴朝谒先帝陵墓，岳飞请求派轻骑兵跟从使臣洒扫先帝陵墓，实际上是想观察金兵的虚实以计划征伐的谋略。又上奏说："金人没事请求议和。这里必然有心腹之患，名义上是把土地归还我们，实际上是寄放在我们这里罢了。"秦桧告诉高宗制止岳飞的行动。

绍兴十年，金军进攻拱州、亳州，刘锜向朝廷告急，高宗命令岳飞迅速出兵援助，岳飞派张宪、姚政率军前往增援。高宗又在赐给岳飞的亲笔信中说："与金军作战的计划安排，全部委托给你，我不进行遥控。"于是岳飞派遣王贵、牛皋、董先、杨再兴、孟邦杰、李宝等人，分别经营掠取西京、汝州、郑州、颍昌府、陈州、曹州、光州、蔡州等州府；又命令梁兴渡过黄河，联系召集忠义社，攻取河东、河北各个州县。又派兵去东面援助刘锜，去西面援助郭浩，自己率领大军长驱北伐以虎视中原。大军即将出发，岳飞秘密上奏说："先立太子以安定全国的人心，然后请皇上不要经常居住在一地，以此来表示没有忘记复仇的决心。"高宗得到这道奏章，大大褒奖岳飞的忠心，任命岳飞为少保、河南府路、陕西、河东、河北路招讨使，不久改任河南、北诸路招讨使。没有多久，所派遣的各位将领先后传来捷报。大军驻扎在颍昌府，各位将领分路出兵作战，岳飞自己率领轻骑兵驻扎郾城，大军的气势锐不可当。

兀术极为害怕，和龙虎大王商议，认为其他宋军统帅容易对付，唯独岳飞不可阻挡，打算引诱岳飞大军到来，集中兵力一战，朝廷内外听说此事，十分恐惧，高宗下诏要岳飞慎重处理保全自己。岳飞说："金人的伎俩已经用尽了。"于是天天出兵挑战，并且辱骂金军。兀术愤怒，集合龙虎大王、盖天大王和韩常的军队进逼郾城。岳飞派儿子岳云率领骑兵直穿金阵，警告他说："不能取胜，我先斩你的头！"激战几十个回合，金兵尸体遍布原野。

当初，兀术有精锐部队，都穿着厚重的铠甲，以皮绳贯穿连接，三人为一组，号称"拐子马"，宋军不能抵挡。这次战役，兀术出动了一万五千名拐子马骑兵，岳飞命令步兵用麻札刀冲入敌阵，不要抬头看，但砍马脚。拐子马用皮绳互相联结，一匹马仆倒，另两匹马也不能行动，宋军奋力攻击，于是大败金军。兀术大哭道："我自从海上起兵以来，都是用拐子马取胜，今天完了！"兀术增补了军队来，岳飞部将王刚带领五十名骑兵侦察敌情时，遭遇金军，王刚奋力斩杀了敌军将领。当时岳飞出来视察战地，望见黄色烟尘遮蔽天空，亲自率领四十名骑兵突入敌群冲杀，打败了金军。

正当郾城再传捷报时，岳飞对岳云说："金兵屡次战败，必然回军进攻颍昌，你应当迅速去支援王贵。"不久兀术果然到了颍昌，王贵统辖游奕军，岳云统辖背嵬军与金兵大战于颍昌城西。岳云带领八百名骑兵冲到阵前与金兵决战，步兵在左右两翼展开紧随骑兵之后进攻，杀死兀术女婿夏金吾、副统军粘罕索字董，兀术逃走。

梁兴会合太行山忠义社和河东、河北的英雄豪杰等，屡次与金军作战都取得了胜利，极大地震动了中原地区。岳飞上奏说："梁兴等人渡过黄河，那里的人愿意回归朝廷。金兵接连战败，兀术等人都命令老少百姓往北迁徙，这正是中兴大业的好时机。"岳飞大军进至朱仙镇，距离汴京只有四十五里，与兀术对峙结阵，岳飞派猛将率领五百名背嵬骑兵奋勇冲击，大破兀术军，兀术逃回汴京。岳飞征召陵台令巡行察看先帝陵墓，修茸整治皇陵。

以前，绍兴五年，岳飞派遣梁兴等人传布朝廷的恩意，招纳集结两河地区的豪杰，山寨中的韦铨、孙谋等人收缩兵力固守堡寨，等待宋朝军队到来，李通、胡清、李宝、李兴、张恩、孙琪等人率领部下归向宋军。金人的动静，山川的险要，一时都得到了确实的情报。磁、相、开德、泽、潞、晋、绛、汾、隰等州府的全部地区，都约定日期同时起兵，与宋军会合。他们所打的旗帜都以"岳"字为号，父老百姓争相拉着车牵着牛，装载着干粮来赠给义军，头顶烧着香的盆子来迎接的人，充满了道路。从燕京以南，金国的号令不能通行，兀术打算强迫壮男当兵来对抗岳飞，河北没有一个顺从他。于是，兀术叹息说："自从我朝从北方兴起以来，没有过像今天这样的挫败。"金兵元帅乌陵思谋一向号称凶悍狡猾，也不能制服他的部下，只能劝解自己的部下说："不要轻举妄动，等岳家军来了就投降。"金军统制王镇、统领崔庆、将官李凯、崔虎、华旺等人都率领自己部众投降，以至于禁卫龙虎大王的属下伎查千户高勇之流，都秘密地接受了岳飞的旗帜和文告，从北方来归降。金朝将军韩常也打算带领五万军队归附宋朝。岳飞十分高兴，对部下说："一直打到黄龙府，我和诸位一起开怀畅饮！"

正当没有几天就要兵渡黄河时，秦桧却想划出淮河以北地区放弃给金人，示意台谏官奏请皇帝命令北伐大军班师回朝，岳飞上奏说："金军的士气沮丧，抛弃全部辎重，急忙渡黄河逃跑，两河豪杰响应归附，我军士兵拼死效力，这样的时机不会再来，这样的机会千万不能轻易丢失。"秦桧知道岳飞北伐的意志坚决不可以改变，于是先请求高宗让张俊、杨沂中等人率军回师，然后上奏说岳飞孤军深入不能久留，请求下令要岳飞班师。一天之内岳飞接到朝廷的十二块金字牌，愤慨惋惜地流下眼泪，朝着东方拜了两拜说："十年的努力，废弃于一旦。"岳飞大军班师，百姓拦住他的马头大声痛哭，诉说道："我们头顶香盆、运送粮草来欢迎官军，金人都知道。相公一走，我们就要被杀得不留一人了。"岳飞也悲痛流泪，拿着皇帝诏令给大家看并且说："我不能擅自留下。"哭声震撼了原野，岳飞留了五天以等待百姓的迁徙，跟着他迁到南方去的百姓像市场上的人群一样多，岳飞立即奏请皇帝用汉水上游的六个州府的空闲土地安置这些百姓。

正当兀术放弃汴京北撤时，有一个书生扣住他的马缰绳说：

"太子不要走，岳少保将要退兵了。"兀术说："岳飞保用五百名骑兵打败我十万大军，京城的百姓日夜盼望他来，怎么说可以守得住呢？"书生说："自古以来没有权臣在朝廷内执政，而大将能在外立功的事，岳少保尚且不免遭祸，还想成功吗？"兀术醒悟，于是留在汴京。岳飞大军既已撤归，原来收复的州县，立刻又丧失了。岳飞极力请求解除自己的兵权，皇帝没答应，岳飞从庐山入朝觐见高宗，高宗问他，他拜谢而已。

绍兴十一年，间谍报告金兵分路渡过淮河，岳飞请求集合各位宋军统帅的部队打破敌人的攻势。兀术、韩常和龙虎大王的军队迅速到了庐州，皇帝催促岳飞接应增援，前后写了十七封信。岳飞算计金人集合全国兵力南来，巢穴必然空虚，如果长驱直捣汴京、洛阳，金军必然疲于奔命，可以坐待敌人困毙。当时岳飞正患风寒咳嗽，竭力支撑病体行动。又担心高宗皇帝急于打退敌军，于是上奏说："我军如果直捣敌人的空虚地区，势必能得到胜利，假如以为敌人正在附近，没有时间去考虑远大的目标，我想请求陛下亲自到蕲州、黄州，以商议进攻退敌的谋略。"高宗接到岳飞奏章十分高兴，赐给岳飞书信说："你正患着风寒病，还是为我领兵行动，为国家忘记了自身，谁能够像你一样？"岳飞大军到庐州，金兵望风逃跑。岳飞还军舒州等待命令，皇帝又赐给岳飞书信，认为岳飞小心恭谨、不擅自进退是很得体的。兀术攻陷濠州，张俊军队驻扎在黄连镇，不敢前进；杨沂中了埋伏而败退，皇帝命令岳飞救援他们。金兵听说岳飞到了，又逃走了。

这时宋金和议已经签订，秦桧害怕岳飞反对自己，于是秘密上奏高宗召三位大将来朝廷论功行赏。韩世忠、张俊已经到了，岳飞独自后到，秦桧又采用参政王次翁的计策，等待岳飞六七天时间。岳飞到临安后，被任命为枢密副使，位在参知政事之上，岳飞坚决请求交还兵权。五月，诏令岳飞和张俊一起前往楚州计划布置边防，聚合韩世忠部队还军驻镇江。

当初，岳飞在各位大将中年龄最小，从一个小校提拔起来，多次建立显著战功，韩世忠、张俊不服气，岳飞委屈自己居于他们之下。岳飞幕僚中年轻气盛的官员劝告岳飞不要过于谦卑退让，金人进攻淮西，这是张俊负责的防区，张俊开始不敢行军破敌，所以军队没有立功。岳飞接到命令立即行动，于是解了庐州之围，高宗皇帝授予岳飞两镇节度使，张俊更加觉得耻辱。平定杨么后，岳飞赠送给张俊、韩世忠每人一只楼船，船上武器装备齐全，韩世忠十分高兴，张俊反而忌恨岳飞。淮西之战，张俊用前方缺粮恐吓岳飞，岳飞没有因此而停止前进，高宗皇帝赐书信褒奖，其中说道："转运粮饷艰难受阻，你也没有回头看一看。"张俊怀疑岳飞泄露了自己的话，回到朝廷，反而散布谣言说岳飞逗留不进，是以缺乏粮饷为理由的。去视察韩世忠军队时，张俊知道韩世忠与秦桧不合，想与岳飞一起瓜分韩世忠的背嵬军，岳飞顾全大义而不肯这样做，张俊极为不高兴。等到和岳飞一起去楚州城，张俊打算修缮城池作为防备，岳飞说："应当尽力谋取收复失地，怎么可以作退守自保的打算？"张俊变了脸色。

恰好韩世忠的军吏景著对总领胡纺说："两位枢密使如果瓜分韩世忠的军队，恐怕会发生事端。"胡纺上报了朝廷，秦桧逮捕景著关进大理寺，准备用这件事煽起谣言诬陷韩世忠。岳飞迅速写信给韩世忠，把秦桧的用意告诉他，韩世忠面见高宗皇帝讲明事情的经过。张俊因此极其憎恨岳飞，于是散布谣言说岳飞倡议放弃山阳，并且秘密把岳飞给韩世忠报信这件事告诉了秦桧，秦桧十分恼怒。

当初，秦桧赶走赵鼎，岳飞常常对幕僚叹息，又把收复中原作为自己的责任，不肯附和议和的主张。岳飞阅读秦桧的奏章，到"德行没有一定的师法标准，只要主张为善就可以师法"的话时，厌恶他对皇帝的欺骗蒙蔽，狠狠地说："君臣这个大伦常，根源在于天性，大臣能忍心当面欺骗他的皇帝吗！"兀术给秦桧的信中说："你每天都在请求议和，然而岳飞正在谋取进攻收复河北，必须杀掉岳飞，才可以议和。"秦桧也认为岳飞不死，终究要阻碍议和，自己也必然会受到他的危害，因此极力图谋杀死岳飞，因为谏议大夫万俟卨与岳飞有怨仇，就示意万俟卨弹劾岳飞，又示意御史中丞何铸、侍御史罗汝楫接连上章弹劾论说，大概意思是："今年春天全军进攻淮西，岳飞进军到舒州、蕲州就不再前进，近来他和张俊驻兵在淮河边上，又想放弃山阳而不去防守。"岳飞几次上奏章请求罢免自己的枢密副使的职务，不久交还两镇节度使的官位，充任万寿观使、奉朝请。秦桧的阴谋还没有全部得逞，又指示张俊威逼王贵、利诱王俊诬告张宪策划把兵权还给岳飞。

秦桧派使者逮捕岳飞父子来证实张宪的事情，使者到时，岳飞笑着说："皇天后土，可以证明我这颗心。"开始命令何铸审讯岳飞，岳飞撕开衣裳把背脊给何铸看，有"尽忠报国"四个大字，字迹深深地刺进了皮肤的纹理之中。不久查实没有证据，何铸说明岳飞无辜。改命万俟卨审理。万俟卨诬陷说："岳飞写信给张宪，命令张宪谎报军情来震动朝廷，岳云写信给张宪，要张宪采取措施让岳飞回到军队中去。"并且说这些信已经烧毁。

岳飞被监禁两个月，没有一条可以证明他有罪的证据。有人教万俟卨用御史台奏章所指责的淮西一事来陷害岳飞，万俟卨高兴地告诉秦桧,查抄登记岳飞家产,取走当时高宗给岳飞的书信藏起来以消灭痕迹。又逼迫孙革等人证明岳飞接到高宗诏令后仍然逗留不前,命令大理评事元龟年将岳飞军队在淮西的行军日程颠倒排定,用来附会岳飞之狱。年底,这桩案子还是不能成立,秦桧亲手写了一张小纸条交给监狱,监狱立即报告岳飞死亡了,这时岳飞三十九岁。岳云在闹市被斩首示众。登记并没收岳飞的全部家产,全家被迁徙到岭南。岳飞的幕僚于鹏等六人也被牵连定罪。

当初,岳飞关在狱中,大理寺丞李若朴、何彦猷,大理卿薛仁辅都说岳飞无罪,万俟卨把他们全部弹劾赶走。宗正卿赵士𠑽请求以全家老少百口的性命来担保岳飞,万俟卨也弹劾他,赵士𠑽被放逐到建州而死。平民刘允升上书朝廷为岳飞辩冤,被关到大理寺死去。凡是附会凑成岳飞冤狱的人,都不同等级的升了官。

岳飞一案准备上报时,韩世忠愤愤不平,到秦桧处质问有无真凭实据,秦桧说:"岳飞的儿子岳云写信给张宪这件事虽然还不太清楚,但这件事或许有的。"韩世忠说:"'或许有'三个字,怎么能使天下人心服?"当时洪皓正在金国,派人迅速把一封藏在蜡丸中的信件上奏高宗,说金人畏惧而又佩服的人只有岳飞,甚至称呼岳飞为岳爷爷,金国的各个首领听说岳飞已死,互相举杯庆贺。

岳飞非常孝顺,母亲留在河北时,岳飞派人寻求探访,迎接母亲南归。岳飞的母亲长期生病,药物补品等事岳飞都必定亲手调理。母亲故世,岳飞三天滴水不入口。家中没有姬妾侍奉。吴玠一直佩服岳飞,愿意和岳飞结为好友,打扮了一名姿色出众的美女送给岳飞。岳飞说:"皇上天不亮就起身,很晚才吃饭,现在哪是大将享受安乐的时候？"推却不接受，吴玠更加尊敬佩服。岳飞年轻时很能喝酒，高宗告诫他说："你将来打到河朔地区，就可以畅饮。"于是，岳飞不再喝酒。高宗当初为岳飞营造府第，岳飞推辞说："敌人没有消灭，怎么可以为家庭？"有人问岳飞天下什么时候太平，岳飞说："文官不爱钱，武将不惜死，天下就太平了。"

军队每次驻扎休整，训练将士从斜坡上骑马急驰而下跳跃壕沟，并且都穿着厚重的铠甲练习这些项目。儿子岳云曾经练习从斜坡上骑马急驰而下，马被绊倒，岳飞生气而鞭打岳云。一名士兵拿了百姓的一缕麻去捆喂牲口的草，立即将他斩首以警告他人。士兵夜间宿营，老百姓打开屋门愿意让他们进屋休息，没有一名士兵敢住进民屋的。岳飞军队号称"冻死不拆屋，饿死不卤掠。"士兵有病，岳飞亲自为他调药；将领们远征，岳飞派自己的妻子询问并慰劳他们的家庭；战死的将士，岳飞伤心哭泣，而且养育他们的孤儿，或者让儿子娶阵亡将士的女儿为妻。凡是朝廷有封赏犒劳，平均分给部下军吏，不私拿一丝一毫。

岳飞善于以少打多。将要有军事行动时，就召集各位统制官一起计划讨论，谋略确定之后再作战，因此只有胜利没有失败。突然和敌军遭遇时也镇定自若，所以敌人评论岳飞军队说："摇撼大山容易，摇撼岳家军困难。"张俊曾经询问岳飞用兵的方法，岳飞回答说："仁义、智谋、诚信、勇敢、严格，缺一不可。"征调军粮时，必然皱着眉头发愁说："东南地区百姓的力量，消耗困敝到极点了。"荆湖地区平定后，招募百姓营田耕种，又发起军事屯田，每年为国家节省一半的漕粮。高宗亲笔书写曹操、诸葛亮、羊祜的三项事迹赐给岳飞，岳飞在皇帝手书之后写了跋语，特地指出曹操是奸贼而鄙视他，这件事尤其为秦桧所恼恨。

张所死后，岳飞感激他的旧日恩义，抚养他的儿子张宗本，奏请皇帝给了他一个官职，李宝从楚州来归顺，韩世忠留下他，李宝痛哭流涕愿意归到岳飞名下，韩世忠写信来告诉这件事，岳飞复信说："都是为国家，何必要分彼此？"韩世忠感叹佩服。襄阳战役时，高宗命令刘光世支援，六个州郡已经收复，刘光世军才刚刚来到，岳飞上奏皇帝犒赏刘光世的军队。喜好贤财，礼遇士人，阅览经书史籍，歌唱雅诗，投壶为乐，谦恭谨慎像个读书人。每次辞官，必然说："全军将士出力，我有什么功劳？"然而性格忠诚愤慨激烈，议论坚持正道，不屈服于人，最终因此而得到灾祸。

秦桧死后，讨论恢复岳飞官职。万俟卨说金国刚愿意讲和，一旦任用以前的将领，会使天下人怀疑朝廷讲和的决心，不能这样做。到了高宗绍兴末年，金国日益猖獗，太学生程宏图上书朝廷为岳飞辩冤，皇帝下诏允许岳飞家属自行选择居住地。当初，秦桧讨厌岳州和岳飞同姓，把岳州改名为纯州，到这时候仍旧称为岳州。御史中丞汪澈巡视荆、襄地区，岳飞过去的老部下一起向汪澈申诉岳飞的冤屈，哭声如同震雷。孝宗下诏恢复岳飞官职，用礼仪改葬，赐给岳飞家属钱一百万贯，寻找岳飞的后代，都授予官职。有鄂州建庙，称忠烈庙。淳熙六年，封谥为武穆。嘉定四年，追封为鄂王。

岳飞有五个儿子：岳云、岳雷、岳霖、岳震、岳霆。

宋史卷四百一

列传第一百六十

辛弃疾

辛弃疾字幼安,齐之历城人。少师蔡伯坚,与党怀英同学,号辛、党。始筮仕,决以蓍,怀英遇《坎》,因留事金,弃疾得《离》,遂决意南归。

金主亮死,中原豪杰并起。耿京聚兵山东,称天平节度使,节制山东、河北忠义军马,弃疾为掌书记,即劝京决策南向。僧义端者,喜谈兵,弃疾间与之游。及在京军中,义端亦聚众千余,说下之,使隶京。义端一夕窃印以逃,京大怒,欲杀弃疾。弃疾曰:"勾我三日期,不获,就死未晚。"揣僧必以虚实奔告金帅,急追获之。义端曰:"我识君真相,乃青兕也,力能杀人,幸勿杀我。"弃疾斩其首归报,京益壮之。

绍兴三十二年,京令弃疾奉表归宋,高宗劳师建康,召见,嘉纳之,授承务郎、天平节度掌书记,并以节使印告召京。会张安国、邵进已杀京降金,弃疾还至海州,与众谋曰:"我缘主帅来归朝,不期事变,何以复命?"乃约统制王世隆及忠义人马全福等径趋金营,安国方与金将酣饮,即众中缚之以归,金将追之不及。献俘行在，斩安国于市。仍授前官，改差江阴佥判。弃疾时年二十三。

乾道四年，通判建康府。六年，孝宗召对延和殿。时虞允文当国，帝锐意恢复，弃疾因论南北形势及三国、晋、汉人才，持论劲直，不为迎合。作《九议》并《应问》三篇、《美芹十论》献于朝，言逆顺之理，消长之势，技之长短，地之要害，甚备。以讲和方定，议不行。迁司农寺主簿，出知滁州。州罹兵烬，井邑凋残，弃疾宽征薄赋，招流散，教民兵，议屯田，乃创奠枕楼、繁雄馆。辟江东安抚司参议官，留守叶衡雅重之，衡入相，力荐弃疾慷慨有大略。召见，迁仓部郎官、提点江西刑狱。平剧盗赖文政有功，加秘阁修撰。调京西转运判官，差知江陵府兼湖北安抚。

迁知隆兴府兼江西安抚，以大理少卿召，出为湖北转运副使，改湖南，寻知潭州兼湖南安抚。盗连起湖湘，弃疾悉讨平之。遂奏疏曰："今朝廷清明，比年李金、赖文政、陈子明、陈峒相继窃发，皆能一呼啸聚千百，杀掠吏民，死且不顾，至烦大兵翦灭。良由州以趣办财赋为急，吏有残民害物之政，而州不敢问，县以并缘科敛为急，吏有残民害物之状，而县不敢问。田野之民，郡以聚敛害之，县以科率害之，吏以乞取害之，豪民以兼并害之，盗贼以剽夺害之，民不为盗，去将安之？夫民为国本，而贪吏迫使为盗，今年剿除，明年划荡，譬之木焉，日刻月削，不损则折。欲望陛下深思致盗之由，讲求弭盗之术，无徒恃平盗之兵。申饬州县，以惠养元元为意，有违法贪冒者，使诸司各扬其职，无徒按举小吏以应故事，自为文过之地。"诏奖谕之。

又以湖南控带二广，与溪峒蛮獠接连，草窃间作，岂惟风俗顽悍，抑武备空虚所致。乃复奏疏曰："军政之敝，统率不一，差出占破，略无已时。军人则利于优闲窠坐，奔走公门，苟图衣食，以故教阅废弛，逃亡者不追，冒名者不举。平居则奸民无所忌惮，缓急则卒伍不堪征行。至调大军，千里讨捕，胜负未决，伤威损重，为害非细。乞依广东摧锋、荆南神劲、福建左翼例，别创一军，以湖南飞虎为名，止拨属三牙、密院，专听帅臣节制调度，庶使夷獠知有军威，望风慑服。"

诏委以规画，乃度马殷营垒故基，起盖寨栅，招步军二千人，马军五百人，傔人在外，战马铁甲皆备。先以缗钱五万于广西买马五百匹，诏广西安抚司岁带买二十匹。时枢府有不乐之者，数沮挠之，弃疾行愈力，卒不能夺。经度费巨万计，弃疾善斡旋，事皆立办。议者以聚敛闻，降御前金字牌，俾日下住罢。弃疾受而藏之，出责监办者，期一月飞虎营栅成，违坐军制。如期落成，开陈本末，绘图缴进，上遂释然。时秋霖几月，所司言造瓦不易，问："须瓦几何？"曰："二十万。"弃疾曰："勿忧。"令厢官自官舍、神祠外，应居民家取沟甋瓦二，不二日皆具，僚属叹伏。军成，雄镇一方，为江上诸军之冠。

加右文殿修撰，差知隆兴府兼江西安抚。时江右大饥，诏任责荒政。始至，榜通衢曰："闭籴者配，强籴者斩。"次令尽出公家官钱、银器，召官吏、儒生、商贾、市民各举有干实者，量借钱物，逮其责领运籴，不取子钱，期终月至城下发粜，于是连樯而至，其直自减，民赖以济。时信守谢源明乞米救助，幕属不从，弃疾曰："均为赤子，皆王民也。"即以米舟十之三予信。帝嘉之，进一秩，以言者落职，久之，主管冲佑观。

绍熙二年，起福建提点刑狱。召见，迁大理少卿，加集英殿修撰、知福州兼福建安抚使。弃疾为宪时，尝摄帅，每叹曰："福州前枕大海，为贼之渊，上四郡民顽犷易乱，帅臣空竭，急缓奈何！"至是务为镇静，未期岁，积镪至五十万缗，榜曰"备安库"。谓闽中土狭民稠，岁俭则籴于广，今幸连稔，宗室及军人入仓请米，出即粜之，候秋贾贱，以备安钱籴二万石，则有备无患矣。又欲造万铠，招强壮补军额，严训练，则盗贼可以无虞。事未行，台臣王蔺劾其用钱如泥沙，杀人如草芥，旦夕望端坐"闽王殿"。遂丐祠归。

庆元元年落职，四年，复主管冲佑观。久之，起知绍兴府兼浙东安抚使。四年，宁宗召见，言盐法，加宝谟阁待制、提举佑神观，奉朝请。寻差知镇江府，赐金带。坐缪举，降朝散大夫、提举冲佑观，差知绍兴府、两浙东路安抚使，辞免。进宝文阁待制，又进龙图阁、知江陵府。令赴行在奏事，试兵部侍郎，辞免。进枢密都承旨，未受命而卒。赐对衣、金带，守龙图阁待制致仕，特赠四官。

弃疾豪爽尚气节，识拔英俊，所交多海内知名士。尝跋绍兴间诏书曰："使此诏出于绍兴之前，可以无事雠之大耻；使此诏行于隆兴之后，可以卒不世之大功。今此诏与雠敌俱存也，悲夫！"人服其警切。帅长沙时，士人或诉考试官滥取第十七名《春秋》卷，弃疾察之信然，索亚榜《春秋》卷两易之，启名则赵鼎也。弃疾怒曰："佐国元勋，忠简一人，胡为又一赵鼎！"掷之地。次阅《礼记》卷，弃疾曰："观其议论，必豪杰士也，此不可失。"启之，乃赵方也。尝谓："人生在勤，当以力田为先。北方之人，养生之具不求于人，是以无甚富甚贫之家。南方多末作以病农，而兼并之患兴，贫富斯不侔矣。"故以"稼"名轩。为大理卿时，同僚吴交如死，无棺敛，弃疾叹曰："身为列卿而贫若此，是廉介之士也！"既厚赙之，复言于执政，诏赐银绢。

弃疾尝同朱熹游武夷山，赋《九曲棹歌》，熹书"克己复礼"、"夙兴夜寐"，题其二斋室。熹殁，伪学禁方严，门生故旧至无送葬者。弃疾为文往哭之曰："所不朽者，垂万世名。孰谓公死，凛凛犹生！"弃疾雅善长短句，悲壮激烈，有《稼轩集》行世。绍定六年，赠光禄大夫。咸淳间，史馆校勘谢枋得过弃疾墓旁僧舍，有疾声大呼于堂上，若鸣其不平，自昏暮至三鼓不绝声。枋得秉烛作文，旦且祭之，文成而声始息。德祐初，枋得请于朝，加赠少师，谥忠敏。

译文：

辛弃疾字幼安，是齐地历城人。少年时从师蔡伯坚，与党怀英是同学，号称辛党。开始入仕时占吉凶，用蓍草占卜，怀英遇上《坎》卦，因而留下来侍奉金国，辛弃疾占得《离》卦，于是决定南归南宋。

金国君主完颜亮死后，中原地区的豪杰纷纷起来，（反抗金国）。耿京在山东聚积兵士，自称天平节度使，节制山东、河北忠义兵马，辛弃疾替他掌管书记，随即劝说耿京做出南归的决策。僧义端这个人，喜欢谈论兵事，辛弃疾曾经与他游历。等到辛弃疾在耿京军中，僧义端也聚积民众千余人，辛弃疾说服他，使他隶属于耿京。僧义端一天傍晚盗窃印章逃跑，耿京大怒，想杀死辛弃疾。辛弃疾说："给我三天期限，不抓获（僧义端），就死不晚。"估计僧义端一定会把（义军的）虚实跑去告诉金军统帅，赶紧追赶，抓获了他。僧义端说："我认识你的真相，是青兕变的，力大能杀人，希望不要杀我。"辛弃疾将他斩首，回去报告，耿京更加鼓励他。

绍兴三十二年，耿京命令辛弃疾带着公文（去商议）归附南宋，当时高宗在建康慰劳军队，召见了他，嘉奖接纳了他，授予承务郎、天平节度掌书记职务，并且拿节度使的印绶告诉、征召耿京。（当他从建康回义军中时）碰上张安国、邵进已经杀害耿京投降了金国，辛弃疾返回到海州，与大家谋划说："我因为主帅前来归附朝廷，没有料到事情发生变化，拿什么来完成使命呢？"于是与统制王世隆以及忠义人马全福等相约，径直赶赴金兵营寨，张安国正与金军将领饮酒尽兴时，（辛弃疾等）在人群中把他捆绑带回，金兵将领追赶，没有追上。（辛弃疾）把俘虏送到临安呈献，将张安国斩首于市。仍然授予他以前的官职，改派他为江阴佥判。辛弃疾当时二十三岁。

乾道四年，任建康府通判。六年，宋孝宗在延和殿召见他对策。当时虞允文掌管国政，皇帝锐意恢复国土，辛弃疾因此论述南北形势，以及三国、晋、汉时期的人才，所持论点强劲直率，不迎合皇上。写了《九议》和《应问》三篇文章，以及《美芹十论》呈献给朝廷，谈了逆顺的道理，消长的形势，技艺的长短，地理的要害，十分完备。因为讲和刚定下来，他的议论没有施行。晋升为司农寺主簿，出京任滁州知府。滁州遭受兵火，井邑凋残，辛弃疾宽征薄赋，招抚流亡、散失的百姓，教民众知兵事，商议屯田，创立奠枕楼、繁雄馆。被征辟为江东安抚司参议官，留守叶衡器重他。叶衡入京任宰相，极力推荐辛弃疾，说他慷慨有大略。皇帝召见他，晋升为仓部郎官、提点江西刑狱。平定大盗赖文政有功，加授秘阁修撰。调任京西转运判官，派遣为江陵府知府兼湖北安抚。

迁为隆兴府知府兼江西安抚，以大理少卿的身份召回京师，出京任湖北转运副使，改任湖湘转运副使，不久任潭州知府兼湖南安抚。盗贼接连在湖湘出现，辛弃疾全部讨平他们。于是上书说:"现在朝廷清明,近年李金、赖文政、陈子明、陈峒相继反叛,都能一呼聚众千百,杀掠吏民,置死不顾,以至烦扰大军翦灭。实在是因为州里催促财富太急,官吏有残民害物的政策,而州不敢过问,县因为秉承上面而科敛太急,官吏有残民害物的行为,而县不敢过问。田野的老百姓,郡因为聚敛害他们,县因科征害他们,官吏因为攫取害他们,豪民因为兼并害他们,盗贼因为抢掠害他们,老百姓不作盗贼,到哪里去呢?老百姓是国家的根本,而贪婪的官吏迫使他们为盗,今年剿除,明年铲除、冲杀,好像树木,日刻月削,不损就断。希望陛下深思引起盗贼的原因,讲求平息盗贼的办法,不要只凭借平定盗贼的军队。告诫州县,以惠养百姓为目的,如果有违法贪冒的,使各部门都发挥他们的职能,不要只抓小的官吏来应付发生的事,自己来掩饰错误。"下诏嘉奖他作为回报。

又认为湖南控制连接二广,与溪峒蛮獠接连,盗贼不时兴起,不只是风俗顽悍,也是武备空虚所导致。于是又上书说:"军敌的弊病,是统率不一,派遣出去监视、攻伐,没有停止的时间。(这样一来),军人的利益就在于优闲窠坐,奔走公门,苟且贪图衣食,所以,教习、检阅废弛,逃亡的人不追捕,冒名的人不检举。平时居住时,作奸的老百姓无所顾忌和害怕,危急之事时,兵士不能征讨行军。以至调动大军,千里讨伐追捕,胜负没有决定,有伤威名,损失惨重,祸害不小。请求按照广东摧锋、荆南神劲、福建左翼的惯例,另外创立一支军队,用湖南飞虎为名,只调拨归属三牙、密院,专门听帅臣节制调度,也许使夷獠知道有军威,望风震慑服从。

下诏委任他规划(他所提议事)的重任,于是度量马殷营的旧址,起盖寨栅,召集步兵二千人,骑兵五百人,副官还在外边，战马铁甲就都准备了。先用钱五万到广西买马五百匹，让广西安抚司每年附带买三十匹。当时枢密院有对此不高兴的人，多次阻挠，于是辛弃疾施行更加出力，（枢密院的人）终究不能改变他的决定。经营的费用上万，辛弃疾善于周旋，每件事都立刻办成。议论的人说他聚敛财富，颁发皇帝的金字牌，勒令从（金字牌）下达的当天罢除一切。辛弃疾收到金字牌后，将它藏起来，责令监督承办的人，规定一月的时间建成飞虎营栅，违反者按军制论处。果真按时建成飞虎营栅。然后向皇帝陈述事情的经过，并绘成图纸进献，皇上开释了他。当时秋雨下了几个月，有司说造瓦不易，问道："需要瓦多少？"回答说："二十万。"辛弃疾说："不必忧虑。"命令厢官拆除官府房屋、神庙以外，再加上居民家落下屋檐下沟中的瓦，不到二天就具备了，僚属们都感叹佩服。军营建成，雄踞镇守一方，成为长江上游各军之冠。

加官为右文殿修撰，调任隆兴府知府兼江西安抚。当时江右闹饥荒，诏令他负责救荒。刚开始到达，在要道上张榜说："停止买入谷物的人发配充军，强迫买入谷物的人斩首。"然后下令全部拿出官府的钱、银器。召集官吏、儒生、商人、市民各自推举有才干的人，根据情况借钱物，然后责令其负责运输买入谷物，不收取利息，以一个月为期，到城下发放卖出谷物，于是（装载谷物的）船只接连而至，粮价自然下降，老百姓赖以度过饥荒。当时信郡郡守谢源明请求用大米救助，幕僚们不答应，辛弃疾说："都是上天的子民，都是国王的民众。"于是把装有大米船只的十分之三的船给了信郡。皇帝称赞他，晋升他一级，因为有人弹劾而免职，过了很久，主管冲佑观。

绍熙二年，起任为福建提点刑狱。皇帝召见他，升迁为大理少卿，加集英殿修撰、福州知府，兼任福建安抚使。辛弃疾作地方长官时，曾执掌军权，每次叹息说："福州前面临大海，是盗贼的老巢，上面四郡的老百姓顽犷，容易发生叛乱，将帅臣子空缺，危急时怎么办！"到这时，他以镇静为当务之急，不到一年，积累钱达到五十万贯，题榜叫"备安库"。认为闽中土狭民稠，年成不好向广东买入谷物，现在有幸连年丰收，宗室及军人到官仓请求支取大米，取出后就会出卖，等到秋天价格低，拿备安钱买入二万石，就有备无患了。又想要制造一万副铠甲，召集强壮的人补充军额，严格训练，有盗贼也可以不必忧虑了。事情没有实行，台臣王蔺弹劾说他用钱像泥沙一样，杀人如草芥，早晚希望坐在"闽王殿"。于是请求春祭返回京师。

庆元元年被免职，四年，又主管冲佑观。过了很长一段时间，起用为绍兴府知府兼浙东安抚使。（嘉定）四年，宋宁宗召见他，谈论盐法，加宝谟阁待制、提举佑神观，奉朝请。不久出任镇江府知府，赏赐金带。因为错误地举荐人才而获罪，降职为朝散大夫、提举冲佑观，派遣为绍兴府知府、两浙东路安抚使，推辞任命。晋升为宝文阁待制，又进为龙图阁、江陵府知府。命令他到临安奏事，试任兵部侍郎，推辞任命。晋升为枢密院都承旨，没有接受任命就去世了。赏赐对衣、金带，代理龙图阁待制退休，特地赠授四品官。

辛弃疾豪爽崇尚气节，识别提拔英俊之士，所结交的多为海内知名人士。曾经在绍兴年间的诏书后面写道："假使这个诏书出在绍兴以前，可以没有侍奉仇敌的大耻辱；假使这个诏书实行于隆兴以后，可以成就不朽的大功。现在这个诏书和仇敌一起存在，可悲呀！"人们佩服他的机警深切。统帅长沙时，士人中有人诉说考试官员滥取第十七名《春秋》卷，辛弃疾考察以后,认为情况属实,便索回第二名《春秋》卷,两次改变名次,启开名字是赵鼎。辛弃疾愤怒地说:"辅佐国家的元勋,只有忠简一人,怎么又一个赵鼎!"把它丢在地上。然后又阅读《礼记》卷,辛弃疾说:"看到卷子上的议论,一定是位杰出人士做的,这个人不能失去。"启开封,是赵方。辛弃疾曾经说:"人生在于勤劳,应该以努力耕田为先。北方的人,养生的东西不向别人求助,所以没有特别富和特别贫穷的人家。南方人多经商而不好农业,因而兼并的祸患产生,贫富不等了。"所以用"稼"来命名小室。做大理寺卿时,同僚吴交如死了,没有棺材安葬,辛弃疾叹息说:"身为列卿而穷成这个样子,是一个廉洁之士呀!"赠送丰厚的财物助丧事,又告诉了执政的官员,下诏赏赐白银和绢。

辛弃疾曾经同朱熹一起游览武夷山,赋《九曲棹歌》,朱熹写下"克己复礼"、"夙兴夜寐",并将其挂在他的二间房子里。朱熹死后,伪学禁止正是严格的时候,门生故吏甚至没有送葬的。辛弃疾写了文章,前往哭泣说:"所以不朽,名垂万世。谁说公死,凛凛犹生!"辛弃疾擅长长短句,悲壮激烈,有《稼轩集》流传人间。绍定六年,赠予光禄大夫。咸淳年间,史馆校勘谢枋得路过辛弃疾墓旁的僧人住室,在堂上有大声的呼喊声,好像为他鸣不平,从黄昏到三更声音不停。谢枋得点烛作文,早晨并且祭奠他,文章写成,声音才平息。德祐初年,谢枋得向朝廷请求,加赠少师,谥号忠敏。

宋史卷四百一十八

列传第一百七十七

文天祥

文天祥字宋瑞，又字履善，吉之吉水人也。体貌丰伟，美皙如玉，秀眉而长目，顾盼烨然。自为童子时，见学宫所祠乡先生欧阳修、杨邦乂、胡铨像，皆谥"忠"，即欣然慕之。曰："没不俎豆其间，非夫也。"年二十举进士，对策集英殿。时理宗在位久，政理浸怠，天祥以法天不息为对，其言万余，不为稿，一挥而成。帝亲拔为第一。考官王应麟奏曰："是卷古谊若龟鉴，忠肝如铁石，臣敢为得人贺。"寻丁父忧，归。

天庆初，大元兵伐宋，宦官董宋臣说上迁都，人莫敢议其非者。天祥时入为宁海军节度判官，上书"乞斩宋臣，以一人心"。不报，即自免归。后稍迁至刑部郎官。宋臣复入为都知，天祥又上书极言其罪，亦不报。出守瑞州，改江西提刑，迁尚书左司郎官，累为台臣谕罢。除军器监兼权直学士院。贾似道称病，乞致壮，以要君，有诏不允。天祥富制，语皆讽似道。时内制相承皆吴稿，天祥不呈稿，似道不乐，使台臣张志立劾罢之。天祥既数斥，援钱若水例致仕，时年三十七。

咸淳九年，起为湖南提刑，因见故相江万里。万里素奇天祥志节，语及国事，愀然曰："吾老矣，观天时人事当有变，吾阅人多矣，世道之责，其在君乎？君其勉之。"十年，改知赣州。

德祐初，江上报急，诏天下勤王。天祥捧诏涕泣，使陈继周发郡中豪杰，并结溪峒蛮，使方兴召吉州兵，诸豪杰皆应，有众万人。事闻，以江西提刑安抚使召入卫。其友止之，曰："今大兵三道鼓行，破郊畿，薄内地，君以乌合万余赴之，是何异驱群羊而搏猛虎。"天祥曰："吾亦知其然也。第国家养育臣庶三百余年，一旦有急，征天下兵，无一人一骑入关者，吾深恨于此。故不自量力，而以身徇之，庶天下忠臣义士将有闻风而起者。义胜者谋立，人众者功济，如此则社稷犹可保也。"

天祥性豪华，平生自奉甚厚，声伎满前。至是，痛自贬损，尽以家赀为军费。每与宾佐语及时事，辄流涕，抚几言曰："乐人之乐者忧人之忧，食人之食者死人之事。"八月，天祥提兵至临安，除知平江府。时以丞相宜中未还朝，不遣。十月，宜中至，始遣之。朝议方擢吕师孟为兵部尚书，封吕文德和义郡王，欲赖以求好。师孟益偃蹇自肆。

天祥陛辞，上疏言："朝廷姑息牵制之意多，旧发刚断之义少，乞斩师孟衅鼓，以作将士之气。"且言："宋惩五季之乱，削藩镇，建郡邑，一时虽足以矫尾大之弊，然国亦以寝弱。故敌至一州则破一州，至一县则破一县，中原陆沈，痛悔何及。今宜分天下为四镇，建都督统御于其中。以广西益湖南而建阃于长沙；以广东益江西而建阃于隆兴；以福建益江东而建阃于番阳；以淮西益淮东而建阃于扬州。责长沙取鄂，隆兴取蕲、黄，番阳取江东，扬州取两淮，使其地大力众，足以抗敌。约日齐奋，有进无退，日夜以图之，彼备多力分，疲于奔命，而吾民之豪杰者又伺间出于其中，如此则敌不难却也。"时议以天祥论阔远，书奏不报。

十月，天祥入平江，大元兵已发金陵入常州矣。天祥遣其将朱华、尹玉、麻士龙与张全援常，至虞桥，士龙战死，朱华以广军战五牧，败绩，玉军亦败，争渡水，挽全军舟，全军断其指，皆溺死，玉以残兵五百人夜战，比旦皆没。全不发一矢，走归。大元兵破常州，入独松关。宜中、梦炎召天祥，弃平江，守余杭。

明年正月，除知临安府。未几，宋降，宜中、世杰皆去。仍除天祥枢密使。寻除右丞相兼枢密使，使如军中请和，与大元丞相伯颜抗论皋亭山。丞相怒拘之，偕左丞相吴坚、右丞相贾余庆、知枢密院事谢堂、签书枢密院事家铉翁、同签书枢密院事刘岊，北至镇江。天祥与其客杜浒十二人，夜亡入真州。苗再成出迎，喜且泣曰："两淮兵足以兴复，特二阃小隙，不能合从耳。"天祥问："计将安出？"再成曰："今先约淮西兵趋建康，彼必悉力以扞吾西兵。指挥东诸将，以通、泰兵攻湾头，以高邮、宝应、淮安兵攻杨子桥，以扬兵攻瓜步，吾以舟师直捣镇江，同日大举。湾头、杨子桥皆沿江脆兵，且日夜望我师之至，攻之即下。合攻瓜步之三面，吾自江中一面薄之，虽有智者不能为之谋矣。瓜步既举，以东兵入京口，西兵入金陵，要浙归路，其大帅可坐致也。"天祥大称善，即以书遗二制置，遣使四出约结。

天祥未至时，扬有脱归兵言："密遣一丞相入真州说降矣。"庭芝信之，以为天祥来说降也。使再成亟杀之。再成不忍，绐天祥出相城垒，以制司文示之，闭之门外。久之，复遣二路分觇天祥，果说降者即杀之。二路分与天祥语，见其忠义，亦不忍杀，以兵二十人道之扬，四鼓抵城下，闻候门者谈，制置司下令备文丞相甚急，众相顾吐舌，乃东入海道，遇兵，伏环堵中得免。然亦饥莫能起，从樵者乞得余糁羹。行入板桥，兵又至，众走伏丛筱中，兵入索之，执杜浒、金应而去。虞候张庆矢中目，身被二创，天祥偶不见获。浒、应解所怀金与卒，获免，募二樵者以箦荷天祥至高邮，泛海至温州。

闻益王未立，乃上表劝进，以观文殿学士、侍读召至福，拜右丞相。寻与宜中等议不合。七月，乃以同都督出江西，遂行，收兵入汀州。十月，遣参谋赵时赏、咨议赵孟溁将一军取宁都，参赞吴浚将一军取雩都，刘洙、萧明哲、陈子敬皆自江西起兵来会。邹𣳚以招谕副使聚兵宁都，大元兵攻之，𣳚兵败，同起事者刘钦、鞠华叔、颜斯立、颜起岩皆死。武冈教授罗开礼，起兵复永丰县，已而兵败被执，死于狱。天祥闻开礼死，制服哭之哀。

至元十四年正月，大元兵入汀州，天祥遂移漳州，乞入卫。时赏、孟溁亦提兵归，独浚兵不至。未几，浚降，来说天祥。天祥缚浚，缢杀之。四月，入梅州，都统王福、钱汉英跋扈，斩以徇。五月，出江西，入会昌。六月，入兴国县。七月，遣参谋张汴、监军赵时赏、赵孟溁等盛兵薄赣城，邹𣳚以赣诸县兵捣永丰，其副黎贵达以吉诸县兵攻泰和。吉八县复其半，惟赣不下。临洪诸郡，皆送款。潭赵璠、张虎、张唐、熊桂、刘斗元、吴希奭、陈子全、王梦应起兵邵、永间，复数县，抚州何时等皆起兵应天祥。分宁、武宁、建昌三县豪杰，皆遣人如军中受约束。

江西宣慰使李恒遣兵援赣州，而自将兵攻天祥于兴国。天祥不意恒兵猝至，乃引兵走，即邹𣳚于永丰。𣳚兵先溃，恒穷追天祥方石岭。巩信拒战，箭被体，死之。至空坑，军士皆溃，天祥妻妾子女皆见执。时赏坐肩舆，后兵问谓谁，时赏曰"我姓文"，众以为天祥，禽之而归，天祥以此得逸去。

孙䴖、彭震龙、张汴死于兵，缪朝宗自缢死。吴文炳、林栋、刘洙皆被执归隆兴。时赏奋骂不屈，有系累至者，辄麾去，云："小小签厅官耳，执此何为？"由是得脱者甚众。临刑，洙颇自辩，时赏叱曰："死耳，何必然？"于是栋、文炳、萧敬夫、萧焘夫皆不免。

天祥收残兵奔循州，驻南岭。黎贵达潜谋降，执而杀之。至元十五年三月，进屯丽江浦。六月，入船澳。益王殂，卫王继立。天祥上表自劾，乞入朝，不许。八月，加天祥少保、信国公。军中疫且起，兵士死者数百人。天祥惟一子，与其母皆死。十一月，进屯潮阳县。潮州盗陈懿、刘兴数叛附，为潮人害。天祥攻走懿，执兴诛之。十二月，趋南岭，邹洬、刘子俊又自江西起兵来，再攻懿党，懿乃潜道元帅张弘范兵济潮阳。天祥方饭五坡岭，张弘范兵突至，众不及战，皆顿首伏草莽。天祥仓皇出走，千户王惟义前执之。天祥吞脑子，不死。邹洬自颈，众扶入南岭死。官属士卒得脱空坑者，至是刘子俊、陈龙复、萧明哲、萧资皆死，杜浒被执，以忧死。惟赵孟溁遁，张唐、熊桂、吴希奭、陈子全兵败被获，俱死焉。唐，广汉张栻后也。

天祥至潮阳，见弘范，左右命之拜，不拜，弘范遂以客礼见之，与俱入厓山，使为书招张世杰。天祥曰："吾不能扞父母，乃教人叛父母，可乎？"索之固，乃书所过《零丁洋诗》与之。其末有云："人生自古谁无死，留取丹心照汗青。"弘范笑而置之。厓山破，军中置酒大会，弘范曰："国亡，丞相忠孝尽矣，能改心以事宋者事皇上，将不失为宰相也。"天祥泫然出涕，曰："国亡不能捄，为人臣者死有余罪，况敢逃其死而二其心乎？"弘范义之，遣使护送天祥至京师。

天祥在道，不食八日，不死，即复食。至燕，馆人供张甚盛，天祥不寝处，坐达旦。遂移兵马司，设卒以守之。时世祖皇帝多求才南官，王积翁言："南人无如天祥者。"遂遣积翁谕旨，天祥曰："国亡，吾分一死矣。傥缘宽假，得以黄冠归故乡，他日以方外备顾问，可也。若遽官之，非直亡国之大夫不可与图存，举其平生而尽弃之，将焉用我？积翁欲合宋官谢昌元等十人请释天祥为道士，留梦炎不可，曰："天祥出，复号召江南，置吾十人于何地！"事遂已。天祥在燕凡三年，上知天祥终不屈也，与宰相议释之，有以天祥起兵江西事为言者，不果释。

至元十九年，有闽僧言土星犯帝坐，疑有变。未几，中山有狂人自称"宋主"，有兵千人，欲取文丞相。京城亦有匿名书，言某日烧蓑城苇，率两翼兵为乱，丞相可无忧者。时盗新杀左丞相阿合马，命撤城苇，迁瀛国公及宋宗室开平，疑丞相者天祥也。召入谕之曰："汝何愿？"天祥对曰："天祥受宋恩，为宰相，安事二姓？愿赐之一死足矣。"然犹不忍，遽麾之退。言者力赞从天祥之请，从之。俄有诏使止之，天祥死矣。天祥临刑殊从容，谓吏卒曰："吾事毕矣。"南乡拜而死。数日，其妻欧阳氏收其尸，面如生，年四十七。其衣带中有赞曰："孔曰成仁，孟曰取义，惟其义尽，所以仁至。读圣贤书，所学何事，而今而后，庶几无愧。"

论曰：自古志士，欲信大义于天下者，不以成败利钝动其心，君子命之曰"仁"，以其合天理之正，即人心之安尔。商之衰，周有代德，盟津之师不期而会者八百国。伯夷、叔齐以两男子欲扣马而止之，三尺童子知其不可。他日，孔子贤之，则曰："求仁而得仁。"宋至德祐亡矣，文天祥往来兵间，初欲以口舌存之，事既无成，奉两孱王崎岖岭海，以图兴复，兵败身执。我世祖皇帝以天地有容之量，既壮其节，又惜其才，留之数年，如虎兕在柙，百计驯之，终不可得。观其从容伏质，就死如归，是其所欲有甚于生者，可不谓之"仁"哉？宋三百余年，取士之科，莫盛于进士，进士莫盛于伦魁。自天祥死，世之好为高论者，谓科目不足以得伟人，岂其然乎！

译文：

　　文天祥字宋瑞，又字履善，吉州吉水县人。身材魁梧，英俊而皮肤如玉，眉毛清秀而眼睛修长，两眼凝视生辉。自从他是儿童时，见学官中所祭祀的乡先生欧阳修、杨邦乂、胡铨的画像，都谥号为"忠"，就十分高兴，仰慕他们。说："死后不用俎豆作为祭器，就不是大丈夫。"二十二岁时参加进士考试，在集英殿对策。当时宋理宗在位很久了，政事懈怠，文天祥便拿效法天命应该不停来回答，写了万余字，没有打草稿，一口气就写成。皇帝亲自选拔他为第一名。考官王应麟上奏说："这个卷子在古代看来像是借鉴，忠心像铁石一样坚定，我胆敢认为得到了人才，深表祝贺。"不久因父亲去世，回家守丧。

　　天庆初年，大元的军队攻打宋朝，宦官董宋臣劝说皇上迁都，别人都没有敢非议的。文天祥当时被选为宁海军节度判官，上书说：请求斩董宋臣，来统一人心。"没有回音，随即自己离职归家。后来慢慢升迁为刑部郎官。董宋臣又被选纳为都知，文天祥又上书极力指出他的罪行，也没有回音。出京代理瑞州知州，改任江西提刑，升迁为尚书左司郎官，多次被台臣议论而罢官。授任军器监兼权直学士院。贾似道称病，请求退休，以此来要挟君主，有诏令不允许。文天祥当时掌管制度，因此在诏令的言语中讽刺贾似道。当时宫内制度规定将文稿呈送给宰相，文天祥不呈送文稿，贾似道不高兴，唆使台臣张志立弹劾罢免他。文天祥既然多次被斥责，便援引钱若水的例子，请求退休，当时才三十七岁。

咸淳九年，起任为湖南提刑，因而见到了原来的宰相江万里。江万里一向对文天祥的志向和志气感到惊奇，谈到国家大事，表现出忧愁的样子说："我老了，看到天时人事将会有变化，我见到的人很多，国家的责任，是在你身上呀！希望你努力。"十年，改任赣州知州。

德祐初年，长江上游告急，下诏天下勤王。文天祥捧着诏书哭泣。派陈继周征发郡中豪杰，并联结溪峒蛮，派方兴召集吉州的兵士，各路豪杰都响应，有部众万人。事情披露，以江西提刑安抚使的身份征召入朝护卫。他的朋友阻止他，说："现在元朝的大兵分三路击鼓前进，攻破了京师附近地区，你凭借乌合之众万余人赴敌，这与驱赶一群羊与猛虎搏斗有什么差异。"文天祥说："我也知道是这样。只是国家养育臣民三百余年，一旦有急，征召天下兵士，没有一人一骑入援的。我对此很痛恨。所以自不量力，而以身殉节，也许天下的忠臣义士将会有听到我的消息而响应的。道义符合而谋求立国，人多功业就能成就，像这样国家还可以保全。"

文天祥生性豪华，平时自己供奉十分丰厚，歌舞的人充满跟前。到这时，自己痛恨而贬逐减少，把全部家财作为军费。每当与宾客及辅佐自己的人谈论时局，就流泪，抚摸着几案说："以别人的快乐作为自己的快乐，以别人的忧愁作为自己的忧愁，食用人君俸禄的人，为人君的事业而死。"八月，文天祥领兵到临安，任命为平江府知府。当时因为丞相陈宜中没有回朝，所以不派遣他赴任。十月，陈宜中回来，才派遣他。朝廷刚提拔吕师孟为兵部尚书，封吕文德为和义郡王，想依赖他们与元兵寻求和好。吕师孟更加傲慢恣肆。

文天祥辞别天子，上疏说："朝廷姑息牵制的意思很多，奋发果断的勇气很少，请求斩杀吕师孟，（以其血）涂抹战鼓，以便振作士气。"并且说："宋朝以五代的混乱为戒，削除藩镇，建立郡县，一时虽然改变了尾大不掉的弊端，然而国家却也一天天衰弱。所以敌人到一州就攻破一州，到一县就攻破一县，中原沦陷，痛恨后悔怎么来得及。现在应该分天下为四镇，建立都督统御它们。把广西加上湖南，而在长沙建立国门；把广东加上江西，在隆兴建立国门；把福建加上江东，在鲁阳建立国门；把淮西加上淮东，在扬州建立国门。责令长沙攻取鄂州，隆兴攻取蕲、黄，番阳攻取江东，扬州攻取两淮，使他们的土地扩大，人口增多，足以与敌人抗衡。约定时间一起举事，只有前进没有后退，日夜谋划这件事，敌人无兵防备，力量分散，疲于奔命，而且我们百姓中的豪杰又间或出现在他们的军队中，像这样，敌人就不难击退了。"当时的意见认为文天祥的议论阔远，（不切实际），所以上书送达以后没有回报。

十月，文天祥率兵进入平江，大元的军队已经从金陵到常州了。文天祥派遣他的将领朱华、尹玉、麻士龙与张全救援常州，到达虞桥，麻士龙作战身亡，朱华率两广军队在五牧与元兵交战，失败，尹玉的军队也失败，争着渡河，牵住张全军的船，张全军的兵士斩断他们的手指，都溺死于水中，尹玉率残兵五百人夜战，到天亮全部战死。张全不放一箭，逃了回来。大元的军队攻破常州，进入独松关。陈宜中、留梦炎征召文天祥，放弃平江，守卫余杭。

第二年正月，任临安府知府。不久，宋朝投降，陈宜中、张世杰都离去。仍然授予文天祥为枢密使。随即任命为右丞相兼枢密使，出使到元军中请求议和，与大元丞相伯颜在皋亭山争论是非。元丞相发怒拘留他，带着左丞相吴坚、右丞相贾余庆、知枢密院事谢堂、签书枢密院事家铉翁、同签书枢密院事刘岊，北上到镇江。文天祥与宾客杜浒等十二人，夜晚逃亡到真州。苗再成出来迎接，高兴得流泪说："两淮的军队足够可以兴复，只是二位大将有微小隔阂，不能合作罢了。"文天祥问道："有什么办法？"苗再成说："现在先与淮西的军队相约接近建康，元军一定会全力抵御我们的西路军队。（在这种情况下）指挥东路兵各位将领，用通州、泰州的军队进攻湾头，用高邮、宝应、淮安的军队进攻扬子桥，用扬州的军队进攻瓜步，我用水军直捣镇江，同一天大举起兵。湾头、扬子桥都是沿江边兵力脆弱的地带，敌人白天晚上都在瞭望，防止我们的军队去，进攻它们一定可以攻下。合攻瓜步的三面，我从江中一面接近它，虽然有智谋的人也不能为它谋划了。瓜步一旦攻下，以东路兵攻入京口，西路兵攻入金陵，拦腰截断浙江方面的退路，元军的统帅可以坐等到来。"文天祥十分赞许，立即用书信告诉二制置，派遣使者四处相约联结。

文天祥未到时，扬州有逃回来的兵士说："已秘密派遣一丞相到真州劝说投降了。"李庭芝相信这件事，认为文天祥是来劝说投降的。派遣苗再成赶紧杀了文天祥。苗再成不忍心，把文天祥骗出城墙外，把制司（要斩杀他）的文告给他看了，把他关在城门外。过了很久，又派遣二路人分别观察文天祥，说如果是劝说投降的人就杀了他。二路人分别和文天祥说话，看到他忠义，也不忍心杀他，派兵士二十人送他到扬州，四更时到达城下，听到守城门的人谈话，说制置司下令防备文天祥十分急迫，大家都相互望着，惊慌得吐出了舌头。于是向东到海上，遇到元兵，躲在围墙中幸免。然而饥饿得不能站起来，从采柴薪的人那里讨得剩饭残汤。行走到板桥，元军又到，大家都跑到竹丛里，元兵到竹丛中搜捕，抓住了杜浒、金应离开了。虞候张庆被箭射中眼睛，身上受了二处伤，文天祥偶然没被抓获。杜浒、金应拿出所藏的金子给元军兵士，被放免，招募两个樵夫用草编的筐子背着文天祥到高邮，航海到温州。

听说益王没有被拥立，于是上表劝进，以观文殿学士、侍读的身份被召到福州，拜官为右丞相。不久与陈宜中等人的意见不合。七月，就以同都督的身份外出江西，于是离开福州，收集兵士到汀州。十月，派遣参谋赵时赏、谘议赵孟濚统帅一军夺取宁都，参赞吴浚统帅一军攻取雩都，刘洙、萧明哲、陈子敬都从江西起兵来汇合。邹㳇以招谕副使的身份在宁都聚集兵士，大元的军队进攻他，邹㳇的军队失败，一同起事的刘钦、鞠华叔、颜斯立、颜起岩都战死。武冈教授罗开礼，起兵收复永丰县，不久兵败被俘，死在监狱中。文天祥听说罗开礼死了，穿着丧服，哭得十分悲痛。

至元十四年正月，大元的军队进入汀州，于是文天祥移师漳州，请求入卫皇上。赵时赏、赵孟濚也率兵回来，唯独吴浚的军队没有到达。不久，吴浚投降元朝，来劝说文天祥投降。文天祥捆绑吴浚，绞杀了他。四月，到梅州，都统王福、钱汉英骄横、强暴，文天祥将他们斩首示众。五月，从江西出发，到达会昌。六月，到达兴国县。七月，文天祥派遣参谋张汴、监军赵时赏、赵孟濚等率主力接近赣州城，邹㳇率赣州各县的兵力直捣永丰，邹㳇的副手黎贵达率吉州各县的兵进攻泰和。吉州八县收复了一半，只有赣州城没有攻下。临洪各郡，都送来钱款。潭赵璠、张虎、张唐、熊桂、刘斗元、吴希奭、陈子全、王梦应在邵、永一带起兵，收复了几个县，抚州何时等都起兵响应文天祥。分宁、武宁、建昌三县的豪杰，都派人到文天祥军中接受约束。

江西宣慰使李恒派兵救援赣州，而自己统兵到兴国进攻文天祥。文天祥没有料到李恒的军队突然来到，于是率兵退走，靠近在永丰的邹洑。邹洑的军队首先被击溃，李恒穷追文天祥到方石岭。巩信抵御作战，箭中身体，阵亡。到空坑，兵士都溃散，文天祥的妻妾子女都被俘。赵时赏坐在肩舆上，后面的兵士问他是谁，赵时赏说："我姓文"，兵士们把他当作文天祥，擒住他回去了，文天祥因此得以逃走。

孙栎、彭震龙、张汴死于战乱中，缪朝宗自己上吊身亡。吴文炳、林栋、刘洙者被捉拿到隆兴。赵时赏大骂不屈服，他见到有被捆绑而来的人，就挥手斥退，说："小小的签庭官罢了，捉他们有什么用呢？"因此得以解脱的人很多。临刑时，刘洙颇想自己辩解，赵时赏斥责他说："死罢了，何必这样呢？"于是林陈、吴文炳、萧敬夫、萧焘夫都没有赦免。

文天祥收集残兵奔走到循州，驻扎在南岭。黎贵达暗中阴谋投降，文天祥把他抓起来杀了。至元十五年三月，进兵屯聚在丽江浦。六月，到船澳。益王去世，卫王继位。文天祥上书指出自己的罪行，请求入朝，没有许可。八月，加文天祥少保、信国公。军队发生瘟疫，兵士死亡的有几百人。文天祥只有一个儿子，同他的母亲都死了。十一月，进兵屯驻在潮阳县。潮州的强盗陈懿、刘兴多次反叛、归附，成为潮州人的祸害。文天祥进兵打跑了陈懿，捉住刘兴杀了。十二月，赶赴南岭，邹洑、刘子俊又从江西起兵来，再次攻打陈懿余党，于是陈懿暗中派元帅张弘范的兵救援潮阳。文天祥正在五坡岭吃饭，张弘范的军队突然来到，众人来不及交战，都叩头趴在草丛中。文天祥仓皇逃走，千户王惟义上前抓住了他。邹㴑自割脖子，众人扶他到南岭死了。官属士卒得以逃脱到空坑的，到这时，刘子俊、陈龙复、萧明哲、萧资都死了，杜浒被抓获，因为忧愤而死，只有赵孟溁逃走了，张唐、熊桂、吴希奭、陈子全兵败被俘，都死了。张唐，是广汉张栻的后代。

文天祥到潮阳，见到张弘范，张弘范身边的人命令他下拜，文天祥不拜，于是张弘范以客人的礼节见了他，同他一起到厓山，让他写信招纳张世杰。文天祥说："我不能保护父母，却教人背叛父母，可以吗？"张弘范一定要索取他的信，于是写了《过零丁洋诗》给了他。这首诗最后说："人生自古谁无死，留取丹心照汗青。"张弘范笑着把诗放在一边。厓山被攻破，军中设酒席聚会，张弘范说："国家灭亡，丞相忠孝也完了，能够拿侍奉宋朝的心来侍奉皇上，将不会失去宰相的职位。"文天祥的眼泪像水往下滴一样，说："国家灭亡不能拯救，做人臣的即使死也还有罪，何况敢逃脱死亡而有别的心思呢？"张弘范被他的义气感动，派遣使者护送文天祥到达京师。

文天祥在路上，八天没有吃食物，没有饿死，就又吃东西。到燕，客馆的人供应很丰盛，文天祥不就寝，坐待天亮。于是送他到兵马司，派兵士监守他。当时元世祖多在南宋的官员中寻求人才，王积翁说："南方人没有比得上文天祥的。"于是派遣王积翁（到关押文天祥的地方）传达元世祖的意思，（想让他担任元朝的官吏），文天祥说："国家灭亡，我的本分是一死。假使得以宽松假释，当戴黄帽回故乡，以后因为边远地区的事作顾问，可以。如果现在立即做官；不只是亡国的士大夫不可以图存亡，就连生平事迹也全部废弃，怎么用我呢？"王积翁想要联合宋朝的官员谢昌元等十人，请求释放文天祥作道士，留梦炎认为不行，说："文天祥出去，又到江南号召，把我们十个人放在什么地方！"于是，事情停止。文天祥在北京共三年，皇上知道文天祥终究不会屈服，与宰相商议释放他，有人把文天祥在江西起兵的事说了，因此没有被释放。

至元十九年，有一个福建的和尚说土星侵犯帝坐，怀疑有变化。不久，中山有一个狂人自称是"宋王"，有兵士千人，想夺取文丞相。京城也有匿名信，说某天焚烧蓑城苇，率领两边的兵士叛乱，请丞相不要忧虑。当时有强盗刚刚杀死左丞相阿合马，下令撤去城苇，迁徙瀛国公及宋朝宗室到开平，怀疑丞相就是文天祥。召他入宫，告诉他说："你有什么愿望？"文天祥回答："我文天祥蒙受宋朝恩惠，担任宰相，怎么能够侍奉二姓呢？希望赐一死就心满意足了。"然而还是不忍心，急忙挥退了他。劝说的人极力赞成听从文天祥的请求，皇帝听从了，不久有诏书下令停止（赐文天祥死），可文天祥已死了。文天祥临刑时特别从容，对官吏和兵士说："我的事情完了。"对着南面下拜而死。几天后，他的妻子欧阳氏收他的尸体，脸仍像生人一样，死时四十七岁。他上衣的带子里有赞词说："孔子说成仁，孟子说取义，只有义尽，才会达到仁。读圣贤们的书，所学到的是侍奉什么，从今以后，也许没有惭愧的。"

评论说：自古以来的有志之士，想要在天下伸张大义的，不因为成败和有利，或者受挫折而动摇自己的心，君子把它叫作"仁"，因为它合乎天理的正义，也就是人心的安定。商朝衰落，周朝代替它的德行，盟津会师没有约定，而前来的有八百个诸侯国。伯夷、叔齐凭借两个男子想扣住马而制止他们，连三尺高的童子都知道是不可能的。后来,孔子称赞他们,就说:"寻求仁而得到仁。"宋朝到德祐年间灭亡了,文天祥往来军中,起初想凭口舌保存宋朝,事情既然没有成功,侍奉两个软弱的国王在崎岖的山岭和海上辗转,来图谋兴复,因兵败被俘。我大元世祖皇帝以能容纳天地的气量,既以他的气节为雄壮,又爱惜他的才能,留下他数年,如同老虎、犀牛关在笼子中,千方百计驯服它们,最终不能达到目的。看他从容就义,视死如归,他死的欲望比生的欲望更强烈,可以不说是"仁"吗?宋朝三百余年,选拔人才的办法,没有比进士更盛,进士没有比伦理更讲求的。自从文天祥死,世间好发表高见议论的,说科举考试不一定能够得到伟人,难道是这样吗?

宋史卷四百二十九

列传第一百八十八

朱　熹

朱熹字元晦，一字仲晦，徽州婺源人。父松字乔年，中进士第。胡世将、谢克家荐之，除祕书省正字。赵鼎都督川陕、荆、襄军马，招松为属，辞。鼎再相，除校书郎，迁著作郎。以御史中丞常同荐，除度支员外郎，兼史馆校勘，历司勋、吏部郎。秦桧决策议和，松与同列上章，极言其不可。桧怒，风御史论松怀异自贤，出知饶州，未上，卒。

熹幼颖悟，甫能言，父指天示之曰："天也。"熹问曰："天之上何物？"松异之。就傅，授以《孝经》，一阅，题其上曰："不若是，非人也。"尝从群儿戏沙上，独端坐以指画沙，视之，八卦也。年十八贡于乡，中绍兴十八年进士第。主泉州同安簿，选邑秀民充弟子员，日与讲说圣贤修己治人之道，禁女归之为僧道者。罢归请祠，监潭州南岳庙。明年，以辅臣荐，与徐度、吕广问、韩元吉同召，以疾辞。

孝宗即位，诏求直言，熹上封事言："圣躬虽未有过失，而帝王之学不可以不熟讲。朝政虽未有阙遗，而修攘之计不可以不早定。利害休戚虽不可遍举，而本原之地不可以不加意。陛下毓德之初，亲御简策，不过风诵文辞，吟咏情性，又颇留意于老子、释氏之书。夫记诵词藻，非所以探渊源而出治道；虚无寂灭，非所以贯本末而立大中。帝王之学，必先格物致知，以极夫事物之变，使义理所存，纤悉毕照，则自然意诚心正，而可以应天下之务。次言："修攘之计不时定者，讲和之说误之也。夫金人于我有不共戴天之雠，则不可和也明矣。愿继以义理之公，闭关绝约，任贤使能，立纪纲，厉风欲。数年之后，国富兵强，视吾力之强弱，观彼衅之浅深，徐起而图之。"次言："四海利病，系斯民之休戚，斯民休戚，系守令之贤否。监司者守令之纲，朝廷者监司之本也。欲斯民之得其所，本原之地亦在朝廷而已。今之监司，奸赃狼籍、肆虐以病民者，莫非宰执、台谏之亲旧宾客。其已失势者，既按见其交私之状而斥去之；尚在势者，岂无其人，顾陛下无自而知之耳。"

隆兴元年，复召。入对，其一言："大学之道在乎格物以致其知。陛下虽有生知之性，高世之行，而未尝随事以观理，即理以应事。是以举措之间动涉疑贰，听纳之际未免蔽欺，平治之效所以未著。"其二言："君父之雠不与共戴天。今日所尝为者，非战无以复雠，非守无以制胜。"且陈古先圣王所以强本折冲、威制远人之道。时相汤思退方倡和议，除熹武学博士，待次。乾道元年，促就职，既至而洪适为相，复主和，论不合，归。

三年，陈俊卿、刘珙荐为枢密院编修官，待次。五年，丁内艰。六年，工部侍郎胡铨以诗人荐，与王庭珪同召，以未终丧辞。七年，既免丧，复召，以禄不及养辞。九年，梁克家相，申前命，又辞。克家奏熹屡召不起，宜蒙褒录，执政俱称之，上曰："熹安贫守道，廉退可嘉。"特改合入官，主管台州崇道观。熹以求退得进，于义未安，再辞。淳熙元年，始拜命。二年，上欲奖用廉退，以励风俗，龚茂良行丞相事，以熹名进，除祕书郎，力辞，且以手书遗茂良，言一时权幸。群小乘间谗毁，乃因熹再辞，即后其请，主管武夷山冲佑观。

五年，史浩再相，除知南康军，降旨便道之官，熹再辞，不许。至郡，兴利除害，值岁不雨，讲求荒政，多所全活。讫事，奏乞依格推赏纳粟人。间诣郡学，引进士子与之讲论。访白鹿洞书院遗址，奏复其旧，为《学规》俾守之。明年夏，大旱，诏监司、郡守条其民间利病，遂上疏言：

天下之务莫大于恤民，而恤民之本，在人君正心术以立纪纲。盖天下之纪纲不能以自立，必人主之心术公平正大，无偏党反侧之私，然后有所系而立。君心不能以自正，必亲贤臣，远小人，讲明义理之归，闭塞私邪之路，然后乃可得而正。

今宰相、台省、师傅、宾友、谏诤之臣皆失其职，而陛下所与亲密谋议者，不过一二近习之臣。上以蛊惑陛下之心志，使陛下不信先王之大道，而说于功利之卑说，不乐庄士之谠言，而安于私褻之鄙态。下则招集天下士大夫之嗜利无耻者，文武汇分，各入其门。所喜则阴为引援，擢置清显。所恶则密行訾毁，公肆挤排。交通货赂，所盗者皆陛下之财。命卿置将，所窃者皆陛下之柄。陛下所谓宰相、师傅、宾友、谏诤之臣，或反出入其门墙，承望其风旨；其幸能自立者，亦不过龊龊自守，而未尝敢一言以斥之；其甚畏公论者，乃能略警逐其徒党之一二，既不能深有所伤，而终亦不敢正言以捣其囊橐窟穴之所在。势成威立，中外靡然向之，使陛下之号令黜陟不复出于朝廷，而出于一二人之间，名为陛下独断，而实此一二人者阴执其柄。

具云："莫大之祸，必至之忧，近在朝夕，而陛下独未之知。"上读之，大怒曰："是以我为亡也。"熹以疾请祠，不报。

陈俊卿以旧相守金陵，过阙入见，荐熹甚力。宰相赵雄言于上曰："士之好名，陛下疾之愈甚，则人之誉之愈众，无乃适所以高之。不若因其长而用之，彼渐当事任。能否自见矣。"上以为然，乃除熹提举江西常平茶盐公事。旋录救荒之劳，除直祕阁，以前所奏纳粟人未推赏，辞。

会浙东大饥，宰相王淮奏改熹提举浙东常平茶盐公事，即日单车就道，复以纳粟人未推赏，辞职名。纳粟赏行，遂受职名。入对，首陈灾异之由与修德任人之说，次言："陛下即政之初，盖尝选建英豪，任以政事，不幸其间不能尽得其人，是以不复广求贤哲，而姑取软熟易制之人以充其位。于是左右私亵使令之贱，始得以奉燕閒，备驱使，而宰相之权日轻。又虑其势有所偏，而因重以壅己也，则时听外廷之论，将以阴察此辈之负犯而操切之。陛下既未能循天理、公圣心，以正朝廷之大体，则固已失其本矣，而又欲兼听士大夫之言，以为驾驭之术，则士大夫之进见有时，而近习之从容无间。士大夫之礼貌既庄而难亲，其议论又苦而难入，近习便辟侧媚之态既足以蛊心志，其脊史狡狯之术又足以眩聪明。是以虽欲微抑此辈，而此辈之势日重，虽欲兼采公论，而士大夫之势日轻。重者即挟其重，以窃陛下之权，轻者又借力于所重，以为窃位固宠之计。日往月来，浸淫耗蚀，使陛下之德业日隳，纲纪日坏，邪佞充塞，货赂公行，兵愁民怨，盗贼间作，灾异数见，饥馑存臻。群小相挺，人人皆得满其所欲，惟有陛下了无所得，而顾乃独受其弊。"上为动容。所奏凡七事，其一二事手书以防宣泄。

熹始拜命，即移书他郡，募米商，蠲其征，及至，则客舟之米已辐凑。熹日钩访民隐，按行境内，单车屏徒从，所至人不及知。郡县官吏惮其风采，至自引去，所剖肃然。凡丁钱、和买、役法、榷酤之政，有不便于民者，悉厘而革之。于救荒之余，随事处画，必为经久之计。有短熹者，谓其疏于为政，上谓王淮曰："朱熹政事却有可观。"

熹以前后奏请多所见抑，幸而从者，率稽缓后时，蝗旱相仍，不胜忧愤，复奏言："为今之计，独有断自圣心，沛然发号，责躬求言，然后君臣相戒，痛自省改。其次惟有尽出内库之钱，以供大礼之费为收籴之本，诏户部免征旧负，诏漕臣依条检放租税，诏宰臣沙汰被灾路分州军监司、守臣之无状者，遴选贤能，责以荒政，庶几犹足下结人心，消其乘时作乱之意。不然，臣恐所忧者不止于饥殍，而将在于盗贼；蒙其害者不止于官吏，而上及于国家也。"

知台州唐仲友与王淮同里为姻家，吏部尚书郑丙、侍御史张大经交荐之，迁江西提刑，未行。熹行部至台，论仲友者纷然，按得其实，章三上，淮匿不以闻。熹论愈力，仲友亦自辩，淮乃以熹章进呈，上令宰属看详，都司陈庸等乞令浙西提刑委清强官究实，仍令熹速往旱伤州郡相视。熹时留台未行，既奉诏，益上章论，前后六上，淮不得已，夺仲友江西新命以授熹，辞不拜，遂归，且乞奉祠。

时郑丙上疏诋程氏之学以沮熹，淮又擢太府寺丞陈贾为监察御史。贾面对，首论近日搢绅有所谓"道学"者，大率假名以济伪，愿考察其人，摈弃勿用。盖指熹也。十年，诏以熹累乞奉祠，可差主管台州崇道观，既而连奉云台、鸿庆之祠者五年。十四年，周必大相,除熹提点江西刑狱公事,以疾辞,不许,遂行。

十五年,淮罢相,遂入奏,首言近年刑狱失当,狱官当择其人。次言经总制钱之病民,及江西诸州科罚之弊。而其末言:"陛下即位二十七年,因循荏苒,无尺寸之效可以仰酬圣志。当反覆思之,无乃燕閒蠖濩之中,虚明应物之地,天理有所未纯,人欲有所未尽,是以为善不能充其量,除恶不能去其根,一念之顷,公私邪正、是非得失之机,交战于其中。故体貌大臣非不厚,而便嬖侧媚得以深被腹心之寄;寤寐英豪非不切,而柔邪庸缪得以久窃廊庙之权。非不乐闻公议正论,而有时不容;非不堲谗说殄行,而未免误听;非不欲报复陵庙雠耻,而未免畏怯苟安;非不爱养生灵财力,而未免叹息愁怨。愿陛下自今以往,一念之顷必谨而察之:此为天理耶,人欲耶?果天理也,则敬以充之,而不使其少有壅阏;果人欲也,则敬以克之,而不使其少有凝滞。推而至于言语动作之间,用人处事之际,无不以是裁之,则圣心洞然,中外融澈,无一毫之私欲得以介乎其间,而天下之事将惟陛下所欲为,无不如志矣。"是行也,有要之于路,以为"正心诚意"之论上所厌闻,戒勿以为言。熹曰:"吾平生所学,惟此四字,岂可隐默以欺吾君乎?"及奏,上曰:"久不见卿,浙东之事,朕自知之,今当处卿清要,不复以州县为烦也。"

时曾觌已死,王抃亦逐,独内侍甘昇尚在,熹力以为言。上曰:"昇乃德寿所荐,谓其有才耳。"熹曰:"小人无才,安能动人主。"翌日,除兵部郎官,以足疾丐祠。本部侍郎林栗尝与熹论《易》《西铭》不合,劾熹:"本无学术,徒窃张载、程颐绪余,谓之'道学'。所至辄携门生数十人,妄希孔、孟历聘之风,邀索高价,不肯供职,其伪不可掩。上曰:"林栗言似过。"周必大言熹上殿之日,足疾未瘳,勉强登对。上曰:"朕亦见其跛曳。"左补阙薛叔似亦奏援熹,乃令依旧职江西提刑。太常博士叶适上疏与栗辨,谓其言无一实者,"谓之道学"一语,无实尤甚,往日王淮表里台谏,阴废正人,盖用此术。诏:"熹昨入对,所论皆新任职事,朕谅共诚,复从所请,可疾速之任。"会胡晋臣除侍御史,首论栗执拗不通,喜同恶异,无事而指学者为党,乃黜栗知泉州。熹再辞免,除直宝文阁,主管西京嵩山崇福宫。未逾月再召,熹又辞。

始,熹尝以为口陈之说有所未尽,乞具封事以闻,至是投匦进封事曰:

今天下大势,如人有重病,内自心腹,外达四支,无一毛一发不受病者。且以天下之大本与今日之急务,为陛下言之:大本者,陛下之心;急务则辅翼太子,选任大臣,振举纲纪,变化风俗,爱养民力,修明军政,六者是也。

古先圣王兢兢业业,持守此心,是以建师保之官,列谏诤之职,凡饮食、酒浆、衣服、次舍、器用、财贿与夫宦官、宫妾之政,无一不领于冢宰。使其左右前后,一动一静,无不制以有司之法,而无纤芥之隙、瞬息之顷,得以隐其毫发之驻。陛下所以精一克复而持守其心,果有如此之功乎?所以修身齐家而正其左右,果有如此之效乎?宫省事禁,臣固不得而知,然爵赏之滥,货赂之流,闾巷窃言,久已不胜其籍籍,则陛下所以修之家者,恐其未有以及古之圣王也。

至于左右便嬖之私,恩遇过当,往者渊、觌、说、抃之徒势焰熏灼,倾动一时,今已无可言矣。独有前日臣所面陈者,虽蒙圣慈委曲开譬,然臣之愚,窃以为此辈但当使之守门传命,供扫除之役，不当假借崇长，使得逞邪媚、作淫巧于内，以荡上心，立门庭、招权势于外，以累圣政。臣闻之道路，自王抃既逐之后，诸将差除，多出此人之手。陛下竭生灵膏血以奉军旅，顾乃未尝得一温饱，是皆将帅巧为名色，夺取其粮，肆行货赂于近习，以图进用，出入禁闼腹心之臣，外交将帅，共为欺蔽，以至于此。而陛下不悟，反宠昵之，以是为我之私人，致使宰相不得议其制置之得失，给谏不得论其除授之是非，则陛下所以正其左右者，未能及古之圣王又明矣。

至于辅翼太子，则自王十朋、陈良翰之后，宫僚之选号为得人，而能称其职者，盖已鲜矣。而又时使邪佞儇薄、阘冗庸妄之辈，或得参错于其间，所谓讲读，亦姑以应文备数，而未闻其有箴规之效。至于从容朝夕、陪侍游燕者，又不过使臣宦者数辈而已。师傅、宾客既不复置，而詹事、庶子有名无实，其左右春坊遂直以使臣掌之，既无以发其隆师亲友、尊德乐义之心，又无以防其戏慢媟狎、奇衺杂进之害。宜讨论前典，置师傅、宾客之官，罢去春坊使臣，而使詹事、庶子各复其职。

至于选任大臣，则以陛下之聪明，岂不知天下之事，必得刚明公正之人而后可任哉？其所以常不得如此之人，而反容鄙夫之窃位者，直以一念之间，未能彻其私邪之蔽，而燕私之好，便嬖之流，不能尽由于法度，若用刚明公正之人以为辅相，则恐其有以妨吾之事，害吾之人，而不得肆。是以选择之际，常先排摈此等，而后取凡疲懦软熟、平日不敢直言正色之人而揣摩之，又于其中得其至庸极陋、决可保其不至于有所妨者，然后举而加之于位。是以除书未出，而物色先定，姓名未显，而中外已逆知其决非天下第一流矣。

至于振肃纪纲，变化风俗，则今日宫省之间，禁密之地，而天下不公之道，不正之人，顾乃得以窟穴盘据于其间。而陛下目见耳闻，无非不公不正之事，则其所以熏烝销铄，使陛下好善之心不著，疾恶之意不深，其害已有不可胜言者矣。及其作奸犯法，则陛下又未能深割私爱，而付诸外廷之议，论以有司之法，是以纪纲不正于上，风俗颓弊于下，其为患之日久矣。而浙中为尤甚。大率习为软美之态、依阿之言，以不分是非、不辨曲直为得计，甚者以金珠为脯醢，以契券为诗文，宰相可啖则啖宰相，近习可通则通近习，惟得之求，无复廉耻。一有刚毅正直、守道循理之士出乎其间，则群讥众排，指为"道学"，而加以矫激之罪。十数年来，以此二字禁锢天下之贤人君子，复如昔时所谓元祐学术者，排摈诋辱，必使无所容其身而后已，此岂治世之事哉？

至于爱养民力，修明军政，则自虞允文之为相也，尽取版曹岁入窠名之必可指拟者，号为岁终羡余之数，而输之内帑。顾以其有名无实、积累挂欠、空载簿籍、不可催理者，拨还版曹，以为内帑之积，将以备他日用兵进取不时之须。然自是以来二十余年，内帑岁入不知几何，而认为私贮，典以私人，宰相不得以式贡均节其出入，版曹不得以薄书勾考其在亡，日销月耗，以奉燕私之费者，盖不知其几何矣，而曷尝闻其能用此钱以易敌人之首，如太祖之言哉？徒使版曹经费阙乏日甚，督促日峻，以至废去祖宗以来破分良法，而必以十分登足为限；以为未足，则又造为比较监司、郡守殿最之法，以诱胁之。于是中外承风，竞为苛急，此民力之所以重困也。

诸将之求进也，必先掊克士卒，以殖私利，然后以此自结于陛下之私人，而蕲以姓名达于陛下之贵将。贵将得其姓名，即以付之军中，使自什伍以上节次保明，称其材武堪任将帅，然后具奏牍而言之陛下之前。陛下但见等级推先，案牍具备，则诚以为公荐而可以得人矣，而岂知其谐价输钱，已若晚唐之债帅哉？夫将者，三军之司命，而其选置之方乖剌如此，则彼智勇材略之人，孰肯抑心下首于宦官、宫妾之门，而陛下之所得以为将帅者，皆庸夫走卒，而犹望其修明军政，激劝士卒，以疆国势，岂不误哉！

凡此六事，皆不可缓，而本在于陛下之一心。一心正则六事无不正，一有人心私欲以介乎其间，则虽欲愈精劳力，以求正夫六事者，亦将徒为文具，而天下之事愈至于不可为矣。

疏入，夜漏下七刻，上已就寝，亟起秉烛，读之终篇。明日，除主管太一宫，兼崇政殿说书。熹力辞，除祕阁修撰，奉外祠。

光宗即位，再辞职名，仍旧直宝文阁，降诏奖谕。居数月，除江东转运副使，以疾辞，改知漳州。奏除属县无名之赋七百万，减经总制钱四百万。以习俗未知礼，采古丧葬嫁娶之仪，揭以示之，命父老解说，以教子弟。土俗崇信释氏，男女聚僧庐为传经会，女不嫁者为庵舍以居，熹悉禁之。常病经界不行之害，会朝论欲行泉、汀、漳三州经界，熹乃访事宜，择人物及方量之法上之。而土居豪右侵渔贫弱者以为不便，沮之。宰相留正，泉人也，其里党亦多以为不可行。布衣吴禹圭上书讼其扰人，诏且需后，有旨先行漳州经界。明年，以子丧请祠。

时史浩入见，请收天下人望，乃除熹祕阁修撰，主管南京鸿庆宫。熹再辞，诏："论撰之职，以宠名儒。"乃拜命。除荆湖南路转运副使，辞。漳州经界竟报罢，以言不用自劾。除知静江府，辞，主管南京鸿庆宫，未几，差知潭州，力辞。黄裳为嘉王府翊善，自以学不及熹，乞召为宫僚，王府直讲彭龟年亦为大臣言之。留正曰："正非不知熹，但其性刚，恐到此不合，反为累耳。"熹方再辞，有旨："长沙臣屏，得贤为重。"遂拜命。会洞獠扰属郡，熹遣人谕以祸福，皆降之。申敕令，严武备，戢奸吏，抑豪民。所至兴学校，明教化，四方学者毕至。

宁宗即位，赵汝愚首荐熹及陈传良，有旨赴行在奏事。熹行且辞，除焕章阁待制、侍讲，辞，不许。入对，首言："乃者，太皇太后躬定大策，陛下寅绍丕图，可谓处之以权，而庶几不失其正。自顷至今三月矣，或反不能无疑于逆顺名实之际，窃为陛下忧。犹有可诿者，亦曰陛下之心，前日未尝有求位之计，今日未尝忘思亲之怀，此则所以行权而不失其正之根本也。充未尝求位之心，以尽负罪引慝之诚，充未尝忘亲之心，以致温清定省之礼，而大伦正，大本立矣。"复面辞待制、侍讲，上手劄："卿经术渊源，正资劝讲，次对之职，勿复劳辞，以副朕崇儒重道之意。"遂拜命。

会赵彦逾按视孝宗山陵，以为土肉浅薄，下有水石。孙逢吉覆按，乞别求吉兆。有旨集议，台史惮之，议中辍。熹竟上议状言："寿皇圣德，衣冠之藏，当博访名山，不宜偏信台史，委之水泉沙砾之中。"不报。时论者以为上未还大内，则名体不正而疑议生；金使用来，或有窥伺。有旨修葺旧东宫。为屋三数百间，欲徙居之。熹奏疏言：

此必左右近习倡为此说以误陛下，而欲因以遂其奸心。臣恐不惟上帝震怒，灾异数出，正当恐惧修省之时，不当兴此大役，以谴告警动之意；亦恐畿甸百姓饥饿流离、陷于死亡之际，或能怨望忿切，以生他变。不惟无以感格太上皇帝之心，以致未有进见之期，亦恐寿皇在殡，因山未卜，几筵之奉不容少弛，太皇太后、皇太后皆以尊老之年，茕然在忧苦之中，晨昏之养尤不可阙。而四方之人，但见陛下亟欲大治宫室，速得成就，一旦翩然委而去之，以就安便，六军万民之心将有扼腕不平者矣。前鉴未远，甚可惧也。

又闻太上皇后惧忤太上皇帝圣意，不欲其闻太上之称，又不欲其闻内禅之说，此又虑之过者。殊不知若但如此，而不为宛转方便，则父子之间，上怨怒而下忧恐，将何时而已。父子大伦，三纲所系，久而不图，亦将有借其名以造谤生事者，此又臣之所大惧也。愿陛下明诏大臣，首罢修葺东宫之役，而以其工料回就慈福、重华之间，草创寝殿一二十间，使粗可居。若夫过宫之计，则臣又愿陛下下诏自责，减省舆卫，入宫之后，暂变服色，如唐肃宗之改服紫袍、执控马前者，以神负罪引慝之诚，则太上皇帝虽有贲怒之情，亦且霍然消散，而欢意浃洽矣。

至若朝廷之纪纲，则臣又愿陛下深诏左右，勿预朝政。其实有勋庸而所得褒赏未惬众论者，亦诏大臣公议其事，稽考令典，厚报其劳。而凡号令之弛张，人才之进退，则一委之二三大臣，使之反覆较量，勿徇己见，酌取公论，奏而行之。有不当者，缴驳论难，择其善者称制临决，则不惟近习不得干预朝权，大臣不得专任己私，而陛下亦得以益明习天下之事，而无所疑于得失之算矣。

若夫山陵之卜，则愿黜台史之说，别求草泽，以营新宫，使寿皇之遗体得安于内，而宗社生灵皆蒙福于外矣。

疏入不报，然上亦未有怒熹意也。每以所讲编次成帙以进，上亦开怀容纳。

熹又奏勉上进德云："愿陛下日用之间，以求放心为之本，而于玩经观史，亲近儒学，益用力焉。数召大臣，切劘治道，群臣进对，亦赐温颜，反覆询访，以求政事之得失，民情之休戚，而又因以察其人才之邪正短长，庶于天下之事各得其理。熹奏："礼经敕令，子为父，嫡孙承重为祖父，皆斩衰三年；嫡子当为其父后，不能袭位执丧，则嫡孙继统而代之执丧。自汉文短丧，历代因之，天子遂无三年之丧。为父且然，则嫡孙承重可知。人纪废坏，三纲不明，千有余年，莫能厘正。寿皇圣帝至性自天，易月之外，犹执通丧，朝衣朝冠皆用大布，所宜著在方册，为万世法程。间者，遗诰初颁，太上皇帝偶违康豫，不能躬就丧次。陛下以世嫡承大统，则承重之服著在礼律，所宜遵寿皇已行之法。一时仓卒，不及详议，遂用漆纱浅黄之服，不惟上违礼律，且使寿皇已行之礼举而复坠，臣窃痛之。然既往之失不及追改，唯有将来启殡发引，礼当复用初丧之服。"

会孝宗祔庙，议宗庙迭毁之制，孙逢吉、曾三复首请并祧僖、宣二祖，奉太祖居第一室，祫祭则正东向之位。有旨集议：僖、顺、翼、宣四祖祧主，宜有所归。自太祖皇帝首尊四祖之庙，治平间，议者以世数寖远，请迁僖祖于夹室。后王安石等奏，僖祖有庙，与稷、契无异，请复其旧。时相赵汝愚雅不以复祀僖祖为然，侍从多从其说。吏部尚书郑侨欲且祧宣祖而祔孝宗。熹以为藏之夹室，则是以祖宗之主下藏于子孙之夹室，神宗复奉以为始祖，已为得礼之正，而合于人心，所谓有举之而莫敢废者乎？又拟为《庙制》以辨，以为物岂有无本而生者。庙堂不以闻，即毁撤僖、宣庙室，更创别庙以奉四祖。

始，宁宗之立，韩侂胄自谓有定策功，居中用事。熹忧其害政，数以为言，且约吏部侍郎彭龟年共论之。会龟年出护使客，熹乃上疏斥言左右窃柄之失，在讲筵复申言之。御批云："悯卿耆艾，恐难立讲，已除卿宫观。"汝愚袖御笔还上，且谏且拜。内侍王德谦径以御笔付熹，台谏争留，不可。楼钥、陈傅良旋封还录黄，修注官刘光祖、邓驲封章交上。熹行，被命除宝文阁待制，与州郡差遣，辞。寻除知江陵府，辞，仍乞追还新旧职名，诏依旧焕章阁待制，提举南京鸿庆宫。庆元元年初，赵汝愚既相，收召四方知名之士，中外引领望治，熹独惕然以侂胄用事为虑。既屡为上言，又数以手书启汝愚，当用厚赏酬其劳，勿使得预朝政，有"防微杜渐，谨不可忽"之语。汝愚方谓其易制，不以为意。及是，汝愚亦以诬逐，而朝廷大权悉归侂胄矣。

熹始以庙议自劾，不许，以疾再乞休致，诏："辞职谢事，非朕优贤之意，依旧焕章阁修撰。"二年，沈继祖为监察御史，诬熹十罪，诏落职罢祠，门人蔡元定亦送道州编管。四年，熹以年近七十，申乞致仕，五年，依所请。明年卒，年七十一。疾且革，手书属其子在及门人范念德、黄干，拳拳以勉学及修正遗书为言。翌日，正坐整衣冠，就枕而逝。

熹登第五十年，仕于外者仅九考，立朝才四十日。家故贫，少依父友刘子羽，寓建之崇安，后徙建阳之考亭，箪瓢屡空，晏如也。诸生之自远而至者，豆饭藜羹，率与之共。往往称贷于人以给用，而非其道义则一介不取也。

自熹去国，侂胄势益张。何澹为中司，首论专门之学，文诈沽名，乞辨真伪。刘德秀仕长沙，不为张栻之徒所礼，及为谏官，首论留正引伪学之罪。"伪学"之称，盖自此始。太常少卿胡纮言："比年伪学猖獗，图为不轨，望宣谕大臣，权住进拟。"遂召陈贾为兵部侍郎。未几，熹有夺职之命。刘三杰以前御史论熹、汝愚、刘光祖、徐谊之徒，前日之伪党，至此又变而为逆党。即日除三杰右正言。右谏议大夫姚愈论道学权臣结为死党，窥伺神器。乃命直学士院高文虎草诏谕天下，于是攻伪日急，选人余嚞至上书乞斩熹。

方是时，士之绳趋尺步、稍以儒名者，无所容其身。从游之士，特立不顾者，屏伏丘壑；依阿巽懦者，更名他师，过门不入，甚至变易衣冠，狎游市肆，以自别其非党。而熹日与诸生讲学不休，或劝以谢遣生徒者，笑而不答。有籍田令陈景思者，故相康伯之孙也，与侂胄有姻连，劝侂胄勿为已甚，侂胄意亦渐悔。熹既没，将葬，言者谓：四方伪徒期会，送伪师之葬，会聚之间，非妄谈时人短长，则缪议时政得失，望令守臣约束。从之。

嘉泰初，学禁稍弛。二年，诏："朱熹已致仕，除华文阁待制，与致仕恩泽。"后侂胄死，诏赐熹遗表恩泽，谥曰文。寻赠中大夫，特赠宝谟阁直学士。理宗宝庆三年，赠太师，追封信国公，改徽国。

始，熹少时，慨然有求道之志。父松病亟，尝属熹曰："籍溪胡原仲、白水刘致中、屏山刘彦冲三人，学有渊源，吾所敬畏，吾即死，汝往事之，而惟其言之听。"三人，谓胡宪、刘勉之、刘子翚也。故熹之学既博求之经传，复遍交当世有识之士。延平李侗老矣，尝学于罗从彦，熹归自同安，不远数百里，徒步往从之。

其为学，大抵穷理以致其知，反躬以践其实，而以居敬为主。尝谓圣贤道统之传散在方册，绎经之旨不明，而道统之传始晦。于是竭其精力，以研穷圣贤之经训。所著书有：《易本义》《启蒙》《蓍卦考误》《诗集传》、《大学》《中庸》章句、《或问》、《论语》《孟子》集注、《太极图》《通书》《西铭解》《楚辞集注辨证》《韩文考异》。所编次有：《论孟集议》《孟子指要》《中庸辑略》《孝经刊误》《小学书》《通鉴纲目》《宋名臣言行录》《家礼》《近思录》《河南程氏遗书》《伊洛渊源录》，皆行于世。熹没，朝廷以其《大学》《语》《孟》《中庸》训说立于学官。又有《仪礼经传通解》未脱稿，亦在学官。平生为文凡一百卷，生徒问答凡八十卷，别录十卷。

理宗绍定末，祕书郎李心传乞以司马光、周敦颐、邵雍、张载、程颢、程颐、朱熹七人列于从祀，不报。淳祐元年正月，上视学，手诏以周、张、二程及熹从。祀孔子庙。

黄干曰："道之正统待人而后传，自周以来，任传道之责者不过数人，而能使斯道章章较著者，一二人而止耳。由孔子而后，曾子、子思继其微，至孟子而始著。由孟子而后，周、程、张子继其绝，至熹而始著。"识者以为知言。

熹子在，绍定中为吏部侍郎。

译文：

朱熹，字元晦，一字仲晦，徽州婺源人。父亲朱松，字乔年，曾考中进士。胡世将、谢克家举荐他，朝廷任命他为秘书省正字。赵鼎都督川陕、荆襄军马时，招朱松为幕僚，朱松推辞了。赵鼎再次任宰相，任命朱松为校书郎，迁升为著作郎，因为御史中丞常同的推荐，被任命为度支员外郎、兼任史馆校勘，历任司勋、吏部郎。秦桧决定和金国议和，朱松与同僚上奏章，极力主张不可以与金人议和。秦桧恼怒，示意御史弹劾朱松怀有立异之心，而自认为是贤才，结果让朱松离朝去任饶州知州，还未上任，朱松便死了。

朱熹从小聪颖理解力强，刚能讲话时，父亲指着天告诉他说:"这是天。"朱熹问道:"天的上面是什么?"父亲感到惊奇。从师受学时,老师教他读《诗经》,读过一遍,朱熹在书上题写道:"不能这样,不是人。"朱熹曾经和一群儿童在沙子上玩耍,他独自端端正正地用手指在沙土上画,看他画的图形,原来是一幅八卦图。十八岁时参加乡贡考试合格,高宗绍兴十八年中进士。任泉州同安县主簿时,他挑选县里优秀的人才当自己的学生,每天给他们讲授古代圣贤讲求个人修养和治理百姓的学问,又禁止妇女出家当尼姑道士。朱熹罢官回乡,请求管理一个祠观,朝廷派他监潭州南岳庙。第二年,因朝廷中的大臣举荐,和徐度、吕广问、韩元吉同时被朝廷召见,朱熹以生病辞谢了。

孝宗即位,下诏要求百官直言朝政得失。朱熹上密封的奏章说:"皇上虽无过失,但帝王之学却不可以不熟讲。朝政虽没有什么缺陷,但修明朝政、抵御外敌的大计却不可以不早日决定。国家的利害忧乐虽不可能全面列举,但事关本原之处却不可以不加倍留意。陛下在培养自己的品德的初期,亲自披阅文献书籍,不过是诵读诗文章句,吟咏情性,又颇为留意道家、佛家的书籍。记诵诗文的辞藻,并不能够探寻事物发展的渊源而提出治国之道;道家的虚无和佛家的寂灭,并不能够贯穿万物本末而建立无过无不及,恰如其分的大中之道。帝王的学问,必须先穷究事物的本原而获得知识,以便透彻地认识事物的变化,使世间万物的道理都能存在于心中,对事物的纤细微末之处全都看得透彻,就会自然意念真诚,心地端正,而可以治理好天下的事情。其次说:"修明朝政,抵御外敌的方针之所以不能及时制定,是被讲和的说法给耽误了。金人是大宋不共戴天的仇敌,不可能和好是很明显的了。我希望根据公正的道理果断地做出决定,关闭关隘,断绝和约。任用贤明能干的人才,确立国家法度,振奋士风民俗。几年之后，国家富庶，军队强大，根据我国力量的强弱，观察金人内部裂痕的深浅，慢慢行动设法消灭他们。"接着说："全国的利害，在于百姓的快乐与忧虑，百姓的忧乐，在于地方官员是否贤明。监司机构是监督地方官员的主要机关，而朝廷是委任监司机构官员的根本之地。要想让百姓安居乐业，各得其所，根源也在于朝廷。现在的监司机构官员，贪赃枉法，声名狼藉，肆行暴虐以残害百姓的人，没有一个不是宰相、执政大臣、台谏官的亲戚朋友和宾客。他们当中已经失去权势的人，已经查明他们勾结谋私的情况而罢免斥退了；现在还有权势的官员中，难道就没有那样的人，只不过陛下无从知道罢了。"

隆兴元年，又召朱熹入朝，进宫回答皇帝的提问，其一说："大学的道理在于穷究事物之理，以获得知识，虽然陛下有生而知之的天性，高出世间一般人的德行，然而不曾依据事物来观察其中的规律，根据这规律来处理事务。因此在举动和措施之间往往牵涉猜忌和疑心，在听取和采纳群臣的建议时不免受到蒙蔽和欺骗，治理国家也就没能取得显著效果。"其二说："我们与金人有不同戴天的君父之仇。现在所应当做的事，不进行攻战就不能复仇，不加强防守就不能取得胜利。"并且陈述古代先圣先王增强国力抵御外侮，以声威制服远方之人的道理。当时宰相汤思退刚刚提倡与金人议和，任命朱熹为武学博士，依次补官。乾道元年，催促朱熹就职，朱熹到任时而洪适任宰相，重新主张议和，意见不合，朱熹回乡去了。

乾道三年，陈俊卿、刘珙推荐朱熹任枢密院编修官，依次补官。乾道五年，母亲去世朱熹回乡服丧。乾道六年，工部侍郎胡铨以朱熹是诗人向朝廷推荐，和王庭皀同时被召见，朱熹以服丧没有满期为由辞谢了。乾道七年，服丧期满，朝廷再次召用，朱熹以俸禄不能养家为由辞谢了。乾道九年，梁克家任宰相，重申前次召用命令，朱熹又推辞了。梁克家上奏皇帝说朱熹多次推辞朝廷召见不肯出来做官，应该受到褒奖录用，执政大臣也都称赞他，皇帝说："朱熹安于贫困，坚守正道，守正不贪，辞官退让应该嘉奖。"特地改为相应的官职，任命朱熹主管台州崇道观。朱熹以辞官退让反而得到提拔，在义理上不够妥善为理由，再次辞谢朝廷任命。到淳熙元年，才拜官任职。淳熙二年，孝宗皇帝打算奖励任用守正不贪辞官退让的人，以鼓励士风民俗，当时龚茂良行使丞相职权，把朱熹的名字上报给孝宗皇帝，任朱熹为秘书郎，朱熹极力推辞，并且亲笔写信给龚茂良，说是自己一时侥幸。一群奸邪小人乘机进行逸言毁谤，于是因朱熹再次推辞，就依从了他的请求，让他主管武夷山冲佑观。

淳熙五年，史浩再次担任宰相，朱熹被任命知南康军，孝宗皇帝降旨让朱熹从便道上任就职，朱熹再次推辞，孝宗不允许。朱熹到任后，兴利除害。正值那一年很久没有下雨，朱熹研求多种救荒措施，救活了很多百姓。事情结束后，朱熹请朝廷根据规定奖赏纳粮救灾的人，他每有时间便到郡学去，找一些学生来和他们谈论学问。他访到白鹿洞书院遗址，奏请朝廷恢复书院的原有规模，制定《学规》让学生遵守。第二年夏天，大旱，皇帝诏令监司、州官条列当地民间的利弊，于是朱熹上疏说：

天下需要做的事情最大不过于体恤百姓，而体恤百姓的根本，在于皇帝端正思想方法以建立法纪政纲。天下的法纪政纲不能自行建立，必须皇帝的思想方法公平正大，没有偏向亲党和反复无常的私心，然后有所统属才能立起纪纲。皇帝的心思不能够自行正直，必须亲近贤臣，疏远奸邪小人，讲求和明了义理的归属，闭塞私心邪术之路，然后才可以得到正理。

今天的宰相、御史和三省、师傅、宾友、谏官都没有尽到自己的职责，而陛下所能够亲密计议国家大事的人，不过是一两个亲近宦官。他们上以蛊惑陛下的思想和志向，使陛下不相信先王大道，而喜欢只图功利的低下学说，不高兴庄严人士的正直言论，而安心于私下亲近轻慢丑态。他们下则集天下士大夫中的嗜利无耻之徒，把文武百官加以汇总分类，各自收入他们门下。他们所喜欢的人就暗地里加以攀缘牵引，提拔安置在清要显贵的职位。他们所厌恶的人就秘密进行毁谤非议，或是公然肆行排挤。他们互相贿赂，所盗窃的都是陛下的财产。他们任命官吏配置将领，所盗窃的都是陛下的权柄。陛下所谓的宰相、师傅、宾友、谏臣，或是反而出入于他们的门下，承望他们的示意主张；其中幸有能够自立的人，也不过是拘谨自守，而不敢讲一句斥责他们的话；其中十分敬畏公论的人，也仅能略加警告或驱逐他们的一两个党徒，既不能对他们有深重的打击，而且最终也不敢以正直的言论直捣他们的藏身之所和巢穴所在。他们势力已成，淫威已立，朝廷内外无不倒向他们，使陛下的号令、官员的罢黜升陟不再出自朝廷，而出自一两个人的门里，名义上是陛下独自决定，而实际上是这么一两个人私下执掌权柄。

并且说："巨大的灾祸，必然到来的忧患，近在早晚，然而唯独陛下还不知道。"孝宗读了朱熹的奏章，勃然大怒说："这是把我看作不存在了。"朱熹以生病为由，请求一个宫观职务，没有得到答复。

陈俊卿以曾任宰相的身份守金陵，入宫觐见皇帝，极力推荐朱熹。宰相赵雄对皇上说："士大夫喜好名誉，陛下厌恶他们愈是厉害,而人们赞誉他们就愈是多,这岂不是正好抬高了他们。不如根据他们的长处而加以任用,他们渐渐担当政事任务之后,能力的强弱也就看出来了。"皇帝认为赵雄的意见对,于是任命朱熹提举江西常平茶盐公事。不久便记录上了朱熹救济灾荒的功劳,任命朱熹直秘阁,朱熹因为以前奏请朝廷奖赏纳粮救灾的人没有得到批准,所以辞谢了这次任命。

适遇浙东地区发生大饥荒,宰相王淮上奏改任朱熹为提举浙东常平茶盐公事,并要他当天独自快速上路,朱熹又以纳粮救灾之人没有得到奖赏为由,辞谢这一任命。等到朝廷实行了对纳粮人的奖赏之后,朱熹才接受了这一职务。他入宫对答皇帝提问,首先陈说灾异发生的原因和修成德行、任用人才的关系,其次又说:"陛下即位当政初期,曾选拔杰出的英豪之士,委任以国家政事,不幸的是这中间不能全部得到合适人选,因此不再广泛求取贤哲人士,而姑且任用了一些性情柔和不得罪人而又容易控制的人以充任这些职位。于是皇帝左右之人,私自轻慢地使唤命令他们从事低贱工作,才能侍奉宴会,供备驱使,因而宰相的权力日渐减轻。又怕他们的权势有所偏重,而又借用权力重大来蒙蔽自己,就时时听取外廷的议论,将以暗地察访这些人违纪犯法的事实而从严从速地查办他们。陛下既未能遵循天理、公正本心,用来端正朝廷纲纪,早已失去治国根本,而且又想兼听士大夫们的不同意见,作为驾驭群臣的方法,那么士大夫进见皇上有一定的时候,而陛下的亲近宦官则可以从容而没有间隙。士大夫们端庄有礼而难以亲近,他们的议论又苦涩难以入耳,亲近宦官的逢迎谄媚之态就足以蛊惑陛下心志,那些小吏狡诈诡变的伎俩又足以迷惑陛下的视听。因此陛下虽然想稍稍抑制这些小人之辈,然而这些小人的势力却一天天加重,陛下虽想广泛采纳公论,而士大夫的势力却一天天减轻。权重的小人既已可凭借他所掌握的重要权力,进一步窃取陛下的权力,权轻之人又借力于权重的小人,作为自己窃居官位,巩固宠信的方法。这样日往月来,侵蚀损耗,使得陛下的德行基业一天天地堕落,国家的法度一天天损坏,奸邪谄媚之人充塞朝廷,贿赂公行,士兵悲愁百姓怨愤,盗贼不时发生,祸害怪异多次出现,灾荒饥馑重新又来。奸邪小人互相引长,人人都得以满足自己的私欲,唯有陛下一无所得,而独自承受这些弊端。"皇帝听后脸色都改变了。朱熹所奏的一共七件事,亲自书写其中的一二件事以防泄露秘密。

朱熹刚接受任命,就写信到其他州郡,招募米商,免除他们的商税,等朱熹到任时,外地船只运来的大米已聚集在这里了。朱熹每天出外调查访问百姓的疾苦,走遍浙东全境,单人独车,不带随从,所到之处,人们都不知道他是什么人。州县官吏惧怕他的严峻作风,有些人甚至自行离职而去,他所管辖的地区风纪肃然。凡是丁钱、和买、役法、榷酤这一类政事,有不方便百姓的地方,都加以改正和革除。在救济灾荒之余,他都根据实际情况规划处置,必作长久之计。有人攻击朱熹,说他不经心处理政事,皇帝对王淮说:"朱熹处理政务却有可观之处。"

朱熹因为前后几次奏请多数被抑制,侥幸得到采用的,也都拖延迟缓耽误了时间,蝗旱灾害相互频繁出现,他不胜忧愤,又上奏说:"为现在打算,只有决断出自皇上自己意志,迅速发布诏令,责备自己并征求直言,然后君臣互相告诫,痛下决心反省改正。其次,拿出内库全部钱财,把供给帝王大礼的费用改为收籴粮食的本钱,诏令户部免征百姓所欠旧债,诏令转运使根据条例检查放免百姓租税,诏令宰相大臣淘汰受灾路分的州军监司、地方官吏中没有成绩的人,审慎选拔贤能人士,责成他们实施救济灾荒的政策,这样也许还能下结民心，消除灾民乘灾荒之际叛乱的打算。不这样的话，我恐怕所忧虑的不止于饥饿死人，而将在于盗贼；蒙受其害的不仅仅是官吏，而且要上到危害国家了。"

台州知州唐仲友和王淮同乡并结为亲家，吏部尚书郑丙、侍御史张大经先后推荐他，唐仲友升任江西提刑，还没有上任。朱熹巡行视察到台州，控告唐仲友的人很多，朱熹调查得到事实，三次上章弹劾唐仲友，王淮把朱熹的奏章隐藏起来不让皇帝知道。朱熹更加致力弹劾他，唐仲友也上章为自己辩解，王淮才把朱熹的奏章进呈给皇帝，皇帝命令宰相大臣们审定，都司陈庸等人要求下令浙西提刑委派清廉能干的官员去追究核实，仍旧命令朱熹迅速赶往遭受旱灾伤害的州郡视察。朱熹当时留在台州没有走，不久接到这道诏令，愈加上奏弹劾唐仲友，前后上了六道奏章，王淮迫不得已，取消唐仲友的江西提刑的新任命转授给朱熹，朱熹拒绝不接受，于是回乡，并且要求一个宫观闲职。

当时郑丙上疏诋毁程氏的学说来败坏朱熹，王淮又提拔太府寺丞陈贾为监察御史。陈贾面对皇帝时，首先论说近日士大夫中有所谓"道学"之人，大多是借助道学之名来宣传骗人的学说，希望朝廷考察这些人，清除他们不再任用。陈贾指的是朱熹。淳熙十年，诏因朱熹多次请求祠观，可以派他主管台州崇道观，不久接连主管云台观、鸿庆观达五年时间。淳熙十四年，周必大任宰相，任命朱熹为提点江西刑狱公事，朱熹因病辞谢任命，朝廷不允许，于是他赴任。

淳熙十五年，王淮罢相，于是朱熹进奏，首说近年来刑罚处理不得当，狱官应该选择合适的人。接着说经制钱总制钱损害百姓，以及江西各州郡摊派课罚的弊端，奏章最后说："陛下即位已经二十七年，因循守旧而时光渐移，没有一尺一寸的功效可以回报陛下自己的志向。我曾经反复考虑这件事,莫非陛下宴饮休息于深宫之中,没有照亮待人接物的心地,天理有些不纯,人欲有些不尽,因此善事不能做到底,除恶不能除其根,闪念之间,公私邪正、是非得失同时发作,交战于思想之中。因此陛下以礼相待大臣并非不厚,然而阿谀逢迎谄媚讨好的近臣小人也都能得到陛下寄托心腹的重任;陛下日夜追求英豪之士并非不迫切,然而柔弱奸邪平庸乖谬之辈也能够长久地窃掌朝廷大权。并非陛下不乐于听取公平正直的议论,然而有时不容纳这种议论的存在;并非陛下不憎恨谗言暴行,然而不免误听偏信;并非陛下不想为祖宗报复受到的耻辱和仇恨,然而不免畏惧怯懦而图一时安全;并非陛下不爱护和培养百姓的财力,然而不免要发出叹息产生愁怨。切望陛下从今以后,对于一闪之念必须谨慎对待仔细审察;这是天理呢,还是人欲呢?果真是天理,就慎重对它加以扩充,而不让它受到一点蒙蔽阻塞;如果是人欲,就慎重地克制这个念头,而不让它在自己的头脑中少有滞留。把它推广到一言一行之间,用人处事之际,没有不用这一标准加以衡量,那么陛下的圣心就能通达,朝廷内外融合透彻,没有一丝一毫的私欲可以侧身两者之间,而天下的事情将只根据陛下所想的进行,没有什么事会不合乎陛下的志向心愿。"朱熹这次赴京,有人在路上拦住他,认为"正心诚意"这种论调皇帝很讨厌听到,告诫他不要说这种话。朱熹说:"我一生所学习的,只有这四个字,怎么可以隐瞒不说以欺骗皇帝呢?"等到他上奏时,皇帝说:"很久没有见你了,浙东的事情,我已经知道。现在应该安排你一个高尚而重要的职务,不再用州县的琐事来麻烦你了。"

当时曾觌已经死了,王抃也被驱逐,唯独内侍甘昪还在其位,朱熹极力弹劾他。孝宗说:"甘昪是德寿(高宗)举荐的,说他有才能。"朱熹说:"小人没有才能,怎么能够打动皇帝。"第二天,任命朱熹为兵部郎官,朱熹以脚病请求祠观的职务,兵部侍郎林栗曾经和朱熹讨论《周易》《西铭》,两人意见不合,这时他弹劾朱熹说:"朱熹本来不学无术,只会窃取张载、程颐的残余东西,称之为'道学'。朱熹所到之处都带上门人学生数十人,妄想仰慕孔子、孟子经历几次聘任的风尚,希求索取高价,不肯就任朝廷任命的职务,他的这种虚伪不可掩盖。"孝宗说:"林栗的话好像太过分了。"周必大说朱熹上殿的那天,脚病没有痊愈,勉强登殿答对。孝宗说:"我也见到他走路一跛一曳的。"左补阙薛叔似也上奏帮助朱熹,于是让他仍旧担任原来的职务江西提刑。太常博士叶适上疏与林栗辩论,说林栗的话没有一句是事实,"称之为道学"这句话,尤其没有事实根据,过去王淮和台谏官里外呼应,阴谋废弃正直君子,正是用的这种办法。孝宗下诏说:"朱熹昨天入宫答对,所谈论的都是新任职务的事情,我相信他的诚意,再次听从他的请求,他可以迅速赴任就职。"正好胡晋臣任侍御史,首先抨击林栗固执拗戾不通,喜欢与自己意见相同的人,憎恨与自己意见不同的人,没有事实根据而指责学者结党营私,于是朝廷罢黜林栗,让他担任泉州知州。朱熹再次辞谢任命,孝宗任命朱熹直宝文阁,主管西京嵩山崇福宫。没出一个月再次召他赴任,朱熹又推辞了。

当初,朱熹曾认为口中陈述不能把自己的想法和意见全部说出来,要求密封奏事向皇帝报告自己的想法和意见。到这时朱熹把自己密封的奏章报到朝廷设置的匦中,里面写道:

现在天下大势,好比人有重病,内部从心腹开始,外面达到手脚四肢,没有一根汗毛一根头发不生病的。姑且以天下的根本和当今的急务，试为陛下陈说：大本，就是陛下之心；当务之急就是辅导培养太子，选拔任用大臣，振举政纲法纪，改变士风民俗，爱惜培养民力，整饬清明军政，这六件事。

古代圣明帝王兢兢业业，为了保持和守正这种心，所以设立师保之官，分布谏诤之职，凡是帝王的饮食、酒浆、衣服、宫室、器用、金玉丝帛以及宦官、宫妾等政事，没有一件不统领于宰相，使帝王的前后左右，一动一静，没有不受到有关机构法规的制约，因而没有细微空间、瞬息时间，能够隐瞒他们的毫发私情。陛下所以精粹纯一克己复礼而坚守此心，能有如此的功效吗？陛下所以修养身心整治内宫而肃正自己左右，能有如此的效果吗？宫廷禁地的事情，我固然不得而知，然而赏赐爵位之滥，钱财贿赂之流，街头巷尾都在窃窃议论，这种纷乱的议论我早已受不住了，那么陛下在整治内宫方面，恐怕还没有及得上古代的圣明帝王。

至于陛下左右近习嬖幸之人的私情，恩宠待遇的不恰当，过去龙大渊、曾觌、张说、王抃这类人权势气焰熏灼，一时能危害震撼朝廷，现在已经没有什么可说的了。独有我前天对陛下陈述的意见，虽然经过陛下委曲开导劝说，然而我的愚见是，只能让这些人担任守卫宫门传递命令，供事打扫等劳役，不应当让他们假借陛下的威望，使他们得逞奸邪谄媚、制作过度奇巧之物于内庭之中，以此来动摇陛下的心志，不让他们自立门庭，招揽权势于外朝，以损害陛下的圣政。我在路上听说，自从王抃被驱逐之后，各位将领的派遣任命，大多出于此人之手。陛下竭尽百姓的民脂民膏来供养军队，军队却不曾得到一顿温饱，这都是将帅巧立名目，夺取士兵口粮，肆行贿赂陛下亲近之人，以图提拔重用，能出入皇宫的心腹大臣，外面结交将帅，共同欺骗蒙蔽陛下,才到了这种地步。然而陛下不能醒悟,反而宠信亲近这些奸邪小人,认为这是为我所用的家臣,致使宰相不能议论他们设制措施的得失,给谏官员不能评论他们任命官吏的是非,那么陛下在端正自己左右大臣方面,没有能够赶上古代的圣明帝王又是明显的了。

至于辅导太子,自王十朋、陈良翰之后,太子属官的选拔号称得到合适人选,然而能够称职的人,已经很少了。而又时时让那些奸邪谄谀、轻佻薄幸、卑贱庸妄之徒,有人得以掺杂在里面,所谓的讲读,也只是用文章应付充数,而没有听说他们规劝谏戒的功效。至于早晚和陛下从容在一起,陪伴侍奉陛下游玩宴乐的人,又不过是使臣、宦官几个人而已。太子的师傅、宾客已不再设置,而太子詹事、太子庶子这些官职也是有名无实,于是朝廷的左右春坊就让使臣执掌,既没有启发太子隆重师长亲近宾友、尊敬德行喜好大义的用心,又没有防止太子轻侮怠慢亲昵放荡、奇异邪恶夹杂而进的危害。应该讨论以前的典章制度,设置太子师傅、宾客的官职,废除春坊使臣,而使太子詹事、太子庶子各自恢复行使职责。

至于选拔任用大臣,就以陛下的聪明,怎会不知天下之事,必须得到刚直光明公正之人而后才可任用呢?之所以经常得不到这样的人才,反而收容庸俗鄙陋的人窃居这些职位,这只因一念之间,未能看透他们出自私邪的蒙蔽,然而陛下宴乐时所喜好的人物,陛下亲近宠爱的近习之流,不能全部依据法令制度办事,如果任用刚直光明公正的人做辅佐皇帝的宰相,就恐怕他会妨碍自己的私事,损害自己的人,而不能任意放纵。所以在选用人才之时,常常先排斥摈弃刚直光明公正的人,而后选取拖沓无能懦弱软熟、平时不敢坦率直言态度端庄的人而加以揣摩,又在这些人中间选择最庸懦最卑陋、定可确保他不至于有所妨碍自己的人，然后荐举他们而加以高位。所以任命官员的诏令还没颁布，而人员已经事先物色确定，这些官员的姓名还没有显露，而朝廷内外已经预知这些人绝不是天下第一流的人才了。

至于振肃纲纪法度，改变士风民俗，那么今天中书门下之间，宫廷之地，而天下不公之道，不正之人，反而能够以此作为窟穴而盘踞其中。因而陛下看到和听到的，无非是些不公不正的事情，那么在这些事情的熏蒸熔化之下，使得陛下好善之心不能显著，痛恨罪恶之心不能深刻，这种危害已到了不能用语言表达的程度了。等到这些不公不正之人作奸犯法之时，陛下又不能深深割去自己的私爱，而把他们交给朝廷讨论，按照有关法律处理，因此纲纪法度不正在上，士风民俗就颓废弊坏在下，他们为害的时间已很久了。而且浙中地区尤为严重。大都习惯做出柔媚的恣态，说着附合顺从人的话，以不分是非、不辨曲直为最得计，更过分的人把黄金珠宝当作佐酒的肉脯食品，把地契债券作为诗歌文章，宰相可以引诱就引诱宰相，近习可以私通就私通近习，只求得到私利，再也没有廉耻。一旦有刚强坚毅正直不阿、恪守正道遵循天理的人在他们中间出现，就群起讥讽合伙排斥，指责为"道学"，而加上强词夺理感情冲动的罪名。十几年来，用这两个字禁锢天下的贤人君子，又好像过去所谓的元祐学术一样，排斥摈弃诋毁侮辱，一定要使正人君子没有容身之地才算罢休，这难道是治平之世的事情吗？

至于爱惜培养民力，整饬清明军政，那么自虞允文任宰相以来，把户部每年收入款项中必定可以指望得到的部分全部取走，号称是年终赋税盈余的数目，运入内库。而把收入中有名无实的、多年积累拖欠的、空登录在账册上的、无法催讨治理的款项，拨还给户部，作为内库财产的积累，将它作为今后用兵进取中原时的随时需要使用的款项。然而，从那时以来的二十多年间，内库每年收入不知有多少，而且认为是皇帝的私人贮存，主管者也是私人，宰相不能用计入赋税来均衡节制这些款项的收支，户部不能用帐册来勾定考查这些款项是在还是不在，天天销月月耗，用来支付宴请私亲的费用，真不知道有多少啊，而何曾听说能用这笔钱财来换取敌人的首级，如同太祖说的那样。空使户部经费缺乏一天比一天严重，朝廷的督促一天比一天严峻，以至于废掉祖宗以来州县催征财赋达到九成以上就不再催理，户部也置之不问的好办法，而以征收赋税一定要足足十成作为限度；朝廷认为赋税征收不足，就又建立监司、州郡官员以征收赋税多少为考课等差的条法，用来引诱威胁他们。于是朝廷内外奉承这种风气，竞相使用苛刻急迫的办法征收赋税，这是民力之所以严重困弊的原因。

将领们追求提拔，必然先在士兵身上聚敛钱物，用来增殖自己的财富，然后用这些钱物去结交陛下身边的亲近侍臣，而且祈求他们把自己的姓名通给陛下地位尊贵的将领。这些地位尊贵的将领拿到他们的名单，就把这些名单交给军队，使他们从基层开始逐级得到保举，称赞这些人的才能武艺能够胜任将帅，然后写成奏章在陛下面前夸奖这些人。陛下只见到逐级推举在前，文书档案齐备，就真的认为是大家一致举荐的而得到了合适的人选，然而哪里知道这些人是议价交钱，已经如同晚唐的债帅了呢？将帅，是掌握三军命运的人，而选拔将帅的方法背离常道到如此地步，那么那些具有智谋勇敢才艺胆略的人，谁肯抑制内心低头而立于宦官、宫姬的门下，而陛下得到以为可任将帅的人，都是平庸之辈和仅供奔走的小卒，但陛下还希望他们整饬清明军政，激励劝勉士兵,以增强国势,岂不是谬误吗!

这六件事,都不可以缓慢处理,而根本仍在于陛下之心,陛下之心正那么这六件事没有不正的,陛下心中一有私欲介入,那么虽想疲劳精力,来求得端正这六件事,也将成为没有实际内容的一纸空文,而天下之事会愈来愈不可收拾了。

朱熹这道奏疏送入宫中,是夜间铜壶滴漏的下七刻了,孝宗皇帝已经就寝,立即起身拿着蜡烛,把奏章全部读完。第二天,任命朱熹主管太一宫,兼任崇政殿说书。朱熹极力推辞,被任命为秘阁修撰,管理一个外地的宫观。

光宗登基即位,朱熹再次推辞秘阁修撰的职务,仍旧直宝文阁,皇帝下诏夸奖他。任职几个月后,任命他为江东转运副使,朱熹以生病辞谢,改任知漳州。他奏请朝廷免除了漳州属县的无名杂税七百万贯,减免经、总制钱四百万贯。因当地的风俗习惯不合乎礼仪,他择取古代丧葬嫁娶的礼仪之文,张贴出来告示大家,派当地父老进行解说,以教育他们的子弟。当地风俗崇信佛教,男男女女聚集在僧舍之中作传经会,妇女不出嫁的就作庵房居住,朱熹下令禁止这些事。朱熹常常忧虑不能推行丈量土地的危害,正好朝廷议论要在泉、汀、漳三州推行丈量土地,于是朱熹调查访问有关事宜,选择承办人员以及制定丈量土地的办法上报朝廷。而当地豪绅中侵夺贫弱百姓土地的人认为对他们不利,极力加以阻止。宰相留正,泉州人,他的乡里亲友也大都认为不可以推行。平民吴禹圭上书指责经界法骚扰百姓,皇帝下诏暂缓进行,又降旨先在漳州实行。第二年,朱熹因为儿子死亡又请求宫观职务。

当时史浩入宫见皇帝,请求收用天下有声望的人才,于是任命朱熹为秘阁修撰,主管南京鸿庆宫。朱熹一再推辞,皇帝下诏说:"论撰这样的职位,是用来恩宠著名大儒的。"朱熹才接受任命。朝廷派他担任荆湖南路转运副使,朱熹推辞。漳州经界法竟然宣告停止推行,朱熹因为自己的意见没有得到采用而自认有罪,朝廷派他知静江府,他推辞了,主管南京鸿庆宫。没有多久,朝廷派他出任潭州知州,朱熹极力推辞。黄裳担任嘉王府翊善,他认为自己的学问不及朱熹,请求朝廷召朱熹为太子宫中的僚佐,王府直讲彭龟年也向大臣们推荐朱熹。留正说:"我不是不知道朱熹,但是他性格刚直,恐怕到太子宫中不合适,反而会成为累赘的。"正好朱熹再次推辞朝廷任命,皇帝降旨说:"长沙是国家的巨大屏障,能得到贤人最为重要。"于是,朱熹接受任命。恰逢洞獠骚扰潭州所属郡县,朱熹派人把祸福告诉他们,洞獠都投降了。朱熹申明朝廷敕令,加强武备,制止奸吏的不法行为,抑制豪民。所到之处兴办学校,通明教化,四面八方的学者都来到这里。

宁宗即位当皇帝,赵汝愚首先推荐朱熹和陈傅良,皇帝降旨要朱熹到临安来奏事。朱熹一面来杭州一面推辞,任命他为焕章阁待制、侍讲,朱熹推辞,皇帝不许。朱熹入对时,首先说:"往日,太皇太后亲自决定国家大策,陛下恭谨地继承国家大计,可以说是用暂时变通的办法来处理国事,几乎没有偏离过它。从那时到现在已有三个月了,有些事情反而不能无疑于逆与顺、名与实之际,我暗自为陛下忧虑这些事情。如有可作托词的话,也只能说陛下之心,前日不曾有过谋求皇位的计划,今天不曾忘记思念亲人的心怀,这就是所以实行变通的办法而没有偏离过正的根本所在。充满不曾谋皇位之心,以竭尽负罪引咎自责的诚意,充满不曾忘记亲人之心,以尽冬温夏清早晚问安侍奉父母之礼，而父子大伦正了，根本也就确立了。"再次当面向皇帝辞谢待制、侍讲的官职，皇帝亲自写信说："你研究经术有很深的渊源，正可用它给帝王讲经劝勉，次序对答的职务，不要再苦苦推辞了，以符合我崇尚儒学尊重大道的心意。"于是朱熹接受了任命。

恰逢赵彦逾巡视孝宗陵墓，认为那里土层浅薄，下面有水和石头。孙逢吉重新去巡视，要求另外寻找吉利的地方。皇帝降旨要大家讨论，御史台的官吏们害怕讨论这件事，讨论中途停止。朱熹却上奏章议论道："孝宗皇帝有至高无上的德行，埋藏孝宗衣冠的地方，应当广泛地寻访名山，不应该偏信御史台官吏的话，把孝宗的陵墓埋葬在水泉沙砾之中。"没有得到答复。当时议论的人认为皇帝没有回到皇宫大内，那么名实不正而有疑议产生；况且金国的使臣要来，或许会有所窥察。皇帝降旨修缮原来的东宫，修造房屋三百多间，打算搬进去住在里面。朱熹上奏疏说：

这定是陛下左右近习小人倡作这一说教来惑乱陛下，而想通过这件事实现他们的奸邪用心。我担心不但上帝震怒，灾害怪异多有出现，正当恐惧反省修养自身的时候，不应当兴造这个大工程，以违悖上天谴责时所告诫的惊动众人之意；我也担心京城地区百姓饥饿交迫流离失所、临近死亡的边缘，或许有人会怨怒愤恨，因而发生其他变故。不仅无法感通太上皇帝的心意，以致没有进见太上皇帝的日期，我也担心孝宗皇帝大殓后没有埋葬，因为孝宗陵墓的位置还没有确定，灵位前的供奉不允许少有松弛，太皇太后、皇太后都已到了高龄，孤独之身陷于忧愁困苦之中，早晚奉养尤其不可缺少。然而全国各地的百姓，只见陛下急切地要大造宫室,迅速建成,一旦轻快自得地丢弃这里而去太子宫殿,迁到安适方便的地方,将士百姓心中将会有愤愤不平之处。前车之鉴不远,很可以感到恐惧的。

我又听说太上皇后恐怕违逆太上皇帝的圣意,不想让他听到太上皇的称呼,又不想让他听到关于内禅的说法,这又思虑过分了。难道不知道如果是这样的话,而不是婉转地随机行事,那么父子之间,上面怨恨愤怒而下面忧愁恐惧,到什么时候才能了结。父子这一大伦常,是君臣、父子、夫妻这三纲所关系的大事,长久地拖下去而不去解决它,也可能会有假借父子大伦来制造谣言横生事端的人,这又是我十分恐惧的原因。我希望陛下明确地诏示大臣,首先停止修缮东宫工程,而把修缮东宫的人工材料弄回到慈福宫、重华宫之间,简单地建造可供休息的殿房一二十间,使它粗粗可以居住就行了。至于搬到皇宫去的打算,我又希望陛下须下诏书责备自己,减省出行时的车马卫队,入宫之后,暂时改变衣服颜色,如同唐肃宗一样改穿紫色的袍子,在前面拉着缰绳驾驭马匹,以表明负罪引咎的诚意,那么太上皇帝虽然有愤怒的情绪,也会迅速消散,而父子之间的欢喜心情也就彻底和谐了。

至于像朝廷的纪纲法度,我又希望陛下下诏深切地告诫自己左右的宦官,不要干预朝政。其中确实有功劳而所得到的褒奖赏赐未能满足公众议论的人,也诏令大臣们共同讨论他们的功绩,考查赏功制度,重重地酬答他们的功劳。而且凡是号令的一弛一张,人才的进用和罢免,就全部把它委托给二三个大臣,要求他们反复比较衡量,不要固守己见,斟酌采取公论,上奏皇帝而后实行这些决定。有不恰当的地方,把它交给大家加以辩驳论难,选择其中好的意见由皇帝作最后的决定,那么不仅皇帝左右近习不能干预朝政大权,大臣们也不能专门任用自己的亲信私党,而陛下也得以更加明白熟悉天下的政事,而对得失的计算就没有什么疑问了。

再如孝宗陵墓的选择,我希望陛下废除御史台官吏的意见,另外寻找野外地区,以营造新的陵墓,使孝宗皇帝的遗体能够安居于内,而国家和百姓都蒙受福佑于外了。

朱熹这道奏章进入之后没有得到答复,然而皇帝也没有生朱熹气的意思。朱熹把每次给皇帝所讲的内容按次序编成册子进给皇帝,皇帝也以宽大的胸怀容纳了。

朱熹在上奏劝勉皇帝进一步提高德行时说:"我希望陛下在使用日常费用的时候,以追求放心作为根本,而在研习经书观看史籍时,与儒学多多亲近,多用一些工夫。多召见大臣,切磋治理国家的方法措施,大臣们进殿奏对时,也以和颜悦色对待他们,反复询问探访,用来求出政事的得失,民情的忧乐,进而又根据这些问题来考察官吏的奸邪正直和长处短处,这样也许能使天下之事各自得到合适的处理了。"朱熹又上奏说:"礼经敕令规定,儿子为父亲,嫡孙为祖父承受丧祭重任,都要服最高的丧服三年;嫡子应当为自己父亲服丧,不能继承父位执绋服丧,就由嫡孙继承大统而代替父亲执绋服丧。自从汉文帝减少服丧的期限,历代因袭这一期限,于是天子没有三年的丧期。作为父亲尚且如此,那么嫡孙承受丧祭重任时更是可想而知了。做人的立身处世之道废弃衰坏,三纲不明,一千多年来,没能加以考正。孝宗皇帝孝亲之情来自上天,一个月之外,还是服执全部丧礼,上朝穿戴的衣服帽子都是用粗布缝制的,这种孝行应该显著地记录在典籍中,成为子孙万代的法则。近来,孝宗皇帝的遗诰刚刚颁布，太上皇帝偶然感到身体不适，不能亲自参加丧礼。陛下以嫡孙继承帝位，那么承受丧祭重任的嫡孙所应服的丧礼已著明在礼律中，所以应该遵循孝宗皇帝已经实行的方法。一时仓促行事，来不及详细讨论，于是用了漆纱浅黄色的衣服，不仅仅对上违背礼仪规定，而且使孝宗皇帝已经实行的丧礼全都重新丧失，我暗暗为此感到痛心。然而已往的过失来不及追改了，只有将来孝宗皇帝灵柩启行时，丧礼应当重新沿用初丧时的服色。"

恰逢奉孝宗神位入宗庙，讨论宗庙更迭毁弃的制度，孙逢吉、曾三复首先要求并祀僖、宣二祖，把太祖神位安置在太庙第一室，合祭祖先时就把太祖神位放在太庙正东向的位置。皇帝降旨让大家讨论：僖祖、顺祖、翼祖、宣祖四位祖先的神主牌位，应该有所归附。自从太祖皇帝首先尊崇这四位祖先的神位，治平年间，有人提议因为年代逐渐遥远，请求把僖祖神主牌位搬迁到夹室去。后来王安石等人上奏认为，僖祖已有了神庙，与稷、契没有什么不一样，请求恢复它的原来位置。当时宰相赵汝愚对于恢复祭祀僖祖很不以为然，皇帝的侍从大多支持赵汝愚的意见。吏部尚书郑侨想姑且远祀宣祖而把孝宗神位放进宗庙进行祭祀。朱熹认为把宣祖神位藏在夹室，就是把祖宗的神主牌位藏在子孙宗庙的夹室，神宗重新奉祀宣祖为始祖，已是得到正礼，合乎人心，这就是所谓有祭之后而不敢废弃不祭吧。朱熹又撰写《庙制》一文参加辩论，认为世间万物岂有无本而生长的。朝廷没有传达给皇帝，马上就撤毁了禧祖，宣祖在太庙中的庙室，另外建庙来奉祀四位祖先。

当初，宁宗被立为皇帝，韩侂胄自认为有主谋尊立的功劳，在朝中当权。朱熹担心他会危害国政，几次上奏说到这件事，并约吏部侍郎彭龟年共同上奏抨击韩侂胄。恰逢彭龟年出朝护送外国使臣，朱熹就一人上疏指出皇帝左右大臣窃取权柄的危害，在讲席上再次申明这个观点。宁宗御批写道："我怜恤你年岁已高，恐怕难以站着给我讲课，已授给你宫观官的职务了。"赵汝愚从衣袖中取出批复交还给宁宗，一面讲谏一面叩拜。内侍王德谦把皇帝的批文直接交给朱熹，台谏官争相要求留下朱熹，宁宗没有同意。楼钥、陈傅良随后把写在黄纸上的朱熹任命状封还给宁宗，修注官刘光祖、邓驲密封的奉章交替呈上。朱熹离开朝廷时，被任命为宝文阁待制，并给他一个州郡职务，朱熹推辞了。不久朝廷任命他知江陵府，朱熹又推辞了，并仍然请求朝廷免除他的新旧职务，宁宗下诏朱熹依旧担任焕章阁待制，提举南京鸿庆宫。庆元元年初，赵汝愚已经当宰相，收罗招徕全国各地的知名人士，朝廷内外殷切盼望朝政得到治理，唯独朱熹因恐惧韩侂胄当权而忧虑。既多次对宁宗说这件事，又几次写信给赵汝愚，认为应当用厚厚的赏赐来酬谢韩侂胄尊立宁宗的功劳，不要让他来参与朝政，信中有"防微杜渐，谨慎小心不可疏忽"的话。赵汝遇正认为韩侂胄容易制服，对朱熹的话没有在意。到了这时，赵汝愚也因被诬陷遭到驱逐，而朝廷大权归于韩侂胄了。

朱熹开始以议论宗庙制度失误而自认为有罪，宁宗不允许，朱熹以有病再次要求去职退休，宁宗下诏说："辞职谢事，不是我优待贤才的心意，你还是担任原先的秘阁修撰。"庆元二年，沈继祖任监察御史，诬告朱熹十大罪状，皇帝下诏落去朱熹秘阁修撰之职并罢免他提举南京鸿庆宫，朱熹的学生蔡元定也被送到道州监管居住。庆元四年，朱熹以自己快满七十岁为理由，申请退休，庆元五年，朝廷同意了他的请求。第二年朱熹逝世，终年七十一岁。朱熹病情危急时，他亲笔写下遗言嘱托儿子朱在和门人范念德、黄干，恳切地勉励他们努力学习并要他们修订自己的遗书。第二天，朱熹正坐把衣帽穿戴整齐，靠着枕头去世了。

朱熹考中进士以后的五十年中，在外面做官仅有九年，在朝中做官才四十天。他家中一向贫穷，少年时依靠父亲的朋友刘子翚，寄住在建州的崇安，后来迁居建阳的考亭，虽然经常穷得吃不上饭，却处之安然。学生中有从远方来求学的人，吃的是豆饭藜羹，朱熹都和他们共食。经常向别人借贷来维持家庭开支，然而不符合道义的钱就一文也不取。

自从朱熹离开朝廷，韩侂胄的势力日益扩张。何澹任御史中丞，首先抨击所谓精通某一门学术的学问，是用欺骗世人的文章来沽名钓誉，请求辨别这种学问的真伪。刘德秀在长沙任官，没有受到张栻学生的礼遇，等到他任谏官，首先弹劾留正引进伪学的罪名。"伪学"这个名称，是从这时开始的。太常少卿胡纮说："近年来伪学十分猖獗，他们的企图和行为越出常规，希望皇上告诉大臣，对他们暂且停止进拟告身。"于是皇帝召陈贾任兵部侍郎。没有多久，朱熹削去职务的命令也就颁布了。刘三杰说从前御史所弹劾的朱熹、赵汝愚、刘光祖、徐谊之徒，前些日子是伪党，这时又变而为逆党。当天就任命刘三杰为右正言。右谏议大夫姚愈又说道学与有权势的大臣结成死党，窥伺帝位。皇帝就命令直学士院高文虎起草诏书在全国公布，于是攻击伪学一天比一天急剧，选人余哲甚至上书朝廷要求把朱熹斩首。

在那时，士大夫中循规蹈矩、在儒学上稍有名声的人，没有地方可以容身。他们的学生，有独立见地不随波逐流的人，被屏弃埋没在田野；曲意逢迎、卑顺懦弱的人，改投靠其他老师，经过老师家门也不进去，甚至改变衣帽穿着，在闹市街区店铺中随意游玩，以此来区别自己不是伪党。然而朱熹给学生们讲学一天也没有停止，有人劝朱熹说明原因遣散学生，朱熹笑笑而没有回答。有一位籍田令名叫陈景思的人，是曾任过宰相的陈康伯的孙子，和韩侂胄有姻亲关系，劝韩侂胄不要做得太过分了，韩侂胄自己也渐渐后悔了。朱熹已经死了，将要下葬时，有人说：四面八方的伪学门生约定日期聚会，给伪学老师送葬，他们聚会的时候，不是越轨谈论当时人的长短，就是错误地议论当时政事的得失，希望命令地方官吏对这些人加以约束。皇帝同意了这个意见。

嘉泰初年，禁止道学的法令稍微放松了一些。嘉泰二年，皇帝下诏说："朱熹已经退休，追任他为华文阁待制，给予他退休的恩泽待遇。"后来韩侂胄死了，宁宗下诏赐朱熹遗表恩惠，封谥为文。不久追赠朱熹为中大夫，特赠为宝谟阁直学士。理宗宝庆三年，追赠为太师，追封朱熹为信国公，改封为徽国公。

当初，朱熹少年时，慷慨激昂有追求真理的志向。父亲朱松病危时，曾经嘱咐朱熹说："籍溪胡原仲、白水刘致中、屏山刘彦冲这三个人，学问有渊源，我一向敬畏他们，我就要死了，你去向他们学习，而且要完全听从他们的话。"这三个人，是指胡宪、刘勉之、刘子翚。因此朱熹的学问既是广泛地求索于儒家经典著作，又普遍结交当代的有识之士。延平李侗已经老了，曾经跟罗从彦学习，朱熹自同安回来，不远数百里，徒步前往李侗处从学。

朱熹做学问，大都是深入研究事物的"理"而取得知识，反过来亲身实践所取得的知识，而是以身心收敛如有可畏的居敬工夫加强修养为主。朱熹曾经说古代圣贤道统的传授散播在典籍之中，由于对圣贤经书的宗旨不清楚，因而道统的传授也开始隐晦不显。于是他竭尽全部精力，钻研穷究圣贤经典的意旨和训导启迪。他所著的书有：《易本义》《启蒙》《蓍卦考误》

《诗集传》《大学中庸章句》《或问》《论语集注》《孟子集注》《太极图解》《通书解》《西铭解》《楚辞集注辨证》《韩文考异》。他所编写的书有：《论孟集议》《孟子指要》《中庸辑略》《孝经刊误》《小学书》《通鉴纲目》《宋名臣言行录》《家礼》《近思录》《河南程氏遗书》《伊洛渊源录》，这些书都流传于世。朱熹死后，朝廷把他注释的《大学》《论语》《孟子》《中庸》作为学校的课本。他还有一部没有脱稿的《仪礼经传通解》，也作为学校的课本。朱熹一生写的文章共一百卷，他与学生的问答有八十卷，还有别录十卷。

理宗绍定末年，秘书郎李心传要求把司马光、周敦颐、邵雍、张载、程颢、程颐、朱熹七人列为从祀，没有得到答复。淳祐元年正月，理宗视察太学，亲自写诏书以周敦颐、张载、程颢、程颐以及朱熹从祀孔子庙。

黄干说："道的正统等待人而后得传，自从周朝以来，担当传道责任的不过几个人，然而能使道得到光大而显著的，仅一两个人而已。自孔子而后，曾子、子思在道统微弱之际继承了它，到了孟子才开始显著，自孟子以后，周敦颐、程颢、程颐、张载在道统断绝的时候继承了它，到了朱熹时道统又开始显著了。"有见识的人认为这是有深远见地的话。

朱熹的儿子朱在，理宗绍定年间任吏部侍郎。

宋史卷四百七十二

列传第二百三十一

蔡 京

蔡京字元长，兴化仙游人。登熙宁三年进士第，调钱塘尉、舒州推官，累迁起居郎。使辽还，拜中书舍人。时弟卞已为舍人，故事，入官以先后为序，卞乞班京下。兄弟同掌书命，朝廷荣之。改龙图阁待制，知开封府。

元丰末，大臣议所立，京附蔡确，将害王珪以贪定策之功，不克。司马光秉政，复差役法，为期五日，同列病太迫，京独如约，悉改畿县雇役，无一违者。诣政事堂白光，光喜曰："使人人奉法如君，何不可行之有！"已而台、谏言京挟邪坏法，出知成德军，改瀛州，徙成都。谏官范祖禹论京不可用，乃改江、淮、荆、浙发运使，又改知扬州。历郓、永兴军，迁龙图阁直学士，复知成都。

绍圣初，入权户部尚书。章惇复变役法，置司讲议，久不决。京谓惇曰："取熙宁成法施行之尔，何以讲为？"惇然之，雇役遂定。差雇两法，光、惇不同。十年间京再莅其事，成于反掌，两人相倚以济，识者有以见其奸。

卞拜右丞，以京为翰林学士兼侍读，修国史。文及甫狱起，命京穷治，京捕内侍张士良，令述陈衍事状，即以大逆不道论诛，并刘挚、梁焘劾之。衍死，二人亦贬死，皆锢其子孙。王岩叟、范祖禹、刘安世复远窜。京觊执政，曾布知枢密院，忌之，密言卞备位承辖，京不可以同升，但进承旨。

徽宗即位，罢为端明、龙图两学士，知太原，皇太后命帝留京毕史事。逾数月，谏官陈瓘论其交通近侍，瓘坐斥，京亦出知江宁，颇怏怏，迁延不之官。御史陈次升、龚夬、陈师锡交论其恶，夺职，提举洞霄宫，居杭州。

童贯以供奉官诣三吴访书画奇巧，留杭累月，京与游，不舍昼夜。凡所画屏幛、扇带之属，贯日以达禁中，且附语言论奏至帝所，由是帝属意京。又太学博士范致虚素与左街道录徐知常善，知常以符水出入元符后殿，致虚深结之，道其平日趣向，谓非相京不足以有为。已而宫妾、宦官合为一词誉京，遂擢致虚右正言，起京知定州。崇宁元年，徙大名府。韩忠彦与曾布交恶，谋引京自助，复用为学士承旨。徽宗有意修熙、丰政事，起居舍人邓洵武党京，撰《爱莫助之图》以献，徽宗遂决意用京。忠彦罢，拜尚书左丞，俄代曾布为右仆射。制下之日，赐坐延和殿，命之曰："神宗创法立制，先帝继之，两遭变更，国是未定。朕欲上述父兄之志，卿何以教之？"京顿首谢。愿尽死。二年正月，进左仆射。

京起于逐臣，一旦得志，天下拭目所为，而京阴托"绍述"之柄，钳制天子，用条例司故事，即都省置讲议司，自为提举，以其党吴居厚、王汉之十余人为僚属，取政事之大者，如宗室、冗官、国用、商旅、盐泽、赋调、尹牧，每一事以三人主之。凡所设施，皆由是出。用冯澥、钱遹之议，复废元祐皇后。罢科举法，令州县悉仿太学三舍考选，建辟雍外学于城南，以待四方之士。推方田于天下。榷江、淮七路茶，官自为市。尽更盐钞法，凡旧钞皆弗用，富商巨贾尝赍持数十万缗，一旦化为流丐，甚者至赴水及缢死。提点淮东刑狱章綡见而哀之，奏改法误民，京怒夺其官；因铸当十大钱，尽陷綡诸弟。御史沈畸等用治狱失意，羁削者六人。陈瓘子正汇以上书黥置海岛。

南开黔中，筑靖州。辰溪猺叛，杀溆浦令，京重为赏，募杀一首领者赐之绢三百，官以班行，且不令质究本末。荆南守马珹言：「有生猺，有省地猺，今未知叛者为何种族，若计级行赏，惧不能无枉滥。」蒋之奇知枢密院，恐忤京意，白言珹不体国，京罢珹，命舒亶代之，以剿绝群猺为期。西收湟川、鄀、廓，取牂牁、夜郎也。

擢童贯领节度使，其后杨戬、蓝从熙、谭稹、梁师成皆踵之。凡寄资一切转行，祖宗之法荡然无余矣。又欲兵柄士心皆归己，建澶、郑、曹、拱州为四辅，各屯兵二万，而用其姻昵宋乔年、胡师文为郡守。禁卒干撒月给钱五百，骤增十倍以固结之。威福在手，中外莫敢议。累转司空，封嘉国公。

京既贵而贪益甚，已受仆射奉，复创取司空寄禄钱，如粟、豆、柴薪与僚从粮赐如故，时皆折支，亦悉从真给，但入熟状奏行，帝不知也。

时元祐群臣贬窜死徙略尽，京犹未惬意，命等其罪状，首以司马光，目曰奸党，刻石文德殿门，又自书为大碑，遍班郡国。初，元符末以日食求言，言者多及熙宁、绍圣之政，则又籍范柔中以下为邪等。凡名在两籍者三百九人，皆锢其子孙，不得官京师及近甸。五年，进司空、开府仪同三司、安远军节度使，改封魏国。

时承平既久,帑庾盈溢,京倡为丰、亨、豫、大之说,视官爵财物如粪土,累朝所储扫地矣。帝尝大宴,出玉琖、玉卮示辅臣曰:"欲用此,恐人以为太华。"京曰:"臣昔使契丹,见玉盘琖,皆石晋时物,持以夸臣,谓南朝无此。今用之上寿,于礼无嫌。"帝曰:"先帝作一小台财数尺,上封者甚众,朕甚畏其言。此器已就久矣,倘人言复兴,久当莫辨。"京曰:"事苟当于理,多言不足畏也。陛下当享天下之奉,区区玉器,何足计哉!"

五年正月,彗出西方,其长竟天。帝以言者毁党碑,凡其所建置,一切罢之。京免为开府仪同三司、中太乙宫使。其党阴援于上,大观元年,复拜左仆射。以南丹纳土,蹑拜太尉;受八宝,拜太师。

三年,台谏交论其恶,遂致仕。犹提举修《哲宗实录》,改封楚国,朝朔望。太学生陈朝老追疏京恶十四事,曰:渎上帝,罔君父,结奥援,轻爵禄,广费用,变法度,妄制作,喜导谀,钳台谏,炽亲党,长奔竞,崇释老,穷土木,矜远略。乞投畀远方,以御魑魅。其书出,士人争相传写,以为实录,四年五月,彗复出奎、娄间,御史张克公论京辅政八年,权震海内,轻锡予以蠹国用,托爵禄以市私恩,役将作以葺居第,用漕船以运花石。名为祝圣而修塔,以壮临平之山;托言灌田而决水,以符"兴化"之谶。法名退送,门号朝京。方田扰安业之民,阛土聚徙郡之恶。不轨不忠,凡数十事。先是,御史中丞石公弼、侍御史毛注数劾京,未允,至是,贬太子少保,出居杭。

政和二年,召还京师,复辅政,徙封鲁国,三日一至都堂治事。京之去也,中外学官颇有以时政为题策士者。提举淮西学士苏棫欲自售,献议请索五年间策问,校其所询,以观向背,于是坐停替者三十余人。

初，国制，凡诏令皆中书门下议，而后命学士为之。至熙宁间，有内降手诏不由中书门下共议，盖大臣有阴从中而为之者。至京则又患言者议己，故作御笔密进，而丐徽宗亲书以降，谓之御笔手诏，违者以违制坐之。事无巨细，皆托而行，至有不类帝札者，群下皆莫敢言。繇是贵戚、近臣争相请求，至使中人杨球代书，号曰"书杨"，京复病之而亦不能止矣。

既又更定官名，以仆射为太、少宰，自称公相，总治三省。追封王安石、蔡确皆为王，省吏不复立额，至五品阶以百数，有身兼十余奉者。侍御史黄葆光论之，立窜昭州。拔故吏魏伯刍领榷货，造料次钱券百万缗进入，徽宗大喜，持以示左右曰："此太师与我奉料也。"擢伯刍至徽猷阁待制。

京每为帝言，今泉币所积赢五千万，和足以广乐，富足以备礼，于是铸九鼎，建明堂，修方泽，立道观，作《大晟乐》，制定命宝。任孟昌龄为都水使者，凿大伾三山，创天成、圣功二桥，大兴工役，无虑四十万。两河之民，愁困不聊生，而京偃然自以为稷、契、周、召也。又欲广宫室求上宠媚，召童贯辈五人，风以禁中逼侧之状。贯俱听命，各视力所致，争以侈丽高广相夸尚，而延福宫、景龙江之役起，浸淫及于艮岳矣。

子攸、翛、儵，攸子行，皆至大学士，视执政。絛尚茂德帝姬。帝七幸其第，赉予无算。命坐传觞，略用家人礼。厮养居大官，媵妾封夫人，然公论益不与，帝亦厌薄之。

宣和二年，令致仕。六年，以朱勔为地，再起领三省。京至是四当国，目昏眊不能事事，悉决于季子絛。凡京所判，皆絛为之，且代京入奏。每造朝，侍从以下皆迎揖，咕嗫耳语，堂吏数十人，抱案后从，由是恣为奸利，窃弄威柄，骤引其妇兄韩梠为户部侍郎，媒蘖密谋，斥逐朝士，创宣和库式贡司，四方之金帛与府藏之所储，尽拘括以实之，为天子之私财。宰臣白时中、李邦彦惟奉行文书而已，既不能堪，兄攸亦发其事，上怒，欲窜之，京力丐免，特勒停侍养，而安置韩梠黄州。未几，褫絛侍读，毁赐出身敕，而京亦致仕。方时中等白罢絛以撼京，京殊无去意。帝呼童贯使诣京，令上章谢事，贯至，京泣曰："上何不容京数年，当有相谮譖者。"贯曰："不知也。"京不得已，以章授贯，帝命词臣代为作三表请去，乃降制从之。

钦宗即位，边遽日急，京尽室南下，为自全计。天下罪京为六贼之首，侍御史孙觌等始极疏其奸恶，乃以祕书监分司南京，连贬崇信、庆远军节度副使，衡州安置，又徙韶、儋二州。行至潭州死，年八十。

京天资凶谲，舞智御人，在人主前，颛狙伺为固位计，始终一说，谓当越拘挛之俗，竭四海九州之力以自奉。帝亦知其奸，屡罢屡起，且择与京不合者执政以桡之。京每闻将退免，辄入见祈哀，蒲伏扣头，无复廉耻。燕山之役，京送攸以诗，阳寓不可之意，冀事不成得以自解。见利忘义，至于兄弟为参、商，父子如秦、越。暮年即家为府，营进之徒，举集其门，输货僮隶得美官，弃纪纲法度为虚器。患失之心无所不至，根株结盘，牢不可脱。卒致宗社之祸，虽谴死道路，天下犹以不正典刑为恨。

子八人，鯈先死，攸、翛伏诛，絛流白州死，鞗以尚帝姬免窜，余子及诸孙皆分徙远恶郡。

译文：

蔡京字元长，是兴化仙游人。中熙宁三年进士，调任钱塘县尉、舒州推官，多次晋升以后，担任了起居郎。出使辽国回来，拜为中书舍人。当时他的弟弟蔡卞已经是舍人，按惯例，入官以先后为顺序，蔡卞便请求位居蔡京之下。兄弟二人同时掌管诏书命令，朝廷以他们为荣。改任龙图阁待制，负责开封府事务。

元丰末年，大臣们商议拥立储君，蔡京附和蔡确的主张，准备陷害王珪，以便贪图决策之功，没有达到目的。司马光执政，恢复差役法，限定以五天为期，同僚们认为（时间）太紧迫，蔡京独自在期限里恢复，全部改变京师附近各县的雇人服役，没有一个违抗的。到政事堂告诉司马光，司马光高兴地说："假使每个人执法都像你，有什么不能实行的！"不久，御史台、谏院说蔡京挟邪坏法，因此被调出京师，负责成德军事务，后来改任瀛州知州，又徙往成都。谏官范祖禹评论说蔡京不能重任，于是改任江、淮、荆、浙发运使，又改任扬州知州。在郓、永兴军任过职，晋升为龙图阁直学士，又任成都府知府。

绍圣初年，入京代理户部尚书。章惇恢复变役法，设置机构讨论，很久不能决定。蔡京对章惇说："把熙宁年间的办法施行，怎么拿它讨论呢？"章惇认为他说得对，于是雇役法制定了。差役、雇役两法，司马光、章惇两人的意见不同。十年时间，蔡京两次处理这件事，成功易如反掌，（他与章惇）两人互相倚靠，知道的人从此事看出了他的奸诈。

蔡卞拜为右丞，让蔡京作翰林学士兼侍读，修撰国史。文及甫的案子发生，命令蔡京严厉查办，蔡京逮捕内侍张士良，让他陈述陈衍事件的情况，随即认为是大逆不道，将陈衍杀头，并且刘挚、梁焘都被弹劾。陈衍死后，二人也被贬而死，都禁锢子孙，（永远不得举荐和提拔）。王岩叟、范祖禹、刘安石又被远贬。蔡京希图执政职位，曾布负责枢密院，忌恨他，秘密地说蔡卞准备位居承辖，蔡京不能同时晋升，只能进位承旨。

徽宗即位，蔡京被罢官，任端明、龙图两学士，太原郡郡守，皇太后命令皇帝把蔡京留下来完成修史之事。过了几个月，谏官陈瓘说他拉拢近侍，陈瓘被斥责，蔡京也出京任江宁知府，蔡京心里大为不快，拖延时间不到任。御史陈次升、龚夬、陈师锡互相议论他的坏行为，于是剥夺了他的职务，让他任洞霄宫提举，居住在杭州。

童贯以供奉官的身份到三吴访求书画和奇巧之物，滞留在杭州几个月，蔡京和他游玩，不分白天黑夜。凡是画的屏障、扇带一类的东西，童贯每天都送到宫中，并且附带送上一些奏章到皇宫，因此皇帝对蔡京特别留意。又太学博士范致虚一向与左街道录徐知常友好，徐知常因为会符水而得以出入元符后宫殿，范致虚与他结交很深。说出自己平日的意见，认为不任命蔡京做宰相。不可能有所作为。不久，宫中的宫女、宦官异口同声赞颂蔡京，随即提拔范致虚为右正言，起用蔡京为定州知州。崇仁元年，迁徙到大名府。韩忠彦与曾布结仇，阴谋拉拢蔡京帮助自己，便任用他为学士承旨。徽宗有意遵循熙宁、咸丰年间的政事，起居舍人邓洵武是蔡京的死党，撰写《爱莫助之图》献给皇上，于是徽宗决定重任蔡京。韩忠彦罢官，蔡京被任命为尚书左丞，不久代理曾布为右仆射。制书下达的那一天，在延和殿赐坐，命令他说："神宗创法立制，先帝继承，两次遭受变革，国家大政方针未定。我想继承父兄的志向，你拿什么来指教我？"蔡京叩头表示感谢，表示誓死效力。二年正月，他又被晋升为左仆射。

蔡京从被朝廷贬谪、放逐之臣起家，一旦得志，天下之人擦亮眼睛来等待他的所作所为，而蔡京却暗中借"绍述"名义，钳制皇帝，用条例司的惯例，即是在都省置讲义司，自己作提举,让他的党羽吴居厚、王汉之十余人作僚属,把政事中那些重要的大事,如宗室、冗官、国家用度、商旅、盐泽、赋调、地方长官,每一件事让三个人负责。凡是他所创设的和所实施的,都由这里决定。他采纳冯澥、钱遹的意见,又废掉元祐皇后。罢去科举法,命令州县全部仿照太学三舍考试的办法选举人才,建议在城南设雍外学,来接待四方之士。在天下推行方田法。在江、淮等七路实行专卖茶叶,官府自己交易。全部改变盐钞法,凡是旧钞都不得使用,富商大贾曾经拥有数十万缗钱,(由于他的规定)一下子变成了流民乞丐,甚至有投水自溺和上吊身亡的。提点淮东刑狱章綡见此很悲哀,上书说是改法误民,蔡京大怒,剥夺了他的官职,借冶铸一当十的大钱,全部陷害章綡的几个弟弟。御史沈畸等被任用办案,没有符合蔡京的意思,被停职、削职的有六个人。陈瓘的儿子陈正汇因为上书,被刺字安置到海岛。

在南方开拓黔中,修筑靖州。辰溪猺反叛,杀死溆浦县县令,蔡京重赏招募,杀死一个首领的人,规定赐给帛三百匹,并给予官职,而且不追究事情的经过。荆南郡守马珹说:"有生猺,有省地猺,现在不知道反叛的是什么种族,如果按首级行赏,恐怕不能不滥杀无辜。"蒋之奇负责枢密院,害怕抵触蔡京的意思,说马珹不能体谅国家,蔡京罢免马珹,命令舒蚰代替他(担任荆南郡守),规定了剿没杀尽各种猺人的日期。向西收回湟川、鄯、廓,夺取了牂牁、夜郎等地方。

提拔童贯领节度使,后来杨戬、蓝从熙、谭稹、梁师成都跟随他。凡是阉人传送资财的,他都为之转行,(任命官职),前代的法规荡然无存。又想要掌握兵权,使士人都归附于自己,便把澶、郑、曹、拱改建为四辅,各屯兵二万,任用姻亲宋乔年、胡师文为郡守。禁兵夜间巡捕,每月给钱五百,骤然增加了十倍,以便稳固结交他们。利用手中权力作威作福,朝中内外没有人敢议论,累官为司空,被封为嘉国公。

蔡京富贵以后更加贪婪,已经接受仆射的俸禄,又拿支司空寄禄钱,像粟、豆、柴薪与随从的人的粮食赏赐,仍像原来一样,当时都折算支付,他却按食物发给,写到书面奏请中,却又按折算支付,皇帝不知道(其中的真情)。

当时元祐时的群臣被贬、流放、死亡得差不多完了,蔡京还不满意,命令按罪状定等级,首先是司马光,被视为奸党,在文德殿门边的石上刻上他们的名字,又亲自书写大碑,颁发到郡国。以前,元符末年因日食请求进谏,进谏的人大多谈到熙宁、绍圣年间的政治,因此又把范柔中以下的人定为邪等,凡是名字在奸党、邪等两籍的共三百零九人,都禁锢他们的子孙,不得在京师及其附近做官。五年,进位司空、开府仪同三司、安远军节度使,改封魏国。

当时天下太平已久,仓库充实,蔡京倡议"丰亨豫大"之说,把官爵财物视若粪土,几代所储蓄的东西像扫地一样浪费掉。皇帝曾经大宴,拿出玉琖、玉卮给辅臣看时,说:"想用它们,恐怕有人认为太华丽。"蔡京说:"我过去出使契丹,见到玉盘琖,都是石勒、西晋时的东西,拿着向我夸耀,说南方的朝廷没有这。现在用它们祝寿,在礼节上讲没有嫌言。"皇帝说:"先帝造一小台,费财很少,上封奏的人却很多,我很害怕他们说话,这个器物已经准备很久了,如果人们的言论再一次出现,时间久了,就没法辩解。"蔡京说:"事情如果符合礼仪,很多人谈论也不可怕。陛下应该享受天下的奉献,小小的玉器,有什么值得计较!"

五年正月，彗星在西方出现，它的长度遮盖了整个天空。皇帝因为言论毁坏朋党碑，凡是蔡京所建立、设置的，一切罢除。蔡京免职，任开府仪同三司、中太乙宫使。他的党羽暗地里向皇上求助，大观元年，又被拜为左仆射。因为南丹贡献土地，蔡京被越级提升为太尉；接受八宝，拜为太师。

三年，台谏互相议论他的坏行为，于是退休。但还负责撰修《哲宗实录》，改封楚国，朔望日上朝。太学生陈朝老追述上疏蔡京所做坏事。共十四事，说：轻慢上帝，欺骗君父，结交得力靠山，轻视爵位俸禄，扩大费用，改变法令制度，轻易制作，喜欢阿谀奉承，钳制台谏，提拔近亲、党羽，擅长奔走游说，崇尚佛教、道教，大兴土木，自夸有远大谋略。请求驱逐他到边远地区，让他去抵御山林中害人的妖怪。他的上书一传出，士大夫们争着传写，把他当作实录。四年五月，彗星又出现在奎、娄之间，御史张克公评讼蔡京辅政八年，权势震惊海内，轻易赏赐来消耗国家用度，依靠爵位俸禄来树立私恩，役使将作匠来修缮居室，使用漕运的船只来运输花木石头。名义上是为祝福圣上而修塔，（实际上是）用来使临平山壮观；借口灌溉田地放水，来应验"兴化"的谶语。（蔡京崇信佛、道二教）法名叫退送，门号叫朝京。方田法扰乱安居乐业的百姓，监狱聚集了从郡国迁徙来的恶民。图谋不轨、不忠诚，总共有几十件事。以前，御史中丞石公弼、侍御史毛注多次弹劾蔡京，没有允许，到这时，蔡京终于被贬为太子少保，出居杭州。

政和二年，蔡京被召回京师，又辅佐朝政，徙封鲁国，三天去一次都堂治事。蔡京被贬，朝廷内外学官有很多以时政为题考察士人的。提举淮西学士苏棫想自己被人任用为官，进献言论，请求追索五年间的策问，核对他们所询问的，来观察他们的向背,于是被滞留不升、获罪的有三十余人。

以前,国家制度,凡是诏令都由中书、门下两省商议,然后命令学士撰写。到熙宁年间,在宫内下达的手诏不由中书、门下共同商议,大概是大臣中有暗地里从中撰写的。到蔡京(当政)时,又担心谏官议论自己,所以装作皇帝的口气秘密进献,而请求徽宗亲自书写下达,说是皇帝亲手下诏,违反的人以违制叛罪。事情无论大小,都假讬(皇帝的意思)施行,以至有不像皇帝的文札的,群臣下级不敢说。由此贵戚、近臣争相请求,以致使中人杨球代替书写,号称"书杨",蔡京又认为不妥,然而已经不能制止了。

不久,改定官名,把仆射改为太、少宰,自称公相,总管治理三省。追封王安石、蔡确为王,减省官吏,不再定名额,到五品都以百计数,有一个人身兼十余官职的。侍御史黄葆光议论这件事,立即被贬黜到昭州。提拔故吏魏伯刍管理专买物资,被告发违令而没收的钱券有一百万缗,徽宗很高兴,把钱券拿给身边的人看,说:"这是太师给我奉献的物品。"提拔魏伯刍为徽猷阁待制。

蔡京每次对皇帝说,现在钱币所积累剩余的有五千万,和顺足以广泛享乐,富裕足以完备礼仪,于是铸造九鼎,建造明堂,修方泽,建立道观,作《大晟乐》,制定命宝。任用孟昌龄为都水使者,开凿大伾三山,修架天成、圣功二桥,大兴工役,至少用功四十万。两河的老百姓,愁眉困苦不能为生,而蔡京俨然自比为稷、契、周公、召公。又想扩建宫室来求得皇上的宠爱和谐媚,召集童贯之流五人,唆使他们议论宫中狭窄的情况。童贯等都听从使命,各尽其力,争相崇尚奢侈华丽,因而延福宫、景龙江的徭役就兴起来了。宫殿渐次接近艮岳了。

蔡京的儿子蔡攸、蔡儵、蔡翛，蔡攸的儿子蔡行，都官至大学士，被视为执政。蔡絛娶茂德帝女儿。皇帝七次到他家中，赏赐的东西无数。命令坐传觞，简略地用家人的礼节，厮养的人做大官，媵妾封为夫人，然而，公论更加不平，皇帝也因受到压抑而鄙薄他。

宣和二年，命令他退休，六年，因为朱勔为根基，蔡京被再次起用负责三省。蔡京到这时是四次掌管国家大事，两眼都发昏了，不能处理事务，全部由第三子蔡絛代替决断。凡是蔡京的决定，都是蔡絛作的，并且由蔡絛蔡京入宫上奏。每次上朝，侍从以下都迎接作揖，附耳轻语，堂吏数十人，抱着案卷在后面跟从，由此放肆为奸，窃取国家大权，立刻引荐他妻子的哥哥韩梠作户部侍郎，密谋构陷、诬害、排斥、驱逐朝中士人，设立宣和库式贡司，四方的金帛与官府的储蓄，全部搜括来充实库式贡司，作为天子的私财。宰相白时中、李邦彦虽只奉行文书而已，但已不能忍受蔡絛，其兄蔡攸也告发他的事，皇上恼怒，想贬黜他，蔡京极力请求，总算幸免，特地勒令他停职侍养，安置韩梠到黄州居住。不久，又解除蔡絛侍读，撕毁赐出身的敕令，而且蔡京也退休。当时白时中等说罢免蔡絛来震撼蔡京，蔡京却全无退位之意。皇帝叫童贯到蔡京家，命令他上奏章谢绝事务，童贯到，蔡京哭着说："皇上怎么不容许我几年，当是有进谗言的人。"童贯说："不知道。"蔡京没有办法，把奏章交给童贯，皇帝命令词臣代替他作三表，请求去职，于是颁布制书听从。

钦宗即位，边境一天天告急，蔡京全家南下，是为保全自己打算。天下判蔡京罪，认为他是"六贼"之首，侍御史孙觌等开始上书极力指出他的奸邪险恶，于是让秘书监分机构到南京，连续贬黜蔡京为崇信、庆远军节度副使，在衡州安置，又迁徙到韶、儋二州。当他行走到潭州时，病死了，终年八十岁。

蔡京天资凶恶狡诈，玩弄智谋，驾驭别人，在人主面前，擅长窥伺（皇帝的内心），为巩固自己的职位着想，始终奉行一说，认为应当超越拘束的习俗，竭尽四海九州的力量保护自己。皇帝也知道他奸诈，多次罢黜，多次提拔他，并且选拔与蔡京不合的人执政，来遏止他。蔡京每次听说将退位、免职，就入宫见皇上，祈求哀叹，跪在地上叩头，没有廉耻之心。燕山之役，蔡京送给蔡攸诗，暗中寓意不可的意思，希望事情不成，能得以自我解脱。见利忘义，以致兄弟像参、商，父子像秦国、越国一样。晚年把家变为府，谋求进纳的人，全部聚集他家门口，输送钱货，僮隶得美官，废弃纲纪法度，把它们视为虚器。担心失势的心无所不至。各种关系盘根错节，牢固得不能摆脱。终于招致宗社的灾祸，虽然贬死道路，天下的人还以其未正典刑为恨。

儿子八人，儵先死，攸、翛被杀，絛流放白州死，鞗因为娶皇帝女儿免遭贬黜，其余儿子及孙子都分别被迁徙到边远荒凉的郡。

宋史卷四百七十三

列传第二百三十二

秦　桧

秦桧字会之，江宁人。登政和五年第，补密州教授。继中词学兼茂科，历太学学正。靖康元年，金兵攻汴京，遣使求三镇，桧上兵机四事：一言金人要请无厌，乞止许燕山一路；二言金人狙诈，守御不可缓；三乞集百官详议，择其当者载之誓书；四乞馆金使于外，不可令入门及引上殿。不报。除职方员外郎。寻属张邦昌为干当公事，桧言："是行专为割地，与臣初议矛盾，失臣本心。"三上章辞，许之。

时议割三镇以弭兵，命桧借礼部侍郎与程瑀为割地使，奉肃王以往。金师退，桧、瑀至燕而还。御史中丞李回、翰林承旨吴开共荐桧。拜殿中侍御史，迁左司谏。王云、李若水见金二酋归，言金坚欲得地，不然，进兵取汴京。十一月，集百官议于延和殿，范宗尹等七十人请与之，桧等三十六人持不可。未几，除御史中丞。

闰十一月，汴京失守，二帝幸金营。二年二月，莫俦、吴开自金营来，传金帅命推立异姓。留守王时雍等召百官军民共议立张邦昌,皆失色不敢答,监察御史马伸言于众曰:"吾曹职为争臣,岂容坐视不吐一辞?当共入议状,乞存赵氏。"时桧为台长,闻伸言以为然,即进状曰:

桧荷国厚恩,甚愧无报。今金人拥重兵,临已拔之城,操生杀之柄,必欲易姓,桧尽死以辨,非特忠于主也,且明两国之利害尔。赵氏自祖宗以至嗣君,百七十余载。顷缘奸臣败盟,结怨邻国,谋臣失计,误主丧师,遂致生灵被祸,京都失守,主上出郊,求和军前。两元帅既允其议,布闻中外矣,且空竭帑藏,追取服御所用,割两河地,恭为臣子,今乃变易前议,人臣安忍畏死不论哉?

宋于中国,号令一统,绵地万里,德泽加于百姓,前古未有。虽兴亡之命在天有数,焉可以一城决废立哉?昔西汉绝于新室,光武以兴;东汉绝于曹氏,刘备帝蜀;唐为朱温篡夺,李克用犹推其世序而继之。盖基广则难倾,根深则难拔。

张邦昌在上皇时,附会权幸,共为蠹国之政。社稷倾危,生民涂炭,固非一人所致,亦邦昌为之也。天下方疾之如仇雠,若付以土地,使主人民,四方豪杰必共起而诛之,终不足为大金屏翰。必立邦昌,则京师之民可服,天下之民不可服;京师之宗子可灭,天下之宗子不可灭。桧不顾斧钺之诛,言两朝之利害,愿复嗣君位以安四方,非特大宋蒙福,亦大金万世利也。

金人寻取桧诣军前。三月,金人立邦昌为伪楚。邦昌遗金书请还孙傅、张叔夜及桧,不许。初,二帝北迁,桧与傅、叔夜、何㮚、司马朴从至燕山,又徙韩州。上皇闻康王即位,作书贻粘罕,与约和议,俾桧润色之。桧以厚赂达粘罕。会金主吴乞买以桧赐其弟挞懒为任用，挞懒攻山阳，建炎四年十月甲辰，桧与妻王氏及婢仆一家，自军中取涟水军水寨航海归行在。丙午，桧入见。丁未，拜礼部尚书，赐以银帛。

桧之归也，自言杀金人监己者奔舟而来。朝士多谓桧与槀、傅、朴同拘，而桧独归；又自燕至楚二千八百里，逾河越海，岂无讥诃之者，安得杀监而南？就令从军挞懒，金人纵之，必质妻属，安得与王氏偕？惟宰相范宗尹、同知枢密院李回与桧善，尽破群疑，力荐其忠。未对前一日，帝命先见宰执。桧首言"如欲天下无事，南自南，北自北"，及首奏所草与挞懒求和书。帝曰："桧朴忠过人，朕得之喜而不寐。盖闻二帝、母后消息，又得一佳士也。"宗尹欲处之经筵，帝曰："且与一事简尚书。"故有礼部之命。从行王安道、冯由义、水寨丁祀及参议官并改京秩，舟人孙靖亦补承信郎。始，朝廷虽数遣使，但且守且和，而专与金人解仇议和，实自桧始。盖桧在金庭首唱和议，故挞懒纵之使归也。

绍兴元年二月，除参知政事。七月，宗尹罢。先是，范宗尹建议讨论崇宁、大观以来滥赏，桧力赞其议，见帝意坚，反以此挤之。宗尹既去，相位久虚。桧扬言曰："我有二策，可耸动天下。"或问何以不言，桧曰："今无相，不可行也。"八月，拜右仆射、同中书门下平章事兼知枢密院事。九月，吕颐浩再相，桧同秉政，谋夺其柄，风其党建言："周宣王内修外攘，故能中兴，今二相宜分任内外。"颐浩遂建都督府于镇江。帝曰："颐浩专治军旅，桧专理庶务，如种、蠡之分职可也。"

二年，桧奏置修政局，自为提举，参知政事翟汝文同领之。未几，桧面劾汝文擅治堂吏，汝文求去；谏官方孟卿一再论之，汝文竟罢。监察御史刘一止，桧党也，言："宣王内修，修其所谓外攘之政而已。今簿书狱讼、官吏差除、土木营缮俱非所当急者。"屯田郎会统亦谓桧曰："宰相事无不统，何以局为？"桧皆不听。既而有议废局以摇桧者，一止及检讨官林待聘皆上疏言不可废。七月，一止出台，除起居郎，盖自叛其说，识者笑之。

颐浩自江上还，谋逐桧，有教以引朱胜非为助者。诏以胜非同都督。给事中胡安国言胜非不可用，胜非遂以醴泉观使兼侍读。安国求去，桧三上章留之，不报。颐浩寻以黄龟年为殿中侍御史，刘棐为右司谏，盖将逐桧。于是江跻、吴表臣、程瑀、张焘、胡世将、刘一止、林待聘、楼炤并落职予祠，台省一空，皆桧党也。桧初欲倾颐浩，引一时名贤如安国、焘、瑀辈布列清要。颐浩问去桧之术于席益，益曰："目为党可也。今党魁胡安国在琐闼，宜先去之。"盖安国尝问人材于游酢，酢以桧为言，且比之荀文若。故安国力言桧贤于张浚诸人，桧亦力引安国。至是，安国等去，桧亦寻去。桧再相误国，安国已死矣。黄龟年始劾桧专主和议，沮止恢复，植党专权，渐不可长，至比桧为莽、卓。八月，桧罢，乃为观文殿学士，提举江州太平观。

前一日，上召直学士院綦崈礼入对，示以桧所陈二策，欲以河北人还金国，中原人还刘豫。帝曰："桧言'南人归南，北人归北'。朕北人，将安归？桧又言'为相数月，可耸动天下'，今无闻。"崈礼即以上意载训辞，播告中外，人始知桧之奸。龟年等论桧不已，诏落职，榜朝堂，示不复用。三年，韩肖胄等使还，泊金使李永寿、王翊偕来，求尽还北俘，与桧前议吻合。识者益知桧与金人共谋，国家之辱未已也。

五年，金主既死，挞懒主议，卒成其和。二月，复资政殿学士，仍旧宫祠。六月，除观文殿学士、知温州。六年七月，改知绍兴府。寻除醴泉观使兼侍读，充行宫留守；孟庾同留守，并权赴尚书、枢密院参决庶事。时已降诏将行幸,桧乞扈从,不许。帝驻跸平江,召桧赴行在,用右相张浚荐也。十二月,桧以醴泉观兼侍读赴讲筵。七年正月,何藓使金还,得徽宗及宁德后讣,帝号恸发丧,即日授桧枢密使,恩数视宰臣。四月,命王伦使金国迎奉梓宫。

九月,浚求去,帝问:"谁可代卿?"浚不对。帝曰:"秦桧何如?"浚曰:"与之共事,始知其闇。"帝曰:"然则用赵鼎。"鼎于是复相。台谏交章论浚,安置岭表。鼎约同列救解,与张守面奏,各数千百言,桧独无一语。浚遂谪永州。始,浚、鼎相得甚,浚先达,力引鼎。尝共论人才,浚剧谈桧善,鼎曰:"此人得志,吾人无所措足矣!"浚不以为然,故引桧,共政方知其闇,不复再荐也。桧因此憾浚,反谓鼎曰:"上欲召公,而张相迟留。"盖怒鼎使挤浚也。桧在枢府惟听鼎,鼎素恶桧,由是反深信之,卒为所倾。鼎与浚晚遇于闽,言及此,始知皆为桧所卖。

十一月,奉使朱弁以书报粘罕死,帝曰:"金人暴虐,不亡何待?"桧曰:"陛下但积德,中兴固有时。"帝曰:"此固有时,然亦须有所施为,然后可以得志。"

八年三月,拜右仆射、同中书门下平章事兼枢密使。吏部侍郎晏敦复有忧色,曰:"奸人相矣。"五月,金遣乌陵思谋等来议和,与王伦偕至。思谋即宣和始通好海上者。议以吏部侍郎魏矼馆伴,矼辞曰:"顷任御史,尝言和议之非,今不可专对。"桧问矼所以不主和,矼备言敌情。桧曰:"公以智料敌,桧以诚待敌。"矼曰:"第恐敌不以诚待相公尔。"桧乃改命。六月,思谋等入见。帝愀然谓宰相曰:"先帝梓宫,果有还期,虽待二三年尚庶几。惟是太后春秋高,朕旦夕思念,欲早相见,此所以不惮屈己，冀和议之速成也。"桧曰："屈己议和，此人主之孝也。见主卑屈，怀愤不平，此人臣之忠也。"帝曰："虽然，有备无患，使和议可成，边备亦不可弛。"

十月，宰执入见，桧独留身，言："臣僚畏首尾，多持两端，此不足与断大事。若陛下决欲讲和，乞颛与臣议，勿许群臣预。"帝曰："朕独委卿。"桧曰："臣亦恐未便，望陛下更思三日，容臣别奏。"又三日，桧复留身奏事，帝意欲和甚坚，桧犹以为未也，曰："臣恐别有未便，欲望陛下更思三日，容臣别奏。"帝曰："然。"又三日，桧复留身奏事如初，知上意确不移，乃出文字乞决和议，勿许群臣预。

鼎力求去位，以少傅出知绍兴府。初，帝无子。建炎末，范宗尹造膝有请，遂命宗室令懬择艺祖后，得伯琮、伯玖入宫，皆艺祖七世孙。伯琮改名瑗，伯玖改名璩。瑗先建节，封建国公。帝谕鼎专任其事。又请建资善堂，鼎罢，言者攻鼎，必以资善为口实。及鼎、桧再相，帝出御札，除璩节度使，封吴国公。执政聚议，枢密副使王庶见之，大呼曰："并后匹嫡，此不可行。"鼎以问桧，不答。桧更问鼎，鼎曰："自丙辰罢相，议者专以此借口，今当避嫌。"约同奏面纳御笔，及至帝前，桧无一语。鼎曰："今建国在上，名虽未正，天下之人知陛下有子矣。今日礼数不得不异。"帝乃留御笔俟议。明日，桧留身奏事。后数日，参知政事刘大中参告，亦以此为言。故鼎与大中俱罢。明年，璩卒授保大军节度使，封崇国公。故鼎入辞，劝帝曰："臣去后，必有以孝弟之说胁制陛下者。"出见桧，一揖而去，桧亦憾之。

鼎既去，桧独专国，决意议和。中朝贤士，以议论不合，相继而去。于是，中书舍人吕本中、礼部侍郎张九成皆不附和议，桧谕之使优游委曲，九成曰："未有枉己而能正人者。"桧深憾之。殿中侍御史张戒上疏乞留赵鼎，又陈十三事论和议之非，忤桧。王庶与桧尤不合，自淮西入枢庭，始终言和议非是，疏凡七上，且谓桧曰："而忘东都欲存赵氏时，何遗此敌邪？"桧方挟金人自重，尤恨庶言，故出之。

枢密院编修官胡铨上疏，愿斩桧与王伦以谢天下。于是上下汹汹。桧谬为解救，卒械送铨贬昭州。陈刚中以启贺铨，桧大怒，送刚中吏部，差知赣州安远县。赣有十二邑，安远滨岭，地恶瘴深，谚曰："龙南、安远，一去不转。"言必死也。刚中果死。寻以铨事戒谕中外。既而校书郎许忻、枢密院编修官赵雍同日上疏，犹祖铨意，力排和议。雍又欲正南北兄弟之名，桧亦不能罪。曾开见桧，言今日当论存亡，不当论安危。桧骇愕，遂出之。司勋员外郎朱松、馆职胡珵张扩凌景夏常明范如圭同上一疏言："金人以和之一字得志于我者十有二年，以覆我王室，以驰我边备，以竭我国力，以懈缓我不共戴天之雠，以绝望我中国讴吟思汉之赤子，以诏谕江南为名，要陛下以稽首之礼。自公卿大夫至六军万姓，莫不扼腕愤怒，岂肯听陛下北面为仇敌之臣哉！天下将有仗大义，问相公之罪者。"后数日，权吏部尚书张焘、吏部侍郎晏敦复魏矼、户部侍郎李弥逊梁汝嘉、给事中楼炤、中书舍人苏符、工部侍郎萧振、起居舍人薛徽言同班入奏，极言屈己之礼非是。新除礼部侍郎尹焞独上疏，且移书切责桧，桧始大怒，焞于是固辞新命不拜。奉礼郎冯时行召对，言和议不可信，至引汉高祖分羹事为喻。帝曰："朕不忍闻。"颦蹙而起。桧乃谪时行知万州，寻亦抵罪。中书舍人勾龙如渊抗言于桧曰："邪说横起，胡不择台官击去之。"桧遂奏如渊为御史中丞，首劾铨。

金使张通古、萧哲以诏谕江南为名，桧犹恐物论咎己，与哲等议，改江南为宋，诏谕为国信。京、淮宣抚处置使韩世忠凡四上疏力谏，有"金以刘豫相待"之语，且言兵势重处，愿以身当之，不许。哲等既至泗州，要所过州县迎以臣礼，至临安日，欲帝待以客礼，世忠益愤，再疏言："金以诏谕为名，暗致陛下归顺之义，此主辱臣死之时，愿效死战以决胜败。若其不克，委曲从之未晚。"亦不许。哲等既入境，接伴使范同再拜问金主起居，军民见者，往往流涕。过平江，守臣向子諲不拜，乞致仕。哲等至淮安，言先归河南地，且册上为帝，徐议余事。

桧至是欲上行屈己之礼，帝曰："朕嗣守太祖、太宗基业，岂可受金人封册。"会三衙帅杨沂中、解潜、韩世良相率见桧曰："军民汹汹，若之何？"退，又白之台谏。于是勾龙如渊、李谊数见桧议国书事，如渊谓得其书纳之禁中，则礼不行而事定。给事中楼炤亦举"谅阴三年不言"事以告桧，于是定桧摄冢宰受书之议。帝亦切责王伦，伦谕金使，金使亦惧而从。帝命桧即馆中见哲等受其书。金使欲百官备礼，桧使省吏朝服导从，以书纳禁中。先一日，诏金使来，将尽割河南、陕西故地，又许还梓宫及母兄亲族，初无需索。以参知政事李光素有时望，俾押和议榜以镇浮言。又降御札赐三大将。

九年，金人归河南、陕西故地，以王伦签书枢密院事，充迎奉梓宫、奉还两宫、交割地界使，蓝公佐副之。判大宗正事士㒟、兵部侍郎张焘朝八陵。帝谓宰执曰："河南新复，宜命守臣专抚遗民，劝农桑，各因其地以食，因其人以守，不可移东南之财，虚内以事外。"帝虽听桧和而实疑金诈，未尝弛备也。

时张浚在永州，驰奏，力言以石晋、刘豫为戒，复遗书孙近，以"帝秦之祸，发迟而大"。徐俯守上饶，连南夫帅广东，岳飞宣抚淮西，皆因贺表寓讽。俯曰："祸福倚伏，情伪多端。"南夫曰："不信亦信，其然岂然？虽虞舜之十二州，皆归王化；然商于之六百里，当念尔欺！"飞曰："救暂急而解倒悬，犹之可也；欲长虑而尊中国，岂其然乎？"他如秘书省正字汪应辰樊光远、澧州推官韩䚮、临安府司户参军毛叔庆，皆言金人叵测；迪功郎张行成献《询尧书》二十篇，大意言自古讲和，未有终不变者，条具者皆豫备之策。桧悉加黜责；䚮贬循州。

七月，兀术杀其领三省事宗磐及左副元帅挞懒，拘王伦于中山府。盖兀术以归地为二人所主，将有他谋也。伦尝密奏于朝，桧不之备，但趣伦进。时韩世忠有乘懈掩击之请，桧言《春秋》不伐丧，与帝意合，遂已。

十年，金人果败盟，分四道入侵。兀术入东京，葛王褒取南京，李成取西京，撒离喝趋永兴军。河南诸郡相继陷没。帝始大怪，下诏罪状兀术。御史中丞王次翁奏曰："前日国是，初无主议。事有小变，则更用他相，后来者未必贤，而排黜异党，纷纷累月不能定，愿陛下以为至戒。"帝深然之。桧力排群言，始终以和议自任，而次翁谓无主者，专为桧地也。于是桧位复安，据之凡十八年，公论不能撼摇矣。

六月，桧奏曰："德无常师，主善为师。臣昨见挞懒有割地讲和之议，故赞陛下取河南故疆。今兀术戕其叔挞懒，蓝公佐归，和议已变，故赞陛下定吊伐之计。愿至江上谕诸帅同力招讨。"卒不行。闰六月，贬赵鼎兴化军，以王次翁受桧旨，言其规图复用也。言者不已，寻窜潮州。

时张俊克亳州，王胜克海州，岳飞克郾城，几获兀术。张浚战胜于长安，韩世忠胜于泇口镇，诸将所向皆奏捷，而桧力主班师。九月，诏飞还行在，沂中还镇江，光世还池州，锜还太平。飞军闻诏，旗靡辄乱，飞口呿不能合。于是淮宁、蔡、郑复为金人有。以明堂恩封桧莘国公。十一年，兀术再举，取寿春，入庐州，诸将邵隆、王德、关帅古等连战皆捷。杨沂中战拓皋，又破之。桧忽谕沂中及张俊遽班师。韩世忠闻之，止濠州不时；刘锜闻之，弃寿春而归。自是不复出兵。

四月，桧欲尽收诸将兵权，给事中范同献策，桧纳之。密奏召三大将论功行赏，韩世忠、张俊并为枢密使，岳飞为副使，以宣抚司军隶枢密院。六月，拜左仆射、同中书门下平章事兼枢密使，进封庆国公。《徽宗实录》成，迁少保，加封冀国公。先是，莫将、韩恕使金，拘于涿州。至是，兀术有求和意，纵之归。桧复奏遣刘光远、曹勋使金，又以魏良臣为通问使。未几，良臣偕金使萧毅等来，议以淮水为界，求割唐、邓二州。寻遣何铸报聘，许之。

十月，兴岳飞之狱。桧使谏官万俟卨论其罪，张俊又诬飞旧将张宪谋反，于是飞及子云俱送大理寺，命御史中丞何铸、大理卿周三畏鞫之。十一月，贬李光藤州，范同罢参知政事。同虽附和议，以自奏事，桧忌之也。十二月，杀岳飞。桧以飞屡言和议失计，且尝奏请定国本，俱与桧大异，必欲杀之。铸、三畏初鞫，久不伏；卨入台，狱遂上。诬飞尝自言"己兴太祖皆三十岁建节"为指斥乘舆，受诏不救淮西罪，赐死狱中。子云及张宪杀于都市。天下冤之，闻者流涕。飞之死，张俊有力焉，语在《飞传》。

十二年，胡铨再编管新州。八月，徽宗及显肃、懿节二梓宫至行在。太后还慈宁宫。九月，加太师，进封魏国公。十月，进封秦、魏两国公。桧以封两国与蔡京、童贯同，请改封母为秦、魏国夫人。子熺举进士，馆客何溥赴南省，皆为第一。熺本王晥孽子，桧妻晥妹，无子，晥妻贵而妒，桧在金国，出熺为桧后。

桧还，其家以熺见，桧喜甚。桧幸和议复成，益咎前日之异己者。先是，赵鼎贬潮州，王庶贬道州，胡铨再贬新州。至是，皆遇赦永不检举。曾开、李弥逊并落职。张俊本助和议，居位岁余无去意，桧讽江邈论罢之。

十三年，贺瑞雪，贺雪自桧始。贺日食不见，是后日食多书不见。彗星常见，选人康倬上书言彗星不足畏，桧大喜，特改京秩。楚州奏盐城县海清，桧请贺，帝不许。知虔州薛弼言木内有文曰"天下太平年"，诏付史馆。于是修饰弥文，以粉饰治具，如乡饮、耕籍之类节节备举，为苟安余杭之计，自此不复巡幸江上，而祥瑞之奏日闻矣。

洪皓归自金国，名节独著，以致金酋室撚语，直翰苑不一月逐去。室撚者，粘罕之左右也。初，粘罕行军至淮上，桧尝为之草檄，为室撚所见，故因皓归寄声。桧意士大夫莫有知者，闻皓语，深以为憾，遂令李文会论之。胡舜陟以非笑朝政下狱死，张九成以鼓唱浮言贬，累及僧宗杲编配，皆以语忤桧也。张邵亦坐与桧言金人有归钦宗及诸王后妃意，斥为外祠。十四年，贬黄龟年，以前尝论桧也。闽、浙大水，右武大夫白锷有"变理乖谬"语，刺配万安军。太学生张伯麟尝题壁曰"夫差，尔忘越王杀而父乎"，杖脊刺配吉阳军。故将解潜罢官闲居，辛永宗总戎外郡，亦坐不附和议，潜窜南安死，永宗编置肇庆死。赵鼎、李光皆再窜过海。皓之罪由白锷延誉，光以在藤州唱和有讽刺及桧者，为守臣所告也。

先是，议建国公出阁，吏部尚书吴表臣、礼部尚书苏符等七人论礼与桧意异，于是表臣等以讨论不祥、怀奸附鼎皆罢。始，桧为上言：赵鼎欲立皇太子，是待陛下终无子也，宜俟亲子乃立。遂嗾御史中丞詹大方言鼎邪谋密计，深不可测，与范冲等咸怀异意，以徼无妄之福。冲尝为资善翊善，故大方诬之。其后监察御史王鉴言帝未有嗣，宜祠高禖，诏筑坛于圜丘东，皆桧意也。

台州曾惇献桧诗称"圣相"。凡投献者以皋、夔、稷、契为不足，必曰"元圣"。桧乞禁野史。又命子熺以秘书少监领国史，进能炎元年至绍兴十二年《日历》五百九十卷。熺因太后北还，自颂桧功德凡二千余言，使著作郎王扬英、周执羔上之，皆迁秩。自桧再相，凡前罢相以来诏书章疏稍及桧者，率更易焚弃，日历、时政亡失已多，是后记录皆熺笔，无复有公是非矣。冬十月，右正言何若指程颐、张载遗书为专门曲学，力加禁绝，人无敢以为非。

十五年，熺除翰林学士兼侍读。四月，赐桧甲第，命教坊乐导之入，赐缗钱金绵有差。六月，帝幸桧第，桧妻妇子孙皆加恩。桧先禁私史，七月，又对帝言私史害正道。时司马伋遂言《涑水记闻》非其曾祖光论著之书，其后李光家亦举光所藏书万卷焚之。十月，帝亲书"一德格天"扁其阁。十六年正月，桧立家庙。三月，赐祭器，将相赐祭器自桧始。

先是，帝以彗星见求言。张浚上疏，言今事势如养大疽于头目心腹之间，不决不止，愿谋为豫备。不然，异时以国与敌者，反归罪正议。桧久憾浚，至是大怒，即落浚节钺，贬连州，寻移永州。

十七年，改封桧益国公。五月，移贬洪皓于英州。八月，赵鼎死于吉阳军。是夏，先有赵鼎遇赦永不检举之旨，又令月申存亡，鼎知之，不食而卒。自鼎之谪，门人故吏皆被罗织，虽闻其死而叹息者亦加以罪。又窜吕颐浩子摭于藤州。十二月，进士施锷上《中兴颂》《行都赋》及《绍兴雅》十篇，永免文解。自此颂咏导谀愈多。赐百官喜雪御筵于桧第。

十八年，熺除知枢密院事，桧问胡宁曰："外议如何？"宁曰："以为公相必不袭蔡京之迹。"五月，李显忠上恢复策，落军职，与祠。六月，迪功郎王廷珪编管辰州，以作诗送胡铨也。闰八月，福州言民采竹实万斛以济饥。十一月，胡铨自新州移贬吉阳军，以作颂谤讪也。

十九年，帝命绘桧像，自为赞。是岁，湖、广、江西、建康府皆言甘露降，诸郡奏狱空。帝尝语桧曰："自今有奏狱空者，当令监司验实。果妄诞，即按治，仍命御史台察之。苟不惩戒，则奏甘露瑞芝之类，崇虚饰诞，无所不至。"帝虽眷桧，而不可蔽欺也如此。十二月，禁私作野史，许人告。

二十年正月，桧趋朝，殿司小校施全刺桧不中，磔于市。自是每出，列五十兵持长梃以自卫。是月，曹泳告李光子孟坚省记光所作私史，狱成，光窜已久，诏永不检举；孟坚编置峡州；朝士连坐者八人，皆落职贬秩；胡寅窜新州。泳由是骤用。五月，秘书少监汤思退奏以桧存赵氏本末付史馆。六月，熺加少保。郑炜告其乡人福建安抚司机宜吴元美作《夏二子传》，指蚊、蝇也；家有潜光亭、商隐堂，以亭号潜光，有心于党李，堂名商隐，无意于事秦。故桧尤恶之。编管右迪功郎安诚、布衣汪大圭，斩有荫人惠俊、进义副尉刘允中，黥径山僧清言，皆以讪谤也。时桧疾愈，朝参许肩舆，二孙扶掖，仍免拜。二十一年，朝散郎王扬英上书荐熺为相，桧奏扬英知泰州。

二十二年，又兴王庶二子之奇之荀、叶三省、杨炜、袁敏求四大狱，皆坐谤讪。炜又以尝登李光、萧振之门，言时事也。于是光永不检举，振贬池州。二十三年，桧请下台州于谢伋家取綦崇礼所受御笔缴进。桧初罢相，上有责桧语，欲泯其迹焉。是岁，进士黄友龙坐谤讪，黥配岭南；内侍裴咏坐指斥，编管琼州。二十四年二月，杨炜以弟炜旧累死宾州，炜编管邕州。何兑讼其师马伸发端上金人书乞存赵氏，为分桧功，兑编管英州。三月，桧孙敷文阁待制埙试进士举，省殿试皆为第一，桧从子焞焲、姻党周夤沈兴杰皆登上第，士论为之不平。考官则魏师逊、汤思退、郑仲熊、沈虚中、董德元也。师逊等初知贡举，即语人曰："吾曹可以富贵矣。"及廷试，桧又奏思退为编排，师逊为详定。埙与第二人曹冠策皆攻专门之学，张孝祥策则主一德元老且及存赵事。帝读埙策，皆桧、熺语，于是擢孝祥为第一，降埙第三。未几，埙修撰实录院，宰相子孙同领史职，前所无也。

六月，以王循友前知建康尝罪桧族党，循友安置藤州。八月，王趯为李光求内徙，趯编管辰州。郑玘、贾子展以会中有嘲谑讲和之语，玘窜容州，子展窜德庆府。方畴以与胡铨通书，编置永州。十二月，魏安行、洪兴祖以广传程瑀《论语解》，安行编置钦州，兴祖编置昭州。又窜程纬，以其慢上无礼也。

帝尝谕桧曰："近轮对者，多谒告避免。百官轮对，正欲闻所未闻，可令检举约束。"桧擅政以来，屏塞人言，蔽上耳目，凡一时献言者，非诵桧功德，则讦人语言以中伤善类。欲有言者恐触忌讳，畏言国事，仅论销金铺翠、乞禁鹿胎冠子之类，以塞责而已。故帝及之，盖亦防桧之壅蔽也。

衢州尝有盗起，桧遣殿前司将官辛立将千人捕之，不以闻。晋安郡王因入侍言之，帝大惊，问桧，桧曰："不足上烦圣虑，故不敢闻，盗平即奏矣。"退而求其故，知晋安言之，遂奏晋安居秀王丧不当给俸，月损二百缗，帝为出内帑给之。

二十五年二月，以沈长卿旧与李光启讥和议，又与芮烨共赋《牡丹诗》，有"宁令汉社稷，变作莽乾坤"之句，为邻人所告，长卿编置化州，烨武冈军。静江有驿名秦城，知府吕愿中率宾僚共赋《秦城王气诗》以媚桧，不赋者刘芮、李燮、罗博文三人而已。愿中由此得召。又张扶请桧乘金根车，又有乞置益国官属及议九锡者，桧闻之安然。十月，申禁专门之学。以太庙灵芝绘为华旗，凡郡国所奏瑞木、嘉禾、瑞瓜、双莲悉绘之。

赵令衿观桧《家庙记》，口诵"君子之泽，五世而斩"，为汪召锡所告。御史徐嚞又论赵鼎子汾与令衿饮别厚赆，必有奸谋，诏送大理，拘令衿南外宗正司。桧于一德格天阁书赵鼎、李光、胡铨姓名，必欲杀之而后已。鼎已死而憾之不置，遂欲孥戮汾。桧忌张浚尤甚，故令衿之狱，张宗元之罢，皆波及浚。浚在永州，桧又使其死党张柄知潭州，与郡丞汪召锡共伺察之。至是，使汾自诬与浚及李光、胡寅谋大逆，凡一时贤士五十三人皆与焉。狱成，而桧病不能书。

是月乙未，帝幸桧第问疾，桧无一语，惟流涕而已。熺奏请代居相位者，帝曰："此事卿不当与。"帝遂命权直学士院沈虚中草桧父子致仕制。熺犹遣其子埙与林一飞、郑枏夜见台谏徐嚞、张扶谋奏请己为相。丙申，诏桧加封建康郡王，熺进少师，皆致仕，埙、堪并提举江州太平兴国宫。是夜，桧卒，年六十六。后赠申王，谥忠献。

桧两据相位，凡十九年，劫制君父，包藏祸心，倡和误国，忘雠斁伦。一时忠臣良将，诛锄略尽。其顽钝无耻者，率为桧用，争以诬陷善类为功。其矫诬也，无罪可状，不过曰谤讪，曰指斥，曰怨望，曰立党沽名，甚则曰有无君心。凡论人章疏，皆桧自操以授言者，识之者曰："此老秦笔也。"察事之卒，布满京城，小涉讥议，即捕治，中以深文。又阴结内侍及医师王继先，伺上动静。郡国事惟申省，无一至上前者。桧死，帝方与人言之。

桧立久任之说，士淹滞失职，有十年不解者。附己者立与擢用。自其独相，至死之日，易执政二十八人，皆世无一誉。柔佞易制者，如孙近、韩肖胄、楼炤、王次翁、范同、万俟卨、程克俊、李文会、杨愿、李若谷、何若、段拂、汪勃、詹大方、余尧弼、巫伋、章夏、宋朴、史才、魏师逊、施巨、郑仲熊之徒，率拔之冗散，遽跻政地。既共政，则拱默而已。又多自言官听桧弹击，辄以政府报之，由中丞、谏议而升者凡十有二人，然甫入即出，或一阅月，或半年即罢去。惟王次翁阅四年，以金人败盟之初持不易相之论，桧德之深也。开门受赂，富敌于国，外国珍宝，死犹及门。人谓熺自桧秉政无日不锻酒具，治书画，特其细尔。

桧阴险如崖阱，深阻竟叵测。同列论事上前，未尝力辨，但以一二语倾挤之。李光尝与桧争论，言颇侵桧，桧不答。及光言毕，桧徐曰："李光无人臣礼。"帝始怒之。凡陷忠良，率用此术。晚年残忍尤甚，数兴大狱，而又喜谀佞，不避形迹。

然桧死熺废，其党祖述余说，力持和议，以窃据相位者尚数人，至孝宗始荡涤无余。开禧二年四月，追夺王爵，改谥谬丑。嘉定元年，史弥远奏复王爵、赠谥。

译文：

秦桧，字会之，江宁人。政和五年考中科举，被增补为密州教授。后又中宏词科，做过太学学正。靖康元年，金兵进攻汴京，派遣使者要求割让三镇，秦桧就用兵的机宜上书说了四事：一是说金人的要挟、请求，不会满足，请求只允许割让燕山一路；二是说金人狡猾奸诈，防守抵御不可迟缓；三是请求百官详细商议,选择适当的意见写到誓书上;四是请求把金国的使者安置在外,不能让他们进城,到宫中来。(他的这个上书)没有被答应。授予他为职方员外郎。不久成为张邦昌的部属,管理日常公事。(当时张邦昌准备派秦桧与金人议和割地)秦桧说:"这次去专门是为了割地,与我最初的意思相矛盾,不是我的本来意思。"三次上书推辞,被答应了。

当时商议割让三镇来平息战事,命令秦桧假借礼部侍郎的名义与程瑀为割地使,陪同肃王一起前往金兵营中。金兵撤退,秦桧、程瑀到燕地以后返回。御史中丞李固、翰林承旨吴开一同举荐秦桧,被拜官为殿中侍御史,晋升为左司谏。王云、李若水见金国的两个酋长回去,说金国坚决要求得到土地,否则,将会进兵夺取汴京。十一月,皇帝召集文武百官在延和殿商议,范宗尹等七十人请求给金国土地,秦桧等三十六人坚持不肯答应。不久,被任命为御史中丞。

闰十一月,汴京失守,二位皇帝被虏至金兵营中。二年二月,莫俦、吴开从金营回来,传达金兵统帅的命令,推举拥立异姓(为皇帝)。留守王时雍等召集百官军民共同商议拥立张邦昌,大家的脸色都变了,不敢回答,监察御史马伸对众人说:"我们这些人的职掌就是谏臣,怎么容忍坐着观望而不说一句话呢?应该共同商议情况,请求保存赵氏。"当时秦桧是台长,听了马伸的话,认为是对的,于是献上状子说:

秦桧承蒙国家厚恩,十分惭愧没有报效国家。现在金人拥有重兵,临近已经攻下的城市,操纵着生杀大权,一定要改变国家的姓氏,我秦桧誓死争辩,不仅仅是忠于主上,而且还明白两国之间的利害关系。赵氏从祖宗到后代,一百七十余年。

不久前因奸臣破坏盟约，与邻国结怨，谋臣失策，误害君主，丧失军队，终于使百姓蒙受祸害，京师失守，君主对郊外，在军前求和。两位元帅既然允许了他的提议，中外都知道了，并且还用尽了财物，把皇帝用的东西都取出来了，割让两河的地方，恭恭敬敬作臣子，现在却改变前面的协议，做臣子的怎么容忍怕死而不辩论呢？

宋朝在中国，号令统一，国土绵延万里，有德有恩于天下百姓，是前代所没有的。即使兴亡的命运取决于上天，怎么可以因为一个城市的沦陷而决定废立的事呢？过去西汉被新莽绝灭，光武帝因此兴隆；东汉被曹氏绝灭，刘备在四川称帝；唐朝被朱温篡夺，李克用还推举其后代来继承君位。大约是基础宽广就难以倾覆，根深就难以拔出。

张邦昌在太上皇时，依附权臣幸臣，共同干危害国家的事，国家危亡，百姓蒙难，固然不是一个人所招致的，但也是与张邦昌所为相关。天下的人正痛恨他像仇敌一样，如果交给他土地，使他统治百姓，四方的豪杰一定会共同起来诛杀他，终究不会成为大金国的屏障藩国。一定要拥立张邦昌，那么京师的老百姓可以服从，天下的老百姓不会服从；京师的皇族子弟可以消灭，在天下的皇族子弟不能消灭。我秦桧置斧钺之诛于不顾，说明两国利害，希望恢复皇位继承人来安定四方，不只是大宋的福气，也是大金国的万世利益。

金人不久把秦桧带到军中。三月，金人拥立张邦昌为伪楚政权。张邦昌送给金国文书，请求遣还孙傅、张叔夜和秦桧，没有允许。最初，二位皇帝北迁，秦桧与孙傅、张叔夜、何㮚、司马朴跟从到燕山，又迁徙到韩州。太上皇听说康王即位，写信给粘罕,相约议和,让秦桧修改润色书信。秦桧通过丰厚的贿赂结交了粘罕。碰上金国君主吴乞买把秦桧赏赐给了他的弟弟挞懒,秦桧被挞懒重任,挞懒进攻山阳,是建炎四年十月甲辰这一天,秦桧的妻子王氏以及奴婢、仆人一家,从军中取道涟水军水寨,渡海回到临安。丙午这一天,秦桧入宫拜见皇上。丁未这一天,被拜官为礼部尚书,赏赐了银帛。

秦桧回来后,自己说是杀死金兵监守,夺船逃回来的。朝中人士大多说秦桧与何㮚、孙傅、司马朴一同被拘留,而唯独秦桧回来;又从燕到楚二千八百里,过河渡海,难道没有责难他的人,怎么能够杀死监守的人而南归呢?就是让他跟从挞懒从军,金人纵容他,也一定会把他的妻子作为人质,怎么能够与王氏一起回来呢?只有宰相范宗尹、同知枢密院李回和秦桧友善,竭力排除各种疑问,全力推荐,说他忠心耿耿。没有对策的前一天,皇帝让他先见执政官员。秦桧首先说"如果想要使天下无事,南面是南面,北边是北边",等到他第一个献上与挞懒求和文书的草稿时,皇帝说:"秦桧纯朴忠厚超过常人,我得到他高兴得睡不好觉。听到二位皇帝、母后的消息,又得到了一个好士人。"范宗尹想把秦桧安置在皇帝为研读经史而特设的御前讲席位置上,皇帝说:"暂时让他在尚书省负责一事。"所以有礼部的任命。跟随他一道的王安道、冯由义、水寨丁禩以及参议官一起改为京秩,驾船人孙靖也补为承信郎。刚开始时,朝廷虽然多次派遣使者,但一边防守一边议和,然而,专门和金人解仇议和,实际上从秦桧开始。大概是秦桧在金国王庭首先提议讲和,所以挞懒放纵他,使他回来。

绍兴元年二月,被任命为参知政事。七月,范宗尹被罢官。早些时候,范宗尹建议讨论崇宁、大观以来随便赏赐的事,秦桧极力赞成这个意见,见皇帝意志坚决,秦桧反而拿这个来排挤范宗尹。范宗尹既然离去,宰相的位置长久空缺。秦桧扬言说:"我有两条策略,可以支撑振兴国家。"有人问他是什么,他不说,只说:"现在没有宰相,不能施行。"八月,秦桧被拜官为右仆射、同中书门下平章事,并负责枢密院的事。九月,吕颐浩再次做宰相,秦桧和他一同执政,阴谋夺取他的权力,用微言暗示他的党羽,(向皇帝)建议说:"周宣王时内修政治,外攘敌人,所以能够中兴国家,现在二位宰相应该分别负责内外事务。"于是,吕颐浩在镇江建立都督府。皇帝说:"吕颐浩专门负责军事,秦桧专门负责政务,像文仲、范蠡那样各分其职。"

二年,秦桧上书设置修政局,自己任提举,参知政事翟汝文一同领衔。不久秦桧当面弹劾翟汝文擅自处理官员,翟汝文请求辞去职务;谏官方孟卿一再辩论这件事,翟汝文竟然被罢职。监察御史刘一止,是秦桧的死党,说:"宣王内修政治,修的是所谓外攘敌人的政治。现在的文书狱讼、官吏的任命、土木建造都不是当务之急。"屯田郎曾统对秦桧说:"宰相没有什么事不统管,怎么被局限呢?"秦桧都不听从。不久有人提议废修政局来动摇秦桧,刘一止和检讨官林待聘都上书说不能废修政局。七月,刘一止离开御史台,授予起居郎,大约是自己背叛自己的说法,知道的人都讥笑他。

吕颐浩从长江上游回朝,谋划驱逐秦桧,有人告诉他拉拢朱胜非作为帮助的人。于是下诏以朱胜非为都督。给事中胡安国说朱胜非不能任用,于是朱胜非以醴泉观使的身份兼侍读。胡安国请求离职,秦桧三次上书挽留他,没有答应。吕颐浩不久把黄龟年任命为殿中侍御史,刘棐为右司谏,大概准备驱逐秦桧。于是江跻、吴表臣、程瑀、张焘、胡世将、刘一止、林待聘、楼炤全部贬职到祠部，台省一下子空了，（这些人）都是秦桧的党羽。秦桧起初想倾覆吕颐浩，招引一时的名士像胡安国、张焘、程瑀等人安置在要害部门。吕颐浩向席益询问除去秦桧的办法。席益说："看作朋党就可以了。现在朋党头目胡安国在官门，应该首先除去他。"大概是胡安国曾经向游酢询问过人才，游酢说到秦桧，并且把他比喻为（三国时魏国谋士）荀文若。所以胡安国竭力说秦桧比张浚等人要贤能一些，秦桧也尽力引荐胡安国。到这时，胡安国等人去职，秦桧不久也去职。秦桧再次为相祸害国家时，胡安国已死了。黄龟年刚开始弹劾秦桧专门主张和议，阻挠恢复国土，培植党徒操纵权力，发展到不能再发展了，以致把秦桧比作王莽、董卓。八月，秦桧被罢职，任观文殿学士，提举江州太平观。

前一天，皇上召见直学士院綦密入宫对策，把秦桧所陈述的两条策略给他看，想要把河北的人归还给金国，把中原的人归还给刘豫。皇帝说："秦桧说'南方人回南方，北方人回北方'。我是北方人，回哪里？秦桧又说'做宰相几个月，可以振兴国家'，现在没有听说消息。"綦密立即把皇帝的意思写在训辞中，颁发国内外，人们开始知道秦桧奸诈。黄龟年等议论秦桧不止，于是诏令（将秦桧）贬职，张贴在朝廷，表示不再任用他。三年，韩肖胄等出使金国回来，带着金国的使者李永寿、王翊一同来，请求全部归返北边俘虏，与秦桧以前的意见一致。有见识的人更加知道秦桧与金人是同谋，国家的耻辱没有停止。

五年，金国国君死了，挞懒主政，终于与宋达成和议。二月，恢复秦桧的资政殿学士，仍旧主持祠部。六月，拜官为观文殿学士、温州知州。六年七月，改任绍兴府知府。不久又任命为醴泉观使兼侍读，做皇帝行宫的留守；孟庚同时也是留守，并且暂时到尚书、枢密院参与决策政事。当时已经下诏准备出巡，秦桧请求随从，没有被允许。皇帝驻留平江，召秦桧到住所，这是因为右丞相张浚推荐。十二月，秦桧以醴泉观兼侍读的身份到讲席赴任。七年正月，何藓出使金国返回，得知宋徽宗及宁德皇后死亡的信，皇帝放声大哭，为他们发丧，当天就授予秦桧枢密使，多次给他恩惠，把他当作重臣。四月，命令王伦出使金国，迎回皇帝的灵柩。

九月，张浚请求辞职，皇帝问："谁可以代替你？"张浚不回答。皇帝说："秦桧怎么样？"张浚说："和他一起共事，才知道他昏昧。"皇帝说："那么任用赵鼎。"于是，赵鼎再次做了宰相。御史台议论张浚的文书纷纷上呈，因此把他安置到岭表。赵鼎与同事相约解救，自己和张守当面向皇帝陈述，每个人都说了数千言，唯独秦桧没有一句话。于是，张浚被贬到永州。以前，张浚、赵鼎相处很好，张浚先显贵，竭力引荐赵鼎。两人曾经共同讨论人才，张浚特别谈论秦桧好，赵鼎说："这个人得志，我们没有安身立足之地！"张浚不这样认为，所以引荐秦桧，与他共事才知他昏昧，不再推荐他。秦桧因此痛恨张浚，反而对赵鼎说："皇上要召回你，张宰相迟留阻拦。"是因为恼怒赵鼎，让他陷害张浚。秦桧在枢密院只听从赵鼎，赵鼎一向厌恶秦桧，从这件事上反而深深信任秦桧，终于被他陷害。赵鼎与张浚晚年在福建相遇，说到此事，才知道都被秦桧欺骗。

十一月，奉命出使金国的朱弁用书信报告说粘罕死了，皇帝说："金人残暴肆虐，不灭亡还待什么时候？"秦桧说："陛下只管积累德行，中兴大业自然有时候。"皇帝说："这个当然有时候，然而也需要有所行动，然后才能达到目的。"

八年三月，被拜官为右仆射，同中书门下平章事兼枢密使。

吏部侍郎晏敦为此有忧愁的神色，说："奸臣做宰相了。"五月，金国派遣乌陵思谋等来议和，与王伦一起来。乌陵思谋就是宣和年间在海上议和时的使者。商议让吏部侍郎魏矼陪同，魏矼推辞说："刚刚在御史台，说和议不对，现在不能专门应付和议。"秦桧询问魏矼为什么不主张议和，魏矼详细地说了敌人的情况。秦桧说："你是用智谋判断敌人，我是用忠诚来对待敌人。"魏矼说："我恐怕敌人不会用诚意对待宰相。"于是，秦桧改变了主意。六月，乌陵思谋等入宫见皇帝。皇帝神色变得严肃而表现出不愉快的样子，对宰相说："先帝的灵柩，果真有归还的日期，虽然等两三年还可以。只是太后年岁已高，我早晚思念，想早日相见，这是我之所以怕委屈自己，希望和议迅速达成。"秦桧说："委屈自己议和，这是人主的孝心，见到主上卑躬屈从，愤愤不平，这是做臣子的忠心。"皇帝说："虽这样，有备无患，即使和议可以成功，边境的防备也不可松弛。"

十月，宰执们入宫晋见皇帝，（返回时）秦桧单独留下来，说："臣僚们畏首畏尾，大多数持两种态度，这些人是不值得同他们决定大事的。如果陛下决定讲和，恳请单独与我商议，不要允许其他人参与。"皇帝说："我只委托你。"秦桧说："我也恐怕不妥，希望陛下再考虑三天，容许我另外上书。"又过了三天，秦桧又留下来说事，皇帝想讲和的心意更迫切，秦桧还认为不妥，说："我恐怕另外有不便之处，想希望陛下再考虑三天，容许我另外再上书。"皇帝说："好。"又过了三天，秦桧又像以前一样留下来说事，知道皇上的心意已确定不变，才出示用文字的奏章决定和议，不允许其他人参与。

赵鼎竭力要求退位，以少傅的身份出任绍兴府知府。原先皇帝没有儿子。建炎末年，范宗尹亲近皇帝有请求，便命令宗室令儗选择艺祖的后代,得到伯琮、伯玖,让他们进宫,两人都是艺祖的七世孙。伯琮改名叫瑗,伯玖改名叫璩。瑗首先执持符节,封为建国公。皇帝告诉赵鼎专门让他处理事务。赵鼎又请求建立资善堂,赵鼎罢职,攻击赵鼎的人,一定要把资善堂作为口实。等到赵鼎、秦桧再次做宰相,皇帝出示亲写的条子,任命璩为节度使,封他为吴国公。执政们聚会商议,枢密副使王庶见此,大声疾呼说:"两个人并作为嫡嗣,这不行。"赵鼎拿这个问秦桧,秦桧不答。秦桧反过来问赵鼎,赵鼎说:"从丙辰年罢去相位,议论的人专门以这个作借口,现在应该避嫌。"相约一同上奏,当面向皇帝进谏,等到到了皇帝面前,秦桧不说一句话。赵鼎说:"现在建国公在位上,名虽未正,但天下的人知道陛下有儿子了。现在对他的礼节不得不有所区别。"于是,皇帝留话说等待商议。第二天,秦桧单独留下来说事。过了几天,参知政事刘大中进谏,也说赵鼎一样的话,因此赵鼎与刘大中都被罢免。第二年,璩终于授予保大军节度使,封为崇国公。所以赵鼎入宫辞谢,劝诫皇帝说:"我走后,一定有人以孝弟的名义胁迫制约陛下。"出宫时碰见秦桧,作了一下揖就走了,秦桧也痛恨他了。

赵鼎既然辞职,秦桧就独自专权,决计讲和。朝中贤士,因意见不合,一个接一个地辞去职务。在这个时候,中书舍人吕本中、礼部侍郎张九成都不附和讲和,秦桧告诉他们悠闲自得,委曲赞成,张九成说:"没有冤枉自己而指正别人的人。"秦桧深深地痛恨他。殿中侍御史张戒上书请求挽留赵鼎,又陈述十三件事来议论讲和不对,触犯了秦桧。王庶尤其与秦桧不合,从淮西到枢密院任职,始终说议和不行,上书达七次,并且对秦桧说:"忘记东都想要保存赵氏的时候,怎么忘了金国这个敌人呢?"秦桧正挟金人自重,尤其痛恨王庶,所以贬黜他。

枢密院编修官胡铨上书,希望杀秦桧和王伦谢天下百姓。于是上下骚乱。秦桧假装解救,终于用器械押送胡铨,将他贬到昭州。陈刚中用书信祝贺胡铨(幸免于死),秦桧大怒,捉拿陈刚中到吏部,把他降职到赣州安远县任知县。赣州有十二个县,安远县接近岭南,地方很差,瘴气很大,谚语说:"龙南、安远,一去不返。"意思说必死无疑。陈刚中果然死在那里。不久把胡铨的事告诫中外。随即校书郎许忻、枢密院编修官赵雍同一天上书,还效法胡铨的意思,极力排斥议和。赵雍又想确定南方和北方兄弟之国的名分,因此秦桧没能治他的罪。曾开见到秦桧,说当今应该讨论生死存亡,不应该讨论安危。秦桧很惊愕,于是贬黜他。司勋员外郎朱松、馆职胡珵、张扩、凌景夏、常明、范如圭同上一疏说:"金人用'和'一字左右我们十二年,用它颠覆了我们的王室,用它放松我们对边境的防备,用它消耗了我们的国力,用它懈怠缓和了我们对他们不共戴天的仇恨,用它绝望我国一心思念汉族的子民之心,用它作为下诏晓谕江南的名义,要挟陛下对他们俯首称臣。从公卿大夫至六军和万民百姓,没有不挽袖挥掌表示愤怒的,怎么会听从陛下作北面仇敌的臣子呢!天下将会有人仗大义,责问宰相罪行。"过了几天,代理吏部尚书张焘,吏部侍郎晏敦复、魏、户部侍郎李弥逊、梁汝嘉、给事中楼炤、中书舍人苏符、工部侍郎萧振、起居舍人薛徽言一同入宫上奏,极力说委屈自己的礼节不对。新近作礼部侍郎的尹焞单独上书,并且送信严厉责问秦桧,秦桧开始恼怒,于是尹焞一再推辞任命,不到职。奉礼郎冯时行被召对策,说和议不可以相信,以致引用汉高祖分羹的事作为比喻。皇帝说:"我不忍心听。"皱着眉毛站了起来。于是,秦桧贬冯时行为万州知州,不久又处他罪。中书舍人勾龙如渊高声对秦桧说:"邪说横起,怎么不选择台官攻击、驱逐他们。"于是,秦桧奏请把如渊作为御史中丞,(如渊上台后)第一个弹劾胡铨。

金国使者张通古、萧哲用以诏谕江南为名义,(来到南宋),秦桧害怕时论责怪自己,便与萧哲等商议,改江南为宋,改诏谕为国信。京、淮宣抚处置使韩世忠总共四次上书,极力劝谏,其中有"金人把(大宋)看作刘豫对待"的话,并且说兵势严重的地方,愿意自己担当,没有被许可。萧哲等到达泗州,要挟所经过的州县用臣下(迎接主上)的礼节迎接他们,到达临安的那一天,想要皇帝对待他们像客人一样,韩世忠更加愤怒,再次上书说:"金国用诏谕为名义,暗地里想使陛下归顺他们,这是主上被辱,臣子为之去死的时候,愿意誓死力战来决定胜败。如果不成功,委曲听从他们不晚。"也没有被允许。萧哲等已经进入国境,接待陪同的使者范同两次跪拜,询问金主的起居,军民见到的,往往都流泪。经过平江,驻守的臣子向子諲不下拜,请求退休。萧哲等到淮安,说首先归还河南的土地,并且册封皇上作为皇帝,慢慢地商议其他事。

秦桧到这个时候想要皇上行委屈自己的礼节,皇帝说:"我继承守住太祖、太宗建立的大业,怎么可以接受金人的封册。"碰上三衙帅杨沂中、解潜、韩世良一起见秦桧说:"军民慌乱你怎么办?"退下来后,又告诉台谏。于是勾龙如渊、李谊多次见秦桧,商议国书的事,如渊说得到文书交给官中,那么礼节不行,事情也可定下来。给事中楼熥也拿"居丧三年不说话"的事告诉秦桧,于是确定秦桧行使冢宰接受文书的方案。皇帝也深深地指责王伦,王伦告诉金国使者,金国使者也因害怕而听从了。皇帝命令秦桧到宾馆中面见萧哲等,接受他们的册封文书。金国使者想要百官准备礼节,秦桧让省吏穿着朝服引导跟从,把文书交到官中。先一天，诏令说金国使者来，准备全部割让河南、陕西原来的地方，又答应归还皇帝灵柩及母亲、兄长和亲族，起初没有需要和索求。因为参知政事李光一向负众望，便让他在和议的文书上签字，以压制非议。又把皇帝的亲笔信赏赐给三大将。

九年，金人归还河南、陕西原来的地方，让王伦负责枢密院事，充当迎接灵柩、奉还两宫、交割地界的使者，蓝公佐为副使。判大宗正事士㒟、兵部侍郎张焘朝拜八座皇陵。皇帝对宰执说："河南新近收复，应该命令驻守大臣专门安抚遗民，劝督农桑，各地就地解决粮食，凭借当地的人防守，不能调东南的钱财，空虚内地来应付外地。"皇帝虽然听从秦桧主和而实际上怀疑金人奸诈，从来没有放松防备。

当时张浚在永州，迅速赶回朝廷面奏，极力陈说应该以石晋、刘豫为戒，又写信给孙近，认为"秦国称帝的祸害，发生虽迟却很大。"徐俯防守上饶，连南夫统帅广东，岳飞宣抚淮西，都借庆贺而寓意讽谏。徐俯说："祸福互相发生，情伪多端。"连南夫说："不信也相信，是这样难道这样？即使虞舜时的十二州，都归附王化；然而商于地方的六百里，应当想到你被欺骗！"岳飞说："挽救暂时的危急而解倒悬，还可以；想要长期考虑而独尊中国，难道是这样吗？"其他像秘书省正字汪应辰、樊光远、澧州推官韩紃、临安府司户参军毛叔庆，都说金人不可测摸；迪功郎张行成献《询荛书》二十篇，大意是说自古讲和，没有最终不变的，条文具有的都是预备的办法。秦桧全部加以贬黜责备，韩紃被贬到循州。

七月，兀术杀死领三省事宗磐及左副元帅挞懒，拘留王伦到中山府。大概兀术认为归还土地是他们二人的主张，将会有其他阴谋。王伦曾经秘密告诉朝廷，秦桧不加防备，只催促王伦赶快回去。当时韩世忠有乘机全面袭击金人的请求，秦桧说《春秋》上说过遇丧时不讨伐该国，与皇帝的意思相符合，于是停止。

十年，金人果然破坏盟约，分兵四路入侵。兀术进到东京，葛王褒夺取南京，李成攻取西京，撒离喝靠近永兴军。河南各路相继沦陷。皇帝开始很奇怪，下诏列举兀术罪状。御史中丞王次翁上奏说："以前国家大政，起初并没有主持朝议的。事情有小小的变化，就更换任用别的人做宰相，后来的人不一定贤能，而排斥贬黜不同意见的人，混乱几个月不能安定，希望陛下以此作为深刻教训。"皇帝深感他说得对。秦桧力排众议，始终把和议作为自己的职责，而王次翁说没有主持朝议的，专门是针对秦桧的地位。因此秦桧的相位又安定了，在位总共十八年，公论不能动摇他。

六月，秦桧上书说："德行没有固定的老师，主张为善就是老师。我不久前见挞懒有割地讲和的提议，所以赞成陛下收取河南原来的疆土。现在兀术杀死其叔父挞懒，蓝公佐回国，和议已发生变化，所以赞成陛下制定吊民伐罪大计。希望到长江上游晓谕各路统帅，合力攻讨。"最终不施行（这个打算）。闰六月，贬黜赵鼎到兴化军，因为王次翁秉承秦桧旨意，说他图谋再度任相。弹劾的人不休止，赵鼎不久逃到潮州。

当时张浚攻克亳州，王胜攻克海州，岳飞攻克郾城，几乎俘虏兀术。张浚在长宁打了胜仗，韩世忠中在泇口镇获胜，各个将领所到之处都告捷，而秦桧极力主张收兵。九月，诏令岳飞回临安，杨沂中回镇江，刘光世回池州，刘锜回太平。岳飞的军队听到诏书，旗帜车辙一下就乱了，岳飞惊呆得口张开不能合上。于是淮宁、蔡、郑又为金人所拥有。在明堂加恩，封秦桧为莘国公，十一年，兀术再次进攻，夺取寿春，攻入庐州，将领邵隆、王德、关师古等连战获胜。杨沂中在拓皋作战,又打败金兵。秦桧忽然晓谕杨沂中和张浚立即班师。韩世忠听说,停留在濠州不前进;刘锜听说,放弃寿春返回。从此不再出兵。

四月,秦桧想要全部收回将领们的兵权,给事中范同献策,秦桧采纳了他的策略。秘密奏请召回三位大将论功行赏,韩世忠、张浚并列为枢密使,岳飞为枢密副使,把宣抚司军隶属枢密院。六月,秦桧官拜左仆射、同中书门下平章事兼枢密使,进封庆国公。《徽宗实录》修成,晋升为少保,加封冀国公。早些时候,莫将、韩恕出使金国,拘留在涿州。到这个时候,兀术有求和之意,放纵他们回来。秦桧又上奏请求派遣刘光远、曹勋出使金国,又把魏良臣作为通问使。不久,魏良臣带着金国的使者萧毅一起到来,商议以淮水为界,要求割让唐、邓二州。不久派遣何铸报答回访,答应了他们的要求。

十月,发起岳飞案。秦桧唆使谏官万俟卨讨论岳飞的罪行,张浚又诬诟岳飞的旧将张宪谋反,于是岳飞以及儿子岳云都被押送到大理寺,命令御史中丞何铸、大理卿周三畏审讯他们。十一月,贬黜李光到藤州,范同被罢去参知政事。范同虽然附和讲和,因为自己上奏事情,秦桧忌恨他。十二月,杀害岳飞。秦桧因为岳飞一再说和议失策,并且曾经上奏请求制订立国根本,都与秦桧的意见不同,一定要杀害他。何铸、周三畏开始审讯,岳飞很久都不认罪,万俟卨到御史台,案子就上报了。诬蔑岳飞曾自己说:"自己与太祖都是三十岁执持符节"是指斥皇帝,接受诏书,不救援淮西等罪行,赐死于监狱中。儿子岳云以及张宪在都市杀头。天下的人都认为是冤枉,听到的人没有不流泪的。岳飞的死,张浚在中间出了力,情况在《岳飞传》。

十二年,胡铨再次安置到新州居住。八月,宋徽宗以及显宗、懿节皇后的灵柩到达临安。太后回到慈宁宫。九月，加秦桧为太师，进封为魏国公。十月，进封秦、魏两国公。秦桧因为封两国，与蔡京、童贯相同，请求改封他的母亲为秦、魏两国夫人。他的儿子秦熺参加进士考试，馆客何溥到南省，都被定为第一名。秦熺本来是王晥的庶子，秦桧的妻子是王晥的妹妹，没有儿子，王晥的妻子骄贵而且妒忌，秦桧在金国时，出继熺作秦桧的后代。秦桧回来，家人让熺相见，秦桧很高兴。秦桧主张和议再次成功，更加追究以前不同意自己的人。早些时候，赵鼎被贬到潮州，王庶被贬到道州，胡铨再次被贬到新州。到这个时候，（秦桧下令他们）都遇上赦免时也永远不再推荐提拔。曾开、李弥逊一起降职。张浚本来帮助和议，在职位上一年多没有离职的意思，秦桧暗示江邈议论他，将他罢免。

十三年，庆贺瑞雪，庆贺瑞雪从秦桧开始。庆贺日食不见，从此以后日食大多不记载。彗星经常见到，候补官员康倬上书说彗星不值得畏惧，秦桧很高兴，特地把他改为京师官秩。楚州上报说盐城县海水清澈，秦桧请求庆贺，皇帝不允许。虔州知州薛弼说木中间有字说"天下太平年"，诏令交给史馆。从此修饰之词充满文章，用来粉饰治国的措施，象乡饮酒礼、耕种籍田之类一个接一个施行，为了在余杭苟且偷安打算，从此不再出巡长江上游，而祥瑞的消息一天天听到。

洪皓从金国回来，名节只有他显著，他传达金国酋长室睹的话，（回来后）被安置在翰林院，不到一个月就被驱逐出去。室睹这个人，是粘罕的亲信。以前，粘罕率兵到淮河，秦桧曾经为此草拟檄文，被室睹所见到，所以派遣洪皓回国探听传递消息。秦桧料想士大夫没有人知道，听了洪皓的话，深感遗憾，于是命令李文会议论（洪皓被逐）一事。胡舜陟因为非议、讥笑朝政被关进监狱而死，张九成因为鼓动浮言被贬，牵累到僧宗杲被迫到外地居住，都是因为言语触犯了秦桧。张邵也因为与秦桧说了金人有归还宋钦宗以及各个王、后妃的意思，而犯法被判罪，指到外祠。十四年，贬黜黄龟年，因为他以前曾经议论过秦桧。福建、浙江发洪水，右武大夫白锷有"变理乖谬"的话，被发配到永安军。太学生张伯麟曾经在墙壁上题字说："夫差，你忘了越王杀你父吗"，被施以杖刑，发配到吉阳军。原来的将领解潜罢官闲居，辛永宗负责总领外郡军事，也因不附和议而获罪，解潜逃窜到南安死了，辛永宗被安置到肇庆死了。赵鼎、李光都再次逃窜渡海。洪皓的罪行由于白锷延誉，李光因为在藤州倡议讽刺秦桧，被驻守大臣告发。

早些时候，商议建国公出宫，吏部尚书吴表臣、礼部尚书苏符等七人议论礼仪与秦桧不合，因此吴表臣等以议论不详细、心藏奸计和依附赵鼎（的罪名）被罢免。刚开始，秦桧对皇上说："赵鼎想立皇太子，是把陛下看成最终没有儿子，应该等有亲儿子才拥立。于是唆使御史中丞詹大方说赵鼎邪谋密计，深不可测，与范冲等人都怀有异意，以便达到不可妄想的福气。范冲曾经做资善翊善官，所以詹大方诬陷他。后来监察御史王锱说皇帝没有后代，应该祠奉媒神（以求有后代），于是下诏在圜丘的东面筑坛（祠奉媒神），都是秦桧的意思。

台州曾惇在献给秦桧的诗中称他为"圣相"。凡是投送进献给他的人用皋、夔、稷、契（来称颂他），他不满足，一定要说"元圣"。秦桧请求禁止修撰野史。又任命儿子秦熺用秘书监负责国史，进献建炎元年到绍兴十二年的《日历》五百九十卷。秦熺因为太后从北边返回，自己歌颂秦桧的功德共二千余字，让著作郎王扬英、周执羔献给皇上，都被晋升（官职）。自从秦桧再次任相,凡是以前被罢相以来诏书章疏中稍微涉及秦桧的,全部更改焚烧弃之,日历、时政纪亡失已经很多,后来记录的都是出自秦熺笔下,不再有公论是非了。冬天十月,右正言何若指责程颐、张载留下来的书是专门偏颇狭隘的言论,极力加以禁绝,没有人敢说不对。

十五年,秦熺被拜为翰林学士兼任侍读。四月,赏赐秦桧府第,命令教坊乐为前导迎入,赏赐给秦桧钱帛不等。六月,皇帝到秦桧家里,秦桧的妻子、子孙都得到恩惠。秦桧以前禁止私人修史,七月,又对皇帝说私人修史有害正道。当时司马伋被迫说《涑水记闻》不是他的曾祖司马光著的书,后来李光家也把李光所收藏的书万卷烧毁。十月,皇帝亲手写了"一德格天"的匾额挂在秦桧的楼阁。十六年正月,秦桧立家庙。三月,赏赐祭器,将相被赏赐祭器从秦桧开始。

以前,皇帝因为彗星出现请求言论。张浚上书,说现在事情的形势好像在头、目、心腹之间长着大疽,不切除不止,希望谋划作准备。否则,过去把国家给敌人的人,反而会把罪过归给持正确意见的人。秦桧早已痛恨张浚,到这时大怒,于是没收张浚的节钺,把他贬到连州,不久又迁到永州。

十七年,改封秦桧为益国公。五月,把洪皓的儿子贬到英州。八月,赵鼎死在吉阳军。这年夏天,先有赵鼎遇到大赦永远不能举荐提拔的旨令,又命令每月重申有效,赵鼎知道,不吃东西而死。自从赵鼎被贬,门人故吏都被罗织罪名,即使听说他的死讯而叹息的人也加给罪名。又流放吕颐浩的儿子吕摭到藤州。十二月,进士施锷献上《中兴颂》《行都赋》以及《绍兴雅》等十篇文章,宣布永远废止辩释疑惑、解剖纷难的文体。自从此颂以后,歌讼阿谀的人越来越多。因降瑞雪,在秦桧府第赏赐百官宴席。

十八年，秦熺被授权负责枢密院事务，秦桧问胡宁说："外边的议论如何？"胡宁说："认为您做宰相，一定不会承袭蔡京的事迹。"五月，李显忠献上恢复的策略，降军职，作祠奉崇官。六月，迪功郎王廷皂被安置到辰州，因为作诗送给胡铨的缘故。闰八月，福州说老百姓采集竹子上结的果实一万斛，救济饥荒。十一月，胡铨从新州迁贬到吉阳军，是因作颂指责（秦桧的）过失。

十九年，皇帝命令画秦桧的像，自己作赞词。这一年，湖、广、江西、建康府都说降甘露，各郡都上奏说监狱空虚，（罪犯很少）。皇帝曾经对秦桧说："从今以后，上奏监狱空虚者，应当命令监察机关验明证实。如果妄说，立即治罪，仍旧命令御史台考察。如果不惩戒，那么上报甘露瑞草之类。崇尚虚无荒诞，无所不至。"皇帝虽然器重秦桧，而不可被其蒙蔽、欺骗也像这样。十二月，禁止私自写野史，（如果有人私撰野史），准许别人告发。

二十年正月，秦桧到朝廷去时，殿司小校施全行刺他，没有刺中，施全被斩首于市。从此秦桧每外出，都带五十个兵士，拿着长梃自卫。这个月，曹泳报告李光的儿子孟记简略地记录有李光所写的私史，李光本已被贬很久，又下诏永远不得推荐、提拔；孟坚安置到峡州；朝廷中被连累获罪的有八个人，都被降职贬秩；胡寅逃到新州。曹泳因此突然被重用。五月，秘书少监汤思退上书把秦桧保存赵氏的经过交给史馆。六月，秦熺被加官为少保。郑炜告发他的同乡、福建安抚司机宜吴元美作《夏二子传》，指责为佞人变乱善恶；家里有潜光亭、商隐堂，因为亭叫潜光，有心作李光的党羽，因为堂名商隐，没有侍奉姓秦的意思。所以秦桧尤其厌恶他。安置管制右迪功郎安诚、布衣汪大圭，杀有荫人惠俊、进义副尉刘允中，在径山僧清言的脸上刺字，都是因为诽谤秦桧。当时秦桧病愈，朝拜参见允许他坐肩舆，两个孙子扶着，仍旧免除跪拜。二十一年，朝散议郎王扬英上书推荐秦熺做宰相，秦桧奏请王扬英为泰州知州。

二十二年，又发生王庶的两个儿子之奇和之荀、叶三省、杨炜、袁敏求四大冤案，都因为诽谤获罪。杨炜又因为曾经登过李光、萧振的家门，谈论时事。于是李光被永远不得推荐、提拔，萧振被贬到池州。二十三年，秦桧请求到台州的谢伋家中取綦密礼所受的皇帝亲笔信，上缴进献。秦桧刚罢除相职，皇上有责怪秦桧的话，（秦桧此举是）想要毁掉皇帝的笔迹。这一年，进士黄友龙因诽谤获罪，脸上被刺字，发配到岭南；内侍裴旸因为指斥获罪，被安置到琼州。二十四年二月，杨炬因为弟弟杨炜连累死在宾州，杨炬被安置在邕州。何兑诉说他的老师马伸发起向金人上书，请求保存赵氏，被认为是分秦桧的功劳，何兑被安置在英州。三月，秦桧的孙子敷文阁待制秦埙参加进士考试，省试、殿试都是第一名，秦桧的从子秦焞、秦焴，因婚姻结党的周夤、沈光杰都被考中，士大夫的言论抱不平。考官是魏师逊、汤思退、郑仲熊、沈虚中、董德元。魏师逊起初负责贡举，就对别人说："我们这些人可以富贵了。"等到廷试，秦桧又奏请让汤思退编排名次，魏师逊详细核定。秦埙与其他及第的二人中曹冠的对策都是攻击专门之学，张孝祥的对策则是主张尊奉一个德高的元老以及保存赵氏的事。皇帝读了秦埙的对策，都是秦桧、秦熺的话，于是提拔张孝祥为第一，降秦埙为第三。不久，秦埙修撰实录，宰相的子孙一同担任史职，是前所未有的。

六月，因为王循友以前任建康知府时曾经定秦桧宗族党羽的罪，把王循友安置到藤州。八月，王趯替李光请求内徙，王趯被安置到辰州。郑玘、贾子展因为在聚会中有嘲笑讲和的话，郑玘被流放到容州，贾子展被流放到德庆府。方畴因为与胡铨通信，被安置到永州。十二月，魏安行、洪兴祖因为广泛传播程瑀《论语解》，魏安行被安置到钦州，洪兴祖被安置到昭州。又流放程纬，因为他怠慢上级，并且无礼。

皇帝曾经告诉秦桧说："近来轮流对策的，大多以请假逃避。百官轮流对策，正是想要听没有听过的，可以使他们检举、约束。"秦桧擅权专政以来，堵塞言论，蒙蔽皇上的耳目，凡是一时进献言论的，不是歌颂秦桧的功德，就是揭发别人隐私的话来中伤好的人。想要说话的人恐怕触犯忌讳，害怕谈国家大事，仅仅是论述销毁金铺翠，请求禁止鹿胎冠子一类，来搪塞而已。所以皇帝提及，大概也是防止秦桧的蒙蔽而视听不明。

衢州曾经发生盗贼，秦桧派殿前司将官辛立率兵千人去逮捕他们，没有告诉皇上。晋安郡王因为入宫侍奉皇上说到这件事，皇帝大惊，询问秦桧，秦桧说："不值得麻烦、打扰圣上，所以不敢告知，盗贼平定就上奏。"退回去以后寻找原因，知道是晋安郡王说的，于是上奏说晋安王赵守秀在守丧期间，不应该给俸禄，每月减少二百缗，皇帝把宫内的钱给他。

二十五年二月，因为沈长卿原来与李光发起讥笑和议，又与芮烨同赋《牡丹诗》，其中有"宁令汉社稷，变作莽乾坤"的句子，被同乡人所告发，沈长卿被安置到化州，芮烨安置到武冈军。静江有一个驿站名叫秦城，知府吕愿中率宾客幕僚一同赋《秦城王气诗》来谄媚秦桧，没有赋诗的只有刘芮、李燮、罗博文三人而已。吕愿中因此得以征召。又张扶请求秦桧乘金根车，又有人请求设置益国官属以及议论加赐九锡的，秦桧听后心安理得。十月，重申禁止专门之学。用太庙的灵芝绘成华丽的旗子，凡是郡国所奏瑞木、嘉禾、瑞瓜、双莲全部绘上。

赵令衿看秦桧《家庙记》，口里朗诵"君子的恩泽，五代就断"，被汪召锡所告发。御史徐嘉又说赵鼎的儿子赵汾与赵令衿饮酒后用丰厚的财物赠送给行者，一定有奸诈阴谋，诏令押赴大理寺，拘留赵令衿到南外宗正司。秦桧在一德格天阁写上赵鼎、李光、胡铨的姓名，一定要杀死他们才肯甘休。赵鼎已死却怀恨不解，转而想杀死赵汾。秦桧忌恨张浚更是厉害，所以赵令衿的案子和张宗元被罢免，都波及张浚。张浚在永州，秦桧又让他的死党张柄任潭州知州，与郡丞汪召锡共同侦察他。到这时，让赵汾自己诬告与张浚以及李光、胡寅阴谋叛逆，总共当时的贤士五十三人都参与。案子的材料被整理完成，而秦桧因病不能签字了。

这个月的乙未日，皇帝到秦桧家中询问疾病，秦桧没有一句话，只是流泪而已。秦熺上奏请求代理宰相职位，皇帝说："这件事你不应该参与。"于是，皇帝命令代理直学士院沈虚中起草秦桧父子退休的文书。秦熺还派遣他的儿子秦埙与林一飞、郑枏在夜里拜见台谏徐嚞、张扶，阴谋奏请自己做宰相。丙申这一天，下诏加封秦桧为建康郡王，秦熺晋升为少师，都退休，秦埙、秦堪一同任江州太平兴国宫提举。这天晚上，秦桧死了，终年六十六岁。后来封赠为申王，谥号忠献。

秦桧两次占据宰相职位，总共十九年，威逼君王，包藏祸心，唱和误国，忘记仇恨，败坏人伦。一时的忠臣良将，诛锄略尽。那些顽固鲁钝的无耻之徒，大都被秦桧任用，争先恐后地把诬陷好人作为功劳。他们矫称、诬蔑，那些没有罪行的人，不过是说诽谤，说指斥，说抱怨，说结成朋党获取声名，甚至说是心中没有君王。大凡讨论人事的上书，都是秦桧自己操纵告诉上书的人，知道的人说："这是老秦写的。"侦察事情的兵卒，布满京城，小的涉及讥笑、议论，就被逮捕治罪，用严酷的法令对待。又暗中勾结内侍及医师王继先，观察皇上的动静。郡国的事情只简单陈述，没有一件直接将文书送给皇上。秦桧死后，皇帝才对别人说。

秦桧确立长久任职的说法，士人久留失职，有十年不被解除职务的。附和自己的，立即给予提拔重任。自从他一个人任宰相，到死的那一天，更换执政官二十八人，都是当时没有一个有声誉的。优柔奸佞易控制的，像孙近、韩肖胄、楼炤、王次翁、范同、万俟卨、程克俊、李文会、杨愿、李若谷、何若、段拂、汪勃、詹大方、余尧弼、巫伋、章夏、宋朴、史才、魏师逊、施巨、郑仲熊一类人，全部从多余闲散的人中提拔，立即跻身政界。既然与秦桧共政，就只有拱手默许而已。又大都自己说官方听从秦桧的弹劾、攻击，动辄以官府的名义上报，由中丞、谏议而晋升的共有十三人，然而一到任就罢黜，或者过一个月，或者半年就免职。只有王次翁经过四年，因为金人破坏盟约的初期坚持不更换宰相的论调，他是秦桧恩惠最深的。秦桧开门接受贿赂，富比国家，外国的珍宝，他死后还有送到他家的。人们说秦熺从秦桧执政开始，没有一天不锻造酒具。搜集字画，只是他细小的事罢了。

秦桧阴险像悬崖陷阱，深阻不可测摸。同事向皇上论事，他从来没有竭力辨别，只用一两句话来陷害。李光曾经与秦桧争论，言语颇冲撞秦桧，秦桧不回答。等到李光说完，他才慢慢说："李光没有人臣的礼节。"皇帝由此开始恼怒李光。凡是陷害忠良，他大都用这个办法。晚年残忍更甚，多次兴大狱，而且又喜欢阿谀奸佞，无所顾忌。

然而，秦桧死后，秦熺被废，他的党羽继承他的说教，极力主张议和，因此窃据相位的还有数人，到孝宗时才被铲除殆尽。开禧二年四月，追夺秦桧王位爵号，改谥为谬丑。嘉定元年，史弥远奏请恢复王爵、谥号。